2i 3.11.94 49,80
BA 10/94 S. 69

Gemeindebücherei
Erlensee

D1874457

Die Bücher bitte
sorgfältig behandeln!

Heiner Henninges

Die neue Enzyklopädie der Fotografie

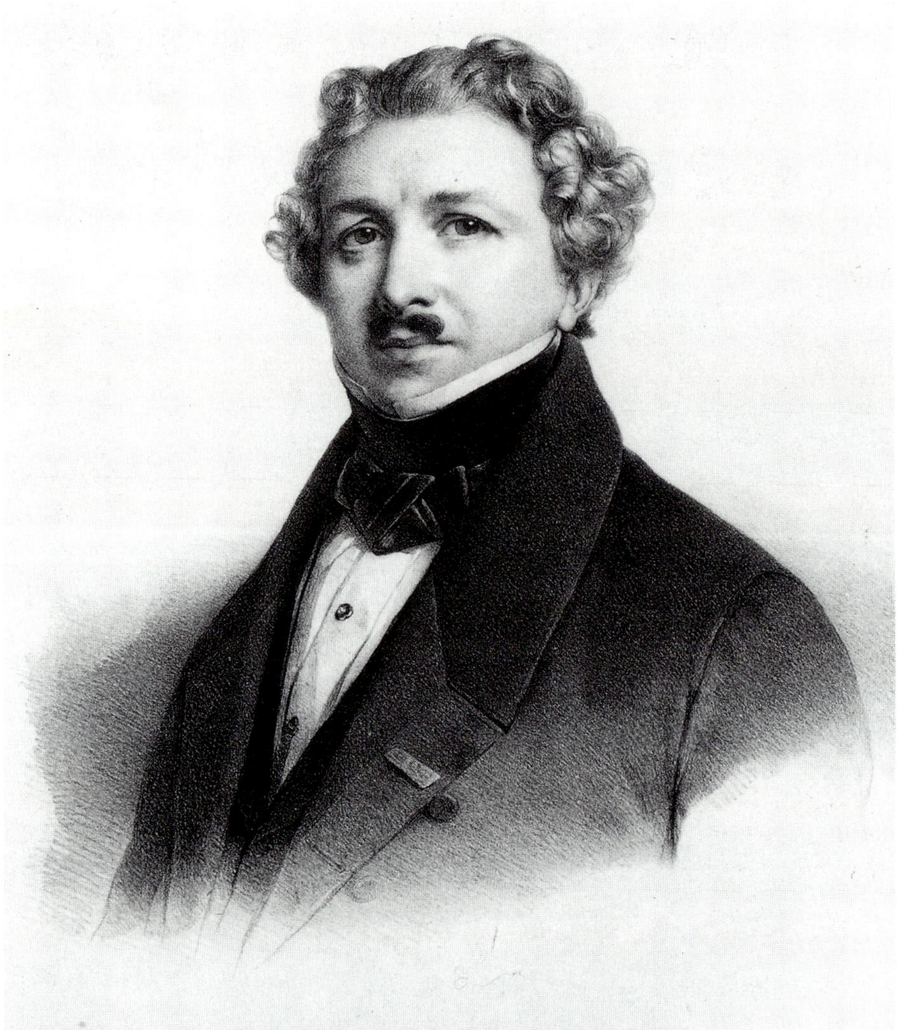

Louis Jacques Mondé Daguerre

ERFINDER DER FOTOGRAFIE

Heiner Henninges

Die neue Enzyklopädie der Fotografie

Gemeindebücherei
Erlensee

An diesem Buch
arbeiteten mit

Hans Bortsch
Edmund Bugdoll
Roman Ebert
Brigitte Henninges
Volker Kimstädt
Conny Kleyboldt
Gert Koshofer
Detlev Motz
Kiki Stickl
Natascha Wanka
u. a.

Die Bücher bitte
sorgfältig behandeln!

AUGUSTUS VERLAG

Die deutsche Bibliothek – CIP-Einheitsaufnahme

Die neue Enzyklopädie der Fotografie / Heiner Henninges.
Mitautoren: Gert Koshofer ... – Augsburg: Augustus-Verl., 1994
ISBN 3-8043-5024-0
NE: Henninges, Heiner

Das Werk einschließlich aller seiner Teile ist urheberrechtlich geschützt. Jeder Verwertung außerhalb des Urhebergesetzes ist ohne Zustimmung des Verlages unzulässig und strafbar. Das gilt insbesondere für Vervielfältigungen, Übersetzungen, Mikroverfilmungen und die Einspeicherung und Verarbeitung in elektronischen Systemen.

Es ist deshalb nicht gestattet, Abbildungen dieses Buches zu scannen, in PCs oder auf CDs zu speichern oder in PCs/Computern zu verändern oder einzeln oder zusammen mit anderen Bildvorlagen zu manipulieren, es sei denn mit schriftlicher Genehmigung des Verlages.

Trotz der Verwendung von Produktfotos verschiedener Kamera-, Foto- und Zubehörhersteller wurde dieses Buch von keiner Firma gesponsert oder in Auftrag gegeben.

Die im Buch veröffentlichen Ratschläge wurden von den Verfassern und vom Verlag sorgfältig erarbeitet und geprüft. Eine Garantie kann dennoch nicht übernommen werden. Ebenso ist eine Haftung der Verfasser bzw. des Verlages und seiner Beauftragten für Personen-, Sach- und Vermögensschäden ausgeschlossen.

Dieses Buch ist auf umweltfreundlich chlorfrei gebleichtes Papier gedruckt.

Fotografie: wenn nicht anders vermerkt von den Autoren.
Produktfotos von den Herstellern der Produkte.

Umschlaggestaltung: Wolfgang During, München
Layout: Rainald Schwarz, München
AUGUSTUS VERLAG AUGSBURG 1994
© Weltbild Verlag GmbH, Augsburg

Satz: Gesetzt aus der Futura Buch von satz-studio, Bäumenheim
Reproduktion: Fotolito Longo, Frangart
Druck und Bindung: Interdruck, Leipzig
Printed in Germany

ISBN 3-8043-5024-0

Inhalt

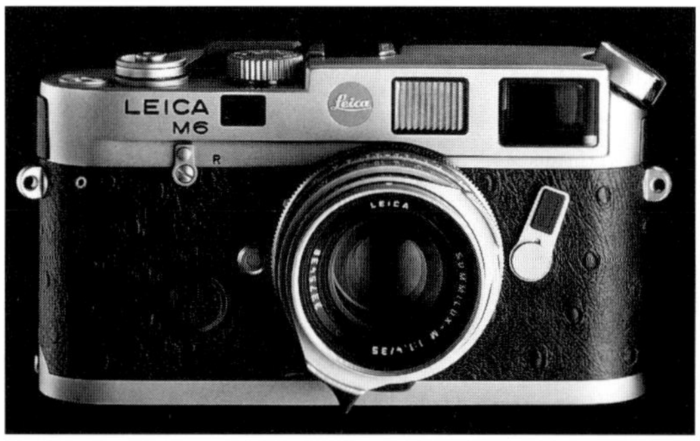

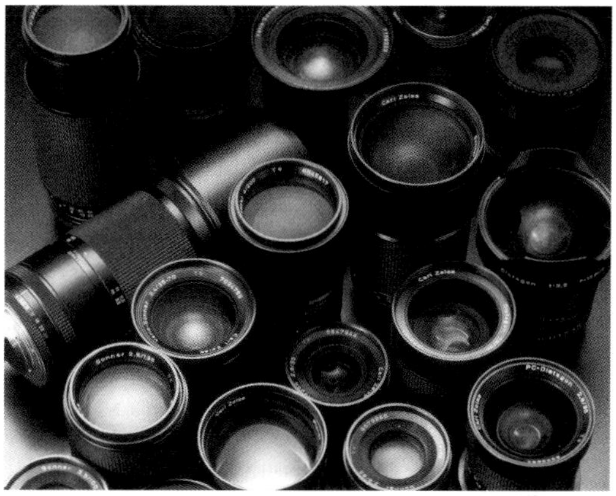

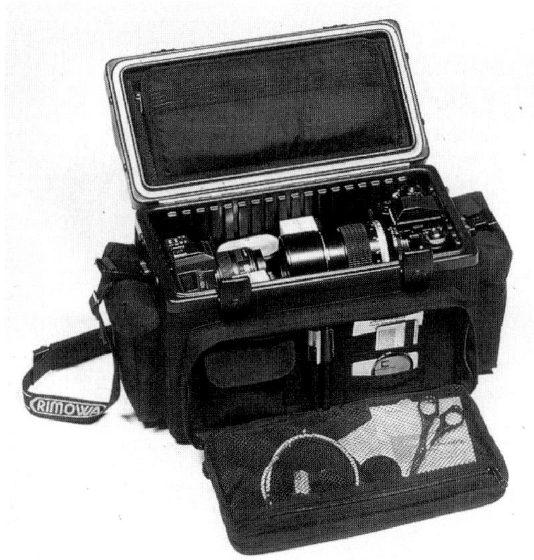
RIMOWA

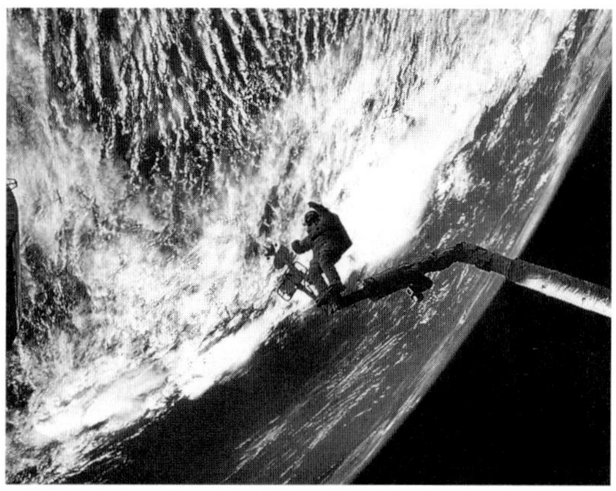

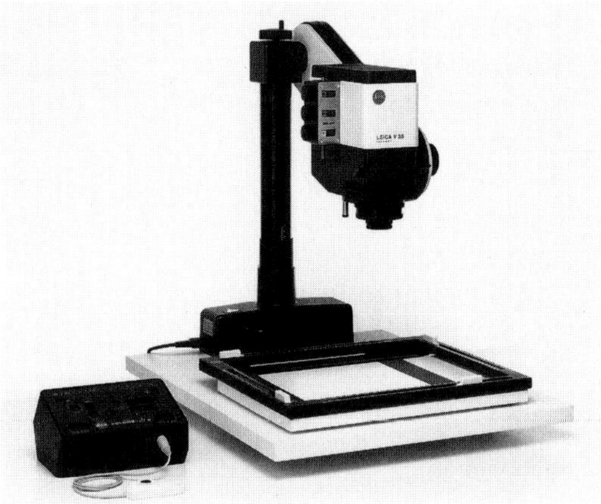

Einleitung

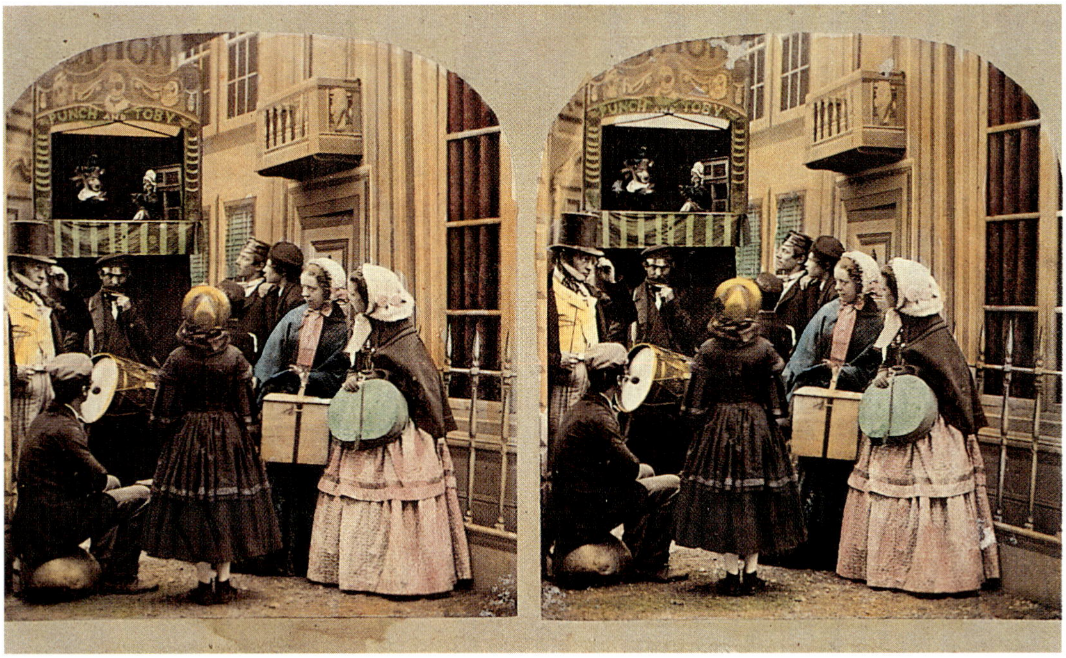

Das colorierte Stereobildpaar entstand etwa 1860. Foto: Archiv Gert Koshofer

Als der Engländer Wiliam Henry Fox Talbot (1800 – 1887), einer der Väter der Fotografie und begeisterter Freizeitmaler, auf einer Ferienreise an den Gardasee versuchte, die Schönheit der Landschaft mit Hilfe seiner Camera obscura durch Nachzeichnen auf Papier zu bringen, kam ihm sein Werk im Vergleich zu dem Bild, das die Linse auf das Papier warf, so jämmerlich vor, daß er sich ein Medium wünschte, mit dem sich das projezierte Bild direkt einfangen ließ. Wieder zuhause begann er seine ersten Versuche, das flüchtige Bild der Projektion auf lichtempfindlichen Material festzuhalten. Er war nicht der einzige, der danach suchte, auf diese Weise ein möglichst wirklichkeitsgetreues Abbild der Natur zu schaffen. Noch vor seinen nahezu gleichzeitig mit ihm experimentierenden französischen Kollegen Joseph Niecéphore Nièpce (1765–1833) und Louis Jacques Daguerre (1789–1851) entdeckte er schließlich das Negativ-Positiv-Verfahren. Bereits 1836 machte er seine ersten Bilder mit einer modifizierten Camera obscura von Lacock Abbey. Eines der Bilder aus dieser Zeit ist heute im Besitz des Metropolitan Museum of Art in New York. Entscheidende Anregungen für sein Verfahren erhielt der Privatgelehrte von dem Wissenschaftler John F. W. Herschel. Obwohl Talbot bereits 1836 seine ersten Fotos machte, wurde seine Kalotypie erst 1841 von der englischen Royal Society veröffentlicht. Er hatte seine Studien einfach unvollendet zur Seite gelegt, um ein anderes Buch zwischendurch zu vollenden. Erst als bekannt wurde, daß es Daguerre gelungen war, ein fotografisches Verfahren zu entwickeln, reichte er ebenfalls seine Studien ein. Der Name seines Verfahrens leitet sich von dem griechischen Wort für schön »kalos« ab und trifft auch heute noch am besten den Beweggrund, der die meisten Menschen zum Fotografieren veranlaßt. »Menschen, die etwas Schönes gesehen haben, bekunden nicht selten ihr Bedauern darüber, daß es ihnen nicht möglich war, es zu fotografieren«, schreibt die amerikanische Kulturkritikerin Susan Sonntag in ihrem Essay ›Der Heroismus des Sehens‹. Ihrer Meinung nach ist heute das fotografische Bild sogar oft erst der Maßstab für die

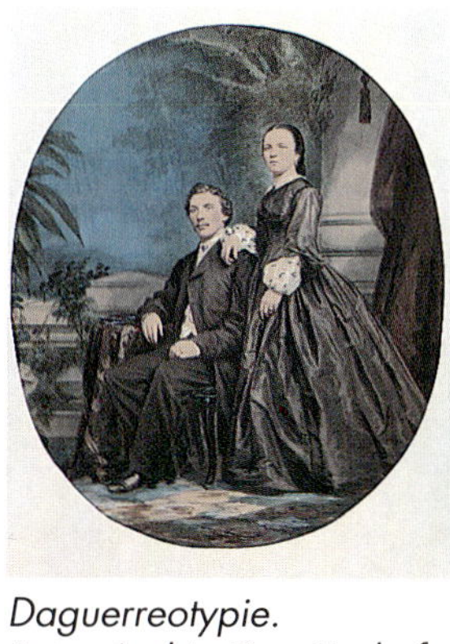

Daguerreotypie. Foto: Archiv Gert Koshofer

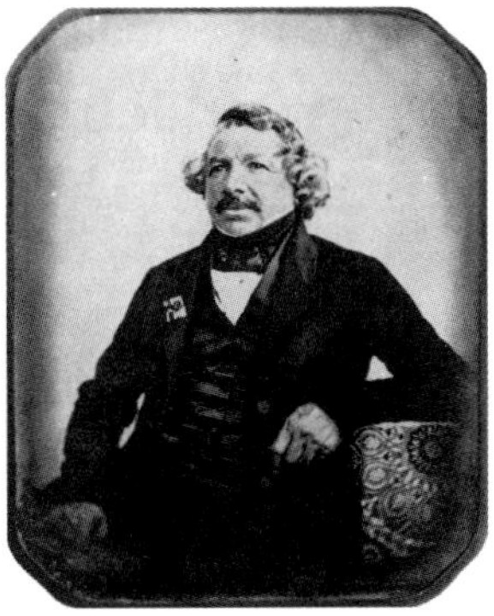
Louis Jacques Daguerre. Foto: Archiv Gert Koshofer

Schönheit einer Sache. »Wir lernen uns selbst mit den Augen der Kamera zu sehen; sich für attraktiv halten heißt nichts anderes als glauben, daß man auf einem Foto gut aussehen würde«, scheibt sie in dem gleichen Essay weiter.

Dank der Fotografie können heute täglich Millionen Menschen ihre schönsten Augenblicke durch einfachen Druck auf den Auslöser ihrer Kamera für immer einfangen. Der französische Schrifsteller Emile Zola, leidenschaftlicher Amateurfotograf und bedeutender Vertreter des literarischen Realismus, äußerte sogar: »Meiner Ansicht nach kann niemand behaupten, etwas wirklich gesehen zu haben, solange er es nicht fotografiert hat.« So wie Emile Zola bereits 1901 denken auch heute immer mehr Menschen. Etwa 190 Millionen Fotos werden täglich rund um die Welt gemacht, und täglich werden wir in Zeitungen und Zeitschriften mit Fotos aus aller Welt konfrontiert. Fotos vermitteln uns heute nicht nur ein Bild von der Welt. Sie prägen auch unser Weltbild. Aber Fotos zeigen heute längst nicht mehr nur die Schönheiten unserer Erde, sondern dank ihrer Fähigkeit, die ungeschminkte Wirklichkeit zu kopieren, informieren sie eindringlicher als jeder schriftliche oder mündliche Kommentar über Mißstände, Kriege oder Katastrophen. Fotos haben die Welt verändert. Ohne das erschütternde Bild des kleinen vietnamesischen Mädchens, daß mit seinen grauenvollen Napalmverbrennungen nackt die Straße entlang läuft oder das Bild von dem vietnamesischen General, der mit seiner Pistole eigenhändig einen Vietcong in aller Öffentlichkeit hinrichtet, hätten sich die Kriegsgegner damals nicht so schnell formiert und wäre vermutlich der Krieg nicht so schnell beendet worden. Bilder von politischen Ereignissen, von Sportveranstaltungen, von Königshäusern und Stars geben uns tagtäglich Einblicke in das Geschehen auf dieser Erde. Aber auch von fernen Welten liefert uns die Fotografie aus Satelliten und Weltraumsonden täglich Bilder, die uns wichtige Informationen über das All vermitteln. Die Entdeckungsreisen mit der Fotografie in den Makrokosmos haben ihre Entsprechungen im Mikrokosmos. Mit Spezialkameras und Sonden dringt sie in für das Auge längst nicht mehr erkennbare Regionen vor. Mit Elektronenmikroskopen lassen sich sogar Zellkerne fotografisch abbilden. Fotos in der medizinischen Diagnostik helfen Krankheiten zu erkennen und Therapiewirkungen zu kontrollieren. Aufnahmen aus den Inneren unserer Organe, fotografiert mit winzigen Objektiven an Fiberskopen sind

Ausrüstung eines Daguerreotypisten. Foto: Photoindustrie-Verband

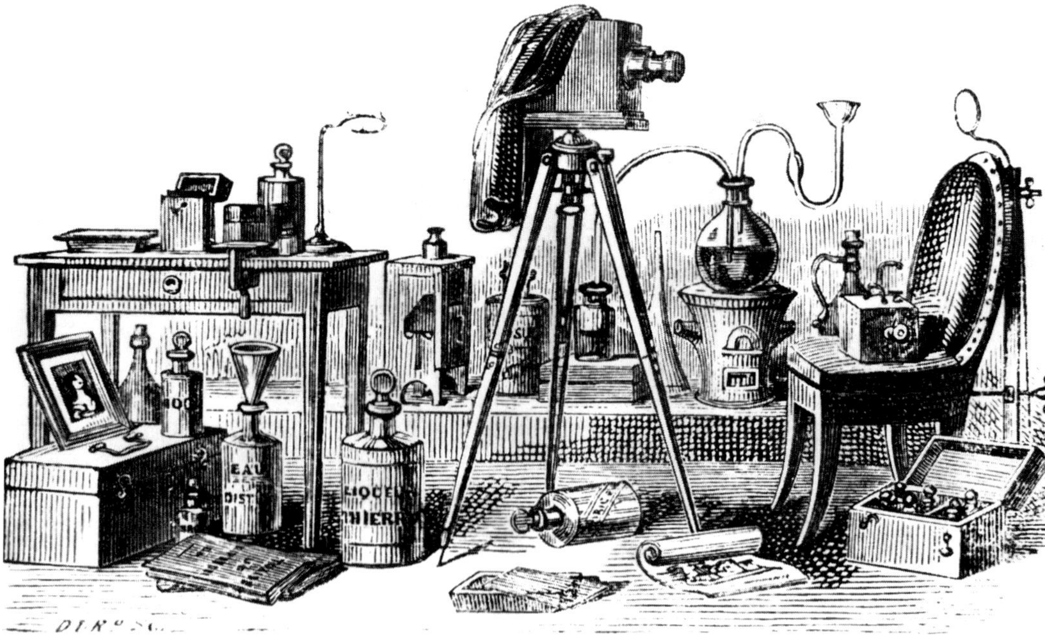

Gemeindebücherei
Erlensee

ebenso eine Selbstverständlichkeit wie Tomographien, mit denen sich jede einzelne Gewebeschicht unseres Körpers ohne operativen Eingriff abbilden läßt. Industrie und Wissenschaft wären heute ohne fotografische Hilfsmittel für Dokumentation und Analyse sicher nicht auf dem heutigen Stand. Vermessungen dreidimensionaler Objekte über die Photogrammetrie, Materialkontrollen durch die Endoskopie und fälschungssichere Ausweise durch die Holografie sind nur einige Beispiel für die vielfältigen Einsatzgebiete der Fotografie. Es gibt heute wohl kaum noch einen Lebensbereich, der nicht in irgendeiner Weise von der Fotografie beeinflußt oder zumindest von ihr betroffen ist. Die visuelle Wahrnehmung ist für den Menschen wesentlich für die Orientierung in seiner Umwelt und im Weltgeschehen. Sie steht uns von Anfang an zur Verfügung, lange bevor wir der Sprache mächtig sind. Vielleicht lassen sich visuelle Informationen deshalb von Menschen leichter erfassen. »Ein Bild sagt mehr als 1000 Worte« ist sicher nicht wortwörtlich zu nehmen, denn nicht die Menge der Informationen eines Bildes ist das Entscheidende, sondern die Möglichkeit der schnellen Informationsvermittlung und der Verdeutlichung eines Geschehens. Es bedarf so gesehen nicht der Überredungskunst durch eventuell mehr als die besagten tausend Worte. Fotos lassen Zusammenhänge nicht nur blitzschnell begreifen, sondern haben gleichzeitig auch eine Überzeugungskraft wie kaum ein anderes Medium. Um so wichtiger ist es, sich immer wieder bewußt zu machen, daß der Eindruck, sie würden die Wirklichkeit wiedergeben, täuscht. So realistisch Fotos auch wirken, sie zeigen immer nur einen Teil der Wahrheit, nämlich den, den der Fotograf gesehen hat oder den er dem Betrachter vermitteln wollte. Wegen des Eindrucks der Authentizität wurden Fotos im Laufe der Geschichte auch immer wieder Opfer von Manipulationen. Kaum ein Medium mit dem sich überzeugender Lügen läßt als mit der Fotografie. So wurden unliebsame Zeitgenossen beim Wandel der politischen Lage einfach aus Bildern wegretuschiert und so das Geschichtsbild ganzer Völker schlichtweg manipuliert. Ob Stalin, Mussolini, Hitler oder Mao, jeder von ihnen bediente sich geschickter Retuscheure, um dem Volk eine

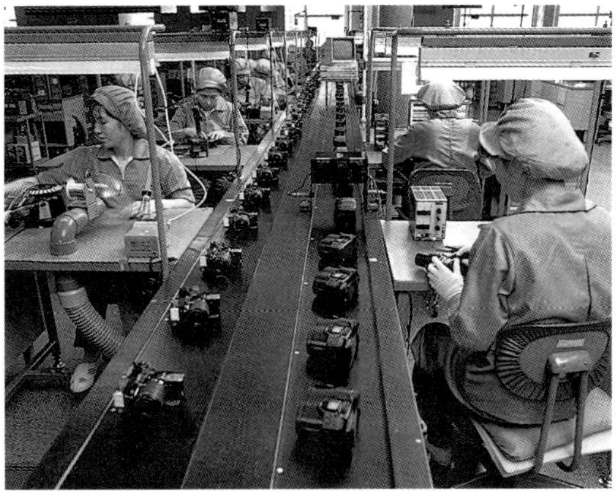

Moderne Kamerafertigung bei Olympus

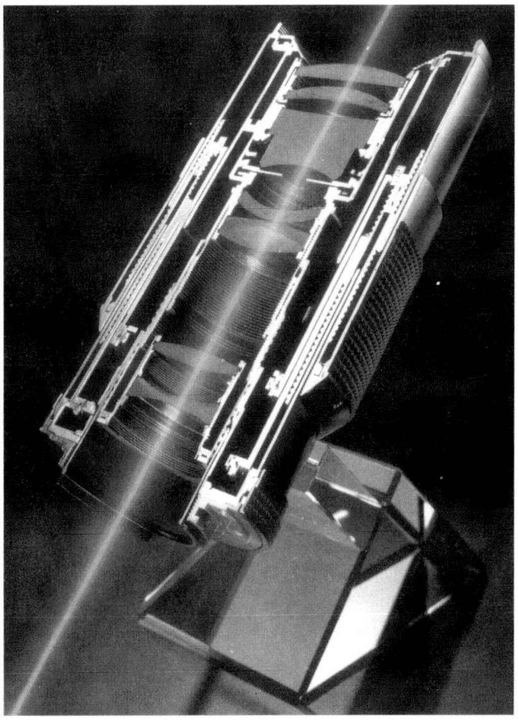

Schnitt durch Optik und Mechanik eines Zeiss-Zoomobjektivs

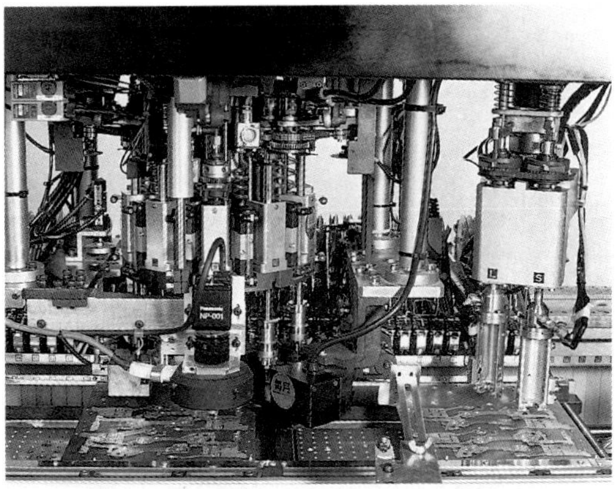

Automatische Leiterplattenbestückung für elektronische Kamerasteuerung.

Die Bücher bitte sorgfältig behandeln!

Fotografie
Abbildung eines Gegenstands mittels chemischer Verfahrensweisen in der lichtempfindlichen Schicht (→ **Emulsion**) fotografischen Materials. Der Begriff stammt aus dem Griechischen (phos, photos = Licht / graphein = schreiben) und wird sowohl für den gesamten Vorgang des Fotografierens wie für dessen Produkt gebraucht.

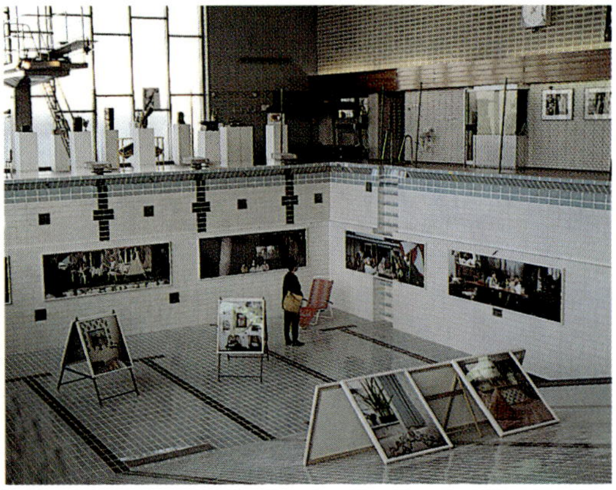

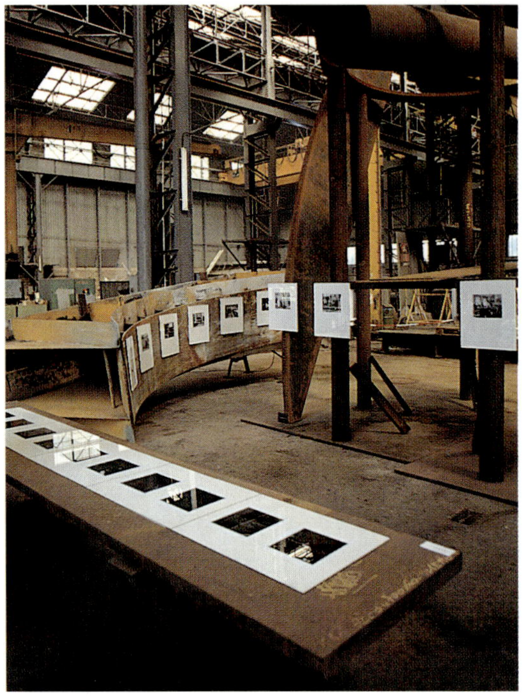

Beispiele moderner Fotoinstallationen in einen Hallenbad in Herten und einer Fabrikhalle in Arles. Fotos: Heiner Henninges

Wirklichkeit vorzutäuschen, die von der Wahrheit meilenweit entfernt war. Sie waren teilweise von den Propagandamaschinerien totalitärer Regime so geschickt gefälscht, daß sie zum Teil weltweit Verbreitung fanden und dort kaum als Fälschungen erkannt wurden.

Auch wenn es nicht nachträglich manipuliert wurde, macht ein Foto stets gleichermaßen eine Aussage über das, was fotografiert wurde wie über den Fotografen selbst. Unterschiedliche Fotografen werden ein und denselben Gegenstand nur in den seltensten Fällen identisch abbilden. Andere Standpunkte, andere Perspektiven oder auch nur andere Lichtverhältnisse lassen den gleichen Gegenstand jedesmal anders im Bild erscheinen.

War die Fotografie von den Kopisten unter den Malern seiner Zeit als der Tod der Malerei verketzert worden, so wurde sie sehr bald zu einer eigenständigen Kunstgattung.

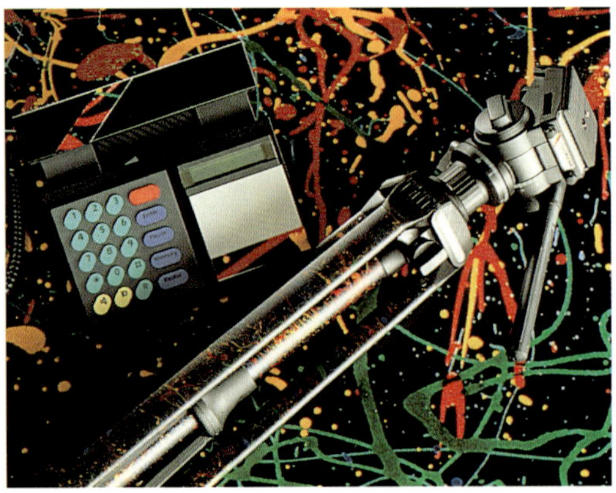

Auch ein Stativ kann modern gestaltet sein: die Cullmann Waveline-Serie.

Sehr bald entdeckten Fotografen die in dem neuen Medium steckenden gestalterischen Möglichkeiten, die eine individuelle Interpretation des Gesehenen erlaubte und die es gestattete, Objekte aus ihrem Umfeld herauszulösen, sie zu abstrahieren und in unterschiedlichen Sehweisen neu zu entdecken. War anfangs die Fotografie als Ablösung der Malerei gefürchtet, so erhielt schon sehr bald nach ihrer Erfindung eine der heute populärsten Stilrichtungen in der Geschichte der Malerei, nämlich der Impressionismus von der Fotografie seine stärksten Impulse. Deshalb war es sicher auch kein Zufall, daß die erste große Ausstellung dieser in ihren Anfängen von den Studiomalern eher belächelten Kunstrichtung im April 1874 in dem Atelier des Pariser Fotografen Nadar am Boulevard des Capucines stattfand. Sie berücksichtigte in ihrer Darstellungsform besonders die atmosphärische Wirkung des Lichts, die auch für die Bildgestaltung in der Fotografie wesentlich ist.

Heute hat sich die Fotografie selbst als künstlerisches Medium etabliert. Fotogalerien haben ihren festen Platz im Kunstbetrieb. Werke berühmter Fotografen werden in wertvollen Kunstbänden veröffentlicht und erzielen auf Auktionen Höchstpreise. Fotografische Sammlungen und Museen haben einen Stellenwert erreicht, der sie mit anderen künstlerischen Gattungen gleichsetzt. Namen berühmter Fotografen wie Ansel Adams, Edward Weston, Richard Avedon, Bill Brandt oder Cartier Bresson sind heute auch jedem Kunstkenner ein Begriff.

War früher die Fotografie nur Leuten vorbehalten, die ihre Technik beherrschten, so wurde sie durch die modernen, vollautomatischen Kameras, die auf Knopfdruck gelungene Aufnahmen garantieren demokratisiert. Dadurch wurde gleichzeitig auch immer deutlicher, daß technische Perfektion und Schönheit durchaus kein verbindlicher Maßstab für den ästhetisch, künstlerischen Wert einer Fotografie sind. Im Gegenteil machte die Verbreitung der Fotografie den ständigen Konflikt nur noch deutlicher, dem sie sich ständig ausgesetzt sieht, den Konflikt zwischen der Ästhetik der Darstellung und der abgebildeten, oftmals brutalen Realität. Wurde die Fotografie seinerzeit geboren aus dem Wunsch, die Schönheit unserer Erde oder von flüchtigen Momenten möglichst realistisch festzuhalten, so erfüllt sie heute eine Doppelfunktion. Sie gilt gleichermaßen als Mittel der Beschönigung und der Entlarvung. Obwohl in beiden Fällen auch ästhetische Kriterien zur Faszination des Bildes beitragen, treten diese bei der zweiten Aufgabe vor der Aussage des Bildinhalts in den Hintergrund. Schon darin zeigt sich, wie vielschichtig Fotografie und ihre Beurteilung sein können. Fotografie kann Schönheit zeigen; sie kann aber auch Dinge schöner zeigen als sie in Wirklichkeit sind, und sie kann Dinge und Ereignisse noch scheußlicher darstellen als sie es tatsächlich sind. Besonders deutlich wird diese Diskrepanz in der Porträtfotografie. Vor allem das politische Porträt wird in Abhängigkeit von den Absichten des Fotografen dem Modell entweder schmeicheln oder es demaskieren. Viele Menschen erwarten vom Fotografen, daß er sie von ihrer »Schokoladenseite« fotografiert. Daß heißt nichts anderes, als daß sie von ihm und seiner Kamera erwarten, daß er sie schöner darstellt, als sie in Wirklichkeit sind oder zumindest herausfindet, wie sie im Bild am attraktivsten wirken. Von einem Reporter wird dagegen erwartet, daß er die Wirklichkeit möglichst ungeschminkt wiedergibt. Trotz der unterschiedlichen Absichten werden die Bilder dennoch

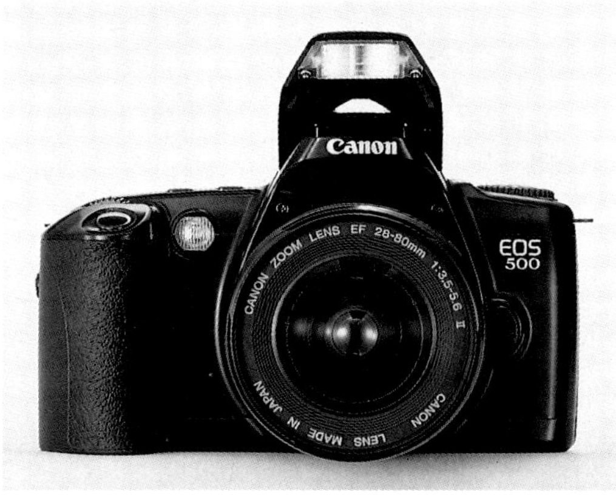

Die Canon EOS 500 gilt als besonders leise und kompakte Spiegel-Reflex-Systemkamera. Sie hat Multi-Sensor-Technik mit automatischer Meßpunktwahl.

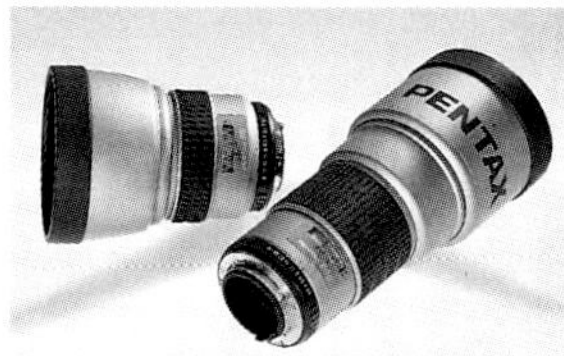

Professionelle Autofokus-Wechselobjektive von Pentax

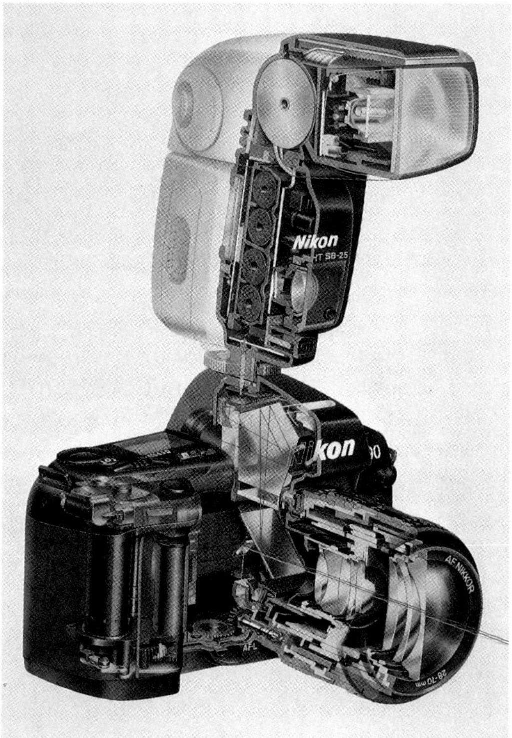

Die Schnittzeichnung zeigt das komplizierte Innenleben der Nikon F90 Autofokussystemkamera.

Renaissance der Analoganzeige der nostalgischen Sucherkamera 35 Ti von Nikon

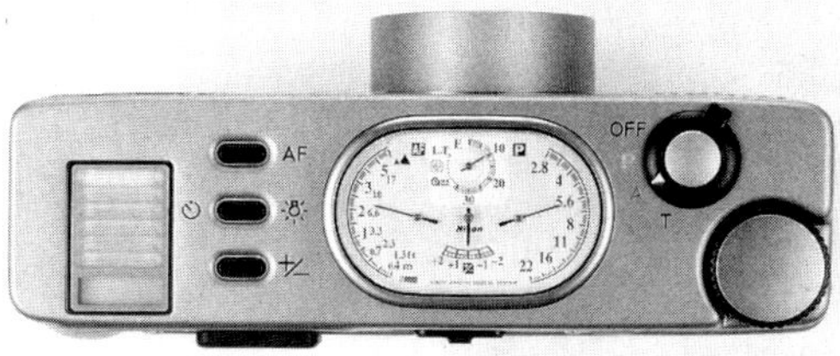

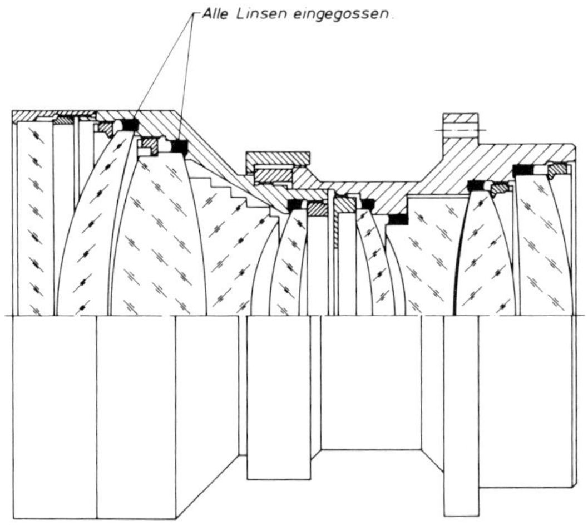

Linsenschnitt eines Objektivs von Rodenstock für Großbildkameras

letztendlich nach den gleichen ästhetischen Regeln gemessen. Danach nämlich, wie sehr sie den Betrachter emotional ansprechen und seinen Blick fesseln. In der heutigen Bilderflut, die tagtäglich, ja fast stündlich über uns hereinbricht, muß ein Bild besondere Qualitäten besitzen, um aufzufallen, ganz davon zu schweigen, einen bleibenden Eindruck zu hinterlassen. Dabei geht es dem Fotoliebhaber nicht besser als dem Schöpfer guter Fotografien. Für den einen ist es schwer die wenigen Preziosi-

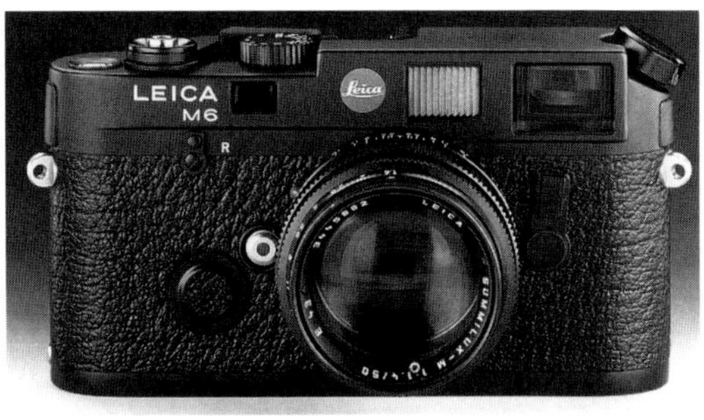

Leica M6: Eine professionelle Meßsucherkamera mit Wechselobjektivprogramm

täten unter den Millionen von belanglosen Bildern zu entdecken, während der andere darum kämpfen muß, aus der Masse herauszuragen, um gesehen zu werden. Jacques Schumacher, einer der bekanntesten deutschen Werbefotografen verläßt sich dabei auf die Durchschlagskraft, die seiner Meinung nach guten Fotos innewohnt. »Gute Bilder braucht man nicht mit Blicken zu suchen«, sagt er, »gute Bilder suchen selbst die Blicke und fesseln automatisch den Betrachter.«

Die Bedeutung der Fotografie, als Mittel einfach und schnell ein naturgetreues Abbild von der Wirklichkeit zu erstellen, wurde durch moderne, elektronische Bildtechniken noch vergrößert. Die klassische Silberfotografie hat sich mit den digitalen Imaging-Methoden verbündet und dabei ihre Möglichkeiten noch erweitert. Die Elektronik hat die Zukunft der Silberfotografie nicht in Frage gestellt, wie selbst Fachleute noch vor wenigen Jahren befürchteten, sondern vielmehr gesichert. Auch heute sind die Vorzüge der klassischen Fotografie im Vergleich zu den elektronischen Bildtechniken in vieler Hinsicht unerreicht. Noch gibt es kein digitales Medium, mit dem sich so große Datenmengen, wie sie fotografische Bilder beinhalten, einfacher und billiger speichern lassen als auf dem Film. Über 18 Megabyte groß ist die Informationsmenge, die für ein einziges Kleinbildfoto auf dem 26 x 36 mm großen Filmstück gespeichert werden. Samt Entwicklung kostet so ein Bildspeicher nur wenige Pfennige. Auf einer Festplatte mit 500 MB Speicherplatz für mehrere tausend Mark hätte nicht einmal ein Kleinbildfilm mit 36 Aufnahmen Platz. Natürlich holt die Elek-

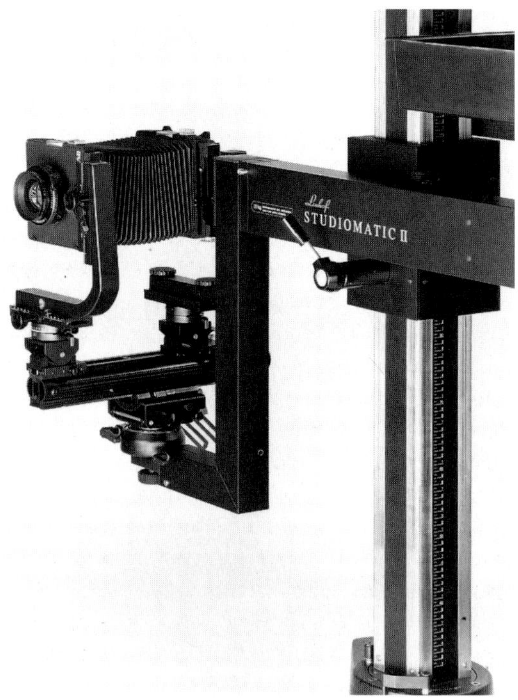

rechts: Fachkamera von Linhof auf Studiostativ: Die vordere und hintere Standarte lassen sich schwenken und neigen.

tronik täglich gegenüber der klassischen Fotografie auf. Inzwischen helfen moderne Datenkompressionsverfahren zwar Speicherplatz zu sparen und machen so den Umgang mit digitalen Bildern preiswerter. Doch noch immer liegt die große Stärke der elektronischen Fotografie in der Ergänzung der konventionellen Bildtechniken bei der Bildbearbeitung, Bildverbesserung und Bildübertragung und nicht in der Aufnahme und Aufbewahrung der Bilder. Hier ist sie wegen der geringen Auflösung einerseits und dem riesigen Speicherbedarf von hochauflösenden Fotos andererseits noch in den Kinderschuhen. Dennoch werden auch auf diesem Gebiet in den nächsten Jahren deutliche Fortschritte in der Qualität erwartet. Auch nimmt man an, daß die Preise für elektronische Aufnahmegeräte fallen werden und es

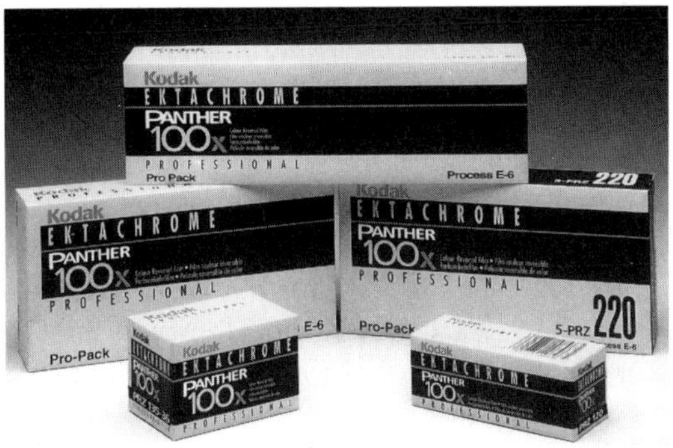

Kodak Ektachrome Panther: Extrem feinkörnige Professional-Filme speziell für Außenaufnahmen

schon bald solche Einheiten nicht mehr nur für professionelle sondern auch für private Anwendungen geben wird.

Die Beliebtheit und Bedeutung der Fotografie läßt sich vielleicht mit einigen Zahlen verdeutlichen. In den Industrieländern geht man davon aus, daß über 80 % aller Familien mindestens eine Kamera besitzen. Einen höheren Stellenwert hat hier nur noch der Fernseher. Jährlich verkauft die Industrie weltweit etwa 50 Millionen neue Kameras. Allein in Europa werden jährlich über 550 Millionen Filme verkauft. Weltweit sind es etwa 2,5 Milliarden.

Fotografie als Hobby und vor allem Fotografie als Hobby zum Hobby sind der Motor für das seit über 40 Jahren ununterbrochene Wachstum dieser Branche. Mit zunehmender Freizeit wuchs in den Menschen auch der Wunsch, die Erlebnisse außerhalb des Arbeitsalltags im Foto einzufangen und so die Erinnerungen an schöne Momente länger lebendig zu halten. Fotografie ist schon lange nicht mehr das Privileg einiger weniger, sondern wirklich ein Medium für alle, das dazu beiträgt, den Spaß am Leben und damit das Leben selbst zu verlängern. Das Bild in der Brieftasche, am Arbeitsplatz, in der Wohnung als Wandschmuck oder auf dem Nachttisch, soll an geliebte Menschen oder glückliche Augenblicke erinnern. Es kann über schwere Momente hinweghelfen, aber es kann auch böse Situationen in das Gedächtnis zurückrufen. Deshalb läßt sich das persönliche Foto auch durch nichts ersetzen. Auch wenn der Eiffelturm, der Kölner Dom oder das Brandenburger Tor schon mil-

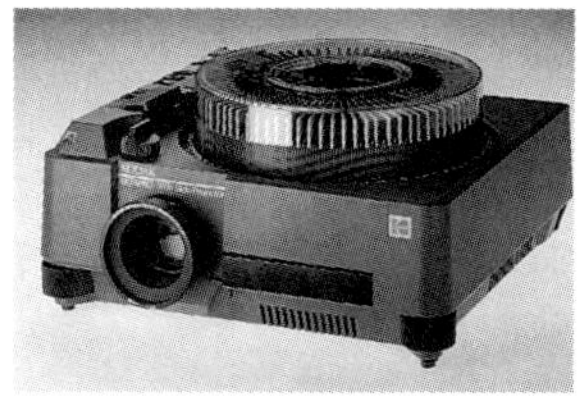

Professioneller Dia-Projektor der Kodak Ektapro-Reihe

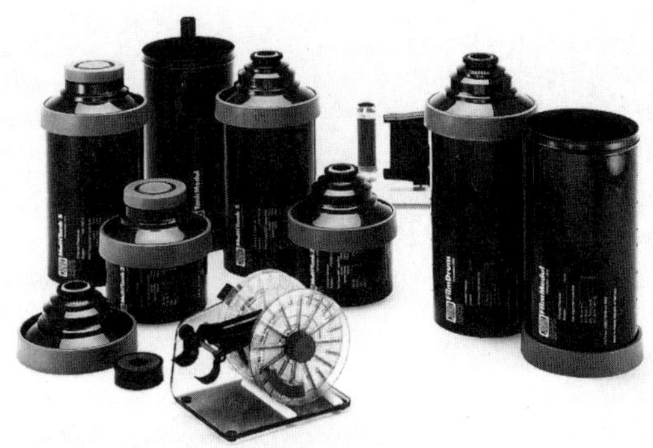

Sortiment von Entwicklungsdosen für die Film- und Papierentwicklung der Firma Jobo

lionenfach fotografiert wurden, so wird selbst eine nach ästhetischen Regeln vielleicht viel schönere Postkarte das persönliche Bild des Reisenden nicht ersetzen können. In ihm sind für den Fotografen nicht nur das Motiv selbst gespeichert, sondern auch die Signale, die das ganze Erlebnis vor seinem Auge wieder lebendig werden lassen. Die Stimmung, der Geruch, das Wetter, das Glücksgefühl – all das kann ein persönliches Foto wieder aufleben lassen, ganz gleich welche künstlerischen Qualitäten sich in ihm offenbaren oder nicht. Fotos begleiten unser Leben und bereichern es. Daher ist es grundsätzlich unwichtig, wie »gut« oder »schlecht« ein Bild ist. Es ist zunächst einmal nichts weiter als ein Knoten im Taschentuch, der uns an etwas erinnern soll. Erst wenn

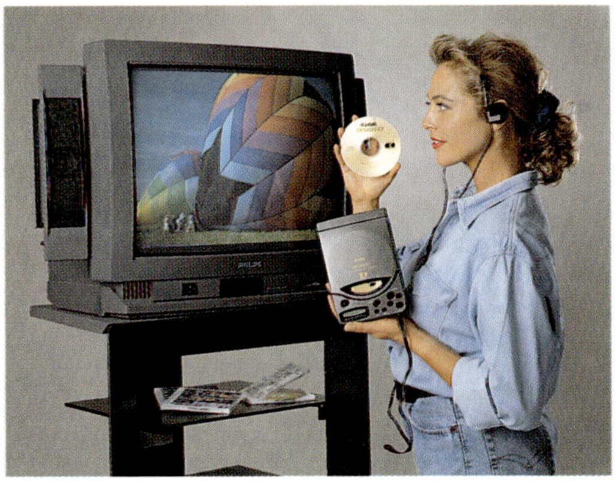

Kodak Photo CD: Die Brücke zwischen herkömmlicher Silberfotografie und digitalen Bildtechniken

man diese Erinnerung auch mit anderen teilen will oder man sie für sich selbst noch lebendiger gestalten möchte, gewinnt die Qualität der Aufnahme an Bedeutung. Die Naivität, mit der manche Fotografen ihre Bilder anderen zeigen, wird von diesen oftmals als Zumutung aufgefaßt. Immer wieder erlebt man es, daß begeistert Fotos von Kindern, privaten Festen, Jubiläen oder aus dem Urlaub vorgelegt werden, die beim Betrachter nur ein Gähnen und keinesfalls die Gefühle auslösen, die sich beim Fotografen selbst einstellen, wenn ihn die Bilder an das Erlebte erinnern. Der Betrachter, der nicht dabei war, als die Aufnahme entstand, sieht nämlich nur, was wirklich auf dem Bild ist.

Fotos, die für andere gemacht werden, müssen daher höhere Ansprüche erfüllen. Solche Fotos müssen im besten Fall im Betrachter die gleichen Gefühle hervorrufen, die den Fotografen dazu veranlaßte, das Bild aufzunehmen.

Die Techniken und Grundlagen für bessere Bilder lassen sich lernen. Eines der Ziele des vorliegenden Buches ist es, die Welt der Fotografie, ihre Gesetzmäßigkeiten, ihre Technik, Ästhetik und Geschichte zu verdeutlichen, um so mehr Verständnis und damit auch Freude an der Fotografie zu vermitteln. Ganz gleich, ob man selber fotografiert oder ob man sich für Fotografie als Konsument interessiert, soll es umfassend die vielen Aspekte der Fotografie beleuchten und damit auch Anregungen und Anreize zu eigenem Schaffen geben.

Das Buch besteht aus drei großen Teilen, die sich mit der Technik, Gestaltung sowie der Ästhetik und Geschichte der Fotografie befassen. Es erläutert in knapp gehaltenen Kapiteln jeweils die Phänomene und Begriffe. In den Marginalspalten werden im Kapitel verwendete Schlagwörter erklärt und Hinweise gegeben, an welchen Stellen bestimmte Begriffe oder Themen nochmals auftauchen oder behandelt werden. Ein umfangreiches Namens- und Sachwortregister weist zusätzlich auf alle relevanten Stellen im Buch hin, in denen bestimmte Begriffe zur Sprache kommen. Diese Form soll es Ihnen ermöglichen, einerseits das Buch als Ganzes zu lesen und es andererseits auch als praktisches Nachschlagewerk für alle Fragen der Fotografie zu benutzen.

Die Kamera

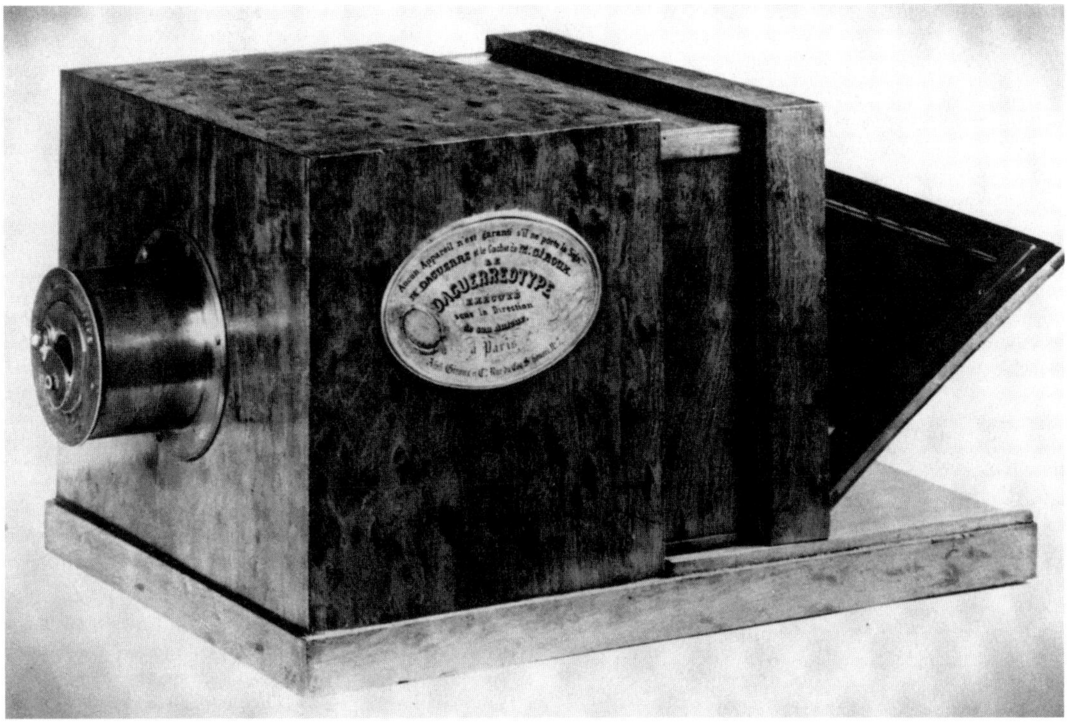

Historische Kamera für Daguerreotypien

Jede Kamera funktioniert auch heute noch wie ihr Urahn, die Camera obscura (lateinisch für »dunkle Kammer«). Sie besteht aus einem lichtdichten Raum mit einem kleinen Loch an einer Seite. Durch dieses Loch fällt Licht herein, und an der gegenüberliegenden Wand erscheint ein Bild der Außenwelt – allerdings spiegelverkehrt und auf dem Kopf stehend. Dieses Phänomen basiert auf den physikalischen Eigenschaften des Lichts: Lichtstrahlen treffen auf alle Objekte unserer Umwelt und werden von ihnen in alle möglichen Richtungen reflektiert. Farbe, Stärke und Richtung dieses reflektierten Lichtes entscheiden darüber, wie ein Objekt optisch wahrgenommen wird – was kein Licht abstrahlt, ist unsichtbar. Da sich Lichtstrahlen gradlinig ausbreiten, führt das kleine Loch an der Camera obscura dazu, daß nur Lichtstrahlen einer bestimmten Richtung in die Kammer dringen und die Wirklichkeit in der Kammer abbilden. Je kleiner dieses Loch ist, desto dunkler – aber auch desto schärfer ist das Bild. Moderne Kameras haben ein Objektiv mit optischen Linsen anstelle des Lochs, und dort, wo das Linsensystem das Bild von außen hineinprojiziert, sitzt der lichtempfindliche Film, der es dauerhaft speichert. Dadurch, daß die Kamera Linsen statt eines kleinen Lochs besitzt, kann sie das Licht gleichzeitig bündeln (damit das Bild möglichst scharf wird) als auch sehr viel Licht durchlassen (das Bild wird hell bzw. die Belichtungszeit wird kurz). Im Prinzip ist auch das menschliche Auge eine Kamera: Die Hornhaut ist das Objektiv, die Rolle des Films wird von der Netzhaut übernommen. Im Gegensatz zum Auge, das dauernd sieht, ist die Fotokamera dafür ausgelegt, Momentaufnahmen zu machen, deshalb muß der Film außerhalb dieser Zeit vor Licht geschützt werden. Außerdem entsteht nur dann ein klares Bild, wenn das Filmmaterial mit einer genau definierten Lichtmenge belichtet wird. Deshalb sind zwei Komponenten in jeder Kamera eingebaut: Ein → Verschluß zwischen Objektiv und Film, um die Belichtungszeit zu steuern und eine ver-

Blick in das Innenleben einer modernen Autofokuskamera

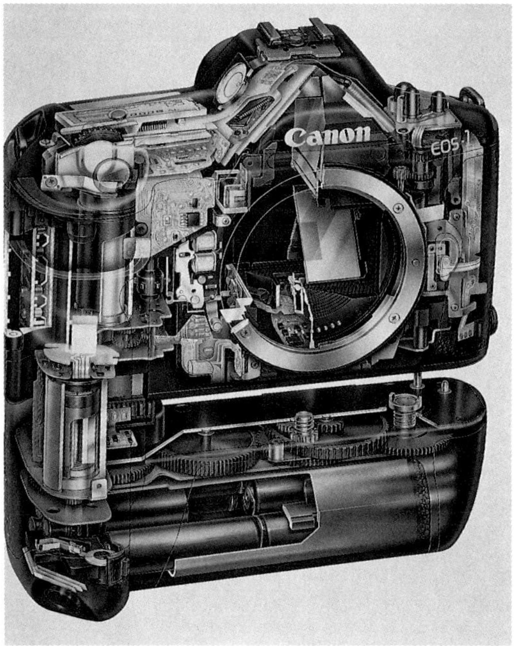

Verschluß
Mechanische Vorrichtung, durch deren Öffnung bzw. Schließung im Strahlengang einer Kamera die Belichtung des Films geregelt wird. Man unterscheidet v.a. → **Schlitz-** und → **Zentralverschluß.** Die Steuerung der Verschlußzeit erfolgt bei modernen Kameras meist durch eine elektronische Schaltung nach der an einem Einstellrad vorgewählten Belichtungszeit bzw. direkt durch die → **Belichtungsautomatik.** Bei der Verwendung eines Blitzgerätes ist eine → **Blitzsynchronisation** nötig, die für die zeitliche Übereinstimmung der Zündung des Blitzes mit der Offenphase des Verschlusses sorgt.

stellbare Blende im Objektiv, um den Lichtfluß zu regeln. Diese Blende funktioniert wie die Iris des menschlichen Auges – auch die Netzhaut steuert den Lichtfluß je nach Umgebungshelligkeit.
Nach jeder Aufnahme muß der belichtete Film gegen unbelichtetes Material ausgetauscht werden. In der Regel wird der Film als Streifen durch die Kamera geführt. Nach jeder Aufnahme wird dieser Streifen um ein Bild weitertransportiert. Dies macht entweder der Fotograf, indem er einen Hebel oder ein Drehrad betätigt, oder es geschieht automatisch per Elektromotor. Nur bei großen Studiokameras (bei denen der Fotograf unter einem großen Tuch hinter der Kamera steht) oder bei Sofortbildkameras (Polaroid) ist das Filmmaterial blattweise gelagert. Bei diesen Kameras wird nach jeder Aufnahme das soeben belichtete Bild einzeln entnommen.

Elektronik steuert heute sogar Großformatkameras. Foto: Sinar

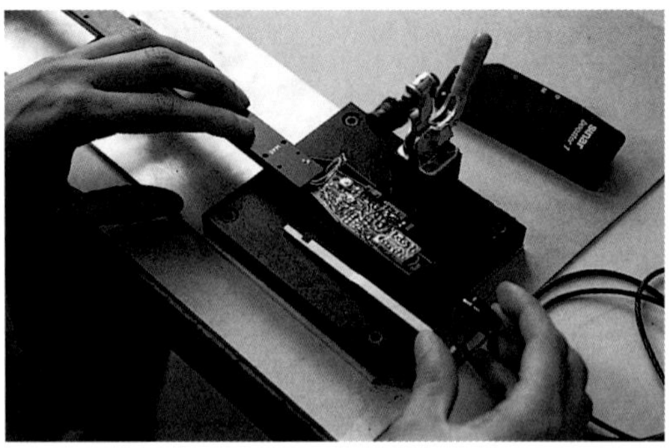

Um Bildausschnitt und -komposition überprüfen zu können, besitzen Kameras einen Sucher. Die Konstruktionen sind vielfältig und reichen von einer einfachen Visiereinrichtung zum Anpeilen des Motivs bis zu Suchersystemen, die das Bild exakt so zeigen, wie es nach der Aufnahme aussehen wird. Die wichtigsten Kameratypen sind heute die Sucher- und die Spiegelreflexkamera. Bei der Sucherkamera blickt der Fotograf durch ein getrenntes optisches System, während die Kamera durch ihr Objektiv das Bild aufnimmt. Bei der Spiegelreflexkamera blickt der Fotograf dagegen bis unmittelbar vor der Aufnahme durch das Objektiv der Kamera selbst, so daß – anders als bei der Sucherkamera – hier der optische Eindruck bei der Aufnahme exakt dem späteren Ergebnis entspricht. Neben dem Suchersystem ist das verwendete Filmformat das wichtigste Unterscheidungskriterium: seine Größe reicht von 8 x 11 mm (Minox-Format) über 24 x 36 mm (Kleinbildformat) bis hin zu 20 x 30 cm (Großbildformat). Das Suchersystem beeinflußt die Handhabung der Kamera, das Filmformat ist dagegen maßgeblich für die Größe der Kamera und die Qualität der Bilder. Der kleinste Film ermöglicht Kameras, so klein wie ein Feuerzeug – aber die Bildqualität ist nur bei sehr kleinen Abzügen ausreichend. Großformatkameras können den Kofferraum einer Limousine ausfüllen – aber sie liefern Bilder, die bis auf Plakatgröße vergrößert werden können. Für die Bedürfnisse der meisten Hobbyfotografen hat sich das Kleinbildformat als optimal erwiesen. Kleinbildkameras können fast so klein sein wie eine Zigarettenschachtel, aber sie liefern Bilder, die ohne weiteres auf Postergröße vergrößert werden können, ohne Qualitätsmängel zu zeigen. Das Angebot an Kleinbildkameras übersteigt das von Kameras anderer Formate bei weitem. In dieser Konfektionierung werden auch die meisten Filme verkauft.

Kameratypologie

Die Kleinbild-Spiegelreflexkamera

Der vielseitigste und damit auch der interessanteste Kameratyp ist die Kleinbild-Spiegelreflex. Ihre englische Abkürzung lautet SLR (Single Lens Reflex), sie weist auf das hervorstechende Merkmal der Spiegelreflexkamera hin: Bei diesem Typ betrachtet der Fotograf das Modell durch dasselbe Objektiv, durch das die Kamera nach dem Auslösen ihr Bild aufnimmt – Sucherbild und Endresultat stimmen also exakt überein. Herzstück der SLR ist ein Schwenkspiegel, der vor dem Film in den Strahlengang eingeschwenkt ist und das durch das Objektiv eintretende Licht im rechten Winkel nach oben ablenkt. Statt auf dem Film ein Bild zu entwerfen, tun die Lichtstrahlen dies auf einer → Mattscheibe, die genau über diesem Spiegel angeordnet ist. Nach dem Auslösen klappt der Spiegel nach oben und gibt den Strahlengang auf den Film frei. Direkt vor dem Film sitzt der → Verschluß, der in diesem Moment für eine vorher genau festgelegte Zeit öffnet – die Belichtung findet statt. Die ersten Spiegelreflexkameras hatten um die Mattscheibe einen Lichtschacht, der Fotograf betrachtete das Sucherbild von

Strahlengang bei einer Spiegelreflexkamera: Das Licht wird über einen Spiegel zum Sucherokular gelenkt. Zeichnung: Karina Stieler

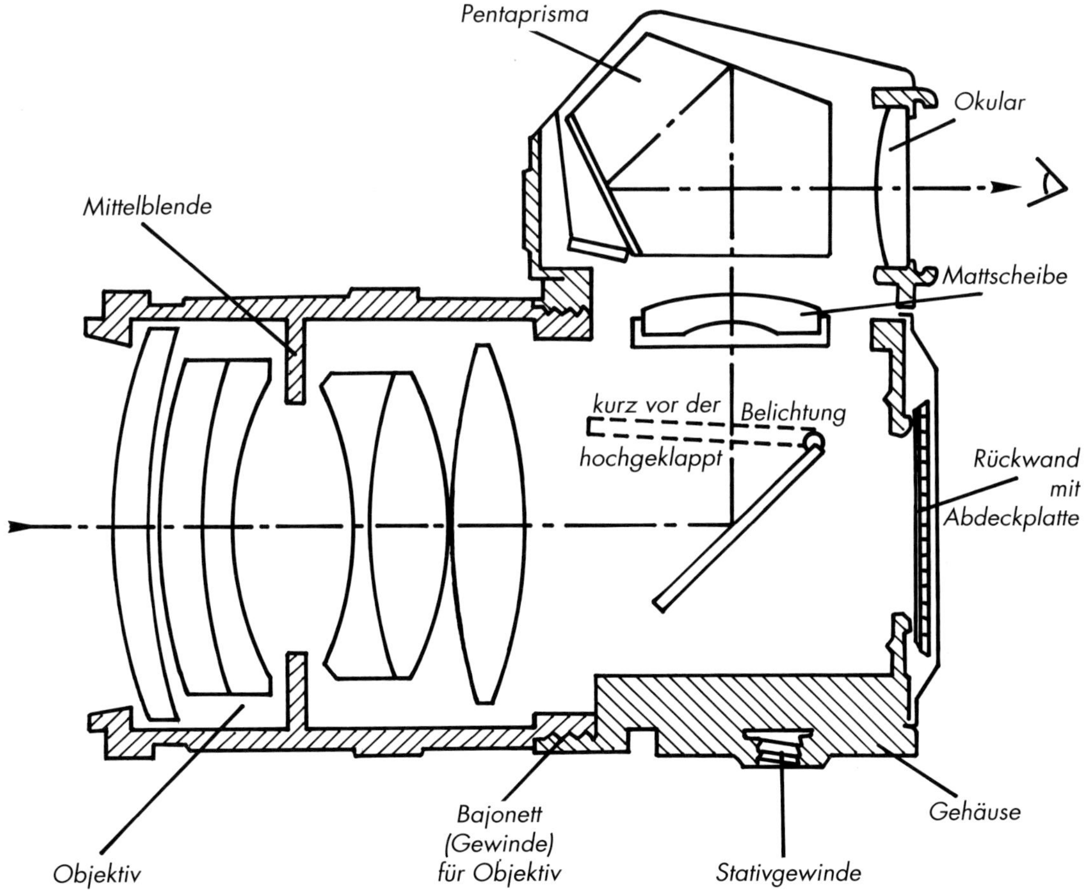

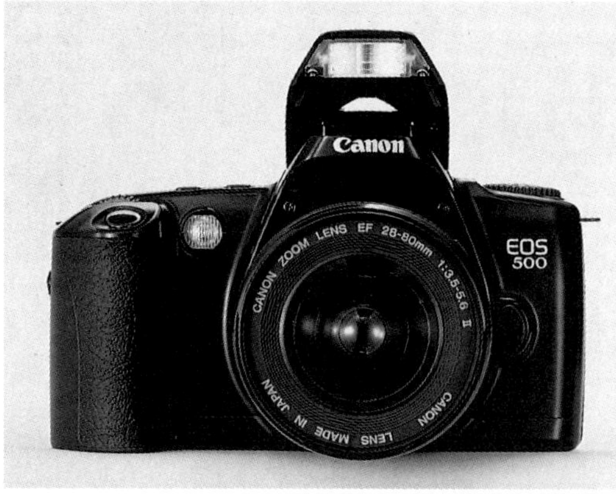

Moderne Autofokus-Spiegelreflex-Kamera mit eingebautem Blitz

oben. Durch den Reflexspiegel wird das Bild an der Querachse gespiegelt – es ist jetzt aufrechtstehend, aber immer noch seitenverkehrt.
Angenehmer für den Fotografen ist es, wenn er das Bild aufrecht und seitenrichtig betrachten kann und dabei nicht nach unten, sondern nach vorn blicken kann. Deshalb sind heute fast alle SLR-Kameras mit einem Pentaprisma ausgestattet. Dieses präzise optische Element spiegelt das Bild an der Hochachse und kippt es abermals um 90°, so daß es im Kameraokular betrachtet werden kann. Das Pentaprisma ist bei den meisten SLR-Kameras fest eingebaut, nur bei teuren Spezialkameras kann es gegen ein anderes Suchersystem ausgetauscht werden.
Weil der Reflexsucher auf dasselbe Objektiv zurückgreift, das für die Aufnahme verwendet wird, kann man bei fast allen SLR-Kameras das Objektiv austauschen gegen eines mit einem anderen Bildwinkel. Dadurch läßt sich die Kamera an jeden Aufnahmezweck anpassen, egal ob ein weit entferntes Objekt formatfüllend abgebildet oder eine ausgedehnte Szenerie komplett erfaßt werden muß. Vor der Aufnahme muß das Objektiv fokussiert werden, damit das gewünschte Aufnahmemotiv scharf auf dem Film erscheint. Physikalisch bedeutet das: Die Objektweite (d. h. die Entfernung zwischen Objekt und Linse) ist umgekehrt proportional zur Bildweite (d. h. die Entfernung zwischen Film und Linse). Für die Praxis folgt daraus, daß das optische System umso weiter vom Film entfernt werden muß, je näher das Motiv ist. Die Verstellwege betragen dabei von wenigen Millimetern bis zu mehreren Zentimetern. Eingestellt wird durch Drehen am Scharfstellring des Objektivs. Die → Mattscheibe im Sucher dient dabei als Kontrolle: Erscheint das Motiv im Sucher scharf, ist das Objektiv korrekt scharfgestellt. Um diesen Vorgang zu vereinfachen, haben viele Kameras optische Scharfstellhilfen im Sucher. Sogenannte Mikroprismen ergeben erst dann ein klares Bild, wenn korrekt fokussiert wurde. Ein Schnittbildindikator zeigt durch verschobene Bildteile an, wenn die Einstellung nicht stimmt. Autofokus-Kameras können automatisch fokussieren, wenn das Autofokus-Meßfeld ein Motivdetail mit genügend Kontrast erfaßt hat. Das AF-System mißt die Kontraststärke, während das Objektiv motorisch fokussiert wird. Bei maximalem Bildkontrast stimmt auch die Scharfstellung.
Zur Regelung der Belichtung stehen an der SLR-Kamera die Verschlußzeit und die Objektivblende zur Verfügung. Außerdem sind fast alle SLR-Kameras mit einem Belichtungsmesser ausgestattet. Er mißt die Helligkeit des Motivs und ermöglicht so die genaue Dosierung des Lichtes. Je nach Kameramodell muß der Fotograf Zeit und Blende selbst so einstellen, daß der Belichtungsmesser im Sucher korrekte Belichtung signalisiert, oder er muß die gewünschte Verschlußzeit bzw. die Objektivblende vorgeben, woraufhin die Kamera automatisch die andere Größe passend zur Motivhelligkeit bildet. Je nachdem, welche der beiden Regulationsgrößen Zeit und Blende von der Kamera eingestellt werden, unterscheidet man zwischen Zeit- oder Blendenautomatik. Am komfortabelsten sind Kameras mit Programmautomatik. Sie wählen in Abhängigkeit zur → Beleuchtungsstärke, aber auch zu anderen Faktoren wie z. B. Objektivbrennweite, sowohl Verschlußzeit als auch Blendenwert selbsttätig. Viele moderne Kameras besitzen mehrere Automatiken, so daß der Fotograf entscheiden kann, ob er die Zeit oder die Blende gezielt festlegen möchte. Bei der Belichtungsmessung unterscheidet man verschiedene Charakteristika. Die Integralmessung berücksichtigt die Helligkeit des kompletten Bildfeldes gleichwertig. Da sich das wichtigste Fotomotiv meist in der Bildmitte befindet, wird diese Methode vielfach zur mittenbetonten Integralmessung abgewandelt – das Meßsystem berücksich-

Systemkamera
Kamera, die aus einem Gehäuse und verschiedenen Bau- und Zubehörteilen besteht, welche entsprechend der jeweiligen Anforderungen beliebig kombinier- und austauschbar sind. Hierdurch ergibt sich eine extreme Vielseitigkeit und Ausbaufähigkeit solcher Systeme.

SLR
Abkürzung für englisch »Single Lens Reflex«, Bezeichnung für einäugige **→ Spiegelreflexkameras.**

tigt die Helligkeit der Bildmitte stärker als die am Rand. Exakter – aber auch schwieriger zu beherrschen – ist die Spotmessung. Sie bezieht sich nur auf einen kleinen Meßpunkt in der Bildmitte (ca. 5% des Bildfeldes), der Rest bleibt unberücksichtigt. Mit der Spotmessung lassen sich auch schwierige Motive, wie etwa Porträts im Gegenlicht korrekt messen, bei denen die Integralmessung zu Unterbelichtung neigen würde. Die Vorteile beider Meßmethoden vereint die Mehrfeldmessung. Hier wird das Bildfeld in (je nach Kameramodell) 3 bis 16 Segmente aufgeteilt. Wenn die Kamera starke Beleuchtungsunterschiede zwischen Segmenten am Rand und solchen in der Mitte feststellt, berücksichtigt sie automatisch die Bildmitte stärker – Fehlbelichtungen werden so vermieden. Preisgünstige Kameras sind meist mit einer mittenbetonten Integralmessung ausgestattet, hochwertigere Modelle zusätzlich mit einer Spotmessung. Die meisten modernen Autofokuskameras verfügen dagegen über alle drei Meßmethoden, einfachere AF-SLRs zumindest über eine Mehrfeldmessung.
Die meisten heute angebotenen SLR-Kameras sind mit einem automatischen Filmtransport ausgestattet, sie transportieren den Film nach jeder Aufnahme um ein Bild weiter. Ist der Film voll, wird er – ebenfalls automatisch – zurückgespult. Neben höherer Bequemlichkeit hat ein eingebauter Transportmotor den Vorteil, daß die Kamera nach dem Auslösen sofort wieder schußbereit ist. Ältere Kameras und solche, bei denen aus Sparsamkeit oder zugunsten höherer Zuverlässigkeit auf viele Elektronikkomponenten verzichtet wurde, haben stattdessen einen Schnellspannhebel. Wird er mit dem Daumen betätigt, wird der Film transportiert, gleichzeitig der → Verschluß in Aufnahmestellung gebracht und gespannt. Viele SLR-Kameras ohne eingebauten Motor lassen sich nachträglich mit einem Winder oder Motordrive ausstatten. Er wird unter die Kamera geschraubt und übernimmt dann automatisch den Filmtransport. Kameras ohne Motor sind nicht nur robuster und meist billiger, sie brauchen auch wenig Batteriestrom und sind oftmals besonders leise.
Der Vorteil der Kleinbild-Spiegelreflexkamera gegenüber anderen Kameramodellen besteht in ihrer Flexibilität. Fast jede SLR steht im Mittelpunkt eines Systems aus Geräten wie Objektiven, Blitzgeräten, Nahaufnahmezubehör und anderen Erweiterungsbauteilen. Dadurch läßt sich die SLR schnell an jeden beliebigen Aufnahmezweck anpassen – und liefert dort in der Regel eine höhere Bildqualität als eine vollautomatische Sucherkamera.

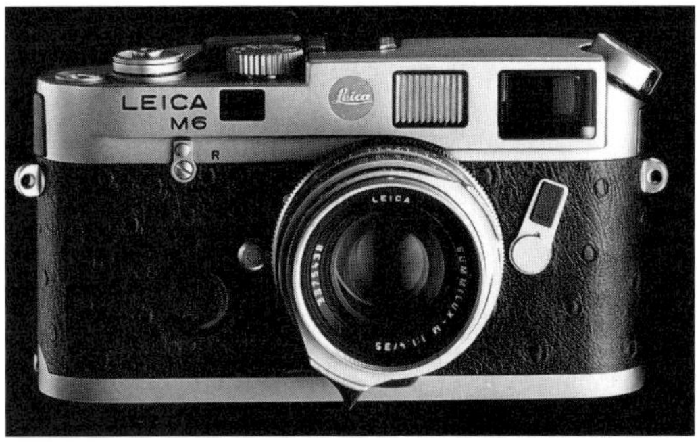

Meßsucherkamera der Spitzenklasse

Kompakt-, Sucher-, Zoomkameras

Obwohl sie meist dasselbe Filmformat verwenden wie eine Kleinbild-Spiegelreflexkamera, sind Kompaktkameras in der Regel deutlich billiger, kleiner und leichter. Der größte konstruktive Unterschied zur SLR ist das einfachere Suchersystem. Der Sucher ist vom Objektiv räumlich getrennt, der Fotograf sieht also nicht exakt das im Sucherokular, was später aufs Bild kommt. Dieser Effekt wird Sucherparallaxe genannt. Er tritt umso stärker in Erscheinung, je näher das Motiv ist. Weiterhin lassen sich bei Kompaktkameras in der Regel die Objektive

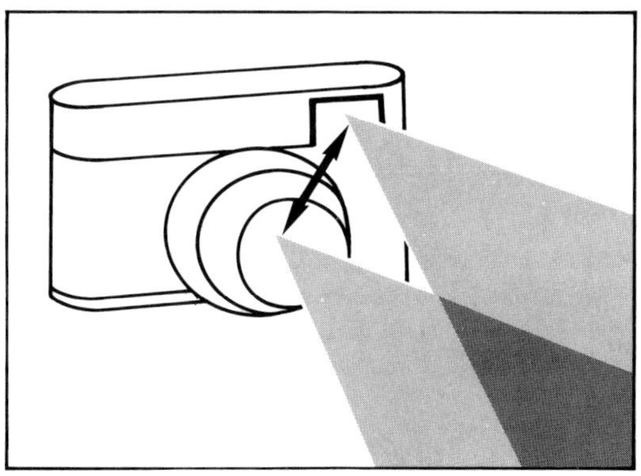

Parallaxe zwischen Aufnahme- und Sucherwinkel bei Sucherkameras

Mattscheibe
Transparente, einseitig mattierte (Glas-) Scheibe, die, in der Filmebene eines optischen Systems einer → **Spiegelreflex-** oder einer → **Fachkamera** angebracht, das Bild seitenverkehrt und kopfstehend sichtbar macht. In der gleich weit vom optischen System entfernten Einstellebene dient die mit integriertem Schnittbildindikator oder Mikroprismenrasterfeld ausgestattete M. als visuelle Scharfeinstellhilfe.

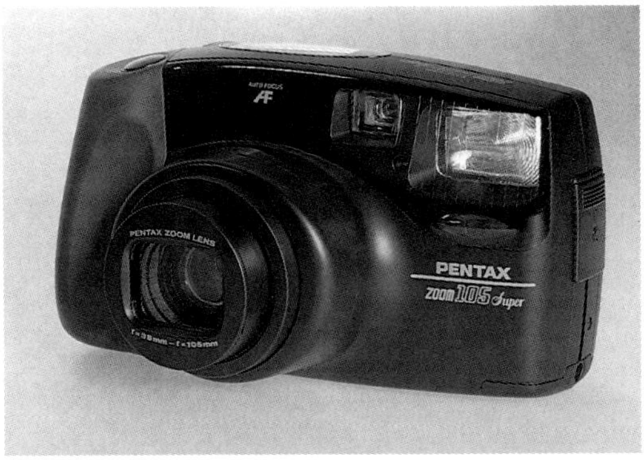

Zoomkompakt-Kamera

Licht
Der Teil elektromagnetischer Schwingungen, dessen Wellenlängen zwischen 400 und 700 nm (Nanometer) liegen und der daher vom menschlichen Auge wahrgenommen wird. Die Lichtstrahlen gehen von einer Lichtquelle aus, von der sie sich geradlinig fortbewegen und sich als elektromagnetisches Feld im Raum ausbreiten. Die Lichtstärke nimmt hierbei stark ab, und zwar im Quadrat der Entfernung, wenn es sich um eine punktförmige Lichtquelle handelt, denn bei doppelter Entfernung wird bereits eine viermal so große Fläche beleuchtet. Setzt sich das Licht aus energiegleichen Teilen zusammen, so spricht man von »weißem Licht«. Wenn dieses auf Hindernisse trifft, so können von ihnen je nach der Oberflächenstruktur bestimmte Wellenlängen absorbiert (→ **Absorption**), andere reflektiert (→ **Reflexion**) und als Farbe sichtbar werden. Das Farbenspektrum des sichtbaren Lichts reicht vom kurzwelligen Blau (400 bis 500 nm) über Grün (500 bis 600 nm)

nicht wechseln. Da kein Schwingspiegel eingebaut ist, können andere Objektivkonstruktionen verwendet werden, bei denen das optische System dichter am Film liegt – die Kamera wird kleiner. Kompaktkameras sind in der Regel für problemloses Fotografieren ausgelegt und weisen deshalb einen hohen Bedienungskomfort auf. Bei den moderneren Typen sind automatischer Filmtransport, eingebauter, automatisch zuschaltbarer Blitz, Programmautomatik und Autofokus Standard – die Bedienung beschränkt sich auf das Anvisieren des Motivs und das Durchdrücken des Auslösers. Dafür läßt sich in der Regel die automatisch eingestellte Belichtung weder kontrollieren noch korrigieren, und im Sucher sieht man auch nicht, ob der Autofokus korrekt scharfgestellt hat. In Kompaktkameras kommen fast ausschließlich aktive Autofokussysteme auf Infrarotbasis zum Einsatz. Die Kamera mißt mit einer Infrarotdiode die Entfernung zum Hauptmotiv – das Objektiv wird im Moment der Auslösung unmittelbar vor der Belichtung scharfgestellt. Das System funktioniert auch bei Dunkelheit, hat aber nur eine begrenzte Reichweite und arbeitet nicht so genau wie gute passive AF-Systeme teurerer AF-SLRs. Sehr preisgünstige Kompakte haben oft keine automatische Scharfstellung, sie sind mit einem Fixfokusobjektiv ausgestattet, das ab 1 m Aufnahmeentfernung »alles scharf« zeichnet – bei oft insgesamt reduzierter Abbildungsleistung.
Diese billigen Fixfokuskameras haben meist nur einen simplen Verschluß ohne verstellbare Ablaufzeit sowie eine feste Blendenöffnung im Objektiv eingebaut. Die »Belichtungssteuerung« überläßt dieses Konzept dem Belichtungsspielraum des Filmes. Aus diesem Grund liefern solche Kameras auch nur mit Negativfilm befriedigende Ergebnisse, denn Diamaterial hat keinen nennenswerten Belichtungsspielraum. Bis auf wenige Ausnahmen haben die hochwertigeren Sucherkameras Programmverschlüsse, die im Objektiv eingebaut sind und dort gleichzeitig Verschlußzeit und Objektivblende regeln. Einen echten Eingriff in die Belichtung ermöglichen nur wenige, zumeist relativ teure Sucherkameras, von denen einige auch eine manuelle Scharfstellung ermöglichen.
Neben den extrem kleinen Kompaktkameras mit einem Objektiv, dessen gemäßigte Weitwinkelcharakteristik (Brennweite um 35 mm) dem menschlichen Seheindruck nahekommt, bilden die Zoomkameras eine weitere Gruppe der Sucherkameras. Sie verfügen über ein Objektiv mit einer veränderlichen Brennweite (etwa 35 – 70 mm bis etwa 35 – 115 mm), die meist motorisch verstellt werden kann. Das Suchersystem ist auch hier vom Objektiv getrennt, es wird aber in seinem Bildwinkel parallel zum Objektiv verstellt, damit der Sucherausschnitt mit dem realen Bildausschnitt korrespondiert. Aufwendigere Zoomkameras besitzen auch einen eingebauten Zoomblitz, dessen Reflektor sich mit der eingestellten Brennweite verstellt und so den Ausleuchtwinkel dem Bildwinkel anpaßt. Durch das kleine Gehäuse sitzen bei allen Sucherkameras mit eingebautem Blitz dessen Reflektor und die optische Achse des Objektivs relativ dicht zusammen. Dadurch kommt es bei Personenaufnahmen in der Dunkelheit zum sogenannten »Rote-Augen«-Effekt. Er entsteht dadurch, daß durch die weit geöffneten Pupillen der fotografierten Person das Blitzlicht einfällt und die durchblutete Netzhaut beleuchtet. Dieser Effekt tritt umso stärker in Erscheinung, je näher Blitz und Objektiv zusammenliegen, je länger die Objektivbrennweite ist – und je weiter die Pupillen des Motivs geöffnet sind. Viele gehobenere Kompaktkameras sind deshalb mit einem Vorblitz gegen rote Augen ausgerüstet: Rund eine Dreiviertelsekunde vor der tatsächlichen Belichtung sendet die Kamera einen schwachen, aber deutlich sichtbaren Blitz aus. Er »blendet« das Modell, seine Pupillen schließen sich reflexartig, und der »Rote-Augen«-Effekt wird sichtbar verringert.
Neben der komfortbetonten Grundausstat-

tung haben viele gehobene Kompaktkameras in letzter Zeit eine Vielzahl von mehr oder weniger nützlichen Zusatzfunktionen bekommen, die sie in den Augen vieler Verbraucher zu einer ernsthaften SLR-Alternative machen.
Eine andere Auslegung vertritt die letzte mechanische Meßsucher-Systemkamera am Markt, die Leica M6. Sie geht konstruktiv direkt auf die erste Kleinbildkamera überhaupt, die Leica von 1914 zurück. Das Leica-Konzept bietet höchste optische und mechanische Qualität bei gleichzeitiger Beschränkung auf die nötigsten Grundfunktionen. Anders als bei anderen Sucherkameras kann man hier die Objektive wechseln. Die Kamera eignet sich wegen ihrer lichtstarken Objektive und dem präzisen optischen Entfernungsmesser besonders für Reportagen und diskrete Fotos unter ungünstigen Aufnahmebedingungen, sie ist zudem extrem leise.

Mittelformatkameras

Mittelformatkameras nutzen als Aufnahmemedium unperforierten Rollfilm mit 62 mm Breite. Im Gegensatz zur Kleinbildkamera, bei der der perforierte 35 mm Film fast ausschließlich für ein Aufnahmeformat von 24 x 36 mm steht, gibt es im Mittelformat verschiedene Bildgrößen: 4,5 x 6 cm, 6 x 6 cm, 6 x 7 cm, 6 x 8 cm und 6 x 9 cm. Außerdem gibt es zwei unterschiedlich lange Filmtypen, den Rollfilm 120 und den Rollfilm 220 (doppelte Länge, weniger dick, da kein Trägerpapier). Der Rollfilm wird auf einer Kunststoffspule in die Kamera gelegt und während des Fotografierens auf eine andere Walze umgespult. Ist der Film voll, bleibt die leere Spule zurück und dient als Aufnahme für den nächsten Film. Das gegenüber dem Kleinbildfilm deutlich größere Bildformat bedingt größere Kameras, die deswegen auch deutlich unhandlicher und natürlich teurer sind. Die Formatreserve bringt aber auch eine erhöhte Bildqualität, weshalb die Mittelformatfotografie mehrheitlich eine Domäne der Profis ist. Die meisten professionellen Mittelformatkameras sind heute einäugige Spiegelreflexkameras in Modulbauweise. Die reine Kamera ist nicht viel mehr als ein Würfel, der den Schwingspiegel und die Verschlußsteuerung beherbergt und an allen Seiten Anschlußmöglichkeiten für Zubehör bietet. Weil auf einen Rollfilm relativ wenig Bilder passen, haben viele Kameras auswechselbare Filmmagazine. Das bietet dem Fotografen die Möglichkeit, mehrere Magazine vorzubereiten und schnell den Film zu wechseln. Für

bis zum langwelligen Rot (600 bis 700 nm). Unterhalb dieses Bereichs schließt sich das ultraviolette und darüber das infrarote Spektrum an, die für die Fotografie nur in Spezialbereichen (→ **Falschfarbenfilm**) eine Rolle spielen.

Multimode-Kamera
→ Spiegelreflexkamera
mit mehreren manuellen und automatischen Betriebsmodi und Funktionsarten.

Schnellschalthebel
Hebel am Kameragehäuse, durch den gleichzeitig der Film transportiert und der → **Verschluß** gespannt wird.

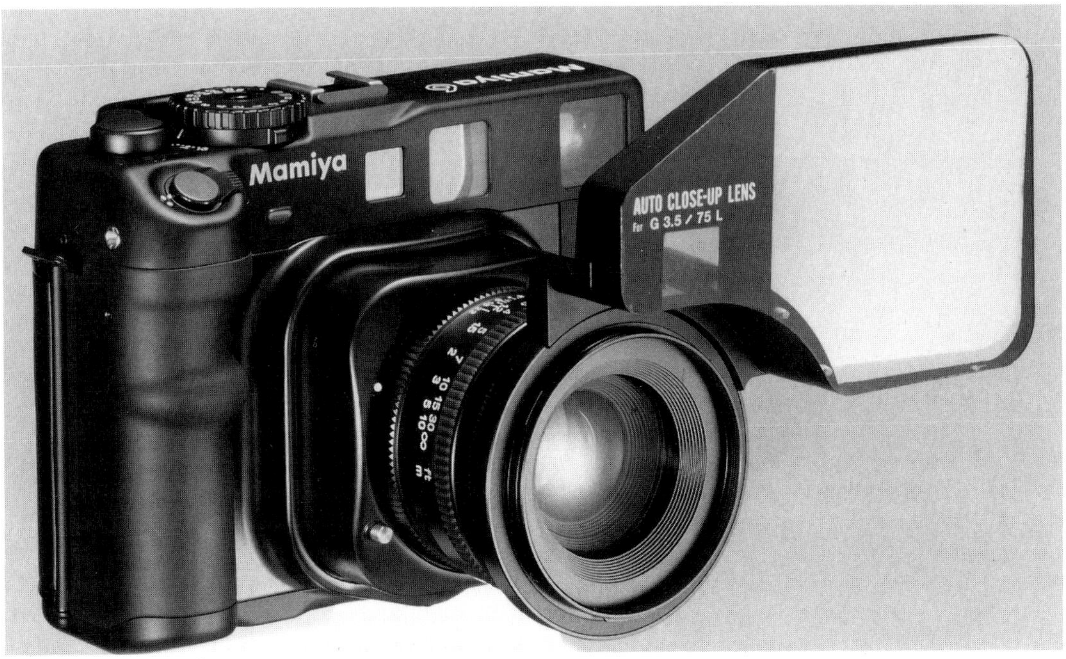

Mittelformat-Sucherkamera mit Nahaufnahmevorsatz

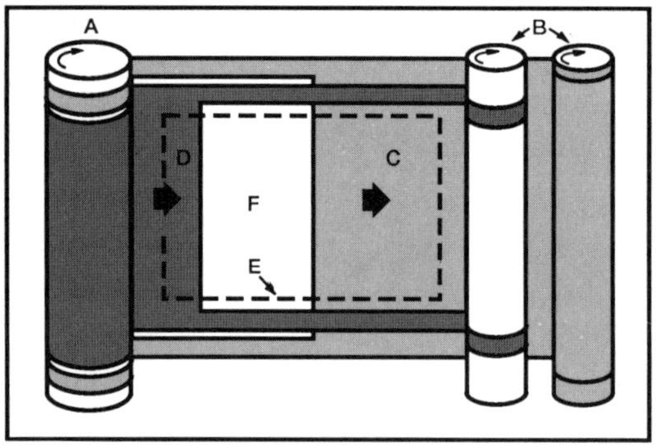

Prinzip des Schlitzverschlusses bei der die Belichtung durch die Breite und die Geschwindigkeit des ablaufenden Verschlußvorhangs bestimmt wird.

schnelle Belichtungskontrollen – speziell mit dem visuell sehr schwer einschätzbaren Blitzlicht – kann statt des Filmmagazins auch ein Polaroid-Rückteil angesetzt werden. Da Mittelformat-Systemkameras häufig im Studio mit Blitzlicht eingesetzt werden, verwenden sie oft Objektive mit Zentralverschluß. Im Gegensatz zum Schlitzverschluß direkt vor der Filmebene in der Kamera (wie bei der Kleinbild-SLR) läßt sich der Zentralverschluß auch mit seinen kürzesten Verschlußzeiten bei Blitzlicht verwenden. Zentralverschlüsse sind in der Regel – besonders in so großen Kameras – laufruhiger als Schlitzverschlüsse. Da für jedes Objektiv ein Verschluß notwendig ist, ist dieses Konzept teurer und mechanisch anspruchsvoller.
Neben diesen würfelförmigen Komponentenkameras gibt es auch Modelle, die das Konzept der Kleinbild-SLR ins Mittelformat übertragen: Pentax 67, Pentacon Six, Exakta 66, Kiev 60. Sie haben einen Schlitzverschluß, der Film wird waagerecht im Gehäuse geführt. In der Handhabung erinnern sie an groß geratene Kleinbild-SLRs, den Filmtransport übernimmt hier wie da ein Schnellspannhebel. Der relativen Handlichkeit steht eine geringere Flexibilität und Studiotauglichkeit gegenüber, weshalb dieses Konzept im Auslaufen begriffen ist.
Was im Kleinbildbereich eine Spezialität von einigen wenigen besonders teuren Kameras ist, bildet bei Mittelformat-Spiegelreflexkameras die Regel: Das Suchersystem läßt sich auswechseln. Im Studio arbeitet man häufig mit Lichtschachtsuchern und blickt von oben in die Kamera. Bei rechteckigen Bildformaten ergeben sich dabei Schwierigkeiten, eine Hochformataufnahme zu machen (man müßte von der Seite in die Kamera sehen). Firmen wie Rollei und Hasselblad bauen deshalb grundsätzlich Kameras mit dem quadratischen Aufnahmeformat 6 x 6 cm, andere Hersteller wie Mamiya oder Fuji bauen Filmmagazine mit einer drehbaren Halterung – will man eine Hochformataufnahme machen, wird nur der Film gedreht, aber nicht die Kamera.
Dafür haben viele Rollfilmkameras keinen eingebauten Belichtungsmesser. Möchte man bei einer solchen Kamera durch das Objektiv die Belichtung messen, muß man einen Prismensucher mit eingebautem TTL-Belichtungsmesser aufsetzen (TTL = through the lens).

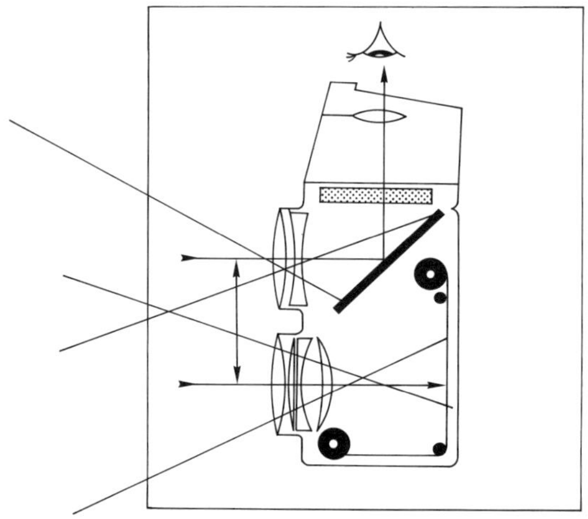

Strahlengang einer zweiäugigen Spiegelreflexkamera wie sie vor allem für das Mittelformat gebaut wurden. Der Spiegel, der das Bild zum Sucher projiziert, bleibt starr. Es entsteht eine Parallaxe zwischen Sucherbild und Aufnahmefeld.

Prismensucher
Suchersystem in → **Spiegelreflexkameras,** das mit Hilfe eines Pentaprismas (dachkantiger, fünfflächiger Glaskörper) das durch das Kameraobjektiv über den Spiegel auf der → **Mattscheibe** seitenverkehrt und kopfstehend sichtbare Bild so umlenkt, daß es im Okular seitenrichtig und aufrechtstehend erscheint.

Zentralverschluß
→ **Verschluß** aus mehreren kurvenförmig begrenzten und jeweils um einen festen Drehpunkt nach außen schwenkbaren Stahllamellen, die im Gegensatz zum → **Schlitzverschluß** das gesamte → **Bildfeld** gleichzeitig zur Belichtung freigeben, was die → **Blitzsynchronisation** bei allen Verschlußzeiten gewährleistet. Der Z. ist entweder als Zwischenlinsenverschluß im Objektiv oder als Hinterlinsenverschluß direkt hinter diesem angebracht und erlaubt Verschlußzeiten von bis zu 1/500 Sekunde.

Mittelformatkamera mit Wechselmagazinen

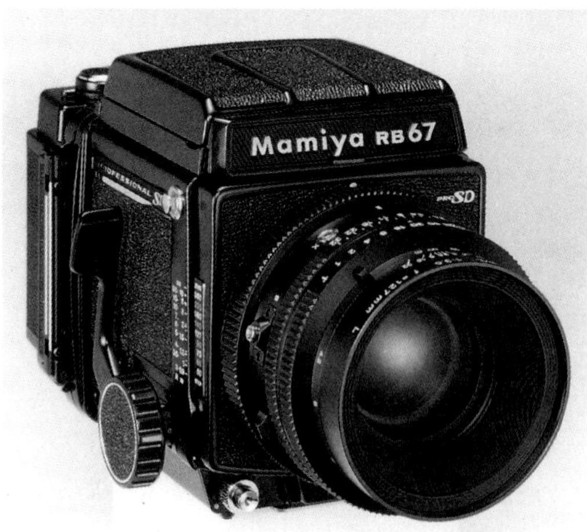

Der Filmtransport erfolgt bei den meisten Kameras manuell mit einer relativ großen Kurbel. Meistens kann man einen Transportmotor ansetzen, bei moderneren Kameras ist er manchmal bereits fest eingebaut.
Neben den einäugigen gibt es noch die zweiäugigen Spiegelreflexkameras. Ihr berühmtester Vertreter ist die Rolleiflex, die seit über 60 Jahren gebaut wird. Bei der TLR (Twin Lens Reflex) sitzen zwei Objektive gleicher Brennweite übereinander, das obere dient dem Fotografen zum Anvisieren (Sucherobjektiv), das untere der Kamera als Aufnahmeobjektiv. Hinter dem Sucherobjektiv ist ein Umlenkspiegel eingebaut, der aber im Gegensatz zur SLR-Kamera feststeht. Beide Objektive sitzen auf einer gemeinsamen Standarte, die zum Fokussieren über einen Rändelknopf vor- und zurückbewegt wird. So kann der Fotograf über die Mattscheibe die Schärfe kontrollieren. Der Bildausschnitt im Sucher ist nicht exakt gleich dem Aufnahmeausschnitt, einige Kameras zeigen über mechanisch betätigte Blenden in der Mattscheibe den effektiven Bildausschnitt an. Das TLR-Prinzip (Two Lens Reflex) kann nur funktionieren, wenn beide Objektive dieselbe Brennweite haben, deshalb muß bei einem Objektivwechsel immer gleich die ganze Standarte ausgewechselt werden. Deshalb kann man bei einer TLR in der Regel das Objektiv nicht wechseln. Diesem Nachteil steht eine verhältnismäßig einfache Konstruktion (kein Schwingspiegel) gegenüber – TLR-Kameras sind sehr leise und relativ handlich. Da sie fast ausschließlich mit Lichtschachtsuchern ausgestattet sind, kommt als einziges Bildformat die quadratische Größe 6 x 6 cm in Frage, bei dem es keine Entscheidung zwischen Hoch- und Querformat gibt.
Auch im Mittelformat gibt es Sucherkameras, die sich allerdings im Bedienungskomfort nicht an den Kompaktmodellen des Kleinbildlagers orientieren. Sie sind eher mit einer Leica M6 zu vergleichen, eine Kamera wie die Mamiya 6 erlaubt sogar den Objektivwechsel. Der Vorteil der Mittelformat-Sucherkameras ist ihre relativ einfache, unauffällige Bedienung, gepaart mit der hervorragenden Bildqualität des Mittelformats. Viele Landschafts- und Reisefotografen nehmen die Beschränkungen in der Brennweitenauswahl hin, weil sie eine relativ leichte Kamera wollen, die ihnen optimale Bildqualität liefert.

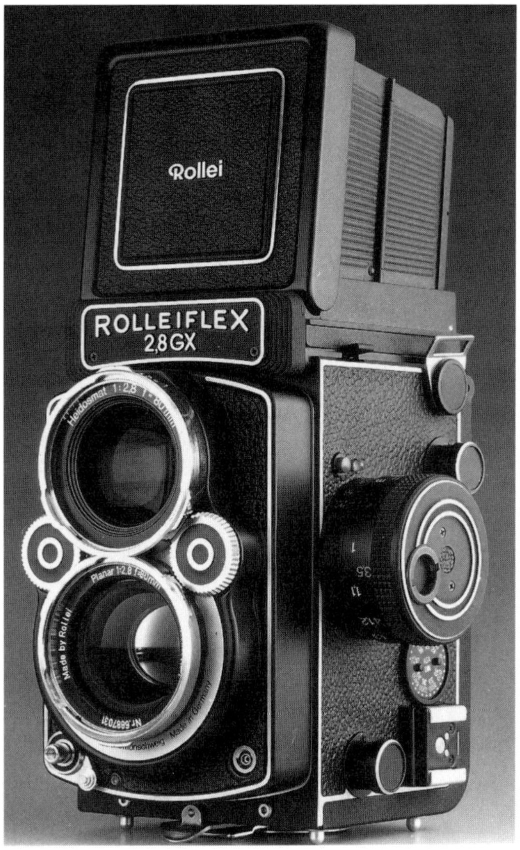

Zweiäugige Spiegelreflexkamera für das Mittelformat

Großbildkameras

Fast ausschließlich für den professionellen Einsatz gedacht sind die Großbildkameras, die sich durch ihr großes Filmformat und zumeist die Abwesenheit jeglichen Bedienungskomforts auszeichnen. Zwei Typen gilt es zu unterscheiden, die Laufboden- und die Fachkamera. Beide Kameras haben keinen Sucher im eigentlichen Sinn, bei ihnen wird stattdessen eine Mattscheibe anstelle des Films eingesetzt. Der Fotograf begutachtet das Bild auf der → Mattscheibe, es steht auf dem Kopf und ist seitenverkehrt. Um durch Streulicht nicht gestört zu werden, verbirgt er sich dabei unter einem großen Tuch. Ist die Einstellung der Kamera abgeschlossen, wird statt der → Mattscheibe wieder eine Filmkassette eingesetzt und anschließend das Bild belichtet. Weil dabei die Kamera absolut nicht bewegt werden darf, ist bei

Stürzende Linien
Perspektivische Verzerrung, die sich v.a. in der Architekturfotografie ergibt, wenn Gebäude mit nach oben geneigter Kamera aufgenommen werden. Durch den Neigungswinkel der Bildebene zur Objektfläche (Gebäudefassade) werden deren senkrechte Linien nicht parallel, sondern gegeneinander geneigt, als »stürzende Linien« wiedergegeben. Vermieden werden solche Verzerrungen durch die Aufnahme mit einer → **Fachkamera,** die eine Parallelverschiebung der Bild- zur Objektivebene und somit die unverzerrte Wiedergabe des gleichen Bildausschnitts erlaubt. Auch mit Kleinbildkameras ist dies durch die Verwendung spezieller → **Shift-Objektive** möglich, und Verzerrungen können nach dem gleichen Prinzip bei der Vergrößerung behoben werden.

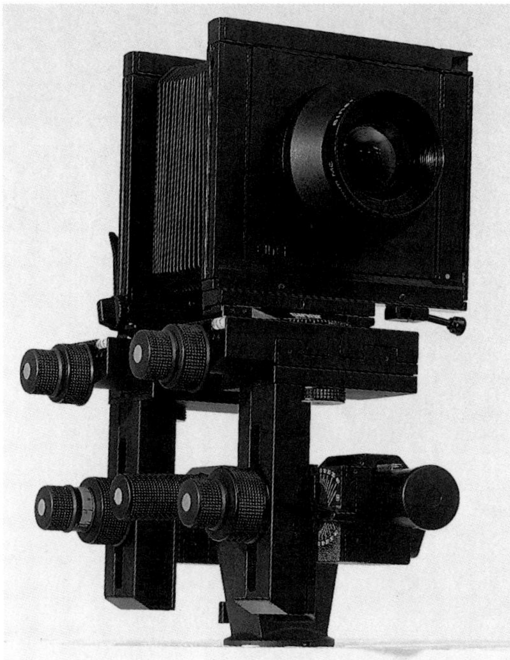

Großbildkamera auf optischer Bank

Entzerren
Durch den Neigungswinkel der Bildebene zur Motivebene treten vor allem in der Architekturfotografie Verzerrungen paralleler senkrechter Linien des Motivs im Bild auf, sog. → **stürzende Linien.** Mit Hilfe spezieller verstellbarer Objektive oder einer Fachkamera lassen sich solche perspektivische Verzerrungen bereits bei der Aufnahme ausgleichen. Die Korrektur im Labor geschieht beim Vergrößern durch ein Schwenken des Grundbretts am Vergrößerungsgerät.

Großbildkameras der Einsatz eines stabilen Statives unerläßlich.
Großbildkameras arbeiten in der Regel mit Planfilm, das heißt mit einzelnen Filmblättern, die nach jeder Aufnahme entnommen werden. Die Formate reichen dabei von 9 x 13 cm bis zu 50 x 60 cm, wobei die größeren Formate in erster Linie da ihre Berechtigung haben, wo man den Film nach der Aufnahme nicht mehr vergrößern möchte. Die Filmkassetten der Großbildkamera lassen eine rasche Bildfolge in der Regel nicht zu. Jede Kassette muß in der Dunkelkammer mit Planfilmblättern gefüllt werden. Nun kann sie von jeder Seite einmal belichtet werden, anschließend müssen die belichteten Blätter wieder im Dunklen entnommen werden. Gerade bei Außenaufnahmen muß der Großbildfotograf deshalb entweder genügend Wechselkassetten mitnehmen oder den Filmwechsel mit einem lichtdichten Wechselsack »on location« erledigen. Heute gibt es deswegen von Fuji, Kodak, und Polaroid spezielle Planfilme, die sich bei Tageslicht in Wechselkassetten einlegen lassen.
Die Fachkamera besteht aus zwei Standarten, die auf einer Optischen Bank, also einem stabilen Rohr oder einer Schiene, angeordnet sind. Eine Standarte trägt eine Platte mit dem Objektiv und dem Zentralverschluß, die andere Standarte nimmt entweder die Filmkassette oder die → Mattscheibe auf. Beide Standarten sind durch einen Balgen lichtdicht miteinander verbunden. Zum Fokussieren muß man die Standarten auf dem Träger verschieben. Außerdem kann man beide Standarten schwenken und kippen. Dies dient einerseits dazu, den Schärfebereich zu dehnen (Scheimpflug-Prinzip), andererseits stürzende Linien zu entzerren. Diese Eigenschaften sind besonders bei der Werbe- und der Architekturfotografie gefragt, den Domänen der Fachkamera. Durch ihre ausladende Bauweise und ihre komplizierte Bedienung ist die Fachkamera fast nur für statische Motive – in erster Linie im Studio – geeignet. Etwas kompromißbereiter gibt sich die Laufbodenkamera, deshalb in den Frühtagen der Fotografie auch gern als »Reisekamera« bezeichnet. Bei ihr bildet die Filmstandarte einen Kasten, aus dem vorn ein Deckel nach unten klappt. Auf diesem Deckel sitzt innen eine Schiene, auf der die Objektivstandarte dann nach vorn geschoben werden kann. So läßt sich aus einem verhältnismäßig kleinen Koffer mit wenigen Handgriffen eine aufnahmebereite Kamera machen. Die weiteren Schritte sind ähnlich wie oben beschrieben: Mattscheibe einsetzen, Zentralverschluß am Objektiv öffnen und Objektivstandarte soweit herausfahren, bis das Bild auf der → Mattscheibe scharf erscheint. Dann → Verschluß schließen, → Mattscheibe gegen Filmkassette austauschen und belichten. Gegenüber der Fachkamera besitzt die Laufbodenkamera geringere Verstellmöglichkeiten, da zumeist nur die Objektivstandarte verschoben und verschwenkt werden kann. Für Entzerrungsaufgaben in der Landschafts- und Architekturfotografie reichen diese Möglichkeiten jedoch aus. Das Bauprinzip der Laufbodenkamera wurde in der ersten Hälfte dieses Jahrhunderts verkleinert und auf die Rollfilmkamera mit Faltbalgen übertragen. Diese Kameras wurden auch mit einfachen optischen Durchsichtsuchern ausgestattet, so daß sich die Bildbegutachtung auf der Mattscheibe erübrigte. Mit solchen Kameras konnte man auch aus der Hand fotografieren, und das Filmformat von 6 x 9 cm lieferte auch als Kontaktabzug ausreichend große Bilder.
Während sich die Laufbodenkamera heute nur noch an wenige ausgesprochene Lieb-

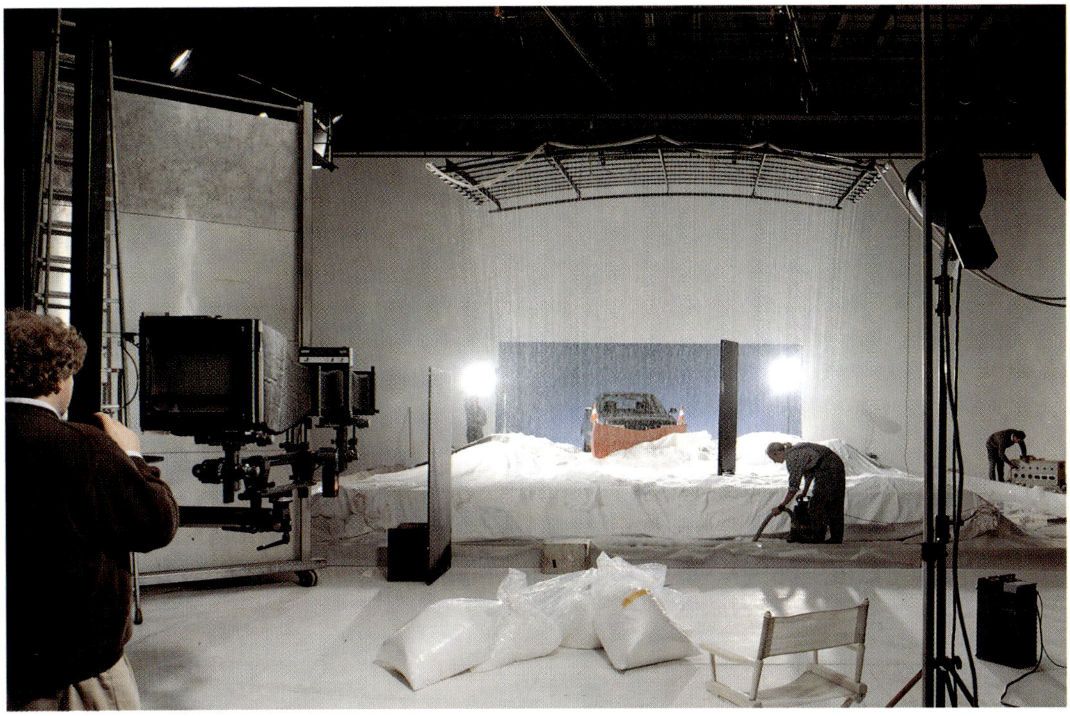

Großformatkamera im Fotostudio. Foto: Sinar

haber wendet, wird die Fachkamera beständig weiterentwickelt. Um das Scharfstellen zu vereinfachen, gibt es heute Systeme mit einer Video-Kamera statt der → Mattscheibe – das Sucherbild wird auf einen Monitor übertragen. Ebenfalls mit Elektronik versehen wurde die Sinar E. Sie nimmt dem Fotografen viele Berechnungen ab, die mit Schärfedehnung, Auszugsverlängerung und anderen Parametern verbunden sind. An der Kamera sitzen Sensoren, die ihre Daten an einen PC übertragen. Der Fotograf kann am Bildschirm kontrollieren, ob die von ihm vorgenommene Einstellung der Standarten zu dem Ergebnis führt, das er sich vorstellt.

Andere Kameratypen

Mitte der 60er Jahre entwickelt Kodak die ersten Instamatic-Kameras für das Filmformat 126. Der 126er Film ist im Grunde ein Kleinbildfilm, doch das Filmformat ist mit 24 x 24 mm quadratisch. Bei der Entwicklung der neuen Filmnorm wird das Hauptaugenmerk auf narrensichere Bedienung gelegt. Der Film ist in einer Kassette eingebaut, die man einfach in die Kamera einlegt, anschließend muß bis zum Anschlag vortransportiert werden, schon ist die Kamera fotografierfertig. Nach der letzten Aufnahme muß man nichts zurückspulen, sondern einfach nur die Kassette entnehmen. Ebenso anspruchslos wie der Film sind in der Regel auch die dazugehörigen Kameras: Preiswerte, einfache Sucherkameras mit Fixfokusobjektiv und oft ohne Belichtungsautomatik. Einzig Rollei baute für den Instamatic-Film eine richtige Spiegelreflexkamera, allerdings ohne Wechselobjektiv. Anfang der 70er Jahre bekommt dieser Kassettenfilm einen Nachfolger, das Pocketformat 110. Das sehr kleine Bildformat von nur 8 x 11 mm ermöglicht einerseits sehr kleine und leichte Kamerakonstruktionen, begrenzt andererseits die Bildqualität erheblich. Durch den zunehmenden Einsatz von Elektronik im Kamerabau verwirklicht die Industrie eine Reihe von aufsehenerregenden Innovationen im Pocketformat. So gibt es eine SLR mit Zoomobjektiv und eine Tauch-Pocket von Minolta, Pentax legt gar eine richtige kleine System-SLR mit Wechselobjektiven, Motorantrieb und Aufsteckblitz auf. Das Gros der Pocketkameras sind hingegen technisch schlichte Sucherkameras ohne aufsehenerregende Merkmale. Auch der Pocket-Film wird einfach in die Kamera eingeschoben und nach dem letzten Bild wieder entnommen. Weit weniger Verbreitung als das Pocket-Konzept findet

Schärfedehnung
Bei Aufnahmen mit einer → **Fachkamera** ist es möglich, die normalerweise parallel zur Objektiv- und somit auch zur Schärfenebene verlaufende Bildebene gegen diese zu kippen und zu drehen, um für bestimmte Aufnahmesituationen eine scheinbare Erweiterung des Schärfebereichs zu erreichen. Tatsächlich wird hierbei allerdings nur die Lage der Schärfenebene so verändert, daß gemäß der von Theodor Scheimpflug formulierten Regel Gegenstandsebene, Objektivebene und Bildebene eine gemeinsame Schnittgerade haben, um auch diese Gegenstandsebene scharf abbilden zu können.

Autofokus
Automatische Scharfeinstellung an Kameras und Projektionsgeräten.
In **passiven Systemen** wie z.B. dem Visitronic-System wird mit Motivreflexionen gearbeitet, die, über einen starren und einen beweglichen Spiegel geleitet, solange miteinander verglichen werden, bis sie durch Drehen des einen Spiegels in Übereinstimmung gebracht sind. Gleichzeitig wird durch einen Kupplungsmechanismus das Objektiv richtig eingestellt. Die Weiterentwicklung dieser Technik führte zu passiven Systemen nach dem Phasendedektionsprinzip. Dieses basiert auf einem elektronisch gesteuerten Vergleich der Helligkeitsverteilung auf zwei Teilbildern, in die das Bild in der Kamera zerlegt wurde. Bis Phasengleichheit und somit Scharfeinstellung erreicht ist, steuert eine Rechnereinheit den Autofokusmotor.
Aktive Systeme senden einen Meßstrahl aus, wobei die von diesem auf dem Weg zum Objekt und zurück benötigte Zeit durch einen Timer gemessen und das Objektiv entsprechend der errechneten Entfernung durch den Fokussiermotor eingestellt wird. In den meisten aktiven Systemen besteht der Meßstrahl aus Infrarotstrahlen, in Sofortbildkameras allerdings wird mit Ultraschallwellen gearbeitet.

der Disc-Film, den abermals Kodak Ende der 70er Jahre einführt. Bei den herkömmlichen Kassettenfilmen war die Filmplanlage nie so gut gewesen wie bei Kameras mit kassettenlosem Film und richtiger Filmandruckplatte in der Rückwand. Deshalb besteht der Disc-Film aus einer Kunststoffscheibe, deren Ausleger die Bildflächen bilden. Anstatt als Band am Filmfenster vorbei, wird in Disc-Kameras der Film im Kreis gedreht. Hintergedanke dabei ist nicht nur eine möglichst einfache Filmführung in der Kamera, sondern auch bei der anschließenden Bildherstellung im Großlabor. Durch die flache Form der Filmscheibe haben die meisten Disc-Kameras die Proportionen eines Zigarettenetuis. Spätere Disc-Modelle werden häufig bereits mit eingebauten Blitzgeräten, vereinzelt auch mit Autofokus und Motor ausgerüstet – wofür sich der runde Filmträger besonders eignet. Von den verschiedenen Kassettenfilm-Kameras werden heute nur noch Pocket-Kameras in geringem Umfang produziert. Seit der Entwicklung von vollautomatischen Kleinbild-Sucherkameras mit motorischem Filmtransport ist die Notwendigkeit, das Filmladen durch ein neues Filmformat zu vereinfachen, zunehmend entfallen. Dennoch kann man auch heute noch Filme für Kassettenfilm-Kameras kaufen.
Vom Markt völlig verschwunden ist das Superslide-Format, ein Rollfilm mit 4 cm Breite. Noch in den 50er Jahren hatte Rollei eine zweiäugige Spiegelreflexkamera im Format 4 x 4 cm angeboten. Vorteil dieses Formates: Es kann mit Kleinbild-Diaprojektoren projiziert werden und nutzt dabei die quadratische Leinwand optimal aus.
Auf eine relativ lange Tradition von verschiedenen Modellen kann das Halbformat zurückblicken. Der Begriff bezieht sich auf Kleinbildfilm mit halbierter Bildgröße, also 18 x 24 mm statt 24 x 36 mm. Dadurch können auch Kamera und Objektive beträchtlich verkleinert werden, außerdem verdoppelt sich die Bildausbeute pro Film. Dem steht eine verringerte Bildqualität gegenüber, zudem wird bei vielen Halbformatkameras der Film weiterhin horizontal geführt, weswegen die Kamera für normale Querformataufnahmen gekippt werden muß. Der letzte spektakuläre Versuch,das Halbformat am Markt wieder zu etablieren, findet Mitte

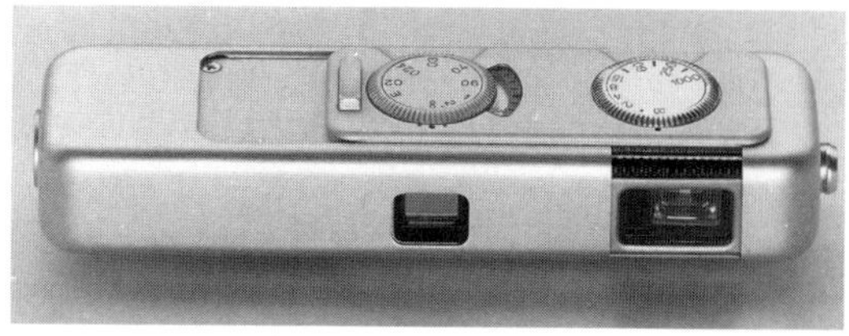

Minox-Kamera für das 8 x 11 mm-Format: Die Firma gilt als Spezialist für elegante Kleinstkameras.

der 80er Jahre statt: Die Yashica Samurai ist eine kompakte SLR mit Zoomobjektiv, Autofokus, Blitz und Motor. Ihr kompromißloses Design sowie Probleme mit der Weiterverarbeitung des ungebräuchlichen Formates geben auch diesem Versuch keine Chance.
Neben den verschiedenen Kameras, die sich für universelle Aufnahmezwecke eignen, gibt es auch eine Reihe von speziellen Modellen für besondere Bedingungen.
Weite Verbreitung haben die Sofortbildkameras der Firma Polaroid gefunden. Da das Unternehmen die Patente auf dem Sofortbildverfahren hält, hat es de facto ein Monopol auf Kameras mit dieser Technik. Polaroid-Kameras arbeiten mit einem Film-Pack, der einen Stapel unbelichteter Polaroid-Bilder enthält. Im Bildrand ist ein Kissen mit Entwicklerchemikalien integriert. Nach der Belichtung schiebt ein Elektromotor das Bild aus der Kamera. Dabei quetschen zwei Stahlwalzen die Entwicklerpaste aus dem Kissen und verteilen sie gleichmäßig in den Bildschichten. Gemessen an der Bildgröße sind Polaroid-Kameras relativ groß. Das

Das Polaroid Vision System liefert Sofortbilder. Die Kamera besitzt ein eingebautes Blitzlicht und Belichtungsautomatik. Die Bilder werden nach der Belichtung in eine Box auf der Rückseite der Kamera transportiert und innerhalb einer Minute entwickelt.

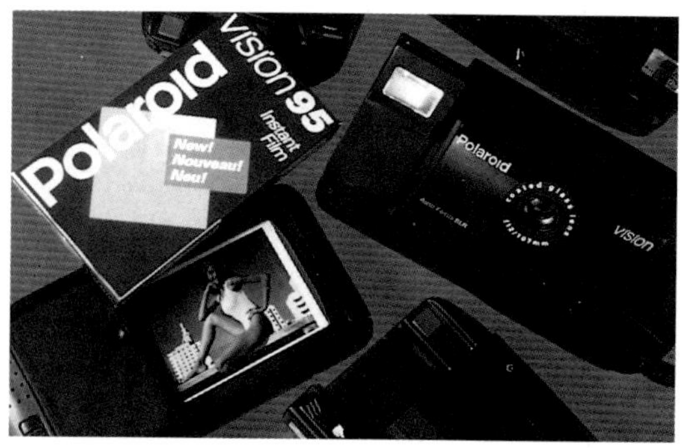

liegt daran, daß der Film gleichzeitig das Bild ist – es wird nicht beim Kopieren im Labor vergrößert. Damit die Pola-Fotos seitenrichtig ausfallen, wird bei allen gebräuchlichen Sofortbildkameras der Strahlengang über einen Umlenkspiegel auf das flach liegende Filmpack geleitet. Um einen störungsfreien Betrieb der Kamera zu gewährleisten, ist im Filmpack nicht nur das Filmmaterial, sondern auch eine Batterie integriert. Sie versorgt die Kamera mit Strom für das eingebaute Blitzgerät, die Belichtungssteuerung und den Filmauswurf, bei neueren Modellen auch für die automatische Scharfstellung. Schiebt man also ein neues Filmpack in die Kamera, erhält sie gleichzeitig eine neue Batterie.

Einen regelrechten Boom haben in den letzten Jahren die Panoramakameras erlebt. Hierbei unterscheidet man zwischen zwei Grundtypen. Die billigere Variante belichtet auf ein ganz normales Kleinbildnegativ, aber zwei Formatbegrenzungen schneiden oben und unten einen Streifen ab, ähnlich wie in einem Cinemascope-Film im Fernsehen. Der Panoramaeffekt wird bei dieser Lösung mit einer Halbierung der effektiven Bildgröße erkauft. Technisch aufwendiger, aber im Ergebnis auch deutlich eindrucksvoller, sind die Schwenkobjektivkameras. Bei ihnen wird der Film (Kleinbild oder Mittelformat) in einem Halbkreis durch die Kamera geführt. Das Objektiv dreht sich um seine Hochachse und belichtet dabei den Film durch einen vertikalen Spalt, der mit dem Objektiv über den Film streicht. Die effektiv wirksame Belichtung kann bei Kameras diesen Typs über drei Größen gesteuert werden, nämlich über die Objektivblende, die Breite des Spaltes und die Rotationsgeschwindigkeit des Objektivs. Kleinbild-Panoramakameras wie die Widelux liefern Negative mit der Höhe eines Kleinbildes (24 mm) und der Breite eines Mittelformates (56 mm). Sie erfassen dabei einen Bildwinkel von ca. 120°. Spezielle Panoramakameras wie die Seitz Roundshot drehen sich um ihre eigene Achse, einzig der Film bleibt stehen. So können Vollpanoramen bis 360° abgebildet werden – der Fotograf muß sich hinlegen, um nicht aufs Bild zu kommen.

Die Mittelformat-Panoramakamera der Dresdner Firma Noblex. Diese Spezialkamera verwendet ein bewegliches Objektiv, das während der Aufnahme das Motiv abtastet und den Film über einen vertikalen Spalt belichtet. So können sie einen größeren Bildwinkel erfassen.

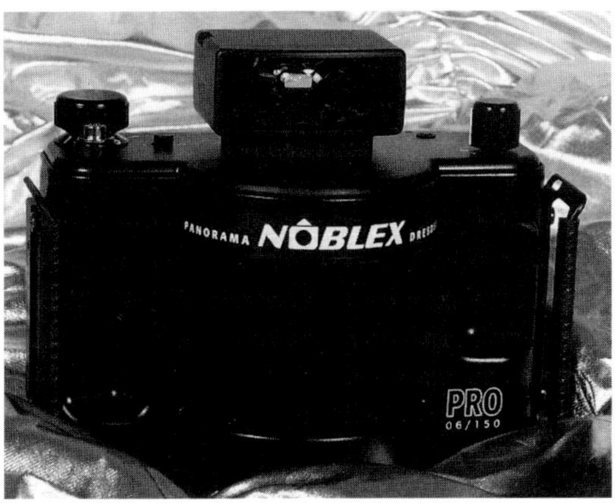

Technisch besonders aufwendig sind Unterwasserkameras. Will man unter dem Meeresspiegel fotografieren, bieten sich generell zwei Wege an: Entweder man steckt die Kamera in ein wasserfestes Gehäuse, oder man schafft sich eine wasserfeste Kamera an. Konstruktiv müssen dabei mehrere Probleme bewältigt werden. Zum einen erfordert der gegenüber der Luft stärkere Brechungsindex des Wassers andere Objektivkonstruktionen, zum anderen muß die Kamera trotz ihrer vielen Bedienungselemente dicht bleiben. Die derzeitige Spitze der Unterwasser-Kameraentwicklung ist die Nikonos RS, eine AF-SLR mit druckdichtem Gehäuse bis 50 m Tauchtiefe. Sie bietet ein Höchstmaß an Bedienungskomfort, erstmals ein Zoomobjektiv und dazu einen Sucher, der auch mit einer Taucherbrille noch optmal zu überblicken ist. Über Wasser ist die Nikonos ein mächtiges Gerät, doch unter Wasser wird sie durch den Auftrieb handlich.

Ein Weg in die Zukunft der Fotografie heißt Still Video, also die elektronische Aufzeichnung von Stehbildern. Erste Still Video Cameras (SVC) werden bereits verkauft, sind aber in ihrer Leistung konventionellen Kleinbildkameras noch unterlegen. Im Prinzip wird bei der SVC der Film durch einen lichtempfindlichen Videochip ersetzt. Bei der Belichtung setzt er die Helligkeitsunterschiede des Bildes in unterschiedlich starke Ladungen um. Diese Ladezustände werden dann in elektronische Impulse umgeformt und auf einem elektromagnetischen Spei-

In **Diaprojektoren** mit automatischer Fokussiereinrichtung wird der Meßstrahl einer Soffittenlampe von der Diaoberfläche auf ein Siliziumelement gelenkt, wodurch dieses Informationen über die Position des Dias erhält. Liegt dieses nicht exakt in der Schärfeebene, so wird durch einen elektronisch gesteuerten Mikromotor das Objektiv entsprechend eingestellt.

chermedium (zum Beispiel eine Diskette) abgespeichert. Gleich nach der Aufnahme kann das Bild über einen Fernseher oder einen PC wiedergegeben werden (je nach Kameramodell). Vorteile der Diskette gegenüber dem Film: Sie kann immer wieder gelöscht und neu bespielt werden, sie ist nicht lichtempfindlich und ihre Daten können via Telefonleitung elektronisch fernübertragen werden.

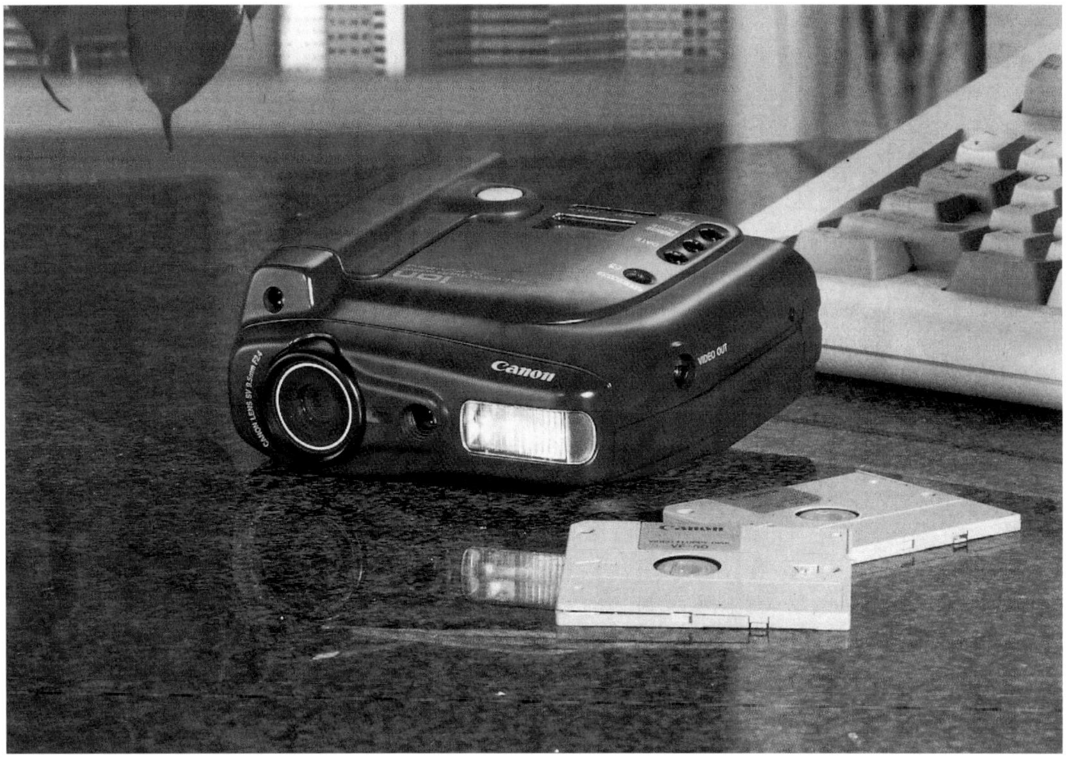

Technik der Zukunft: das Canon ION Still-Video-System

Belichtungsmessung

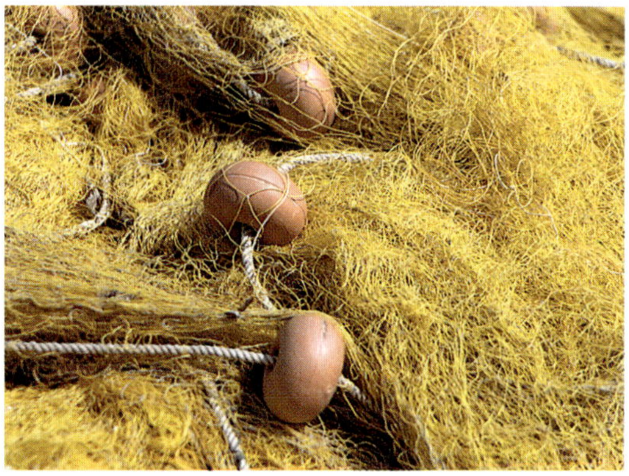

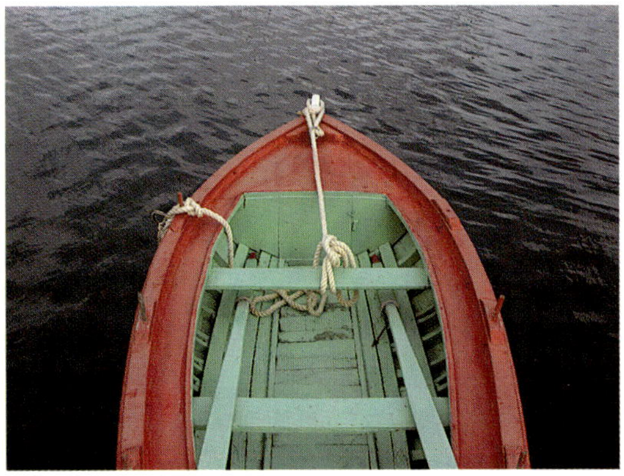

Korrekt belichtete Bilder mit ausreichender Zeichnung in den hellen und dunkleren Bildpartien. Fotos: Detlev Motz

Was ist eine richtige Belichtung?

Fotografieren heißt mit Licht malen oder ein lichtempfindliches Material für einen präzise bestimmten Zeitraum einer bestimmten Menge Licht aussetzen. Für eine technisch richtige Belichtung soll auf eine lichtempfindliche Filmschicht genau die Lichtmenge einwirken, die anschließend durch Farbwiedergabe, Tonabstufung, Dunkel- und Helligkeit ein Bild liefert, das möglichst nah an das Original herankommt. Leider ist das nicht immer möglich oder sinnvoll und deshalb will genau überlegt sein, ob eine technisch korrekte, eine motivgerecht sinnvolle oder eine kreative Belichtung gewünscht wird.

Woran erkennt man nun eine korrekte und technisch optimale Belichtung? Dies wird in der Praxis noch einmal differenziert nach Negativ- oder Diapositivfilm. Ein Negativ ist dann richtig belichtet (vorschriftsmäßige Entwicklung vorausgesetzt), wenn die dunklen Details eines Aufnahmeobjekts (im Negativ also die hellen Partien) eine gut kopierbare Zeichnung enthalten. Beim Diafilm gelten die Belichtungsdaten als richtig, die dafür sorgen, daß bei einem Normalmotiv gerade noch Zeichnung in den Lichtern ist, also in den hellsten Stellen des Bildes noch Details erkennbar sind.

Doch was ist ein Normalmotiv? Durch statistische Untersuchungen wurde festgestellt, daß die häufigsten Motive wie Straßenszenen, Landschaften oder Porträts in den dunkelsten und hellsten bildwichtigen Stellen einen ganz bestimmten Helligkeitsunterschied, nämlich einen Leuchtdichteunterschied von 1:32 aufweisen. Die hellste Stelle des Motivs (die am intensivsten beleuchtete) ist 32 mal heller als die dunkelste Schattenpartie. Das läßt sich jederzeit mit einem Belichtungsmesser nachprüfen. Wird das hellste bildwichtigste Detail bei einer Verschlußzeit von z.B. 1/500 s ausgemessen, erhält man mit entsprechender Blende und anschließender Schattenmessung den 32fach längeren Wert, eben 1/15 s. Ist dieser Wert nur um eine Zeit länger, so ergibt das bereits ein Verhältnis von 1:64 und somit einen Objektumfang von 1:64. Nur im ersten Fall (1:32) ist eine korrekte und optimale Belichtung möglich.

Wird dagegen dieser Kontrast in Blendenwerten angegeben (was meist sinnvoller ist), so muß darauf geachtet werden, daß sich von Blende zu Blende die Lichtmenge halbiert bzw. verdoppelt. Von Blende zu Blende bedeutet das ein Verhältnis von 1:2, bei zwei Blenden Unterschied ergibt das 1:4, bei drei Blenden 1:8, bei vier Blenden 1:16, und die Helligkeitsschwankungen von 1:32 beziehen sich dann auf einen Motivkontrast von 5 Blenden Unterschied.

Diese feinen Nuancierungen der Helligkeit sind tatsächlich auf dem Film und anschließend auf ein Papierbild zu übertra-

Helligkeitsumfang
Verhältnis zwischen der hellsten und der dunkelsten Stelle, also der maximale Kontrast eines Motivs bzw. seiner Abbildung. Während in der Natur ein H. bis zu 1:1 000 000 möglich ist, kann von einem Schwarzweißfoto nur ein maximaler H. von 1:100 wiedergegeben werden. Den maximalen Kontrast, den ein bestimmtes fotografisches Material wiedergeben kann, bezeichnet man als Kontrastumfang.

Autodynamische Belichtungsmessung
Automatische Ermittlung der richtigen Belichtungszeit aufgrund der während des Belichtungsvorganges gemessenen Lichtstärke durch einen in die Kamera eingebauten Prozeßrechner.

Objektmessung
Methode der Belichtungsmessung, bei der von der Kamera aus in Aufnahmerichtung das vom Motiv zurückgeworfene Licht gemessen wird. Die hierbei verwendeten Belichtungsmesser sind auf die Remission eines mittleren Grauwertes von 18 % geeicht, wodurch es bei Motiven, die in ihrer Farbigkeit von diesem Wert stark abweichen, zu Meßfehlern kommen kann.

gen. Aber leider nur dann, wenn schon die Negativbelichtung 100prozentig stimmt, nichts darf über-, nichts darf unterbelichtet werden, und alle Geräte sowie Arbeitsstufen müssen optimal aufeinander abgestimmt sein. Da das nie garantiert werden kann, ist ein technisch optimales Bild nur dann zu realisieren, wenn bei einem Color-Negativfilm der Kontrastumfang des Motivs nicht größer als 3:1 ist. Die Lichter dürfen also nur dreimal heller als die Schatten sein, das sind 1 2/3 Blendenunterschied zwischen der Licht- und der Schattenmessung. Auch bei einem Diafilm sollten diese Werte nicht überschritten werden, wenn die Dias später als Druckvorlage dienen, auf eine Photo CD überspielt werden oder Papierbilder liefern sollen, denn in all diesen Fällen kann nur der geringe Kontrastumfang wiedergegeben werden, obwohl vom Film her 5 Blenden Unterschied möglich sind.
Doch ganz so kompliziert wie es sich im ersten Augenblick liest, ist das nicht, denn mehr als 80 Prozent aller Aufnahmen sind Standardmotive, die bei Sonnenschein aufgenommen werden und damit unproblematisch für die Belichtung sind. Nur bei weniger als 20 Prozent aller Motive muß der Fotograf die Spielregeln der Belichtung beherrschen.

Externe und eingebaute Belichtungsmesser

Ein Belichtungsmesser registriert Licht. Das ist möglich mit Hilfe eines mittlerweile als technisch veraltet geltenden Fotoelements oder mit einem heute meist verwendeten Fotowiderstand. Im ersten Fall wird das Licht, das ja eine elektromagnetische Strahlung ist, in Energie, in geringe Strommengen umgewandelt, die einen Nadelausschlag verursachen. Damit wird auf einer Skala die notwendige Zeit/Blendenkombination angezeigt. Schneller und für geringere sowie intensivere Lichtmengen besser geeignet sind Meßgeräte mit einem Fotowiderstand wie etwa einer Siliziumzelle. Hierbei wird die Leitfähigkeit der Meßzelle durch das eintreffende Licht verändert und mit dem durch eine Batterie bereits gelieferten Strom ein unterschiedlich starker Meßstrom erzeugt.

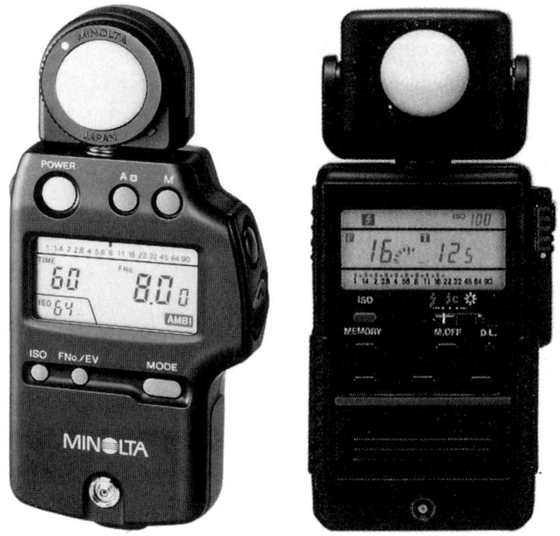

Handbelichtungsmesser für manuelle Messung von Blitz- und Dauerlicht von Minolta und Sekonic

Damit ist eine präzise Steuerung einer Nadel-, Dioden- oder LCD-Anzeige möglich. Auf gleiche Weise lassen sich so auch elektrische oder elektronische Bauteile steuern, die direkt die Belichtungszeit, die Blende oder beides gleichzeitig einstellen.
Manche Handbelichtungsmesser mit Fotowiderständen erlauben auch den Meßwinkel zu verändern. Spitzengeräte können vielfach auch das Licht eines Blitzgerätes registrieren oder sogar Dauer- und Blitzlicht gemeinsam erfassen. Alle heutigen Spiegelreflexkameras messen ihr Licht ebenfalls mit Hilfe von Fotowiderständen.

Die Methoden der Belichtungsmessung

Unabhängig vom Meßgerät gibt es zwei Methoden der Belichtungsmessung: Der Belichtungsmesser mißt entweder die Intensität des reflektierten Lichts oder die Strahlung einer Lichtquelle. Es wird also grundsätzlich unterschieden nach Licht- oder Objektmessung.
Bei der → Lichtmessung wird vom Motiv aus gemessen und zwar die Beleuchtungsstärke des Lichts, das aus der Richtung der Kamera kommt und das Motiv beleuchtet. Da dieses unreflektiertes Licht ist, das noch nicht vom Motiv absorbiert wurde und deshalb auch keine punktförmige Lichtquelle das Ergebnis

verfälschen kann, erfolgt die → Lichtmessung mit Hilfe einer Kalotte. Das ist eine weiße, aber durchscheinende Halbkugel, die alles Frontallicht auffängt und mit Hilfe der lichtempfindlichen Meßzelle ein sofort verwertbares Ergebnis als Zeit/Blenden-Kombination oder als EV-Angabe liefert. Diese Meßmethode hat den Vorteil, daß die Eigenfarbe des Motivs nicht als Helligkeitswert das Meßergebnis beeinflussen kann. So lange sich nicht die Helligkeit der Lichtmenge ändert, etwa weil eine Wolke vor die Sonne gezogen ist, bleiben auch die Belichtungsangaben identisch. Deshalb ist diese Methode besonders geeignet, wenn eine große Anzahl von Motiven unter gleichen Lichtbedingungen ohne Helligkeitsschwankungen im späteren Bild aufgenommen werden sollen.

Licht, das von einem Objekt reflektiert wird, wird physikalisch mit Leuchtdichte bezeichnet und in Kandelar gemessen; in der Fotografie wird von Helligkeit und Lichtintensität gesprochen. Viele Handbelichtungsmesser (wenn keine Kalotte vorgeschoben ist) und alle in der Kamera integrierten Fotozellen messen die Intensität des vom Motiv reflektierten Lichts. Dies wird als Objektmessung bezeichnet.

TTL-Messung ist also im Normalfall eine Objektmessung, bei der das vom Motiv reflektierte und durch das Objektiv einfallende Licht erfaßt wird. Zur Steigerung der Meßgenauigkeit wird dazu das von der Filmoberfläche oder einer Ersatzfläche reflektierte Licht registriert. Alle kameraspezifischen Meßmethoden arbeiten nach diesen Prinzipien.

Das vom Motiv unterschiedlich stark reflektierte Licht wird innerhalb des Sucherbildes oder eines Meßfeldes gesamthaft erfaßt und als eine gemeinsame Reflexion von 18 Prozent bewertet. Hier muß noch einmal zum Standardmotiv zurückgekehrt werden. Das bereits erwähnte Normal-Motiv weist nicht nur einen bestimmten Helligkeitsunterschied auf, sondern reflektiert stets die gleiche Lichtmenge und zwar genau 18 Prozent des einfallenden Lichts. Auf diesen Wert werden deshalb auch alle Belichtungsmesser geeicht. Damit ein Fotograf jederzeit genau weiß, wann ihm dies zur Verfügung steht, gibt es eine genormte Graukarte mit einem Remissionswert von 18 Prozent. Nur bei diesem Wert und gleicher Beleuchtung ist das Meßergebnis einer Lichtmessung mit dem einer Objektmessung identisch. Alle Motive, die nicht diesem Wert entsprechen, werden vom Belichtungsmesser dahin getrimmt und sind somit zu hell oder zu dunkel. Der Belichtungsmesser kann bei einer Objektmessung weder Helligkeit noch Farben eines Motivs auseinanderhalten. So wird eine Braut im weißen Kleid vor weißer Mauer später wie ein graues Mäuschen aussehen und die schwarze Katze vor dunklem Tor ebenfalls. Im ersten Fall glaubt der Belichtungsmesser, es ist ein reichlich und im zweiten Fall ein schlecht beleuchtetes Motiv. Aus diesem Grunde muß, wenn Farben das Meßergebnis beeinflussen, mit einer Belichtungskorrektur oder einer Ersatzmessung gearbeitet werden. Dabei sollte Helles reichlicher und Dunkles weniger – also minus – belichtet werden.

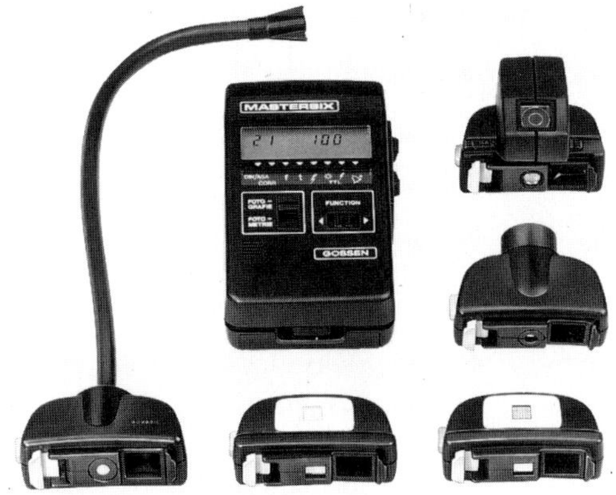

Gossen Mastersix Handbelichtungsmeßsystem mit unterschiedlichen Meßvorsätzen für Studio und Labor

Innenmessung
In die Kamera integrierter Belichtungsmesser, der vor der Aufnahme über Fotozellen die Stärke des durch das Objektiv einfallenden Lichts mißt und im Sucher anzeigt oder automatisch nach den ermittelten Werten die Belichtung steuert. Die Fotozellen befinden sich je nach Bauart des Systems in der Umgebung des Pentaprismas, im Strahlengang oder im Kameraboden.

TTL-Messung
(TTL= engl.: Through The Lens) Belichtungsmessung durch das Objektiv. ➔ **Innenmessung.**

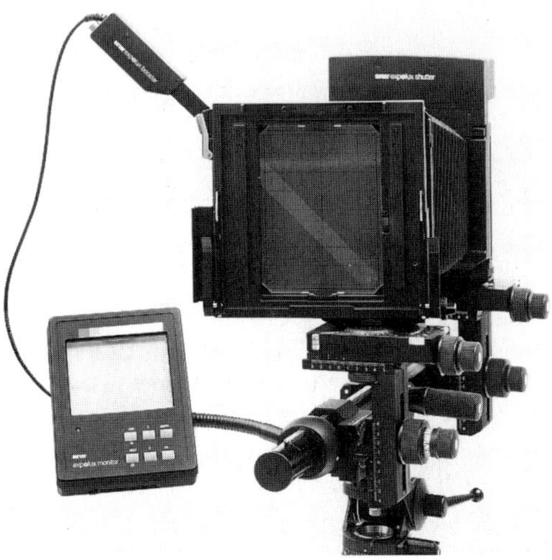

Sinar Großbildkamera mit Sinarsix digital Belichtungsmeß- und Steuersystem zur selektiven Ermittlung der Belichtungswerte in der Filmebene

Integralmessung
Belichtungsmessung, bei der aus den Helligkeitswerten der gesamten Motivfläche ein Mittelwert gebildet wird. Bei kameraintegrierten Belichtungsmessern wird hierbei meist das Bildzentrum verstärkt berücksichtigt.

Aber auch größere Helligkeitskontraste als die bereits erwähnten 1:32 können belichtungstechnisch problematisch sein, weil sich dann niemals alle Helligkeitsunterschiede korrekt aufzeichnen lassen. Deshalb haben Fotografen und Techniker im Laufe der Zeit die verschiedensten Meßmethoden entwickelt, um auch bei komplizierten Lichtsituationen verhältnismäßig einfach zu technisch korrekt belichteten oder der Lichtsituation angepaßten Bildern zu kommen. Jedoch nur eine einzige – und das ist die später ausführlich beschriebene Mehrfeldmessung – berücksichtigt dabei auch das Sujet und den Helligkeitsunterschied innerhalb des Motivs.

Integralmessung

Alles begann mit der Integralmessung, einer reinen Durchschnittsmessung des gesamten im Sucher sichtbaren Sujets. Da dabei jedoch häufig der Himmel (insbesondere bei Porträt-, Landschafts- und Architekturaufnahmen) durch seine Helligkeit das Gesamtergebnis zu stark beeinflußte, wurde die Durchschnittsmessung des gesamten Motivs auf einen kleinen Motivpart reduziert. Auf der Einstellscheibe der Spiegelreflexkamera macht sich das so bemerkbar, daß das meist eingezeichnete Einstellfeld in der Bildmitte auch das Meßfeld für den Belichtungsmesser repräsentiert. Das restliche Sucherbild wird je nach Fabrikat und Kamerasystem prozentual unterschiedlich bewertet, meist mit 20 bis 40 Prozent. Das ist dann die mittenbetonte Integralmessung, die heute noch in vielen SLR-Kameras vertreten ist. So lange also nicht sehr helle oder sehr dunkle Farben oder vom Gesamtmotiv abweichende Beleuchtungsverhältnisse in der Bildmitte vorhanden sind, führt diese Messung zu erstaunlich ausgewogenen Belichtungen. Der Fotograf muß mitdenken und etwa dafür sorgen, daß sein bildwichtigstes Detail sich zumindest beim Ausmessen in der Bildmitte befindet.

Selektivmessung

Wenn der Fotograf schon mitarbeiten soll, dann kann er auch gleich seine Vorstellungen von richtiger oder motivbezogener Messung mit einbringen. Dazu wird das »Zielfeld« entweder verkleinert oder als alleiniges Meßfeld geschaltet, ohne Berücksichtigung des Umfeldes. Es wird also rein selektiv gemessen. Der Fotograf weiß nun genau, wo sein Belichtungsmesser das Meßergebnis ermittelt. Deshalb muß er eine

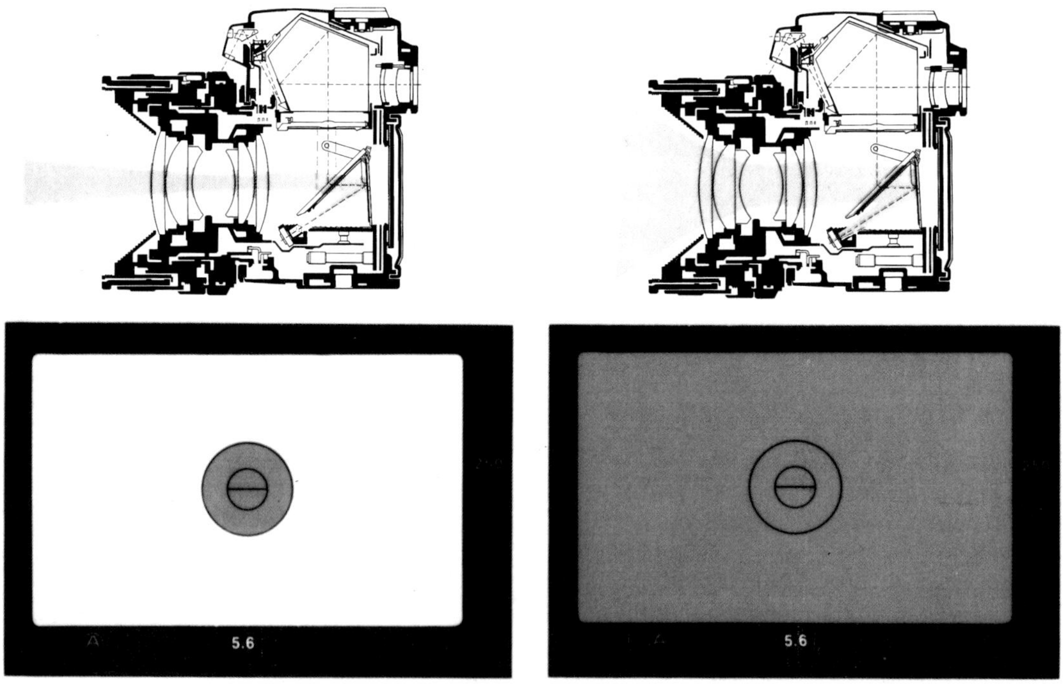

Die unterschiedlich großen Meßfelder und Strahlengänge bei Selektiv- und Integralmessung. Zeichnungen: Leica

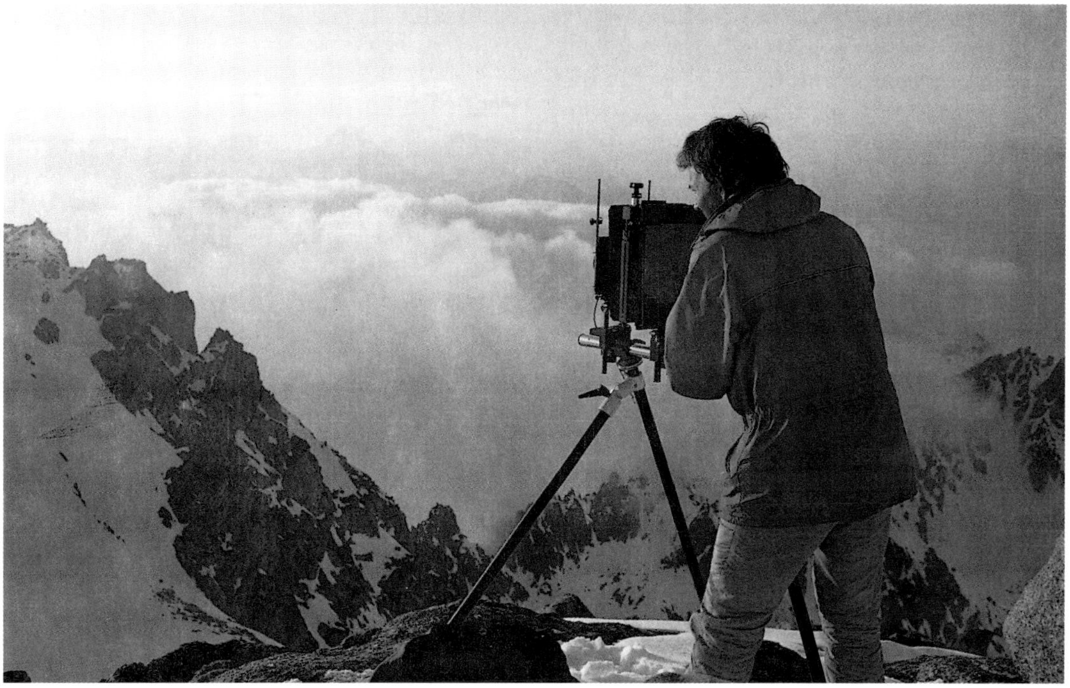

Das Großbildformat eignet sich optimal für die Landschafts- und Panoramafotografie. Die Belichtungsmessung erfolgt hier meist mit dem Handbelichtungsmesser. Foto: Sinar

mittelgraue, 18 Prozent reflektierende Fläche wie etwa Rasen, Hausmauer, Straßenbelag oder eine repräsentative Hell- bzw. Dunkelzone anmessen. Diese Methode ist dann sehr schnell und sicher, wenn der Fotograf die Spielregeln beherrscht und die richtige Fläche oder Helligkeit anmißt. Doch auch der Einsatz der Brennweite sollte bei einer Selektivmessung berücksichtigt werden. Bei dieser Meßmethode fällt die Belichtung um so knapper aus, je weitwinkliger das angesetzte Objektiv ist, da sich dabei die Helligkeitsunterschiede im Sucherbild vergrößern. Umgekehrt ist ab etwa 180 mm Brennweite daran zu denken, daß im Meßfeld mit wachsender Brennweite der Motivkontrast immer stärker abnimmt und eventuell eine Motivfarbe an Einfluß gewinnen kann.
Mit der Selektivmessung kann der Fotograf jederzeit bequem entscheiden, ob er technisch korrekt oder nach kreativen Gesichtspunkten belichten will. So ist es beispielsweise bei extremen Gegenlichtsituationen möglich, allein durch das Ausmessen unterschiedlicher Bildpartien die Helligkeit und damit Stimmungen des Bildes zu beeinflussen. Zwischen dem Ausmessen der Lichter oder der Schatten liegen garantiert mehr als acht unterschiedliche und doch jederzeit vorzeigbare Belichtungen vor. Im ersten Fall gibt es ein silhouettenhaftes und dunkles Ergebnis und bei der Schattenmessung ein sehr helles, transparentes und vielfach überstrahltes, aber romantisch wirkendes Bild. Beides sind Interpretationen, denn das technisch korrekte hat in solch einem Fall gerade noch Detailzeichnung in den hellsten Motivstellen, auch wenn dann im Schatten nichts mehr zu erkennen ist.
Mit der Selektivmessung hat der Fotograf sehr präzise Möglichkeiten, seine Bildvorstellungen auch hinsichtlich der Belichtung als gestalterisches Element einzubringen. Ist diese Selektivmessung noch bequem zu speichern, sei es durch Druckpunkt oder zusätzlichen Speicherknopf, so ist schnelles und präzises Ausmessen ein Kinderspiel. Kein Wunder, daß dies in Verbindung mit der Zeitautomatik immer noch die häufigste Meß- und Aufnahmetechnik ist. Selbst manches Vollautomatikprogramm läßt sich so beeinflussen.
Zusätzlich haben Spezialtechniken wie etwa das Erstellen von automatischen Belichtungsreihen (Bracketing) dafür gesorgt, daß die Fehlerquote recht gering ist. So eine Belichtungsreihe besteht dann aus drei, fünf oder sieben Bildern, mit präzisen und vom Fotografen bestimmten Differenzen in Richtung

Lichtmessung
Methode der Belichtungsmessung, bei der im Gegensatz zur → **Motivmessung** die Beleuchtungsstärke vom Motiv aus zur Kamera hin gemessen wird, wodurch Einflüsse der Eigenfarbigkeit des Motivs auf das Meßergebnis ausgeschlossen werden. Hierbei wird ein Handbelichtungsmesser mit vorgeschalteter Streuscheibe bzw. -halbkugel verwendet, die den Meßwinkel auf 180° erweitert.

Überbelichtung
entsteht dadurch, daß bei einer Aufnahme zu lange oder zu viel Licht auf die fotografische Schicht eines Films trifft, wodurch ein → **Negativ** zu dunkel und eine danach angefertigte → **Vergrößerung** zu hell wird. Um Überbelichtungen zu vermeiden, werden die jeweiligen Lichtverhältnisse mit Hilfe eines Belichtungsmessers ermittelt und die daraus sich ergebenden Werte für Belichtungszeit und Blende an der Kamera eingestellt. Überbelichtete Aufnahmen lassen sich durch verlängerte Belichtungszeiten beim Vergrößern bzw. durch verkürzte Entwicklungszeiten in den meisten Fällen korrigieren.

Unterbelichtung
ist die Folge von Aufnahmen, bei denen zu kurz oder zu wenig Licht auf die fotografische Schicht trifft, was zu helle → **Negative** und zu dunkle → **Vergrößerungen** verursacht. Der Ausgleich von U. ist lediglich bei Schwarzweißfilmen durch verlängerte Entwicklungszeiten in Grenzen möglich.

Über- und Unterbelichtung. Das kann besonders beim Diafilm von Vorteil sein, da der Fotograf nach der Belichtung keinerlei Einfluß mehr auf die einzelne Aufnahme nehmen kann. Spätere Kompensationen wie etwa beim Negativfilm, und da speziell bei Überbelichtung, sind nicht möglich. Der zusätzliche Vorteil einer Belichtungsreihe liegt auch darin, daß etwa für die Herstellung von Papierbildern, für den Druck oder für eine Großprojektion das für diesen Zweck optimale Dia ausgewählt werden kann.
Belichtungsreihen sind bei normalen Motiven und Lichtverhältnissen überflüssig, bei einer schwierigen Lichtstimmung und Gegenlichtsituationen jedoch sinnvoll, um eine korrekte Belichtung abzusichern.

Spotmessung

Noch genauer als die Selektivmessung kann die Spotmessung sein. Doch sollte das »kann« beachtet werden. Der Meßkreis wird bei dieser Meßmethode noch einmal reduziert und ist nur noch eine Kreisfläche von wenigen Millimetern in der Bildmitte. Dort wo dieser winzige Meßkreis das Motiv überlagert, gilt die 18-Prozent-Regel. Ob ein weißes oder schwarzes Kleid angemessen wird, auf dem späteren Bild wirken beide grau, wie 18prozentiges Grau. Ob Lichtreflexe auf dem Wasser oder ein Sujet bei dunkelster Nacht gemessen werden, beide Aufnahmen weisen hinterher die gleiche Helligkeit auf – und sind damit leider unter- und einmal überbelichtet. Nur bei Ausmessen des richtigen Grau- oder Helligkeitswertes gibt es ein technisch korrektes Bild. Diese Meßmethode erfordert also sehr viel Fingerspitzengefühl, noch mehr Erfahrung und als wichtigstes Zubehör eine Referenz, die schon erwähnte Graukarte.
Für den kreativen Umgang mit Licht, wenn nicht dokumentiert, sondern interpretiert werden soll, ist die Spotmessung ideal. Das gilt besonders bei sehr kontrastreichen Aufnahmesituationen und die dort empfohlene und doch so häufig mißverstandene Lichter- oder Schattenmessung. Wird die hellste Motivstelle angemessen, so wird diese zu einem mittleren Grau, und dem Motiv fehlt alles Leuchten. Außerdem wird der Belichtungsspielraum des Films nicht ausgenutzt. So ist nach dieser Messung für eine reichlichere Belichtung um mindestens 2 Blenden oder den entsprechenden Zeitwerten zu sorgen. Nach einer reinen Schattenmessung ist dann um mindestens den gleichen Wert,

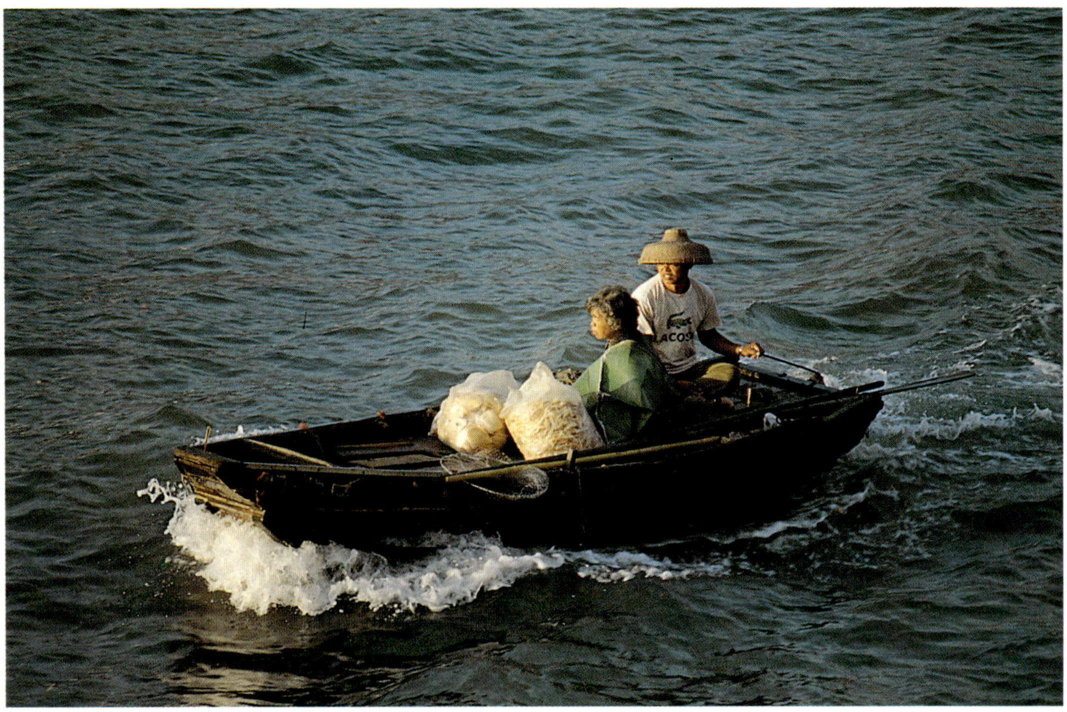

Spot- oder Selektivmessung ist bei Motiven angebracht, deren Hauptobjekte selbst spotmäßig beleuchtet sind.
Foto: Heiner Henninges

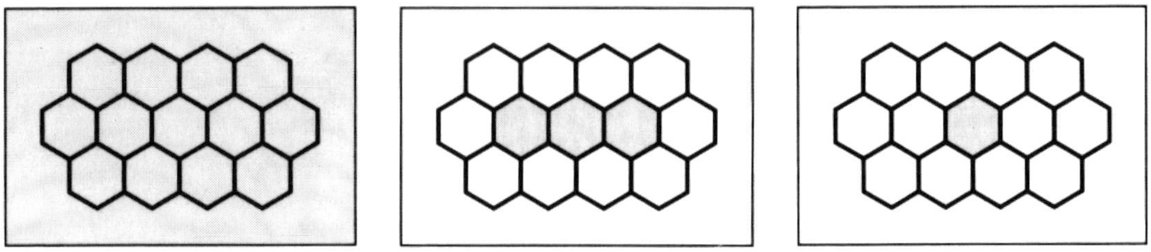

Schemazeichnung der Wabenfelder-Mehrzonenmessung, wie sie bei Minolta Dynax Kameras verwendet wird. Die dreizehn Meßfelder können in Abhängigkeit vom aktiven Autofokusmeßfeld unterschiedlich gewichtet werden.

besser noch um 2 1/2 EV-Werte (entsprechend Zeit- oder Blendenwerten) knapper zu belichten. Die Minolta-Chipkarte H/S z.B. belichtet bei den Dynax-xi-Kameras genau 2,3 Stufen reichlicher bei der Lichtermessung und 2,7 Stufen knapper bei der Schattenmessung. Diese Art der Messung mit anschließender Korrektur zur optimalen Ausnutzung des Belichtungsspielraums liefert garantiert besser belichtete Bilder als eine Multi-Spotmessung, bei der unterschiedliche Helligkeitswerte ausgemessen und daraus ein Mittelwert gebildet wird.

Mehrfeldmessung

Damit automatische Belichtungsprogramme möglichst effektiv sind und mit einer hohen Erfolgsquote technisch korrekte Bilder liefern können, muß die Belichtungsmessung nicht mehr einzelne Details ausmessen, sondern das ganze Bild beurteilen. In Nikons FA tauchte die Mehrfeldmessung erstmalig auf. Dabei wird das Bildfeld in unterschiedliche Zonen aufgeteilt, die meist getrennt ausgemessen und computermäßig verarbeitet werden. Nach einem komplizierten Algorithmus, einem ganz methodischen Rechenverfahren, wird die Gesamtlichtmenge und ihre Gewichtung ermittelt und rechnerisch interpretiert. Die ermittelten Belichtungsparameter werden – wenn der Kameracomputer es für notwendig hält – mit Korrekturwerten der Motiv- und Lichtsituation angepaßt. So werden Überbelichtungen, etwa von Nacht- oder Theateraufnahmen, aber auch Unterbelichtungen von Strand-, Schnee- und kontrastarmen Szenen verhindert. Sogar technisch perfekt belichtete Sonnenuntergänge sind so ohne Fachwissen des Fotografen möglich geworden.
Diese Technik, die durch eine möglichst hohe Anzahl von Meßzonen immer narrensicherer wurde, wird bei modernen Autofokus-SLR-Kameras mit mehreren AF-Feldern auch noch schwerpunktmäßig mit der Entfernungsmessung gekoppelt. Das befähigt das Belichtungssystem, das Bildwichtigste des vom Fotografen angepeilten Motivs herauszufinden und bei der Ermittlung der Belichtungsmessung zu berücksichtigen.
Diese Technik der Mehrfeldmessung, die besonders praktisch und nahezu optimal in Verbindung mit allen vollautomatischen Steuer- oder Motivprogrammen ist, hat mittlerweile eine Trefferquote korrekt belichteter Bilder – selbst bei Diafilm – von nahezu 100 Prozent. Auch Helligkeitsschwankungen durch Brennweitenänderungen, wie sie etwa von der Selektivmessung her bekannt sind, kommen nicht mehr vor. Unabhängig davon heißt es bei der Mehrfeldmessung in jedem Fall: Finger weg von jeder Korrektur. Wer will schon eine Korrektur der – meist unbekannten – Korrektur vornehmen und so das Ergebnis verschlechtern?
Da die Mehrfeldmessung auch die Helligkeitsunterschiede innerhalb des Bildes feststellt, ist sie auch in der Lage zu unterscheiden, ob das Motiv für den Film zu hohe Kontraste aufweist oder ob zu wenig Licht etwa für eine unverwackelte Freihandaufnahme vorhanden ist und entsprechend reagieren. Dabei können die Kameras sogar je nach Helligkeitsunterschied das zum Erzielen eines niedrigen und sinnvollen Kontrastes notwendige Zusatzlicht durch ein Blitzgerät fast stufenlos steuern. Fuzzy-Logik macht's möglich, daß die Prise Aufhell-Licht jeweils der Motiv- und Lichtsituation angepaßt wird – viel Blitzlicht bei hohen Motivkontrasten, wenig Zusatzlicht bei minimal zu hohen Kontrasten. Das zusätzliche Blitzlicht fällt später im Bild kaum auf.
Nur beim Reproduzieren sollte die Mehrfeldmessung genau wie jede andere Meßmethode abgeschaltet werden, denn dann ist eine manuelle Messung mit Graukarte sinnvoller.

Relative Öffnung
(= Öffnungsverhältnis) Verhältnis zwischen dem Öffnungsdurchmesser der Blende und der → **Brennweite** eines Objektivs. Die maximale r.Ö. wird als Lichtstärke bezeichnet und gilt als Kenngröße eines Objektivs. Bei einem 50-mm-Objektiv mit dem Öffnungsverhältnis 1:2 beträgt der maximale Blendendurchmesser 25 mm. Die Blendenzahl ergibt sich als Kehrwert der r.Ö.

Wann soll die Belichtung korrigiert werden?

Solange keine Mehrfeldmessung vorhanden ist, sollte bei Sujets mit besonders vielen dunklen Farben, aber auch bei einem hohen Anteil an Weiß oder hellen Farben, korrigiert werden, damit die natürliche Eigenhelligkeit dem Augeneindruck entspricht.
Immer dann, wenn im Sucher ein Motiv zu sehen ist, das von dem Wert eines Normalmotivs abweicht, ist den Angaben des Belichtungsmessers größtes Mißtrauen entgegenzubringen. Motive, die heller sind als ein mittleres Grau verlangen eine längere Belichtung, Sujets und bildbeherrschende Farben, dunkler als das immer wieder zitierte Grau, müssen kürzer belichtet werden. Vielleicht kann man sich das so merken: Aus Weiß wird Grau, weil es zuwenig Licht erhielt, also unterbelichtet ist. Es muß demzufolge durch Öffnen der Blende oder Verlängern der Verschlußzeit reichlicher belichtet werden, um ein helleres Ergebnis zu erhalten. Umgekehrt ist es bei Schwarz. Aus Schwarz wird durch zu reichliche Belichtung Grau, und diese muß deshalb verkürzt werden durch abblenden oder verlängern der Verschlußzeit. Durch dieses Vergleichen mit Grau lassen sich auch alle anderen Situationen schnell beurteilen und feststellen, ob und wie korrigiert werden muß. In vielen Fällen ist eine Korrektur um eine Blende ausreichend. Genauer ist natürlich eine Ersatzmessung und das ideale Hilfsmittel dafür ist die Kodak-Graukarte mit einem Remissionswert von 18 Prozent. Die Graukarte muß dabei der gleichen Beleuchtung ausgesetzt sein wie das Motiv und wird dann aus etwa 15 bis 20 cm Entfernung angemessen. Bei strengem Seitenlicht ist es vorteilhaft, die Karte so zu halten, daß der Winkel zwischen Lichtquelle und Kamera halbiert wird. So bleibt Schwarzes schwarz und Weißes weiß. Doch auch Dämmerungs- und Nachtaufnahmen sind zu korrigieren, wenn keine Lichtermessung vorgenommen wird. Hier genügt meist eine pauschale Verkürzung der Belichtung um eine Blende. Das ist nicht technisch begründet, sondern psychologisch: Dämmerungs- und Nachtaufnahmen wirken – infolge der 18-Prozent-Regelung – stets zu hell, so wie eine Aufnahme zur Mittagszeit. Doch stimmungsmäßig muß so eine Aufnahme am Rande der Unterbelichtung liegen, damit der Motivcharakter auch vom Betrachter akzeptiert wird.

Zonensystem
System der → **Belichtungsmessung,** bei dem alle für die Bildkomposition relevanten Motivpartien mit einem Spotbelichtungsmesser ausgemessen und einem von 10 Werten einer Grauwerteskala zugewiesen werden. Die Zonen der Skala entsprechen einem Kontrastumfang von zehn Blendenstufen, die ein Fotopapier normalerweise umsetzen kann, und ermöglichen die gezielte Umsetzung der Tonwerte des Motivs in bestimmte Grauwerte mittels entsprechender Einstellung der Entwicklungszeit.

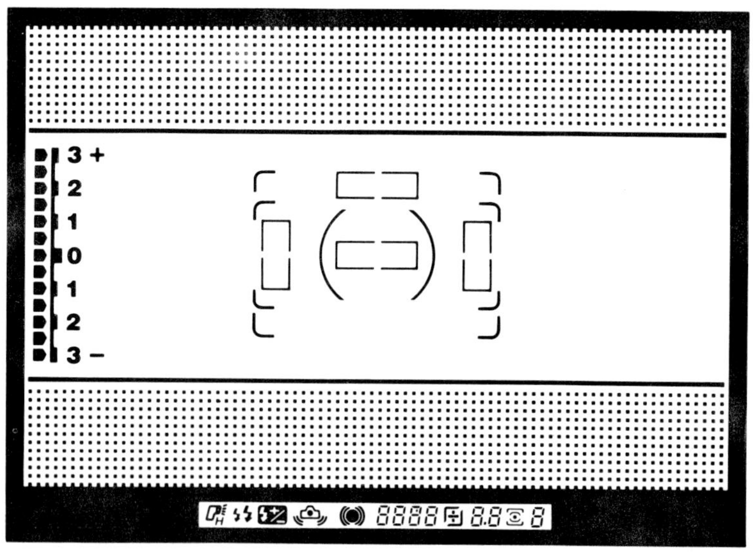

Moderne Spiegelreflexkameras zeigen alle relevanten Aufnahmeparameter im Sucher an. Das Beispiel rechts zeigt die Anzeigen der Minolta Dynax 700si. Im Bildfeld oben und unten: die Begrenzung des Panorama- bzw. Kleinbildformats. Mitte: Positionen der AF-Meßfelder sowie der Spotmeßkreis. Links: Belichtungsindikator für die Abweichung der Einstellung von der Messung der Kamera. Unten außerhalb des Bildfeldes: Blitzeinschaltsignal, Blitzfunktionen, Warnung vor Verwacklungsgefahr, Scharfeinstellsignal, Verschlußzeit, Belichtungskorrektur, Blende, Belichtungsmeßmethode und Bildzähler.

Das Wichtigste in Kürze

Eine korrekte Belichtung liefert stets die beste Qualität hinsichtlich Korn, Schärfe, Farbtrennung und Farbsättigung.
»Belichte auf die Schatten, entwickle auf die Lichter«, diese alte Faustregel hat für den Schwarzweiß-Fotografen immer noch Gültigkeit. Für Farbnegativfilme gilt nur der erste Teil dieser Regel, denn wenn in den Schattenpartien – im Negativ die hellsten Stellen – keinerlei Detailzeichnung zu finden ist, kann auch keine später im Papierbild zu sehen sein.
Moderne Farbnegativfilme können durch ihren großen Belichtungsspielraum auch bei Überbelichtungen bis zu drei Blenden noch einwandfreie Bilder liefern. Diafilme dagegen verkraften keinerlei Überbelichtung, denn dann werden sie nur noch zu hell. Eine Unterbelichtung um eine Blende dagegen ist weniger problematisch.

Lichtmessung: Hierbei wird der Belichtungsmesser vom Motiv aus in Richtung Kamera gehalten und das einfallende Licht mit Hilfe einer Kalotte gemessen. Der Vorteil: Keine Helligkeitsschwankungen und Fehlergebnisse durch unterschiedliche Meßwinkel, keine Helligkeitsschwankungen innerhalb des Motivs durch besonders helle oder dunkle Farben.

Objektmessung: Alle SLR-Kameras mit TTL-Messung arbeiten mit der Methode der Objektmessung, bei der das vom Motiv reflektierte und für die Belichtung zuständige Licht auf der Filmoberfläche gemessen wird. Der Nachteil: Die Farben des Motivs können das Meßergebnis verfälschen, ebenso der Meßwinkel des Objektivs. Das ist bei der entsprechenden Meßtechnik zu berücksichtigen.

Mittenbetonte Integralmessung: Bei ihr sollte stets das Hauptmotiv im zentralen Meßfeld sein, der Himmel nur, wenn es aus dramaturgischen Gründen (etwa bei einem Sonnenuntergang mit Silhouettencharakter) sinnvoll ist. Bei Schatten- oder Lichtermessung muß bei dieser Meßmethode nicht zusätzlich korrigiert werden.

Selektivmessung: Sie ist die stimmungsverstärkende Meßmethode, bei der entweder das Hauptmotiv oder ein entsprechender Helligkeitswert angemessen wird. Die Selektivmessung mit einer Graukarte liefert stets eine technisch perfekte Belichtung und das gleiche Ergebnis wie die reine Lichtmessung.

Spotmessung: Die Messung für Könner, die viel Erfahrung verlangt. Der kleine Meßkreis liefert stets ein 18-Prozent-Ergebnis. Eine Graukarte ist das wichtigste Zubehör.

Mehrfeldmessung: Universelle Meßmethode, selbst für Diafotografen eine wirkliche Arbeitserleichterung in allen Motivbereichen für technisch korrekte Belichtungen ohne jede zusätzliche Korrektur. Das gilt auch bei Gegenlicht, Schneemotiven, hohen Kontrasten und sogar beim Sonnenuntergang. Für rein kreative Belichtung sollte ein blitzschnelles Umschalten auf eine zusätzliche Selektivmessung möglich sein. Die Mehrfeldmessung ist die einzig sinnvolle Meßmethode für einfaches vollautomatisches Fotografieren.

Lichter- oder Schattenmessung: Hier muß, wenn sie mit der Spotmessung erfolgt ist, um mindestens zwei EV-Werte korrigiert werden. Die Lichtermessung nach Plus, die Schattenmessung nach Minus.

EV-Werte: Damit wird die Empfindlichkeit des Belichtungsmessers oder der Blitzbelichtungsmessung angegeben. Mit Hilfe des EV-Wertes kann auch die längstmögliche und die kürzeste Belichtungszeit bei einer bestimmten Blende und in Abhängigkeit zur Filmempfindlichkeit ermittelt werden.

Filmempfindlichkeit: Sie wird in → ISO und Grad angegeben. ISO 100/21° bedeutet, der Film hat eine Empfindlichkeit von 100 ASA und 21 Grad – früher → DIN. Einfacher ist das Rechnen mit den ISO-Werten, denn eine Verdoppelung von 100 auf 200 bedeutet auch eine Verdoppelung der Empfindlichkeit. So ist ein 1000er Film 10mal empfindlicher als ein 100er.
ISO 6/9° bis ISO 50/18° ist niedrigempfindlich, als normalempfindlich gelten Filmmaterialien von ISO 100/21° bis ISO

Gegenlichtkorrektur
Bei Aufnahmen in Richtung auf eine Lichtquelle zu wird das Bild meist von sehr hellen Partien dominiert, während die dem Licht abgewandten Motivteile im Schatten liegen. Bei solchen Gegenlichtsituationen ist daher eine Korrektur der Belichtungsstufe erforderlich, die durch Öffnen der Blende oder Verlängerung der Belichtungszeit um eine bis zwei Stufen erfolgen kann. Um die Schattenpartien aufzuhellen ist außerdem ein Aufhellblitz von Nutzen.

200/24°, hochempfindlich ist ein 400er Film (ISO 400/27°) und höchstempfindliche beginnen bei ISO 1000/31° und reichen heute bis ISO 3200/36°

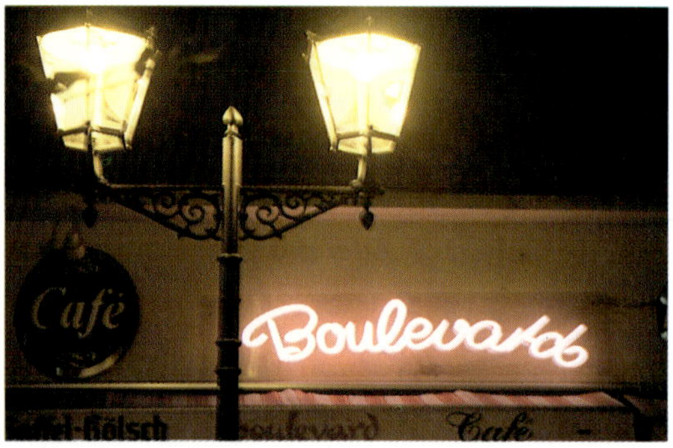

Ausgewogene Belichtung durch Mitteln der Messung auf Lichter und Schatten. Foto: Detlev Motz

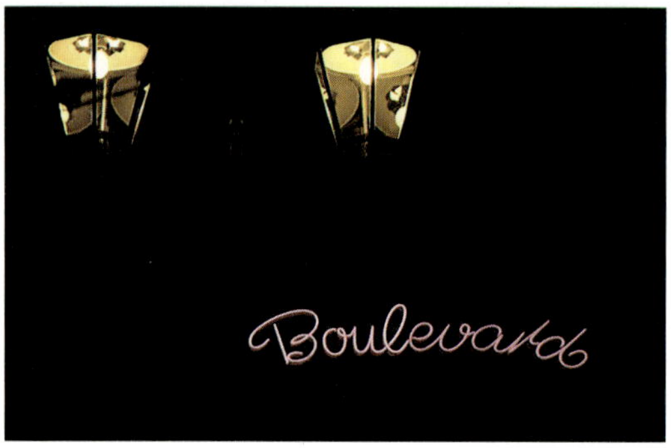

Die Aufnahme wirkt wegen der Messung auf die Lichter zu dunkel. Foto: Detlev Motz

Die Graukarte

Die Kodak-Graukarte ist 20 x 25 cm groß, von einer Seite grau mit 18 Prozent Remission und von der Rückseite weiß, dort 90 Prozent des auffallenden Lichts reflektierend. Zur Belichtungsmessung wird normalerweise die Graufläche den gleichen Lichtbedingungen wie das Motiv ausgesetzt. Diese Ersatzmessung ergibt stets ein technisch korrektes Belichtungs-Meßergebnis. Schwarz bleibt schwarz, Weißes wird weiß. Die Graukarte ist für jede Meßmethode mit Ausnahme der Mehrfeldmessung geeignet.
Die Graukarte sollte auch dann eingesetzt werden, wenn bei häufigem Objektivwechsel und großen Brennweitenunterschieden im späteren Dia keine starken Helligkeitsschwankungen auftreten sollen. Falls keine Graukarte vorhanden ist, kann auch die eigene Handfläche ausgemessen werden.
Da das Reflexionsvermögen der Hand 35 Prozent beträgt, muß das gemessene Ergebnis um einen Wert Plus korrigiert werden.

Belichtungssteuerung

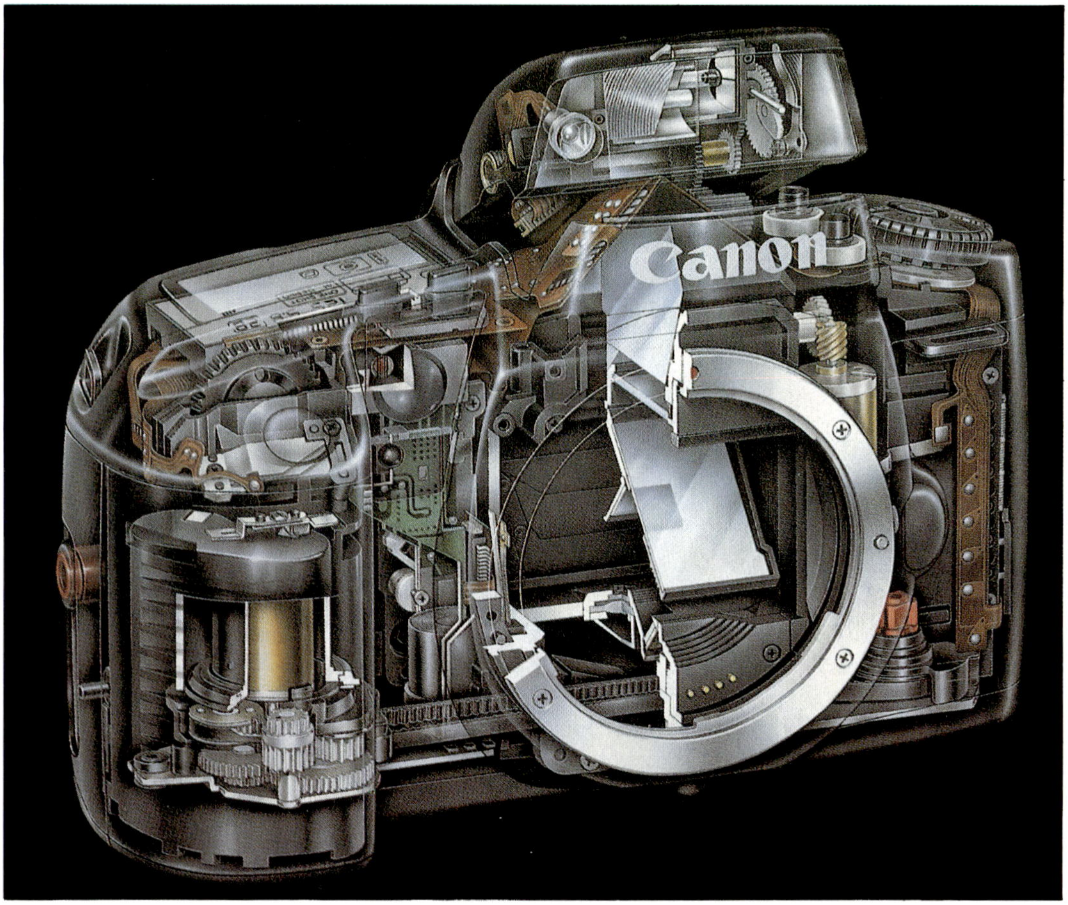

Das komplizierte Innenleben einer Spiegelreflexkamera. Durch das halbdurchlässige Feld im Spiegel fällt das Licht auf einen zweiten Spiegel, der es auf die Meßzelle im Kameraboden weiterlenkt.

Die Belichtung ist das Ergebnis von Zeit und Intensität, die Zeit wird bestimmt durch die Dauer der Belichtung und die Intensität durch die Größe der Blendenöffnung.
Als Blenden gelten in der Fotografie lichtundurchlässige Mittel, die den Strahlenraum des ins Objektiv einfallenden Lichts begrenzen. In der Wirkung arbeitet eine Objektivblende ähnlich wie die Iris des Auges, (Irisblende). Der Hauptunterschied ist jedoch, daß die Pupille des Auges willkürlich reagiert und die Lichtmenge am Objektiv mechanisch reguliert wird. Dabei ist Blende 16 eine kleinere Blendenöffnung als Blende 11, Blende 2 läßt infolge doppelter Öffnungsfläche gegenüber Blende 2,8 auch doppelt soviel Licht zum Film kommen. Die Lichtmenge halbiert sich, wenn die Blende auf den nächsten Wert geschlossen wird. Die internationale Blendenreihe beginnt bei 1,0 und der jeweils nächste Blendenwert wird errechnet, indem mit dem Faktor 1,4 ($\sqrt{2}$) multipliziert wird. Internationale Blendenreihe:
1,0 1,4 2 2,8 4 5,6 8 11 16 22 32 45 ...

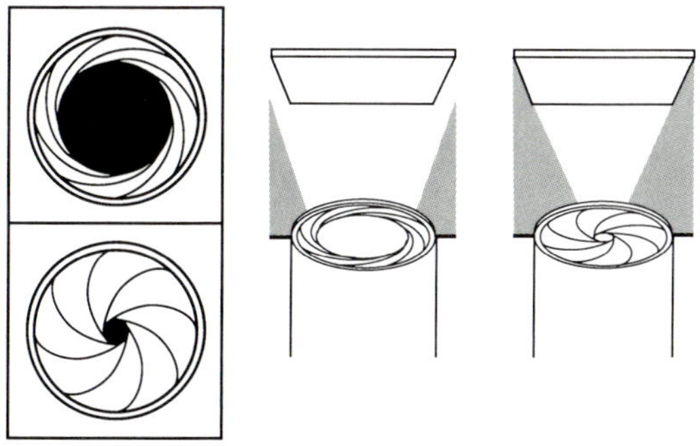

Je nach Öffnung läßt die Blende viel oder wenig Licht durch (kleine Blendenzahl = große Öffnung, große Blendenzahl = kleine Öffnung). Sie dient allerdings nicht nur zur Belichtungssteuerung, sondern hat auch Einfluß auf die Schärfentiefe.

Belichtungsautomatik
Automatische Einstellung von Blende und/oder Belichtungszeit nach den vom Belichtungsmesser in einer Kamera ermittelten Lichtverhältnissen und in Abhängigkeit von der voreingestellten Filmempfindlichkeit in → **DIN/ASA.**
In Kameras mit **Blendenautomatik** wird bei vorgewählter Belichtungszeit der je nach eingestelltem DIN/ASA-Wert passende Blendenwert automatisch gewählt.
Die **Zeitautomatik** regelt bei voreingestelltem Blendenwert und unter Berücksichtigung der Filmempfindlichkeit automatisch die Belichtungszeit einer Kamera.
Ist eine Kamera mit **Programmautomatik** ausgestattet, so muß lediglich die Filmempfindlichkeit eingestellt werden, und die Elektronik wählt nach Ermittlung des Belichtungswertes aus einer Reihe vorprogrammierter Zeit-Blenden-Kombinationen die mit der jeweils kürzest möglichen Belichtungszeit aus. Diese vollautomatische Belichtungssteuerung findet in Pocket- und automatischen Kleinbildkameras Anwendung und ist v.a. für Schnappschüsse geeignet.

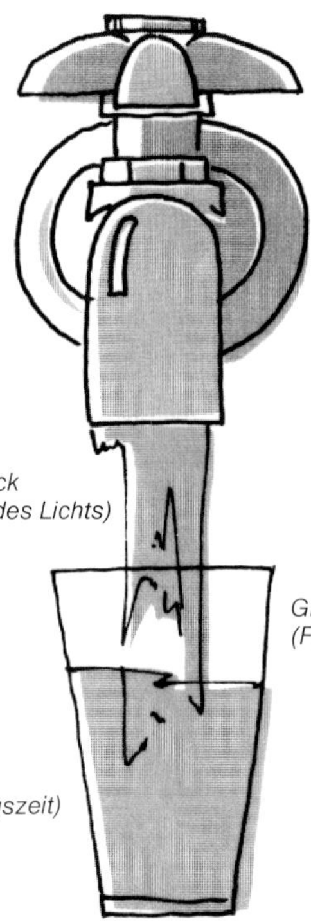

Mit dem Prinzip eines Wasserhahns läßt sich auch der Belichtungsvorgang vergleichen. Zeichnung: Olympus

So wie von Blende zu Blende die Lichtmenge verdoppelt oder halbiert werden kann, verhalten sich auch die Verschlußzeiten. Es wird von Stufe zu Stufe die Öffnungszeit halbiert oder verdoppelt. Nur so kann die notwendige Belichtung als konstantes Produkt von Zeit und Intensität garantiert werden.
Bei Handbelichtungsmessern und bei Objektiven von Fachkameras findet sich auch noch der Begriff Lichtwert (abgekürzt als LW oder international als EV). Das ist dann ein Wert, der die Helligkeit bei einer bestimmten Filmempfindlichkeit angibt, ohne irgendeine Zeit-Blendenkombination zu bevorzugen. So kann bei Lichtwert 19 mit Blende 16 und einer Verschlußzeit von 1/30 Sekunde genau soviel Licht zum Film gelangen wie bei 1/1000 Sekunde und Blende 2,8. Doch in der Bildwirkung können Welten zwischen diesen beiden Bildern liegen, obwohl sie mit der gleichen Lichtmenge belichtet wurden.
Diese Parameter (Verschlußzeit und Blende) werden von den verschiedenen Belichtungsprogrammen einzeln oder gemeinsam gesteuert, was dem Fotografen manche Einstellarbeit abnimmt. Das gilt besonders für die Vollautomatik- oder Motivprogramme, die die Gefahr der Verwacklung und in Einzelfällen sogar die räumliche Wirkung – die Schärfentiefe – der Blende berücksichtigen. Doch sollte ein kreativer Fotograf nicht vergessen: Zeit und Blende werden seltener von technischen Notwendigkeiten geprägt als es viele glauben.

Manuelle Einstellmöglichkeiten

Bei Reproduktionen, Blitzexperimenten, Mikro- und manchmal Makro-Aufnahmen und bei Belichtungszeiten (je nach Filmempfindlichkeit) von wenigen Sekunden bis zu mehreren Minuten ist es sinnvoll, auf eine automatische Belichtungssteuerung zu verzichten und manuell Blende und Zeit einzustellen.

Zeitvorwahl mit Blendenautomatik

Die Kameraelektronik bestimmt aufgrund des vom Motiv reflektierten Lichts automatisch die Blende, die zu der vom Fotografen vorgewählten Verschlußzeit paßt. Diese Automatik wird international als »Tv« (von Time value) bezeichnet, also als Zeitvorwahl. Bei mitgezogenen Aufnahmen und Zoomeffekten (wenn während der Belichtung auch noch die Brennweite verstellt wird), bei Aufnahmen mit Zeitvergleichen

Lange Verschlußzeiten führen zu Wischern von bewegten Personen oder Objekten im Bild. Foto: Detlev Motz

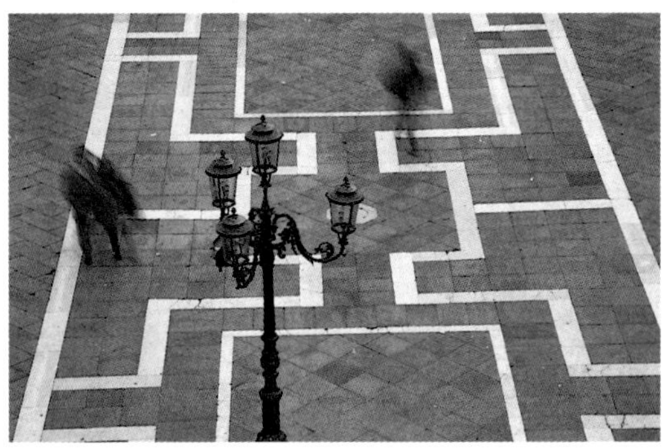

und in Einzelfällen bei Sportaufnahmen ist diese Automatik besonders sinnvoll. Bei der Blendenautomatik kann es immer noch zu Unter- oder Überbelichtungen kommen und zwar dann, wenn die vom Fotografen vorgewählte Zeit für die Lichtsituation zu kurz oder zu lang ist. Da das Objektiv nur bis zu seiner größten Blende geöffnet und bis zu seiner kleinsten geschlossen werden kann, sind so Fehlbelichtungen möglich. Nur wenige Kameras wie etwa die Leica R 7 oder die Contax SRTII haben für solche Notfälle eine übergreifende Zeitautomatik, die dann die Steuerung des Belichtungsprogrammes übernimmt und für richtig belichtete Aufnahmen sorgt.

Blendenvorwahl mit Zeitautomatik

Bei Blendenvorwahl (»Av« = Apertur value) ist dagegen eine universelle Belichtungssteuerung durch die stufenlose Zeitautomatik möglich. Grenzen setzen nur die verwendete Filmempfindlichkeit und die Lichtstärke des Objektivs.
Der Fotograf bestimmt also durch die Vorwahl der Blende den Zeitrahmen, den die Kamera stufenlos und automatisch wählt. So läßt sich etwa bei Schnappschüssen mit langbrennweitigen Objektiven durch Einstellen der größten Blende die für die vorhandene Lichtsituation kürzestmögliche Verschlußzeit automatisch erreichen. Auch Spezialobjektive wie Spiegellinsen und Shiftobjektive sowie komplizierte Balgengerätkombinationen können mit der Zeitautomatik verwendet werden, ja sogar selbstgebaute Teleskope. Für den Einsatz am Mikroskop bei automatischer Zeitbildung wird nur ein Zwischenring (meist ein T2-Adapter) benötigt, um die Geräte sicher und lichtdicht miteinander zu verbinden.
Bei der Zeitautomatik, die universell für nahezu alle Aufnahmesituationen einsetzbar ist, bestimmt der Fotograf durch die Wahl der Blende den Schärfentieferaum. Doch dabei darf nicht übersehen werden, ob die Verschlußzeit zu lang für eine unverwackelte Aufnahme wird. Ein kurzer Dreh am Objektiv genügt, um die Blende öffnen, und so eine kürzere Verschlußzeit zu erhalten.

Programm- und Vollautomatik

Mit dieser Belichtungssteuerung hat der Fotograf die Chance, sich ganz auf seine Bildschärfe, seinen Bildausschnitt und – hoffentlich – auf die Bildkomposition zu konzentrieren. Doch Automatik ist noch lange nicht Vollautomatik, so daß heute bereits Programmautomatik und vollautomatische Programmautomatik zu unterscheiden ist.
Schon bei der Programmautomatik gibt es gravierende Unterschiede. Im einfachsten Fall sind Zeit und Blende gleichwertig und ändern sich aus diesem Grund auch stets gleichzeitig.
In einem Diagramm ist das daran zu erkennen, daß die eingezeichnete Linie nach Erreichen der Mindestlichtmenge für die verwendete Lichtstärke stets um 45° gleichmäßig ansteigt. Für den Fotografen bedeutet diese Tatsache, daß erstaunlich viele Motive verwacklungsgefährdet sind, da die größte Blende des Objektivs nicht sinnvoll zur Verkürzung der Verschlußzeit genutzt wird. Doch auch kleine Blenden für eine größere Schärfentiefe werden in diesem Fall nur in Verbindung mit kurzen Zeiten eingesetzt.
Erst wenn die Faustregel vom Kehrwert der Brennweite von der Programmautomatik eingesetzt wird, kann eine automatische Programmsteuerung vieles erleichtern. Bei solch einer brennweitenabhängigen Automatik ist die Kamera solange eine reine Zeitautomatik, bis soviel Licht zur Verfügung steht, daß die Verwacklungsgefahr schlagartig reduziert wird. Davon wird ausgegangen, wenn die Verschlußzeit kürzer als ein Hundertstel der Brennweite ist (1/f). Das ist beispielsweise bei 200 mm Brennweite bei 1/200 s

Belichtungskorrektur
Ein Belichtungsmesser liefert nur dann korrekte Werte, wenn die Helligkeitswerte des Motivs zusammen ein »mittleres Grau« ergeben. Bei sehr hellen Motiven (Schnee, stark reflektierende Flächen, Gegenlicht) kommt es daher wie bei sehr dunklen Motiven (Aufnahmen bei trübem Wetter, im Wald etc.) zu Fehlbelichtungen. Deshalb ist hier eine B. nötig, die über die Eingabe von Korrekturwerten bei der Filmempfindlichkeit erfolgen kann.

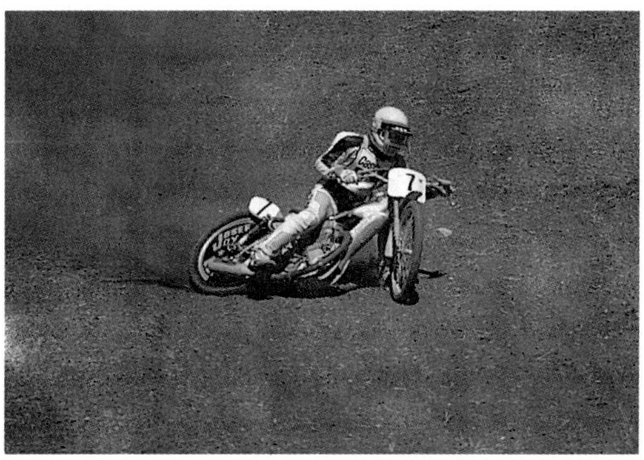

Kurze Belichtungszeiten stoppen die Bewegung im Bild.
Foto: Detlev Motz

Irisblende
Häufigste Form der Blende, die im Objektiv den Durchmesser des einfallenden Lichtstrahlenbündels bestimmt. Durch Drehen des Blendenrings wird der Durchmesser der durch mindestens fünf Lamellen begrenzten, annähernd runden Blendenöffnung verändert.
Je weiter die Blende bei der Aufnahme geöffnet ist, desto höher ist die Bildhelligkeit, desto geringer ist aber auch die → **Schärfentiefe** und desto höher ist die Gefahr von → **Abbildungsfehlern.**

der Fall. Doch Achtung, die Verwacklungsgefahr ist damit häufig noch nicht vorbei. Sobald der Kehrwert erreicht ist, gehen bei vielen Belichtungssystemen Zeit und Blende wieder im Gleichschritt.
Bei verschiedenen Kameras, etwa bei den Nikon AF-Kameras oder bei der Leica R7, kann nur der Fotograf bestimmen, ab wann dies der Fall sein soll und eine Priorität vorgeben, etwa ob möglichst kurze verwacklungssichere Verschlußzeiten anzustreben sind oder eine kleine Blende für mehr Schärfentiefe.
Selbst das wird von einigen Programmautomatiken bereits selbsttätig vorgenommen. Vorreiter ist dabei die Minolta Dynax 7xi. Ihre Belichtungsautomatik erkennt – wie mittlerweile andere Kameras auch – die Unterschiede zwischen verschiedenen Situationen und optimiert die Zeit-Blendenkombination situations- und motivgerecht. Da dabei auch Werte der Autofokus-Messung mit berücksichtigt werden, wie Objektbewegung (dreidimensional), Abbildungsmaßstab (durch die Entfernungsmessung), aber auch die Objektivbrennweite selbst, kommt es schon zu einer erstaunlich »intelligenten« Programmautomatik.

Programm-Shift

Da immer noch der Fotografenwille entscheidend sein soll, haben mittlerweile fast alle Spiegelreflexkameras die Möglichkeit eines Programm-Shiftes oder die Chance, blitzschnell und kurzfristig auf Zeit- oder Blendenautomatik umzuschalten. Dabei kann vom Fotografen die aktuelle Messung in Richtung kürzere Zeiten (mit größerer Blende) oder kleinerer Blendenvorgaben (durch längere Zeiten) verschoben – eben geshiftet – werden. Die Gesamtlichtmenge und damit die Belichtung verändern sich dabei nicht.
Wer dieses Prinzip einmal richtig erkannt hat, kann es für all seine Aufnahmen blitzschnell einsetzen und trotz allem vollautomatisch fotografieren. Durch konsequenten Einsatz von Programm-Shift können vielfach eingebaute oder durch Chipkarten gesteuerte Motiv-Programme überflüssig werden.

Unterschiedliche Bildauffassungen durch Programmshift. Fotos: Detlev Motz

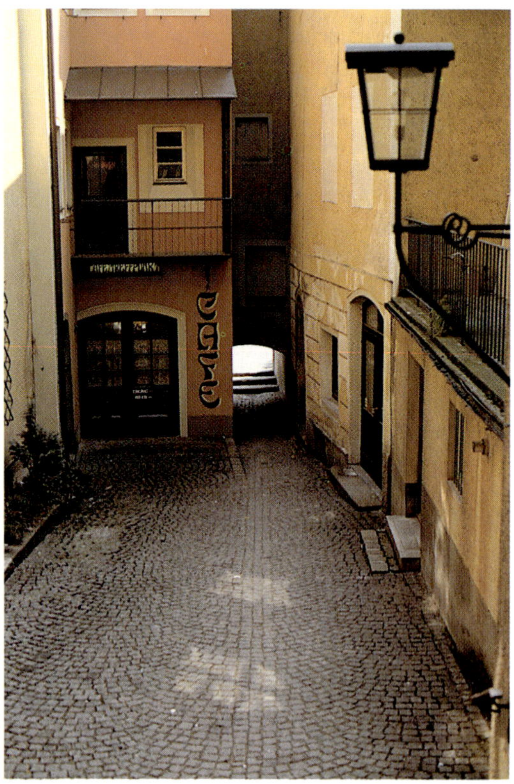

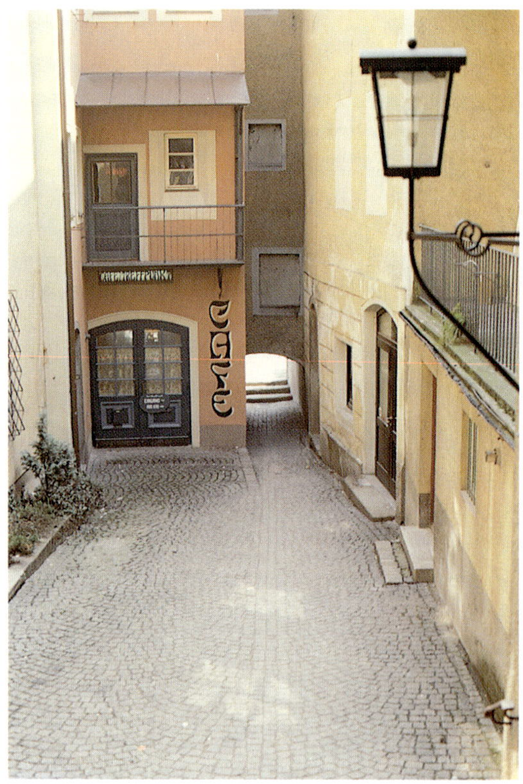

Vollautomatische Programmautomatik

Manche hochwertige SLR-Kamera hat mittlerweile eine zusätzliche vollautomatische Programmautomatik (bei Canon EOS-Modellen ist es das »Grüne Rechteck«), die freie Fahrt für vollautomatisches Fotografieren bietet. Zur ursprünglichen und auch weiterhin vorhandenen Programmautomatik kann hier in das Belichtungsprogramm nicht direkt eingegriffen werden.
Diese Vollautomatik-Programme sind besonders wirkungsvoll bei Kameras mit eingebauten oder aufgesetzten Systemblitzgeräten. Sie entscheiden dann meist selbst (je nach Helligkeitsunterschied im Motiv), ob sie das Blitzlicht zuschalten, etwa um einen starken Kontrast durch eine Prise Blitzlicht zu reduzieren. Wird dagegen zuwenig Licht für eine unverwackelte Aufnahme festgestellt, da ein bestimmter vorgegebener Helligkeitswert unterschritten wurde, schalten sie vollautomatisch auf Blitzlichtbelichtung um.

Motiv-Programme

Alle Canon Eos-Kameras haben Motiv-Programme, bei Minolta werden die Dynax-Kameras durch eine zusätzliche Chipkarte für bestimmte Standard-Motivbereiche umprogrammiert. Nikon bietet mit der F 90 (und D-Objektiven) nun auch dieses Feature an.
Motiv-Programme sind vollautomatische Steuerungen für bestimmte Motivsituationen wie z.B.Porträt,Action oder Schnappschuß. Dabei wird an der Kamera fast alles automatisiert: das AF-System, die Meßmethode, die Aufnahmefolge (Einzelbild oder Serie), das eventuell notwendige Blitzlicht zugeschaltet und einprogrammierte Vorgaben hinsichtlich Verschlußzeit oder Schärfentiefe automatisch berücksichtigt. Jetzt muß das Motiv nur noch den programmierten Vorgaben entsprechen.

Porträt-Programm

Dieses Programm ist für Porträtaufnahmen mit dem kleineren oder mittleren Tele (zwischen 80 und etwa 150 mm Brennweite) konzipiert und paßt die Blende und damit den Schärfentiefebereich dem Abbildungsmaßstab des Motivs an. Das ist jedoch nur möglich, wenn die Brennweite und auch die Entfernungseinstellung vom Objektiv zur Kamera gemeldet werden. Geht man so nah an sein Modell heran, daß Kopf und Oberkörper formatfüllend im Sucher zu sehen sind, sollte man das Autofokusmeßfeld auf die Augen richten, den Auslöser andrücken, festhalten und erst wenn der richtige Bildausschnitt gefunden ist, auslösen.
Das ist unbedingt notwendig, denn sonst wird oftmals der Halsansatz superscharf sein, aber nicht die Augen, die am deutlichsten etwas über die Persönlichkeit des Porträtierten aussagen. Das bedeutet aber auch, daß nach jeder Aufnahme das Meßfeld neu ausgerichtet und die Einstellung fixiert werden sollte.
Auch mit der Minolta Chipkarte P – Porträt – ist eine optimale Steuerung der Blende in Abhängigkeit von der Aufnahmeentfernung und dem damit verbundenen Abbildungsmaßstab möglich. Ist dieser in der Nähe groß, wird die Blende geschlossen, sonst wird durch selektive Schärfe der Hintergrund vom Motiv zu lösen versucht.

Landschafts-Programm

Die Auswertung vieler tausend Landschaftsbilder hat gezeigt, daß Naturmotive direkt im Unendlich-Bereich oder nicht weit davon angesiedelt sind. Landschaft findet bei Hobbyfotografen fast ausschließlich als Übersichtsbild seinen fotografischen Nieder-

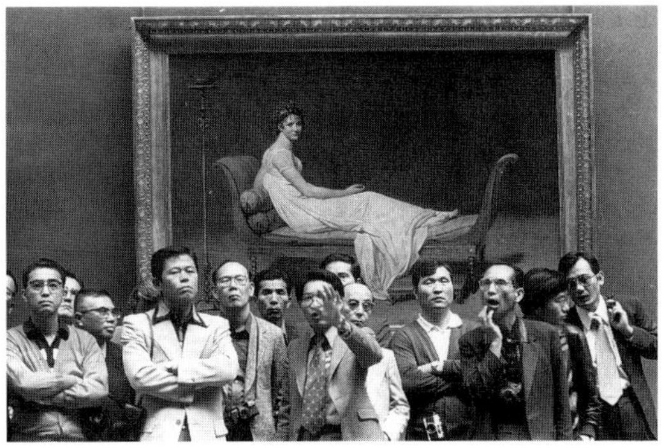

Für solche Schnappschüsse ist die Programmautomatik besonders gut geeignet.
Foto: Jochen Fiebig

Verblitzungen
Ungewollte Belichtung von Filmstücken durch elektrostatische Entladungen, die beim Vorübergehen von Filmen oder Fotopapieren an Metallrollen in Kameras oder → **Printern** auftreten können und die nach der Entwicklung als helle Punkte oder Verästelungen auf den Bildern sichtbar sind. V. lassen sich v.a. durch eine höhere Luftfeuchtigkeit vermeiden.

Kleine Blenden steuert das Landschaftsprogramm für große Schärfentiefe ein.
Foto: Detlev Motz

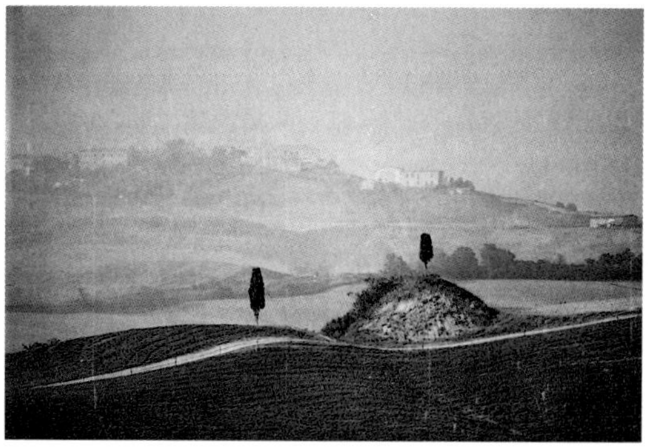

schlag. Natürlich will, wer viel aufs Bild bringt, dies auch möglichst von vorn bis hinten scharf haben. Deshalb sorgt das Programm erst einmal durch eine kleine Blende für einen passablen Schärfentiefebereich. Das geht bestens mit allen Weitwinkelobjektiven und Zoomobjektiven mit einer Anfangsbrennweite zwischen 28 und 50 mm. Telebrennweiten über 100 mm sind bei einem Landschaftssymbol nicht zu empfehlen.

Nahaufnahme-Programm

Blende 5,6 ist bei einem Nahaufnahme-Programm die größte, also die am weitesten geöffnete Blende, die zum Einsatz kommt. Doch werden kleinere Werte vom Programm bevorzugt, damit der bei diesem Motivbereich naturgemäß geringe Schärfenbereich optimal genutzt wird.
Genauso steuert auch die Minolta Chipkarte CL (für Close up). Die Minolta AF-Steuerung ist dabei auf die normale Autofokusfunktion ohne den vorausberechnenden Prädiktionsautofokus eingestellt.

Durch die geringe Schärfentiefe wird das Motiv bei Nahaufnahmen vom Hintergrund getrennt.
Foto: Robert M. Sulzberger

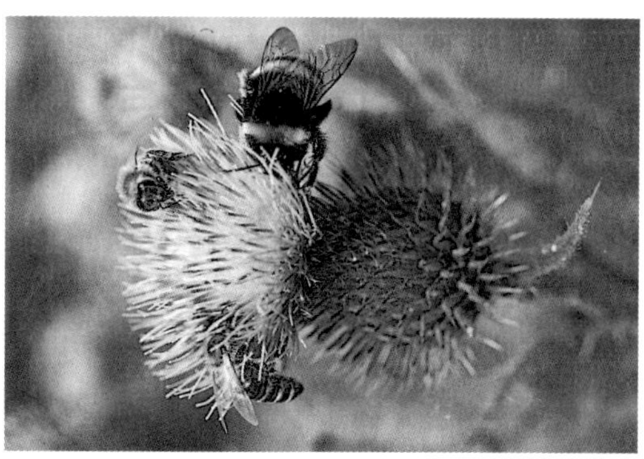

Sport- und Action-Programm

Technisch überzeugende Sport- und Actionbilder sind selbst für Anfänger mit der Sportmotiv-Programmautomatik leicht zu erzielen. Mit gleichem Programm kann auch normalen, touristischen oder familiären Motiven mit schnell ablaufenden Bewegungen zu Superschärfe verholfen werden. Typische Motive für dieses Programm sind beispielsweise heranfahrende Züge oder Autos. Das Sport-Programm kann das alles scharf und formatfüllend festhalten. Man beachte aber das »kann«! Denn der Fotograf sollte die visuellen Höhepunkte der Sportart kennen, nah genug herangehen und das heißt häufig Brennweiten über 200 mm einsetzen, dann kann das Programm die Aufnahmetechnik auf das Auslösen reduzieren. Am Programmablauf sollte der Erfolg nicht scheitern: Die Priorität liegt auf der kurzen Verschlußzeit. Bewegung soll »eingefroren« und somit scharf wiedergegeben werden. Dabei wird nicht die größte Blende des Objektivs herangezogen, sondern eine »Arbeitsblende«, die je nach Kamerahersteller um den Faktor 0,75 bis 2 weiter geschlossen wird, damit auch lichtstarke Objektive noch von der, wenn auch geringen, Schärfentiefe partizipieren können. Ist viel Licht vorhanden, wird zuerst die Verschlußzeit gekürzt. Erst wenn auf Grund ausreichender Motivbeleuchtung der Maximalwert erreicht ist, beginnt sich die Blende schneller zu schließen, als die Zeit weiterhin verkürzt wird.

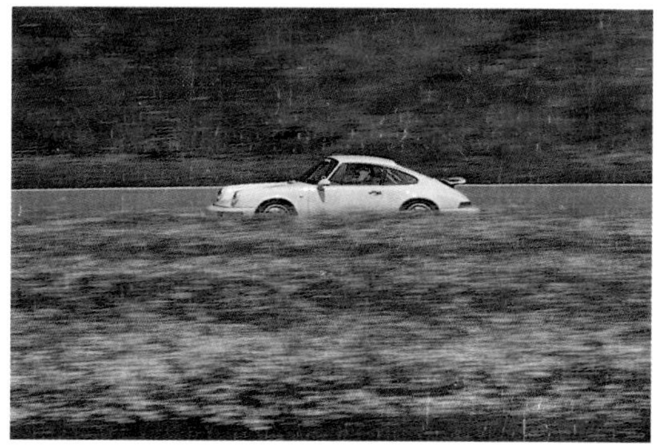

Durch Mitziehen bei langer Belichtungszeit werden diese Wischeffekte erreicht.
Foto: Heiner Henninges

Der Fotograf sollte dann noch seine Serie verhältnismäßig früh starten, so daß der Autofokus etwa eine auf ihn zulaufende Bewegung nicht nur rechtzeitig erkennen, sondern frühzeitig und somit auch äußerst präzise hochrechnen kann, wo sich das Objekt zum Zeitpunkt der Aufnahme und der nächsten Messung befinden wird. So werden auch schnellste Bewegungsabläufe vom ersten bis zum letzten Bild scharf.
Auch bei der Minolta Chipkarte SP (Sports) bevorzugt das Motiv-Programm schnelle Verschlußzeiten in Abhängigkeit von der Objektentfernung und der verwendeten Brennweite. Andere Belichtungsautomatiken können nicht eingestellt werden. Auch hier wird zuerst, bis zum Erreichen einer sehr kurzen Zeit, die Zeitautomatik eingesetzt.

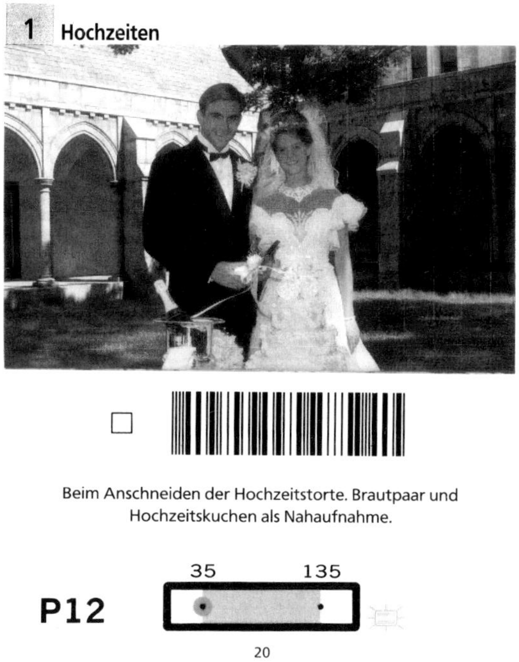

Einige Canon EOS Kameras besitzen die Möglichkeit, Programme für bestimmte Motive über einen Barcodestift in die Kamera einzulesen.

Motivgrößen-automatik

Das ist eine automatische Brennweiteneinstellung auf der Basis veränderlicher Objektabstände, die nur mit speziellen Chipkarten funktioniert und so Motive, wie sie etwa typisch für die Kinderfotografie sind, in der Aufnahmetechnik vereinfacht. Das Motiv bleibt also stets gleichgroß abgebildet, da sich die Brennweite des Zooms automatisch der Entfernungsänderung des Sujets anpaßt.

Bei starken Helligkeitsunterschieden und Gegenlicht lassen sich solche Bilder machen, bei denen Teile nur als Silhouetten wiedergegeben werden. Foto: Robert Srzentic

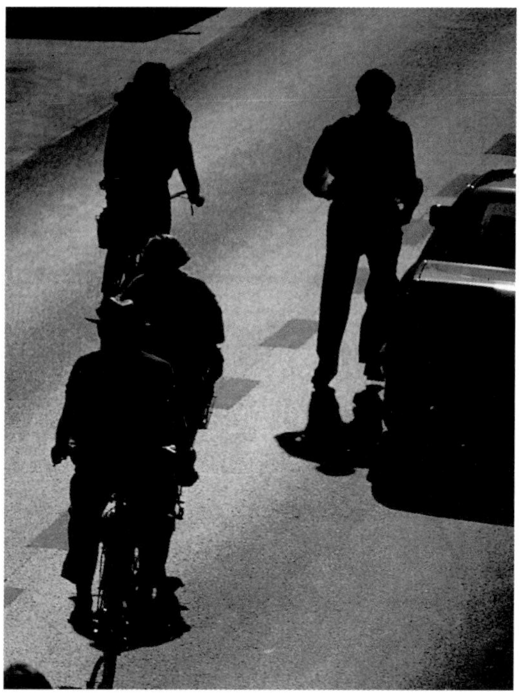

Silhouetten-Programm

Bei der Nikon F90 gibt es noch ein Spezial-Programm, das das Hauptmotiv bei dieser Einstellung um 2 EV-Werte (oder entsprechende Zeit- oder Blendenwerte) unterbelichtet, um einen Silhouetteneffekt zu erzeugen. Doch dazu muß der Helligkeitsunterschied im Motiv tatsächlich größer als die erwähnten 2 EV-Werte sein.

Barcode-Programm

Bei dem von Canon verwendeten Barcode-Programm wird ein kleiner Stift benötigt, der die Funktion eines Lichtgriffels hat und mit dem die Programmautomatik für eine einzelne Aufnahme programmiert wird. In einem »Barcode Manual« sind 23 verschiedene Bilder schwierigster Lichtsituationen zu finden. Sie sind aus den Bereichen Porträt,

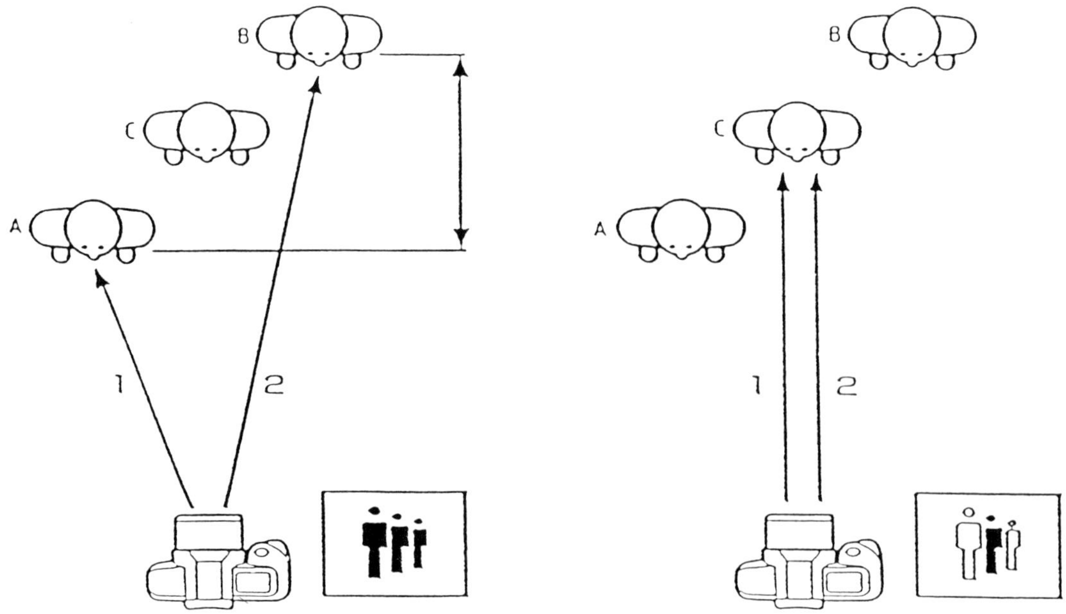

Moderne Autofokus-Spiegelreflexkameras sind nicht nur in der Lage eine bestimmte Schärfenebene oder die Entfernung eines bestimmten Motivdetails zu ermitteln, sondern können auch einen Schärfenraum präzise bestimmen. Die Schemazeichnung zeigt das Prinzip der Schärfentiefe-Automatik bei Canon EOS-Kameras, die durch Anmessen des Nah- und Fernpunktes exakt die Ausdehnung der Schärfentiefe bestimmen kann. Die Kamera stellt dann die Entfernung und die erforderliche Blende so ein, daß der Schärfenraum die gewünschte Ausdehnung erhält. Nach dem Schema rechts wird nur die in der Schärfenebene befindliche Person scharf abgebildet. Im linken Beispiel werden alle drei Personen scharf erfaßt.

Kinder, Hochzeit, Nahaufnahme, Landschaft, Kirchenfenster und ein Motiv, das nur aus weißen Bildelementen besteht. Dort sind auch alle wichtigen Aufnahmedaten und Einstellungen zu vergleichbaren Bildern sowohl als Pictogramme als auch durch einen Strichcode für die Datenübertragung beigefügt.

Schärfentiefe-Programme

Nur Canon Eos-Kameras bieten ein echtes Schärfentiefe-Programm, denn nur hier kann der Fotograf Anfang und Ende des Motivbereichs anmessen, der vollständig scharf abgebildet werden soll. Die Kamera liefert dann beim dritten Mal des Auslöser-Drückens die dazu notwendige Zeit-Blenden-Kombination. Bei der Eos 500, bei AF-Kameras von Nikon und Minolta (mit Chipkarte) wird die Schärfentiefe »nur« optimiert. Wer dabei jedoch nicht richtig zielt und speichert, kann so unter Umständen die Schärfentiefe verschenken, etwa im Unendlichbereich. Was dort scharf ist, kann durch Schärfentiefe nicht besser werden. Beim automatischen Fokussieren und anschließendem Speichern sollte also die Regel, daß zwei Drittel der Schärfentiefe hinter und ein Drittel vor die Einstellebene zu liegen kommt, beherzigt werden.

Bei Minolta Dynax-Kameras gibt es zwei Chipkarten für optimale Schärfentiefe: Über die spezielle Chipkarte DE (Depth) werden Schärfe und Blende so gesteuert, daß ein möglichst großer Bereich hinter dem Hauptmotiv scharf abgebildet wird. Der vorausschauende Prädiktions-Autofokus ist außer Kraft. Anders bei der Chipkarte für Reisefotografie, die die Fotografie auf Reisen und im Urlaub rationalisieren kann. So können etwa Familienmitglieder oder Freunde vor einer interessanten Landschaft posieren, ohne daß der Fotograf die Schärfenräume definieren muß. Die Karte für Reisefotografie (Travel) stellt die Belichtungsdaten so ein, daß sich die Schärfentiefe über einen größtmöglichen Bereich ausdehnt und das ist mit dem vorausberechnenden Autofokus gekoppelt.

Mehrfachbelichtungs-Programm

Meist sind zwei bis neun Belichtungen auf ein Filmbild möglich. Die Anzahl wird vom Fotografen eingegeben. In einfachster Form werden auf ein Filmstück nicht nur ein Motiv, sondern zwei belichtet. Findet dies vor einem dunklen oder sogar schwarzen Hintergrund statt, können beliebig viele einzelne Motivdetails nebeneinander auf einem Stück Film untergebracht werden, ohne daß irgendetwas – außer der beabsichtigten Anzahl der Einzelbelichtungen – an der Kamerabelichtung verstellt werden muß. Jedes Motivdetail wird ganz normal belichtet. Normal bedeutet in diesem Fall »detailbezogen«, also am einfachsten durch Selektivmessung, so daß der Hintergrund das Meßergebnis nicht beeinflussen kann.
Erst wenn Bildelemente sich überschneiden, muß das bei der Belichtungseinstellung berücksichtigt werden. Der Film verkraftet ja nur einmal eine durch seine Filmempfindlichkeit klar definierte Lichtmenge, um ein präzises Abbild eines Motivs zu speichern. Da dies auf nur eine Belichtung ausgerichtet ist, werden bei einer Doppelbelichtung die sich überlagernden Details doppelt so hell belichtet. Deshalb muß dann jede einzelne Belichtung verkürzt werden und zwar so weit, daß die (Licht-) Summe aller Aufnahmen an den überlappenden Stellen dem Wert für eine ideale Gesamtbelichtung entspricht.
Die wichtigste Frage bei Mehrfachbelichtungen ist also nicht »Wie oft wird belichtet?«, sondern muß heißen:« Wie oft überlappen sich die einzelnen Bildteile?« Die in vielen Lehrbüchern gedruckte Korrekturangabe, die bei zwei Belichtungen eine Reduzierung um den Lichtwert -1 empfiehlt, bezieht sich also nur auf Situationen, bei denen sich die erste und die zweite Aufnahme ganz oder teilweise überlagern. Dann ist eine Unterbelichtung jeder Aufnahme um einen Blenden- oder Zeitwert richtig. Bei einer Dreifachbelichtung ist die Belichtung logischerweise um den Lichtwert -1,5 zu korrigieren, also für jede Belichtung nur 1/3 der normalen einzustellen. Bei einer Vierfachbelichtung ist um den Faktor -2 zu korrigieren. Doch wenn sich hierbei die Motive nur zweimal überlappen, muß auch nur wie für eine Doppelbelichtung korrigiert werden.

Chipkarte für Fantasie-Effekte

Eine besondere Form von Doppelbelichtungen bietet Canon bei einigen Eos-Modellen mit einem Weichzeichner-Programm; Minolta hat dafür – und für alle Dynax xi-Kameras – eine Chipkarte. Die erste Aufnahme wird wie gewohnt gemacht, bei der zweiten Belichtung ist das Objektiv leicht unscharf eingestellt. Bei aktivierter Chipkarte verstellt der Autofokus-Motor der Kamera während der Aufnahme automatisch die Schärfe. Dadurch lassen sich zwei unterschiedliche Effekte realisieren, die zum Teil auch miteinander kombiniert werden. Der tatsächlich zu erzielende Effekt hängt von der Schärfentiefe ab. Ist diese gering – durch große Blende und dem Teleeinsatz – entsteht ein bezaubernder Weichzeichnereffekt. Um diese Weichzeichnung, die sanfte Stimmung durch die Kombination von Schärfe und Unschärfe von Kanten und Details auch bei guten Lichtverhältnissen zu erzielen, sollte man durch ein ND-Graufilter oder zwei übereinander geschraubten Polarisationsfilter überflüssiges Licht wegnehmen.
Reichlich Licht und die durch die Chipkarte gesteuerte, verhältnismäßig lange Belichtungszeit ergeben kleinere Blenden und somit einen größeren Schärfentiefebereich. Da nun auch der Verstellweg am Objektiv größer ist, wird aus der Weichzeichnung eine Art Zoomeffekt, ein radial verlaufender Wischeffekt. Sollte nicht genügend Licht für

Doppelbelichtung
nennt man eine zweimalige Belichtung desselben Filmstücks, zu der es kommt, wenn nach dem Auslösen der Film nicht weitertransportiert wird. In modernen Kameras wird dies durch eine Doppelbelichtungssperre verhindert. Allerdings läßt sich diese lösen, um den Effekt einer D. für kreative Aufnahmen nutzen zu können.

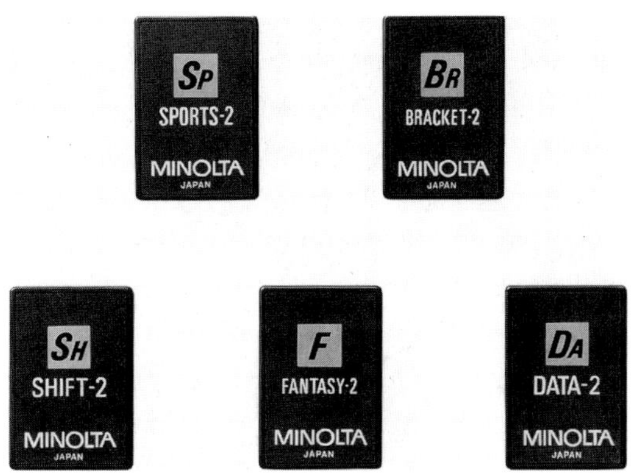

Chip-Karten für die Programmierung von Minolta Dynax-Kameras.

diesen Effekt vorhanden sein, lohnt es sich, auf höher empfindliches Filmmaterial umzusteigen.
Ein etwas anderer Effekt wird bei gleichzeitigem Einsatz eines Blitzgeräts erzielt. Das Blitzlicht friert die Objekte innerhalb des Blitzbereichs ein, der Bildhintergrund jedoch zeigt dann sehr deutlich den vom Mittelpunkt ausgehenden Wischeffekt.

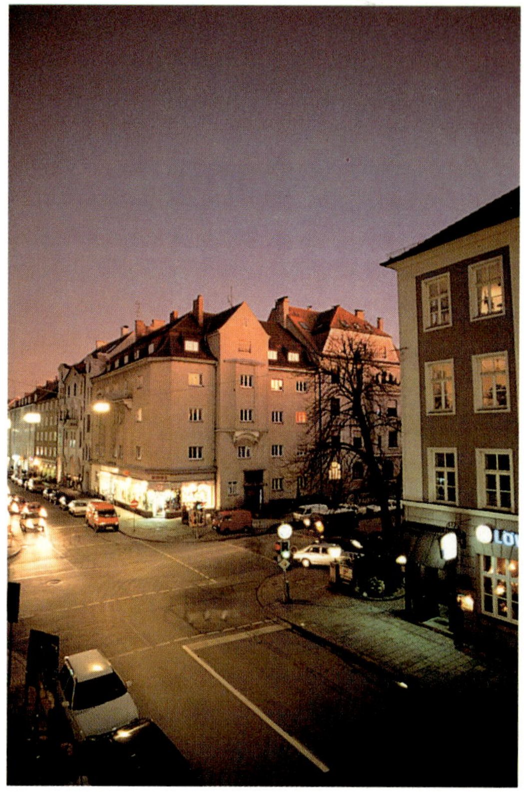

Intervallometer-Programme

Das ist ein neuerdings häufiger eingebautes Feature für automatische Belichtungsreihen. Meist lassen sich bis zu insgesamt 36 Bilder mit Intervallen bis zu 23 Stunden 59 Minuten und 59 Sekunden programmieren. Für Tagesabläufe eines Motivs oder Sequenzen von aufblühenden Blumen, von Wachstumsvorgängen oder für Zeitdokumentationen ist dies eine interessante und einfach zu bedienende Technik für ungewöhnliche Serien.

Selbstauslöser

Immer wenn die Kamera vom Stativ aus zum Einsatz kommt, sollte mit Selbstauslöser fotografiert werden. Die 6 – 12 Sekunden Zeitverzögerung bis zum Verschlußöffnen kann gerade bei Aufnahmen mit dem Teleobjektiv für weniger Vibration und damit deutlich verringerte Verwacklungsgefahr sorgen. Das sachte Auslösen, eventuell sogar mit Drahtauslöser, gibt auch bei Aufnahmen mit langen Brennweiten die Chance auf scharfe Fotos und das mit Belichtungszeiten selbst um 1/60 s. Doch auch Innenaufnahmen etwa in Kirchen mit Verschlußzeiten von 1/15 s bis zu 1 Sekunde lassen sich mit größeren Erfolgschancen realisieren. Überall dort, wo die Verwacklungsgefahr gegeben, aber genug Zeit für die Aufnahme vorhanden ist, sollte das Vorlaufwerk zum Einsatz kommen. Wenn dann bei Langzeitaufnahmen die Kamera noch die Möglichkeit bietet, nach dem Einstellen und vor dem Auslösen den Spiegel hochzuklappen, wird das Risiko, die Aufnahmen zu verwackeln, noch einmal reduziert. Elektronisch funktioniert alles noch einfacher: Hier genügt meist

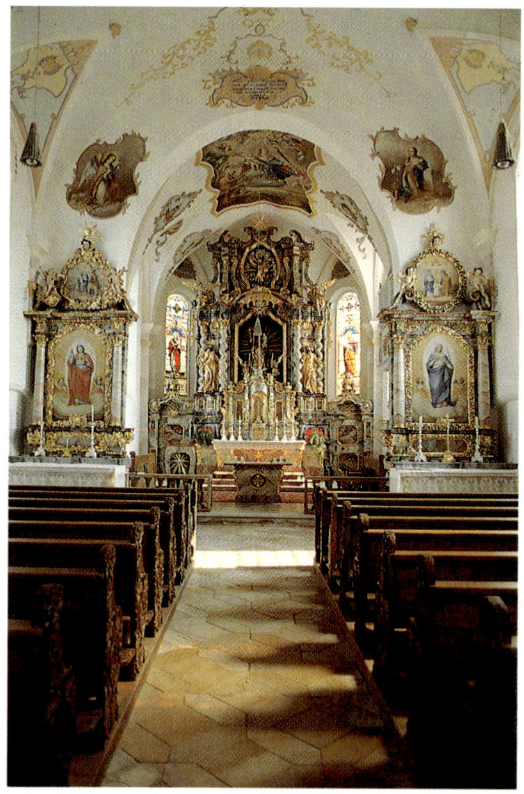

Mit Selbstauslöser werden Verwacklungen vermieden. Foto: Heiner Henninges

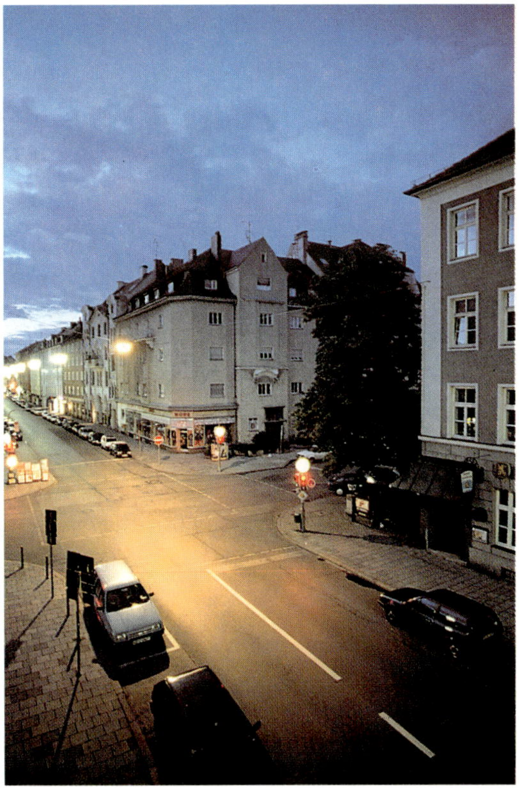

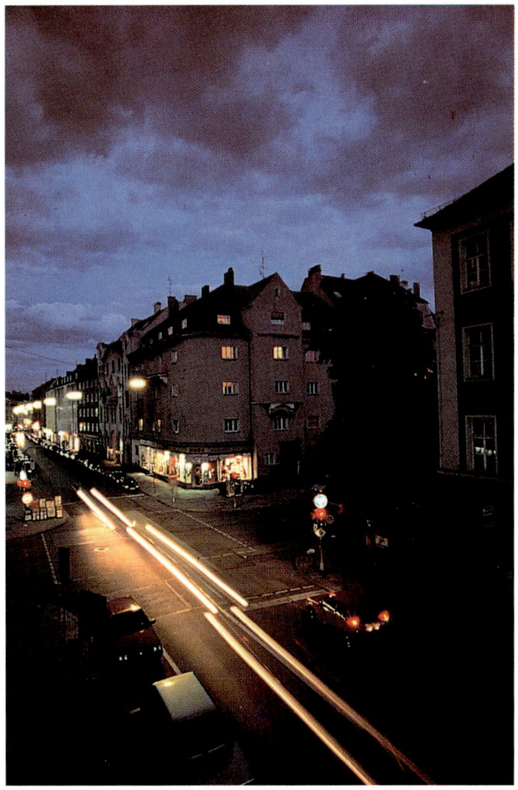

Beispiel für Intervallaufnahmen: Die Fotos zeigen dasselbe Motiv zu unterschiedlichen Zeiten. Fotos: Robert Srzentic

ein einfaches Antippen des Auslösers und geräuschlos startet und läuft das Vorlaufwerk. Und dazu blinkt meist eine rote Leuchtdiode, langsam zu Beginn der Auslöseverzögerung und hektisch flatternd oder als Dauerwarnlicht kurz vor der Aufnahme. Damit jeder der gerade fotografiert werden soll, das deutlich merkt, leuchtet dieses Warnsignal in Richtung Motiv.

Motorischer Filmtransport

Nur wenige Kameras verzichten auf einen motorischen Filmtransport. Es wird dabei nach Einzelbild- oder Serienbetrieb unterschieden. Spitzenkameras schaffen bis zu 5,5 Bilder pro Sekunde. Spezialmodelle sogar bis zu 7 Belichtungen pro Sekunde.
Externe Winder oder Motoren sind nur noch bei Spitzengeräten erhältlich. Als Winder werden Transportmotoren mit einer maximalen Frequenz bis zu 2 Bilder pro Sekunde bezeichnet, Motoren erlauben höhere Frequenzen. Neben dem automatischen Rücktransport bietet solch ein eingebauter oder zusätzlicher motorischer Transport den Vorteil, daß der Fotograf die Kamera auch zwischen den Aufnahmen am Auge belassen und somit den Kontakt zum Motiv halten kann.

Fernauslöser

Die einfachste Methode sanfter Auslösung bietet immer noch ein Drahtauslöser, mit und ohne Feststellschraube und in einer Länge von 25 bis 100 cm. Wenn ein Gewinde im Kameraauslöser für den Drahtauslöser vorhanden ist, kann dort auch ein pneumatischer Auslöser (ein Luftball von etwa 60 cm bis 10 m und verlängerungsfähig bis etwa 34 m) eingesetzt werden.
Bei vielen Kameras wird ein elektrischer Auslöser benötigt, der am Winder oder Motor auslöst. Das ist meist ein zweiadriges Kabel mit Schalter, das den Auslöse-Stromkreis des Motors für einen Augenblick kurzschließt. Insbesondere diese elektrischen Auslöser lassen sich durch die verschiedensten Schalter oder Instrumente auslösen: Das

Winder
Zubehörteil, das bei → **Systemkameras** den automatischen Filmtransport nach jeder Belichtung übernimmt. Der W. wird mit Hilfe einer Stativschraube an der Kameraunterseite befestigt und durch eine mechanische Konstruktion mit dem Transportmechanismus verbunden. Während mit einem solchen W. ein Transport von maximal 3 Bildern pro Sekunde möglich ist, erreicht ein bei modernen Kameras mittlerweile meist integrierter Motor aufgrund der direkten Verbindung eine Transportgeschwindigkeit von bis zu 10 Bildern pro Sekunde.

Auslösesignal kann ein Lichtsignal sein (IR- oder Blitzlicht), aber auch ein akustisches Signal, Geräusche, Ultraschall oder ein Funksignal. Für den letzten Fall ist der Umbau etwa einer Modell-Steuerung meist problemlos.
Doch auch der Zeitpunkt des Auslösens und nicht nur der Transport des Auslösesignals läßt sich durch die verschiedensten Methoden automatisieren: durch eine Lichtschranke, einen Kontaktschalter, durch Geräusche, Meßgeräte oder Uhren, durch spezielle Steuergeräte wie Intervallometer oder elektronische Steuergeräte.
Wenn die Kamera nicht schnell genug auf den Auslöseimpuls reagieren kann, kann man bei verdunkelten Räumen oder nachts auch die Kamera mit Hilfe des Drahtauslösers auf »B« oder »T« auslösen und die Fernsteuerung an den Blitz anschließen.

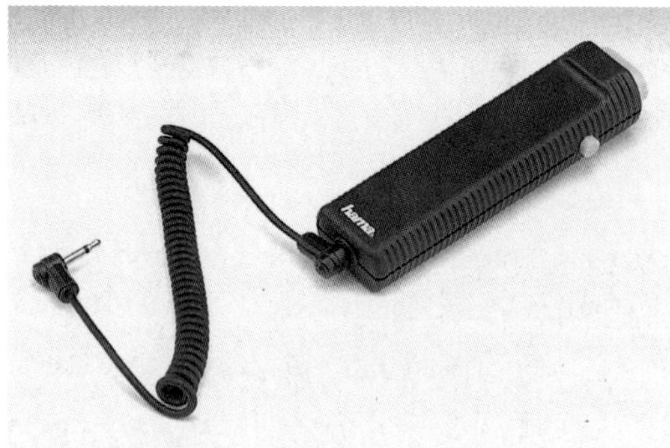

Elektrischer Fernauslöser von hama

Sucher/Scharfstellung

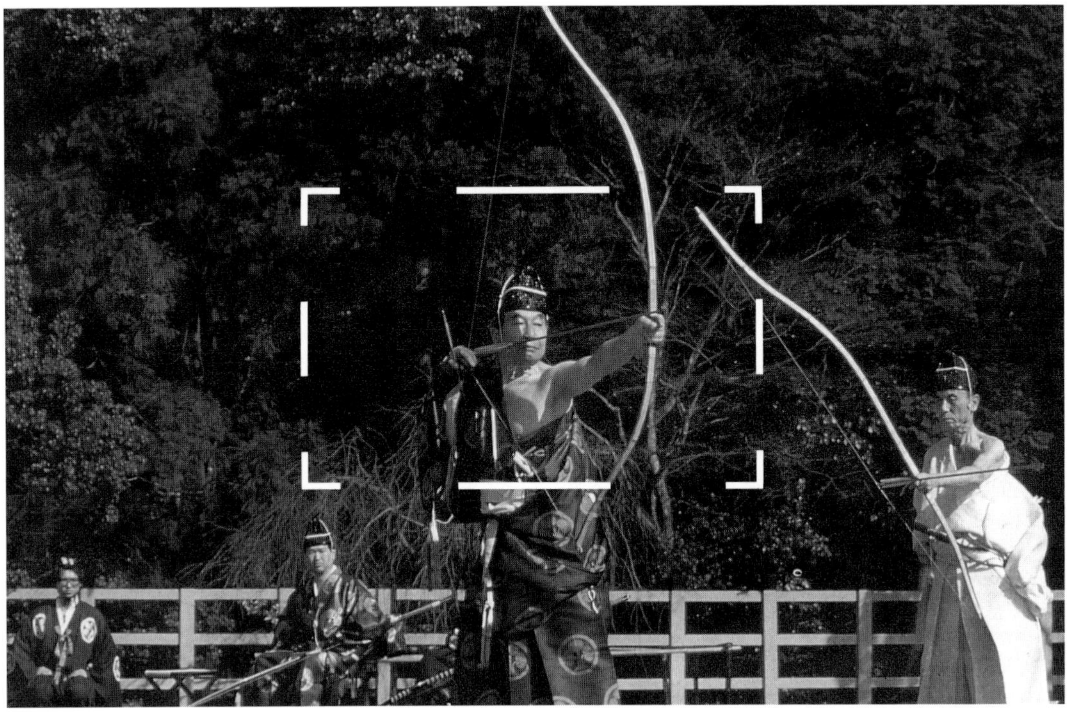

Der Leuchtrahmen erleichtert bei Sucherkameras die Bestimmung des Bildausschnitts.
Foto: Heiner Henninges

Der Bildausschnitt und die Größe des Motivs auf dem späteren Bild sollen vor der Aufnahme bestimmt werden, und dies ist nur mit Hilfe eines Suchersystems möglich.

Das erste gebräuchliche Suchersystem war die → Mattscheibe, die in leicht abgewandelter Form auch heute noch in Fachkameras Verwendung findet. Die → Mattscheibe ist eine planparallele Glasscheibe, die mit zusätzlichen Einstellhilfen versehen sein kann. Sie befindet sich in der Filmebene und zeigt das Bild kopfstehend und seitenverkehrt.

Der einfachste Sucher überhaupt ist ein Rahmensucher, der heute nur noch als Sportrahmensucher oder bei Unterwasseraufnahmen Verwendung findet. Er besteht aus zwei unterschiedlich großen Draht- oder Kunststoffrahmen mit »Kimme und Korn« zum Anvisieren.

Optische Durchsichtsucher werden neben, direkt oder schräg über dem Objektiv von Sucherkameras angebracht. Die einfachste Form ist ein Newton-Sucher, der ein virtuelles, ein nicht auffangbares Bild erzeugt wie bei einem umgekehrten Galileischen Fernrohr. Durch seinen optischen Aufbau liefert er ein aufrechtstehendes und seitenrichtiges, aber verkleinertes Bild des Aufnahmegegenstandes. Mit Hilfe eines Leuchtrahmens wird die Bildbegrenzung angezeigt. Parallaxmar-

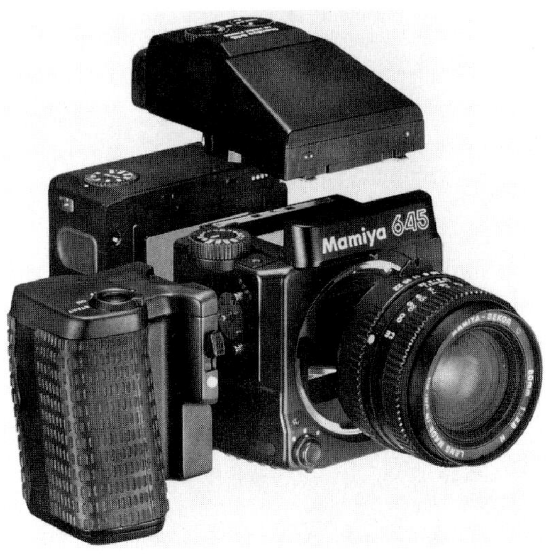

Module Bauweise bei einer modernen Mittelformatkamera mit Wechselprismensucher

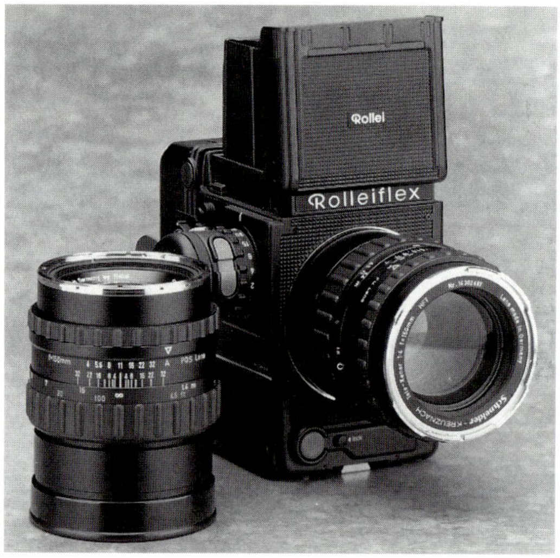

Mittelformat-Spiegelreflex-Kamera mit Lichtschacht-sucher

ken weisen darauf hin, daß es durch die räumliche Trennung vom Aufnahmeobjektiv und Sucherbild im Nahbereich unter 2,5 Meter zu Differenzen kommen kann. Nur bei hochwertigen Meßsucherkameras wie etwa bei den Leica M-Modellen wird der Leuchtrahmen durch die Entfernungseinstellung am Objektiv dem tatsächlichen Aufnahmefeld nachgeführt.

Bei Spiegelreflexkameras wird das Sujet vom Objektiv auf eine »→ Mattscheibe« projiziert. Dazu hat eine zweiäugige Reflexkamera ein eigenes Objektiv, das das Abbild des Objekts mit Hilfe eines Spiegels seitenverkehrt, aber aufrecht stehend, nach oben zu einer Sucherscheibe schickt. Das Sucherbild wird nicht in Augenhöhe betrachtet; der Blick des Fotografen geht nach unten in einen Lichtschacht, der zusätzlich mit einer herausklappbaren Lupe versehen ist. Solche zweiäugigen Kameras, wie sie von Rollei oder Mamiya – da sogar mit Wechselobjektiven – auf dem Markt sind, haben neben dem großen 6x6-Filmformat noch den Vorteil, daß das Sucherbild im Augenblick der Aufnahme nicht abdunkelt. Das Motiv kann also auch während des Belichtens beobachtet und kontrolliert werden. Das Scharfeinstellen ist bei dem großen Sucherbild bequem und präzise, jedoch auch mit Parallaxproblemen verbunden, die im Nahbereich durch Markierungen angezeigt werden.

Solche Probleme gibt es bei einäugigen Spiegelreflexkameras nicht, da das vom Objektiv erzeugte Bild über einen Spiegel zu einer Einstellscheibe und bei der Aufnahme direkt zum Film geschickt wird. Das auf die Einstellscheibe projizierte Bild geht weiter zu einer Kondensorlinse, die das Sucherbild durch ein Pentaprisma (oder entsprechend angeordnete Spiegel) weiterlei-

Sucherinformationen bei einer modernen Autofokus Spiegelreflex-Kamera. Zeichnung: Nikon

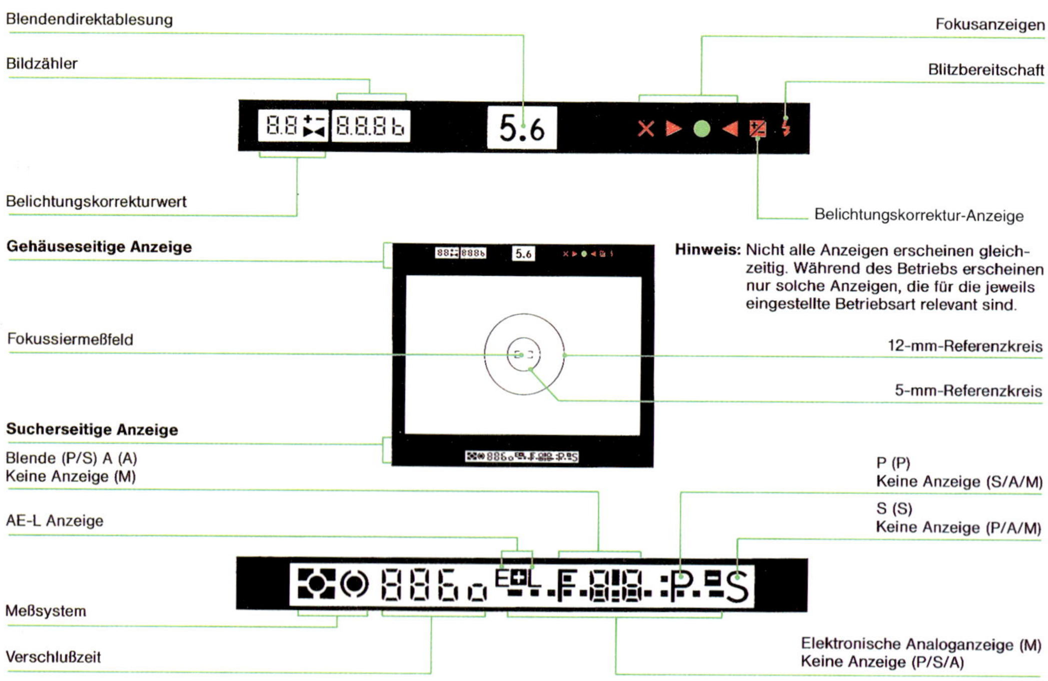

tet, damit es aufrecht und seitenrichtig zum Okular und damit zum Auge des Betrachters gelangen kann.

Sucher und Sucherbild

Da Sucher- und Aufnahmebild identisch sind, ist eine genaue Beurteilung und Kontrolle des tatsächlichen Bildausschnitts und die Plazierung des Motivs auf der Filmfläche, in diesem Fall auf dem 24x36-mm-Kleinbildformat, besonders effektiv. Jedoch ist das Sucherbild nur bei zwei aktuellen SLR-Kleinbildkameras vollständig identisch mit der tatsächlichen Aufnahme und zwar bei der Nikon F4 und der Canon EOS 1. Sonst zeigt das Sucherbild aller SLR-Kameras meist um die 90 Prozent der tatsächlich gemachten Aufnahme. Das ist jedoch weniger schlimm, als es sich im ersten Augenblick liest, denn nur beim Reproduzieren, beim Duplizieren und ganz wenigen Situationen etwa in der AV-Technik (bei Überblendschauen) ist 100 Prozent Sucherbild wichtig.

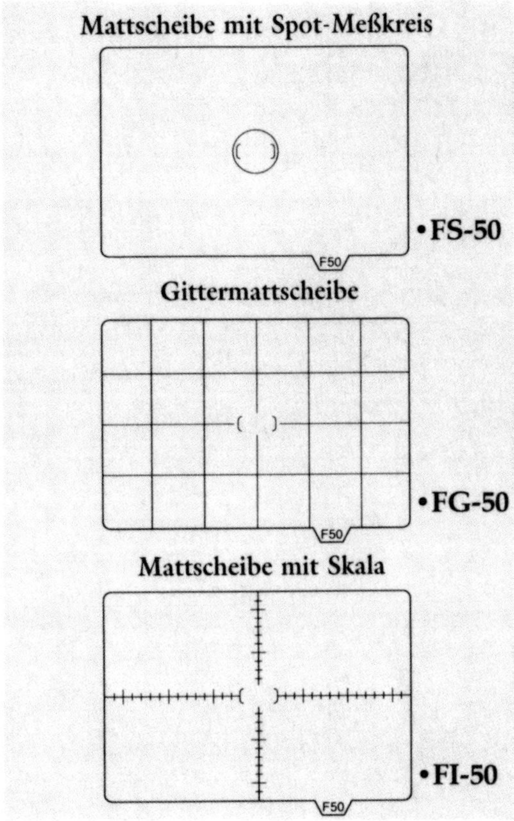

Mit Wechselmattscheiben läßt sich der Sucher für bestimmte Aufgaben optimieren. Die Schemazeichnungen zeigen die Mattscheiben für die Pentax Z-1.

Einstellscheiben und Einstellhilfen

Je heller die Einstellscheibe ist und je mehr Licht sie zum Auge weiterleiten kann, um so besser kann der Fotograf das Bild beurteilen. Deshalb sind Einstellscheiben oft mit einer Fresnell-Linse kombiniert. Das ist eine Linse, die scheibchenweise »zerschnitten« ist, und deren nächst kleinere Scheibe wie ein Zwiebelring in die größere paßt, so daß die ganze Linsenwölbung letztendlich eine flache Scheibe mit konzentrischen Ringen wird.
Die Oberfläche der Einstellscheibe selbst kann dagegen sehr unterschiedlich sein, etwa wie früher mit Sandstrahl mattiert, daher auch der Name »Mattscheibe« oder etwa mit winzigen Laserprismen (Mikroprismen) übersät sein.
Jede Universal-Einstellscheibe ist ein Kompromiß. Deshalb haben viele Fotografen beim Fokussieren im Nahbereich (und bei großen Telebrennweiten) echte Probleme, besonders mit ihrem Schnittbildindikator. Hier erscheint je nach Keilhöhe einer der Prismenkeile früher oder später abgedunkelt. Geschieht dies jedoch bereits bei Teleobjektiven unter 200 mm Brennweite und im Nahbereich schon bei 1 m Aufnahmedistanz, so ist eine falsche Kamerahaltung daran schuld. Anders im echten Nahbereich, da stellt ein Schnittbildindikator seine Arbeit recht bald ein und auch die Mikroprismen werden funktionslos. Dann hilft nur noch die Einstellung auf das Mattfeld, das jede Einstellscheibe aufweist oder – falls möglich – der Wechsel der Einstellscheibe gegen eine reine Mattscheibe. Noch besser ist eine Vollmattscheibe mit eingravierten Linien oder mit Gittereinteilung. Mit dieser Scheibe kann man außerdem sofort erkennen, wenn schiefe Linien aufgrund einer schräggehaltenen Kamera das Motiv beeinträchtigen oder wenn der Horizont nicht mehr waagerecht im Bild steht. Ferner läßt sich mit Hilfe der Gittereinteilung bequem der Abbildungsmaßstab feststellen, wenn die Einteilung als Maßangabe etwa in Zentimeter interpretiert wird.

Schärfe
bezeichnet die Fähigkeit eines optischen Systems oder einer fotografischen Schicht, ein Motiv detailgenau abzubilden. Der Eindruck der S. einer Abbildung läßt sich nicht exakt mathematisch beschreiben, er ist abhängig von mehreren Faktoren. Die wichtigsten sind das Auflösungsvermögen, also die Fähigkeit, sehr nah beieinanderliegende, aber getrennte Objektpunkte auch im Bild getrennt wiederzugeben, die Wiedergabe des Kontrastumfangs eines Motivs und die Konturenschärfe, also die Fähigkeit zur Vermeidung von → **Diffusionslichthöfen,** daneben die → **Scharfeinstellung,** die → **Schärfentiefe** und die Körnigkeit (→ **Korn**). Ein Negativ gilt als scharf, wenn der Durchmesser der → **Zerstreuungskreise** nicht mehr als ca. 1/1500 der Normalbrennweite beträgt.

Technik der Scharfeinstellung

Entfernungsmesser
Meßistrument zur Ermittlung der für die Scharfeinstellung benötigten Gegenstandsweite, der Entfernung des Motivs von seiner Abbildung auf dem Film in der Kamera.
In automatischen Entfernungsmessern wird die Gegenstandsweite mit Hilfe von Infrarot- oder Ultraschallsignalen ermittelt, optische Meßeinrichtungen arbeiten mit einem feststehenden, teildurchsichtigen und einem beweglichen Spiegel, durch die das Motiv fixiert wird. In Mischbildentfernungsmessern werden so zwei vollständige Bilder erzeugt, die durch Drehen des beweglichen Spiegels zur Deckung gebracht werden müssen, in Schnittbildentfernungsmessern müssen auf diese Weise zwei Halbbilder zu einem Ganzen zusammengefügt werden, um aus dem dabei sich ergebenden Bildwinkel die korrekte Entfernung zu ermitteln.

Damit zur Filmebene ein scharfes Bild gelangt, muß das Objektiv, oder genauer formuliert die Hauptebene des optischen Systems, auf einen bestimmten Abstand zur Filmebene gebracht werden.
Bei einfachen Kameras findet man eine Fixfokuseinstellung oder eine vereinfachte Entfernungseinstellung nach Symbolen. Fixfokus bedeutet, daß keine Entfernungseinstellung möglich ist. Dabei wird durch eine hyperfokale Einstellung (Nahpunkt-Einstellung) und eine fest eingestellte kleine Blende ein extremer Schärfenbereich erzielt.
Das beste Hilfsmittel, das bei Kameras mit Durchsichtsucher eine präzise Entfernungsmessung ermöglicht, ist der Mischbildentfernungsmesser. Bei ihm müssen die bei falscher Entfernungseinstellung verschobenen Konturen eines Motivdetails zur Deckung gebracht werden. Bei einer entsprechend großen Basis für die Erzeugung der beiden Mischbilder, wie bei den Leica M-Kameras, ist diese Methode bis etwa 135 mm Objektivbrennweite sogar präziser als die normale manuelle Entfernungseinstellung über die Einstellscheibe einer SLR-Kamera.
Bei Reflexkameras wird die Schärfe durch Verstellen am Objektiv, solange es nicht Autofocusobjektive sind, meist über einen Schneckengang vorgenommen und nur bei wenigen Kameras wie z.B. der Mamiya RB 67 oder der Plaubel-Makina 67 über einen Balgen wie bei einer Fachkamera. Bei AF-Objektiven findet die Scharfeinstellung

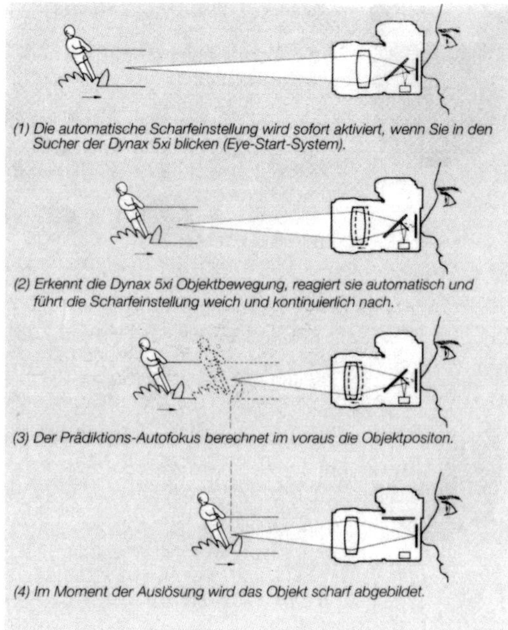

Die Minolta 5 xi stellt automatisch scharf, sobald sie an das Auge genommen wird.

durch Verschieben eines Linsensystems statt und zwar meist durch die Technik der gradlinigen Innenfokussierung.

Automatische Entfernungsmessung

Seit gut zehn Jahren gibt es Kameras mit automatischer Scharfeinstellung. Hierbei findet eine Entfernungsmessung und -einstellung durch die Kamera selbst statt. Die ersten Aufnahmegeräte, die dies serienmäßig nutzten, waren die Sofortbild-Kameras von Polaroid. Durch das Aussenden einer Ultraschallfrequenz und der Messung der Zeitdauer, bis der reflektierte Strahl zurückkommt, wird die Entfernung berechnet und die Einstellung motorisch vorgenommen. Ein System, das selbst in Dunkelheit funktioniert, aber nicht beim Blick durchs Fenster, da die Scheiben den Schall reflektieren. Es wird als aktives System bezeichnet.

Moderne AF-Technik

Das Autofokussystem einer SLR-Kamera ist im Normalfall ein »passives«. Es ist nur in

Schema für den Mischbildentfernungsmesser der Leica M6.
Zeichnung: Leica

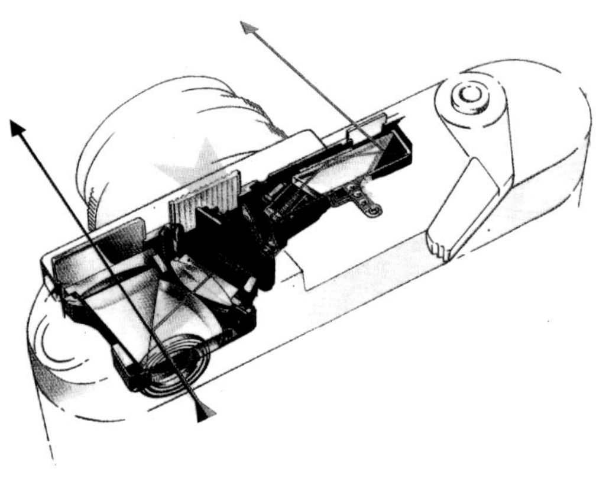

Verbindung mit dem Infrarot-Meßstrahl eines Blitzgeräts oder eines Hilfslichtes aktiv. Doch auch dann analysiert es direkt den aufprojizierten Kontrast, der vom Objektiv zu den elektronischen »Meßstellen« geschickt wird. Eine große Rolle spielt dabei mittlerweile die Software: So haben beispielsweise die Kameras Nikon F4, F-801 und F-601 zwar identische Sensoren, weisen jedoch unterschiedliche Fokussiergeschwindigkeiten auf, haben mal eine »Schärfenachführung« (bei Minolta »Prädiktions«-Autofokus genannt), mal nicht. So ist ein dynamischer Autofokus, der erkennt, daß sich ein Motiv auf die Kamera zu- (oder weg-) bewegt, nur mit entsprechender Software und größerer Rechnerkapazität möglich.

Da sich bei dynamischem Autofokus der Abstand zwischen Objekt und Kamera auch noch während des Fokussiervorganges ändert, muß diese Differenz rechnerisch berücksichtigt werden. Das gleiche gilt für die Zeitparallaxe vom Festlegen der Schärfenebene bis zur tatsächlichen Belichtung. All die im Einsatz befindlichen dynamischen Autofokus-Systeme sind grundsätzlich gleich. Es gibt jedoch Unterschiede in der Ermittlung und in der Auswertung der Daten. Pentax, Minolta und Nikon berechnen zwei Fokuspunkte um die Schärfe vorauszubstimmen, Canon versucht im Regelfall mit der Messung von drei Schärfeebenen zu rechnen, um so die Genauigkeit für die notwendige Entfernungseinstellung bei einem sich bewegenden Objekt zu erhöhen. Der Unterschied zwischen statischer und dynamischer Entfernungsmessung wird von den AF-Feldern selbst erkannt oder durch das vom Fotografen vorgewählte Belichtungs- oder Motivprogramm bestimmt.

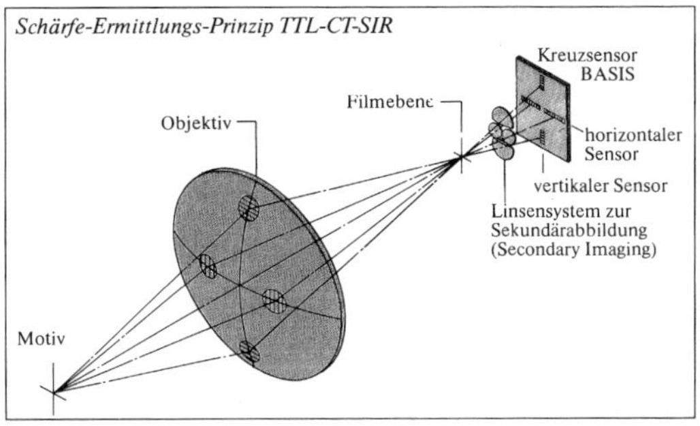

Prinzip der automatischen Schärfeermittlung bei Canon EOS-Kameras

Sucher als Kontrollzentrum

Wenn die Kamera schon zur Bildbetrachtung und -beurteilung ans Auge genommen wird, ist es auch sinnvoll, alle für die Aufnahmen relevanten Daten dort zu zeigen, wo sie gleichzeitig mit dem Motiv zu sehen sind. Der Sucher wird somit zu einem Kontrollzentrum: Das AF-Feld ist bei allen AF-Kameras sichtbar, die einzelnen AF-Sensoren dagegen (leider) nicht immer. Ob die Belichtungsparameter als LCD oder LEDs angezeigt werden, ist vom Fotograf nicht zu beeinflussen und auch nicht sonderlich wichtig im Gegensatz zum schnellen Erkennen der eingestellten Zeit/Blenden-Kombination, der Programmart und Meßmethode.

Während die LED noch selbst leuchten, dafür aber auch mehr Strom verbrauchen, muß eine Flüssigkristallanzeige (LCD) hin

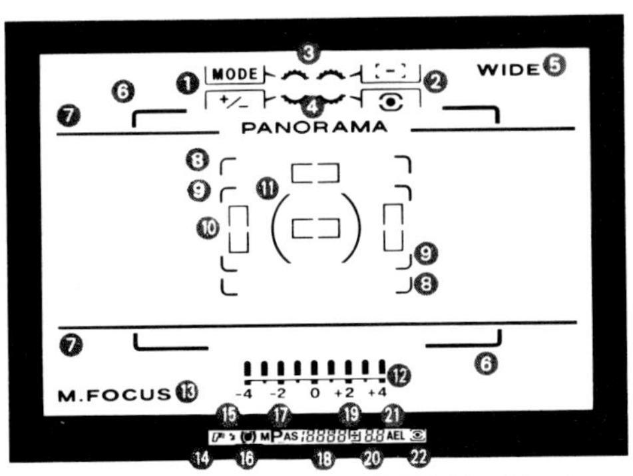

Ein einzigartiger transparenter LCD-Schirm blendet die jeweils nötigen Informationen über den Kamerabetrieb direkt in das Sucherbild ein. Alle im Moment überflüssigen Informationen verschwinden ohne eine sichtbare Spur.

1. *Anzeige für Belichtungsfunktion/Belichtungskorrektur*
2. *Anzeige der AF-Sensoren/Belichtungsmeßmethode*
3. *Symbol für vorderes Einstellrad*
4. *Symbol für hinteres Einstellrad*
5. *Motiv-Übersichtsanzeige*
6. *Markierung für Aufnahme-Bildfeld*
7. *Panorama-Anzeige*
8. *Anzeige der AF-Meßzone (horizontale Kamerahaltung)*
9. *Anzeige der AF-Meßzone (vertikale Kamerahaltung)*
10. *Zentraler AF-Sensor*
11. *Spot-Meßkreis*
12. *Belichtungsindikator*
13. *Anzeige für manuelle Scharfeinstellfunktion*
14. *Blitzeinschaltsignal*
15. *Anzeige für Blitzbereitschaft*
16. *Scharfeinstell-Signal*
17. *Anzeige für Belichtungsfunktion*
18. *Verschlußzeit/Filmempfindlichkeit*
19. *Belichtungskorrektur-Symbol*
20. *Blende /Belichtungskorrekturwert*
21. *Belichtungsspeicheranzeige*
22. *Symbol für Meßmethode*

Sucherinformationen bei einer Minolta Dynax 7 xi

Schärfenpriorität
Autofokuskameras nehmen normalerweise eine zentrumsorientierte Scharfeinstellung vor, d.h. sie legen durch den Autofokus die Schärfenpriorität auf das Zentrum des abzubildenden Motivs. Um jedoch auch eine nicht zentrumsorientierte Bildgestaltung zu erreichen, bieten viele Kameras die Möglichkeit, die → **Scharfeinstellung** eines Objektpunktes zu speichern, bevor die Kamera auf den eigentlichen Bildausschnitt ausgerichtet wird.

Mischbildentfernungsmesser
Optische Einrichtung zur Scharfeinstellung in Meßsucherkameras. Bei dieser Art von → **Entfernungsmessern** muß durch Drehen eines beweglichen Spiegels das Durchsichtsbild mit einem in dieses eingespiegelten Meßbildausschnitt zur Deckung gebracht werden, wodurch gleichzeitig die korrekte Entfernungseinstellung erfolgt.

Prädiktionsautofokus
Autofokuseinrichtung, die die Scharfeinstellung auf ein sich bewegendes Objekt ermöglicht, indem sie aus Bewegungsrichtung und -geschwindigkeit dessen Position zum Zeitpunkt der Auslösung vorausberechnet und danach das Objektiv einstellt.

Schärfentiefe
Räumlicher Tiefenbereich, der in einer Abbildung scharf wiedergegeben wird. Eigentlich gibt ein Objektiv nur genau eine zur Bildebene parallele Ebene des Motivs (Einstell- oder Schärfenebene) scharf wieder. Objektpunkte, die nicht auf dieser liegen, werden um so stärker zerstreut, je weiter sie vor oder hinter dieser Ebene liegen, und als Kreisflächen abgebildet. Bis zu einer Größe von 1/1500 der Normalbrennweite werden solche → **Zerstreungskreise** vom menschlichen Auge als Punkte und somit als scharf wahrgenommen. Die Tiefe des Schärfebereichs ist abhängig von der → **Brennweite** des Objektivs, der jeweils gewählten Blende und der Aufnahmeentfernung. In der Praxis wird der Bereich der Schärfentiefe durch Schließen der Blende erweitert. Bei Objektiven mit manueller → **Scharfeinstellung** läßt sich dieser auf einer Schärfentiefeskala ablesen.

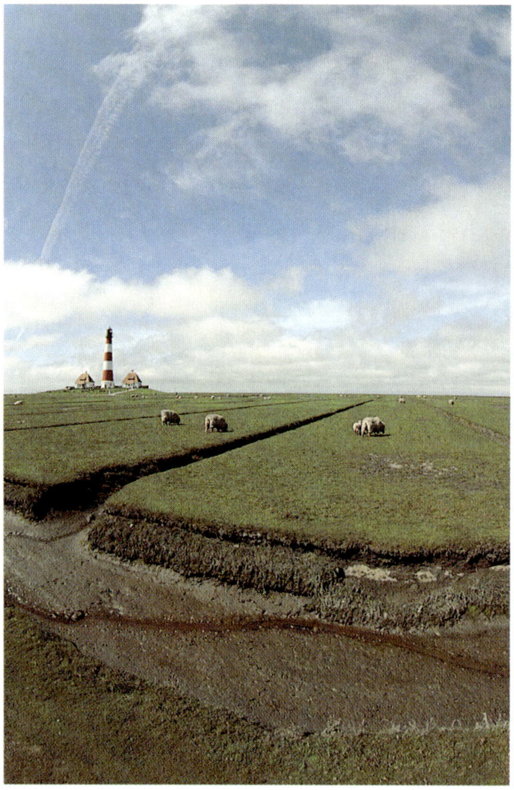

Extreme Weitwinkelaufnahme mit großer Schärfentiefe oben. Foto: Ralph Hagenauer.
Das Porträt im Foto unten zeigt deutlich die Unschärferinge, wie sie bei großen Abbildungsmaßstäben mit Spiegellinsenobjektiven entstehen. Foto: Detlev Motz

und wieder beleuchtet werden, um im Dunklen oder bei starkem Gegenlicht lesbar zu sein.
Die im Sucher signalisierte Über- oder Unterbelichtungsgefahr zeigt nur bei Spitzenkameras die vom Soll abweichende Größenordnung an. Meist wird nur die Gefahr einer Fehlbelichtung durch ein Plus/Minus-Symbol bekanntgegeben.
Doch auch die AF-Kontrolle ist stets im Sucher zu finden, genau wie die erreichte Blitzbereitschaft und erfolgreiche TTL-Blitzmessung.

Optimale Dioptrieneinstellung

Früher gab es nur aufsteck- oder einschraubbare Augenkorrektionslinsen in den Dioptriewerten von etwa -4 bis +3. Damit ließen sich die meisten vorkommenden Sehprobleme zum genauen Erkennen des Sucherbildes recht gut beheben. Neuerdings haben viele SLR-Kameras eine kleine Einstellschraube, die es ermöglicht, jederzeit die optimale Dioptrieneinstellung vorzunehmen, da die Korrektionslinsen bereits eingebaut sind. So sind auch Zwischenwerte kein

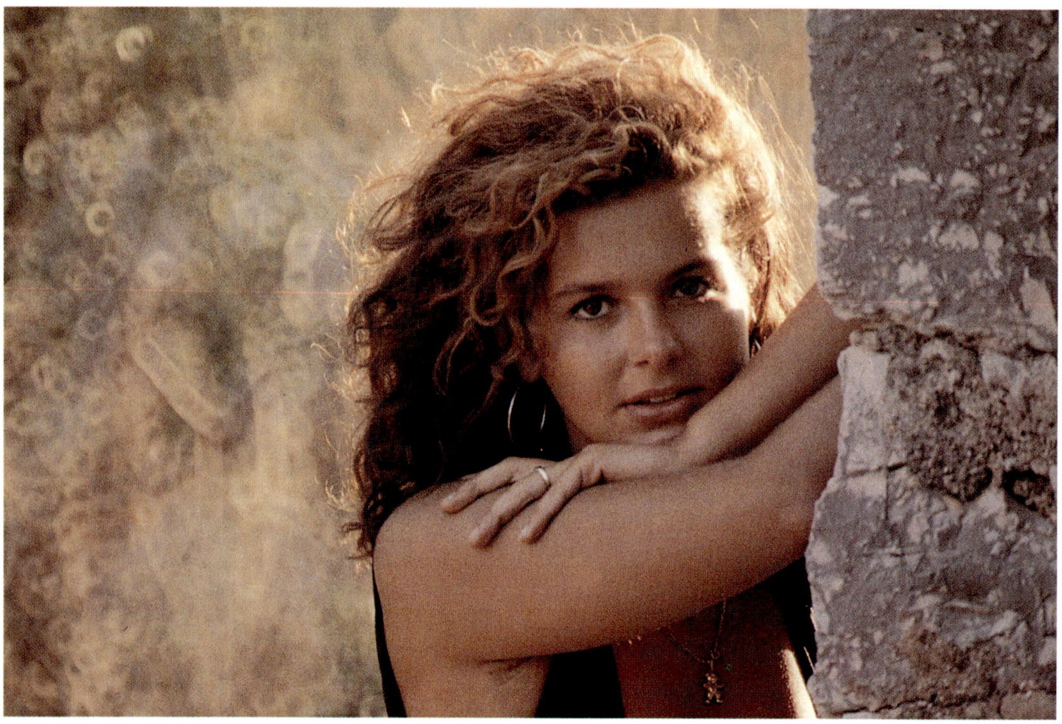

Problem. Neben der Einstellmöglichkeit für den Dioptrienausgleich haben hochwertige Kameras noch einen speziellen Okular-Verschluß, um bei Aufnahmen vom Stativ oder bei Langzeitbelichtungen den → Verschluß lichtdicht zu verschließen.

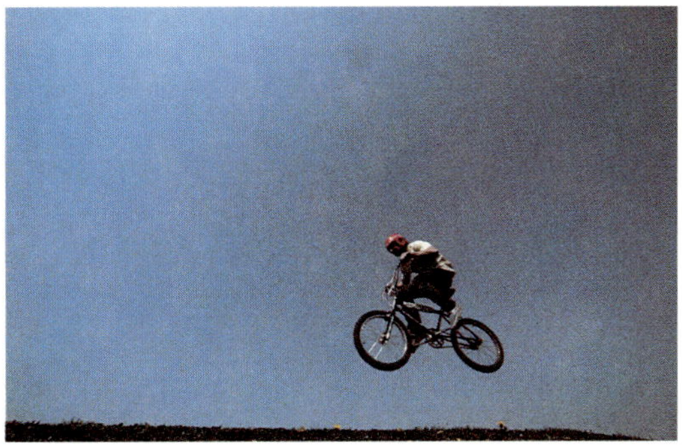

Eingefrorene Bewegung durch kurze Verschlußzeit. Foto: Heiner Henninges

Schärfe und Schärfentiefe

Das Fotografieren ohne Bewegungsunschärfen im Bild ist allein von der Belichtungszeit abhängig. Wie kurz sie sein muß, oder wie lang sie sein darf, hängt jedoch nicht nur vom »Tempo« des Sujets ab. Mitentscheidend sind beispielsweise die Brennweite. Je länger die Brennweite ist, um so größer wird das Motiv im Bild und um so größer die im Foto zurückgelegte Strecke im Zeitraum der Belichtung. Die Folge: Je langbrennweitiger das Objektiv ist, um so kürzer muß die Verschlußzeit sein, um Bewegung einzufrieren. Doch auch die Aufnahme-Entfernung hat Einfluß auf die notwendige Zeit. Das »näher am Motiv sein« hat die gleiche Wirkung wie eine längere Brennweite, nämlich einen größeren Abbildungsmaßstab. So kann allgemein festgestellt werden, daß mit einem größeren Abbildungsmaßstab in jedem Fall auch eine Verkürzung der Belichtungszeit zu erfolgen hat, wenn der Fotograf bei bewegten Motiven extrem scharfe Bilder anstrebt.
Es kommen ferner die Schnelligkeit der Bewegung sowie die Bewegungsrichtung als Faktoren hinzu, die Einfluß auf die erforderliche Belichtungszeit nehmen. Eine Bewegung, die auf den Fotografen zukommt, zeigt deutlich langsamer eine Standortveränderung als eine, die senkrecht zur optischen Achse, also parallel zur Filmebene, verläuft. Das praktische Fazit daraus: Der Rennwagen, der an der Kamera vorbeihuscht, verlangt extrem kurze Zeiten. Fährt er dagegen direkt auf die Kamera zu, so kann der Fotograf auch noch mit einer deutlich längeren Verschlußzeit als bei der zuletzt beschriebenen Situation zu einer scharfen Abbildung kommen.
Das alles läßt sich natürlich rechnerisch beweisen, jedoch erst dann, wenn der Begriff »Schärfe« definierbar geworden ist: Die Schärfe ist vom Zerstreuungskreisdurchmesser abhängig. Dabei ist der Zerstreuungskreis die Fläche, die vom Betrachter nicht (mehr) als Punkt angesehen und akzeptiert, sondern erstmalig als Fläche erkannt wird. In der Kleinbildfotografie liegt diese Grenze bei der Abbildungsgröße einer Fläche größer als 0,03 mm Durchmesser.
Dieser Wert gilt natürlich auch für das Erkennen und Interpretieren bei Bewegungsabläufen. Ist der Wert geringer, ist die Bewegung eingefroren; ist er größer, wird durch (Bewegungs-) Unschärfe das Tempo sichtbar.
Hier die Formel zum Errechnen der tatsächlich notwendigen Mindestverschlußzeit:

$$\text{Belichtungszeit} = \frac{\text{Aufnahmeentfernung}}{\text{Brennweite x Geschwindigkeit des Objektes in m/sec}} \text{ X Unschärfekreis}$$

Doch auch die Bewegungsrichtung kann damit berücksichtigt werden:
Bei Bewegung unter einem Winkel
von 60° zur Aufnahmerichtung gilt der Faktor 1,2,
von 45° zur Aufnahmerichtung kann mit Faktor 1,4
von 30° zur Aufnahmerichtung kann mit Faktor 2
direkt zur Aufnahmerichtung (oder weg) kann mit Faktor 3 bis 4 die Zeit verlängert werden.

So verlangen etwa vorbeilaufende Kinder (2 m pro Sekunde) in 5 Meter Entfernung bei einem 50-mm-Standardobjektiv eine Belichtungszeit von 1/600 s. Eine in 15 Meter Entfernung mit vierzig km/h vorbeifahrende Straßenbahn sogar schon 1/1100 Sekunde.

Zerstreuungskreis
Objektpunkte, die nicht exakt auf der durch die → **Scharfeinstellung** festgelegte Schärfeebene liegen, werden um so stärker zerstreut, je weiter sie vor oder hinter dieser Ebene liegen, und als Kreisflächen abgebildet. Bis zu einer Größe von 1/1500 der Normalbrennweite werden solche Zerstreuungskreise vom menschlichen Auge als Punkte und somit als scharf wahrgenommen. Je stärker ihr Durchmesser diesen Wert überschreitet, umso unschärfer wird eine Abbildung wahrgenommen.
Als zulässige Z.-Durchmesser ergeben sich für die Aufnahmeformate:

18 x 24	0,025 mm
24 x 36	0,033 mm
45 x 60	0,050 mm
60 x 60	0,060 mm
60 x 90	0,750 mm
90 x 120	0,100 mm

Innenfokussierung
Einrichtung in Objektiven längerer Brennweite, die die Scharfeinstellung durch Verschiebung beweglicher Linsen im Innern des festen Objektivtubus ermöglicht und so einen extrem langen Auszug erspart, der ein Objektiv mit → **Schneckengang** unhandlich und instabil machen würde.

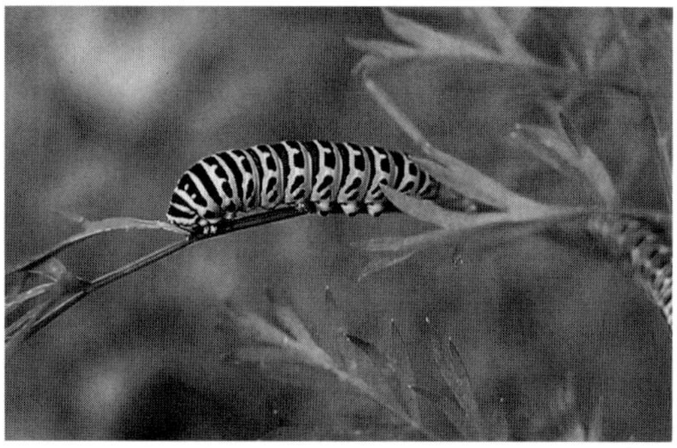

Trennung des Hauptmotivs vom Hintergrund durch die für Nahaufnahmen typische, geringe Schärfentiefe. Foto: Robert M. Sulzberger

Diese Zeiten sind notwendig, wenn eine »scharfe« Abbildung trotz Bewegung des Sujets erzielt werden soll. Aber in jedem Fall ist so die Verschlußzeit um einiges kürzer, als die Risikogrenze zum Verwackeln ist.
Das Risiko, daß Bilder durch Bewegungsunschärfen des Objekts unscharf werden, ist wesentlich höher einzuschätzen als durch »Verwackeln«. Oder: Wer stets Wert legt auf eine Maximalschärfe ohne Bewegungsunschärfen, hat keine Probleme mit dem Verwackeln. Er öffnet, wenn es die Bildsituation verlangt, so weit seine Blende, daß er ohne Bewegungsunschärfen fotografiert.
Eine Faustregel sagt, daß für eine Freihandaufnahme die Belichtungszeit nicht länger als der Kehrwert der Brennweite (1/Brennweite) sein sollte. Wie die vorher genannte Formel zeigt, ist das aber oft nicht ausreichend für absolute Schärfe. 1/Brennweite als längstmögliche Verschlußzeit sollte also nur dann zum Einsatz kommen, wenn die Blende bereits vollständig geöffnet wurde.

Besser mit Schärfentiefe

Durch eine kleinere Blende werden auch die Unschärfekreise vor und hinter der eingestellten Entfernung verkleinert. Die Anzahl der Zerstreuungskreise, die kleiner als 1/30 mm sind, vergrößern sich, und dadurch hat das Auge den Eindruck, daß die Schärfe weiter nach vorn und weiter hinter das Motiv reicht. Der Schärfentiefebereich ist gewachsen. So wird durch »Abblenden« aus der eingestellten Schärfenebene eine Schärfenzone, die Schärfentiefe. Schärfentiefe ist also tolerierbare Unschärfe, die auch bestimmten Gesetzmäßigkeiten unterliegt:
– So verdoppelt sich der Schärfenraum, wenn sich die »Blendenzahl« verdoppelt. Bei Blende 8 ist demzufolge der Schärfenraum doppelt so groß wie bei Blende 4.
– Verdoppelt sich dagegen die Aufnahmeentfernung, so wächst der Schärfentieferaum auf das Vierfache an.
– Wird die Brennweite halbiert und vom gleichen Standpunkt aus fotografiert, erhält der Fotograf ebenfalls eine Vervierfachung des Schärfentiefebereichs. (Ein Halbieren der Brennweite entspricht vom Abbildungsmaßstab her dem Verdoppeln der Entfernung.)
Außerdem liegt die Schärfe etwa zu einem Drittel vor und zu zwei Drittel hinter der Einstellebene. Im Makrobereich gilt die Faustregel, daß die Ausdehnung der Schärfentiefe in beide Richtungen gleich gering oder gleich groß ist. Bei einer Aufnahme im Abbildungsmaßstab 1:1 ist das bei Blende 11 jeweils genau 1 Millimeter.

Objektive

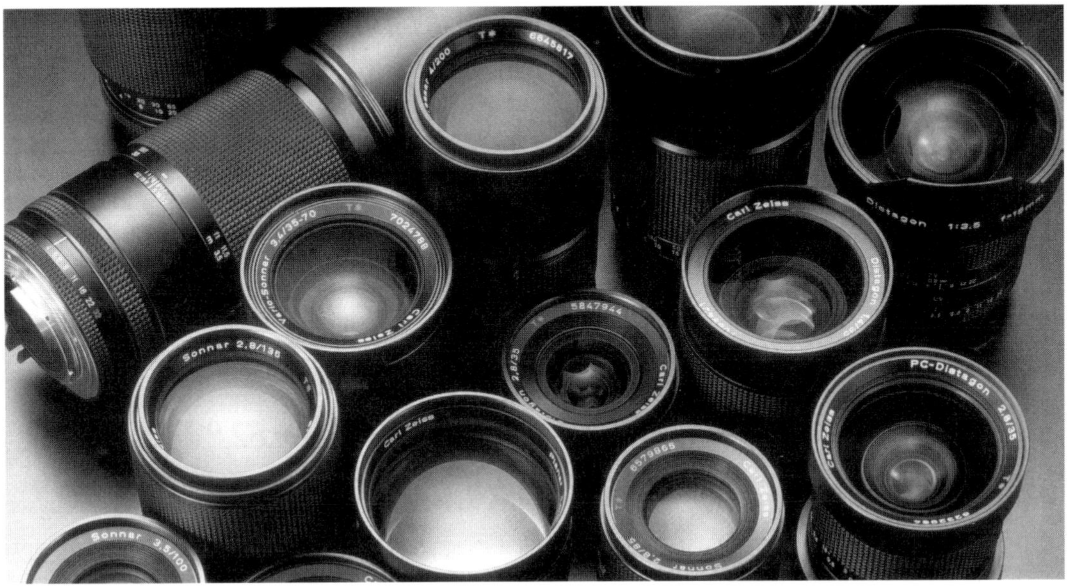

Ein Synonym für hohe Abbildungsleistungen: Carl Zeiss Wechselobjektive, hier mit Contax/ Yashica Bajonett

Allgemeines

Das Objektiv ist das Auge der Kamera, es projiziert das Motiv auf den Film. Von seiner Konstruktion hängen nicht nur die Qualität des Fotos, sondern auch die gestalterischen Möglichkeiten der Kamera ab. Die wichtigste Rolle spielen verschiedene Objektivtypen bei Kameras mit Wechselbajonett, besonders bei Spiegelreflexkameras. Die grundlegenden technischen Daten eines Objektivs, nämlich seine Lichtstärke und seine Brennweite, werden in einer Zahlenkombination angegeben. So steht zum Beispiel 1.4/50 mm für ein Objektiv mit einer maximalen Blendenöffnung von 1:1,4 (das Komma wird in der Zahlenkombination immer als Punkt geschrieben) und einer Brennweite von 50 mm. Die Zahlenkombination 4.5 – 5.6/70 – 210 bezeichnet dagegen ein Objektiv mit variabler Brennweite, ein Zoomobjektiv. Es weist bei 70 mm eine Blendenöffnung von 1:4,5 auf, bei 210 mm dagegen eine Blendenöffnung von 1:5,6. Zusätzliche Bezeichnungen weisen auf besondere mechanische und optische Eigenschaften hin.

Nicht jedes Wechselobjektiv kann an jeder Kamera verwendet werden. So sind für Mittel- und Großformatkameras spezielle optische Systeme erforderlich, die einen größeren Bildkreis besitzen, d. h. ein größeres Bildformat auszeichnen. Bei Kleinbild-Spiegelreflexkameras verhindern mechanische Unterschiede in den Objektivanschlüssen eine universelle Verwendbarkeit. Ebenso wie ein Mercedes-Motor nicht so einfach in einen BMW paßt, läßt sich ein Nikon-Objektiv nicht an eine Canon-Kamera ansetzen, ohne es mechanisch tiefgreifend zu modifizieren. Nur wenige Kamera-Anschlüsse wurden oder werden von mehreren Herstellern verwandt, dazu gehören die mittlerweile vom Markt fast gänzlich verschwundenen Schraubgewinde M39 (Leica) und M42 (Praktica) sowie das K-Bajonett (Pentax). Das Wechselbajonett, also die Schnittstelle zwischen Kamera und Objektiv, muß hohen mechanischen und zunehmend auch elektronischen Ansprüchen genügen. Es muß das Objektiv exakt so halten, daß es spielfrei an der Kamera sitzt, genau in der optischen Achse zentriert und auf den hundertstel Millimeter in der richtigen Entfer-

Wechselobjektive
Objektive mit unterschiedlichen Eigenschaften, die über einen → **Bajonettanschluß** oder eine Schraubfassung an eine → **Systemkamera** angesetzt werden und diese für die verschiedensten fotografischen Situationen tauglich machen. Die wichtigsten W.e sind → **Weitwinkel-**, → **Normal-**, → **Tele-** und → **Vario-Objektive.**

Absorption
Beim Auftreffen von Lichtstrahlen auf einen Körper findet eine Schwächung der Lichtenergie statt. Sie erklärt sich daraus, daß der Körper je nach seiner chemisch-physikalischen Struktur einen Teil der Strahlung absorbiert und in Wärme umwandelt. Die bei diesem Vorgang der A. übrigbleibende Strahlung wird vom Körper entweder durchgelassen oder reflektiert, was seine Farbigkeit bestimmt. So wird ein Körper, der alles Licht reflektiert, von uns als weiß wahrgenommen, ein Körper, der alles Licht absorbiert, als schwarz.

Bajonettanschluß
Mechanismus zur Befestigung moderner → **Wechselobjektive** am Kameragehäuse. Der B. rastet bereits nach einer achtel bis viertel Drehung ein und wird nach Betätigung einer Entriegelungstaste ebenso schnell wieder gelöst, wodurch er einen viel rascheren Objektivwechsel erlaubt als das herkömmliche Schraubgewinde, bei dem stets mehrere Umdrehungen des Objektivs zu dessen Wechsel nötig sind. Auch die Positionierung elektronischer Übertragungselemente zwischen Kamera und Objektiv ist dank des exakten Anschlags beim B. weit unproblematischer.

Schemazeichnung der unterschiedlichen Autofokusmotoren, die Canon in seine Wechselobjektive integriert: Ultraschall-Ring-Motor (links), Ultraschall Micro-Motor (Mitte) und Bogenmotor (rechts). Die EMD-Steuerungen dienen zur elektrischen Blendeneinstellung.

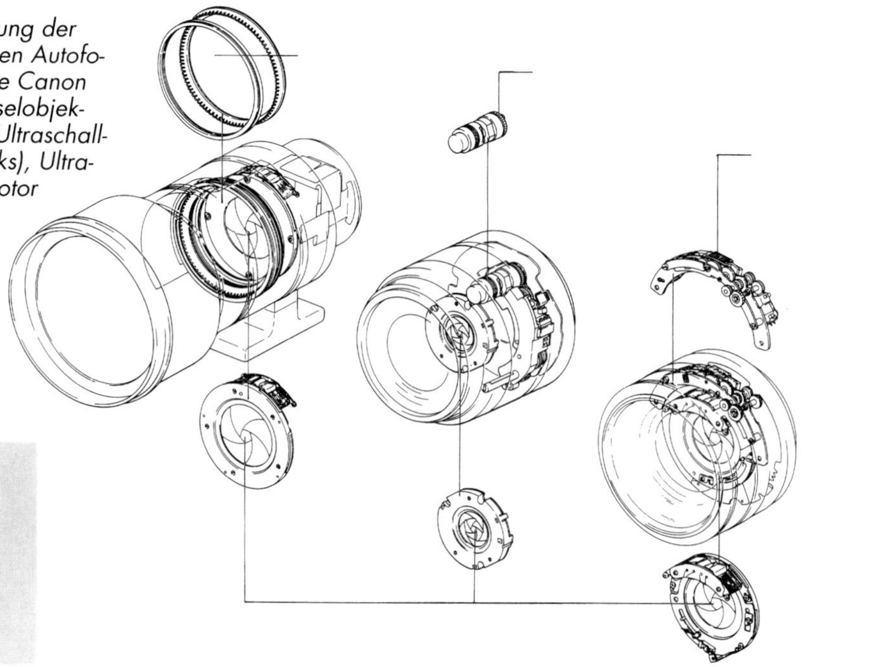

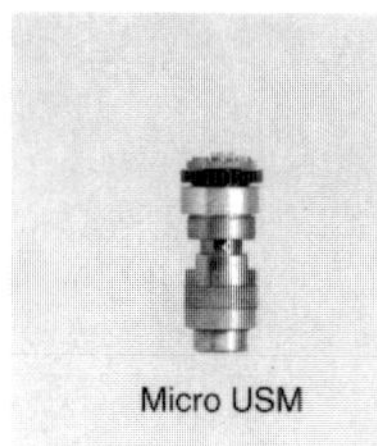

nung zur Filmebene. Zudem müssen die mechanischen Kupplungen für Blendensteuerung und Fokussierung (bei AF-Objektiven) exakt zueinander passen. Die Objektive, die die Kamerahersteller zu ihren eigenen Kameras anbieten, heißen Originalobjektive, daneben gibt es noch eine Reihe von Firmen, die für verschiedene Kameraanschlüsse Objektive produzieren, ihre Produkte heißen Fremdobjektive. Während die Originalobjektive genau auf die Kamera abgestimmt sind, bauen Fremdhersteller eine Objektivkonstruktion in verschiedenen mechanischen Varianten, so daß sie für verschiedene Kameras lieferbar ist.

Mechanischer Aufbau

Ein Wechselobjektiv besteht aus verschiedenen Linsen, dem Fokussiertrieb, der Blende mit Steuerung, dem Anschlußring und dem Tubus, in den diese Komponenten alle eingebaut sind. Dieser Tubus bestand früher grundsätzlich aus Metall und wird heute aus Gewichts- und Kostengründen zunehmend aus Kunststoff hergestellt. Das optische System, also die Linsen, muß zur Scharfstellung seinen Abstand zur Filmebene ändern. Bei herkömmlichen Objektiven geschieht dies über einen Schneckengang, der über einen Einstellring am Tubus von Hand bewegt wird – so wandert das optische System heraus oder hinein. Dabei verändert das Objektiv seine Länge; bei Nahaufnahmen ist es am längsten, bei Einstellung auf unendlich am kürzesten. Auf dem Objektivtubus gibt eine Skala Auskunft über die eingestellte Entfernung, und im Sucher der Spiegelreflexkamera kann der Fotograf die Schärfe kontrollieren. Bei Autofokusobjektiven ist der Fokussierring in der Regel immer noch vorhanden, wenngleich die Kamera selbst fokussiert. Die meisten Hersteller statten ihre AF-Kameras mit einem Scharfstellmotor aus, der über eine Kupplung im Kamerabajonett in das Objektiv eingreift und motorisch den Schneckengang betätigt. Andere Hersteller (Canon und Sigma) bauen bei ihren AF-Systemen den Scharfstellmotor mit in das Objektiv ein. Er erhält seinen Strom durch elektrische Kontakte im Kamerabajonett. Bei allen gebräuchlichen AF-Spiegelreflexkameras läßt sich die automatische Scharfstellung abschalten – man kann anschließend von Hand am Fokussierring drehen.
Je nach Objektivkonstruktion (z.B. lichtstarke Teleobjektive) müssen zur Scharfstellung viele schwere und große Linsen über relativ

große Distanzen bewegt werden. Eine Alternative ist die Innenfokussierung. Hier werden nicht mehr alle Linsen bewegt, sondern nur eine Linsengruppe im Inneren des Objektivs. IF-Objektive lassen sich besonders schnell und leicht fokussieren (besonders für AF-Kameras geeignet), außerdem ändert sich dabei die Größe des Objektivs nicht.
Die Blende ist in das Objektiv eingebaut und läßt sich in der Regel ebenfalls von Hand an einem Ring einstellen. Bei den heute gebräuchlichen Kameras wird die Blende beim Einstellen nicht tatsächlich geschlossen, sondern nur vorgewählt, damit weiterhin bei maximaler Blendenöffnung (und dadurch hellem Sucherbild) scharfgestellt werden kann. Erst im Moment der Aufnahme schließt die Kamera über einen Steuerhebel die Blende auf den voreingestellten Wert. Kameras mit Blenden- oder Programmautomatik benötigen Objektive, deren Blendensteuerung nicht nur ein einfaches Schließen, sondern eine Steuerung durch die Kamera erlauben. Häufig muß dafür der Blendenring auf eine bestimmte Position gebracht und verriegelt werden. Moderne AF-Objektive (z. B. von Canon und Minolta) sehen eine manuelle Blendeneinstellung am Objektiv gar nicht mehr vor. Hier wird die Blende grundsätzlich von der Kamera aus eingestellt – entweder durch den Fotografen oder durch die Kamera selbst.
An der Frontseite besitzen Wechselobjektive in der Regel ein Filtergewinde, in das Filter und andere Vorsätze, zum Beispiel der Objektivdeckel oder eine Sonnenblende, eingesetzt werden können. Manche Objektive haben diese Sonnenblende bereits eingebaut, sie kann durch einfaches Herausziehen in Position gebracht werden, bei Superweitwinkeln ist die Sonnenblende in der Regel ein Teil des Tubus.

Optischer Aufbau

Genügte bei den ersten Kameras noch ein winziges Loch, um die Lichtstrahlen auf die fotoempfindliche Schicht des Bildträgers zu werfen, so sind es heute hochwertige Linsensysteme, die Größe und Qualität der Abbildung bestimmen. Diese Linsensysteme

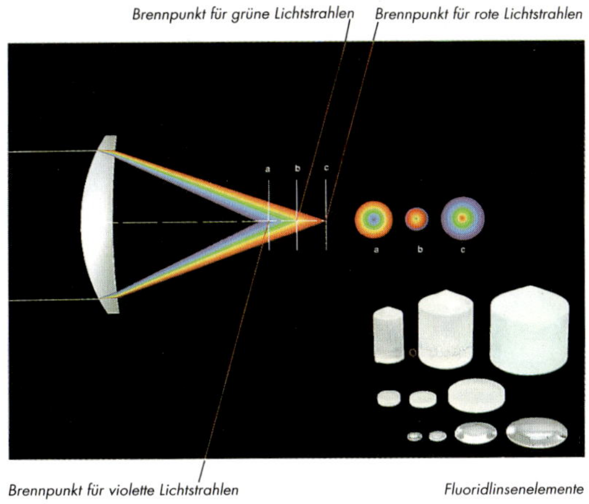

werden in der Fotografie als Objektive bezeichnet. Die Anzahl und die Kombination der unterschiedlichen Linsen kennzeichnet den optischen Aufbau derartiger Objektive.
Jeder Lichtstrahl, der durch einen Glaskörper fällt, wird bei seinem Ein- und Austritt, also jeweils an den Glas-Luftflächen abgelenkt. Der Grad dieser Brechung des Lichts hängt sowohl von der Beschaffenheit der Oberfläche als auch von der Glassorte und der Form (Krümmungsradius) der Linse ab.
Man unterscheidet grundsätzlich zwischen Sammellinsen (Konvexlinsen), die Lichtstrahlen in einem Brennpunkt bündeln und Zerstreuungslinsen (Konkavlinsen), die sie auseinander streben lassen.
Bekannt ist das Beispiel mit dem Vergrößerungsglas, das in die Sonne gehalten wird. Mit ihm kann man die Strahlen auf einem Stück Papier oder auf einer anderen Oberfläche durch Abstandsveränderungen so bündeln, daß sie zusammen nur noch einen winzigen Punkt bilden und dadurch das Papier entzünden. Deshalb bezeichnet man diese Linsen auch als Brenngläser. Der kleinste Punkt, in dem sich die Strahlen zusammenfassen lassen, wird als Brennpunkt bezeichnet. Die Distanz auf der optischen Achse von der als bildseitige Hauptebene bezeichneten errechneten Fläche zum Brennpunkt ist die Brennweite eines Objektivs. Sie bestimmt die Größe der Abbildung eines Gegenstandes auf dem Film.
Die Qualität der Abbildung hängt nun davon ab, wie genau ein Bildpunkt dem jeweiligen Motiv- bzw. Objektivpunkt in Form und Plazierung entspricht. Ein Objektiv

Die Schemazeichnung zeigt die chromatische Farbdispersion und Fluoridlinsenelemente zu ihrer Unterdrückung. Diese Erscheinung führt bei schlecht korrigierten, optischen Systemen zu unscharfen Abbildungen, da die unterschiedlichen Farbanteile des Lichts unterschiedliche Brennpunkte haben. Zeichnung: Canon

Asphärische Linsen
besitzen eine ungleichmäßig gekrümmte Oberfläche, wodurch v.a. dem bei sphärisch – d.h. kugelförmig – gekrümmten Linsenoberflächen auftretenden → **Abbildungsfehler** der → **sphärischen Aberration** entgegengewirkt werden kann.

Abbildungsfehler
Lichtstrahlen, die durch Linsen geschickt werden, weichen, da sie sowohl beim Eintritt in die Linse als auch beim Austritt aus dieser gebrochen werden, von der idealen Linienoptik ab. Den aus dieser optischen Gesetzmäßigkeit entstehenden Abbildungsfehlern versucht man in der Fotografie durch optische Systeme, sog. Objektive, zu begegnen, die allerdings niemals sämtliche A. gleichzeitig eliminieren können. Vielmehr läßt sich durch geeignete Objektivkonstruktion die optimale Korrektur nur für einen bestimmten Anwendungsbereich erreichen. Häufige A. sind → **Astigmatismus,** → **Bildfeldwölbung,** → **chromatische und** → **sphärische Aberration,** → **Koma und** → **Verzeichnung.**

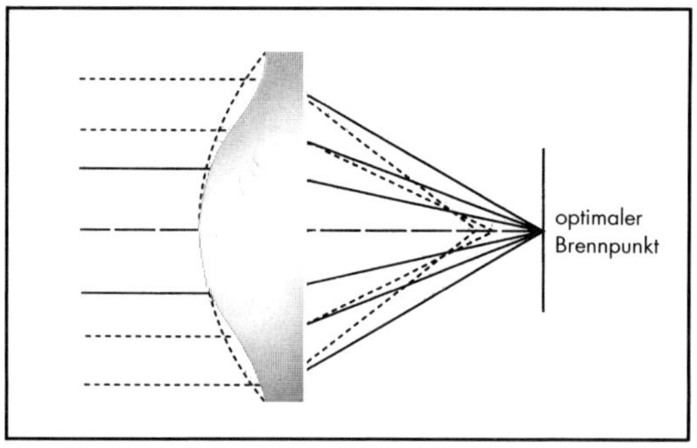

Strahlengang bei Linsen mit normaler Kugelform und bei Linsen mit asphärischer Oberfläche. Zeichnung: Canon

sollte nicht nur dazu in der Lage sein, möglichst viele Bildpunkte unterscheiden zu können, sondern sie auch so zu unterscheiden, daß sie sich deutlich voneinander abheben. Diese beiden Qualitätsparameter für die Objektivleistung bezeichnet man als Auflösung und Kontrast.

Ein Problem der Objektivkonstrukteure bestand darin, daß Lichtstrahlen, die parallel zur optischen Achse durch eine Sammellinse fallen, am Rand stärker gebrochen werden als in der Mitte. Sie treffen sich daher nicht in einem einzigen Brennpunkt, sondern in mehreren, was zu unscharfen und kontrastarmen Abbildungen führte. In der Optik wird dieser → Abbildungsfehler als sphärische Aberration bezeichnet. Sie nimmt zu, je größer die Lichtstärke eines Objektivs ist. In modernen Objektivkonstruktionen wird dieser Fehler zunehmend durch den Einsatz von → Asphären vermieden. Bei diesen Linsen weicht die Oberfläche soweit von der üblichen Kugelform ab, daß alle Lichtstrahlen so gebrochen werden, daß sie sich in nur einem Brennpunkt treffen. Ein weiterer Abbildungsfehler ist die chromatische Aberration. Hier geschieht es, daß die unterschiedlichen Farbanteile des Tageslichts beim Durchlaufen von Linsen aus normalen optischen Gläsern so gebrochen werden, daß sie abweichende Brennpunkte erhalten. Dies ergibt vor allem in der Telefotografie unschöne Farbsäume und Unschärfen. Der Brennpunkt des blauen Lichts liegt hinter dem des grünen, dessen Brennpunkt wiederum hinter dem des roten Lichtanteils liegt. Dieser Fehler wird meist durch die Kombination von Linsen aus unterschiedlich brechenden Gläsern reduziert. Auf diese Weise können allerdings nur zwei Farben auf einen gemeinsamen Brennpunkt gelegt werden. Durch Spezialgläser mit extremen Brechungsverhalten, wie die UD-Gläser von Canon oder die ED Gläser bei Nikon-Objektiven, läßt sich die chromatische Aberration jedoch korrigieren. Derart korrigierte Objektive tragen die Bezeichnung »Apo« und zeichnen sich durch eine hervorragende Farbwiedergabe und extreme Schärfe aus.

Waren es bis vor kurzem vor allem optische Glassorten, meist hergestellt aus Quarzsand, Soda, Pottasche und verschiedenen Metalloxyden, so sind es heute zunehmend auch optische Kunststoffe oder Kombinationen von Kunststoff und Glas, die für die Herstellung von speziellen Linsen verwendet werden. Vor allem für die Konstruktion von Weitwinkel- und Zoomobjektiven werden im zunehmenden Maße Asphären eingesetzt, die Kunststoff- und Glasanteile besitzen.

Alle Linsen haben ihre eigenen Transmissions- und Reflexionseigenschaften, von denen es entscheidend abhängt, wieviel Licht schließlich auf den Film fällt. Zwischen 4 und 10% des Lichts gehen so an den Glas-Luftflächen verloren. Außerdem haben viele Gläser obendrein auch noch ihre eigene Charakteristik für die Farbwiedergabe. Um hier einserseits die Lichtdurchlässigkeit zu verbessern und andererseits die Farbwieder-

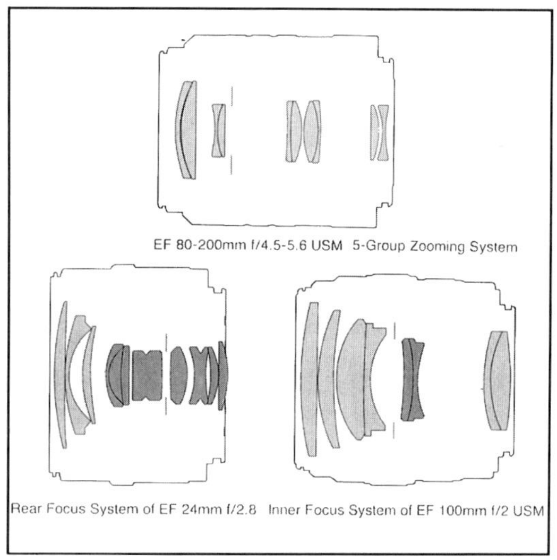

Die Schemazeichnung zeigt die Highlights in der optischen Konstruktion von Canon-EF-Objektiven: Das Mehrgruppenzoomsystem, Rückteil- und Innenfokussierung.

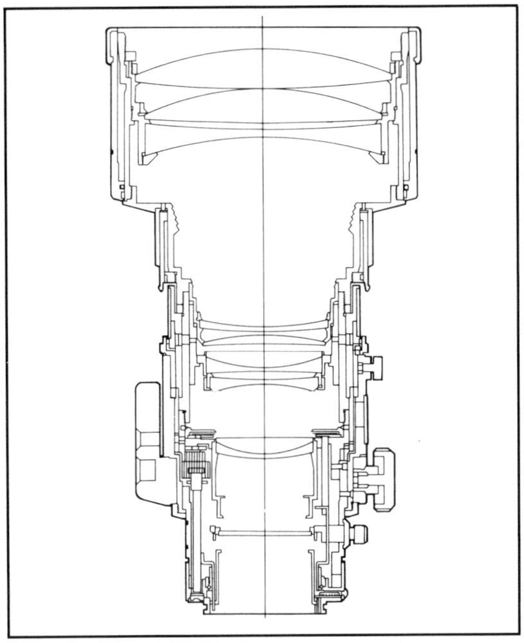

Schnittzeichnung durch ein Minolta AF-Apo 2,8/300 mm Teleobjektiv mit Innenfokussierung.

gabe zu optimieren und möglichst für alle Objektive eines Programmes gleichmäßig zu gestalten, werden die Linsen durch verschiedene Vergütungen optimiert. Dabei werden in einem sehr aufwendigen Verfahren spezielle Antireflex-Schichten auf die Linsenoberflächen gedampft.
Bildfeldwölbung, → Astigmatismus, → Koma, Vignettierung und → Verzeichnung sind weitere Fehler, mit denen Objektivkonstrukteure zu kämpfen haben. Baulänge, Gewicht und Preis sind zusätzlich zu berücksichtigende Größen, die nur zu einem Kompromiß führen können. Was hier als optimal angesehen wird, hängt jeweils von der Qualitätsphilosophie des Herstellers ab.

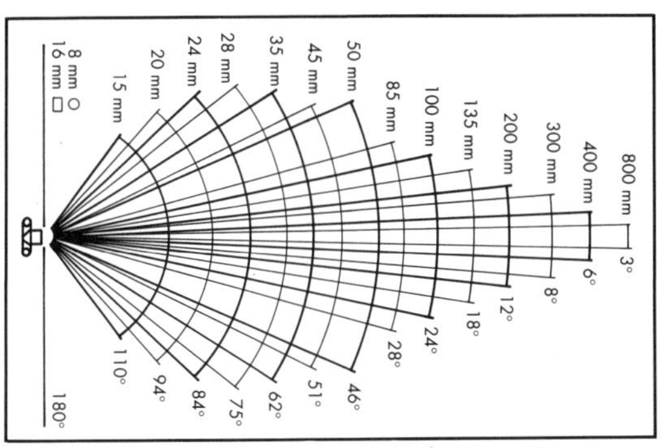

Die Schemazeichnung zeigt die verschiedenen Bildwinkel von Objektiven mit unterschiedlichen Brennweiten vom Weitwinkel bis zum Teleobjektiv.

Brennweite

Die Brennweite des Objektivs (sie wird in Millimetern angegeben) ordnet es einer bestimmten Verwendung zu, denn mit der Brennweite ändert sich auch der abgebildete Bildwinkel – je kürzer die Brennweite, desto größer der Winkel, in dem ein Objektiv ein Motiv erfaßt. Die Brennweite und ihre Wirkung auf das Bild ist abhängig zum verwendeten Bildformat, je größer das Negativ, desto größer die benötigte Brennweite. Soweit nicht anders bezeichnet, beziehen sich die folgenden Brennweitenbeispiele auf Kleinbildkameras.

Normalobjektive

Am weitesten verbreitet sind die sogenannten Normalobjektive. Sie bilden in etwa das ab, was ein Mensch sieht, wenn er ein Auge schließt. Die Brennweite eines Normalobjektivs entspricht der Diagonale des Bildformats, im Kleinbildbereich sind das 50 mm, der Bildwinkel beträgt 47°. Früher wurden fast alle SLR-Kameras mit einem solchen Objektiv als Standardbestückung verkauft. Ein Vorteil des Standardobjektivs ist seine im Vergleich zum konstruktiven Aufwand hohe Lichtstärke. Üblich sind Öffnungen zwischen 1:1,4 und 1:2,0. Extrem lichtstarke Normalobjektive erreichen eine maximale Blendenöffnung von 1:1,0 oder sogar 1:0,9. Im Vergleich mit einem Objektiv mit der Lichtstärke 1:2,8 lassen solche Objektive bei voll geöffneter Blende die achtfache Lichtmenge passieren.

Weitwinkelobjektive

Objektive mit einer Brennweite unter 50 mm fallen in den Weitwinkelbereich, sie erfassen einen größeren Bildwinkel. So entspricht eine Brennweite von 35 mm in etwa dem, was man mit beiden Augen sieht, einem Bildwinkel von 63°. Eigentlich müßte man 35 mm Objektive als die wahren Normal-

Bildfeldwölbung
Im → **Bildfeld** liegen die Bildpunkte aufgrund des → **Astigmatismus** nicht auf einer Ebene, sondern einer gewölbten Bildschale, was beim Fotografieren zu Unschärfen im Randbereich oder im Zentrum des Bildfeldes führen kann. Korrigiert wird dieser → **Abbildungsfehler** zusammen mit dem Astigmatismus und der → **Koma.**

Randlichtabfall (natürliche → **Vignettierung**)
Zunehmender Helligkeitsverlust zum Rand des → **Bildkreises** hin, der darauf zurückzuführen ist, daß für schräg zur optischen Achse einfallende Strahlenbündel die Blendenöffnung einen effektiv geringeren Querschnitt aufweist und die Strecke bis zur Bildebene weiter ist als für achsparallele Strahlenbündel. Diese Gesetzmäßigkeit wirkt sich besonders bei extremen Weitwinkelobjektiven als eine schwächere Belichtung der Bilder in den Randzonen aus.

Koma
Wie bei der → **sphärischen Aberration** axiale, so werden auch von einem seitlichen Objektpunkt ausgehende, schräg zur optischen Achse auf eine Linse treffende Lichtstrahlen an deren Rändern stärker gebrochen als nahe der Achsenmitte. Sie haben keinen gemeinsamen Bildpunkt und ergeben eine unsymmetrische, kometenähnliche Abbildung des Objektpunktes, die sich auf das Bildganze als Unschärfe auswirkt. Bei modernen Objektiven spielt die Koma praktisch keine Rolle mehr; sie wird als → **Abbildungsfehler** zusammen mit dem → **Astigmatismus** korrigiert.

Dispersion
Beim Durchgang durch verschiedene transparente Medien (Luft, Glas ...) werden Lichtstrahlen je nach ihrer Wellenlänge in unterschiedlichem Maß gebrochen. Dies ist der Grund dafür, daß beispielsweise ein weißer Lichtstrahl auf seinem Weg durch ein Prisma in die Spektralfarben zerlegt wird, was man als D. bezeichnet. In der Fotografie führt dieses Phänomen zu → **Abbildungsfehlern.**

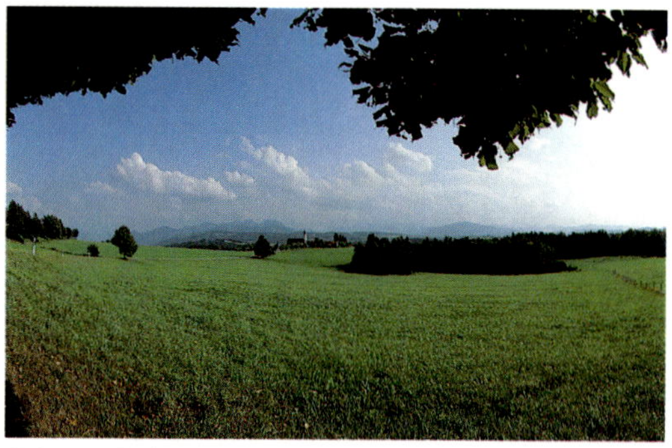
16 mm Fisheye

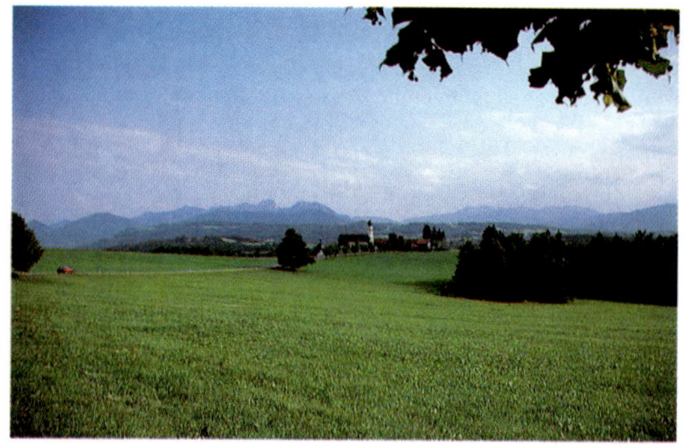
24 mm

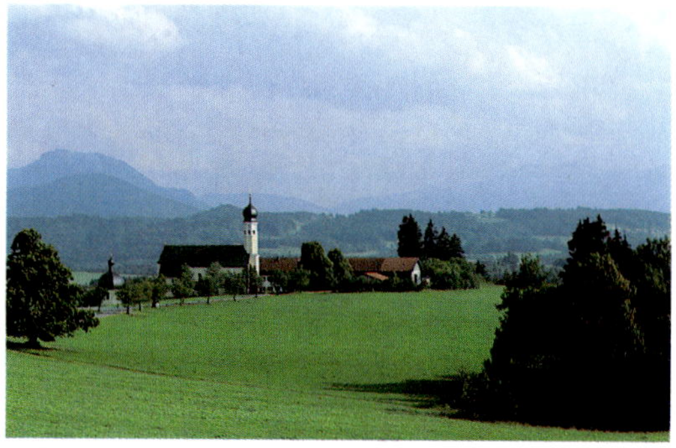
135

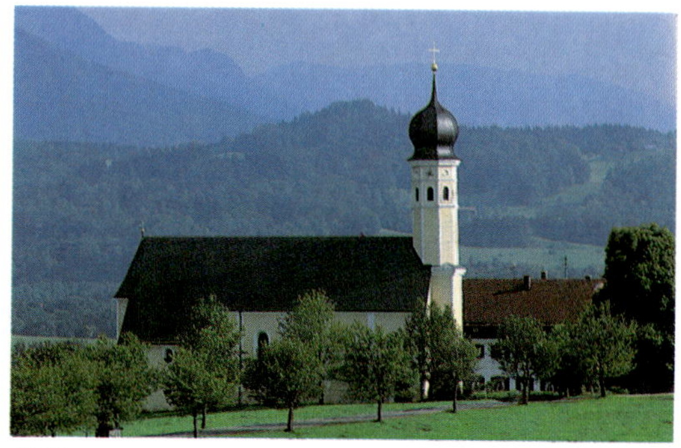
200 mm

Die Wirkung unterschiedlicher Brennweiten vom 16 mm-Weitwinkelobjektiv bis zum 600 mm-Supertele bei Aufnahmen vom gleichen Standpunkt aus zeigt die Bildfolge auf diesen Seiten.

objektive bezeichnen, Kompaktkameras sind zumeist mit ihnen ausgestattet. Weitere gebräuchliche Weitwinkelbrennweiten sind 28 mm (75°), 24 mm (84°) und 20 mm (94°), wobei letzteres schon eher im Bereich der Superweitwinkel liegt. Objektive mit extrem kurzen Brennweiten entfernen sich durch ihren sehr großen Bildwinkel bereits sehr deutlich von einer naturgetreuen Abbildung des Motivs. Dabei unterscheidet man zwischen Superweitwinkel- und sogenannten Fisheyeobjektiven. Superweitwinkel haben zwar einen sehr großen Bildwinkel, bilden aber gerade Linien korrekt ab. Ein Fisheye dagegen bildet nur solche Linien gerade ab, die exakt durch die Bildlinie laufen, Linien an den Bildrändern werden nach außen durchgebogen. Diese tonnenförmigen Verzerrungen ergeben in Verbindung mit dem extremen Bildwinkel von mehr als 180° surrealistische Abbildungen – wie mit den Augen eines Fisches gesehen. Die kürzesten Fisheye-Brennweiten (unterhalb 14 mm) zeichnen in der Regel das Bildfeld nicht mehr aus – das Bild wird rund abgebildet, die Negativecken bleiben unbelichtet.

Teleobjektive

Objektive, die das Motiv vergrößert darstellen, heißen Teleobjektive. Technisch gesehen verdienen nur die Objektive diese Bezeichnung, deren Brennweite größer ist als ihre Baulänge. In der Praxis fallen jedoch Brennweiten ab 70 mm in diesen Bereich. Teleobjektive holen Entferntes heran, indem sie einen kleinen Bildwinkel abbilden. 80 mm entsprechen einem Winkel von 28°, 200 mm entsprechen 12°, 600 mm ergeben 4°. Charakteristisch für Teleobjektive ist ihre mit der Brennweite stark zunehmende Baugröße und die begrenzte Lichtstärke. Die maximale Blendenöffnung ist das Verhältnis der Brennweite zum Blendendurchmesser. Bei einem Normalobjektiv mit der Lichtstärke 1:2,0 muß die Blende nur

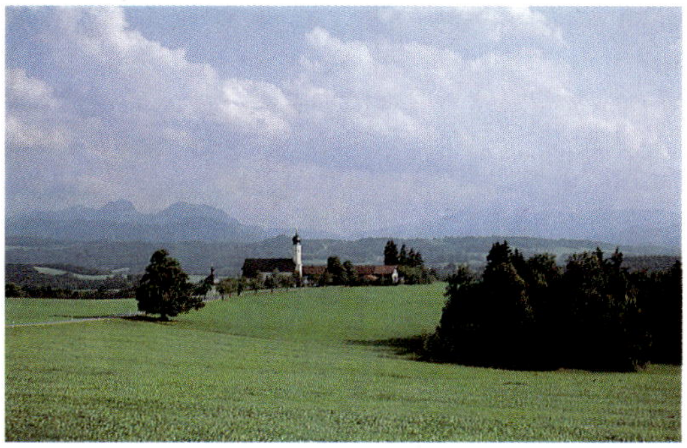

50 mm

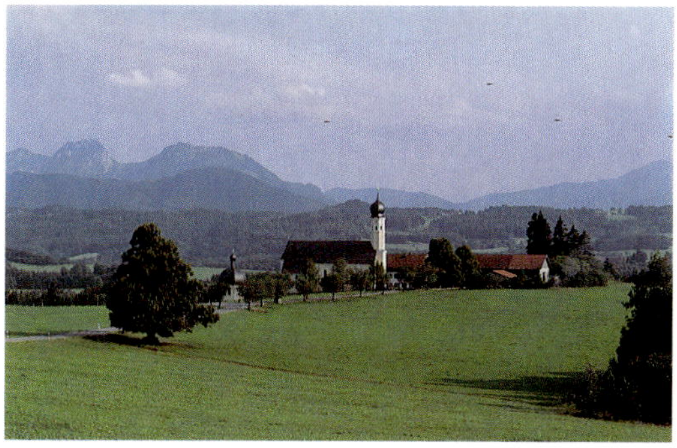

80 mm

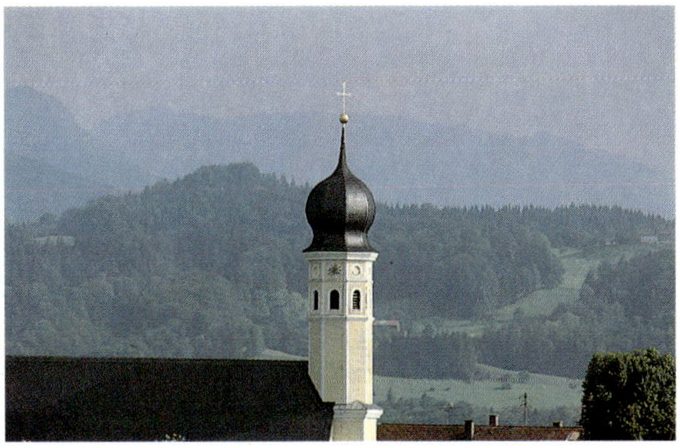

400 mm

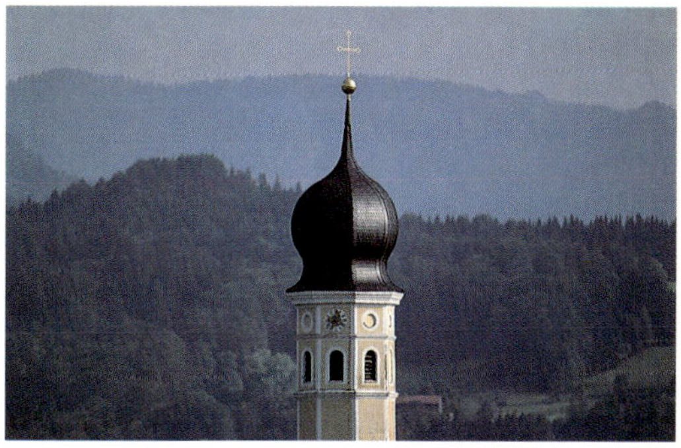

600 mm

Wirkt die Kirche bei der Weitwinkelaufnahme weit entfernt und wird der Vordergrund überbetont, so rafft das Teleobjektiv den Raum und läßt Vorder- und Hintergrund eng zusammenrücken.

eine Öffnung von 25 mm freigeben, bei einem Teleobjektiv mit 500 mm wären es bereits 25 cm. Diese große Öffnung würde wiederum extrem große Linsen erfordern, die die Baugröße des Objektivs sprengen würden. Proportional zur Brennweite steigen auch die zur Fokussierung notwendigen Auszüge an. Um ein extremes Teleobjektiv auf eine Aufnahmeentfernung von einem Meter zu fokussieren, müßte man das optische System sehr weit von der Filmebene entfernen, was an die mechanischen Grenzen der Objektivtubuskonstruktion stößt. Deshalb haben Objektive mit einer langen Brennweite oft einen Nahpunkt von mehreren Metern. Da sie sich damit ausschließlich für Aufnahmen aus größerer Entfernung eignen, heißen sie auch Fernobjektive. Eine besondere Gruppe der Fernobjektive sind die Spiegelteles. Bei ihnen sparen die Objektivkonstrukteure Baulänge: im Inneren des Tubus bündelt ein ringförmiger Parabolspiegel die einfallenden Lichtstrahlen und wirft sie auf einen Spiegel, der innen in der Mitte der Frontlinse sitzt. Dadurch wird der Strahlengang im Objektiv zweimal gefaltet, die Baulänge gedrittelt. Dafür sind Spiegelteles deutlich dicker als konventionelle Teleobjektive. Hauptnachteil der Spiegelkonstruktion ist das Fehlen einer einstellbaren Blende. Zur Belichtungsregelung steht also ausschließlich die Verschlußzeit der Kamera zur Verfügung.
Eine andere Gattung der Teleobjektive sind die Apo-Objektive. »Apo« steht für »Apochromatische Korrektur«. Normal korrigierte

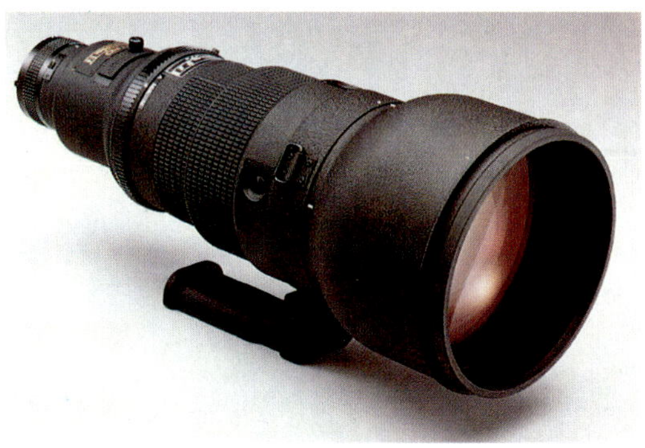

Superlichtstarkes Autofokus-Teleobjektiv mit Innenfokussierung und ED-Gläsern zur Reduktion der chromatischen Aberration von Nikon

Verzeichnung (Distorsion)
Abbildungsfehler, der sich als nach innen (kissenförmig) oder nach außen (tonnenförmig) gerichtete und zum Bildrand hin zunehmende Krümmung gerader Motivlinien auswirkt. Dieser Fehler wird verursacht durch die Veränderung des Abbildungsmaßstabs zum Bildrand hin und tritt v.a. bei einfach konstruierten Objektiven sowie bei → **Weitwinkel-** und → **Vario-Objektiven** auf. Durch geeignete optische Konstruktion läßt er sich in Grenzen korrigieren.

Superachromat
Optisches System, das durch die Verwendung von Kalzium-Fluorid-Linsen hinsichtlich der → **chromatischen Aberration** für sämtliche Spektralfarben und für Infrarot bis 1000 nm korrigiert ist.

Beugung
nennt man die Abweichung von Lichtwellen von ihrer geradlinigen Ausbreitung, bedingt durch ihren Vorbeigang an lichtundurchlässigen Körpern. Müssen Lichtwellen Ränder oder Kanten passieren, so werden sie durch diese abgelenkt und verlassen ihre geradlinige Bahn, was in der Fotografie bei der Verwendung zu kleiner Blenden beispielsweise zu unscharfen und kontrastarmen Bildern führt. Bei vielen Objektiven ist der Blendenmechanismus daher so konstruiert, daß er sich nicht extrem weit schließen läßt.

Schneckengang
Mehrgängiges, hochpräzises Gewinde in der Fassung von Objektiven, mit Hilfe dessen die Linsen zur Scharfeinstellung entlang der optischen Achse gegeneinander verschoben werden können.

Objektive sind auf eine optimale Abbildung der blauen und grünen Farbanteile korrigiert, während der rote Farbanteil auf einer geringfügig verschobenen Bildebene abgebildet wird. Apochromaten dagegen sind auf die optimale Abbildung aller drei Grundfarben eingestellt. Eine Apo-Korrektur ist sehr aufwendig und teuer, und ihr Nutzen ist erst bei längerbrennweitigen Objektiven zu sehen. Deshalb haben Apo-Objektive meist Brennweiten von mehr als 200 mm.

Makroobjektive

Normale Objektive für die bildmäßige Fotografie sind optisch so berechnet, daß sie ihre höchste Abbildungsleistung im Unendlich-Bereich erreichen. Auch der maximale Auszug des Tubus begrenzt die Nahaufnahmetauglichkeit. Makroobjektive besitzen dagegen einen Tubus mit einem langen Auszug und sind zudem auf den Nahbereich korrigiert. Neben der Brennweite ist bei dieser Objektivgattung der maximal erzielbare Abbildungsmaßstab ein wichtiges Kriterium. Er bezieht sich auf das Verhältnis zwischen der Größe der Abbildung auf dem Film und der realen Motivgröße. Ein Objektiv mit dem größten Abbildungsmaßstab 1:2 bildet etwa einen Käfer in seiner halben Größe auf dem Film ab. Da der Film später beim Herstellen der Abzüge oder in der Projektion auf eine Leinwand um ein Vielfaches vergrößert wird, erscheinen auch kleine Dinge ganz groß. Bei Abbildungsmaßstäben über 2:1 (Motiv erscheint in doppelter Größe auf dem Film) beginnt die Mikrofotografie. Um auch bei sehr kleinen Motiven noch einen praktikablen Aufnahmeabstand (wichtig für den Einsatz von Kunstlicht oder bei der Fotografie von lebenden Insekten) zu erreichen, haben Makroobjektive oft eine längere Brennweite (90 – 200 mm). Um einen ausreichend großen Schärfebereich zu erzielen, muß bei der Aufnahme abgeblendet werden, deshalb wird bei der Konstruktion von Makroobjektiven meist auf eine besonders große Lichtstärke verzichtet. Trotz dieser Einschränkungen eignet sich dieser Objektivtyp auch für größere Aufnahmeentfernungen bis unendlich.

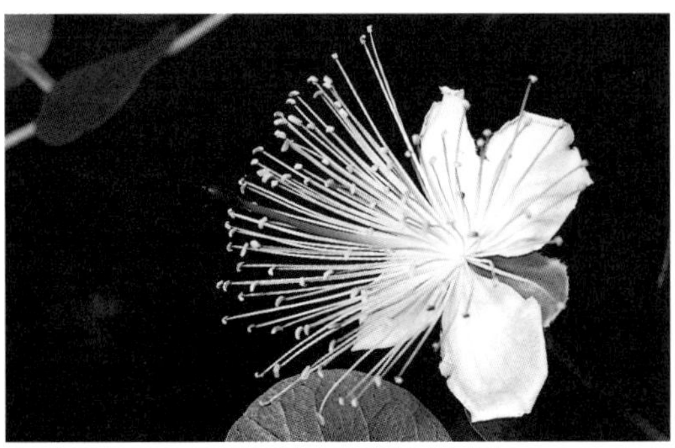

Makroobjektive sind am besten für formatfüllende Aufnahmen von kleinen Objekten geeignet. Foto: Heiner Henninges

Zoomobjektive

Im Gegensatz zu den bisher vorgestellten Objektivtypen mit unveränderlichem Bildwinkel, sogenannten Festbrennweiten, kann man bei Zoomobjektiven die Brennweite in einem bestimmten Bereich stufenlos ändern. Dadurch ersetzt das Zoomobjektiv mehrere Festbrennweiten, und es erlaubt eine genaue Einstellung des gewünschten Bildausschnittes. Die Größe des Brennweitenbereichs ordnet das Zoomobjektiv einem bestimmten Anwendungsfeld zu. So ist ein Objektiv mit einem Brennweitenbereich von 70 bis 210 mm ein typisches Telezoom, eins mit einer Brennweite von 35 bis 70 mm ein Standardzoom und eins mit einer Brennweite von 21 bis 35 mm ein Weitwinkelzoom. Die Spannweite des Brennweitenbereiches wurde immer stärker erweitert. Vom Zweifach-Zoom (z. B. 35 – 70 mm) ging die Entwicklung über das Dreifachzoom (z. B. 35 – 105 mm) bis zum Vierfachzoom (35 – 135 mm). Relativ neu sind die Universalzooms mit einem Brennweitenbereich von 28 mm bis 200 mm, sie decken den gesamten Bereich der für Fotoamateure interessanten Brennweiten ab. Derzeitige Spitze ist ein Zehnfach-Zoomobjektiv von Canon mit dem Brennweitenbereich 35 – 350 mm.
In der Bedienung unterscheidet man Zweiring- bzw. Drehzooms und Einring- bzw. Schiebezooms. Bei den Zweiringzooms gibt es jeweils einen Ring für die Fokussierung und einen für die Brennweitenverstellung (Zoomen). Handlicher zu bedienen sind die Einringzooms. Hier ist ein groß dimensionierter Einstellring sowohl für die Fokussierung als auch für die Brennweitenverstellung da: Zum Fokussieren dreht man den Ring, zum Zoomen verschiebt man ihn axial. Ein

Zwischentyp ist meist das AF-Schiebezoom. Hier wird ein großer Ring zum Zoomen verschoben, ein weiterer kleinerer Ring zum manuellen Fokussieren gedreht (was in der Regel die Kamera automatisch erledigt).
Charakteristisch für viele Zoomobjektive ist eine maximale Lichtstärke, die sich mit der eingestellten Brennweite ändert. In der technischen Bezeichnung des Objektivs bedeutet zum Beispiel 3.5 – 4.5/70 – 210 mm, daß die Lichtstärke bei kürzester Brennweite 70 mm 1:3,5 beträgt, bei längster Brennweite 210 mm dagegen 1:4,5. Nur aufwendige und teure Zoomobjektive verfügen über eine konstante Lichtstärke.
Den praktischen Vorteilen eines Zoomobjektivs gegenüber Festbrennweiten stehen auch Nachteile gegenüber. Während Festbrennweiten selten mehr als sechs Linsenelemente haben, umfassen Zoomkonstruktionen häufig doppelt so viele Linsen. Das macht die Objektive schwerer, teurer und anfällig

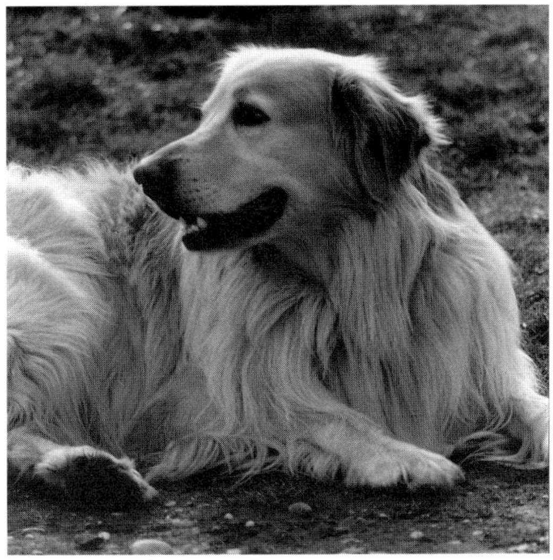

Selten halten Tiere ruhig, wenn fotografiert werden soll. Am leichtesten kann der Fotograf veränderte Motivabstände durch Einsatz von Zoomobjektiven ausgleichen. Sie erlauben die stufenlose Änderung des Bildausschnitts, ohne daß dafür der Fotograf seinen Standort wechseln muß. Foto: Rudolf Majonica

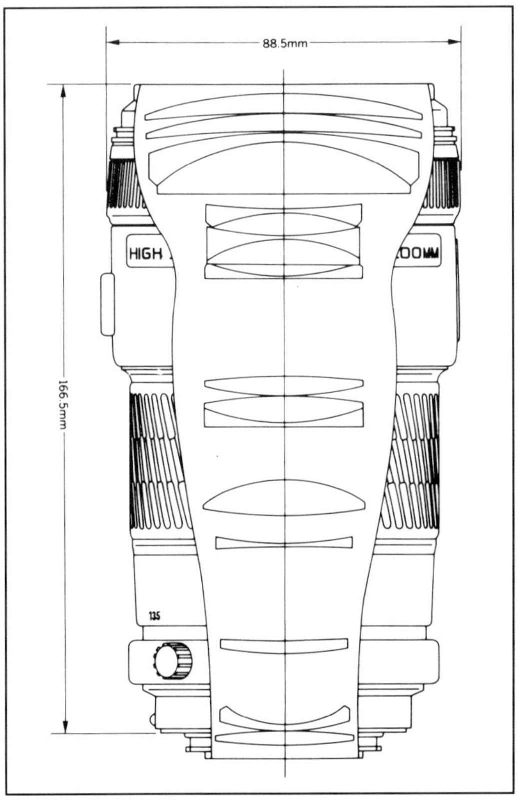

Schnittzeichnung durch ein hochlichtstarkes Zoomobjektiv von Minolta. Das Minolta 2,8/80 – 200 mm arbeitet mit Innenfokussierung. Die Baulänge verändert sich also nicht beim Scharfstellen und die Frontlinse bleibt starr. Das erleichtert den Einsatz von Effekt- und Polarisationsfiltern.

gegen Reflexionen. Zudem sind Zooms meist eine bis zwei Blendenstufen lichtschwächer als entsprechende Festbrennweiten. Es müssen Abstriche in der Abbildungsleistung hingenommen werden – wenn auch der Unterschied immer geringer wird.

Andere Konstruktionen mit veränderlicher Brennweite

Neben dem Zoomobjektiv gibt es noch das Variofokal- und das Bifokalobjektiv, beides Typen, die an Bedeutung verloren haben. »Echte Zoomobjektive« erlauben eine Verstellung der Brennweite, ohne daß sich an der eingestellten Entfernung etwas ändert. Bei Variofokalobjektiven variiert die Bildlage mit der Brennweite – nach jeder Änderung muß nachfokussiert werden. Diese dem Zoomobjektiv im Grunde unterlegene Konstruktion kommt jetzt bei einigen AF-Objektiven wieder zum Einsatz, wo die Kamera die Scharfstellung ständig überprüft.
Völlig vom Markt verschwunden sind die Bifokalobjektive. Sie besitzen keinen stufenlosen Brennweitenbereich, sondern sind so berechnet, daß ihre Abbildungsleistungen nur bei zwei verschiedenen Brennweiten optimal sind. So ersetzt ein Bifokalobjektiv immerhin zwei Festbrennweiten.

Bildweite
Abstand zwischen der Bild- bzw. Filmebene in einer Kamera und der bildseitigen Hauptebene des jeweiligen Objektivs; bei Entfernungseinstellung auf ∞ identisch mit dessen → **Brennweite.**

Bildwinkel
Zur Klassifizierung von Objektiven wird unter anderem deren B. angegeben. Er bezeichnet den durch das jeweilige Objektiv aufnehmbaren Umfang eines in bestimmter Entfernung befindlichen Objekts und ist somit vom Aufnahmeformat und der → **Bildweite** abhängig.
Im Kleinbildformat (24 x 36 mm) errechnen sich für die gängigen Brennweiten folgende B.:

Brennweite	Bildwinkel
21 mm	92°
35 mm	62°
50 mm	46°
135 mm	18°
400 mm	6°10′

Ein Objektiv, dessen B. dem Sehwinkel des menschlichen Auges, also 46°, entspricht, heißt → **Normalobjektiv.** Liegt der B. weit über diesem Wert, so spricht man von einem → **Weitwinkel-,** liegt er weit darunter, von einem → **Teleobjektiv.**
Format gewählt wird.

Bildfeld
Der durch den → **Bildkreis** begrenzte Abbildungsausschnitt, aus dem durch das rechteckige Filmfenster in der Kamera das für die Aufnahme zu nutzende Format gewählt wird.

Bildkreis
heißt die durch die Objektivkonstruktion bedingte kreisförmige Begrenzung des Bildfeldes, innerhalb dessen das entsprechend dem rechteckigen Aufnahmeformat begrenzte Bildfenster liegt.

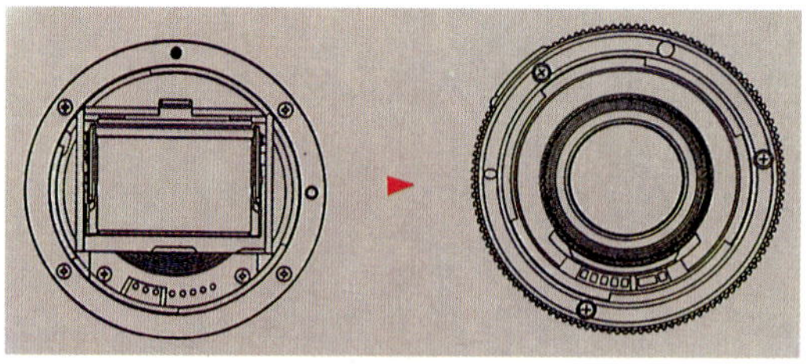

Kamera- und Objektivbajonett mit elektronischen Kontakten zum Datenaustausch.

Elektronische Einbindung von Objektiven in die Kamerasteuerung

Bei fast allen modernen AF-Spiegelreflexkameras ist das Objektiv nicht nur mechanisch und optisch, sondern auch elektronisch in das Gesamtsystem eingebunden. Dafür sorgt ein Mikrochip, der im Objektiv eingebaut ist und dessen wichtigste Daten gespeichert hält. So kann die Kamera »lesen«, welche Brennweite und welche Lichtstärke das gerade verwendete Objektiv besitzt, bei Zooms auch, welche Brennweite gerade eingestellt ist. Aus diesen Faktoren und der gemessenen Motivhelligkeit berechnet die Kamera die optimalen Belichtungsdaten und kann den Fotografen sogar warnen, wenn eine verwackelte Aufnahme droht. Einige Hersteller bauen Kameras, die über einen im Objektiv eingebauten Motor die Brennweite steuern können. So kann beispielsweise die Abbildungsgröße eines Motivs auch bei wechselnden Aufnahmeabständen konstant gehalten werden.

Spezialobjektive

Shiftobjektive

Jedes Objektiv bildet parallele Linien nur dann auch parallel ab, wenn sie parallel zu seiner Hochachse verlaufen. Wird das Objektiv gekippt, stürzen die Linien aufeinander zu. Besonders störend ist dieser Effekt bei der Architekturfotografie, wenn man die Kamera nicht gerade ausrichten kann, weil dann das Haus nicht aufs Bild geht. Shiftobjektive sind meist Weitwinkel, die einen größeren Bildkreis auszeichnen als für das Aufnahmeformat nötig. Das optische System läßt sich shiften, d. h. verschieben, und zwar parallel zur Filmebene. Dadurch ist es möglich, den Bildausschnitt beispielsweise nach oben zu verlegen, ohne die Kamera nach oben zu schwenken: Stürzende Linien werden vermieden. Um die Verschiebung in alle Richtungen zu ermöglichen, kann das Shiftobjektiv in der Regel um die optische Achse gedreht werden. Die mechanische Kopplung von Shiftobjektiven an die Kamera ist schwierig. Deshalb haben diese

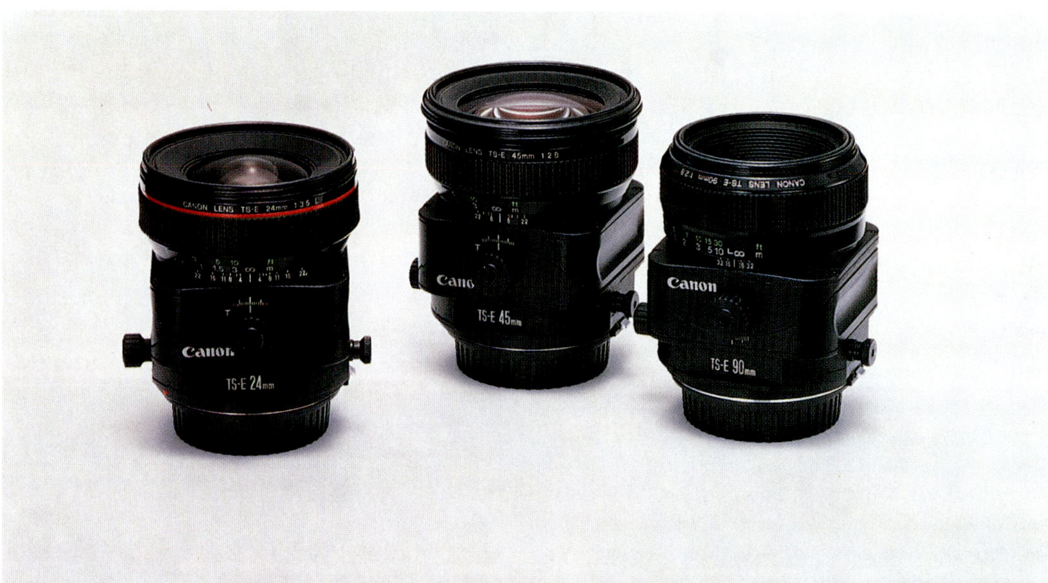

Shift-Objektive für das Canon EOS-System

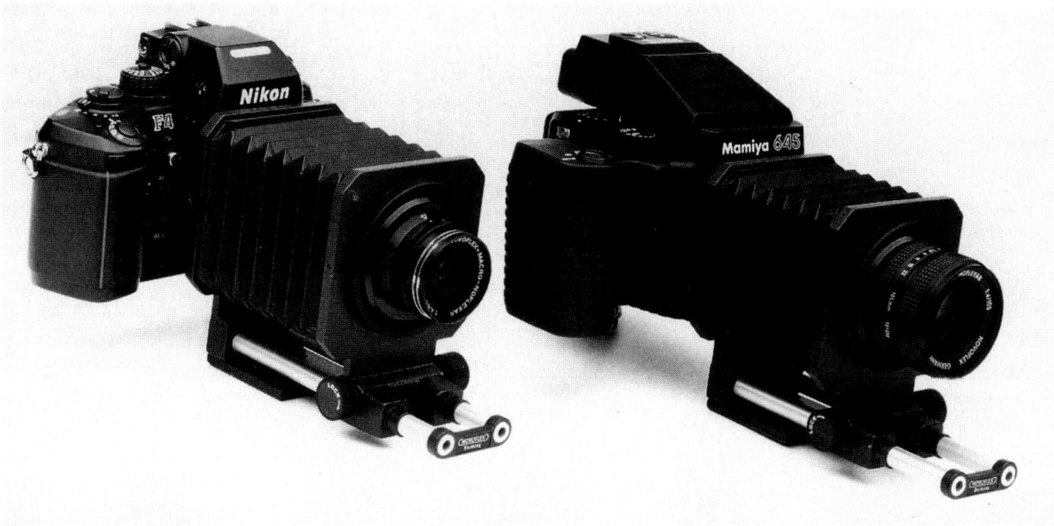

Automatik-Balgengeräte von Novoflex für Kleinbild- und Mittelformatkameras verlängern den Objektivauszug und ermöglichen so Nahaufnahmen mit großen Abbildungsmaßstäben. Die Objektivköpfe stammen ebenfalls von Novoflex.

Objektive oft keine Automatikblende und nie eine AF-Fokusssierung.
Ein Untertyp ist das Shift/Tilt-Objektiv, das es im Kleinbildbereich derzeitig nur von Canon gibt. Diese Konstruktion erlaubt gleichzeitig ein Verschieben und ein Schwenken des Objektivs. So kann man gleichzeitig stürzende Linien ausgleichen und den Scheimpflug-Effekt zur Schärfebereichsdehnung nutzen – diese Möglichkeiten bieten sonst nur aufwendige Fachkameras.

Vorsatz-Objektive

Nur noch vereinzelt sind Objektivkonstruktionen anzutreffen, bei denen ein Grundobjektiv durch ein- oder mehrlinsige Vorsätze in seiner Brennweite verändert wird. Bei Kameras mit Wechselbajonett wechselt man das Objektiv lieber gleich ganz aus. Aktuelles Beispiel für eine Kamera mit Vorsatzobjektiv ist die Olympus IS-3000. Sie ist mit einem fest eingebauten Zoomobjektiv 35 – 180 mm ausgestattet. Dessen Brennweite läßt sich mit einem Televorsatz auf 300 mm verlängern und mit einem Weitwinkelvorsatz auf 28 mm reduzieren. Vorsatzobjektive müssen gegenüber konventionellen Konstruktionen optische Kompromisse eingehen. Brennweitenverändernde Vorsätze finden sich deshalb häufig bei Amateur-Videokameras, bei denen an die Abbildungsleistung des Objektivs nicht so hohe Ansprüche gestellt werden.

Objektivköpfe

Ein Objektiv ohne Fokussierschnecke ist ein Objektivkopf. Solche Konstruktionen werden oft in der Makro- und Mikrofotografie eingesetzt, und zwar gemeinsam mit einem Balgengerät, das zwischen Objektivkopf und Objektiv gesetzt wird. Dieses Balgengerät erlaubt große Differenzen beim Kameraauszug, so daß man mit dieser Kombination einen großen Abbildungsmaßstab-Bereich abdecken kann. Als Objektivköpfe finden in der Regel entweder extra für diesen Zweck gebaute Systeme oder Vergrößerungsobjektive aus der Dunkelkammer Verwendung.

Nahlinsen

Um die Nahgrenze eines Objektivs zu verkleinern, setzt man ein- oder zweilinsige Lupen mit positivem Brechungsindex vor die Frontlinse. Ihre Stärke wird in dpt (Dioptrie) angegeben und bewegt sich im Bereich von +1 bis +3 dpt. Nahlinsen sind preiswert und unkompliziert in der Anwendung. Nachteilig ist eine gewisse Beeinträchtigung in der Abbildungsleistung, der man durch Schließen der Blende entgegenwirken kann. Deutlich bessere Ergebnisse als die schlichten Nahlinsen aus einem Glaskörper bringen sogenannte Achromaten aus zwei miteinander verkitteten Linsen.

Zwischenringe

Eine ähnliche Funktion wie ein Balgengerät

Adapter
Verbindungsstücke zur Kombination von Kameras und Zubehörteilen – z.B. Objektiven – unterschiedlicher Marken unter Beibehaltung automatischer Funktionen wie Blenden- und Autofokussteuerung.

Achromat
heißt ein Objektiv, das durch geeignete Anordnung von Linsen unterschiedlicher Glassorten hinsichtlich der → **chromatischen Aberration** für zwei Farben weitgehend korrigiert ist.

Vergütung
Beim Eintritt von Lichtstrahlen in Linsenkörper gehen an deren Oberfläche durch Reflexion stets ca. 5% der Lichtenergie verloren, die als Streulicht in Objektiven zudem die Kontrastwiedergabe in starkem Maße beeinträchtigen. Da dies v.a. bei aufwendigen Objektiven mit großer Linsenzahl zu hohen Qualitätseinbußen führen würde, werden die Linsenoberflächen mit Leichtmetallfluoriden beschichtet (vergütet), um die natürliche Reflexion auf ein Minimum zu reduzieren und so eine lichtstarke und kontrastreiche Übertragung durch die Linsen zu ermöglichen.

Konverter
sind einfache optische Systeme, die, zwischen Kamera und Objektiv gesetzt, dessen Brennweite bis zum dreifachen Wert erweitern. Allerdings wird dies durch einen hohen Lichtverlust bezahlt, da zwar die Brennweite, nicht aber die Blendenöffnung verändert wird. Hinsichtlich Schärfe- und Kontrastleistung stellen K. einen Kompromiß zugunsten des geringeren Gewichts und Volumens dar.

Retrofokus
Speziell für → **Spiegelreflexkameras** entworfene Konstruktion von → **Weitwinkelobjektiven.** Bei diesen Spezialobjektiven ist der normalerweise aufgrund des großen Bildwinkels sehr geringe Abstand zwischen der Hinterlinse des Objektivs und der Bildebene durch ein vor das konkave Linsensystem gesetztes konvexes System erweitert, um für den Schwingspiegel der Spiegelreflexkamera genügend Platz zu schaffen.

erfüllen Zwischenringe. Sie werden zwischen Objektiv und Kamera gesetzt, verlängern den Kamera-Auszug und vergrößern den Abbildungsmaßstab. Mit Weitwinkelobjektiven können Zwischenringe meist nicht eingesetzt werden, weil bereits relativ kleine Auszugsverlängerungen den Nahpunkt in das Innere des Objektivs rücken lassen. Tele-Objektive eignen sich besser, da sie größere Auszugsmaße brauchen. Heute haben sich allgemein die sogenannten Auto-Zwischenringe durchgesetzt, die alle Kamerafunktionen automatisch auf das Objektiv übertragen. Zwischenringe werden oft als Dreier-Set mit verschiedenen Auszugslängen ausgeliefert. Ein Set kann durch Kombinationen verschiedener Zwischenringe bis zu sieben verschiedene Auszugslängen liefern.

Telekonverter und Extender

Ähnlich wie Zwischenringe werden auch Konverter zwischen Kamera und Objektiv gesetzt. Ein Konverter verlängert die Brennweite des Objektivs, an das er montiert wurde, um einen bestimmten Faktor. Gebräuchlich sind 1,4fach-, 2fach- und 3fach-Konverter. Da sich bei einer Konverter-Objektiv-Kombination die Öffnung des Objektivs nicht ändert, verringert sich die Lichtstärke (Verhältnis Öffnung:Brennweite). Bei einem 1,4fach-Konverter macht die Verringerung genau eine Blendenstufe aus, bei einem Zweifachkonverter zwei Stufen. Außerdem beeinträchtigen Konverter oft die Bildqualität, weshalb weiter abgeblendet werden muß. Extender sind ebenfalls Telekonverter, die aber in der Regel auf ein ganz bestimmtes Grundobjektiv abgestimmt wurden und auch nur mit ihm zusammen verwendet werden sollen. Sie beeinträchtigen die Bildqualität des Objektivs meist nur ganz geringfügig. Mit der Einführung von AF-Kameras kam eine weitere Eigenschaft des Telekonverters zum Tragen. Wenn man die Konverter-Optik entlang der optischen Achse verschiebt, kann man auf wechselnde Entfernungen scharfstellen, ohne dazu die Fokussierung des Objektivs vor dem Konverter zu verändern. Diese Tatsache machten

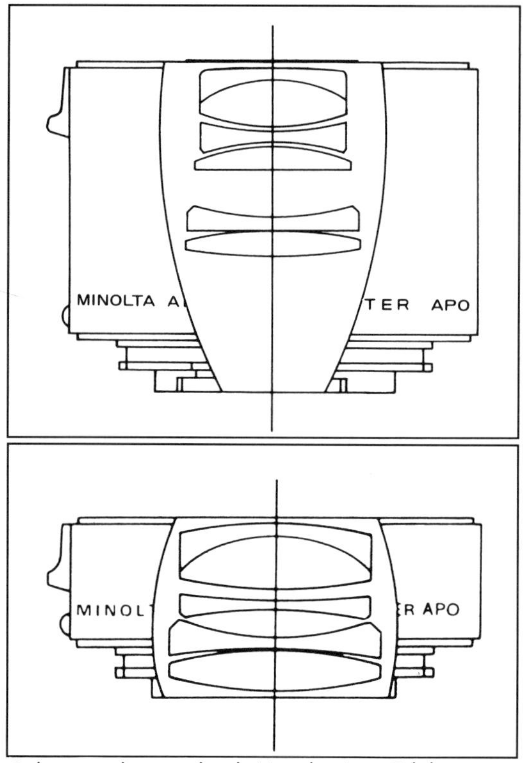

Schnittzeichnung durch Minolta Apo Telekonverter

sich einige Hersteller von AF-Kameras zunutze, um die Verwendung von Non-AF-Objektiven mit automatischer Fokussierung zu ermöglichen: Die AF-Kamera bewegt nur die kleine Optik im Konverter, das Objektiv bleibt stehen. Auf diese Art kann die AF-Kamera jedoch meist nicht den gesamten Entfernungsbereich bis unendlich abdecken. Es ist deshalb notwendig, das Non-AF-Objektiv auf einen bestimmten Entfernungsbereich vorzufokussieren, die Kamera übernimmt dann die Feineinstellung. Da die Brennweitenverlängerung bei dieser Lösung eher ein notwendiges Übel darstellt, haben AF-Konverter meist nur einen Verlängerungsfaktor von 1,4 bis 1,6.

Einige Konverter besitzen ein optisches System, das man mit der Hand herausschrauben kann. Ein Konverter ohne Linsen ist dann als Zwischenring zu verwenden. Er verlängert den Auszug des Objektives und verkürzt so seine Nahgrenze.

Blitzlicht

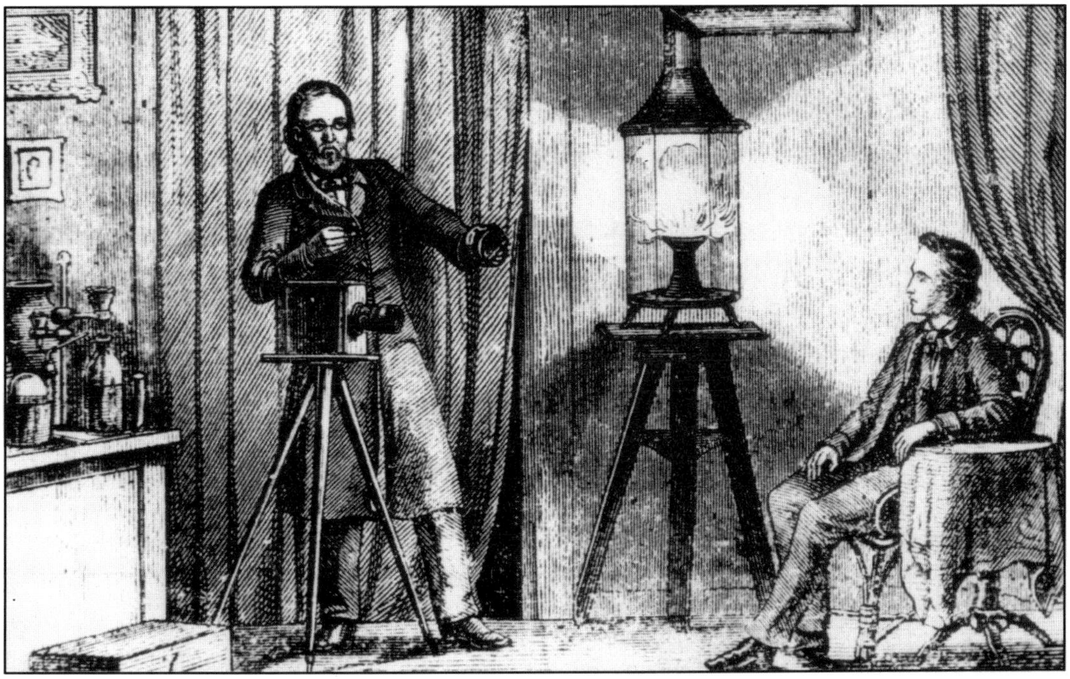

Studioblitz in den Anfängen der Fotografie

Der erste Fotograf, der Kunstlicht anwandte, war einer ihrer Erfinder, Louis Daguerre. Auch William Henry Fox Talbot, der Konkurrent mit dem Negativ-Positiv-Verfahren, nutzte künstliches Licht. Er erzeugte einen Lichtblitz durch einen elektrischen Funken aus einer Art Batterie (Leydener Flaschen). Hier werden schon die beiden unterschiedlichen Wege deutlich, die Wissenschaftler und Fotografen einschlugen, um für zusätzliches Licht zu sorgen. Da war und ist einerseits das konstante elektrische Licht, das zwar ein genaues Beobachten erlaubt, aber stets von einer Stromquelle abhängig ist. Auf der anderen Seite waren und sind es die Befürworter des Blitzlichts, die zuerst mit Weißfeuer und ab 1860 mit Magnesium die im Dunklen liegenden Motive in blendend weißes Licht tauchten. Die fast vierzig Jahre dauernde »hochexplosive« Blitzpulverzeit endete im März 1929, denn da erhielt der Augsburger Physiker J. B. Ostermeier ein Patent für eine »Folie oxydierbarer Stoffe«, die in einem Vakuum gezündet wurde. Die Blitzbirne war erfunden, die einigen Lesern sicher noch als »Osram Vacuumblitz« bekannt ist. Anfänglich war die Blitzbirne tatsächlich so groß wie eine Haushaltsglühbirne.

Bei Osram werden immer noch »Vacuumblitze« hergestellt, obwohl das Elektronenblitzgerät längst zu einer bequemen und preiswerten Alternative geworden ist. Doch viele einfache Sucherkameras, speziell die für die 126er (Instamatic-) Filmkassetten, haben Zündvorrichtungen für Blitzbirnen. Die »Blitzbirnen« selbst sind jedoch im Laufe der Zeit stets kleiner geworden und werden mittlerweile meist als Blitzwürfel mit vier oder als »Flashbar« mit acht winzigen Birnen eingesetzt. Der Nachteil der »Blitzbirne«: Sie ist nur einmal zu verwenden und hat einen erstaunlich langsam abbrennenden Lichtblitz. Das erfordert an der Kamera stets eine verhältnismäßig lange Belichtungszeit von 1/30 Sekunde.

Blitzsynchronisation

Blitzlicht ist immer so zu zünden, daß es das Motiv in dem Augenblick beleuchtet, in dem

Scheitelzeit
Zeit, die ein Blitzgerät von der Blitzauslösung bis zum Erreichen des maximalen Lichtstroms benötigt. (→ **Leuchtzeit**)

Schlitzverschluß
Aus zwei lichtdichten Vorhängen (Rollos) oder Stahllamellen bestehender → **Verschluß,** der in der Kamera unmittelbar vor der Filmebene angebracht ist. Nach der Auslösung öffnet sich der erste Vorhang und gibt das Bildfenster zur Belichtung frei, welches durch den in kurzem Abstand hinter dem ersten ablaufenden zweiten Vorhang sogleich wieder verdeckt wird. Die Breite des Schlitzes, der durch die hintereinander ablaufenden Vorhänge gebildet wird, wird durch die Belichtungszeit festgelegt.

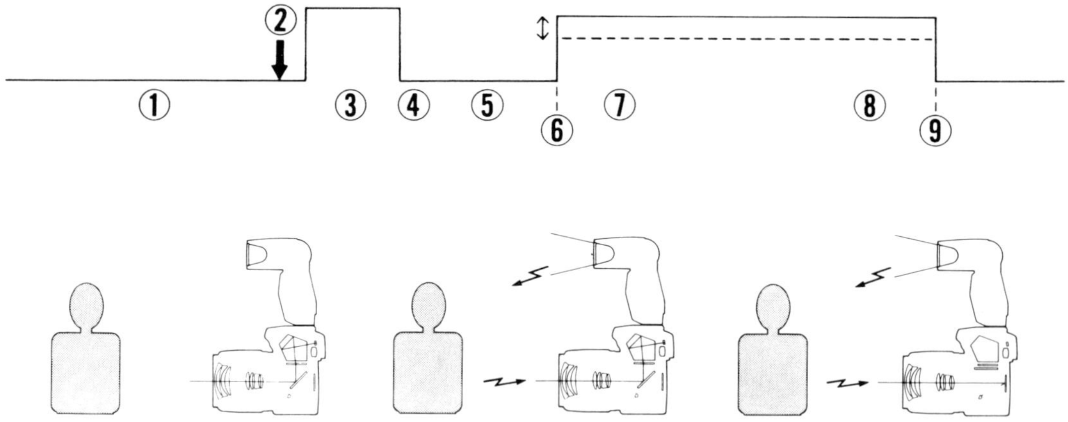

Schema der High-Speed-Blitzsynchronisation der Minolta Dynax 700si mit dem Minolta Programmblitzgerät 5400 HS:

1. *Die Kamera bewertet das Motiv in dem Augenblick, in dem sie über das Eye-Start-System aktiviert bzw. ihr Auslöser leicht angedrückt wird. Wenn das Symbol für die High-Speed-Blitzsynchronisation im Datenmonitor des Programm-Blitzgerätes 5400 HS erscheint und die automatisch gewählte oder manuell eingestellte Verschlußzeit kürzer als 1/200 s ist, wird automatisch die High-Speed-Synchronisation aktiviert.*
2. *Die Kamera wird ausgelöst.*
3. *Das Programm-Blitzgerät 5400 HS zündet einen kurzen Vorblitz und die Dynax 700si bewertet das angeblitzte Objekt.*
4. *Die Dynax 700si berechnet die für eine korrekte Belichtung notwendige Blitzintensität.*
5. *Der Spiegel schwingt hoch.*
6. *Das Programmblitzgerät 5400 HS zündet.*
7. *Der Verschluß öffnet sich. Obwohl der Verschluß nicht das ganze Bildfeld freigibt, sondern als Schlitz über den Film fährt, wird das ganze Bildfeld gleichmäßig belichtet, da der Blitz durch die hochfrequenten Lichtimpulse ein Dauerlicht simuliert.*
8. *Das Programm-Blitzgerät 5400 HS schaltet sich ab. Mit diesem Prinzip ist es jetzt auch möglich bei schnell bewegten Objekten zu blitzen und solche Bewegungen mit Blitzlicht einzufangen. Allerdings verringert sich bei der High-Speed-Blitzsynchronisation stark die Leitzahl des Blitzgerätes und damit auch die Reichweite.*

die Belichtung stattfindet. Bei Sucherkameras und speziellen Fachkameras ist das kein Problem, denn dort ist ein Zentralverschluß für die Belichtung zuständig. Die Lamellen dieses Verschlusses geben schlagartig das Filmbild frei. So wird garantiert, daß das gesamte Filmbild – bei jeder eingestellten Zeit – gleichzeitig belichtet wird.
Anders ist es bei Spiegelreflexkameras, die ausschließlich mit einem Schlitzverschluß ausgerüstet sind. Dieser besteht aus zwei Rollos, bei dem das erste Rollo am Filmfenster vorbeiläuft, um den Film zur Belichtung freizugeben. Das zweite Rollo, das wenige Augenblicke später startet, schließt den Film wieder lichtdicht ab. Die beiden laufen stets mit gleicher Geschwindigkeit ab und die Belichtungszeit ergibt sich dabei aus dem Abstand der beiden Rollos zueinander, der die Belichtung des Films ermöglicht. Nur bei einer ganz bestimmten Zeiteinstellung, der sogenannten Synchronisationszeit, ist der Abstand der Rollos zueinander (der Schlitz) so groß, daß das gesamte Filmbild freigegeben ist. Nur dann darf das Licht des Elektronenblitzes das Motiv beleuchten. Die (X-) Synchronisationszeit ist also die kürzestmögliche Verschluß- und damit Belichtungszeit für das Licht des Elektronenblitzgeräts; bei Schlitzverschlußkameras, und damit bei allen Kleinbild SLR-Kameras, liegt diese Zeit meist bei 1/100 bis 1/300 s.
Die Synchronisation wird durch den X-Kontakt organisiert. Nur noch bei älteren Kame-

ras und bei Spezialgeräten erfolgt das mit Hilfe eines Synchronkabels und einer speziellen Buchse am Gehäuse. Sonst wird über den Mittenkontakt im Sucherschuh der Kamera gezündet. Von dort aus lassen sich auch andere Blitzfunktionen bequem automatisch steuern.
Damit der Fotograf keine falsche Blitzbelichtungszeit einstellt, schalten moderne Kameras automatisch auf die Synchronisationszeit um.

Leitzahl

Die Leitzahl ist eine Angabe für die »Lichtausbeute« des Blitzes. Sie ist abhängig von der Filmempfindlichkeit und wird im Normalfall auf → ISO 100/21° bezogen. Mit der Leitzahl kann die korrekte Belichtungseinstellung für die Blitzlichtbelichtung ermittelt werden. Dazu wird die Leitzahl durch die Aufnahmeentfernung dividiert und das Ergebnis liefert die zur korrekten Belichtung notwendige Blendeneinstellung. Hierfür ein Beispiel: Bei Leitzahl 28 und einer Aufnahmeentfernung von 3 Metern (28:3 = 9,33) wird die Blende auf einen Wert zwischen 8 und 11 gestellt.
Mit Hilfe der Leitzahl läßt sich auch die Leistung zweier Blitzgeräte miteinander vergleichen. Eine höhere Leitzahl bedeutet dabei größere Leistung, mehr Licht zur Erzielung einer größeren Reichweite oder für eine kleinere Blende zum Erzielen von mehr Schärfentiefe. Dabei liefert ein Blitzgerät mit Leitzahl 28 doppelt soviel Licht wie eines mit Leitzahl 20. (Die Zahlenreihe entspricht der Blendenreihe.)
Wird die Leitzahl verdoppelt, etwa von 20 auf 40, so ergibt das eine Steigerung der Lichtleistung auf das Vierfache. Eine Verdoppelung der Leitzahl ergibt sich außerdem bei einer Erhöhung der Filmempfindlichkeit um 6° oder eine Vervierfachung der ISO-Angabe. Bei einer Verdoppelung der Filmempfindlichkeit (3° mehr oder Verdoppelung des ISO-Werts) ist die Leitzahl mit dem Faktor 1,4 zu multiplizieren, um die neue Leitzahl zu bestimmen. Eine Halbierung der ISO-Filmempfindlichkeit ergibt dann eine Reduzierung der Lichtleistung um den Faktor 0,7. Doch mit diesen Werten oder mit der Leitzahl muß nur in Ausnahmefällen gerechnet werden. Bei den Blitzbirnen ist eine Tabelle auf jeder Packung aufgedruckt, die für die verschiedensten Entfernungen und Filmempfindlichkeiten die einzustellende Blende angibt. Auf jedem Blitzgerät ist eine vergleichbare Tabelle, meist aber eine Einstellscheibe angebracht.

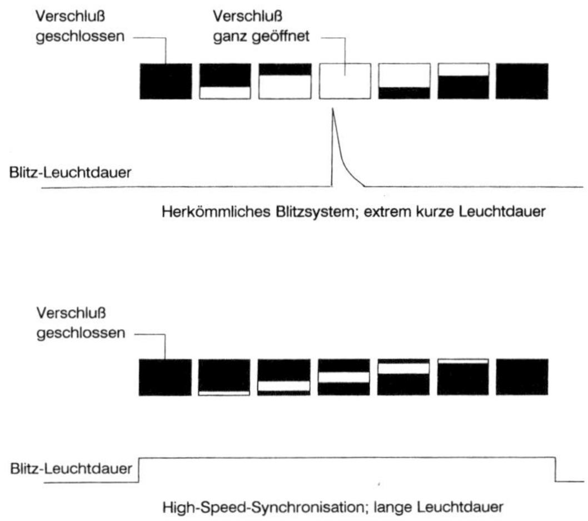

Bei herkömmlicher Blitzsynchronisation kann nur bei voller Verschlußöffnung der Blitz gezündet werden. Bei der High-Speed-Blitzsynchronisation simuliert der Blitz durch schnelle Blitzfolgen Dauerlicht. Daher kann auch eine korrekte Blitzbelichtung erfolgen, wenn der Verschluß zur Erreichung extrem kurzer Belichtungszeiten nur als Spalt über den Film läuft.
Zeichnung: Minolta

Stromversorgung

Die Stromversorgung von Elektronenblitzgeräten kann wahlweise über Batterien, durch einen Akku oder durch Anschluß an das Stromnetz erfolgen. In Blitzgeräten werden in der Regel Alkali-Mangan-Batterien verwendet, sie sind nahezu auslaufsicher und haben mehr Kapazität bei längerer Lebensdauer. Spezielle Lithium-Batterien erhöhen die Blitzzahl und das in einem Zeitraum bis zu fünf Jahren; sie können aber (noch) nicht mit allen Geräten verwendet werden. Batterien lassen sich aber in jedem Fall durch wiederaufladbare NC-Akkus ersetzen. Das hat nochmals eine Kapazitätssteigerung bei gleichzeitiger Kostenreduzierung zur Folge.
Akkumulatoren, kurz Akkus genannt, gibt es als Blei-Akkus, eine kleinere Form der Autobatterie, und als NC-Akkus. Blei-Akkus werden nur noch selten verwendet, dann jedoch für zweiteilige Reporter-Blitzgeräte, bei denen der Energiespeicher vom Blitz getrennt ist. NC-Akkus sind für die meisten Fotografen sinnvoller, da problemlos: Sie müssen selten formiert werden, sollten aber niemals vollständig entladen – tiefentladen – weggestellt werden.

Leitzahl
Maßzahl, die die Leistung eines Blitzgerätes angibt. Sie basiert auf dem Reflexionsvermögen eines durchschnittlichen Motivs (18 %) und ist stets auf eine Filmempfindlichkeit von → **ISO 100/21**° bezogen. Bei anderen Empfindlichkeitswerten muß sie entsprechend abgeändert werden (doppelte Empfindlichkeit = L. x √2). Aus der L. läßt sich mit der Formel » Blende = Leitzahl / Entfernung « für eine bestimmte Aufnahmeentfernung die jeweils erforderliche Blende errechnen.

Computerblitzgerät
Moderne Kompakt- oder Stabblitzgeräte, die mit Hilfe eines auf das Motiv gerichteten Belichtungssensors und eines integrierten Mikroprozessors die entsprechend der Filmempfindlichkeit und der gewählten Blende für die richtige Belichtung des Motivs erforderliche ➔ **Leuchtzeit** steuert.

Zubehörschuh
Einschubvorrichtung an der Kameraoberseite zur Befestigung von Zubehörteilen wie v.a. Blitzgeräten, die über integrierte Kontakte mit der Kameraelektronik verbunden sind, um z.B. die Übertragung automatischer Blitzfunktionen zu gewährleisten.

Bei Neuanschaffung eines Blitzgerätes ist es sinnvoll, auf einen auswechselbaren NC-Akku zu achten, damit die Möglichkeit des Wechsels von Batterie- auf Akku-Betrieb gegeben ist.
All diese Stromquellen liefern nur niedrige Spannungen, die deshalb zum Laden des Blitzkondensators erhöht werden müssen. Die hochgespannte elektrische Energie wird bis zum Blitzen im Blitzkondensator gespeichert. Der Zeitpunkt, zu dem ausreichend Stromenergie angesammelt ist, wird optisch durch eine Glimmlampe oder Leuchtdiode angezeigt oder als akustisches Signal mitgeteilt.

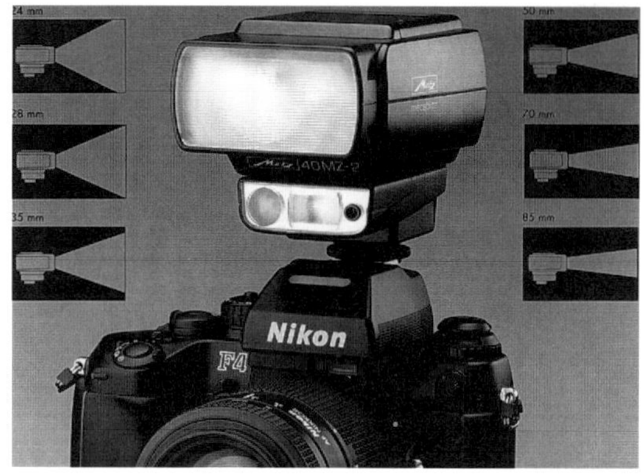

Zwischen 24 mm und 85 mm Brennweite kann sich der Zoomreflektor des Metz mecablitz 40 MZ 2 automatisch dem Bildwinkel des verwendeten Objektivs anpassen. Das ermöglicht jeweils die optimale Lichtausbeute für das jeweilige Motiv.

Blitzröhre

Die Blitzröhre ist eine mit einem Edelgas, meist Xenon oder Krypton, gefüllte Glasröhre, an die – vereinfacht formuliert – im Augenblick des Auslösens ein Hochspannungsstoß von einigen Tausend Volt gegeben wird. Dadurch wird das Edelgas für elektrischen Strom leitend. Wird nun der Kondensator schlagartig entladen, leuchtet das Edelgas blitzartig in einem dem Tageslicht ähnlichen Spektrum auf, ohne zu verbrennen. Dieses Blitzlicht entspricht in der → Farbtemperatur mittlerem Tageslicht und kann deshalb für Tageslichtfilmmaterial verwendet werden.

Lichtformer für Studioblitzgeräte

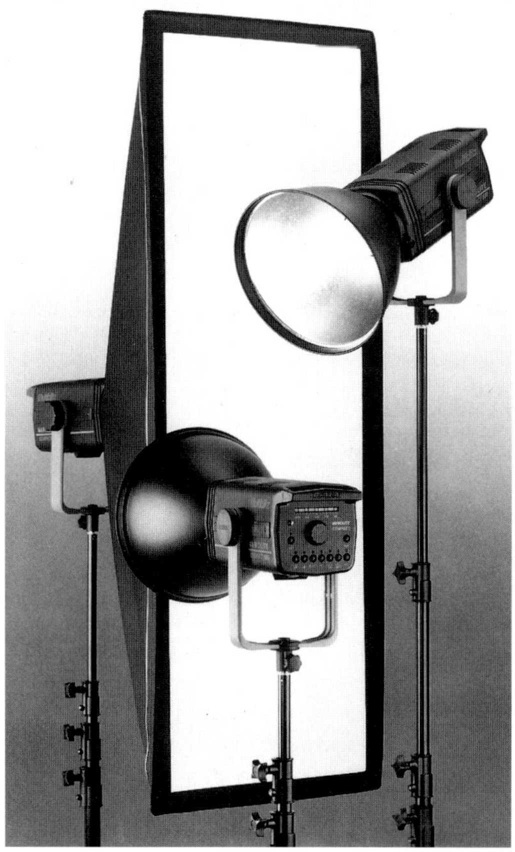

Blitzreflektor

Der Reflektor sorgt für eine verhältnismäßig gleichmäßige Lichtverteilung über eine präzise bestimmte Fläche, wie sie im Normalfall mit einem 35 mm-Weitwinkelobjektiv aufgenommen wird. Komfortablere Blitzgeräte erlauben ein manuelles Verstellen ihres Reflektors, um etwa für die Teleaufnahme das Licht stärker zu bündeln oder für Weitwinkelaufnahmen noch stärker zu streuen. Bei einigen wenigen Blitzgeräten wird dieses Anpassen an die verwendete Objektivbrennweite automatisch von der Kamera vorgenommen.
Nur wenige Blitzgeräte werden ohne Schwenk- und Drehreflektor angeboten. Sinnvoll ist eine möglichst totale Verstellbarkeit des Reflektors, um so zum Beispiel weiches Licht durch indirekte Beleuchtung zu ermöglichen. Dazu ist es jedoch notwendig, das Blitzlicht zu messen und präzise zu steuern.

Blitzsteuerung

Die Kamerahersteller haben zum Steuern des Blitzlichtes eine Vielfalt von Steuer- und Belichtungsprogrammen entwickelt. Das hat den Nachteil, daß oft unterschiedliche Steuerkontakte einmal am Fuß des Blitzgeräts und dann im Zubehörschuh der Kamera benötigt werden. Dadurch sind vielfach die Blitzgeräte der verschiedenen Kamerahersteller untereinander nicht mehr kompatibel. Die Ausnahme von der Regel kommt in diesem Fall von Metz, denn mit dem dort konzipierten und gefertigten SCA-Adaptersystem kann ein SCA-taugliches Blitzgerät an jede Kamera angepaßt werden. Die Steuertechnik wird im auswechselbaren Fuß des Blitzgeräts, dem SCA-300- oder dem SCA 3000-Adaptersystem, untergebracht. Damit lassen sich alle Blitzfunktionen, die die Kamera steuern kann, auch mit dem jeweiligen Blitzgerät durchführen.

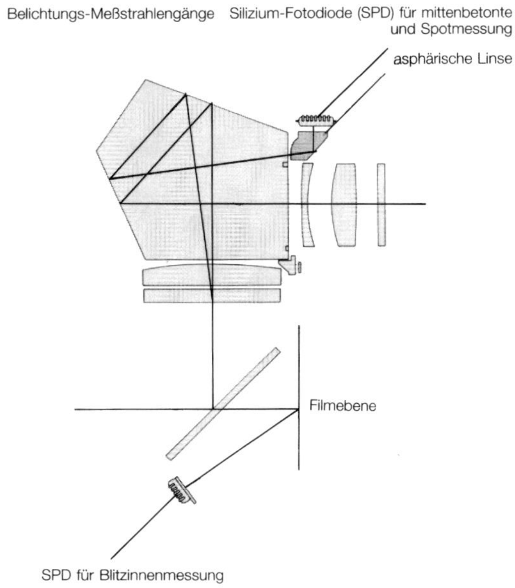

Strahlengang für Dauer- und für Blitzlichtmessung bei der Contax ST Spiegelreflex-Kamera

Betriebsarten

Nicht jedes Blitzgerät beherrscht alle bekannten Blitztechniken wie etwa die des kabellosen TTL-Blitzens. Hier einmal alles, was moderne Blitzgeräte bieten können: Automatik-, TTL-, A-TTL-Programm, Programm- oder manueller Blitzbetrieb, Winder-, Motor-Drive- und Stroboskop-Betrieb, das Arbeiten mit der drahtlosen TTL-Blitzsteuerung oder mit Teillichtleistungsstufen.

Automatik-Blitzbetrieb

Das ist die einfachste und doch sehr effektive Form der Blitzbelichtungsmessung. Eine am Blitzgerät eingebaute Fotozelle, auch Computer oder Telecomputer genannt, mißt das jeweils vom Objekt reflektierte Blitzlicht. Sie unterbricht automatisch und blitzschnell die Lichtabstrahlung, sobald die für eine richtige Belichtung notwendige Lichtmenge registriert wurde. Das ergibt eine optimale Messung, wenn sich innerhalb des Motivs das Hell-Dunkel-Verhältnis in etwa die Waage hält. Beim Automatikbetrieb wird also die Lichtmenge vom Blitz selbst gemessen. Je mehr Blenden für die Steuerung zur Verfügung stehen, umso besser ist diese Technik zu nutzen.

Das Einstellen selbst ist einfach: An der Einstellscheibe des Blitzgeräts befinden sich für die benutzte Filmempfindlichkeit eine oder mehrere farbige Markierungen, die einen Blendenwert anzeigen. Das ist die Blende, die am Blitzgerät als Farbwert und am Objektiv direkt einzustellen ist. Diese Farbmarkierung weist aber auch auf eine Meterangabe hin und das ist dann die maximale Entfernung, bis zu der bei der eingestellten Blende tatsächlich genug Licht für eine richtige Belichtung zur Verfügung steht.

Der TTL-Blitzbetrieb

Hierbei wird das von der Filmebene reflektierte Licht von einer speziellen für Blitzlicht zuständigen Fotozelle in der Kamera gemessen und das Blitzen bei Erreichen eines Soll-

Leuchtzeit (Abbrennzeit)
Dauer des Lichtblitzes bei Blitzgeräten. Exakt wird die L. als der Zeitraum angegeben, der zwischen dem Erreichen der Hälfte des maximalen Lichtstroms während des Stromanstiegs und dem Erreichen des gleichen Wertes während des Stromabfalls liegt. Bei Blitzlampen beträgt die L. zwischen 10 und 20 Millisekunden, während diese bei Elektronenblitzgeräten zwischen 1/500 und 1/50000 Sekunde (→ **Computerblitzgeräte**) liegt. Durch die → **Blitzsynchronisation** wird das Zusammenfallen der L. mit der Offenzeit des → **Verschlusses** gesteuert.

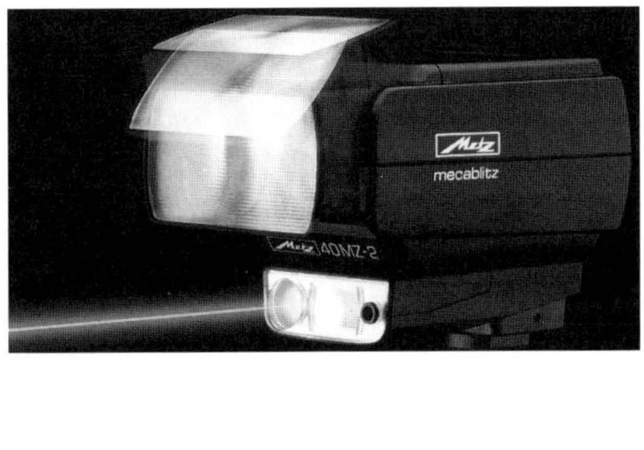

Schwenkreflektor des Metz mecablitz 40 MZ 2

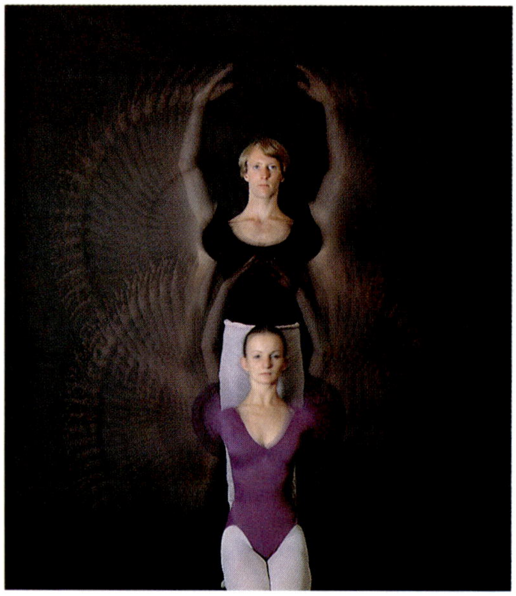

Durch Stroboskop-Aufnahmen lassen sich Bewegungsabläufe auf einem einzigen Bildfeld festhalten.
Foto: Heiner Henninges

wertes abgebrochen. Die Zeitdauer der Lichtabstrahlung wird also direkt oder mit Hilfe des SCA-Adapters von der Belichtungsautomatik der Kamera gesteuert.

Programm-Blitzautomatik

Auch hier wird mit der TTL-Blitzlichtmessung gearbeitet, doch die Kamera mischt Umlicht- und Blitzbeleuchtung. Die TTL-Meßzelle und die Zelle für die TTL-Blitzlichtmessung messen gemeinsam und bestimmen nach ihrer Programmierung von der Kamera aus, ob »geblitzt« oder »aufgehellt« werden soll. Geblitzt wird, wenn zu wenig Licht für eine unverwackelte Aufnahme vorhanden ist. Als Aufhellen wird eine Blitztechnik bezeichnet, bei der zur normalen Belichtung eine zusätzliche kleine Dosis Blitzlicht kommt, um einen (technisch) zu großen Helligkeitsunterschied im Motiv auf ein für den Film erträgliches Maß zu reduzieren.

A-TTL-Blitzautomatik

Bei dieser nur von Canon und da in den EOS-Kameras verwendeten Technik werden durch einen Vorblitz die Entfernungsdaten und Belichtungsmeßwerte ermittelt. Damit bestimmt die Kameraelektronik die benötigte Zeit/Blenden-Kombination und steuert die Lichtabgabe des Blitzgeräts.

Manueller Blitzbetrieb

Diese Technik ist mit allen SLR-Kameras und mit allen aufgesetzten oder angeschlossenen Blitzgeräten durchführbar. Es wird mit voller Lichtabgabe geblitzt und zwar mit der angegebenen vollen → Leitzahl. Die einzustellende Blende muß errechnet oder von der Einstellscheibe abgelesen werden.

Winder- oder Motorbetrieb

Besonders lichtstarke Blitzgeräte haben diese Einstellmöglichkeit, bei der nur mit einer Teillichtleistung geblitzt wird. Der Vorteil: Extrem schnelle Blitzbereitschaft, um synchron mit der Kamera entweder 2 oder 5 Bilder pro Sekunde belichten zu können.

Stroboskop-Betrieb

Das ist eine Spezialtechnik, die ein präzise definiertes Blitzgewitter liefert. Es werden mehrere (bis zu hundert) Blitzbelichtungen auf einem Bild gemacht. Das ist besonders für Bewegungsstudien und für spezielle Effektaufnahmen gedacht.

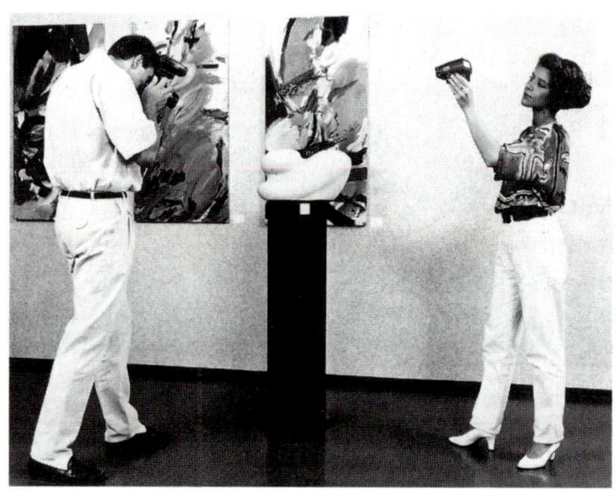

Kabellose, automatische Blitzfernsteuerung mit nahezu allen System-Kameras gestattet der Metz mecablitz 40 MZ 2. Dadurch wird die studiomäßige Beleuchtung von Objekten mit mehreren Blitzgeräten stark vereinfacht.

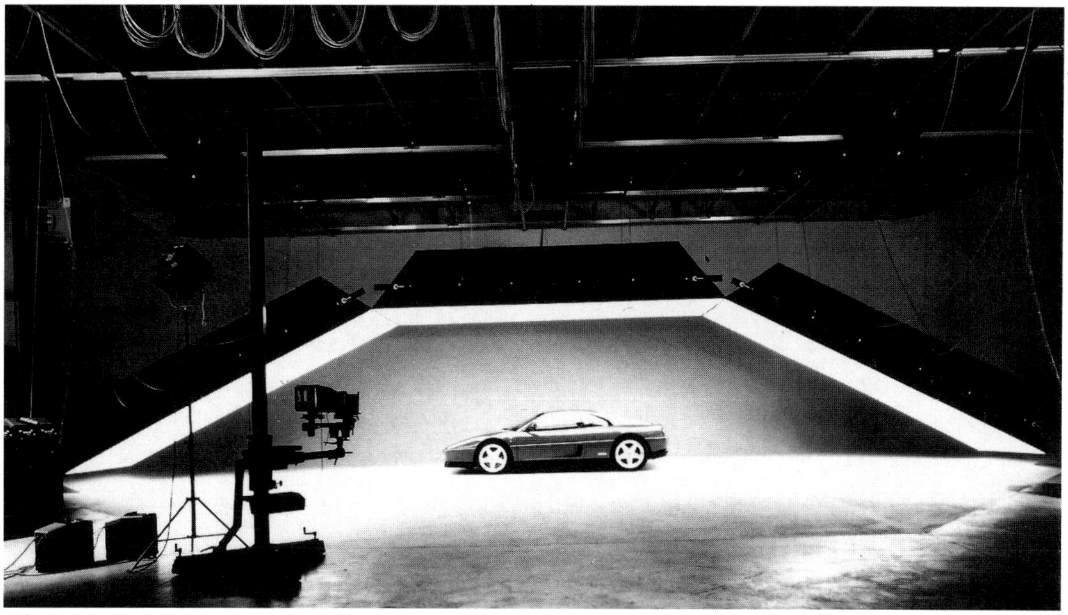

Flächenleuchten für professionelle Studioblitze. Foto: Modulite

Teillicht-leistungsstufen

Bei Blitzgeräten für gehobene Ansprüche kann vielfach die Blitzleistung in Stufen unterteilt werden. Ähnlich wie beim Winder- und Motorbetrieb wird nicht mit voller Kraft geblitzt. Wichtig ist dies etwa, wenn eine präzise zu bestimmende Blitzdauer benötigt wird. So liefert die Stufe 256 eines Metz Mecablitz 42 MZ-2 nur noch eine → Leitzahl von 2,5, aber eine Blitzleuchtzeit von genau 1/26000 s.

Drahtlose TTL-Blitzsteuerung

Mit dieser neuartigen Blitztechnik können mehrere TTL-Remote-taugliche SCA-Blitzgeräte mittels eines Spezialadapters (Slave-Adapter) bis etwa 5 Meter voneinander entfernt für eine studiomäßige Beleuchtung betrieben werden. Sie werden gemeinsam und kabellos mit der TTL-Blitzmessung oder der Aufhellblitzmessung gesteuert. Möglich ist dies nur mit den Minolta-SLR-Kameras der Serie xi oder mit dem Metz Mecablitz 42 MZ-2. Durch die Beleuchtung mit mehreren Blitzgeräten lassen sich Objekte wesentlich plastischer darstellen.

Immer richtig belichten

Nicht immer kann sich der Fotograf vollkommen auf eine absolut richtige Blitzbelichtung verlassen und muß deshalb in manchen Fällen selbst über eine eventuelle Korrektur entscheiden. Wenn der Gesamtanteil von Weiß zu groß für die Blitzautomatik ist, ist eine Plus-Korrektur nötig. Die Minus-Korrektur hilft weiter in großen Sälen und Hallen, in Kirchen und Höhlen und immer dann, wenn viel Licht im dunklen Raum verloren gehen kann. Erfahrungswerte zeigen aber auch, daß dies für nur etwa 20 Prozent der Blitzmotive gilt und auch nur im normalen Blitzbereich zwischen zwei und vier Metern stattfindet.

Mit Blitzlicht beleuchten

Frontales Blitzlicht ist nicht immer geeignet, da es oft Bilder mit extrem hohen Helligkeitsunterschieden liefert, die dann meist einen viel zu hellen Vorder- und gleichzeitig einen zu dunklen Hintergrund aufweisen. Die Hauptursache ist dabei der extrem schnelle Lichtabfall in die Tiefe des Raumes, der jedoch physikalisch bedingt ist. (Ein von einer punktförmigen Lichtquelle ausgehender Lichtstrom nimmt in seiner Stärke qua-

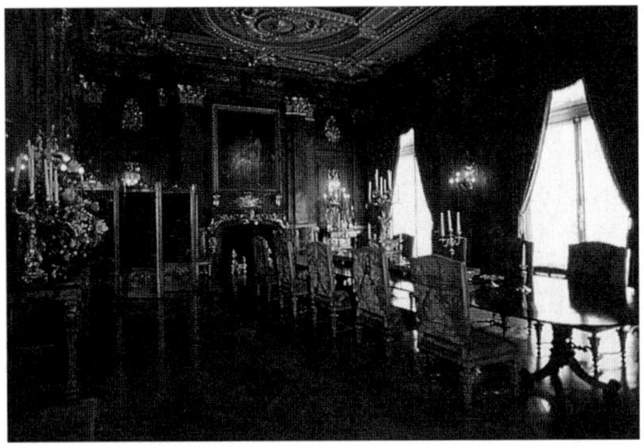

Durch Aufhellblitzen wurde der Helligkeitsunterschied zwischen Fenster und Raumbeleuchtung verringert.

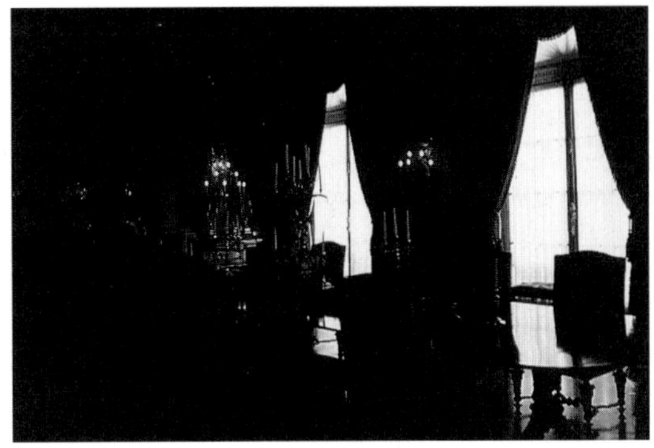

Ohne Aufhellblitz wirkt der Raum im Verhältnis zu dem durch das Fenster fallende Licht zu dunkel. Fotos: Edmund Bugdoll

dratisch zur Entfernung von dieser Lichtquelle ab.)
Der wichtigste und einfachste Weg aus diesem fotografischen Dilemma heißt, aus möglichst großer Entfernung mit dem Teleobjektiv zu fotografieren und/oder indirekt zu blitzen. Das ist aber nur möglich, wenn das Blitzgerät einen schwenkbaren Reflektor besitzt. Der Blitz knallt dann nicht mehr direkt auf das Motiv, sondern wird auf einen angesetzten Reflektor oder eine große Fläche (wie etwa Wand oder Decke) gerichtet und so umgelenkt. Das Licht wird dadurch stärker gestreut und wirkt weicher.
Dabei sollte unbedingt die optimale Reflektorstellung beachtet werden. Hier ist das Gesetz vom Einfallwinkel zu beachten, der identisch mit dem Ausfallwinkel ist.
Farbige Flächen, aber auch sehr dunkle Decken oder Holzwände sowie sehr hohe Decken sind als Reflexflächen ungeeignet. Zu berücksichtigen ist außerdem ein Lichtverlust von 1 bis 2 Blenden durch die Lichtstreuung. In jedem Fall ist darauf zu achten, daß der verlängerte Weg des Lichts mit seinem Verlust noch innerhalb der Maximalreichweite des Blitzlichts liegt, das ist der Weg des Lichts vom Blitzgerät zur Reflexfläche und von dort zum Motiv.
Auch wenn die indirekte Beleuchtung über eine Decke oder eine Wand im ersten Augenblick offensichtlich Vorteile zu haben scheint, ist ein am Blitzgerät angebrachter Reflektor garantiert sicherer. Das Licht wird zwar nicht ganz so weich gestreut, aber der Fotograf weiß, daß das reflektierte Licht garantiert zum Motiv gelangt. Mit einem Reflektor ist es außerdem möglich, im Freien und in großen Hallen indirekt zu blitzen und so dem Licht einen Teil seiner Härte zu nehmen und den Lichtabfall in die Tiefe des Raumes zu mildern. Das Risiko, später rote Augen beim Modell zu entdecken, reduziert sich ebenfalls.

Mit Blitzlicht gestalten

Trotz der Härte, die direktes und frontales Blitzlicht liefert, wenn es direkt von der

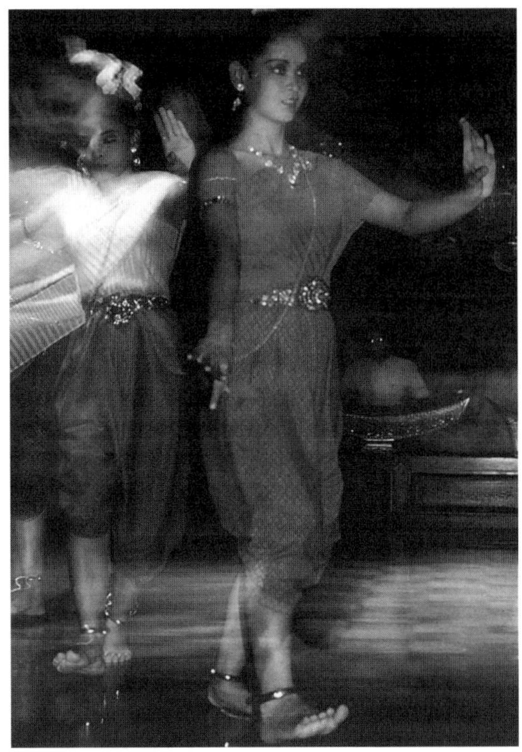

Beim Langzeitblitz werden Dauer- und Blitzlicht gemischt, Bewegungen werden verwischt. Foto: Edmund Bugdoll

Kamera kommt, gibt es für diese Aufnahmetechnik auch positive Argumente: Es garantiert saubere und intensive Farben, bringt große Reichweite, läßt im Gesicht Falten unsichtbar werden und scheint die Haut zu glätten. »Blitzgerät mit angesetztem Reflektor auf der Kamera« ist eine sinnvolle Lösung für jede Art von Schnappschüssen. Es sollte darauf geachtet werden, daß aber möglichst mit längeren Brennweiten (90 bis 200 mm) aus größerer Entfernung geblitzt wird.
Für Porträtaufmahmen sollte das Blitzgerät von der Kamera »gelöst« werden. Im einfachsten Fall kommt es vom Blitzschuh weg auf eine Schiene, die an der Seite der Kamera montiert ist.

Nur Blitzen oder besser Aufhellen

Wer sein Blitzlicht nur bei Dunkelheit einsetzt, verschenkt manche gute Gelegenheit für bessere Bilder. Eine Blitzaufhellung verbessert in vielen Fällen die technische Qualität und kann zusätzlich die vorgefundene Lichtstimmung verstärken. Tageslicht und zusätzlich Blitzlicht verwenden, ist einfacher als mancher glaubt. Bei Sonnenschein liefert der Blitz immer nur das Zusatzlicht, er dient zum Aufhellen (der Schattenpartien) und reduziert somit den Motivkontrast. Das ist der Fall bei allen Gegenlichtsituationen, bei starken Schlagschatten (etwa Porträts zur Mittagszeit) und bei Aufnahmen im Schatten, um den dort herrschenden Blaustich zu löschen. Doch auch andere → Farbstiche oder farbige Reflexe unter Schirmen lassen sich so beseitigen. Beim Sonnenuntergang kann außerdem der Vordergrund aufgehellt werden, wenn keine Silhouettenwirkung erwünscht ist. Gleiches ist bei Nachtaufnahmen möglich: Stimmungsvolle Bilder, die aus einem angeblitzten Motivdetail und einer Langzeitbelichtung, eben einer Nachtaufnahme, bestehen.
Wenn kontrastarmer heller Hintergrund verschwinden soll, ist das auch nur mit der Aufhellwirkung des Blitzlichts möglich, nur wird dann auf dem hellen Hintergrund gemessen und der Motivkontrast so vergrößert. Nebelbilder und Dämmerungsaufnahmen erhalten dadurch mehr Farbe und Kontrast.

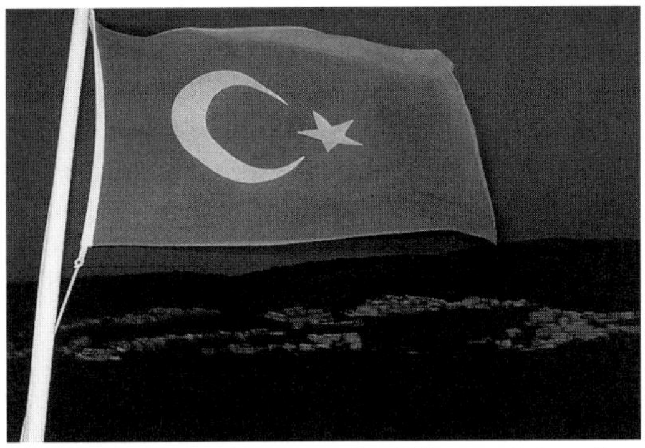

Dieses Foto wurde mit Aufhellblitz und Synchronisation auf den zweiten Verschlußvorhang gemacht. Foto: Edmund Bugdoll

Aufhellblitztechnik

Diese Technik soll starke Kontraste, wie zum Beispiel bei heller Sonne, mindern. Aufhellblitz wird auch verwendet, um Glanzlichter in den Augen zu erzeugen. Besonders sinnvoll beim Aufhellblitzen ist die Zeitautomatik. In dieser Kamerabetriebsart wird ein eventuelles automatisches Umschalten auf die kürzestmögliche Synchronisationszeit verhindert. Das einzige, was bei dieser Technik beachtet werden muß, ist, daß die automatische Belichtungszeit immer länger sein muß als die Synchronisationszeit. Für die Belichtung ist es unerheblich, ob das 10 Sekunden Belichtungszeit oder 1/60 Belichtungszeit ist. Geblitzte Schärfe und die Bewegungsunschärfe der Langzeit liefern gemeinsam eine ungewöhnliche Bildwirkung.
Die Computerblende des Blitzgeräts wird bei dieser Technik im Normalfall um einen Wert weiter geöffnet, als an der Kamera eingestellt. Beispiel: Objektiv Blende 5,6, Blitzgerät Computerblende 4.

Aufhellen auf den zweiten Verschluß-vorhang

Normalerweise erfolgt die Zündung des Blitzlichts, wenn der erste Verschlußvorhang das gesamte Bildfeld freigegeben hat. Aus gestalterischen Gründen ist es aber bei manchen Bewegungsaufnahmen sinnvoll, daß

Die Schemazeichnung erläutert das »Gesetz vom Quadrat der Entfernung«. Für die doppelte Entfernung braucht der Film für eine korrekte Belichtung einen viermal so starken Blitz. Bei dreifacher Entfernung muß er gar neunmal soviel Licht abgeben.

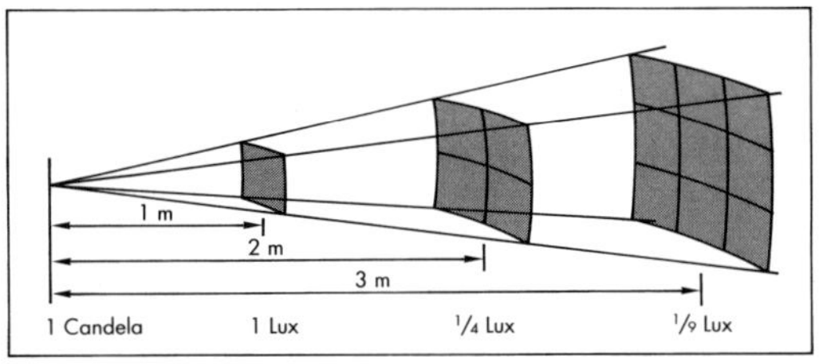

Das Licht nimmt im Quadrat mit der Entfernung ab.

das Blitzbild erst nach der Langzeitbelichtung erfolgt. Der Bewegungseffekt ist durch eine Synchronisation auf den zweiten Verschlußvorhang zu erzielen. Das oft recht hart wirkende Licht des Blitzes wird außerdem deutlich weicher, wenn zuerst die normale Belichtung stattgefunden hat.

Eine Zusammenfassung der Blitztechnik

1: Doppelt so starkes Licht reicht nur 1 $^1/_2$ mal so weit.
Ursache: Das physikalische Gesetz vom »Quadrat der Entfernung« bei punktförmiger Lichtquelle.
2: Doppelte Leitzahl (beispielsweise von LZ 20 auf LZ 40) bedeutet keine Verdoppelung der Lichtmenge, sondern eine Vervierfachung. Die doppelte → Leitzahl für LZ 20 ist LZ 28.
3: Ein kleines Blitzgerät sollte jeder Fotograf immer dabei haben.
4: »Computerbelichtung« bedeutet automatische Lichtdosierung durch das Blitzgerät, bei TTL-Blitzlichtmessung erfolgt die Steuerung von der Kamera aus.
5: Tageslicht und zusätzliches Blitzlicht ist »aufhellen« und reduziert den Motivkontrast, Langzeitbelichtung und Blitzlicht erhält die Raumatmosphäre.
6: Raumlicht ergibt bei Blitzaufnahmen niemals eine Überbelichtung.
7: Was selbst leuchtet (etwa der Fernsehschirm, die Kinoleinwand oder die Overheadprojektion) kann vom Blitz erschlagen werden.
8: Auch bei TTL-Blitzmessung sollten Plus-/Minus-Korrekturen genutzt werden und zwar speziell bei Hell und Nah, bzw. bei Dunkel und Nah.
9: Bei Personen sorgt ein Filter wie etwa R 3 oder Amber vor dem Blitzgerät für angenehme Hauttöne.
10: Farbstiche können auch »indirekt« erzeugt werden, wenn bei indirekter Beleuchtung eine Farbfläche als Reflektor wirkt.
11: Weiches Licht erzielt man am einfachsten indirekt. Achtung: Die maximale Reichweite der Computereinstellung beachten.
12: Bei Weitwinkelaufnahmen ist der Helligkeitsabfall im Raum größer und offensichtlicher als bei Teleaufnahmen. Tiefgestaffelte Motive wie Personen an einer Tafel nur aus großer Entfernung mit Tele anblitzen.
13: Bei Tageslicht wird geblitzt, um: Schlagschatten aufzuhellen; Blaustich zu übertönen (mittags), farbige Reflexe wegzublitzen, bei Sonnenuntergang den Vordergrund aufzufhellen, Porträts jugendlicher wirken zu lassen, bei Nahaufnahmen kleinere Blenden zu erhalten, Langzeitbildern einen Vordergrund zu geben, bei Langzeitbildern mit Schärfe und Unschärfe kreativ zu sein, um Schwarzschild-Farbstiche zu beseitigen und um hellen Hintergrund verschwinden zu lassen.

Fotoleuchten

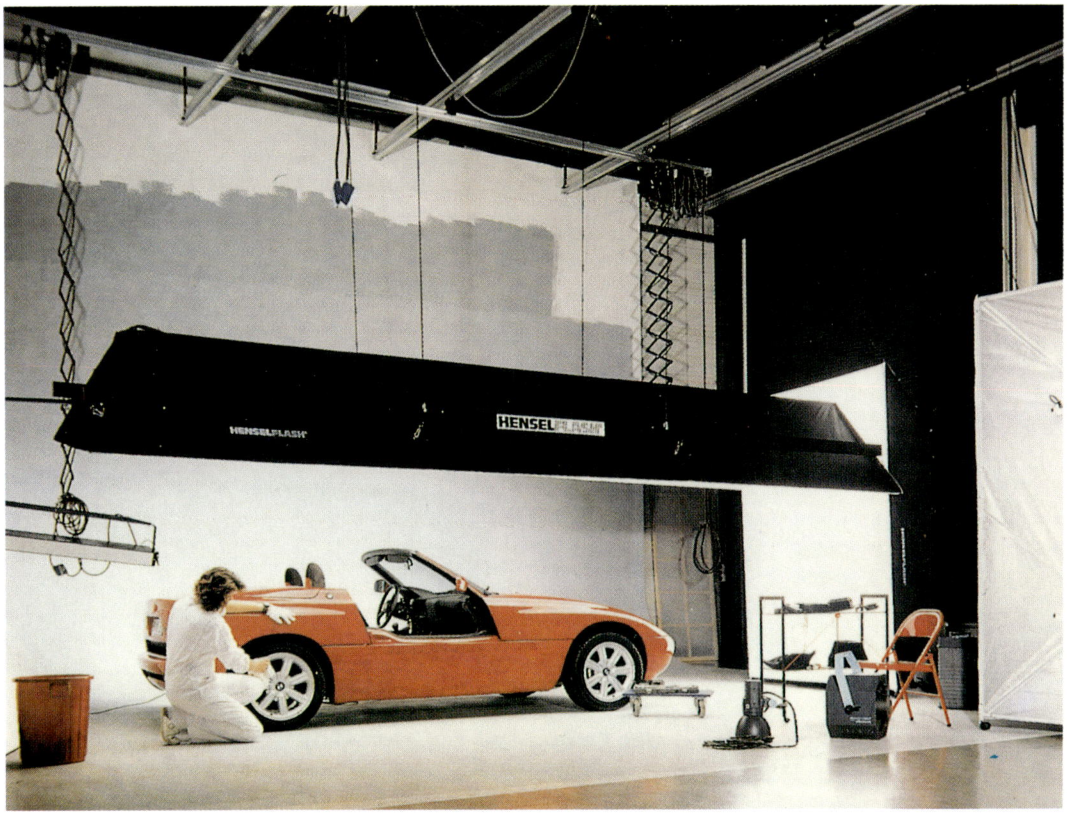

Gleichmäßige Ausleuchtung liefert die 8 m lange Flächenleuchte (Autolight von Hensel Flash Studiotechnik). Eine aufwendige Studioblitzbeleuchtung wie sie nur in Großstudios zu finden ist.

Wer nicht regelmäßig mit einer Studioblitzausrüstung fotografiert, keinen Blitzbelichtungsmesser und keine Kontrollmöglichkeit durch ein Polaroid-Sofortbild hat, wird mit Fotolampen sicher schneller und besser seine Bilder ausleuchten. Viele Fotografen verwenden künstliches Dauerlicht, meist auch als »Heißes Licht« bezeichnet, weil es sich in seiner Charakteristik und Bildwirkung leichter beurteilen läßt als Blitzlicht. Außerdem wird es geschätzt, da es in der Regel zu weicheren und wärmeren Farben führt. Ein weiteres Argument ist sicherlich auch der günstige Anschaffungspreis für ein Dauerlicht-System. Der wahre Vorteil von Fotoleuchten liegt aber darin, daß man es genau sehen, steuern, dosieren und mit der TTL-Messung erfassen kann und deshalb einfacher und schneller zu technisch akzeptablen Bildergebnissen kommt als mit Blitzlicht. Fotoleuchten sind daher mehr als nur ein Notbehelf.

Fotolampen

Die einfachste Lösung für das Fotografieren mit Dauerlicht sind Fotolampen. Sie werden von unterschiedlichen Herstellern angeboten und sind auch unter der Bezeichnung Nitraphotlampen bekannt. Es gibt sie mit verspiegelter Innenfläche und mattierter Frontseite oder mit klarem Glaskolben mit Leistungen von 150 bis 500 Watt. Ihre → Farbtemperatur liegt bei 3200° Kelvin. Deshalb müssen sie, wenn eine natürliche Farbwiedergabe beabsichtigt wird, mit Kunstlichtfilm verwendet werden. Für Aufnahmen mit Tages-

Farbtemperatur
Maß für die spektrale Energieverteilung (→ **Spektrum**) einer Lichtquelle. Ausgehend von der physikalischen Erscheinung eines alles Licht absorbierenden schwarzen Körpers, der bei zunehmender Erwärmung seine Farbe von Rot über Gelb nach Blau verändert, gibt man die F. in Kelvin an. Sie gibt als F. einer Lichtquelle die Temperatur an, bei der der schwarze Körper Licht gleicher Farbe ausstrahlt. Da Kunstlicht in seiner F. stark von Tageslicht abweicht, sind die → **Emulsionen** von Farbfilmen auf die unterschiedlichen F.-Werte abgestimmt (Tageslichtfilme auf 5500 Kelvin, Kunstlichtfilme auf 3200 bzw. 3400 Kelvin). Stimmen die realen Lichtverhältnisse nicht mit diesen Normwerten überein, so ergeben sich → **Farbstiche,** die mit entsprechenden Filtern ausgeglichen werden müssen.

lichtfilm ist ein Konversionsfilter zur Farbanpassung nötig. Es gibt aber auch Speziallampen, die bläulich getönt sind. Ihr Licht besitzt eine → Farbtemperatur von etwa 5000° Kelvin und kann daher gemischt mit Tageslicht eingesetzt werden, ohne daß es dabei zu unschönen → Farbstichen kommt. Sind für Video-Aufnahmen Lampen mit 150 bis 250 Watt bereits ausreichend, so lassen sich Lampen dieser Leistungsstufe in der Fotografie nur als Aufheller oder Spitzlicht einsetzen.

Ab 500 Watt-Leistung können Fotolampen allerdings eine preiswerte und interessante Beleuchtungsalternative für Fotografen sein. Zur besseren Lichtausbeute sind die Fotolampen innen verspiegelt. Daher ist für sie auch kein zusätzlicher Reflektor nötig. Es sollte aber bei der Installation der Lampen daran gedacht werden, daß sie große Hitze entwickeln und daher nicht in der Nähe von hitzeempfindlichen Gegenständen angebracht werden sollten.

Die hier angesprochenen Fotolampen besitzen den üblichen E-27-Schraubsockel und lassen sich daher in jede haushaltsübliche Lampenfassung einschrauben. Allerdings sollte dabei bedacht werden, daß die Lampenfassung auch für die Leistung der Fotolampe zugelassen ist. Sonst kann es zu gefährlichen Überlastungen und Überhitzungen kommen.

Praktisch sind die im Zubehörhandel angebotenen Klemmleuchten für Fotolampen. Sie sind gleichzeitig auch die preiswerteste Lösung und bestehen in der Regel nur aus dem Klemmarm mit der Lampenfassung. Etwas komfortabler ausgestattete Modelle bieten darüberhinaus noch ein Gelenk zur bequemeren Ausrichtung der Lampe.

Studioleuchten

Für die gezielte Gestaltung mit Licht sind die sehr viel komfortableren, aber auch teureren Studioleuchten schon besser geeignet. Dieser Lampentypus bietet Leistungen bis zu 2000 Watt. Da so hohe Lichtausbeute immer auch mit großer Hitzeentwicklung verbunden ist, sind Studioleuchten entweder mit speziellen Kühlrippen oder mit einem Kühlgebläse ausgestattet. Oftmals schützt ein Thermoschalter zusätzlich vor Überhit-

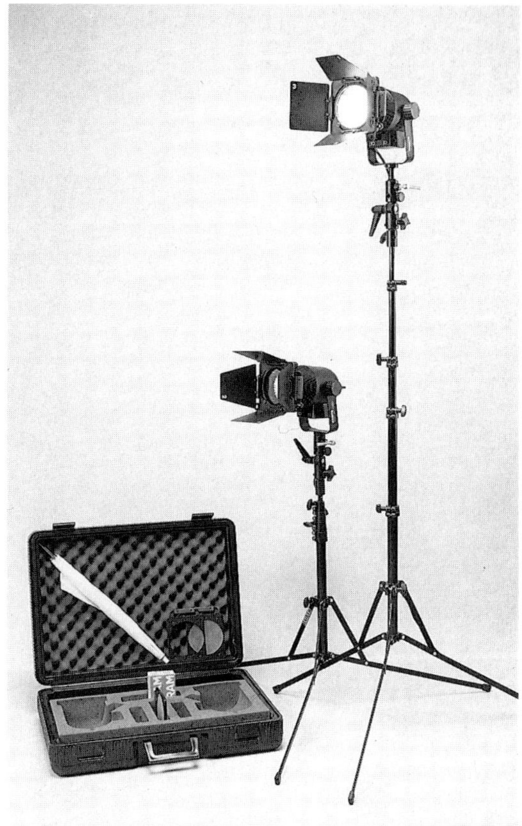

Von Kaiser gibt es das Beleuchtungsset »studio« mit zwei Studiolight 1000 Leuchten, Reflexschirmen und Stativen im Koffer für unterwegs.

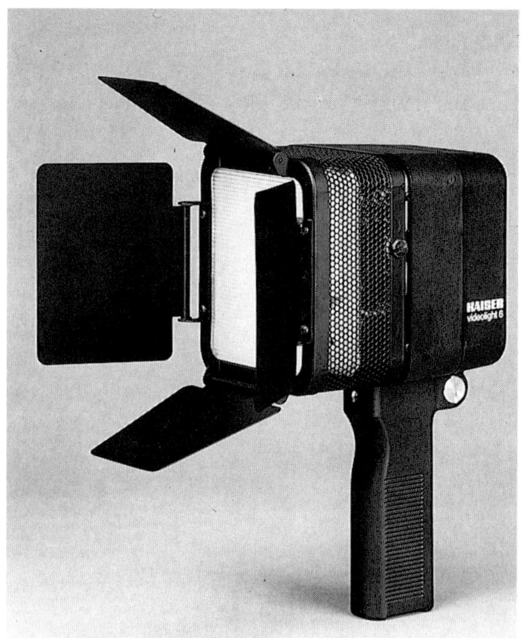

Das Kaiser videolight 6 ist eine Halogenleuchte, die sich auch für Fotoaufnahmen eignet. Die Klappentore dienen zur genauen Lichtführung.

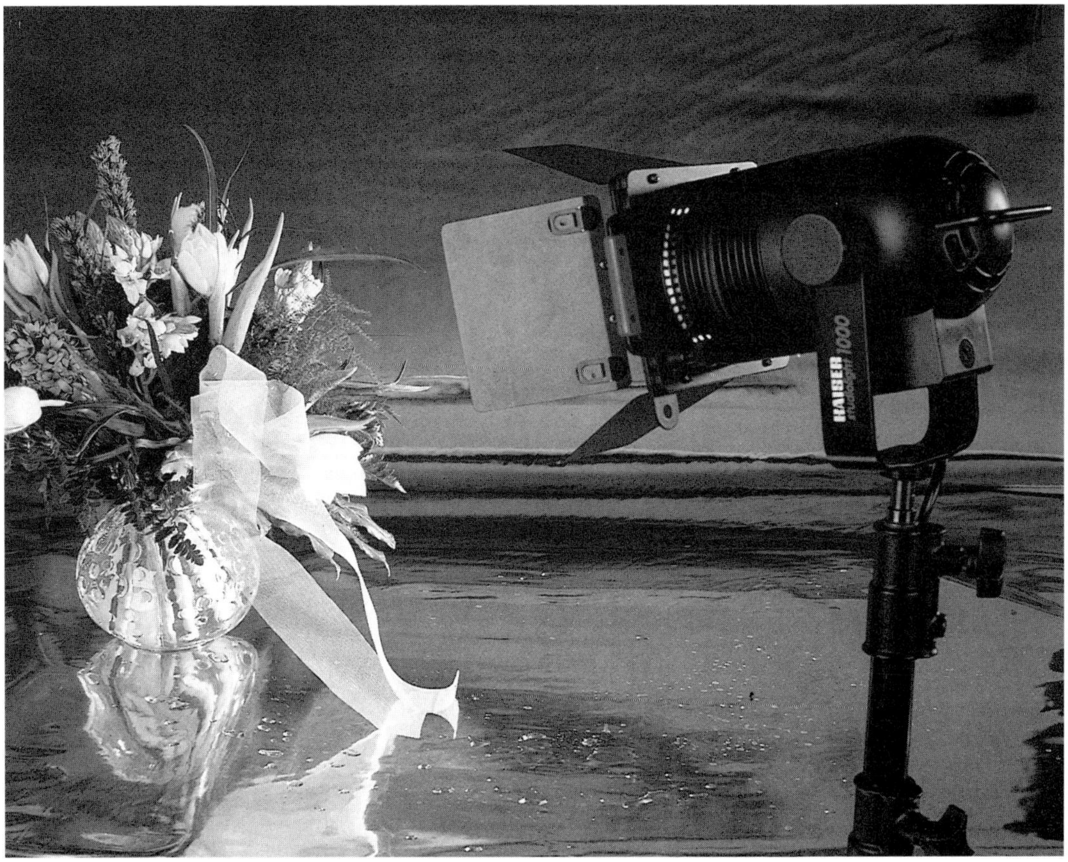

»Heißes Licht« für gezielt gestaltete Beleuchtung liefern die Kaiser Studiolight-Leuchten.

zung. Er schaltet die Lampen bei zu großer Hitze automatisch ab. Die eigentliche Lampe ist meist nochmals durch ein Sicherheitsglas geschützt. Für Studioleuchten gibt es für die individuelle Lichtführung meist ein reichhaltiges Zubehörprogramm. Als Lichtformer werden unterschiedliche Reflektoren sowie Klappentore, Filterhalter und Filtersets angeboten. Ihre Leistung läßt sich meist über mehrere Stufen regulieren. Für die Montage auf speziellen Lampenstativen sind sie mit Stativklemmen und Haltebügeln, in denen sie sich leicht schwenken lassen, ausgestattet. Als zusätzliche Lichtformer sind für besonders weiches Licht Diffusorfolien oder Reflexschirme einsetzbar. Letztere gibt es transparent oder mit weißen, silbernen und goldenen Reflexionsflächen. Transparente Schirme liefern zwar eine direkte Beleuchtung, sorgen dabei aber für ein angenehm weiches Licht. Beim Einsatz von reflektierenden Schirmen kann der Fotograf mit der Wahl des Reflexionsmaterials die Lichtwirkung zusätzlich beeinflussen: Weiße Schirme liefern farbneutrales Licht. Silberfarbene bewirken eine kalte und goldene, warmtonige Lichtwirkung. Umfangreiches Zubehör wie Haltebügel, Neigeköpfe sowie Klemmhalter tragen dazu bei, daß sich Studioleuchten und Reflexschirme überall bequem und sicher aufbauen lassen.

Zur Beeinflussung des Reflexionsgrades

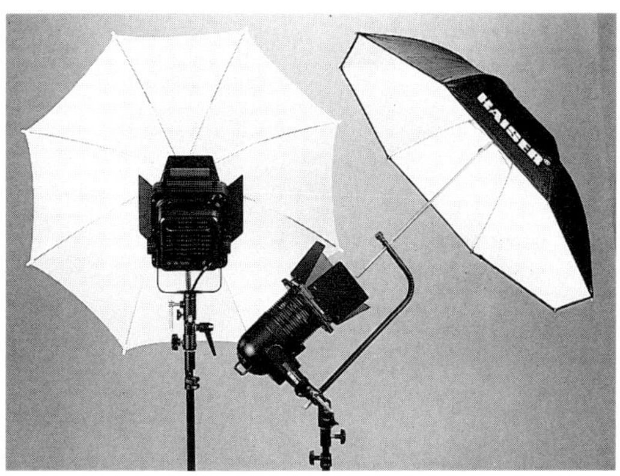

Reflexschirme sorgen für eine weiche, indirekte Beleuchtung.

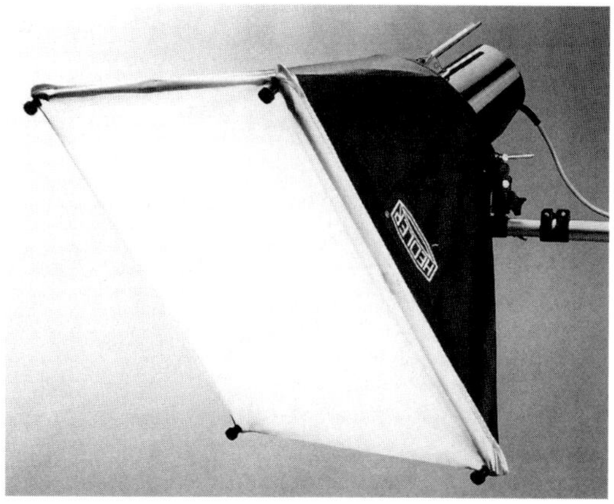

Die gezeigten Leuchten mit Soft-Boxen von der Firma Hedler Systemlicht GmbH gibt es in verschiedenen Größen.

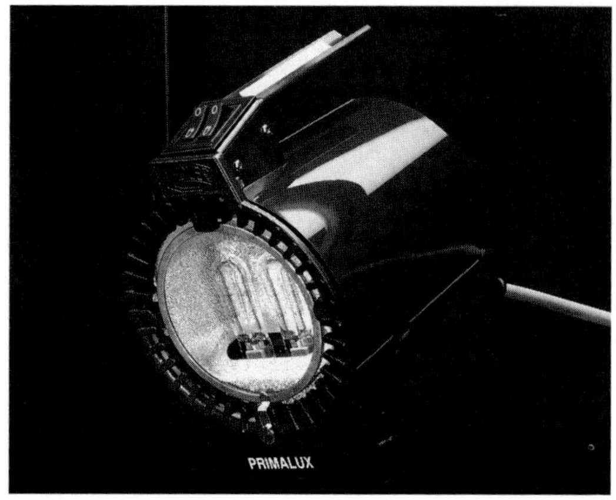

Sowohl für den stationären wie auch für den Aufbau vor Ort eignet sich die Primalux automatic 2500 an Leuchtbügel von Hedler.

besitzen einige Fotoleuchten für gehobenere Ansprüche die Möglichkeit, den Leuchtwinkel zu verändern. Dies geschieht meist über einen Spindeltrieb, mit dem der Reflektor so verstellt wird, daß er weicheres oder härteres Licht abgibt. Je größer die Reflektorfläche, um so weicher wird die Lichtabstrahlung.

Für die gleichmäßige Ausleuchtung größerer Objekte gibt es auch sogenannte Flächenleuchten, die sich mit mehreren herkömmlichen Fotolampen oder mit Halogenlampen bestücken lassen. Sie gibt es in unterschiedlichen Größen mit rechteckigen oder quadratischen Reflektoren.

Eine spezielle Gruppe bilden die Stufenlinsen-Scheinwerfer, wie sie auch beim Film zum Einsatz kommen. Sie gibt es zum Teil mit sehr engen, spotartigen Leuchtwinkeln zum Setzen von gezielten Lichteffekten.

Die Hedler Kompakt Modelle eignen sich vor allem für den Einsatz unterwegs.

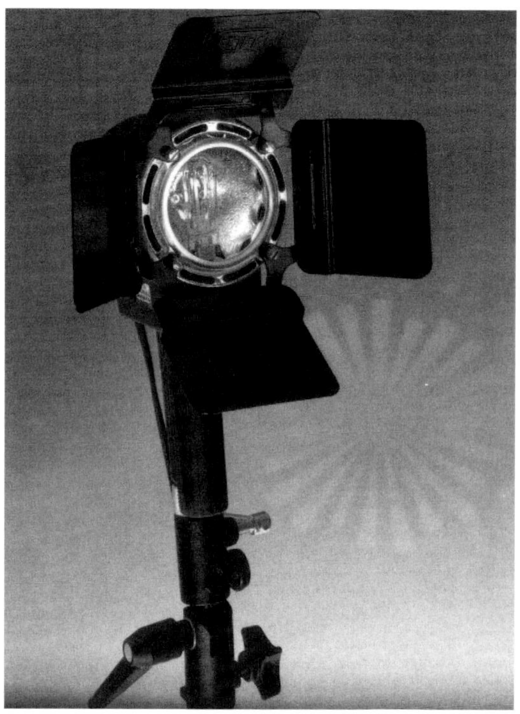

Halogenleuchten

Besonders große Lichtausbeute liefern Halogenleuchten. Sie werden wegen ihrer hohen Leuchtkraft außer in Fotoleuchten auch in Projektoren oder Vergrößerungsgeräten eingesetzt. Im Unterschied zu Glühlampen liefern sie über die gesamte Lebensdauer eine konstante → Farbtemperatur. Für die Ausleuchtung großer Innenräume, wie sie z.B. für Industriereportagen vorkommt, sind leistungsstarke Halogenleuchten hervorragend einzusetzen. Halogenleuchten für die Fotogafie werden in Leistungsstärken von 1000 bis 6000 Watt angeboten. Auch hier ist darauf zu achten, daß ein normales, mit 10 Ampére abgesichertes Hausnetz mit 220 Volt nur etwa 2200 Watt verträgt. Auch bei 15 Ampere Absicherung können nur bis zu 3300 Watt angeschlossen werden. Auch für Halogenlampen und -scheinwerfer gibt es Konversions- und Farbfilter, um für jede Situation die richtige Farbe und Farbstimmung zu erhalten. Ferner gehören meist Diffusor- oder Streuscheiben zum Lieferumfang. Damit kann bei direkter Beleuchtung dem

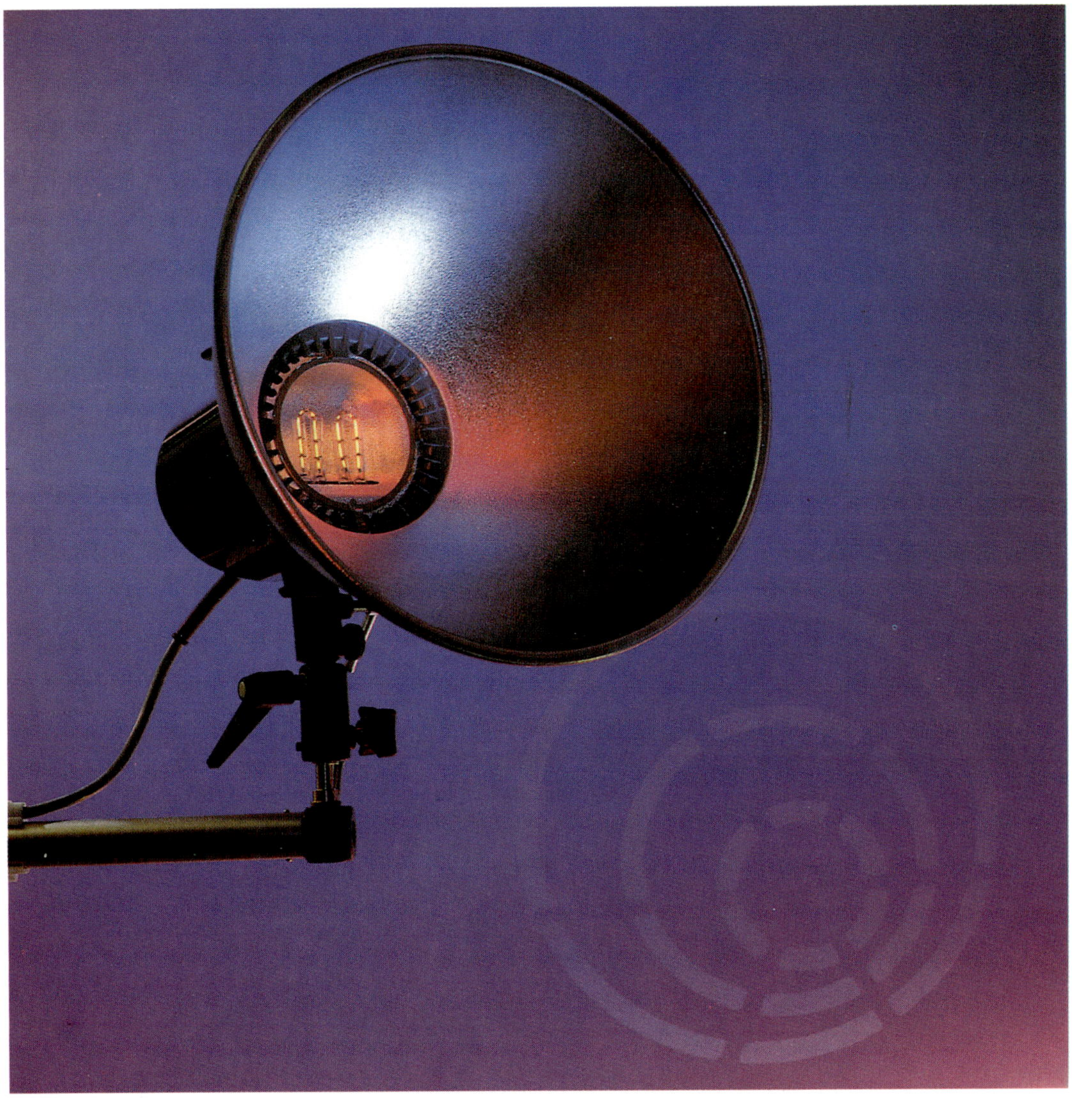

Für den universellen Einsatz sind die Profi-Modelle 2500 von der Firma Hedler Systemlicht gedacht. Ihr Gehäuse besteht aus Makrolon und ist unzerbrechlich, hitzebeständig und FCKW-frei.

Beleuchtungsstärke
Die Lichtenergie, die auf einer bestimmten Fläche auftrifft. Gemessen wird die B. in Lux; und zwar ist eine Fläche mit 1 Lux beleuchtet, wenn 1 m^2 der Fläche aus einer Distanz von 1 m mit einer Lichtstärke von 1 cd (Candela) angestrahlt wird. Wird die Entfernung der Lichtquelle verdoppelt, so sinkt die B. auf 1/4, da sich der Lichtstrom auf die vierfache Fläche verteilt. Wird die Lichtstärke bei gleicher Entfernung erhöht, so steigt die B. im gleichen Verhältnis.

Licht die Härte genommen werden. Effektlicht-Tuben oder Lichttore zum vertikalen oder horizontalen Abschatten vergrößern die Gestaltungsmöglichkeiten mit solchen Leuchten. Für manche von ihnen gibt es auch hitzefeste Softboxen, die das sonst recht harte Halogenlicht in weiches Studiolicht umformen. Diese Boxen gibt es in verschiedenen Größen und unterschiedlich hohen Weichzeichnungsgraden.

Für die Hohe Schule des Lichtsetzens gibt es, wie oben bereits einmal erwähnt, auch Spezialleuchten, deren Licht sich zu einem Spot bündeln läßt. Solche Spotleuchten liefern, je nach Ausstattung, exakt fokussierbares Licht zum Setzen besonderer Beleuchtungsakzente. Vielfach kann durch Lochblenden, die sich in den Strahlengang setzen lassen, die Größe des Spots exakt den individuellen Wünschen des Fotografen angepaßt werden. Die Beleuchtungsstärke ist natürlich entfernungsabhängig. Sie bleibt allerdings bei gleicher Entfernung für alle Spotgrößen gleich, ganz gleich ob es sich um einen kleinen oder großen Lichtfleck handelt. Einmal ermittelte Belichtungsparameter brauchen daher nicht mehr korrigiert zu werden, wenn nur die Größe des Spots, nicht aber der Lampenabstand geändert wird.

Um möglichst saubere Lichtbündel ohne Farbsäume zu erhalten, verwendet man bei Spotleuchten hochwertige Projektionsobjek-

Jede einzelne der unterschiedlichen Halogen-Metalldampflampen von Osram ist optimal für ihre individuelle Anwendung angepaßt.

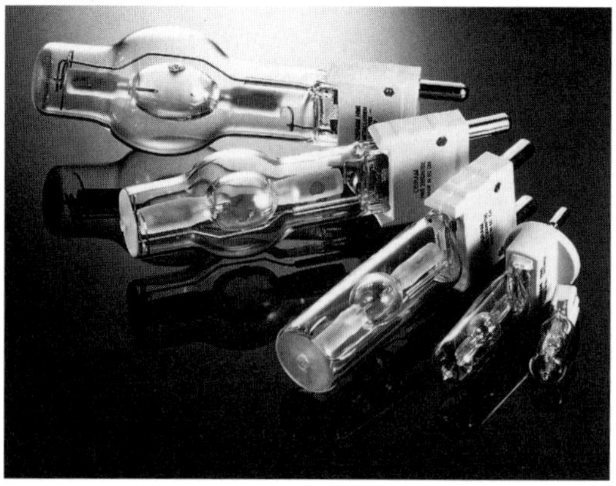

tive, die sich über einen Schneckengang fokussieren lassen. Einsatzgebiete von Spezialleuchten dieser Art sind vor allem die Bereiche Porträt-, Stillife- und Table-Top-Fotografie. Hier können Lichtreflexe, wie z.B. auf den Haaren oder an den Kanten von Gegenständen, die Bildaussage deutlicher machen.

HMI-Licht für Electronic Imaging

Seit die elektronische Fotografie Einzug in die Fotostudios hält und Fotografen immer häufiger Fotos, Film und Videoclips gleichzeitig abliefern müssen, kommt das Dauerlicht wieder verstärkt zum Einsatz. Doch gerade für die elektronische Fotografie, etwa in Verbindung mit den Scan-Rückteilen von Leaf oder Rollei, reicht das normale Kunstlicht nicht mehr aus. Das Problem besteht darin, daß die 50 Hz unseres Strom-Netzes von den empfindlichen Bildsensoren dieser Systeme erkannt und als Schwankungen bewertet werden. Die Abhilfe liefern hier sogenannte Gasentladungslampen oder Metalldampflampen. Sie liefern eine konstante Helligkeit. Sie besitzen eine tageslichtähnliche → Farbtemperatur und haben den Vorteil einer bis zu viermal höheren Lichtausbeute im Vergleich zu Halogenglühlampen. Die Lichterzeugung findet durch eine Bogenentladung statt. Sie wird so gesteuert, daß CCD-Sensoren von Videokameras oder Scannern damit keine Probleme bekommen. Zur Einleitung der Zündung wird bei diesen Lampen ein spezielles Zündgerät benötigt.

Die auch als HMI-Licht bekannten Speziallampen sind für elektronische Bildaufzeichnungssysteme mit längeren Scan- bzw. Belichtungszeiten ein Muß für einwandfreie Ergebnisse.

Makrofotografie

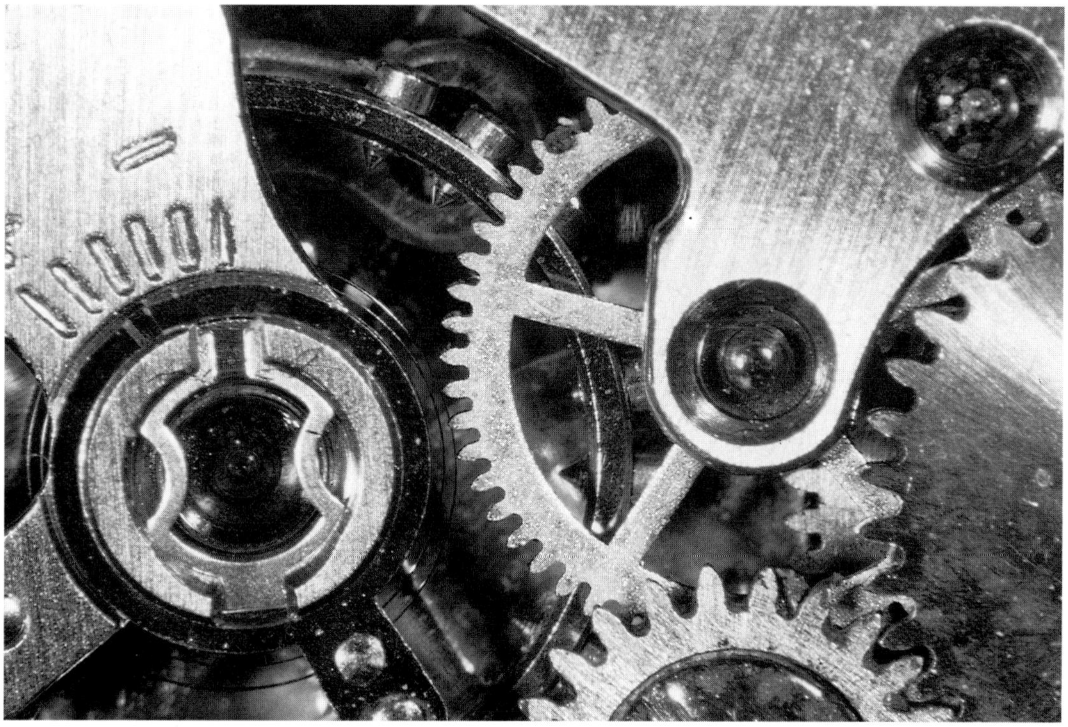
Die Makrofotografie findet in vielen Motivbereichen Verwendung. Zum Beispiel kann das kleine Räderwerk einer Uhr anschaulich und deutlich dargestellt werden. Foto: Jürgen Philipp

Nach DIN 19040 wird grundsätzlich zwischen drei Abbildungsbereichen unterschieden. Von Nahaufnahmen wird gesprochen, wenn die Abbildungsgröße zwischen einer zehnfachen Verkleinerung (1:10) bis zur zehnfachen Vergrößerung eines Objekts (10:1) liegt. Bei Fernaufnahmen ist die Abbildung nur ein Zehntel so groß wie das Objekt selbst oder kleiner. Als Mikroaufnahmen werden Objekte über zehnfach vergrößert abgebildet (10:1).
Für das Fotografieren im Nahbereich hat sich aber in der Umgangssprache der Begriff Makrofotografie eingebürgert. Er bezieht sich eindeutig auf große Abbildungen von kleinen Dingen, während der Begriff »Nahaufnahme« zum Beispiel auch in der Porträtfotografie benutzt wird.
Normale Fotoobjektive haben nur eine beschränkte Möglichkeit der Auszugsverlängerung. Daher kann man mit ihnen in der Regel nicht näher als das Zehnfache der Brennweite an das Objekt herangehen. Bei einem 35 mm-Weitwinkelobjektiv beträgt die Mindestdistanz also etwa 30 cm, bei einem 50 mm-Standard-Objektiv sind es ungefähr 45 – 50 cm. Ein Teleobjektiv mit Brennweite 105 mm erfordert in der Regel eine Mindestdistanz von etwa 100 cm. Mit speziellen Hilfsmitteln kann man aber entweder den Auszug eines Objektivs verlängern oder die Brennweite auf optischem Wege verkürzen, um zu kürzeren Aufnahmeabständen und damit zu größeren Abbildungsmaßstäben zu gelangen. Wird der Auszug oder Tubus eines Objektivs verlängert, so kann dadurch die Aufnahmedistanz verkürzt werden. Der Fotograf kann also näher an den abzubildenden Gegenstand herangehen. Da das Licht durch die Auszugsverlängerung aber einen weiteren Weg bis zur Filmebene zurücklegen muß, verliert

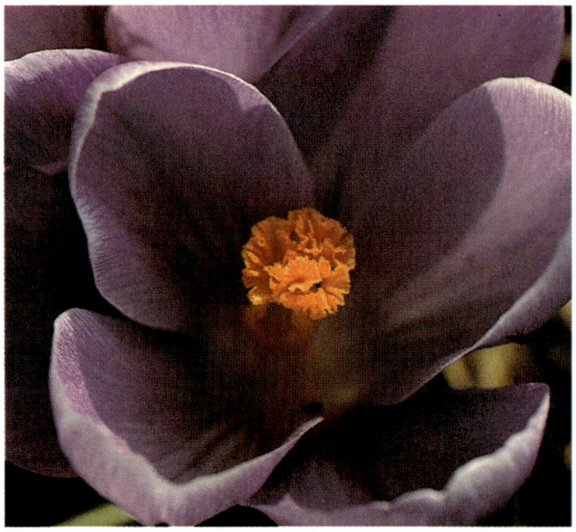

Blumen gehören zu den Lieblingsmotiven der Makrofotografie. Nur dann kommt eine einzelne Blüte in ihrer Schönheit voll zur Geltung. Foto: Heiner Henninges

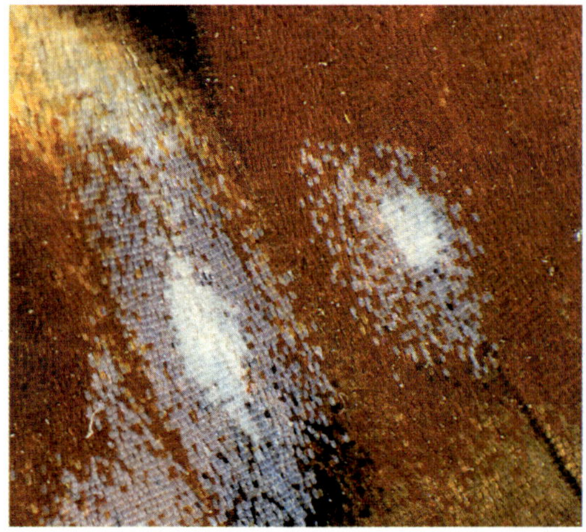

In einer Makroaufnahme ist manchmal nicht mehr zu erkennen, um welches Motiv es sich handelt. Bei dem Schmetterlingsflügel wirken vor allen die feinen Farbabstufungen. Foto: Jürgen Philipp

es bis dahin an Intensität. Je größer der Auszug und damit der Abbildungsmaßstab, um so höher ist der Lichtverlust. Zum Problem wird dieses Phänomen auch deshalb, weil bei großen Abbildungsmaßstäben die Schärfentiefe auf nur wenige Millimeter reduziert wird. Das heißt, der Raum vor und hinter der Einstellebene, der vom Auge noch als scharf akzeptiert, nimmt in seiner Ausdehnung dramatisch ab. Durch Abblenden kann dies bis zu einem gewissen Grad ausgeglichen werden. Damit ist jedoch ein weiterer Lichtverlust verbunden, der durch Verlängerung der Belichtungszeit bzw. durch Einsatz von Blitzlicht ausgeglichen werden muß. Längere Verschlußzeiten kommen allerdings bei Makroaufnahmen von bewegten Motiven wie Insekten oder Blüten im Wind nicht in Frage. Außerdem schränkt ein Stativ, das für Langzeitbelichtungen unbedingt erforderlich ist, die Bewegungsfreiheit des Fotografen stark ein. Sein Aufbau würde Kleintiere nur verscheuchen. Hochempfindliche Filme sind auch kein Ausweg, weil es gerade in der Makrofotografie auf die hohe Detailwiedergabe ankommt und Filme mit hohen Empfindlichkeiten meist gröberes → Korn und geringere Farbbrillanz besitzen. Ihr Auflösungsvermögen liegt deutlich niedriger als das von Filmen mit geringerer Empfindlichkeit.

Bleibt dem Fotografen nur der Griff zu zusätzlichen Lichtquellen wie Blitzgeräten, Scheinwerfern, Aufhellern oder Spiegeln, die jedoch sorgfältig installiert werden müssen und die Ausrüstung für unterwegs erheblich vergrößern, was vor allem bei Naturaufnahmen hinderlich sein kann.

Makroobjektive

Für die meisten Aufnahmen im Nahbereich sind Makroobjektive die optimale Lösung. Sie sind speziell für dieses Aufgabengebiet korrigiert und erlauben meist ohne weiteres Zubehör mindestens eine Abbildung in natürlicher Größe oder in Zahlen ausgedrückt einen Abbildungsmaßstab von 1:2, mit entsprechendem Konverter läßt sich der Abbildungsmaßstab sogar auf 1:1 vergrößern. Werden solche Objektive in Verbindung mit einem Balgengerät eingesetzt, so ist sogar eine Vergrößerung um ein Viel-

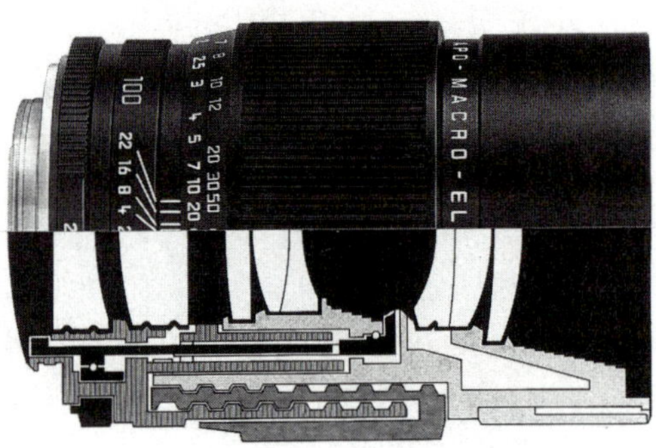

Das APO-Macro-Elmarit-R 1:2,8/100 mm von Leitz hat durch die hervorragende Korrektion eine außergewöhnlich gute Abbildungsqualität.

faches der tatsächlichen Größe des Objekts möglich. Langbrennweitige Makroobjektive mit 105 oder 200 mm Brennweite ermöglichen auch bei großen Abbildungsmaßstäben noch einen relativ großen Arbeitsabstand. Das ist besonders vorteilhaft bei Aufnahmen von Insekten oder anderen Kleintieren, wo die Einhaltung einer großen Fluchtdistanz wichtig ist. Weitere Vorzüge einer langen Brennweite im Makrobereich ist die einfachere Plazierung von Beleuchtungsgeräten wie Blitz oder Lampen.
Für Repro-Aufgaben allerdings sind kürzere Brennweiten empfehlenswert, weil hier die Länge der Reprosäulen die möglichen Aufnahmedistanzen einschränken.

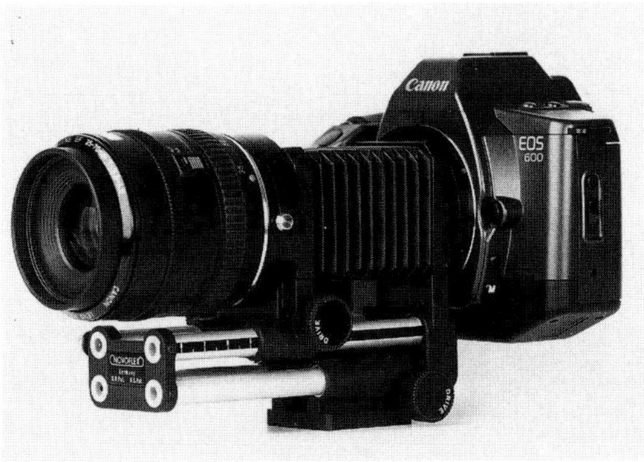

Auch für Autofokus-Spiegelreflexkameras, wie hier die Canon EOS 600 gibt es von Novoflex-Balgengeräte. Allerdings ist keine automatische Scharfstellung möglich.

Vorsatzlinsen

Ein einfacher und preiswerter Einstieg in die Welt der Makrofotografie sind Nahlinsen. Sie wirken wie Brillengläser, die aus einem weitsichtigen Objektiv ein »kurzsichtiges« machen. Sie verkürzen also auf optischem Weg die Brennweite des Objektivs, um so eine kürzere Aufnahmedistanz und damit einen größeren Abbildungsmaßstab zu ermöglichen. Vorsatzlinsen werden wie Filter in das Frontgewinde des Objektivs eingeschraubt. Sie haben den großen Vorteil, daß kein Lichtverlust, wie etwa bei einer Auszugsverlängerung, entsteht und daß sie relativ billig sind. Nachteile sind ihr verhältnismäßig geringer Vergrößerungsfaktor und die nicht immer zufriedenstellende Ergebnisse liefernde Abbildungsqualität. Nimmt man einen geringen Qualitätsverlust in Kauf, kann man auch mehrere Linsen miteinander kombinieren, um größere Abbildungsmaßstäbe zu erreichen. Doch sollten es möglichst nicht mehr als zwei Linsen sein, wobei die stärkere Linse immer direkt vor dem Objektiv angebracht werden sollte. Die Stärke von Vorsatzlinsen wird in Dioptrien angegeben. Dioptrien sind der reziproke Wert der Brennweite in Metern. Daraus ergibt sich für eine Linse mit 1 Diotprie die

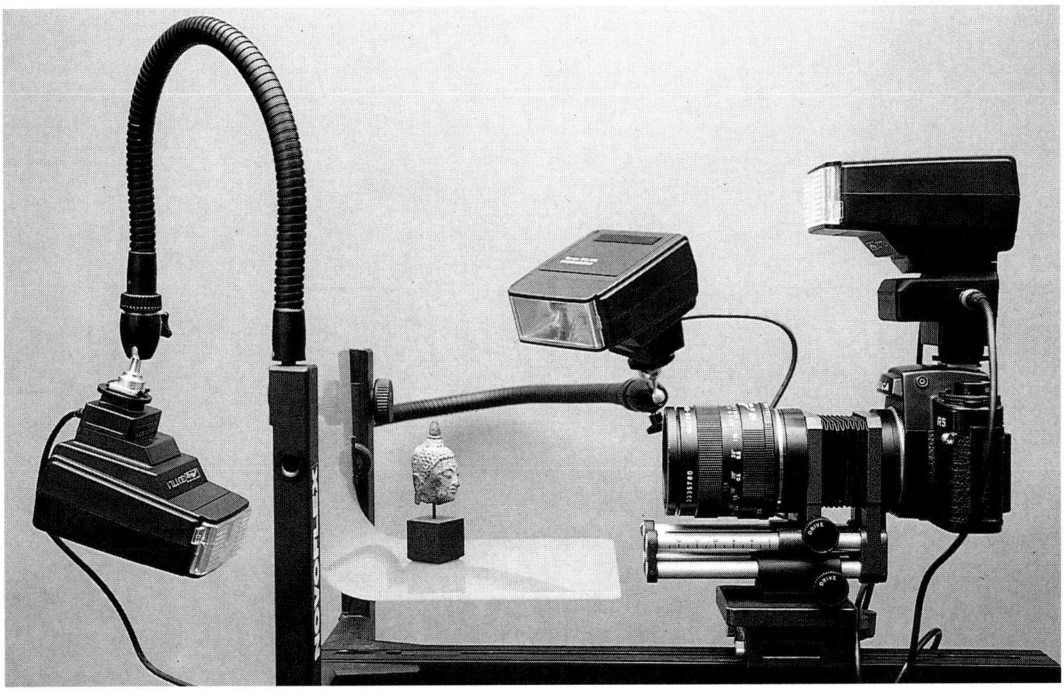

Typische Makro-Anordnung mit Novoflex-Makrostand und Balgengerät. Durch die Montage der Metz Mecablitzgeräte auf Schwanenhälsen läßt sich die Beleuchtung präzise ausrichten.

Parallaxe
Bei Sucherkameras und zweiäugigen → **Spiegelreflexkameras** entspricht das durch den Sucher gesehene Bild trotz der parallelen optischen Achsen nicht exakt dem Bild, das durch das Objektiv auf dem Film belichtet wird. Diese Abweichung rührt daher, daß sich die Schenkel der Bild- bzw. Sehwinkel nicht decken, sondern um den Abstand des Suchers vom Objektiv parallel verschoben sind. Der dadurch entstehende Parallaxenfehler kommt besonders bei Aufnahmen im Nahbereich unter drei Metern zu Tragen. Bei hochwertigen Sucherkameras wird er durch eine vom Entfernungsmesser gesteuerte Verschiebung der Bildfeldbegrenzung im Sucher ausgeglichen.

Verlängerungsfaktor
Faktor, um den die Belichtungszeit bei der Verwendung von Filtern und bei Nahaufnahmen verlängert werden muß, wenn die Belichtungsmessung nicht als → **Innenmessung** erfolgt. Bei Nahaufnahmen gilt die Formel V. = (Maßstab + 1)^2, bei Filtern ist der V. meist in deren Fassungen eingraviert.

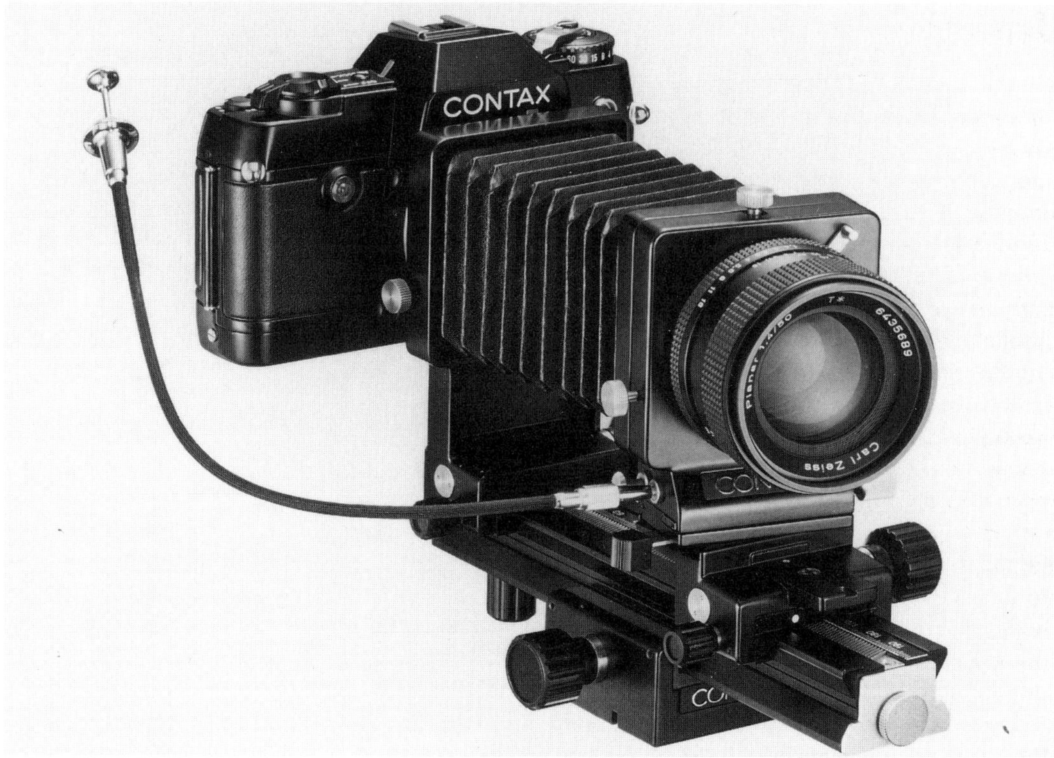

Contax MA Quartz mit Zeiss T Planar f/1,4/50mm und Automatik-Balgengerät für Perspektivekorrekturen*

Brennweite von 1 m. Vier Dioptrien repräsentieren eine Brennweite von 0,25 Metern. Vorsatzlinsen gibt es in Stärken von 0,5 bis 5 Dioptrien. Sie sind meist mit einem Gewinde versehen, das die gleichzeitige Anwendung von Filtern erlaubt. Die Linsen 0,5 dpt und 1 dpt sind besonders für die Verwendung an Teleobjektiven geeignet, deren Entfernungseinstellung nur bis etwa 2 – 3 Meter reicht. Mit einer derartigen Kombination wird es möglich, Kleinlebewesen bei Einhaltung ausreichender Fluchtdistanzen formatfüllend aufzunehmen. Bei Sucherkameras ist der Unterschied zwischen Sucherbild und tatsächlicher Aufnahme, die Parallaxe zu beachten, der im Nahbereich verstärkt in Erscheinung tritt.

Zwischenringe

Sie sind ähnlich preiswert und einfach im Gebrauch wie Vorsatzlinsen. Der mit ihnen zu erreichende Abbildungsmaßstab ist aber wesentlich größer. Im Prinzip sind Zwischenringe Auszüge von verschiedener Länge, die zwischen Kamera und Objektiv montiert werden, wobei viele Objektiv- und Kamerafunktionen wie z.B. die Offenblendenmessung und die Automatiksteuerung, erhalten bleiben. Auch der Bildausschnitt kann bei relativ hellem Sucherbild gewählt und beurteilt werden. Die kritische Scharfeinstellung im Nahbereich wird dadurch erheblich sicherer und schneller. Zwischenringe lassen sich auch miteinander kombinieren, um noch größere Auszugsverlängerungen zu erhalten. Je kürzer die Brennweite des verwendeten Objektivs ist, desto näher kann man dann an das Objekt herangehen und um so größere Abbildungsmaßstäbe werden möglich. Im allgemeinen werden Zwischenringe für Objektivverlängerungen zwischen 8 mm und 52 mm angeboten. Die Verlängerung des Objektivauszugs ist allerdings auch immer mit einem Lichtverlust verbunden, der bei der Belichtungssteuerung berücksichtigt werden muß. Bei einer Belichtungsmessung durch das Objektiv wird dieser Verlängerungsfaktor für die Belichtung automatisch mit berücksichtigt.

Umkehrringe

Ein einfacher und kostensparender Weg zu großen Abbildungsmaßstäben führt über eine umgekehrte Montage des Objektivs direkt an der Kamera oder am Auszug eines Balgengerätes. Ein wesentlicher Vorteil dieser Aufnahmemethode ist die bessere optische Leistung des Objektivs, besonders im Hinblick auf seine Verzeichnungsfreiheit, bei Maßstäben von 1:1 und größer. Das Arbeiten mit einem Objektiv in Retrostellung ist unkompliziert, allerdings ist eine Offenblendenmessung nicht mehr möglich. Da die Springblendenfunktion ausgeschaltet ist, muß die Belichtungsmessung bei Arbeitsblende erfolgen. Scharf gestellt wird nicht am Distanzring des Objektivs, sondern bei geöffneter Objektivblende durch Vor- oder Rückwärtsbewegen der Kamera. Verschiedene Hersteller bieten hierzu einen Einstellschlitten an, der in Verbindung mit einem Stativ ein präzises Verschieben der Kamera ermöglicht. Mit ihm sind sowohl Hoch- als auch Querformataufnahmen möglich. Die Retrostellung erhält man mit Hilfe eines Umkehrringes, der in das Filtergewinde des Objektivs geschraubt wird und es ermöglicht, das Objektiv mit der Frontlinse zum Bajonett an der Kamera zu montieren. Solche Umkehrringe sind in verschiedenen Größen für die jeweiligen Durchmesser der Filtergewinde an den Objektiven erhältlich. Allerdings sind sie bisher nur für manuelle scharfzustellende Objektive und nicht für AF-Objektive und AF-Kameras erhältlich.

Balgengerät

Balgengeräte haben die gleiche Funktion wie Zwischenringe: Sie verlängern den Auszug (Tubus) der Objektive. Im Gegensatz zu den Zwischenringen erfolgt dies aber stufenlos, so daß ein exakter Abbildungsmaßstab erzielt werden kann. Wie die Zwischenringe werden Balgengeräte ebenfalls zwischen Kamera und Objektiv gesetzt, wobei die Kamera wahlweise in Hoch- oder Querformat montiert werden kann. Es gibt Balgengeräte mit zwei Schlitten, wobei der eine die gesamte Einheit »Kamera-Balgengerät-Objektiv« zur Festlegung des Abbildungsmaßstabes verschiebt, der andere zur präzisen Scharfeinstellung dient. Bei Balgengeräten mit nur einem Schlitten legt man den Abbildungsmaßstab durch Vor- und Rückwärtsbewegen der gesamten Einheit samt Stativ fest, danach erfolgt die Scharfeinstellung durch Verstellen der objektivseitigen Standarte über Profilschienen mit Zahnführung mit Hilfe eines Drehknopfes. Ein weiterer Drehknopf auf der gegenüberliegenden Seite des Balgengerätes dient zur Arretierung der einmal festgelegten Schärfe. Als Objektive eignen sich alle Brennweiten zwischen 20 mm und 200 mm. Optimale Ergebnisse erreicht man mit Normalobjektiven in Retrostellung. Mit einem 50 mm-Objektiv lassen sich Abbildungsmaßstäbe zwischen 1:1 und 4:1 erreichen, wird das Objektiv mit Hilfe eines Umkehrringes in Retrostellung am Balgengerät gebracht, können die sonst im extremen Nahbereich auftretenden Verzeichnungen vermieden werden. Einige Hersteller bieten noch Zusatzbalgen an, mit denen der Auszug nochmals verdoppelt werden kann. Dadurch ergibt

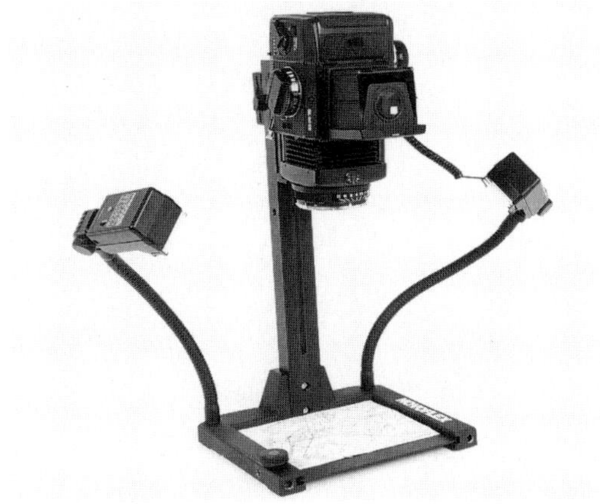

Auch für Mittelformatkameras einsetzbar: Der Novoflex Makrostand

Balgengerät
Kamerazubehör, das durch ein zwischen Objektiv und Kamera gesetztes faltbares Gehäuse aus lichtdichtem Material – den Balgen – einen stufenlosen Auszug des Objektivs und somit stufenlose Veränderung des Abbildungsmaßstabes für Nahaufnahmen ermöglicht.

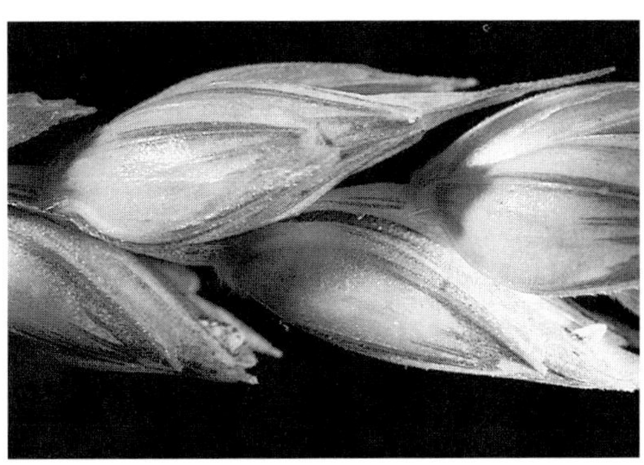

Die Faszination der Getreideähre wird erst in der Vergrößerung der Makroaufnahme sichtbar. Foto: Jürgen Philipp

sich mit einem 50 mm-Objektiv ein maximaler Abbildungsmaßstab von 8,5:1. Bei einigen Balgengeräten kann man in der Retrostellung auf den Umkehrring verzichten, da sich die vordere Standarte um 180° drehen läßt, sie weist dann ein Gewinde auf, in das sich die Frontseite des Objektivs mit seinem Filtergewinde einschrauben läßt.
Die Größe des Abbildungsmaßstabes ergibt sich, wenn man den Balgenauszug durch die Brennweite des Objektivs teilt. Allerdings gilt diese Regel nur, wenn sich das Objektiv nicht in Retrostellung befindet und auf ∞ eingestellt ist. Der Balgenauszug läßt sich bei den meisten Geräten auf einer Skala auf der Profilschiene ablesen.
Zum Auslösen des Verschlusses ist für viele Balgengeräte ein Doppeldrahtauslöser erforderlich, da durch ihn die Springblendenfunktion der Objektive erhalten bleibt, so daß die Einstellungen und Messungen bei geöffneter Blende erfolgen können. Wird der Drahtauslöser halb gedrückt, wird das Objektiv auf die eingestellte Blende abgeblendet. Wird durchgedrückt, erfolgt die Verschlußauslösung. Für Langzeitaufnahmen empfiehlt sich ein Doppeldrahtauslöser mit einer Feststellschraube, damit der Auslöser nicht über die ganze Belichtungszeit gedrückt gehalten werden muß.
Bei Spiegelreflexkameras verwendet man im Nahbereich zuweilen Spezialeinstellscheiben, da Meßkeile und Mikroprismenraster der üblichen Einstellscheiben durch Abdunkeln mehr stören als nützen. Am besten eignen sich Vollmatt- oder Klarglasscheiben mit Fadenkreuz.

Telekonverter

Telekonverter sind eine Art Zwischenobjektiv, das die Aufgabe hat, die Brennweite des eigentlichen Objektivs auf optischem Weg zu verlängern. Auf diese Weise kann man zum Beispiel die Brennweite eines Teleobjektivs verdoppeln. Das hat den Vorteil, daß man nicht zwei Objektive mit sich herumschleppen muß. Allerdings verringern Telekonverter die Lichtstärke. Bei Verdoppelung der Brennweite reduziert sich die Lichtstärke gegenüber dem Grundobjektiv um zwei Blendenwerte. Da Telekonverter die Brennweite eines Objektivs verlängern, nicht aber die einstellbare Minimaldistanz, ermöglichen sie eine größere Wiedergabe des Objekts. Durch diese Eigenschaft werden sie auch für Aufnahmen im Makrobereich interessant. Das gilt besonders für Motive, die eine flache Perspektive, wie sie für Teleobjektive typisch ist, verlangen oder wo ein großer Arbeitsabstand notwendig ist, wie z.B. bei der Abbildung von Kleinlebewesen.

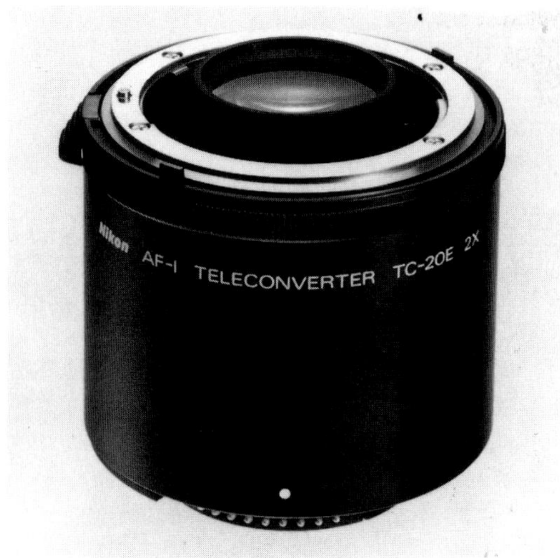

Da Telekonverter zwar die Brennweite, aber nicht die einstellbare Mindestdistanz eines Objektivs verlängern, bewirken auch sie eine Vergrößerung des Abbildungsmaßstabes.

Reproduktionsgestell

Viele Kamerahersteller bieten stabile Reprosäulen an, die mit einer Kamerahalterung auf einer festen Grundplatte montiert sind. Die Höhenverstellung wird bei professionellen Geräten durch ein Gegengewicht im Innern der Säule erleichtert. Ein getrennter Einstelltrieb dient für die Feinfokussierung. Um große Objekte abzulichten, kann die Kamera in ihrer Halterung um 45° und 90° nach links oder rechts geschwenkt werden. Viele Reprosäulen lassen sich von der Grundplatte lösen und mit einer Klemme an einem beliebigen Objekt befestigen.
Manche besitzen auch Vorrichtungen für die seitliche Anbringung spezieller Reproleuchten, deren Einfallwinkel sich für eine möglichst reflexfreie Beleuchtung variieren läßt.

Filter

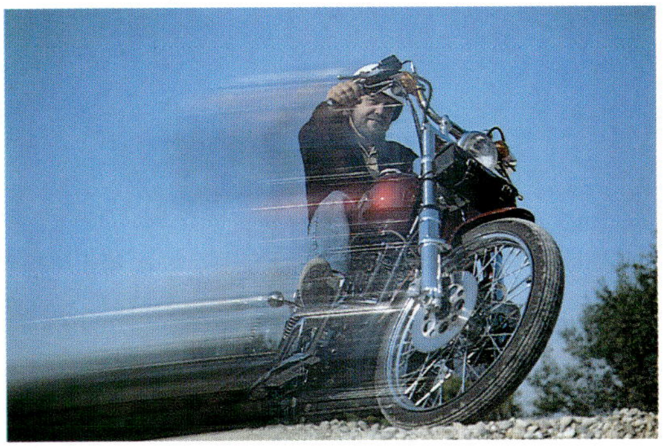

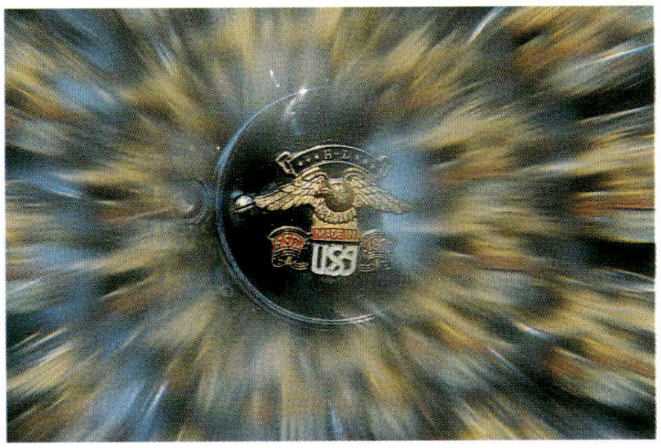

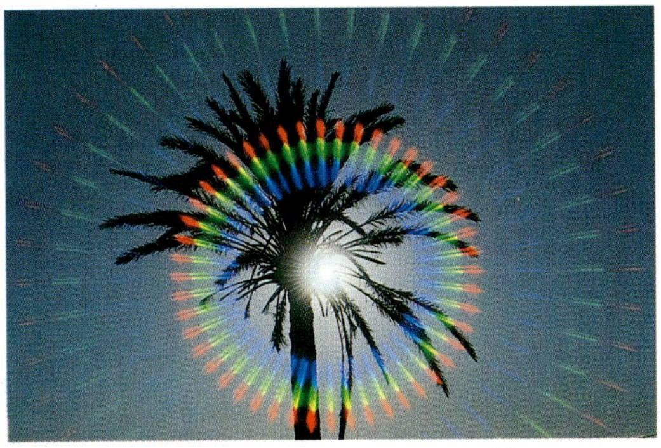

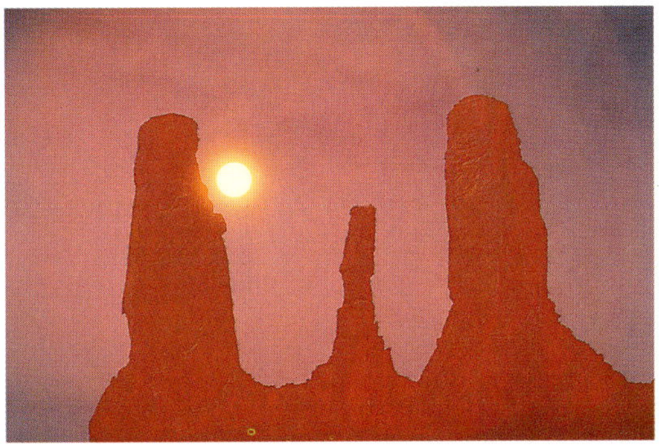

Filter können die Stimmung eines Bildes unterstreichen. Für die oben abgebildeten Beispiele wurden Effektfilter verwendet, oben Speed- (links) und Radialfilter (rechts). Die Aufnahmen unten entstanden mit einem Diffractor (links) bzw. Rotfilter (rechts). Der Wirkungsgrad bestimmter Effektfilter hängt von der Brennweite und der Blende ab. Fotos: Edmund Bugdoll (1, 4), Heiner Henninges (2, 3)

Das menschliche Auge paßt sich den gegebenen Lichtverhältnissen ständig an, sowohl an die Helligkeit als auch an die Farbe des Lichtes, wenn es nicht extrem verfälscht ist. Wenn man durch blaues Glas sieht, wird man für kurze Zeit alle Gegenstände auch blau wahrnehmen, doch bald wird sich das Auge mit Hilfe des Gehirns anpassen und die Erinnerung läßt die Bilder nicht mehr blau, sondern wieder »real« erscheinen. Das menschliche Auge geht immer davon aus, daß das Licht »weiß« ist. Fotografische Filme jedoch sind für die Zusammensetzung des Lichtes bedeutend empfindlicher und »sehen« es in seiner Farbe, so kommt es immer wieder zu entscheidenden Unterschieden zwischen der Vorstellung, wie ein Foto sein soll und wie es dann wirklich ist. Ein weißes Haus z.B. hat, wenn es in der Frühe aufgenommen worden ist, meistens einen Rotstich, mittags hingegen einen Blaustich. Aus diesem Grund hat die Industrie verschiedene Farbfilme entwickelt, die für die verschiedenen Hauptlichtarten sensibilisiert sind, man unterteilt sie in »Tageslichtfilme« und »Kunstlichtfilme«. Dennoch kann es vorkommen, daß Farben trotz des entsprechend sensibilisierten Films unnatürlich wiedergegeben werden; das liegt daran, daß die Filme nur für einen bestimmten spektralen Bereich des Lichtes empfindlich sind. Weicht eine Lichtquelle von dieser Norm ab, kann es nicht im Sinne der menschlichen Wahrnehmung wiedergegeben werden. So kommt es, daß Nachmittagssonne selbst bei einem Tageslichtfilm gelbstichig wiedergegeben werden kann. Das muß aber nicht heißen, daß man in jedem Fall eine Korrekturfilterung vornehmen muß, oft sind kleine → Farbstiche sogar erwünscht, um die

Polarisation
Reduktion der Schwingungsebenen von natürlichem Licht auf eine. Die Wellen natürlichen Lichts schwingen normalerweise entlang der Richtung des Lichtstrahls in allen möglichen Ebenen. Unter bestimmten Voraussetzungen ist es möglich, diese Schwingungsebenen auf eine einzige zu reduzieren. Man unterscheidet zwischen linear polarisiertem Licht, bei dem die Wellen in exakt einer Ebene schwingen und zirkular polarisiertem, dessen zwei aufeinender senkrecht stehenden Teilwellen spiralförmig um ihre Ausbreitungsachse schwingen. Polarisiertes Licht entsteht z.B. bei der → **Reflexion** eines Lichtstrahls, der in einem Winkel von 56° auf eine nichtmetallische Fläche fällt, oder bei der Brechung eines Strahls durch bestimmte polymere Kunststoffe, deren Molekülstruktur nur polarisiertes Licht passieren lassen. Da polarisiertes Licht mit dem menschlichen Auge nicht von frei schwingendem unterschieden werden kann.

Dynamik eines Motivs zu verstärken oder die Lichtsituation besonders hervorzuheben. Es gibt aber Aufnahmen, die eine absolute Farbtreue verlangen, das ist vorwiegend in der exakten wissenschaftlich/technischen als auch in der Werbefotografie der Fall, wo z.B. die Kennungsfarbe eines Firmenlogos unverwechselbar wiedergegeben werden muß. In diesem Fall können nur Farbkorrekturfilter Abhilfe schaffen. Dies gilt vorwiegend für Dia-Filme, die auf ein gewisses Farbspektrum sensibilisiert worden sind. Obgleich man bei Farbnegativfilmen bei der → Vergrößerung sehr viel nachfiltern kann, sind auch sie auf eine bestimmte Farbtemperatur abgestimmt. Darum sollte man auch bei ihnen schon bei der Aufnahme die gleichen Kriterien anwenden wie beim Dia-Film, denn ein optimales Negativ ist immer besser als ein überarbeitetes. Filme machen aber auch Strahlungen sichtbar, z.B. in der Ultra-Violett-, Fluoreszenz- und Infrarot-Fotografie. Will man sie in diesen Spezialgebieten sichtbar machen, so sind sie doch meistens unerwünscht. Auch hier können nur Filter

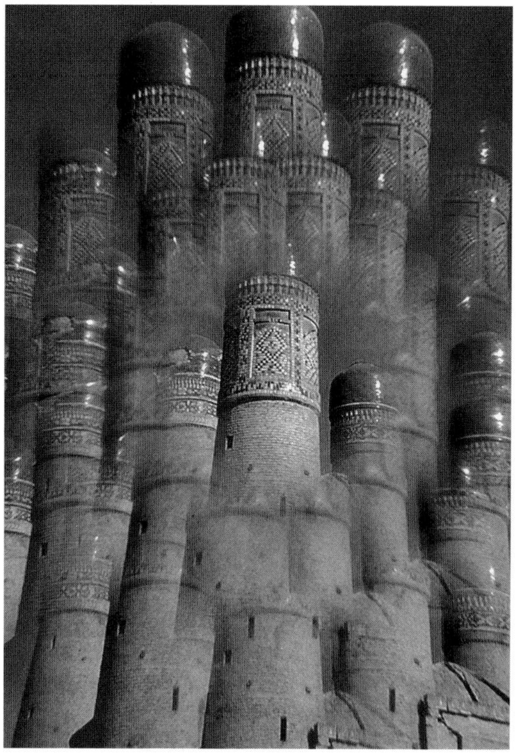

Mehrfachprismenfilter wiederholen das Motivdetail in der Bildmitte. Dadurch ergeben sich manchmal interessante Strukturen.
Foto: Edmund Bugdoll

helfen. Da das menschliche Auge subjektiv sieht, der Film jedoch objektiv und es auch Unterschiede in der → Farbtemperatur der einzelnen Filmfabrikate gibt, ist erfolgreiches Filtern immer auch eine Erfahrungssache. Man kann sagen, der beste Film ist der, auf den man eingearbeitet ist.

Polarisationsfilter

Mit Polarisationsfilter, kurz Polfilter genannt, lassen sich störende Reflexe auf glänzenden, nichtmetallischen Flächen eliminieren. Ihre Handhabung ist denkbar einfach; das Filter wird in das Objektivgewinde geschraubt, eine Spezialfassung erlaubt dann noch ein Verdrehen, dies erfolgt solange, bis der gewünschte Effekt auf der → Mattscheibe oder im Sucher zu erkennen ist. U.U. muß der Kamerastandort verändert werden, oder gar ein Objektiv mit längerer → Brennweite benutzt werden, denn je weiter die Kamera von den Reflexen entfernt ist, je größer ist die Wirkung des Polfilters. Die volle Wirkung des Filters kann nur erreicht werden, wenn ein bestimmter Winkel zur reflektierenden Fläche eingehalten wird, dieser beträgt bei Wasser 37°, bei glänzendem Papier 32° und bei Glas 33°. Eine Löschung der Reflexe ist bei gewölbtem Glas, wie z.B. Brillengläsern, nur für eine kleine Fläche möglich. Grundsätzlich ist anzumerken, daß eine totale Löschung der Reflexe fast nie wünschenswert ist, da die Bilder leicht tot und unnatürlich aussehen. Ein weiteres Einsatzgebiet ist die Landschaftsfotografie. Das Licht des blauen Himmels ist bis zu 50 % polarisiert, somit lassen sich mit dem Polfilter gute Effekte erzielen; Wolken z.B. werden plastischer, wenn man in einem Winkel von 90° zum einfallenden Licht fotografiert. Einen weiteren Einsatz findet das Polfilter in der Farbfotografie bei Reflexions-Blaustichen, sie erscheinen bei nassen Felsen oder Tau, weil sich hier das Blau des Himmels spiegelt. Schließlich lassen sich zwei miteinander gekoppelte Polfilter ideal als Sperrfilter benutzen, dessen Filterfaktor von 3 bis ∞ liegt. Bei einer Stellung von 90° zueinander lassen die Filter kein aufnahmewirksames Licht mehr durch. Zwei Arten von Polfilter sind auf dem Markt, der eine läßt das Licht nur in einer Schwin-

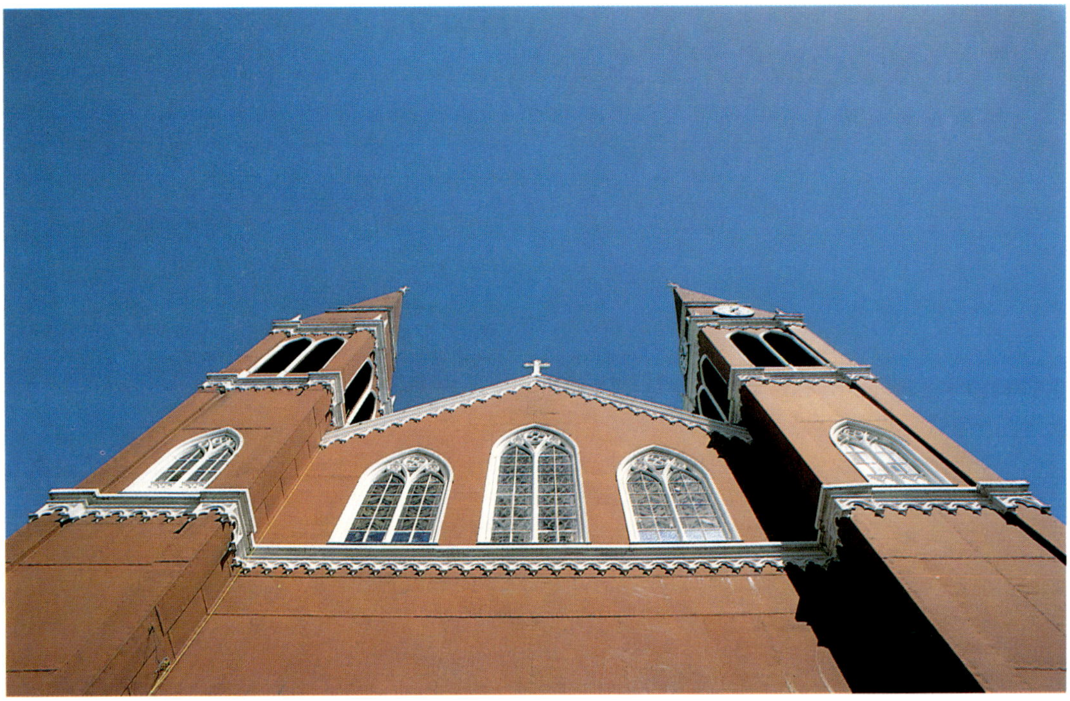

Spektralfarben
Reine Farben des sichtbaren Spektrums, in die weißes Licht beim Durchgang durch verschiedene transparente Medien dispergiert (→ **Dispersion**). Sie reichen bei zunehmender Wellenlänge von Blau über Grün, Gelb, Orange bis Rot.

Spektrum
Sichtbarer Teil elektromagnetischer Strahlen mit Wellenlängen zwischen 380 und 780 nm, der sich bei der → **Dispersion** von weißem Licht als Skala der kontinuierlich ineinander übergehenden → **Spektralfarben** zeigt. Unterhalb dieses S.s liegt der ultraviolette, darüber der infrarote Bereich.

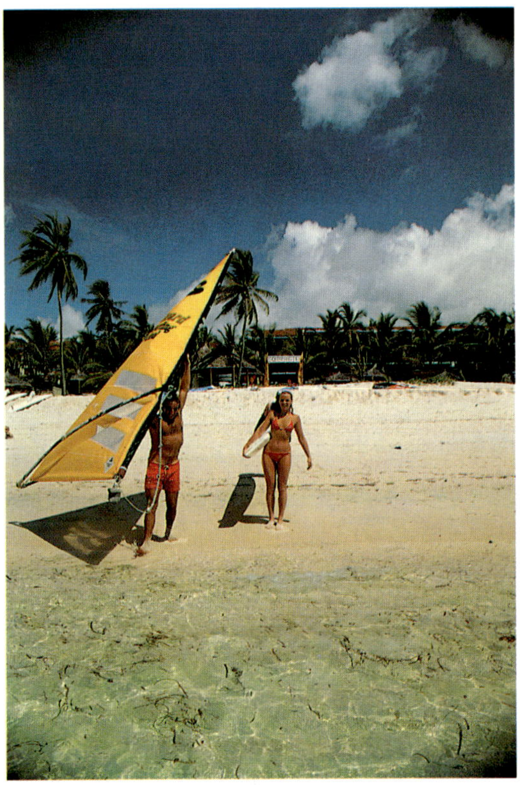

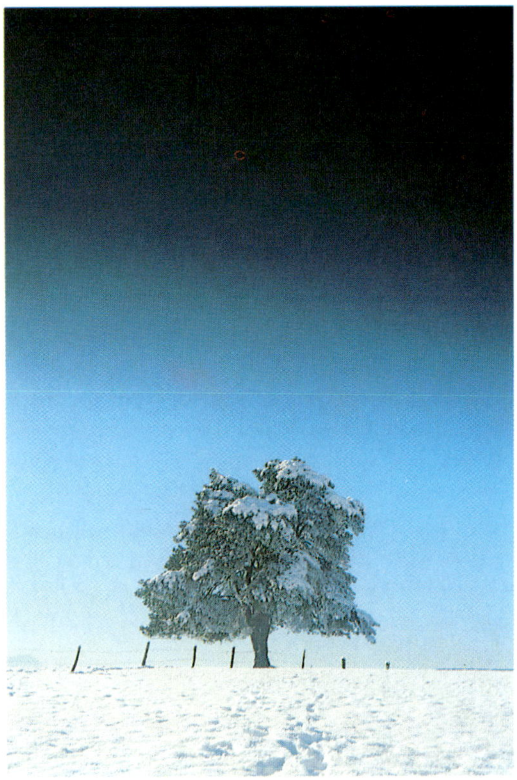

Fotos:
Detlev Motz (oben),
Heiner Henninges (links),
Edmund Bugdoll (rechts)

Das Bild von dem Gebäude oben erhielt seine kräftigen, klaren Farben durch den Einsatz eines Polarisationsfilters. Polfilter schalten Reflexionen auf nichtmetallischen Oberflächen aus und bewirken so eine deutlich reinere Farbwiedergabe. Die Wirkung des Polfilters läßt sich durch Drehen genau dosieren. Moderne Spiegelreflexkameras benötigen meist Zirkular-Polfilter, da die preiswerten linearen Filter das Autofokus- und Belichtungssystem stören können. Auch der dunkelbaue Himmel, von dem sich klar die rein weißen Wolken absetzen, verdankt seine Wirkung der Polfilterung. Der Baum daneben erhält seinen schwarzblauen Himmel durch einen neutralgrauen Verlaufsfilter.

Farbstich
oder Farbdominante nennt man das Überwiegen einer Farbe in der Farbgebung eines Bildes, so daß alle im Bild auftretenden Farben verfälscht werden. Verursacht werden solche F.e zum Beispiel durch mangelnde Übereinstimmung der → **Farbtemperatur** des Motivs mit der → **Sensibilisierung** des verwendeten Filmmaterials. Durch den Einsatz von Filtern können sie sowohl bei der Aufnahme als auch bei der Vergrößerung ausgeglichen werden. Der subjektive Eindruck eines Farbstichs entsteht auch, wenn eine Farbe flächenmäßig im Bild dominiert.

gungsebene, geradlinig durch: Linear-Polfilter. Bei dem anderen ist die Schwingungsebene des Lichtes nicht geradlinig, sondern spiralförmig drehend: Zirkular-Polfilter. Dieses Filter findet bei allen Kameras Anwendung, welche durch das Objektiv messen (Innenmessung). Das ist wichtig, da das Meßsystem dieser Kameras selber polarisiert, und es somit bei einem Linear-Polfilter zu Fehlmessungen kommen würde.

Weichzeichner

Weichzeichner verdanken ihre reizvolle Wirkung einer Spezialbeschichtung, die ein im Kern scharfes Bild mit einer ansprechenden Weichzeichnung überzieht. Fließende Konturen und leicht überstrahlte dunkle Partien erzeugen Stimmung und Raumtiefe und der Kontrast wird gemildert.
Stärkste, fast malerische Wirkung ergeben Weichzeichner bei Gegenlichtaufnahmen, dabei enstehen um die hellen Linien des Gegenlichts Überstrahlungen, die das Glänzende betonen. Je geringer der Beleuchtungskontrast der Aufnahme ist, desto geringer ist auch die Wirkung der Weichzeichnung. Weichgezeichnete Aufnahmen dürfen nicht überbelichtet werden, weil dabei die Überstrahlung mit dem Licht selbst verschmilzt und die Wirkung verloren geht. Ist man wegen geringem Aufnahmelicht gezwungen einen höchstempfindlichen Film zu benutzen, der ein grobes → Korn bei der → Vergrößerung verursachen würde, kann man dem schon bei der Aufnahme mit einem Weichzeichner entgegenwirken. Man kann aber auch bei Vergrößerungsobjektiven mit Weichzeichner arbeiten, um das grobe Korn zu mildern. Weichzeichner sind Glasscheiben mit eingeschliffenen Ringen, man kann mit ihnen selbst bei kleinsten Blenden arbeiten, wobei die Farbwiedergabe voll erhalten bleibt. Weichzeichner gibt es, je nach Hersteller, in verschiedenen Ausführungen und Stärken, die schwächeren eignen sich für Porträts und ähnliche Großabbildungen sowie für Gegenlicht, die stärkeren für Landschaften und Fernansichten, denen sie einen kräftigen Schleier geben. Sie haben oftmals eine romantisierende Wirkung und eignen sich deshalb für stimmungsvolle Motive.

UV-Filter

Ultra-Violettes Licht ist kurzwelliger wie das sichtbare Licht, deshalb hat es seinen Brennpunkt vor diesem und erzeugt ein zweites, unscharfes Bild, das bei Farbaufnahmen auch noch zu einem Blaustich führt. UV-Licht kann aber auch an den Kittstellen der Objektiv-Linsen Leuchterscheinungen (Lumineszenzen) hervorrufen.
Das Ultra-Violett-Filter, auch Dunstfilter genannt, hält die für das menschliche Auge unsichtbaren, vom Farbfilm aber registrierten ultravioletten Strahlen zurück und verhindert so den unerwünschten Blaustich, besonders bei Teleaufnahmen, es durchdringt auch besser in diesem Bereich den Dunst. Seine Anwendung ist also vorwiegend im Gebirge und am Meer angebracht, wo fast ständig eine erhöhte UV-Strahlung besteht. Da bei UV-Filter im allgemeinen ein Verlängerungsfaktor nicht ins Gewicht fällt – er liegt etwa bei 1,2 – kann man das Filter immer vor das Objektiv setzen, es schützt damit auch noch zusätzlich die Frontlinse des Objektivs.

Konversionsfilter

Farbfilme werden bei der Herstellung auf eine bestimmte → Farbtemperatur sensibilisiert. Im Idealfall soll das abzubildende Motiv von einer Lichtquelle angestrahlt werden, die die gleiche Farbtemperatur aufweist, auf die der Film sensibilisiert ist. Da das nur sehr selten möglich ist, muß man Konversionsfilter – auch Korrekturfilter genannt – benutzen. Doch bevor man einen Farbstich korrigiert, muß man wissen, wie stark er vom Normlicht abweicht. Die Differenz zwischen der Farbtemperatur der Lichtquelle und der Farbtemperatur des Films ergibt den Blaustich. Dies bedeutet beim Tageslichtfilm z.B., daß alle Motive, die mit einer Lichtquelle von über 5500°K (Kelvin) beleuchtet werden einen Blaustich, unter 5500°K einen Orangestich erhalten. Bei Kunstlichtfilmen liegt der Wert – je nach Film – zwischen 3200°K und 3400°K. Will man nun einen Tageslichtfilm bei Kunstlicht benutzen, so verwendet man ein Orangefilter B 12, wobei die Bezeichnung bei jedem Her-

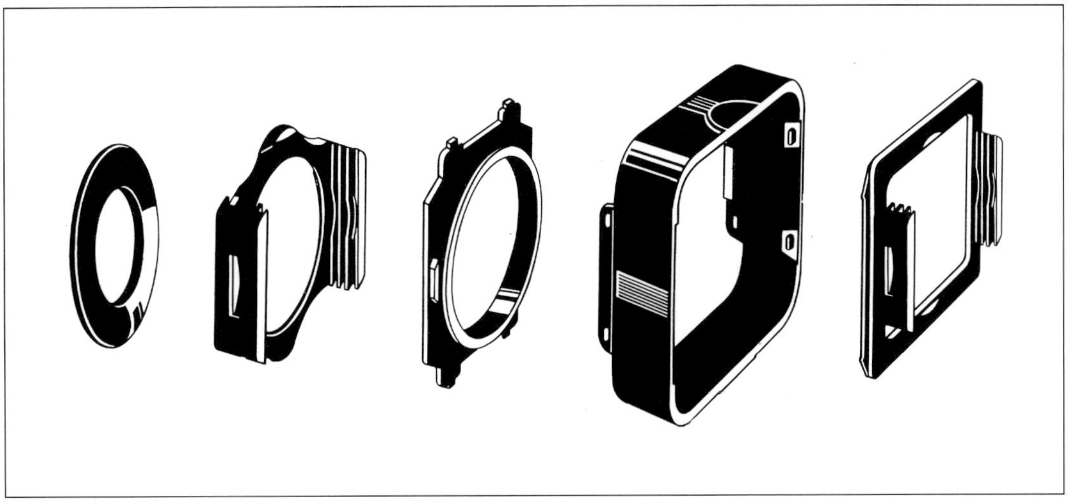

Zum Cokin Filter System gehören neben den Filtern selbst Objektivadapter, Filterhalter, Kupplungsringe zur Kombination mehrerer Filterhalter sowie Sonnenblenden und Adapter für verschiedene Filtergrößen.

steller verschieden ist. Für einen Kunstlichtfilm bei Tageslicht angewendet, benutzt man ein Filter R 12. Dieses Filter findet auch Verwendung bei Farbfernsehsendungen in Verbindung mit Tageslichtfilmen, eine genaue Filterung ist selbstverständlich abhängig von der Farbton- und Kontrasteinstellung am Fernsehgerät. Die Belichtungszeit darf nicht kürzer als 1/25 sec., besser 1/15 sec. sein, da die Bilder sonst streifig werden; daraus ergibt sich, daß man möglichst bewegungsarme Szenen fotografieren soll. Bei Tageslichtfilmen findet dieses Filter auch Anwendung bei extrem hohen Blaustich, z.B. Motive im Schatten bei stark blauem Himmel. Das Korrekturfilter B 12 erhöht in der S/W-Fotografie die Bildplastik. Alle roten und blauen Konversionsfilter gibt es in verschiedenen Stärken.

Farbtemperaturmessung

In Verbindung mit einem Belichtungsmesser gibt es einen Farbtester, der aus einer Rot- und einer Blauscheibe besteht, die jeweils bei einer Messung vor die Selenzellen des Belichtungsmesser gehalten werden. Die Differenz der beiden Messungen ergibt einen Wert, mit dem man in einer beigelegten Tabelle das passende Korrekturfilter ablesen kann. Weitaus einfacher arbeitet ein Farbtemperaturmesser; er besitzt zwei Selenfotoelemente mit jeweils einem Rot- bzw. Blaufilter; der Zeigerausschlag des Geräts erlaubt ein sofortiges Ablesen der notwendigen Filter.

Graufilter

Graufilter finden immer dann Verwendung, wenn bestimmte Blendenwerte oder Belichtungszeiten nicht eingehalten werden können, weil der Film zu empfindlich ist, oder das Aufnahmelicht zu hell. Will man z.B. ein Gebäude ohne störende, sich bewegende Objekte fotografieren, kann man mit Graufiltern die Belichtungszeit solange hinauszögern, bis diese nicht mehr erkennbar sind. Will man mit großer Blende im Freien ein Porträt vor einem unscharfen Hintergrund »freistellen«, das Aufnahmelicht aber zu hell ist, kann man mit Graufiltern abdunkeln, bis man den Effekt erreicht hat.Graufilter gibt es in verschiedenen Dichten, sie sind absolut farbneutral.

Verlauffilter

Verlauffilter sind Neutralgraufilter mit Drehfassung, bei denen die Grenze zwischen Grau und Glasklar verlaufend angelegt ist. Sie kommen immer dann zum Einsatz, wenn bestimmte Teile des Bildes abgedunkelt werden sollen. Bei Landschaftsaufnahmen ist

Reflexion
Lichtstrahlen, die auf eine Fläche fallen, werden, sofern sie von dieser nicht vollständig durchgelassen oder absorbiert werden, zurückgeworfen. Diesen Vorgang nennt man R. Von einer rauhen Oberfläche werden einfallende Strahlen zerstreut zurückgeworfen, man spricht von diffuser R. An glatten Flächen hingegen kommt es zu einer gerichteten R., einer Spiegelung nach dem Reflexionsgesetz: Der Einfallswinkel der Lichtstrahlen zum Flächenlot entspricht ihrem Ausfallswinkel. Das Vermögen einer Fläche, Lichtstrahlen zu reflektieren, ist von ihrer Struktur abhängig und wird als das Verhältnis des einfallenden Lichtstroms zum reflektierten Licht im Reflexionsgrad angegeben.

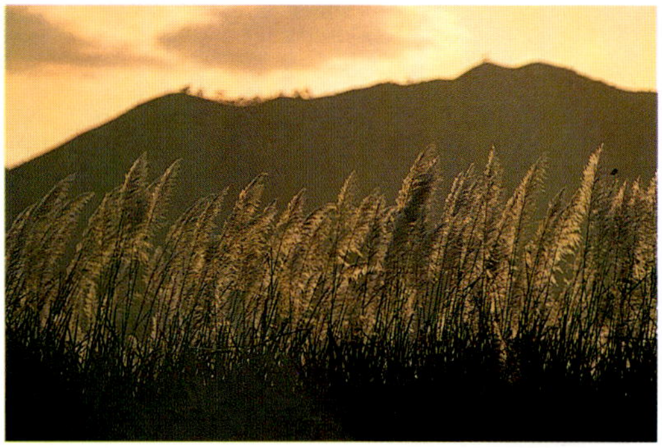
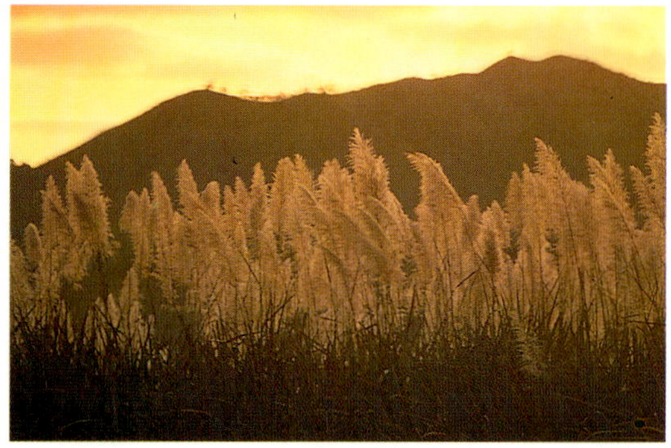
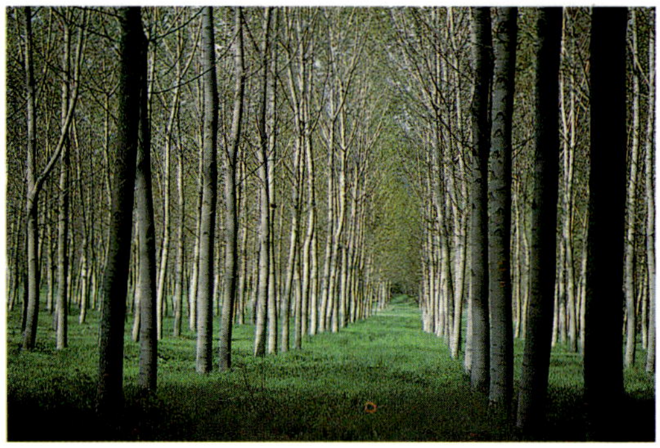
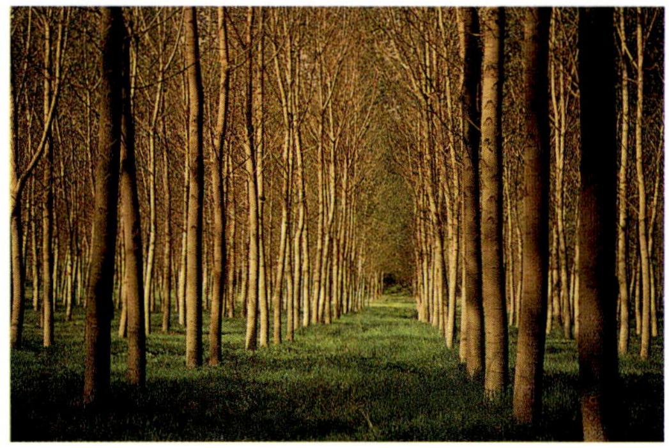

Im Bild oben rechts wurde die Stimmung mit einem Sonnenuntergangsfilter verstärkt. Die Aufnahme darunter entstand mit einem braunen Verlaufsfilter. Das linke Bild ist ungefiltert, ebenso das erste Foto der Moschee-Serie. Die übrigen Bilder wurden mit unterschiedlichen Farbfiltern fotografiert.
Fotos: Detlev Motz (oben), Edmund Bugdoll (unten)

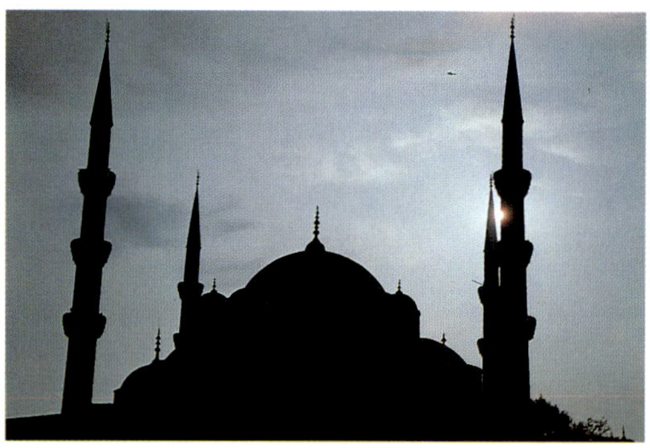
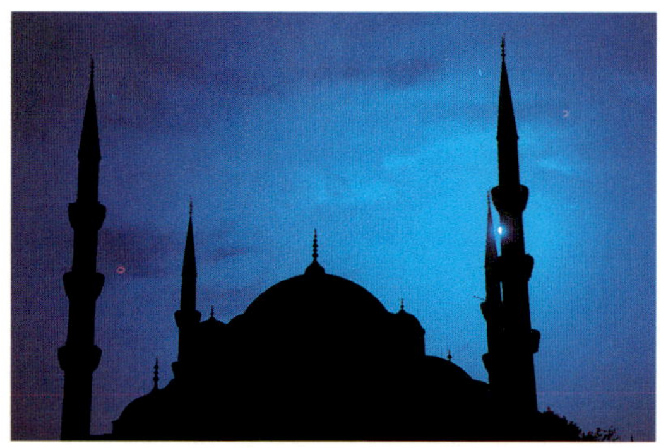
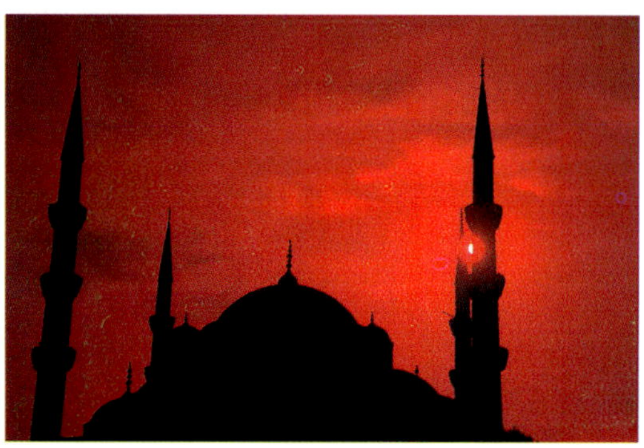
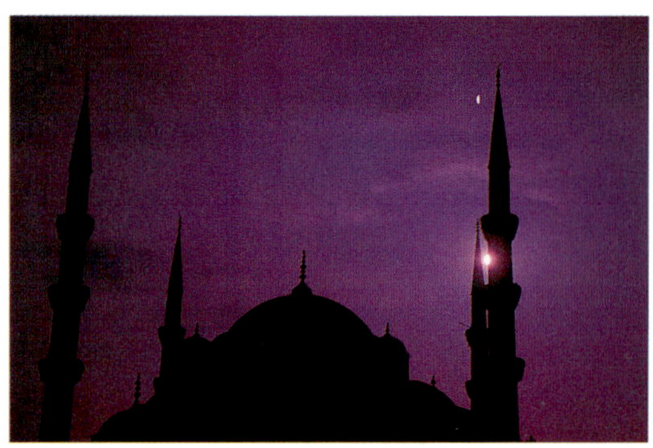

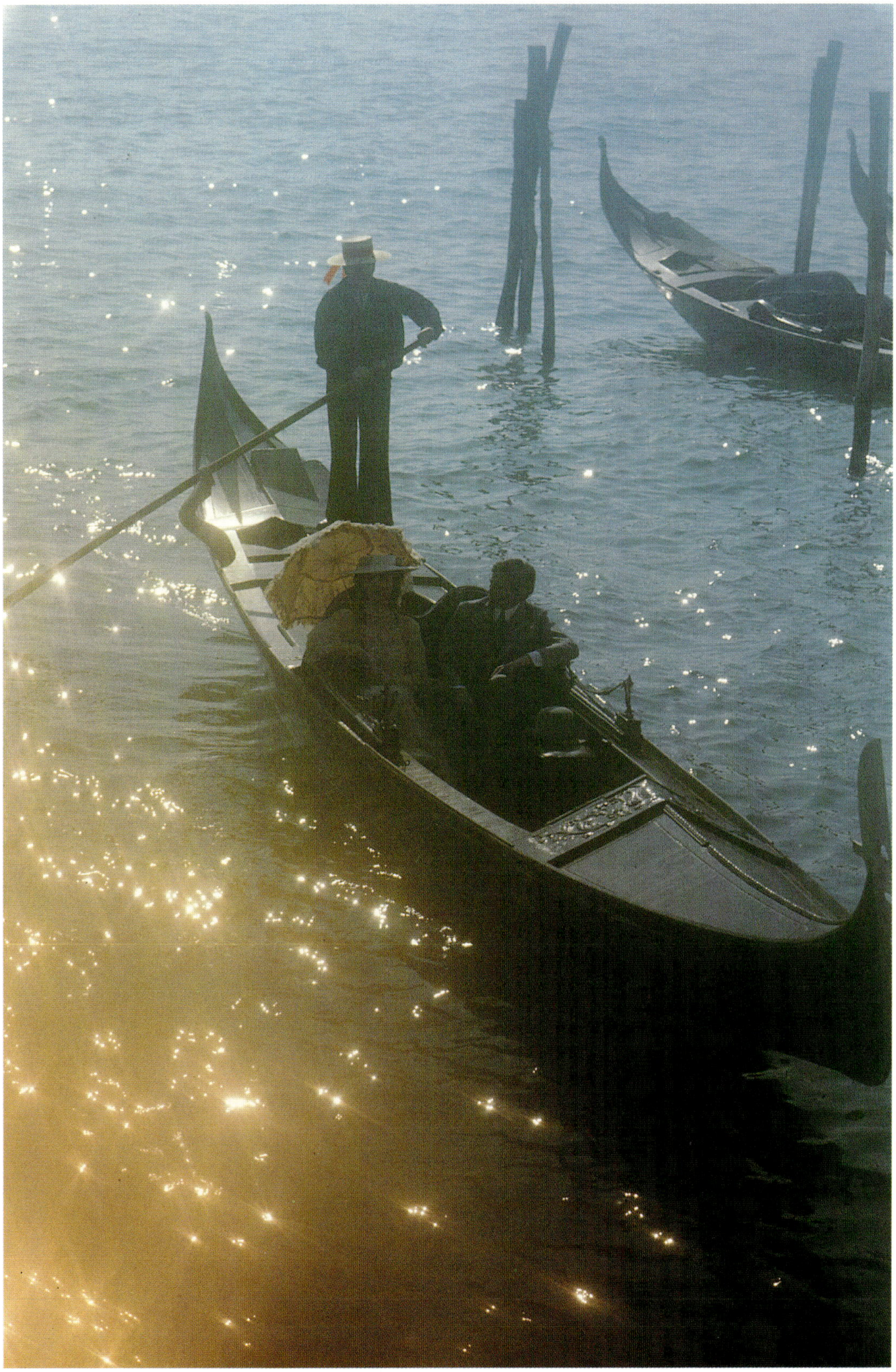

Ein Weichzeichner unterstreicht die Romantik der Aufnahme des Gondoliere in Venedig. Die Weichzeichnerwirkung hängt von der Brennweite des Objektivs und der verwendeten Blende ab. Foto: Edmund Bugdoll

Reflexionslichthof
Lichtsaum, der die Schärfe der Konturen von Fotografien beeinträchtigt. Er entsteht dadurch, daß Lichtstrahlen, die auf eine fotografische Schicht auftreffen, die → **Emulsion** durchdringen und von der darunter liegenden Schicht, etwa dem Schichtträger, in diese reflektiert werden, wodurch es zu einer ungewollten zusätzlichen Belichtung kommt. Dieses Phänomen läßt sich mit Hilfe einer speziellen Lichthofschutzschicht stark reduzieren, völlig zu beseitigen ist es allerdings nicht.

Sukzessivkontrast
Wurde über eine längere Zeitspanne eine einfarbige Fläche betrachtet, so erscheint dem menschlichen Auge eine danach betrachtete weiße Fläche, bedingt durch die Trägheit des Sehempfindens, in der jeweiligen Komplementärfarbe.

Vignettierung
Zum Rand des → **Bildkreises** hin zunehmender Helligkeitsabfall, der als natürliche Folge des für schräg durch das Objektiv einfallende Strahlenbündel effektiv geringeren Blendenquerschnitts und längeren Weges entsteht (→ **Randlichtabfall**), als künstliche V. jedoch auf die Verwendung falscher Gegenlichtblenden, hervorstehende Filterfassungen oder einen zu kleinen Leuchtwinkel bei Blitzaufnahmen zurückzuführen ist. Als Stilelement wurde die V., hervorgerufen durch entsprechende Vorsatzblenden, lange Zeit in der Porträtfotografie eingesetzt.

meistens der Himmel überbelichtet, da man die Belichtungszeit auf die Schatten einstellt, um eine gute Durchzeichnung zu erreichen. Das Verlauffilter wird bei dieser Aufnahmesituation so vor das Objektiv gesetzt, daß die hellen Teile des Motivs von der dunkleren Hälfte des Filters abgedeckt werden, nun kann man auf den Schatten belichten, ohne daß die helleren Teile überbelichtet werden. Die Einstellung des Filters läßt sich im Sucher oder auf der → Mattscheibe kontrollieren.

Halbfilter

Halbfilter haben die gleiche Konstruktion wie Verlauffilter, nur ist der Übergang nicht verlaufend. Dennoch kann man den verlaufenden Effekt durch Auswahl der Brennweite und Einstellung der Blende erreichen. Diese Filter sind auch in Farbe erhältlich, so daß man in der Farbfotografie die Naturfarben verstärken oder dramatisch verändern kann.

Dualfilter

Bei diesen Filtern ist jeweils die halbe Fläche unterschiedlich eingefärbt. Die Filter sind mit einer Drehfassung versehen. Der Verlauf der beiden Farben in der Mitte ist abhängig von der Brennweite des Objektivs und der eingestellten Blende, wobei der Übergang von einer Farbe zur anderen bei offener Blende weicher ist als bei geschlossener. Bei geschlossener Blende ist jedoch die Farbintensität größer. Das gleiche Filter gibt es sowohl mit drei gleichgroßen, zentrischen als auch mit sechs Farben.

Vignettierfilter

Unter Vignettierung versteht man, wenn durch Bauteile sowohl der Kamera als auch der Objektive, Bildteile in den Ecken abgedeckt werden. Mit Hilfe von Vignettierfilter kann man Vignettierungen bewußt zur Bildgestaltung benutzen. Diese Filter haben im Zentrum einen Klarfleck und zum Rand hin eine Vignettierung, die auch eingefärbt sein kann. Die Wirkung ist ein scharfes Kernbild mit – je nach Blendenöffnung – hartem oder weichem Übergang zum Rand hin. Zusätzlich läßt sich bei einigen Vignettierfiltern noch eine Milchglasscheibe mit Klarfleck im Zentrum vorschalten, wobei das Motiv zum Rande hin unscharf bis zur Unkenntlichkeit wird. Ein weiteres Vignettierfilter gibt es mit Zoomeffekt. Hierbei sind um den Klarfleck zentrisch Ringe eingepreßt; dadurch werden vom Mittelpunkt ausgehende Reflexe scheinbar zum Rand hin vergrößert. Dieser Effekt ist mit Aufnahmen von Zoomobjektiven vergleichbar, bei denen die Brennweite während der Belichtung verstellt wurde.

Prismenfilter

Genauer: Mehrfachprismen sind Vorsatzlinsen mit prismenförmig geschliffenen Flächen in Drehfassung. Der Motivteil wird mehrfach abgebildet, da jede Prismenfläche ein Bild erzeugt. Die an den Motivkonturen oft auftretenden farbigen Lichtsäume können gestalterisch eingesetzt werden. Die beste Wirkung erzielt man bei großer Blendenöffnung, bei viel Licht muß man ggf. einen Graufilter benutzen. Im Handel sind zwei- oder mehrfache Prismen mit Dreieck-, Kanten- oder Sternschliff.

Stern- oder Gitterfilter

Kreuzartig eingravierte prismatische Rillen spalten direkte Lichtpunkte und Reflexionen in 4- und mehrstrahlige Lichtsterne auf. Beste Wirkung bei Blendenwert 4 und 8 sowie bei leichten und mittleren Teleobjektiven. Bei Objektiven mit kurzer Brennweite (Weitwinkel) ist die Wirkung nur gering. Eine Variante dieses Filters gibt es mit zwei Klarscheiben, in denen parallel prismatische Rillen eingraviert sind, die voneinander getrennt beliebig gegeneinander verdrehbar sind. Dadurch werden direkte Lichtpunkte und Reflexe kreuzförmig, je nach Drehstellung der beiden Scheiben, in zwei oder vier Strahlen aufgespalten.

Doppelgängerfilter

Doppelgängerfilter sind halbseitig schwarz gefärbte Filterscheiben in einer Drehfassung

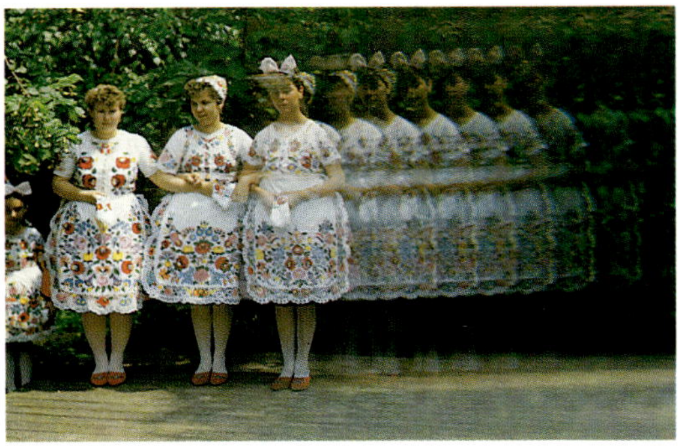

Ein Speed-Filter sorgte für die wundersame Vermehrung der Person links im Bild.
Foto: Edmund Bugdoll

mit Markierungspunkten. Durch Abdeckung einer Bildhälfte bei der Aufnahme lassen sich sogenannte Doppelgängerfotos herstellen, die zweimal auf demselben Bild die gleiche Person in verschiedener Pose zeigen. Dabei ist es wichtig, daß man bei der Kamera die Kupplung von Verschluß und Filmtransport trennen kann, was bei jeder modernen Kamera möglich ist.

Schwarzweiß-fotografie

Entscheidend in der Schwarzweißfotografie ist die Umsetzung von Farben in Grauwerte. Dabei spielt es eine große Rolle, daß das menschliche Auge die verschiedenen Farben in unterschiedlicher Helle wahrnimmt; der blaue Himmel erscheint immer dunkler als gelbe Sonnenblumen davor. Der Film setzt aber beide Farben in gleiche Grauwerte um, da die reale Helligkeit gleich ist. Damit ein Bild dem Empfinden des menschlichen Auges gerecht wird, muß folglich gefiltert werden. Zusätzlich ist auch in der anspruchsvollen Schwarzweißfotografie eine Korrekturfilterung wie bei der Farbfotografie notwendig, denn ein Rot bei Tageslicht hat z.B. einen ganz anderen Grauwert als bei Kunstlicht. In der Regel wird in der Schwarzweißfotografie die Eigenfarbe des Filters im Positiv heller, die der Gegenfarbe dunkler, was entsprechend umgekehrt für das Negativ gilt. Ein rotes Filter läßt ihm das Rot auf dem Schwarzweißpositiv heller erscheinen, Blau und Grün hingegen werden dunkler dargestellt.

Blaufilter

Rot und Gelb wird dunkler, Blau wird im Positiv heller wiedergegeben. Bei Landschaftsaufnahmen wird der Dunst verstärkt, was zu einer leichten Verschleierung führt. Bei Porträtaufnahmen wird Rot verstärkt, was die Lippen plastischer erscheinen läßt, aber es werden auch Unregelmäßigkeiten in der Haut verstärkt. In der Unterwasserfotografie wird die Trübung fast aufgehoben.

Grünfilter

Grün wird im Positiv heller, Rot wird dunkler. Dieses Filter wird besonders bei Landschaftsaufnahmen eingesetzt, das Grün einer Wiese oder eines Waldes wird bedeutend nuancenreicher. Aufnahmen von Menschen bei Kunstlicht lassen die Haut sonnengebräunt erscheinen.

Gelbfilter

Gelb wird im Positiv heller, Blau dunkler. Bei Landschaftsaufnahmen werden die Wolken am blauen Himmel plastischer. Bei Schneeaufnahmen werden die blauen Schatten kontrastreicher und lassen die weißen Flächen bedeutend plastischer erscheinen. Bei Bergaufnahmen wird jeglicher Dunst weggefiltert, der Himmel wird dunkler. Im Freilichtporträt wird blondes Haar und die Haut heller, eventuell vorhandene Sommersprossen werden reduziert oder fallen ganz weg und blaue Augen werden dunkler. In der Unterwasserfotografie trägt dieses Filter wesentlich zur Konturierung bei.

Orangefilter

Blau und Grün werden im Positiv dunkel, frisches Grün wird heller. Orangefilter durchdringen fast jeden Dunst. Sie können als verstärkte Gelbfilter angesehen werden und finden besonders bei Luftbildaufnahmen Anwendung, um bei waldreichen Gegenden die Landschaft differenzierter abzubilden. Beliebt ist dieses Filter auch bei Architekturaufnahmen, da helle Gebäude deutlich kontrastierter vor dunklem Himmel

Sperrfilter
Filter, die nach der → **Spektralfarbe** benannt sind, für die sie undurchlässig sind. (Meist werden Filter mit ihrer Eigenfarbe bezeichnet, also der Spektralfarbe, für die sie durchlässig sind.)

abgebildet werden. In der Unterwasserfotografie bei Gegenlichtaufnahmen werden mit diesem Filter die Bilder bedeutend kontrastreicher.

Filterhalter

Wenn die Palette der Glasfilter nicht ausreicht, oder wenn größerer Variantenreichtum für spezielle Effekte benötigt wird, kann man auf die erhältlichen Gelatinefilter zurückgreifen. Sie gibt es in den Maßen 75 x 75 mm und sie werden in Verbindung mit einem Filterhalter benutzt. Dieser besteht aus zwei mit Scharnieren verbundenen Platten mit entsprechender Öffnung, zwischen die das Filtermaterial eingelegt wird. Ein Sperrknopf hält den abklappbaren Teil des Halters. Meistens haben sie noch eine Schaumstoffpolsterung, um ein Verschieben des Filters zu verhindern; daher ist es ratsam, den Halter nach Gebrauch sofort wieder zu öffnen, um die Elastizität des Schaumstoffs zu erhalten. Der Einsatz der Halter beschränkt sich nicht nur auf die Aufnahme von farbkorrigierenden Filterfolien. Es lassen sich auch alle möglichen transparenten Materialien bis etwa 2 mm Dicke montieren, wie strukturiertes Papier, Rasterfolien, Gaze und anderes Gewebe, die dem Fotografen ein breites Spektrum an Verfremdungsmöglichkeiten eröffnen. Die Filterhalter werden in das Frontgewinde der Objektive eingeschraubt. Sie selber haben ein Frontgewinde, so daß man sie mit einer Sonnenblende oder einschraubbaren Glas- oder Trickfiltern ergänzen kann.

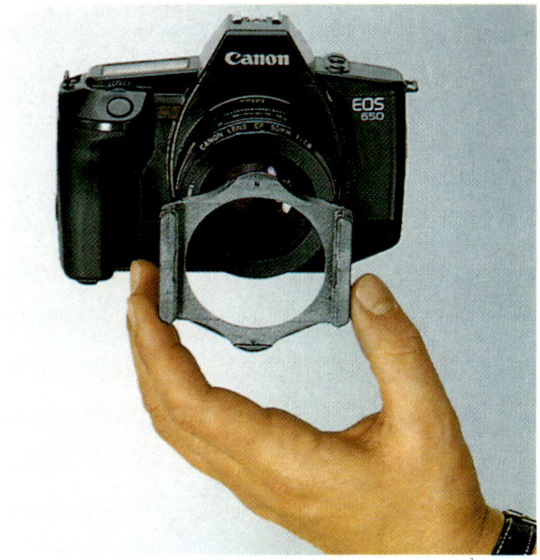

Beim Cokin System wird der Filterhalter auf einen Adapterring gesetzt, der in das Filtergewinde des Objektivs geschraubt wird.

Zubehör

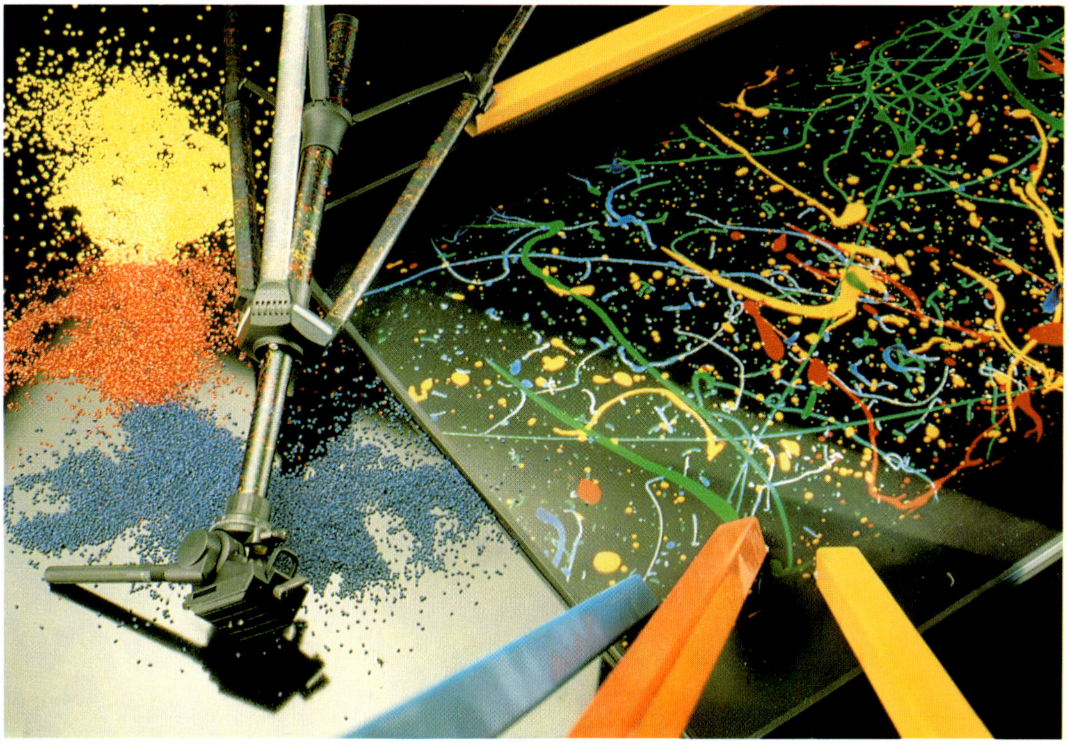

Stative verbessern die Bildqualität. Daß sie nicht immer langweilig silberfarbig oder schwarz sein müssen, beweist Cullmann mit der Waveline-Serie.

Aufnahmezubehör

Stative

Zu den Hauptursachen für unscharfe Bilder zählen Erschütterungen während der Aufnahme. Wenn das Licht für eine »verwackelungssichere« Verschlußzeit nicht ausreicht, sollte man zu einem höherempfindlichen Film, zusätzlichen Lichtquellen (z. B. Blitzlicht) oder einem Stativ greifen. Ein Stativ ist immer dann notwendig, wenn die Verschlußzeit länger ist als der Kehrwert der Brennweite (Beispiel: mit 35 mm Weitwinkelobjektiv 1/30 s und länger, mit 135 mm Teleobjektiv 1/125 s und länger). Am weitesten verbreitet sind Dreibein-Stative, die in jedem Gelände einen festen Stand finden, ohne zu wackeln. Zu diesem Zweck läßt sich in der Regel jedes der drei Beine stufenlos in der Länge verstellen, bei vielen Modellen auch noch in der Neigung. Weiterhin gehört zu einem Dreibein eine Mittelsäule, an deren oberen Ende der Stativkopf mit der Kamera montiert ist. Die Mittelsäule läßt sich ebenfalls in der Höhe stufenlos verstellen, so kann die Stativ-Gesamthöhe schnell geändert werden, ohne jedesmal alle drei Beine zu verstellen. Preisgünstigere Stative haben eine Klemmschraube oder einen Befestigungshebel für die Mittelsäule, teurere Produkte (die auch für Film- oder Videokameras geeignet sind) haben eine Kurbel für die

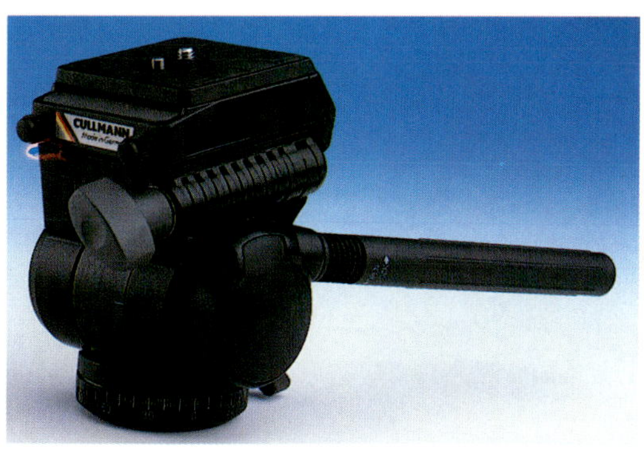

Dreiwegekopf mit genormter Schnellkupplung von Cullmann

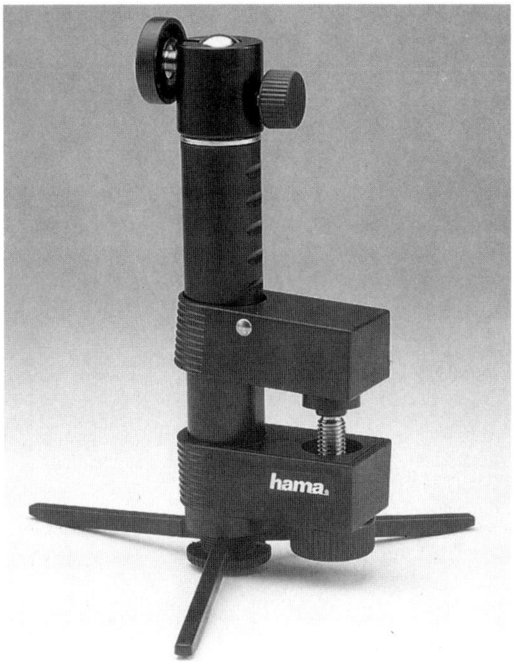

Zwei in einem: Die Mittelsäule dieses Stativs läßt sich herausnehmen und dient gleichzeitig als Einbein-Stativ.

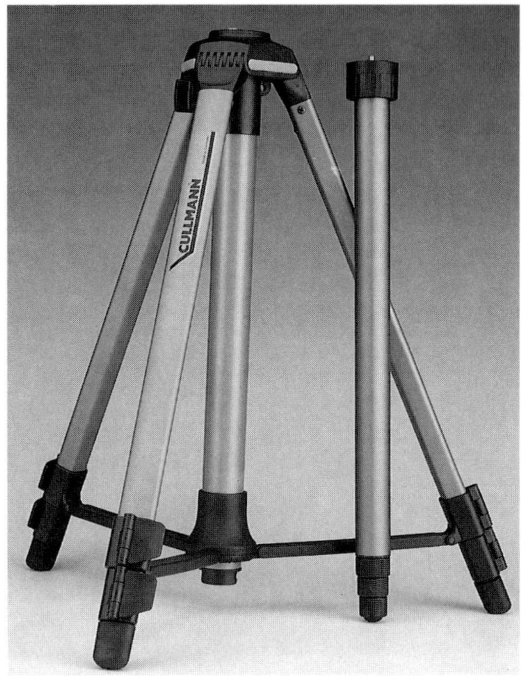

Ebenfalls mehrere Zwecke erfüllt dieses praktische Klemmstativ, das sich auch an Tische oder Regalbretter festschrauben läßt.

Höhenverstellung. Ebenfalls in der gehobenen Preiskategorie zu finden sind Säulenbremsen, die ein versehentliches ruckartiges »Runterplumpsen« der Kamera verhindern. Bei dem Stativkopf unterscheidet man zwischen sogenannten Kugelköpfen, 2-Wege- und 3-Wege-Neigern. Ein Kugelkopf ist ein allseitig neig- und verdrehbares Kugelgelenk, auf dem die Kamera befestigt wird. Über einen Klemmhebel (oder eine Knebelschraube) kann die Kugel arretiert werden. Lockert man sie, kann die Kamera geschwenkt, geneigt und gekippt werden. Teurere Kugelköpfe haben zusätzlich noch einen Drehteller, um die ausgerichtete Kamera nur um ihre Hochachse zu drehen. Die Neigeköpfe sind ursprünglich für Filmkameras entwickelt worden, und nur der 3-Wege-Neiger ist für die Fotografie uneingeschränkt brauchbar. Der 2-Wege-Neiger besteht aus zwei ineinander verschachtelten Gelenken, er erlaubt es, die Kamera vor- und zurückzukippen und sie um ihre Hochachse zu drehen. Der 3-Wege-Neiger erlaubt zusätzlich noch eine Drehung der Kamera um ihre Längsachse – wichtig für den Wechsel von Quer- zu Hochformat, der bei Filmkameras nicht vorgesehen ist. Der Vorteil eines 3-Wege-Neigers gegenüber einem Kugelkopf besteht darin, daß man die einzelnen Schwenkrichtungen getrennt voneinander sperren kann. Außerdem kann man die Kamera in der Regel mit einem Bedienhebel am Stativkopf führen, so daß mit etwas Übung Aufnahmen von bewegten Objekten auch vom Stativ möglich sind. Der Kugelkopf hat dagegen den Vorteil, daß sich die Kamera genauer justieren läßt, außerdem sind gute Kugelköpfe stabiler als gleichteure Neiger. Um die Kamera genau gerade ausrichten zu können, haben viele Stativköpfe eine eingebaute Wasserwaage. Bei Stativen ohne behilft man sich mit einer Mini-Wasserwaage aus dem Zubehörhandel, die in den Blitzschuh der Kamera eingeschoben werden kann.

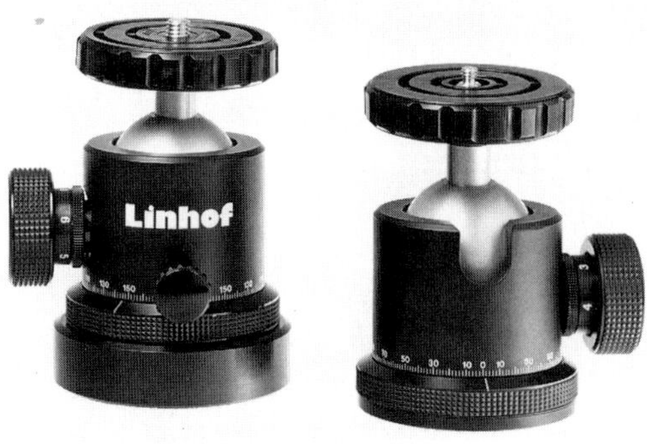

Für professionelle Anwendungen sind diese Kugelköpfe mit programmierbarer Friktion und Panorama-Indexring.

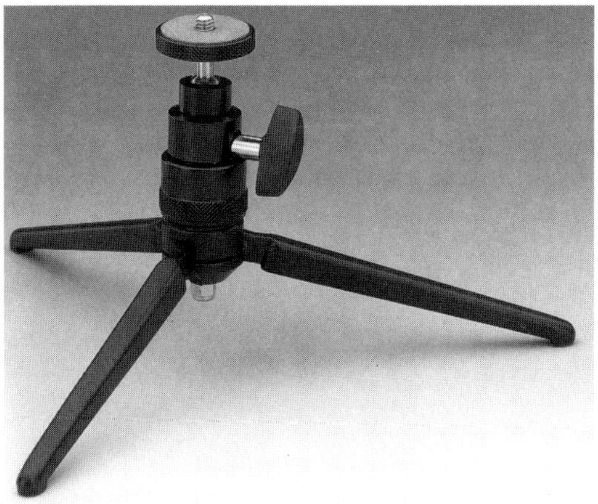

Das stabile Tischstativ mit Kugelkopf von Multiblitz ist optimal für unterwegs.

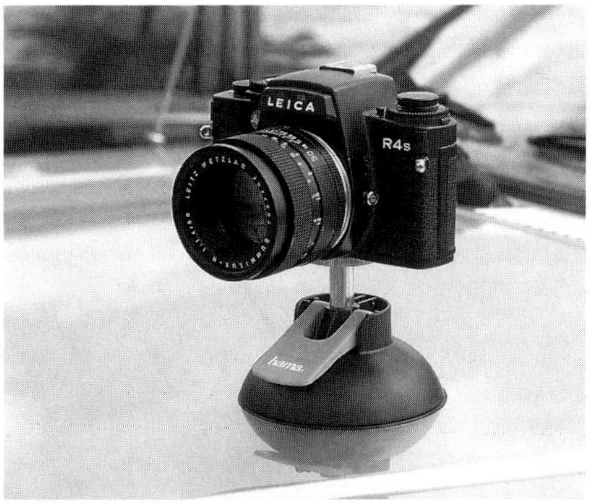

Auf glatten Flächen läßt sich diese hama-Konstruktion mit Saugnapf befestigen.

Weit weniger verbreitet, doch nicht minder sinnvoll als das Dreibein- ist das Einbeinstativ. Es bietet einen idealen Kompromiß zwischen Beweglichkeit und Stabilität und eignet sich besonders für Aufnahmen mit Teleobjektiven bei Verschlußzeiten, die bis zu zwei Stufen unter der »Freihandgrenze« liegen. Das Einbeinstativ ist im Prinzip nichts weiter als die Mittelsäule eines Dreibeins, die sich teleskopisch in der Länge verstellen läßt. Der Fotograf muß die Kamera weiterhin selbst halten und führen, aber das auf die Erde aufgesetzte Stativbein reduziert ungewollte Wackelbewegungen auf ein Minimum. Einige Dreibein-Stative haben sogar eine Mittelsäule, die sich bei Bedarf in ein Einbein verwandeln läßt – eine optimale Lösung.

Besonders für kleinere Kameras und alle Eventualitäten sind Tisch- und Taschenstative gedacht. Sie sind so klein und leicht, daß sie in jeder Fototasche Platz finden und werden deshalb immer mitgenommen. Einige dieser Stative haben eine integrierte Schraubzwinge, womit die Kamera an jeder Tür, an Zäunen oder Verkehrsschildern befestigt werden kann, zusätzlich sind oft kleine Beine eingebaut, mit denen man die Kamera auf einen Tisch, eine Fensterbank oder einen Mauersims stellen kann. Während große Dreibeinstative problemlos auch größte Kameras tragen können, sind die meisten Taschenstative mit einer normalen Kleinbildkamera bereits voll ausgelastet. Da sie ihre Größe nicht aus sich selbst, sondern aus dem Objekt beziehen, an das sie befestigt werden, gibt es auch Stative mit Erdspießen oder Holzbohrern, so daß man einen Baum als Stütze mißbrauchen kann.

Brust- und Schulterstative sind eigentlich eher Kameragriffe als Stative. Sie erlauben, daß man die Kamera ähnlich einem Gewehr anlegen kann, und eignen sich deshalb auch besonders für die Tierfotografie.

Autostative lassen sich in fast jedem PKW einsetzen. In der Regel werden sie mit starken Saugnäpfen an der Scheibe befestigt. Es gibt auch Autostative für die Tierfotografie, die auf die heruntergekurbelte Seitenscheibe des Wagens aufgeklemmt werden.

Repro-Stative eignen sich für die Reproduktion von zweidimensionalen Objekten, aber auch von Schmuck und Kleinteilen ohne große räumliche Ausdehnung. Sie bestehen aus einem Grundbrett, einer senkrecht stehenden Repro-Säule und der Kamerabefestigung. Üblicherweise wird die Kamera so befestigt, daß sie senkrecht nach unten fotografiert. Der Abstand zwischen Kamera und Motiv läßt sich mit einer Kurbel oder einem Drehrad stufenlos einstellen, das Objekt liegt auf dem Grundbrett. Da fotografische Vergrößerer zum Herstellen von Abzügen ganz ähnlich aufgebaut sind, lassen sie sich oft auch als Repro-Stativ einsetzen.

Für die Befestigung hat jede Kamera im Boden ein Stativgewinde, und der Stativkopf hat eine entsprechende Schraube. Zwei Stativgewindetypen sind gebräuchlich: 1/4 Zoll (alle Kleinbildkameras) und 3/8 Zoll (viele größere Kameras). Viele Stative lassen sich mit entsprechenden Schraubbolzen für

Reproduktion
Originalgetreue fotografische Wiedergabe einer Aufsicht- oder Durchsichtvorlage als graustufiges Halbtonbild, als Rasterbild für den Druck oder als Strichabbildung. In der professionellen R. wurden bisher spezielle fest installierte Reproduktionskameras verwendet, die heute allerdings immer mehr von elektronisch gesteuerten Scannern abgelöst werden. Zur R. mit einer gewöhnlichen Kamera ist die Verwendung eines Stativs oder einer Reproduktionseinrichtung notwendig, die dafür sorgt, daß Vorlagen- und Filmebene absolut parallel gehalten werden. Außerdem muß die Vorlage mit Hilfe von Kunst- oder Blitzlicht optimal ausgeleuchtet sein.

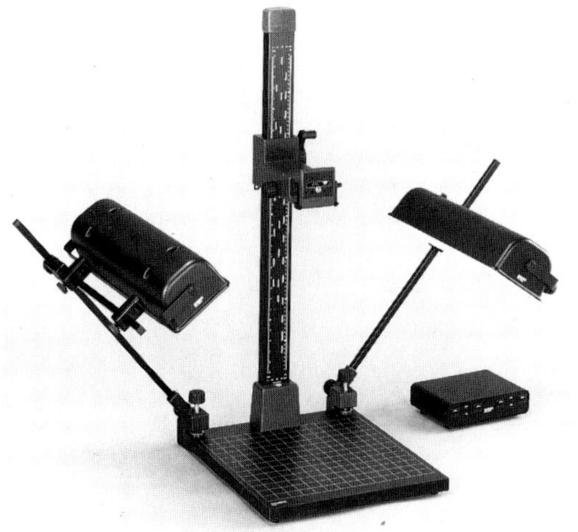

Zusätzliche Arme für reflexfreie, seitliche Beleuchtung lassen sich am Grundbrett der Reprosäule von Kaiser befestigen.

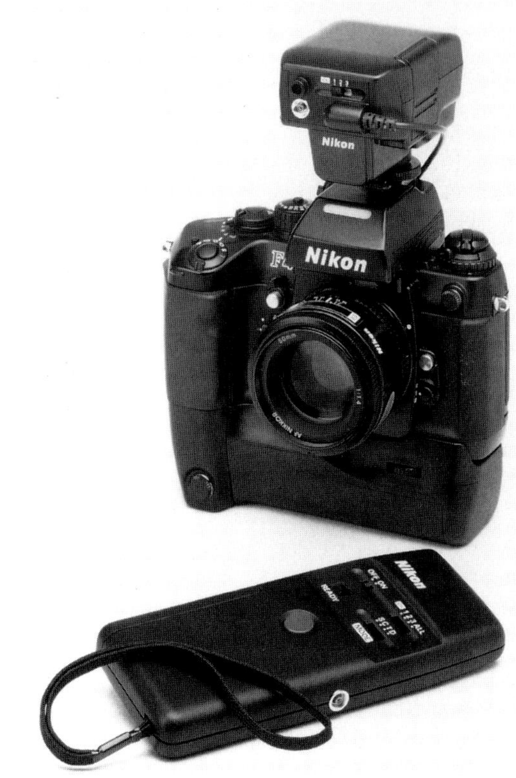

Die kabellose Auslösung über Infrarot-Sender und Empfänger ermöglicht das ML-2 Modulite Remote Control Set von Nikon.

beide Gewindegrößen ausstatten. Wer die Kamera häufig vom Stativ nehmen möchte, ist mit einer Schnellkupplung gut bedient. Sie besteht aus dem Kupplungsmechanismus, der auf den Stativkopf aufgeschraubt wird (oder in diesen bereits integriert ist) und der Kupplungsplatte, die unter die Kamera geschraubt wird und dort auch bleibt. Sollen mehrere Kameras oder andere Geräte im Wechsel auf ein Stativ, kann man für jede Kamera eine eigene Kupplungsplatte kaufen. Auf- und Absetzen ist in der Regel einfach: Kupplungsplatte auf die Kupplung setzen, Spannhebel schließen – fertig!

Fernauslöser

Um die Kamera auf dem Stativ vor Erschütterungen zu bewahren, sollte man sie während der Aufnahme nicht berühren. Fernauslöser haben den Zweck, die Kamera auszulösen, ohne dabei Vibrationen zu übertragen. Generell muß man zwei Arten von Auslösern unterscheiden, mechanische und elektrische. Mechanische Auslöser werden in einen enstprechenden Anschluß an der Kamera geschraubt, der genormt ist. Bei den meisten Kameras, die einen mechanischen Auslöseranschluß haben, sitzt dieser im Auslöseknopf. Der einfachste mechanische Fernauslöser ist der Drahtauslöser, ein Bowdenzug mit einer Länge zwischen 20 cm und 1 m. Viele Drahtauslöser haben zusätzlich noch eine Arretierungsschraube, so lassen sich in der Verschlußstellung B beliebig lange Langzeitaufnahmen machen, ohne die ganze Zeit den Auslöser drücken zu müssen. Für Entfernungen bis zu 10 m eignen sich pneumatische Auslöser. Ein Gummiball und ein Kolbenelement sind mit einem Gummischlauch miteinander verbunden. Drückt man den Gummiball zusammen, wird Luft in das Kolbenelement gepreßt, vorne kommt ein Stift heraus und betätigt den mechanischen Auslösekontakt der Kamera. Der Gummiball ist robust und unempfindlich – man kann ihn auch mit dem Fuß betätigen. Kaum noch angeboten werden mechanische Zeitauslöser (für Kameras, die keinen Selbstauslöser haben). Sie werden in den Auslöseranschluß eingeschraubt, und ein mechanisches Hemmwerk drückt nach Ablauf von rund 10 s einen Stift in den Anschluß.

Bei allen elektronisch gesteuerten Kameras ist der mechanische Auslöser nichts weiter als ein Schalter, der geschlossen wird. Deshalb sind heute die meisten modernen Kameras statt mit einer Einschraubbuchse

mit einer (leider nicht genormten) Steckdose für einen Kabel-Fernauslöser ausgestattet. Manche Kabelauslöser haben eine Taste, die exakt wie der Kameraauslöser arbeitet, d.h. leichtes Antippen aktiviert die Kamera und den Autofokus, volles Durchdrücken löst aus. Zusätzlich läßt sich die Taste meist noch verriegeln, um Dauerbelichtungen zu erleichtern. Theoretisch könnte die Kabelverbindung beliebig lang sein, in der Praxis bieten die Kamerahersteller für ihre Modelle meist zwei Längen an, nämlich ca. 50 cm und ca. 5 m. Weitere Distanzen lassen sich mit einer Infrarotfernsteuerung überbrücken. Einige Kameras besitzen bereits einen IR-Empfänger, der dazugehörige Sender kann entweder als Zubehör gekauft werden oder ist serienmäßig dabei. Aufwendiger sind IR-Fernsteuerungen, wie sie Hama und Minolta anbieten. Sie bieten mehrere verschiedene Übertragungskanäle, so daß entweder ein Fotograf mit einem Sender verschiedene Kameras selektiv steuern kann – oder zwei Fotografen wollen sich gegenseitig nicht stören. In geschlossenen Räumen wird das IR-Signal von den Wänden reflektiert, unter freiem Himmel muß eine direkte Sichtverbindung zwischen Kamera und Sender bestehen. Die stärksten IR-Anlagen kommen auf eine Reichweite von ca. 60 m. In der Funktion vergleichbar sind Funkfernsteuerungen, deren Reichweite deutlich höher sein kann. Wegen der strengen postalischen Bestimmungen in Deutschland muß man allerdings vor der Benutzung einer solchen Anlage darauf achten, ob sie von der Post freigegeben ist. Sonst kann es passieren, daß man Störungen in anderen Funkbereichen (Flugsicherung, Krankentransport usw.) verursacht, der Betrieb solcher Geräte ist strafbar. Für wissenschaftliche Zwecke prädestiniert sind Timer-/Intervall-Steuergeräte. Bei ihnen kann man genau festlegen, wann wie oft und wie lange belichtet wird. War für solche Funktionen früher meist ein voluminöses Beistellgerät notwendig, bieten heute einige Kamerahersteller Steuerrückteile für ihre Kameras an, die sich programmieren lassen.
Für die Tierfotografie besonders geeignet sind Lichtschranken-Auslöser. Eine Lichtschranke besteht aus einem Strahler und einem Empfänger mit lichtempfindlichem Fototransistor. Der Strahler richtet einen dünnen Lichtstrahl genau auf den Empfänger. Sobald etwas zwischen Strahler und Empfänger hindurchläuft, wird der Lichtstrahl unterbrochen, der Fototransistor schaltet einen Impuls, der die angeschlossene Kamera auslöst.

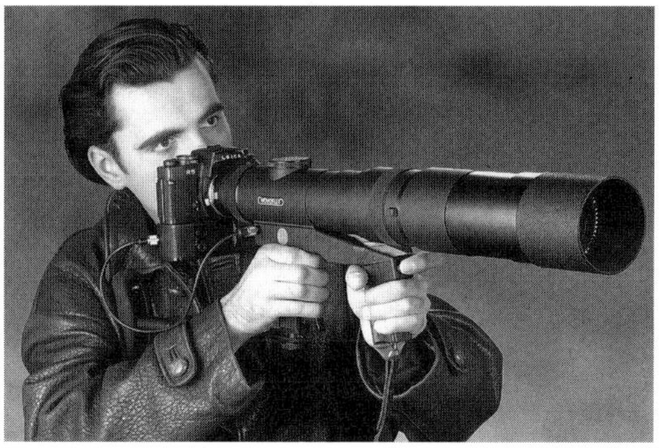

Der elektrische Fernauslöser am Griff ermöglicht eine besonders ruhige Haltung des Novoflex-Schnellschußobjektivs.

Sucherzubehör

Normale Spiegelreflexsucher sind optisch in der Regel auf -1 dpt (Dioptrie) abgestimmt. Das bedeutet, daß sich das Sucherbild scheinbar in 1 m Entfernung befindet. Fotografen, die so fehlsichtig sind, daß sie auf 1 m nicht scharf sehen können, benötigen zum Fotografieren einen Ausgleich. Manche Kameras haben ein Sucherokular mit einer einstellbaren Dioptrienkorrektur, bei anderen Kameras kann man kleine Linsen vor das Okular setzen. Das ist aber nur für die Fotografen eine perfekte Lösung, die entweder in der Regel keine Brille tragen oder diese zum Fotografieren wieder absetzen. Dasselbe gilt für Gummi-Augenmuscheln. Sie erlauben Fotografen ohne Brille, in die Kamera zu schauen, ohne dabei von Streulicht gestört zu werden – Fotografen mit Brille können in der Regel auf Okularmuscheln verzichten. Eine Sucherlupe vergrößert das Sucherbild und erlaubt so auch bei schwierigen Aufnahmebereichen (Makro, Repro, Astronomie) eine exakte Scharfstellung. Um bei Bedarf das gesamte Sucherbild sehen zu können, sind diese Lupen mit einem Handgriff hochzuklappen. Bei Makro- und Reprofotografie ist es zudem praktisch, wenn man von oben in die Kamera blicken kann. Dazu gibt es Winkelsucher, die man auf das Sucherokular aufsetzt. Sie

Anastigmat
heißt ein Objektiv, das durch Verwendung spezieller Glassorten hinsichtlich des → **Astigmatismus** korrigiert ist.

Astigmatismus (auch **Zweischalenfehler**)
Wörtlich: Punktlosigkeit. Die Projektion eines Lichtbündels, das von einem Gegenstandspunkt auf der optischen Achse auf eine Linse trifft, bildet dort einen Kreis. Liegen Gegenstandspunkte außerhalb der optischen Achse, so nimmt ihre Projektion auf der Linsenoberfläche die Form einer Ellipse an, weshalb die Strahlen in der Senkrechten (meridional) und in der Waagerechten (saggital) unterschiedlich stark gebrochen werden und daher anstatt eines Brennpunktes auf zwei unterschiedlich weit von der Linse entfernten Bildschalen zwei Brennlinien entstehen. Objektive, die für diesen → **Abbildungsfehler** korrigiert sind, nennt man → **Anastigmate.**

Dioptrie
Maßeinheit für die Brechkraft von Linsen bzw. optischen Systemen, die als Kehrwert der → **Brennweite** definiert ist und in Metern angegeben wird. Das vor der Dioptrienzahl stehende Vorzeichen weist darauf hin, ob es sich um eine konvexe (+) oder eine konkave (-) Linse handelt.

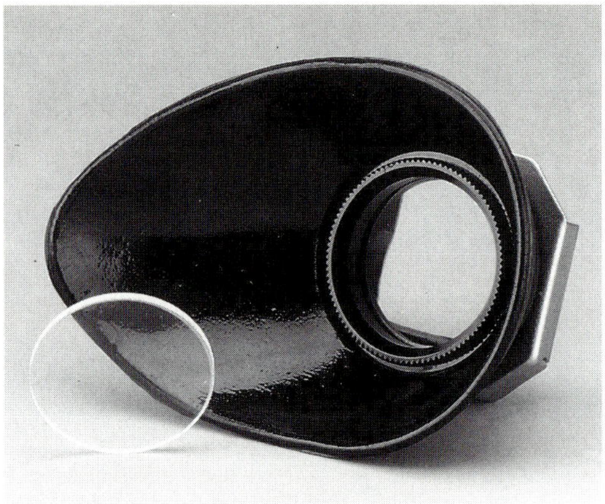
Die Augenmuschel von hama hält Streulicht vom Sucherokular fern und ermöglicht den Dioptrienausgleich durch Korrekturlinsen.

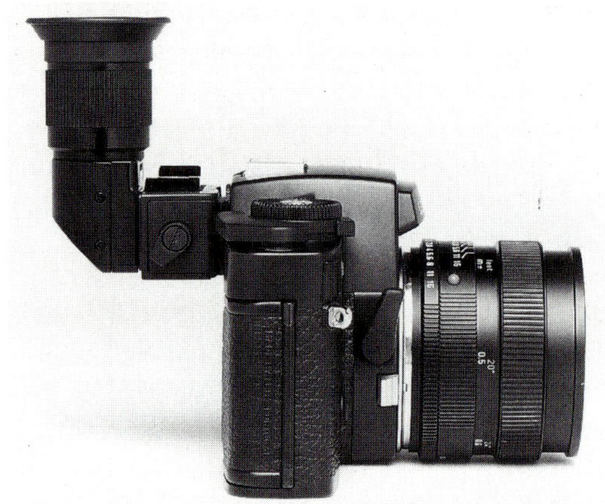
Den Einblick von oben gestatten Winkelsucher. Sie sind praktisch für Reproarbeiten und niedrige Aufnahmestandpunkte.

erlauben es, die Einblickrichtung individuell zu wählen.

Blitzzubehör

In der Regel sitzt der Blitz auf der Kamera im Blitzschuh, was eine sehr unnatürliche Ausleuchtung ergibt. Natürlichere Blitzaufnahmen gelingen, wenn man den Blitz von der Kamera trennt. Für die Synchronisation gibt es verschieden lange Kabel und Adapter, die entweder an den Blitzschuh oder den Kabelkontakt der Kamera angeschlossen werden. Technisch aufwendiger wird es, wenn der Blitz von der Kamera TTL-gesteuert wird, wenn also die Kamera während der Aufnahme das Blitzlicht mißt und die Leuchtdauer steuert. Auch bei solchen Geräten ist eine Kabelverbindung möglich, die passenden Kabel sind aber in der Regel sehr teuer und werden nur von den Kameraherstellern selbst angeboten. Eine Ausnahme stellt das SCA-System dar (Special Camera Adaption). Es besteht aus einer Reihe von Adaptern, die für fast jede Systemkamera lieferbar sind, und einem System von Kabeln, Verteilern und Kupplungen. Mit dem SCA-System lassen sich SCA-taugliche Blitzgeräte an die elektronische Blitzsteuerung fast jeder Kamera anpassen. Die älteste SCA-Baureihe, das SCA-System 500, gab es nur für wenige Kameras und einige Stabblitzgeräte. Das modernere SCA-System 300 ist für fast jede Kamera geeignet. SCA-300-Adapter für AF-Kameras sind sogar mit AF-Hilfslicht für die Unterstützung der automatischen Scharfstellung bei Dunkelheit ausgestattet. Die neuste Generation der SCA-Blitzgeräte stammt von Metz, sie verwendet SCA-3000-Adapter und sorgt auch für die Übertragung von Steuerbefehlen, die bislang nur die Systemblitzgeräte der Kamerahersteller ausführen konnten, z. B. automatische Verstellung des Blitzreflektors in Abhängigkeit zur verwendeten Objektivbrennweite. Egal ob mit oder ohne TTL-Steuerung: mit entsprechenden Kabelverteilern und Kupplungen lassen sich bei Bedarf auch mehrere Blitze verbinden. Wird die Blitzleistung nicht von der Kamera geregelt, empfiehlt sich ein Blitzbelichtungsmesser. Es gibt Modelle, die nur Blitzlicht messen können oder solche, die auch Dauerlicht registrieren. Für Probeblitze haben die meisten

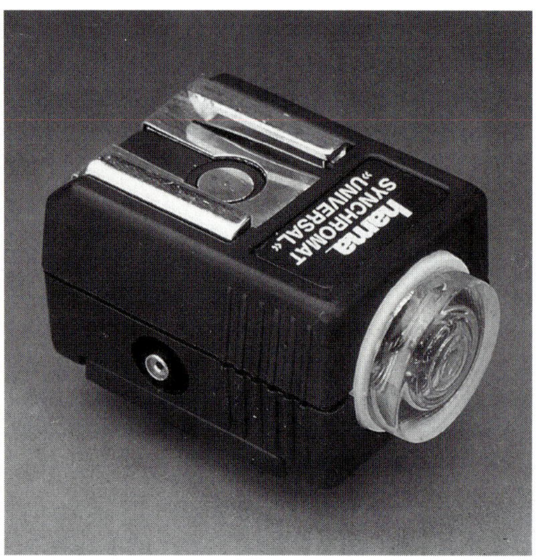

Die kabellose Fernauslösung von Kameras oder Blitzgeräten durch Blitzlicht ermöglichen Fotozellen wie der Synchromat von hama.

Blitzbelichtungsmesser einen Blitzkabelanschluß und eine Auslösetaste. Sogenannte Servoauslöser lösen Blitzgeräte kabellos aus. Eine Fotozelle im Servoauslöser registriert, wenn ein anderes Blitzgerät im Raum aufleuchtet und gibt im selben Moment den Zündimpuls. Auf diese Art lassen sich zwar beliebig viele Blitzgeräte synchron auslösen, aber ihre Leuchtdauer kann nicht mehr von der Kamera gesteuert werden. Erst in jüngster Vergangenheit kamen die ersten Blitzgeräte auf den Markt, die sich drahtlos auslösen und steuern lassen: Die Kamera sendet einen sichtbaren oder infraroten Blitz aus, woraufhin das ferngesteuerte Blitzgerät eine Reihe von Blitzimpulsen abfeuert. Dieses Licht wird von der Kamera gemessen, und wenn genug Licht ausgestrahlt wurde, sendet die Kamera einen Impuls zum Abbrechen der Blitzbelichtung. Dieser Vorgang findet innerhalb einer 200stel Sekunde (!) statt. Ebenfalls zur Qualität der Aufnahmeergebnisse trägt es bei, wenn man das Blitzlicht weicher macht. Zu diesem Zweck gibt es verschiedene Blitzdiffusoren, die vor oder über dem Reflektor montiert werden und das Blitzlicht streuen. Besonders einfach im Einsatz ist der Blitzball, eine aufblasbare Plastikkugel aus milchig-lichtdurchlässigem Material. Der Blitzball wird bei Bedarf mit Gummibändern vor den Blitzreflektor gespannt. Reflektionsschirme in der Form eines Regenschirms sorgen für weiches, homogenes Licht. Um die Richtung des Blitzlichtes abzulenken und dadurch einen wesentlich natürlicheren Beleuchtungseindruck zu bekommen, bieten sich verschiedene Lösungen ab. Wenn man das Blitzgerät statt auf der Kamera selbst auf einer Schiene mit einem Haltegriff und einem Blitzschuh befestigt, wird die Entfernung zum Objektiv größer, die Bilder wirken plastischer. Um den Blitz gegen die Decke zu schwenken und so indirektes Licht zu gewinnen, kann man zwischen Blitz und Kamera einen Blitzneiger setzen, ein stufenlos einstellbares Klappgelenk. Der Blitzneiger ist auch bei extremen Nahaufnahmen sinnvoll, wenn der Blitz zu hoch sitzt und über das Motiv hinwegleuchten würde. Für verschiedene kreative Effekte läßt sich auch noch die Farbe des Blitzlichtes beeinflussen – durch Filterfolien, die man

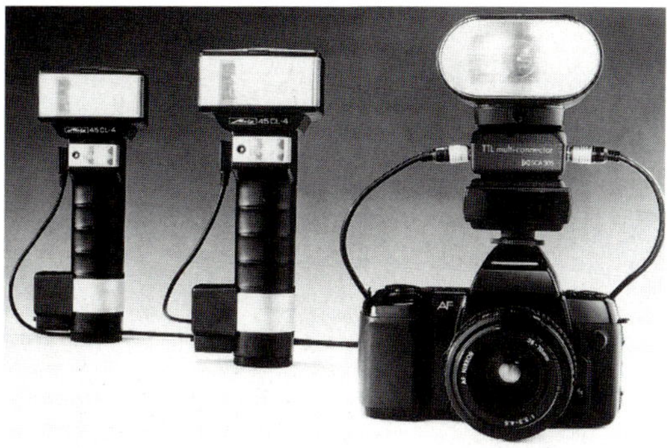

Mit TTL-Multiconnectoren lassen sich mehrere SCA-Blitzgeräte an eine Systemkamera anschließen.

Optimale Beleuchtung für Nahaufnahmen gestatten Ringblitzgeräte wie der Minolta Macro Flash 1200 AF mit speziellem Einstellicht.

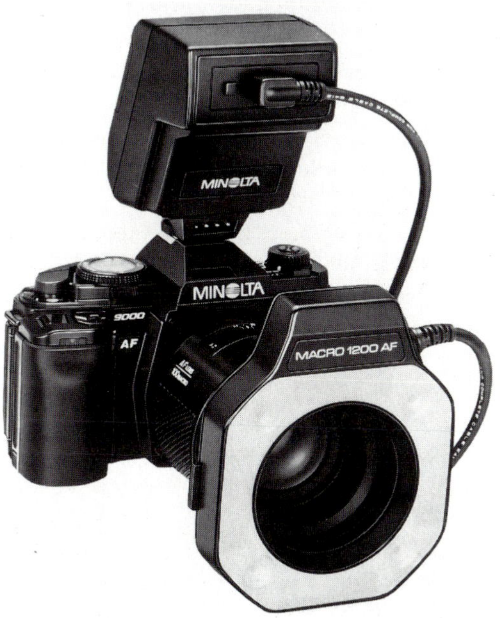

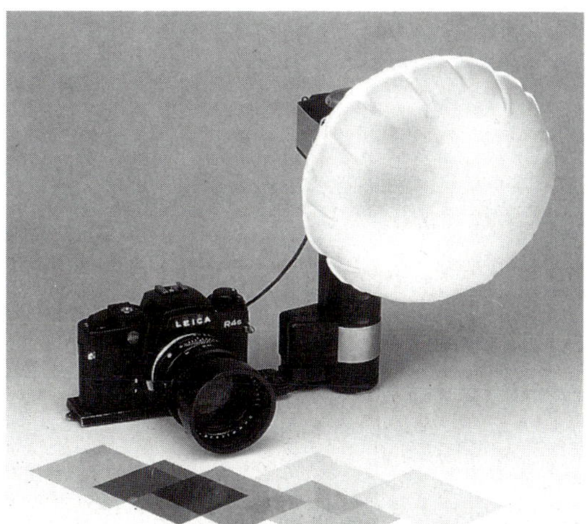

Besonders weiche Blitzbeleuchtung liefert dieser Vorsatz aus Plastik von hama. Er kann auch mit farbigen Filtern bestückt werden.

Gemeindebücherei
Erlensee

Die Bücher bitte
sorgfältig behandeln!

vor den Reflektor setzt oder dort mit Klebeband befestigt.
Eine besondere Art des Blitzgerätes ist der Ringblitz. Sein Reflektor hat die Form eines Ringes und wird am Filtergewinde des Objektivs befestigt. Der Reflektor ist über ein Kabel mit dem Steuerteil verbunden, das auch den Blitzkondensator und die Batterien enthält und auf der Kamera befestigt wird. Ringblitze eignen sich am besten für die Makrofotografie, wo sie auch schwierige Motive nahezu schattenfrei ausleuchten. Manche Geräte haben statt einer ringförmigen Blitzröhre vier einzelne, so daß man verschiedene Blitzrichtungen wählen kann. Einige Ringblitze haben zudem ein Einstelllicht im Reflektor integriert, mit dem sich das Motiv gut im Sucher kontrollieren läßt. Besonders einfach in der Anwendung sind Ringblitze, die für die Steuerung durch die TTL-Blitzautomatik der Kamera ausgelegt sind.

Weiteres Aufnahmezubehör

Handbelichtungsmesser

Obwohl heute die meisten Kameras einen eingebauten Belichtungsmesser haben, verlassen sich die Profis häufig zusätzlich auf einen Handbelichtungsmesser. Man unterscheidet grundsätzlich zwei Typen der Messung: Licht- und Objektmessung (gute Handbelichtungsmesser beherrschen beide Methoden). Bei der → Lichtmessung wird eine Halbkugel, die sogenannte Kalotte, vor die Meßzelle des Gerätes geschoben. Man richtet den Belichtungsmesser vom Aufnahmemotiv aus auf die Kamera und mißt so das Licht, das für die Aufnahme zur Verfügung steht. Bei der Objektmessung richtet man dagegen den Belichtungsmesser in Aufnahmerichtung auf das Motiv und mißt das Licht, das das Moitiv reflektiert. Spotbelichtungsmesser eignen sich für eine selektive Objektmessung beonders gut, weil ihr Meßwinkel meist nur 5° oder weniger beträgt. Besonders genau ist die Ersatzmessung auf eine Graukarte (Pappkarton mit genormtem Grauwert, der exakt 18% des Lichtes reflektiert – auf diesen Wert sind alle Belichtungsmesser geeicht). Man hält die

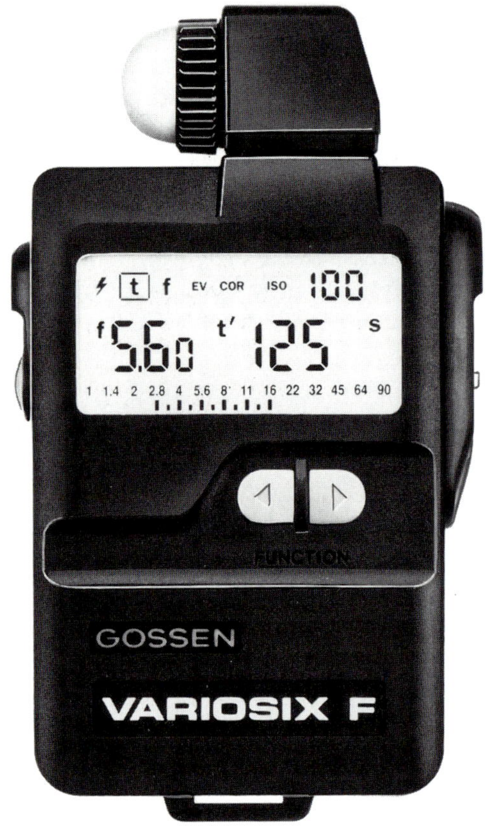

Ein vielseitiges Meßgerät für Blitz- und Dauerlicht ist der Gossen Variosix F. Die Anzeigen erfolgen auf einem LCD-Display.

Graukarte direkt vor das Motiv und mißt sie an. Ob der Belichtungsmesser seine Daten analog oder digital anzeigt, ist letztlich eine Frage der Bequemlichkeit und des Preises – preiswertere Geräte haben einen Zeiger.

Gegenlichtblenden

Die Bildqualität eines Objektivs kann durch ungewollt durch die Frontlinse eintretendes Streulicht erheblich herabgesetzt werden, deshalb werden viele Objektive serienmäßig mit einer Gegenlichtblende ausgeliefert. Objektive ohne diese Blende kann man nachträglich ausstatten, wobei die Blende im Filtergewindemaß und in ihrem Eintrittswinkel auf das Objektiv abgestimmt sein muß. Tele-Blenden an Weitwinkelobjektiven verursachen Abschattungen an den Bildrändern, Weitwinkelblenden verlieren an Teleobjektiven ihre Wirkung. Schwierig ist der Schutz vor Streulicht bei Zoomobjektiven mit variabler Brennweite. Die serienmäßige Sonnenblende ist hier meist auf die kürzeste

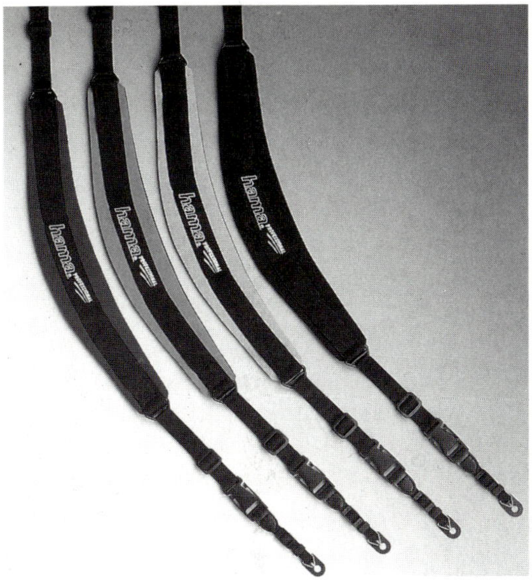

Breite, rutschfeste Schulterriemen erhöhen den Tragekomfort bei schweren Kameras.

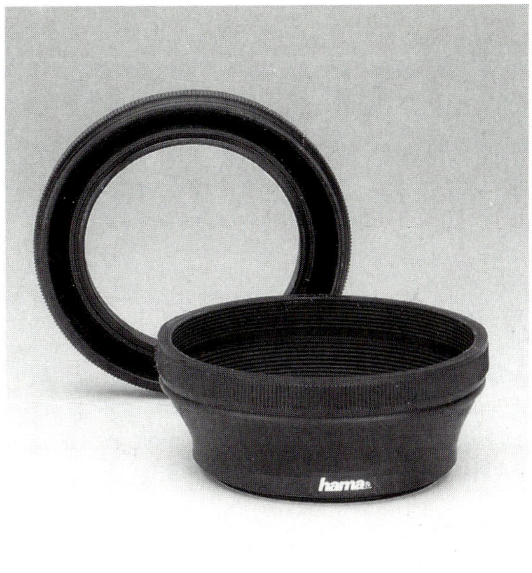

Sonnenblenden bieten Schutz vor Streulichteinfall und mechanischen Beschädigungen.

Brennweite abgestimmt. Wirkungsvoller ist eine Zoom-Sonnenblende aus Gummi, die sich in ihrer Länge verändern läßt.

Kameragurte

Um der Kamera eine persönliche Note zu geben, kann sie mit einem besonderen Kameragurt ausgestattet werden. Breite Gurte bieten sich besonders für schwere Kameras mit viel Zubehör an, sie entlasten den Nacken des Fotografen. Besonders wichtig ist bei allen Kameragurten ein rutschfestes Polster in der Gurtmitte, damit die Kamera nicht von der Schulter fällt. Spezielle Modelle haben mehrere Riemen, so daß man die Kamera z. B. beim Bergsteigen am Körper sichern kann. Gegen die Verwendung von anderen Gurten als der Originalausstattung spricht, daß bei vielen Kameramodellen die Abdeckung des Sucherokulars gegen Fremdlichteinfall bei Stativaufnahmen im Originalgurt integriert ist. Sie läßt sich bei vielen Fremdfabrikaten dann nicht mehr einsetzen.

Filmschutzbeutel

Für den sicheren Transport von belichteten und unbelichteten Filmen bieten sich spezielle Beutel oder Boxen an, die das Material nicht nur vor Staub, Nässe und tropischen Temperaturen schützen, sondern auch vor Röntgenstrahlung (besonders wichtig an Flughäfen in Übersee und im ehemaligen Ostblock). Problematisch kann es allenfalls werden, wenn dem Abfertigungsbeamten die undefinierbare Box im Gepäck bei normaler Röntgenleistung des Durchleuchtungsgerätes mysteriös vorkommt und er solange die Strahlendosis erhöht, bis er was sieht ...

Filmherauszieher

Wenn man einen halb belichteten Kleinbildfilm aus der Kamera nehmen und erst später die restlichen Bilder belichten möchte, muß man darauf achten, daß der Filmanfang außerhalb der Patrone bleibt. Bei Kameras mit manueller Filmrückspulung ist dies mit etwas Übung kein Problem mehr, bei Kameras mit automatischer motorischer Rückspulung wird der Filmanfang dafür fast immer ganz in die Patrone eingezogen – um eben

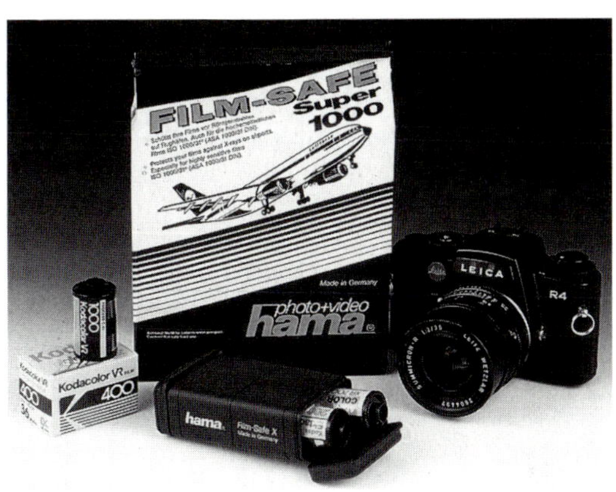

Filmbeutel und Filmboxen schützen nicht nur vor Röntgenstrahlen, sondern auch vor Nässe und Staub.

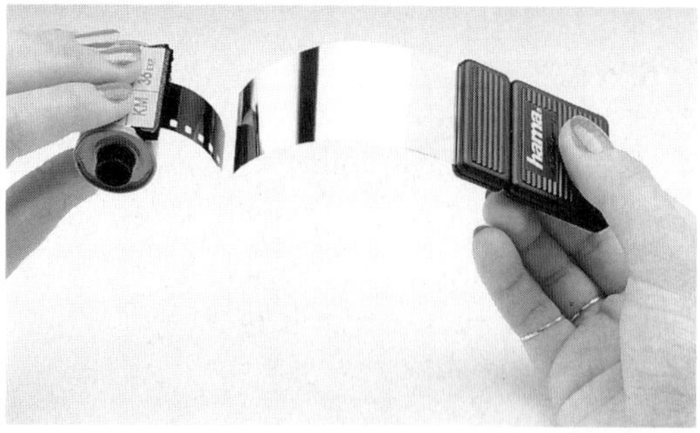

Der Anfang versehentlich ganz in die Patrone zurückgespulter Filmzungen läßt sich mit dem Filmherauszieher wieder finden.

das versehentliche Einlegen eines bereits belichteten Films zu verhindern. Mit einem Filmherauszieher kann man in solchen Fällen die Filmlasche wieder aus der Patrone ziehen – auch für die Selbstverarbeitung im Fotolabor sehr praktisch.

Bereitschaftstasche

Viele Kamerahersteller bieten für ihre Kameras sogenannte Bereitschaftstaschen an, bestehend aus einem Unterteil, das an der Kamera befestigt wird, und einem Oberteil, das die Kamera mitsamt Normalobjektiv verhüllt. Bei durchaus vorhandener Schutzwirkung reduziert die Bereitschaftstasche jedoch das, wofür sie steht – die Aufnahmebereitschaft. Auch der Filmwechsel wird durch die Tasche behindert, und schließlich paßt die Kamera mit einigem Zubehör meist nicht hinein. Da Bereitschaftstaschen in der Regel für ein Kameramodell aus Leder maßgeschneidert werden, sind sie überdies noch recht teuer – eine Universal-Fototasche ist da der bessere Kauf.

Fototaschen

Das Angebot an verschiedenen Fototaschen übersteigt deutlich das an verschiedenen Kameramodellen – selbst wenn man alle Aufnahmeformate zusammenzählt. Bevor man modische Kriterien zur Entscheidung heranzieht, sollte man die gesamte Ausrüstung, die man mit der Tasche transportieren will, auch dort hineinpacken. Eine Fototasche sollte man immer etwas auf Zuwachs kaufen. Das Mehr an Platz wird vielleicht auch von einer Regenjacke oder einer Landkarte benötigt.

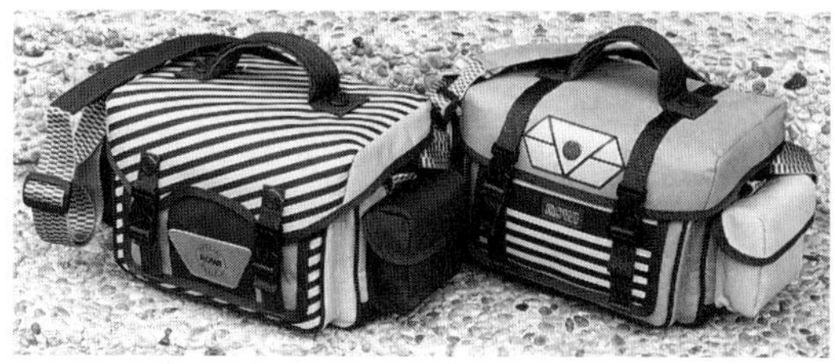

Bei Fototaschen hat die Sicherheit Vorrang vor Design. Die Rowi-Taschen vereinen beides.

Fotokoffer

Deutlich unhandlicher, aber auch stabiler als Fototaschen sind Fotokoffer. Sie sind entweder aus schlagfestem Kunststoff, aus Aluminium oder aus einer Alu-Holz-Gemischtbauweise. Spezielle Fotokoffer sind absolut wasserdicht – und bei einer Amazonas-Tour sicherer als jede noch so gute Fototasche.

Datenrückwände, Langfilmmagazine, Steuerrückteile

Eine Reihe von Kameras werden mit austauschbaren bzw. unterschiedlichen Rückwänden angeboten. Die Bezeichnung »Date« oder »QD« (Quartz Date) deutet meist auf das Vorhandensein einer Datenrückwand hin. In ihr befindet sich eine Quarzuhr und eine Belichtungseinrichtung, die auf Wunsch das aktuelle Datum, die Uhrzeit oder eine Mischung aus beidem in jedes Bild einbelichtet. Manche Datenrückwände können auch beliebige Zahlenkombinationen, laufende Nummern oder sogar Buchstaben einbelichten. Für Aufnahmesituationen mit erhöhtem Filmverbrauch bieten

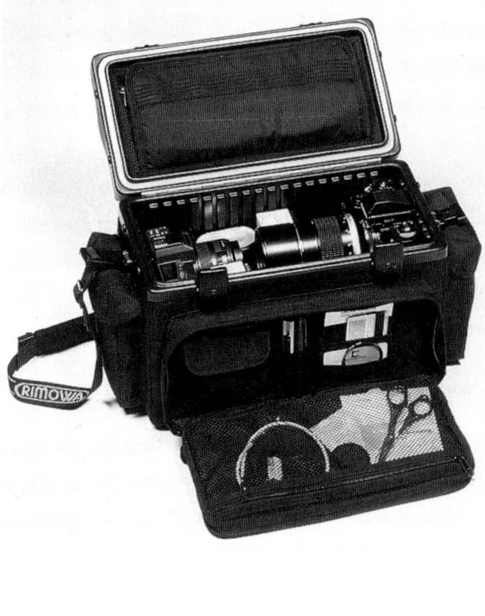

Sicheren Schutz, selbst gegen Wassereinbruch geben die Fototaschen mit stabilem Rahmen und Kunststoff-Innenkammer von Rimowa.

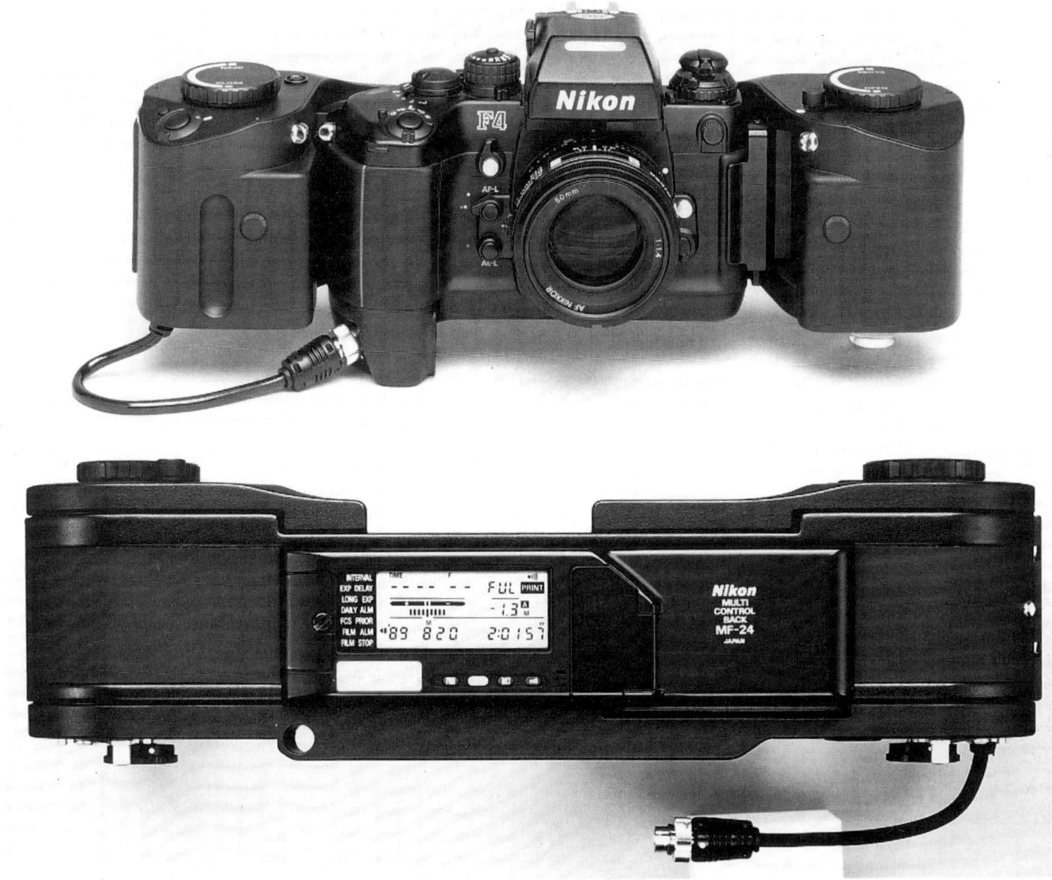

Das Multi-Control Back MF-24 für die Nikon F4 ist eine Kombination von Langfilmmagazin, Dateneinbelichtungsvorrichtung und Steuereinheit für Sonderfunktionen, wie zum Beispiel Intervallschaltung und Langzeitbelichtungen. Seine Magazine fassen Kleinbildstreifen für bis zu 250 Aufnahmen.

einige Kameramodelle als Option ein Langfilmmagazin an. In ihm wird der Kleinbildfilm als Meterware verwendet. In ein Langfilmmagazin passen in der Regel 10 m Film, das entspricht 250 Bildern. Bei einigen Kameras läßt sich der serienmäßige Ausstattungsumfang durch Austausch der Kamerarückwand gegen ein sogenanntes Command Back, ein Steuerrückteil, erweitern. Solche Rückteile bieten in der Regel neben der Dateneinbelichtung zusätzliche Kameraprogramme wie eine automatische Belichtungsreihe oder eine Intervallsteuerung. Häufig eingesetzt werden solche Steuerfunktionen in der Wissenschaftsfotografie.

Inzwischen werden auch Rückteile angeboten, die einen CCD-Sensor in der Filmebene haben und so elektronische Aufnahmen ermöglichen. Solche Modifikationen wurden vor allem für die aktuelle Bildberichterstattung entwickelt.

Dia-Zubehör

Besonders brillant erscheinen die Fotos, wenn man sie als Dia an die Wand wirft, wozu natürlich ein Projektor und eine Leinwand (eine weiße Wand tut es zur Not auch) gebraucht werden. Gemessen an dem Aufwand, den das Fotolabor treiben muß, um aus einem Negativstreifen einen Stapel Papierbilder zu machen, ist die Vorbereitung des Diafilms zur Projektion relativ einfach. Doch Sorgfalt ist dennoch geboten – schließlich ist jedes Dia ein Original und kann, anders als ein Papierbild, nicht einfach nochmal abgezogen werden. Der entwickelte Diafilm wird vom Fotolabor in der Regel in einen Schlauch aus Plastikfolie eingeschweißt und meistens noch in Streifen á 5 – 6 Bilder zerschnitten. Bei der Rahmung, Auswahl und Einsortierung der Dias sollte jegliche Berührung mit bloßen Händen vermieden werden – Fingerabdrücke könnten

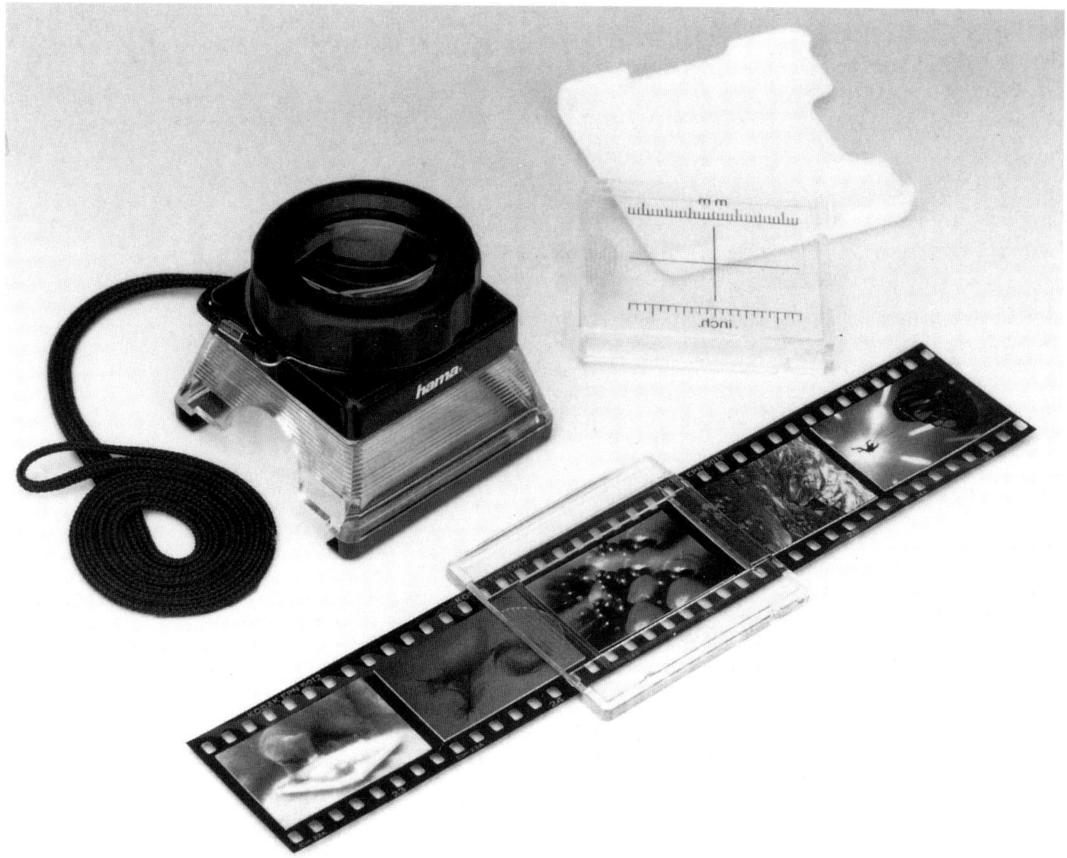

Die Standlupe mit Dioptrienausgleich gestattet auch die präzise Bestimmung von Ausschnitten und Vergrößerungsmaßstäben.

die fotografische Schicht irreparabel beschädigen. Deshalb fassen Profis die Diastreifen vor dem Rahmen nur mit Baumwollhandschuhen oder einer Pinzette an. Für den akkuraten Schnitt sorgt ein Diaschneidegerät, das den Diastreifen exakt rechtwinklig abschneidet. Oft sind Schneidegeräte mit einem beleuchteten Mini-Leuchtpult und einer Lupe kombiniert, so daß man bereits beim Schneiden den Ausschuß aussortieren kann. Anschließend werden die Dias gerahmt, das Angebot an verschiedenen Diarahmen ist nahezu unüberschaubar. Achten sollte man beim Rahmenkauf darauf, ob die Diarahmen verglast sind oder nicht und ob sie 2,6 mm dick sind (passen nicht in alle Magazintypen) oder nur 1,3 mm. Wenn man ein bestimmtes Diarahmungsgerät benutzt, kann es sein, daß nur bestimmte Rahmentypen damit verarbeitet werden können. Besonders praktisch sind kombinierte Diaschneide- und Rahmungsgeräte, weil sie die Rahmung stark beschleunigen, und weil man den Diastreifen einmal einspannt und ihn anschließend nicht mehr mit den Händen berühren muß. Ob man geglaste oder ungeglaste Diarahmen verwenden will, ist eine schwierige Entscheidung. Glaslose Rahmen sind billiger, unempfindlicher bei Stoß und Fall, sie lassen Luft an das Dia und verhindern chemische Veränderungen duch zwischen Dia und Glas eingeschlossene Restflüssigkeiten aus dem Entwicklungsprozeß. Bei allen Nachteilen haben Glasrahmen zwei entscheidende Vorteile: Das Dia

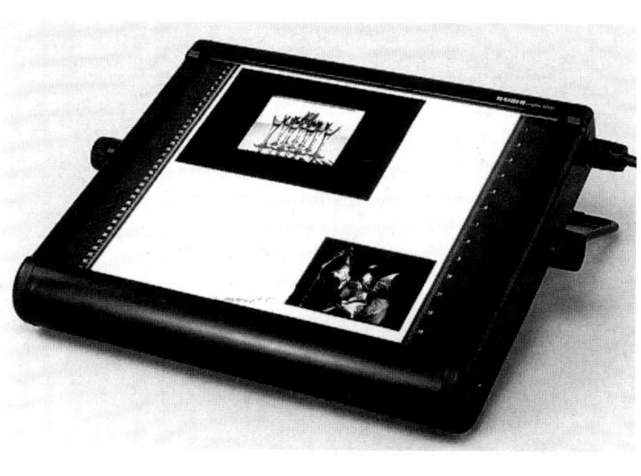

Leuchtplatten erleichtern das Aussuchen und die Beurteilung von Dias. Ihre Leuchtröhren sollten auf Tageslicht bzw. Normlicht abgestimmt sein.

wird ständig plan gehalten und erscheint deshalb in der Produktion optimal scharf, und es ist besser gegen Staub geschützt. Die Vorteile beider Konzepte verbinden Monoglasrahmen, sie sind an der einen Seite offen, an der anderen verglast.
Um die Dias für die Show auszuwählen, braucht man ein Sortier- bzw. ein Leuchtpult sowie eine Lupe. Sortierpulte haben meistens eine gewöhnliche Glühlampenbeleuchtung und geben deutlich rötliches Licht ab. Leuchtpulte sind dagegen oft auf »Normlicht« abgestimmt, also auf exakt weißes Tageslicht mit 5400 Kelvin → Farbtemperatur. Zur Beurteilung von → Farbstichen sind sie deshalb besser geeignet. Zur genauen Kontrolle der Dias auf dem Leuchtpult ist eine gute Lupe mit Standfuß unerläßlich. Bei der Lupe sollte man nicht sparen, weil man sonst nicht unterscheiden kann, ob Verzerrungen und Unschärfen vom Dia herrühren – oder von der Lupe. Möchte man nur wenige Dias betrachten, ohne dazu den Projektor zu bemühen, tut es auch ein Diabetrachter. Die einfachsten »Guckis« haben vorn ein Okular und hinten einen Diahalter, in den die Dias gerahmt oder als Streifen hineinpassen. Das Licht fällt durch eine Mattscheibe herein. Anspruchsvoller sind elektrisch betriebene Geräte, bei denen das Dia über einen »Lupen-Monitor« zu sehen ist. Diabetrachter eignen sich besonders zur Qualitätskontrolle einzelner Dias.
Möchte man von einem Dia eine Kopie auf Film haben, so braucht man einen Diakopierer. Oft ist dies nur ein Vorsatz für eine Kombination aus Makroobjektiv und Balgengerät: der Diarahmen wird dort hineingesteckt und läßt sich anschließend formatfüllend fotografieren. Es gibt jedoch auch Diakopierer, die alle optischen und mechanische Bestandteile enthalten und wie ein Objektiv vor die SLR-Kamera gesetzt werden. Mit einem solchen Gerät können dann auch Ausschnitte des Originaldias fotografiert werden.

Zubehör für das Fotoalbum

Das Herumzeigen eines Fotoalbums ist mit weniger Aufwand verbunden als eine Diashow. Außerdem ist vielen Menschen das Bild in der Hand einfach lieber als das Bild an der Wand. Das Angebot an verschiedenen Fotoalben ist nahezu grenzenlos. Sogenannte »selbstklebende« Alben haben auf jeder Seite eine selbsthaftende Klarsichtfolie. Um die Bilder einzuordnen, muß man nur die Folie aufziehen, das Bild an der richtigen Stelle positionieren und anschließend die Folie zurückstreichen. Nachteile der selbstklebenden Alben: Die Folie läßt sich kaum beschreiben, außerdem nimmt sie den Bildern etwas an Brillanz. Konventionelle Alben haben dagegen normale Seiten aus Karton, und nach jeder Seite ein Trennblatt aus Pergamin. Der Pergaminbogen verhindert, daß Bilder von gegenüberliegenden Seiten sich mit ihrer Oberfläche berühren und zusammenkleben. Fotopapier ist ein Kunststoffmaterial, an dem viele Klebstoffsorten nicht haften. Die Fixierung im Fotoalbum sollte man daher mit speziellem Fotokleber oder mit selbstklebenden Fotoecken vornehmen. Die Filmstreifen, die zu den Bildern gehören, bewahrt man am besten in maßgeschneiderten Negativhüllen aus Per-

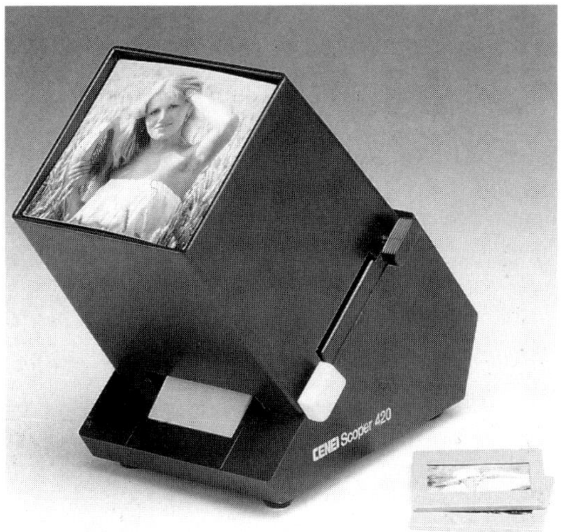

Wenn keine Leuchtplatte zur Verfügung steht, helfen Diabetrachter, die ihre Energie entweder von einer Batterie oder aus der Steckdose beziehen.

Retusche
Manuelle Korrektur von Fehlern (Kratzer, abgebildeter Staub, etc.) auf Negativen oder Positiven mit Bleistift, Lasur- oder Abdeckfarben bzw. teilweise Veränderung des ganzen Bildes. Da Negative hierzu eine Größe von mindestens 6 x 9 cm besitzen müssen, ist die Retusche von Kleinbildnegativen praktisch unmöglich. Angesichts der Möglichkeiten der elektronischen Veränderung digitalisierter Bilder mit Hilfe spezieller Grafikprogramme am Bildschirm verliert die manuelle R. heute immer mehr an Bedeutung.

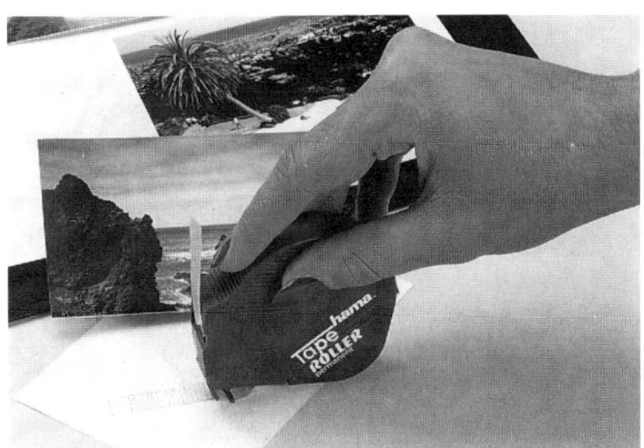

Ein Tape-Roller erleichtert das Einkleben von Fotos.

gamin (trübe) oder Acetat (klar) auf – so ist das passende Negativ schnell gefunden, wenn ein Bild nachgemacht werden soll.

Retusche-Zubehör

Kratzer im Negativ, rote Pupillen durch Blitzlicht und andere kleine Macken lassen sich zwar meist nicht vollständig wegretuschieren, man kann die Fehler aber wesentlich mindern. Die sogenannte Negativretusche verwendet das Film-Original als Basis – eine schwierige Technik, die nur von geübten Retuscheuren angewandt wird, schließlich arbeitet man am Original und muß auch bei den Farben umdenken. Einfacher funktioniert die Positiv-retusche, man arbeitet am Foto-Abzug und nicht am Negativ. Eine ruhige Hand, feine Pinsel und spezielle Eiweißlasurfarbe sind Voraussetzungen für eine gelungene Retusche. Die Eiweißlasurfarbe läßt sich in feinen, transparenten Schichten auftragen, so daß ein beliebiger Deckungsgrad erreicht werden kann. Auf diese Art können auch Schwarzweißbilder coloriert werden.

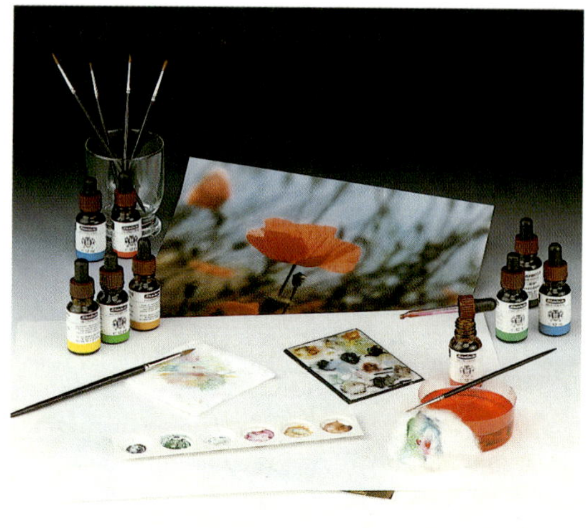

Eiweißlasurfarben dienen zur Farbretusche und zum Colorieren von Papierbildern.

Spezialgebiete

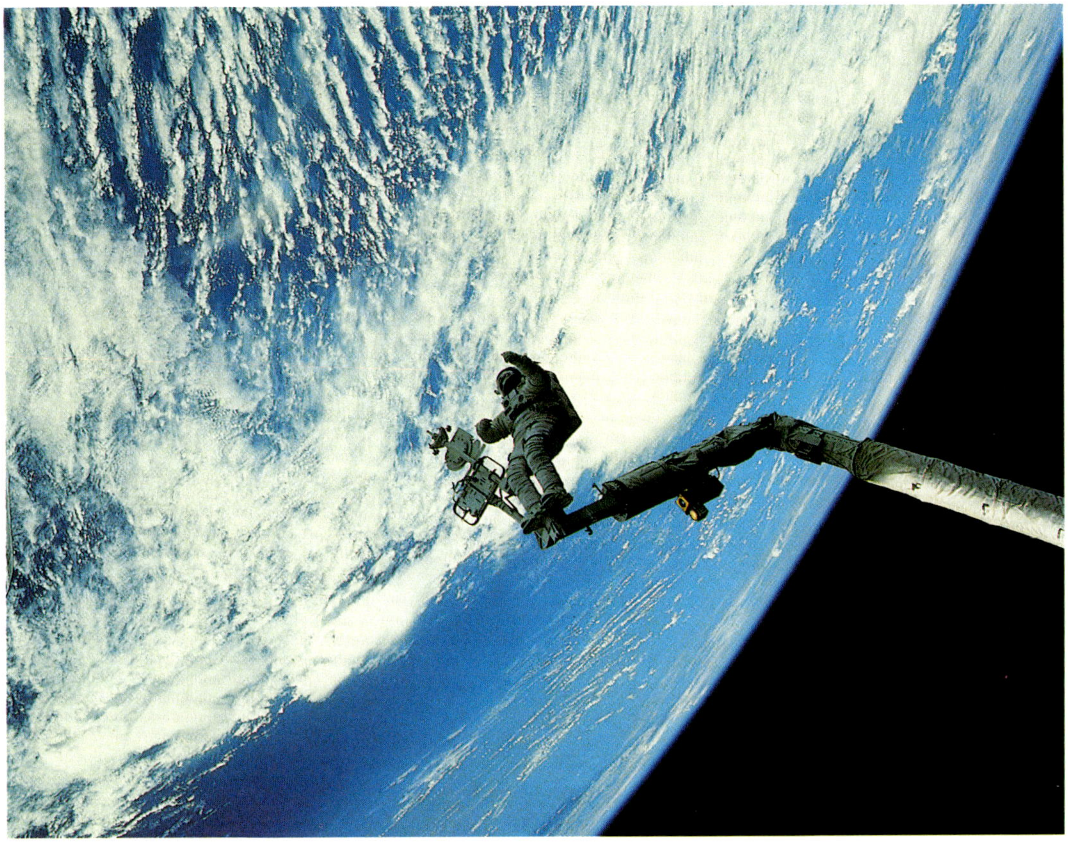

Nicht nur zur Dokumentation der Space Shuttle Weltraummissionen, sondern auch für die wissenschaftliche Untersuchung geologischer und meterologischer Phänomene dienten die zum Teil mit nur leicht modifizierten Kameras der Hasselblad-Serienproduktion aufgenommenen Weltraumfotos.

Fotografie als Dokumentation, als Mittel eine Situation oder ein Ereignis in Bildern festzuhalten, ist wohl die bekannteste Form der Nutzung dieses vielseitigen Mediums. Fotografie kann aber mehr. Sie kann nicht nur Vergängliches festhalten, sondern auch Dinge sichtbar machen, die sonst dem Auge verborgen blieben. In der Wissenschaft, Forschung, Medizin und Industrie werden zahlreiche fotografische Techniken eingesetzt, um spezielle Zustände zu visualisieren und analysieren zu können. Fotografische Techniken erlauben Expeditionen in die Welt der Sterne ebenso wie das Eindringen in den Mikrokosmos. Ob Fernaufklärung, Landvermessung, Diagnostik, oder Materialprüfung, überall tragen fotografische Methoden entscheidend dazu bei, unsere Welt besser kennenzulernen und das Leben besser zu meistern.

Astrofotografie

Der Griff nach den Sternen verlangt besondere Aufnahmetechniken. Schon bei Belichtungszeiten über 30 Sekunden werden selbst bei Aufnahmen mit einem Standardobjektiv Sterne nicht mehr als Punkte, sondern auf Grund ihrer Bewegung als winzige Striche dargestellt. Abhilfe und damit einen scharfen Sternenhimmel schafft da eine Nachführeinrichtung, mit der die Kamera der Erdrotation entgegengedreht wird. Dabei muß in 23 Stunden und 56 Minuten eine vollständige Drehung um eine Achse erfolgen. In der Astrofotografie wird dieser Wert als die äquatoriale Nachführung bezeichnet. Solche Nachführsysteme gibt es zu kaufen oder sind von einigermaßen begabten Bastlern selbst aus Bauteilen eines Metallbaukastens und einem Uhrwerk oder

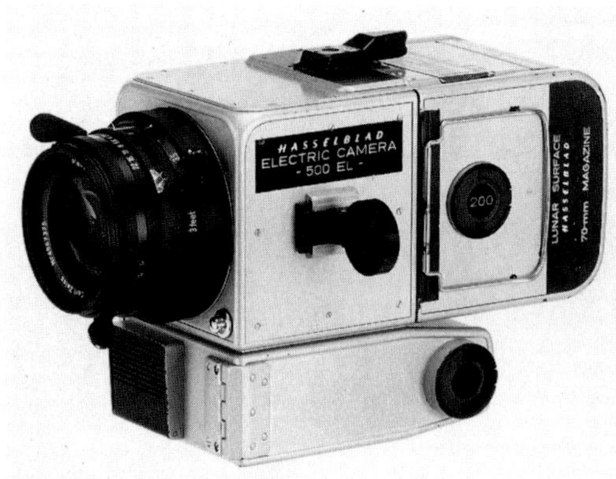

Hasselblad EL Data Camera wie sie auf den Weltraumflügen der NASA eingesetzt wurde.

Elektromotor zu bauen. Weiterhelfen können sicher alle (Volks-) Sternwarten und organisierte Amateurastronomen.

Neben einer SLR-Kamera wird für die Astrofotografie noch ein langbrennweitiges und möglichst lichtstarkes Spiegelobjektiv (1000 bis 4000 mm Brennweite) benötigt. Spiegelobjektive, die von Astronomen als Reflektoren bezeichnet werden, sind besser geeignet als Linsenobjektive (Refraktoren), da sie keine chromatische → Aberration (Farbquerfehler) kennen. Außerdem sind sie kürzer in der Bauweise und haben keine Blenden, die in diesem Fall auch nicht benötigt werden.

Filme von ISO 400/27° und mehr sowie die Empfindlichkeiten steigernde Entwicklungen sind in diesem Bereich üblich. Es sollte in jedem Fall – auch bei SW-Filmen – der Schwarzschildeffekt berücksichtigt werden, der zu deutlich längeren Belichtungszeiten als gemessen führt. Bei Mondaufnahmen spielt der farbstichverursachende Effekt noch keine Rolle, da dort mit Belichtungszeiten zwischen 1/30s und 1/250s gearbeitet werden kann. Fast formatfüllende Aufnahmen lassen sich mit Brennweiten um 2000 mm erzielen. Im professionellen Bereich werden die Filme teilweise bis zu –70° Grad gekühlt, da sich dadurch die Empfindlichkeit steigern läßt und Farbstiche durch die Langzeitbelichtung auf ein Minimum reduziert werden. Nur so werden farbrichtige Aufnahmen vom nächtlichen Sternenhimmel überhaupt erst möglich.

Steht dem Hobbyfotografen kein entsprechendes langbrennweitiges Fotoobjektiv zur Verfügung, kann auch ein Teleskop verwendet werden. Mit Hilfe eines (meist T 2-) Adapters kann dann statt des Okulars eine normale SLR-Kamera angesetzt werden.

Vorsicht: Niemals versuchen, direkt in die Sonne zu schauen; Sonnenbilder erhält man ohne Spezialausrüstung nur, wenn die Sonne auf ein weißes Blatt projiziert und dann dieses Bild fotografiert wird. So lassen sich auch Sonnenflecken festhalten.

In der wissenschaftlichen Sternenfotografie wird in speziell ausgerüsteten Sternwarten mit riesigen Teleskopen mit überdimensionierten Spiegeln auch noch das kleinste Fünkchen Licht eines Millionen von Jahren entfernten Himmelskörpers eingefangen. Hier werden heute zunehmend elektronische Aufzeichnungsverfahren eingesetzt, die per Computer die Laufbahn der Sterne berechnen und die Zeitparallaxe rechnerisch kompensieren.

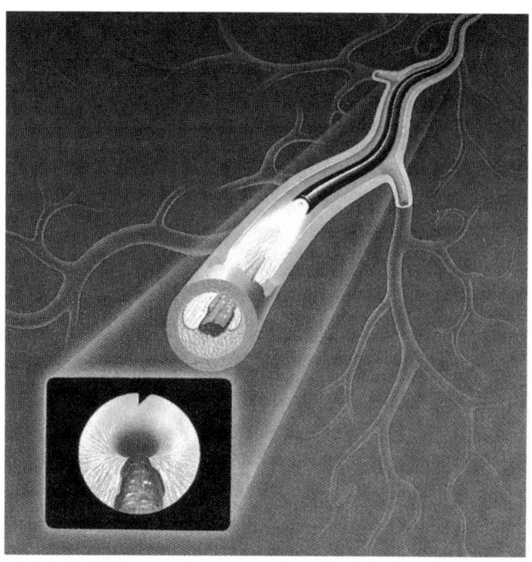

Die schematische Darstellung zeigt die Gefäßuntersuchung mit speziellen Fiberscopen.

Endoskopie

Endoskope sind rohrförmige Spezialobjektive, mit denen sich Nahaufnahmen von unzugänglichen Motiven, etwa im Innern des menschlichen Körpers oder in Hohlräumen von Maschinen und Bauteilen machen lassen. Objektive von Endoskopen geben die eingefangenen Bilder über einen Lichtleiter, auch Fiberoptik genannt, an die Kamera oder an einen angeschlossenen Bildschirm weiter. Endoskope, wie sie heute für die operationslose Diagnostik oder auch zur Beobachtung von operativen Eingriffen

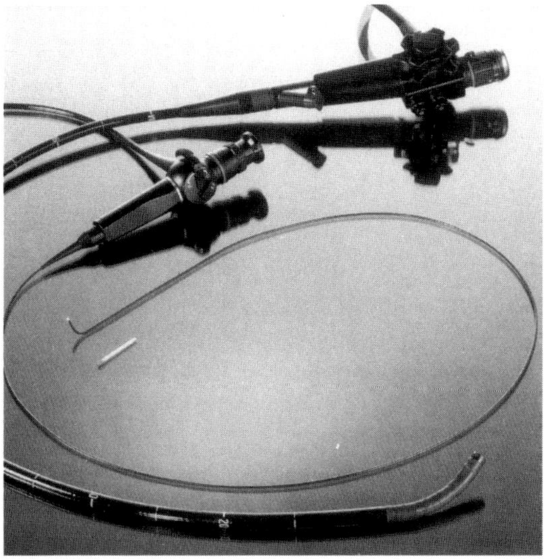

Aufnahmen im Innern des menschlichen Körpers ermöglichen die Fiberscope von Olympus.

eingesetzt werden, gibt es heute mit Durchmessern von nur noch 0,5 Millimetern.
Auch in der Architekturfotografie wird manchmal mit Endoskopen gearbeitet, um maßstabsgerechte Bilder aus »Augenhöhe« von und in Modellbauten wie etwa Gebäuden oder Messeständen zu ermöglichen.

Photogrammetrie

Es gibt eine ganze Palette von Kameras unterschiedlicher Hersteller, mit denen sich Aufnahmen für die Photogrammetrie machen lassen. Dieses Spezialgebiet der Fotografie dient zur Vermessung von Landschaften, Gebäuden oder anderen dreidimensionalen Objekten. Für photogrammetrische Aufgaben werden Kameras mit einer sogenannten Reseau-Platte ausgerüstet. Das ist eine spezielle, mit einer bestimmten Anzahl von präzisen Meßkreuzen versehene Glasscheibe. Solche Platten sind kein auswechselbares Zubehör, sondern werden exakt in das jeweilige System eingepaßt, um schließlich bei den Bildern die extrem hohe Meßgenauigkeit mit Abweichungen von nur wenigen Bruchteilen eines tausendstels Millimeters zu erzielen. Dieses Meßraster muß zudem so dicht wie möglich auf dem Film aufliegen, um eine scharfe und vor allem schattenlose Abbildung zu erreichen. Objektive, Kamera und Reseau-Platte bilden somit ein einfach zu handhabendes, fotografisches Instrument, das auf Knopfdruck optisch mehr Daten auf Film speichert, als man dies unter dem Vorsatz »soviel wie nötig, nicht mehr

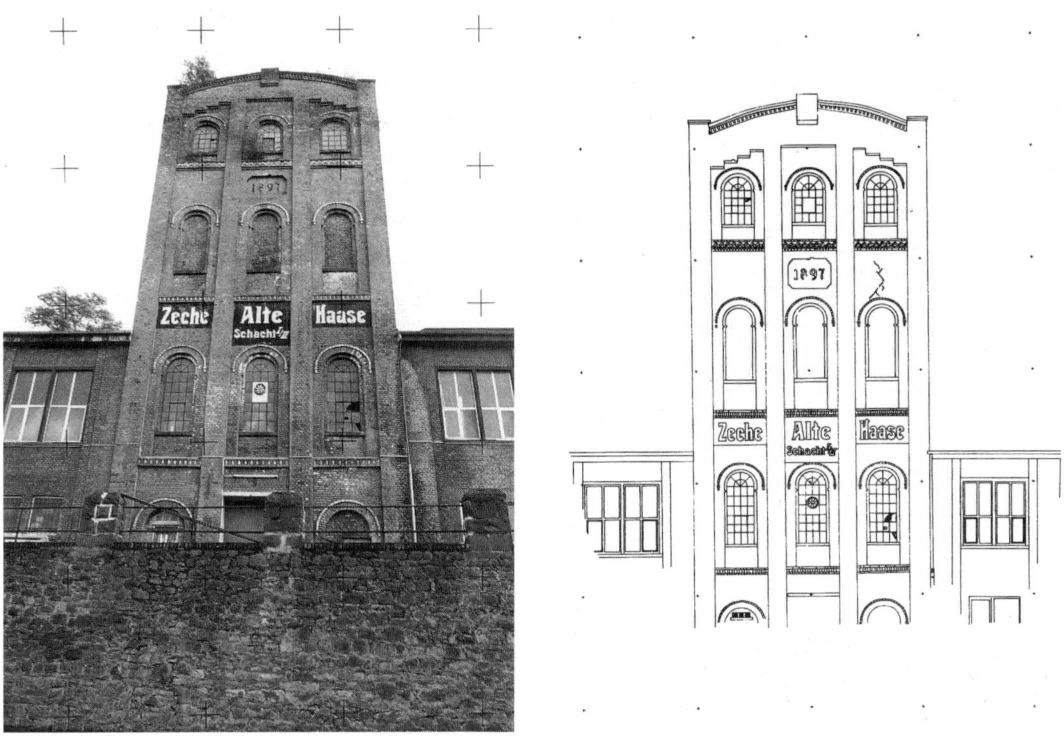

Die Photogrammetrie gestattet die Vermessung dreidimensionaler Objekte und die Erstellung maßstabsgetreuer Pläne und Zeichnungen. Fotos: Rollei

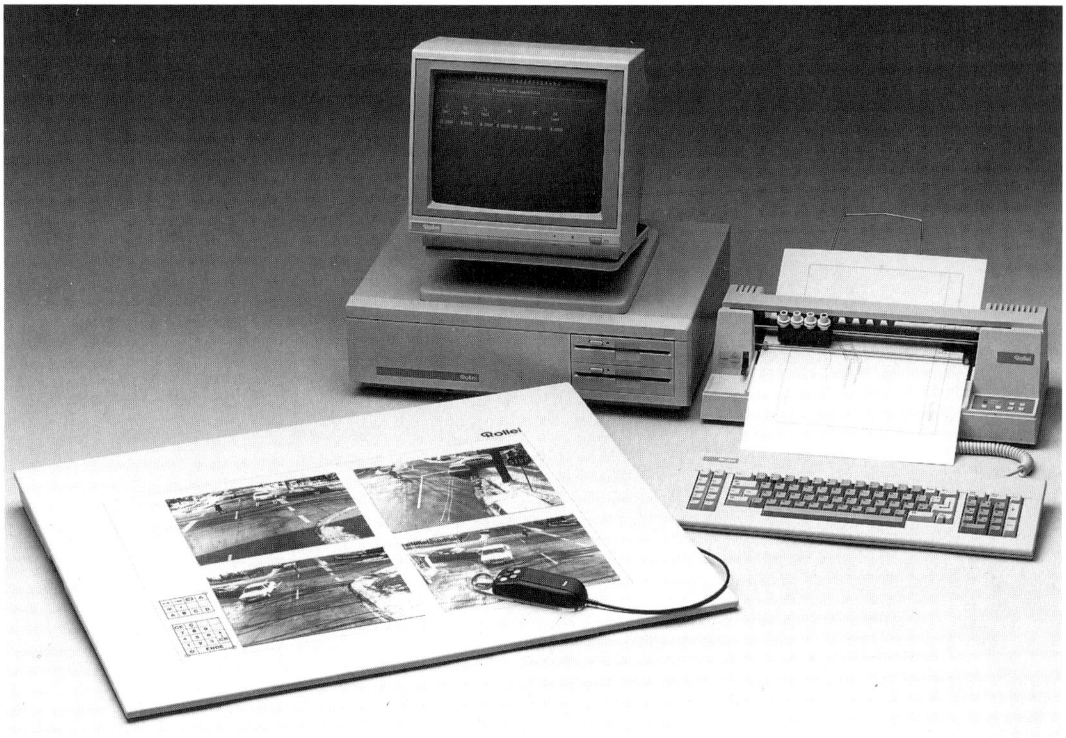

Das Rolleimetric MR System wertet photogrammetrische Meßbilder mit einer Genauigkeit von 0,5 mm aus.

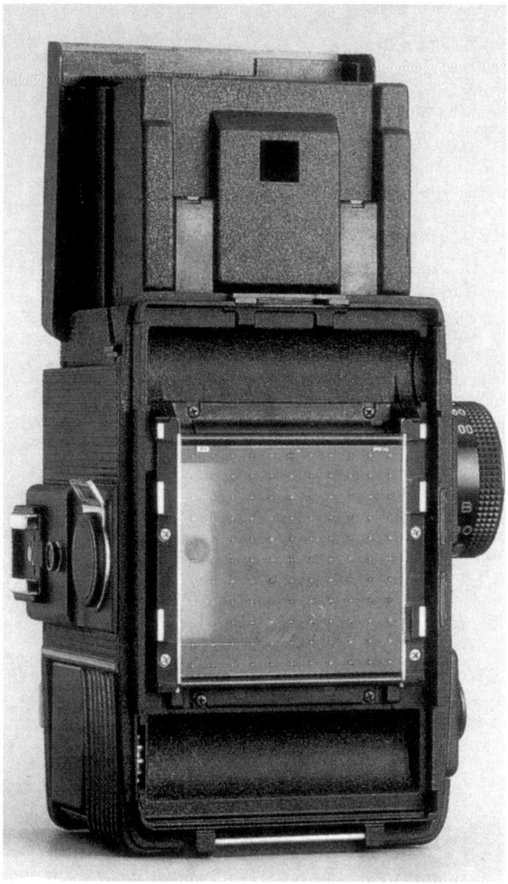

Eine Spezialmeßplatte in der Filmebene macht aus Kameras des Rollei 6006 und 3003 Systems photogrammetrische Aufnahmeeinheiten.

als notwendig« beim herkömmlichen Verwenden von Meßlatte und Theodolit im Feldeinsatz erzielen würde. Mehr noch – nach Auswertung der Situation steht zur Unterstützung der Meßblätter nun eine »echte« Fotografie zur Verfügung, die einen Einblick in die vermessene Situation ermöglicht.
Die Haupteinsatzgebiete der Photogrammetrie waren Luftbildvermessungen zur Kartenerstellung und für Reihenuntersuchungen. Mit der Möglichkeit der Computerauswertung wächst das Einsatzgebiet, das inzwischen vom »Altertumsforscher« bis zum »Zoologen« reicht. Der Anwendungsbereich dieses Verfahrens geht heute weit über das hinaus, was mit klassischen Vermessungsverfahren bislang möglich war. In der Architektur, für Stadtsanierungen und anderen baulichen Maßnahmen bedarf es zahlreicher Dokumentationen, bevor behördlicher Wissensdurst im Genehmigungsverfahren zu grünem Licht führt. Auch zur nachträglichen Erstellung von Bauplänen, etwa von historischen Gebäuden, kann die Photogrammetrie dienen. Das gilt auch für die Archäologie, wo der Kampf zwischen Schaufel und Spitzhacke, zwischen archäologischem »Kosmetikpinsel« und zu knapper Zeit oft zu Verlu-

sten der Wissenschaftler führt. Hier könnten solche Vermessungstechniken einen Zeitgewinn bringen, der den eigentlichen Ausgrabungsarbeiten zugute kommt. Dank Computer können die Prinzipien der Photogrammetrie und des Vermessungswesens auf den Knopfdruck vor Ort und die Kenntnis der Standpunkte für die mindestens zwei Aufnahmen für eine Auswertung eingeschränkt werden. Bei der Auswertung wird dann das bekannte Prinzip der Übertragung von Meßpunkten, Winkeln und Strecken auf ein Meßblatt beibehalten. Doch an die Stelle des »Millimeterpapiers« treten Kamera, Bildschirm und Digitizer. Millimetermaß und Formeln der Strecken- und Winkelmessung sind fest im Programm integriert. Das Ergebnis wird wie gewohnt wieder auf Papier dargestellt, aber mit Hilfe eines Plotters, eines Computer-Zubehörs also, das, vereinfacht gesagt, aus einem Zeichenbrett und einem Stift mit Motorantrieb besteht. Der Computer steuert ihn, bestimmt auf Bruchteile eines Millimeters genau, wo der Strich einer Zeichnung zu beginnen und zu enden hat.
Die Eigenschaft, die fotografisch ermittelten Meßpunkte in Koordinatenwerte und als »Höhe«, »Breite« oder »Tiefe« deklarierbare Meter- und Zentimeterwerte umzusetzen, gehört noch zum Grundsätzlichen. Darstellungen einer vermessenen Szenerie sind mathematische Modelle, die praktisch auf jede Weise unter Anwendung der mathematischen Projektionsformeln gezogen, gestaucht, begradigt, aber auch im dreidimensionalen Raum gedreht werden können.
Dabei ist sogar der Vergleich der vermessenen Objekte mit Vorgaben und damit quasi eine hochpräzise Qualitätskontrolle selbst an äußerst unhandlichen Objekten möglich. An Objekten also, die sich beispielsweise allein durch ihre Dimensionen der Mikrometerschraube entziehen. Die Wahl der verwertbaren Meßpunkte hängt nun einmal von der darzustellenden Situation ab. Ein Unfall auf der Landstraße erfordert von Fall zu Fall andere Betrachtung und Festlegung der Meßpunkte als das Umsetzen des Abbilds eines zu restaurierenden Wehrturms, der zudem noch perspektivisch verzerrt aufgenommen wurde. Fehler in der Aufnahme darf es geben. So wird die genannte perspektivische Verzerrung vom Computerprogramm rechnerisch entfernt.

Stereofotografie

Perspektive ist im Foto die Umformung dreidimensionaler Objekte und Verhältnisse in zweidimensionale Abbildungen. Linear- und Luftperspektive, unterschiedliche Abbildungsmaßstäbe sowie Bildüberschneidungen sind einige der zahlreichen Elemente der Bildgestaltung, die Fotografen einsetzen, genau wie Licht und Schatten, um einen möglichst plastischen Bildeindruck zu erhalten. Dieser läßt sich durch die Stereofotografie jedoch verhältnismäßig einfach optimieren.

Die Aufnahmebasis

Da es dem Sehzentrum unseres Gehirns gleich ist, ob es die unterschiedlichen Eindrücke für beide Augen direkt oder indirekt über den Weg der Fotografie erhält, kann man gedanklich den Begriff »Auge« durch Kamera ersetzen. Zwei Kameras können also die Aufgabe des rechten und linken Auges übernehmen. Werden die Bilder dann auch wieder getrennt den entsprechenden Augen gleichzeitig zugeführt, entsteht im Sehzentrum der Eindruck der Plastizität. Es wird eine nicht vorhandene Räumlichkeit vorgetäuscht. Basis für das räumliche Sehen ist der Augenabstand. Er beträgt normalerweise etwa 65 mm. In der Fotografie ist es aber möglich, den »Augenabstand« zu vergrößern oder zu verkleinern. So wird es zum Beispiel möglich, auch weit entfernte Gegenstände noch räumlich erkennbar festzuhalten. In der Stereofotografie bezeichnet man den Abstand der Aufnahmeobjektive als Basis. Schon eine Basis für die zwei Aufnahmen von 100 bis 170 mm verbessert den räumlichen Eindruck bei Motiven, die wie Landschaften oder bei Gebäuden bis zum Horizont reichen. Wird diese Aufnahmebasis aber zu groß, passiert etwas ganz anderes: Der Raumeindruck bleibt zwar erhalten, doch das Bild wirkt wie eine winzige Puppenstube. Der Stereoskopiker spricht vom »Liliputismus-Effekt«. Der umgekehrte Effekt tritt auf, wenn die beiden Aufnahmen aus geringerer Distanz als 65 mm aufgenommen werden: »Gigantismus« heißt es dann.
Der Abstand zwischen linkem und rechtem Objektiv entscheidet über die räumliche Wirkung der beiden Aufnahmen. Stereofo-

Anaglyphen
Durch → Stereofotografie hergestellte Bilder, bei denen die beiden Einzelbilder in Komplementärfarben (meist Rot/Grün) übereinander gedruckt sind. Durch eine Brille mit entsprechend komplementären Farbfiltern sieht jedes Auge nur ein Einzelbild, und es entsteht der Eindruck eines dreidimensionalen Schwarzweißbildes.

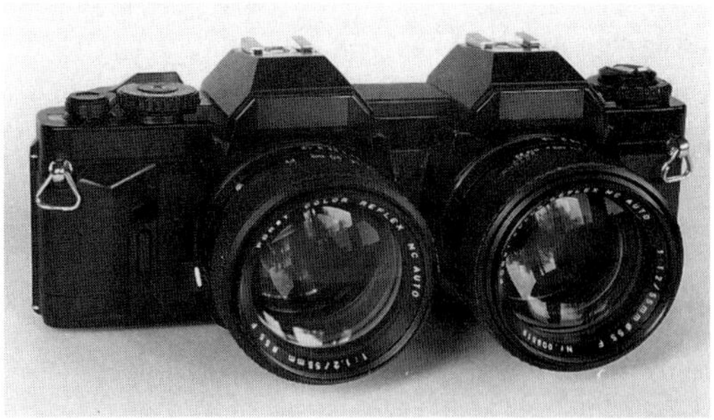

Stereokamera aus zwei Gehäusen von der Firma Raumbildtechnik

tografen haben für alle Entfernungen beziehungsweise Abbildungsgrößen und Motivbereiche die Werte für eine ideale Basis festgelegt.

Die Tiefenzone

Unsere Fähigkeit, die gleichzeitigen Bilder des rechten und des linken Auges zu einem Raumbild verschmelzen zu lassen, ist aber begrenzt. Die perspektivische Verschiedenheit ist in der Ferne gering, wird jedoch zur Nähe immer größer. Dieser Winkel, der den Fern- und den Nahpunkt definiert, bei dem die Bilder beider Augen noch verschmelzen, ist erstaunlich klein: Er beträgt genau 70′, das entspricht 1,6°. Nur was innerhalb dieses Bereichs ist und scharf abgebildet wird, kann beim stereoskopischen Betrachten wieder problemlos zu einem Bild zusammengefügt werden.
Diese Tiefenzone ist nicht mit der Schärfentiefe zu verwechseln, obwohl die beiden Begriffe nicht voneinander zu trennen sind. So reicht die Tiefenzone beim Winkel von 70′, wenn eine scharfe Abbildung im Unendlichbereich gefordert ist, bis etwa 3 m im Nahbereich. Wird diese Tiefenzone vergrößert, geht also die Schärfe noch weiter nach vorn, so können bei einigen Betrachtern beim Verschmelzen der beiden Bilder Probleme auftreten. Besonders bei längerer Serienbetrachtung kann dies zu Ermüdungen oder sogar zu leichten Kopfschmerzen führen. Werden jedoch häufiger Stereobilder geschaut, so gibt sich das sehr schnell.

Tiefenraum und Schärfentiefe

Wie es der Zufall so will: Bei einem 35 mm Objektiv und Einstellung auf 10 Meter, reicht bei Blende 8 die Schärfentiefe von 3,2 m bis Unendlich. Wenn man optimale Qualität verlangt, wird man eine Blende weiter schließen. Damit hat man mit Blende 11 und Fokuseinstellung auf 10 Meter die optimale Kameraeinstellung für alle Landschaftsaufnahmen sowie für alle Motive, die (von 2,5 m) bis Unendlich reichen. Bei einem 28mm-Objektiv kann infolge des kleineren Abbildungsmaßstabs um eine Blende weiter aufgeblendet werden. Wird mit diesem Objektiv bei Blende 8 auf 10 m scharfgestellt, so sind dies optimale Werte.

Gemeinsame Belichtung

Stereobilder müssen außerdem identisch belichtet werden und somit die gleiche Dichte aufweisen. Unterschiedlich helle Bilder können nicht verschmelzen. Es kommt stattdessen zu einem Wettstreit der Sehfelder oder es gibt glänzende Erscheinungen, die räumlich nicht zuzuordnen sind und als »Stereoskopischer Glanz« bekannt sind.
Die beiden für stereoskopische Effekte notwendigen Aufnahmen werden als Halbbilder bezeichnet. Sie müssen jeweils den gleichen Bildinhalt aufweisen. Verständlich, daß nichts auf dem einen fehlen oder sogar eine andere Größe aufweisen darf. Der größte Fehler, der besonders bei Aufnahmen auftaucht, die nacheinander entstehen, ist die Höhenparallaxe. Die Halbbilder dürfen auf keinen Fall schief zueinander liegen.

Ideale Rahmenlage

Bei der Stereoprojektion entsteht der Eindruck, als sei die silberne Leinwand ein großes Fenster, durch das man nach draußen schaut. Diese Rahmenwirkung kann den Stereoeffekt wesentlich steigern. Die Anordnung ist so zu wählen, daß die Stereobilder hinter dem Scheinfenster liegend erscheinen. Nur bei speziellen Situationen »darf« das Fenster sich auch nach vorn öffnen. Als Beispiel dazu wird in der Fachliteratur oft das Beispiel vom Elefanten angeführt, der seinen Rüssel scheinbar vor der Leinwand in Richtung Betrachter hält.
Bisher wurde zwar stets von der Stereofotografie mit Diafilm geschrieben, doch lassen sich vergleichbare Effekte auch mit Papierbildern und speziellen Betrachtern erzielen. Allerdings ist es mit Dias am einfachsten, die eigenen Bilder und ihre stereoskopische Wirkung zu kontrollieren. Zwei kleine »Guckis« oder Mini-Diabetrachter für kaum fünf Mark pro Stück können schon zum Stereoerlebnis verhelfen. Die Betrachter wer-

den zusammengeklebt oder montiert und zwar so, daß man bequem gleichzeitig mit beiden Augen durchschauen kann. Das ergibt dann einen Abstand zwischen 60 und 70 mm von Bildmitte bis Bildmitte.

Stereopraxis
Stereoaufnahmen lassen sich, z.B. mit einem Einstellschlitten, auch mit einer einzigen Kamera machen. In diesem Fall zwar erfolgt die Belichtung der beiden Aufnahmen nacheinander. Bei statischen Motiven und manueller Belichtungseinstellung ist das recht einfach. Sinnvoller und bequemer sind aber Spezialkameras, wie sie z. B. RBT-Raumbildtechnik in Aichwald vertreibt. Die Firma baut zwei Kameras zu einer Stereokamera mit zwei Objektiven zusammen, um beide Halbbilder gleichzeitig aufnehmen zu können und so eine Zeitparallaxe, wie sie beim Fotografieren mit einer Kamera unvermeidbar ist, auszuschließen.

Hochgeschwindigkeitsfotografie

Von Hochgeschwindigkeitsfotografie wird gesprochen, wenn mit Belichtungszeiten und Aufnahmeintervallen von wenigen Nano- oder Picosekunden gearbeitet wird. Dabei steht eine Picosekunde (ps) für nur eine millionstel Sekunde. In dieser Zeit legt das 300 000 km/s-schnelle Licht gerade 0,3 mm zurück.
Angewendet wird diese Fotografie in der Ballistik bei Auf- und Durchschlag von Geschossen, in der Aerodynamik zur Untersuchung von Strömungsverhältnissen, beim Ablauf chemischer Reaktionen und überall da, wo schnelle und schnellste Bewegungsabläufe untersucht werden. Das geht nur mit Spezialkameras, die teilweise bis zu 600 Millionen Bilder pro Sekunde aufnehmen können.
Bis zu tausend Bilder pro Sekunde erzielt man mit Kameras, die einer Filmkamera gleichen; bis zu 10 000 Bilder pro Sekunde lassen sich dann erreichen, wenn der Film kontinuierlich transportiert wird und das Bild über einen rotierenden Prismenblock aufprojiziert wird.
Sogenannte Drehspiegelkameras und Trommelkameras schaffen bis zu 5 Millionen Bilder pro Sekunde. Die erwähnten 600 Millionen werden elektronisch registriert.

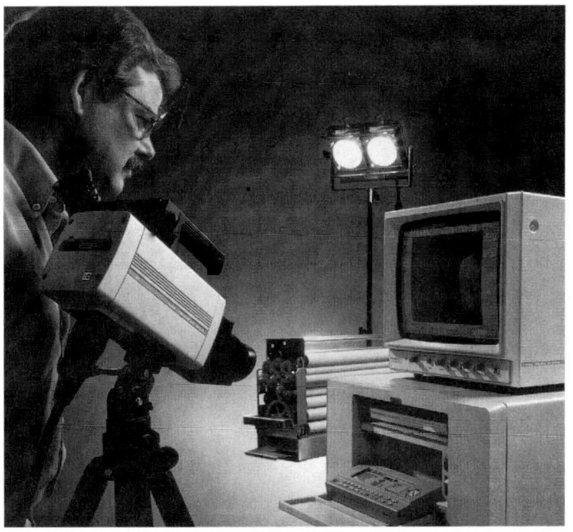
Der Kodak Ektapro 1000 Motion Analyser für bis zu 1000 elektronische Bilder pro Sekunde

Holografie

Die Stereofotografie ahmt die Bedingungen für dreidimensionales Sehen nur nach. Echte 3-D-Bilder sind nur mit der 1947 von Denis Gabor erfundenen Holografie zu erzeugen, denn hier sind auch der Betrachtungswinkel und die Betrachtungsrichtung des Betrachters veränderbar. Es gibt eine Vielzahl von optischen Hologrammarten. Die bekannteste ist das laserlichtsichtbare Transmissionshologramm. Dabei wird Laserlicht durch eine Linse aufgefächert, um so eine Hologrammplatte auszuleuchten. Das Laserlicht strahlt durch das Hologramm hindurch und der Betrachter schaut wie in ein Fenster auf die dreidimensionale Szene.
Es gibt ferner Reflexhologramme, Regenbogen- oder Offenblendehologramme, zylindrische und gepulste und sogar Echtfarbenhologramme, wo mit rotem, grünem und blauem Laserlicht eine Szene festgehalten wird.
In der Holografie wird auf einem speziellen optischen Tisch mit Laserlicht gearbeitet. Dabei wird im einfachsten Fall ein Laserstrahl in zwei Teile gespalten. Ein Teilstrahl beleuchtet den Aufnahmegegenstand, der zweite dient als Referenz. Beide werden auf eine holografische Platte gerichtet. Wenn sie sich dort wieder treffen, interferieren sie miteinander. Das bedeutet, sie überlagern sich und bilden dadurch ein bestimmtes Muster.

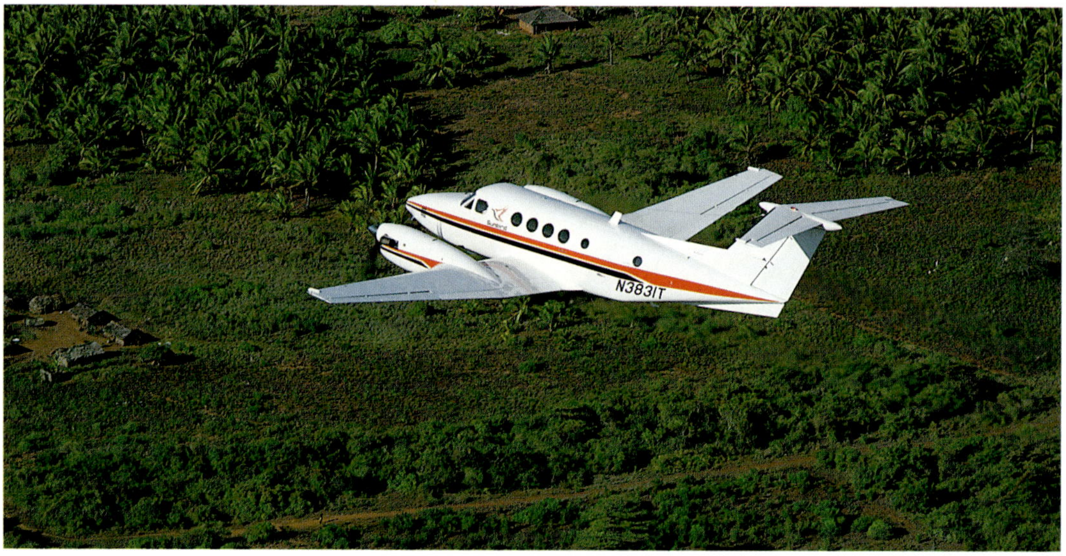

Luftaufnahmen aus dem Flugzeugfenster sind am Vormittag am besten. Sie sollten in einem möglichst flachen Winkel aufgenommen werden.
Foto: Heiner Henninges

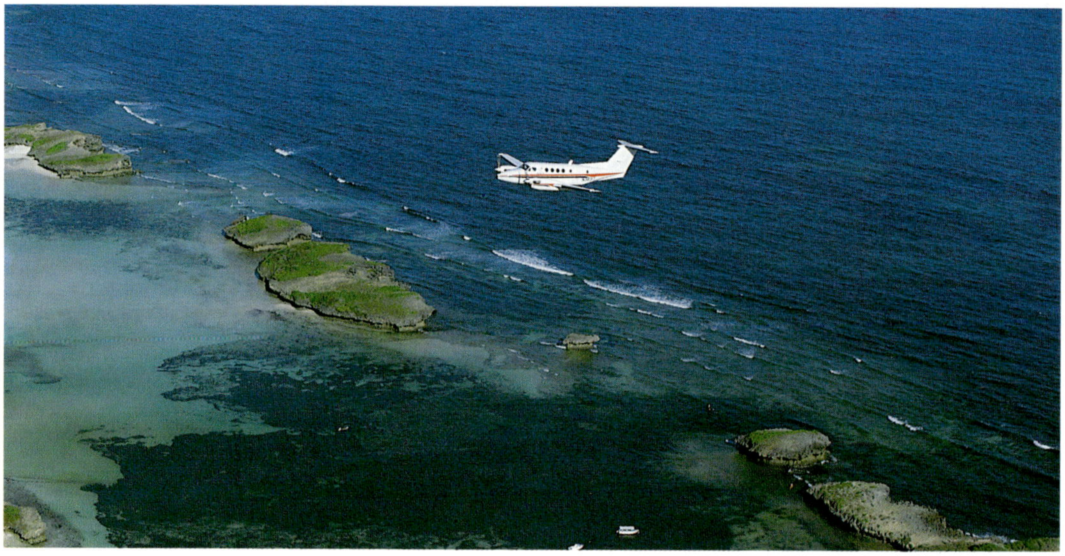

Die Belichtung wird bei solchen Aufnahmen durch Messung auf die Landflächen ermittelt.
Foto: Heiner Henninges

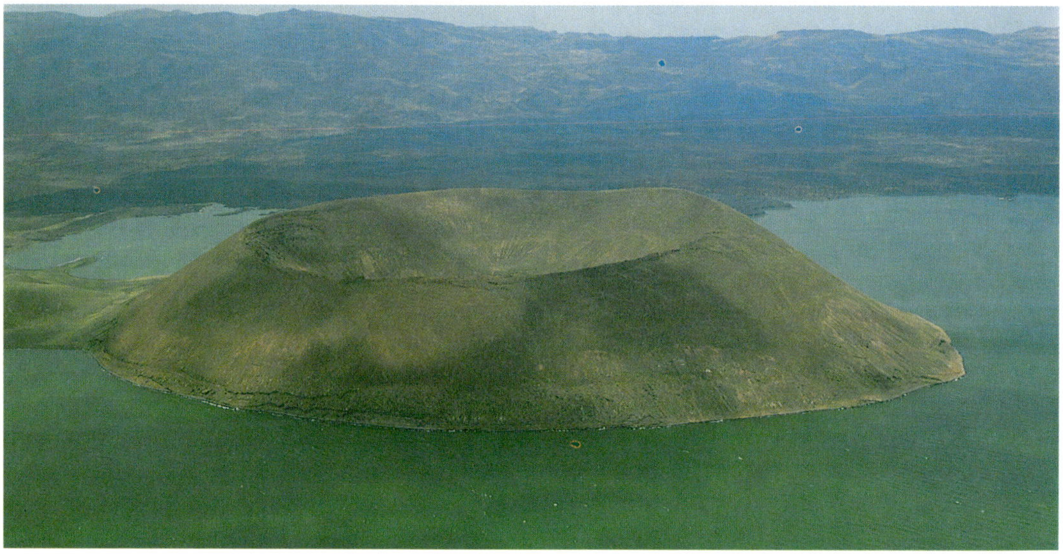

Fensterscheiben behindern die klare Sicht bei Flugaufnahmen. Man sollte möglichst nah an die Scheibe herangehen, sie aber wegen der Vibration nicht mit dem Objektiv berühren.
Foto: Heiner Henninges

Dies wird durch die Belichtung auf der holographischen Platte oder – bei Auflichthologrammen – auch auf einem Spezialpapier gespeichert. Durch Bestrahlen mit Laserlicht läßt sich das Interferenzmuster wieder in ein sichtbares Ab-, Auf- oder Durchsichtsbild verwandeln. Es gibt auch Hologramme, die sich mit normalem Licht beleuchten und sichtbar machen lassen.
Holgramme werden wegen der Möglichkeit, dreidimensionale Informationen zu speichern, für fälschungssichere Ausweise, aber auch zunehmend in der Datentechnik verwendet. Sonderanwendungen findet diese Technik zum Beispiel auch für holografische Bühnenbilder.

Luftbildfotografie

Von der frühen Ballonfotografie bis hin zur Fotografie aus einem Satelliten reicht die Palette der Luftbildfotografie. Es werden bei Aufnahmen aus Flugzeugen – oder besser gesagt fliegenden Kameraträgern – zwei Arten unterschieden. Da gibt es zum einen die Vertikalaufnahme, bei der die senkrechte Aufnahmeachse zwischen 0° bis 2° liegt und für topografische oder photogrammetrische Zwecke aus wisschenschaftlichen und vielfach militärischen Gründen erfolgt. Ferner gibt es die Schrägaufnahmen, die entweder in Flugrichtung oder quer dazu gemacht werden. Diese Fotografie wird im professionellen Bereich mit speziellen Luftbildkameras durchgeführt, bei der etwa der großformatige Film zur optimalen Planlage angesaugt wird.
Hobbyfotografen können dagegen Luftbildaufnahmen mit jeder Kleinbildkamera durchführen. Besonders geeignet sind Objektive zwischen 28 und 180 mm. Doch das ist auch abhängig vom Fluggerät und Flughöhe. Für Flugaufnahmen sind langsamfliegende Flugzeugtypen (Hochdecker) einem Hubschrauber vorzuziehen, wenn die Tür beim Flugzeug ausgehängt werden kann. Wichtigstes Zubehör ist ein Polfilter, mit dem der Dúnst reduziert und Reflexe minimiert werden können.
Ideales Licht ist meist hinter einer Kaltfront, zum Beispiel auch direkt nach einem Regen, zu finden. Auch Föhntage sind optimal für Luftaufnahmen. Neutrale Farben gibt es zwischen 10 und 14 Uhr, doch am frühen Morgen oder späten Abend sind die Schatten schöner und lassen die Landschaft plastischer erscheinen. Beim Fotografieren sollte das Objektiv nur maximal um ein oder zwei Blenden geschlossen werden, da die Motive bis auf wenige Ausnahmen alle im Unendlichbereich liegen und somit kürzeren Zeiten die Priorität vor Schärfentiefe gegeben werden kann.

Röntgenfotografie

Die Röntgenfotografie dient dazu, Formen und Materialien sichtbar zu machen, die dem menschlichen Auge sonst verborgen blieben. Sie wird vorwiegend in der diagnostischen Medizin eingesetzt. Aber auch in Wissenschaft, Forschung und Industrie werden Röntgenaufnahmen gemacht. Röntgenstrahlen werden in der Industrie zum Beispiel zur Materialprüfung benutzt. So werden in der Metallverarbeitung unter anderem Schweißnähte damit kontrolliert.
Anders als bei der Materialprüfung muß die Dosis der Röntgenstrahlung bei der Durchleuchtung des menschlichen Körpers möglichst gering gehalten werden, um Schädigungen zu vermeiden.
Die nach ihrem Entdecker Wilhelm Konrad Röntgen benannten Strahlen haben eine Wellenlänge zwischen 0,001 bis 30 nm

Röntgenaufnahme einer antiken Figur.
Foto: Kodak

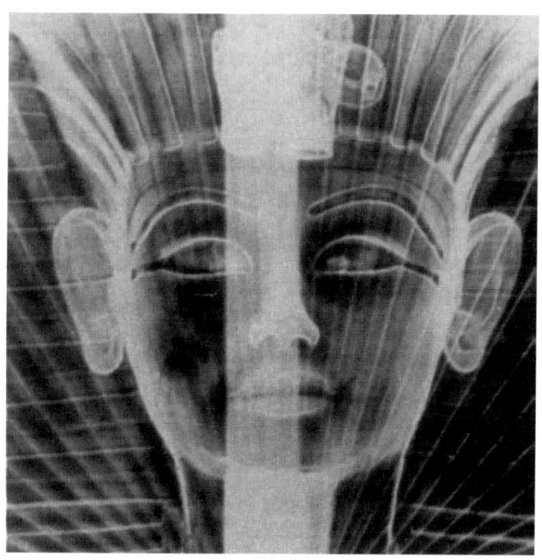

und lassen sich nur mit speziellen fotografischen Materialien registrieren.

UV-Fotografie

Licht ist eine Art elektromagnetischer Schwingungen, die sich gradlinig fortbewegen und vom Auge wahrgenommen werden. Es gibt aber Formen des Lichts, die das Auge nicht bemerkt. Das Licht mit Schwingungen zwischen 380 nm und 100 nm wird als Ultraviolett bezeichnet. Diese Wellenlängen sind genau wie auf der anderen Seite des Spektrums die IR-Strahlung für das menschliche Auge nicht mehr sichtbar. Doch zumindest zum Teil können Filmmaterialien und zwar im Bereich von etwa 250 bis 380 nm diese Strahlung registrieren. Doch nur selten kommt soviel UV-Licht zum Film, da normale Objektive, wenn sie nicht durch eine Vergütung überhaupt kein UV-Licht durchlassen, höchstens bis etwa 350 nm UV-Strahlung passieren lassen. Nur mit Spezialobjektiven, die dann die Zusatzbezeichnung UV tragen, kann das gesamte UV-Spektrum erfaßt werden.
Während die IR-Strahlung Dunst und Nebel durchdringt, wirkt UV-Licht genau entgegengesetzt. Es verstärkt Dunst und Nebel. Außerdem werden alle Helligkeitskontraste innerhalb eines Motives fast ausgelöscht und Landschaftsbilder wirken so, als wären sie an einem wolkenverhangenen Tag entstanden. Die UV-Fotografie kommt vereinzelt in der Mikrofotografie zum Einsatz, da das Auflösungvermögen der »kurzen« Wellen höher ist als die des sichtbaren Lichts.
Am bekanntesten ist eine Nebenerscheinung der UV-Strahlung: Aufnahmen im fluoreszierenden Licht. Es handelt sich dabei um eine Strahlung, die durch kurzwelliges UV-Licht angeregt wird, aber im sichtbaren Bereich stattfindet. Diese Technik wird auch in der analytischen Fotografie im Bereich der Kriminalistik und Restauration angewendet. Als Hobbyfotograf ist diese Technik als Effekt oder bei der Mineralienfotografie von Interesse. Dazu werden aber eigene Strahlungsquellen, sogenanntes »Schwarzlicht« benötigt.

Filme

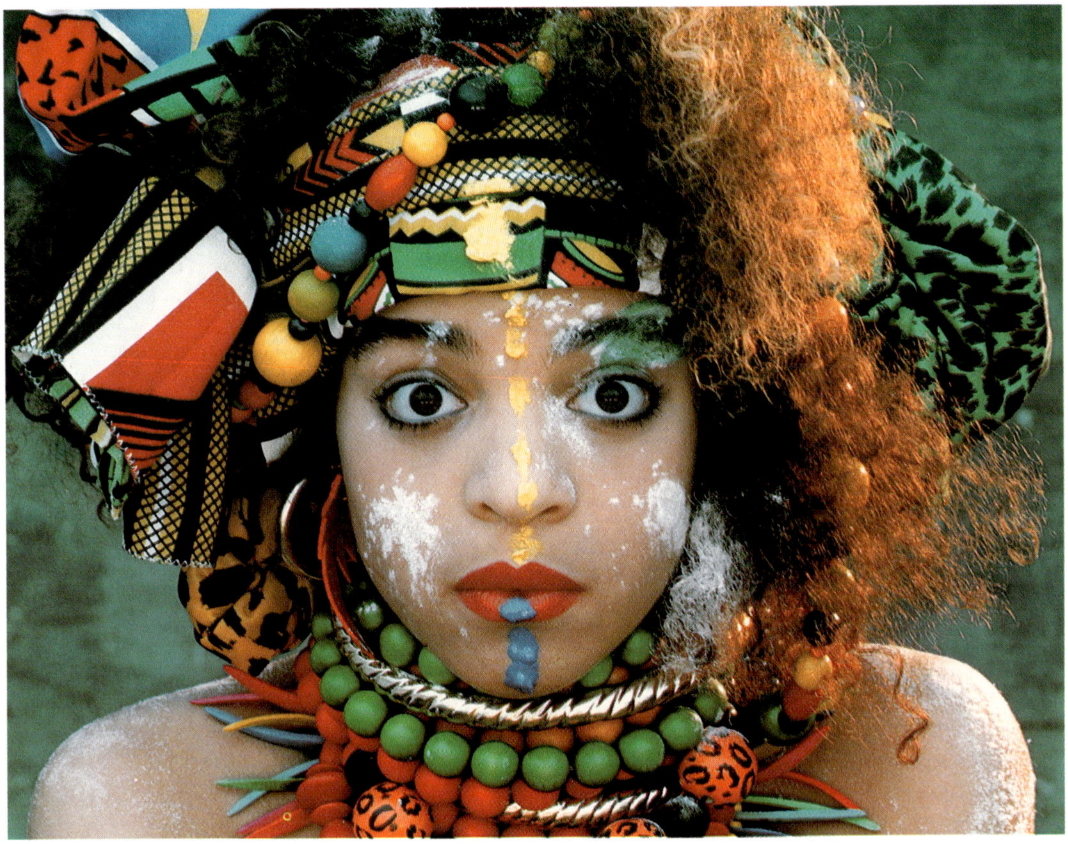

Die hohe Farbsättigung und die hervorragende Detailwiedergabe der Kodak Goldfilme repräsentiert dieses Werbefoto.

Filmaufbau

Filme bestehen grundsätzlich aus einer oder mehreren lichtempfindlichen Emulsionen, die in Gelatine als Bindemittel eingelagert, auf einem Schichtträger (zumeist aus Azetylcellulose, daneben auch Polyester) gegossen sind. Die wesentlichen Filmbausteine

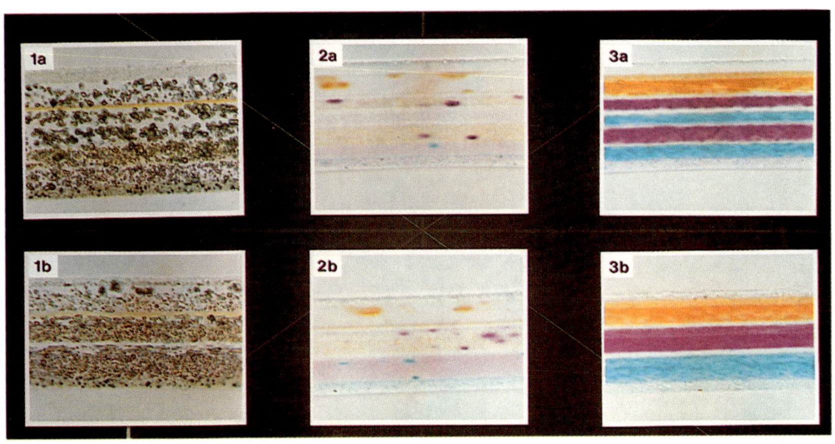

Die obere Bildreihe zeigt den Schichtquerschnitt des älteren Filmmaterials unbelichtet sowie minimal belichtet und entwickelt sowie maximal belichtet und entwickelt. Die Reihe unten zeigt den verbesserten Kodacolor Gold 400 Farbnegativfilm bei dem bereits die T-Kristalltechnologie eingesetzt wurde.

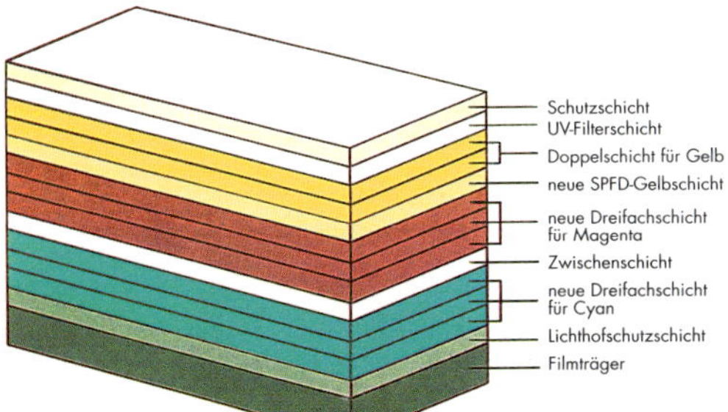

Schichtaufbau eines hochempfindlichen Farbnegativfilms (links)

ANSI
Durch das American National Standards Institute erstellte Empfindlichkeitsskala für Fotopapiere, deren Werte sich entsprechend der tatsächlich ansteigenden Empfindlichkeit erhöhen (doppelter Wert entspricht doppelter Empfindlichkeit).

ASA
Abkürzung für American Standard Association. Früher gebräuchliche Norm für die Lichtempfindlichkeit fotografischen Filmmaterials im englischsprachigen Raum → **DIN**; eingegangen in die heute gültige → **ISO**-Norm.

DIN
Abkürzung für Deutsches Institut für Normung e.V. Früher gebräuchliche Norm für die Lichtempfindlichkeit fotografischen Filmmaterials im deutschsprachigen Raum (→ **ASA**); eingegangen in die heute gültige → **ISO-Norm.**

ISO
Abkürzung für International Standard Organization. Seit 1983 weltweit gültige Norm für die Lichtempfindlichkeit fotografischen Materials, die sich aus den früher gebräuchlichen Normen → **ASA** und → **DIN** zusammensetzt. In der arithmetischen Zahlenreihe der ASA-Norm entspricht eine Verdopplung der Werte der doppelten Empfindlichkeit, während in der logarithmischen

sind Silberhalogenid-Kristalle, bestehend aus einer chemischen Verbindung von Silber mit einem Halogen (Silberchlorid, -bromid oder -jodid). Sie besitzen unterschiedliche Formen, wie zum Beispiel Kuben, Oktaeder oder Tafeln (sog. T-Grains) und sind zum Teil doppelt strukturiert (sog. Zwillings- oder Core-Shell-Kristalle, bestehend aus Schale und Kern), wodurch ihre Lichtausnutzung erhöht wird. Hinzugefügt sind weitere organische Verbindungen wie Sensibilisatoren (für die Farbenempfindlichkeit) und Goldspuren (für die → Empfindlichkeitssteigerung). Bei Farbfilmen kommen noch Farbkuppler und andere Substanzen hinzu.
In der Filmgießerei wird die flüssige Emulsion auf den Schichtträger in breiten Bahnen aufgetragen. Dabei können mehrere Emulsions- sowie Filter-, Trenn- und andere Zwischenschichten gleichzeitig aufgetragen werden. Zumeist werden, vor allem bei Farbfilmen, Doppelschichten benutzt, von denen die obere Teilschicht empfindlicher und im Silber- bzw. Farbkorn gröber strukturiert ist, während die untere Schicht niedriger empfindlich und feinkörniger ist. Dadurch werden trotz hoher Filmempfindlichkeit die Feinkörnigkeit verbessert und der Belichtungsspielraum vergrößert. Der Schichtträger wird noch mit einer Rückschicht aus Farbstoff zu Gunsten des Lichthofschutzes (Vermeidung von in den Filmschichten umherstreuenden Lichtstrahlen) versehen, die bei großformatigen Roll- und Planfilmen zugleich als Non-Curling-Schicht (NC-Schicht) deren Rolltendenz ausgleicht.

Filmeigenschaften

Den Filmen werden fabrikationsseitig verschiedene Eigenschaften mitgegeben, die sich auf ihre Licht- und Farbenempfindlichkeit, den Bildkontrast und die Bildqualität auswirken:
Man unterscheidet die chemische Sensibilisierung (»Empfindlichmachung«) des Films von der optischen oder spektralen. Erstere macht sie für die Aufnahme oder Kopie lichtempfindlich. Bei der Empfindlichkeitsbestimmung wird von einer durch die Belichtung und Filmentwicklung hervorgerufene Schwärzung des Films bei 0,10 Dichteeinheiten über der meßbaren Minimaldichte

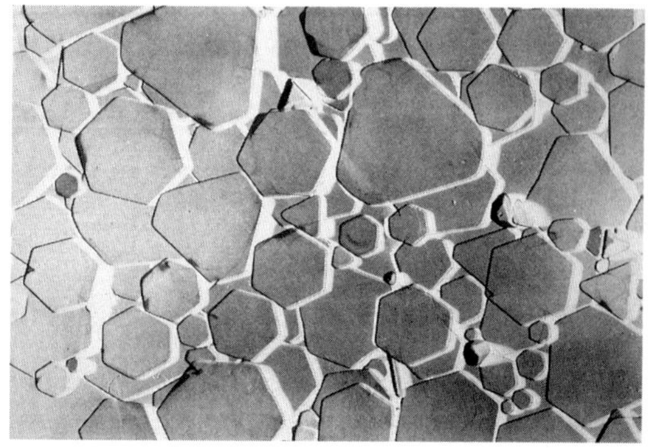

Die flachen T-Kristalle moderner Filmemulsionen ermöglichen empfindlichere Filme mit feinerer Kornstruktur.

(sog. Schleierwert) ausgegangen. Für die Lichtempfindlichkeit ist die Belichtung maßgeblich, die zur Erreichung dieser Schwärzung erforderlich ist. Bei Aufnahmematerialien wird die Filmempfindlichkeit nach der ISO-Norm (ISO = International Standards Organization) angegeben, die zwei Zahlenwerte nebeneinander benutzt. Der erste Zahlenwert entspricht der früheren, arithmetisch abgestuften ASA-Norm (ASA = American Standard Association) und der zweite der logarithmischen alten deutschen DIN-Norm, z.B. ISO 100/21°. Es ist jedoch allgemein üblich, bei der Einstellung des Empfindlichkeitswerts an der Kamera und im Zusatz zur Filmbezeichnung (z.B. Agfacolor XRG 100) nur die erste Zahl zu benutzen. Bei ASA bedeutet jeweils eine Verdopplung des Zahlenwerts eine um eine Belichtungsstufe (1 Blendenwert) höhere, eine Halbierung eine um eine Stufe niedrigere Empfindlichkeit. Ein Film mit ISO 100/21° ist somit halb so empfindlich wie ein anderer mit ISO 200/24°, aber doppelt so empfindlich wie ein Film mit ISO 50/18°. Im ersten Fall braucht der Film doppelt soviel Licht wie im zweiten, aber halb soviel wie im letzten, um belichtungsmäßig dasselbe Ergebnis zu zeigen. Bei DIN bedeuten jeweils drei Werte mehr, eine um eine Stufe höhere, und drei Werte weniger eine um eine Stufe niedrigere Empfindlichkeit usw.
Bei Schwarzweißfilmen wird häufig in den entsprechenden technischen Datenblättern ein Belichtungsindex (engl. exposure index – kurz: E.I.) angegeben, der sich als Nennempfindlichkeit auf bestimmte Entwickler bzw. Entwicklerverdünnungen und Verarbei-

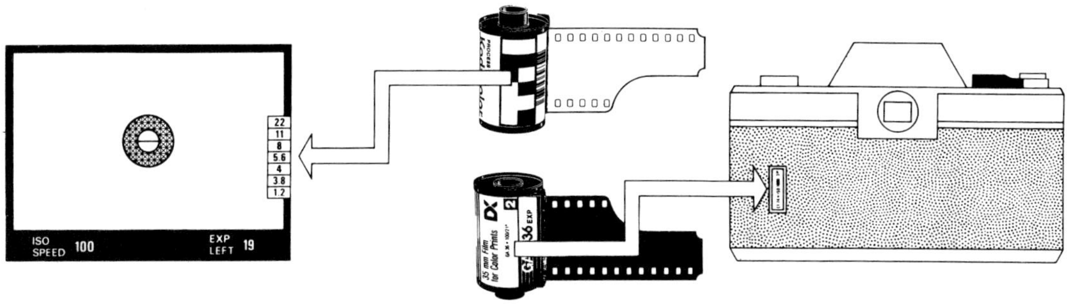

Die von Kodak entwickelte DX-Kodierung von Filmen ermöglicht das automatische Einlesen der Filmempfindlichkeit durch die Kamera. Ein Sichtfeld auf der Kamerarückseite dient der Kontrolle.

tungszeiten bezieht. Oft werden für unterschiedliche Bedingungen (z.B. wegen der jeweils anderen → Farbtemperatur für Tages- und Kunstlicht) verschiedene Belichtungsindizes aufgeführt.
Bei den meisten Kleinbildfilmen (mit dem Zeichen »DX« auf der Filmschachtel) geschieht die Übertragung des Empfindlichkeitswerts – bei Farbnegativfilmen auch des Belichtungsspielraums – von der Filmpatrone in das Belichtungssystem einer entsprechend ausgerüsteten Kamera dank des DX Codiersystems (Schachbrettmuster auf der Patronenhülse) automatisch.
Einige Farbdiafilme (z.B. Fujichrome 1600 Professional D) und die Kodak Ektapress Farbnegativfilme können mit Hilfe einer Spezialentwicklung mit verlängerter Entwicklungszeit wahlweise knapper belichtet werden, allerdings nur in vollen Belichtungsstufen jeweils für den gesamten Film (z.B. mit ISO 800/30° oder ISO 1600/33°). Durch diesen Pushen genannten Vorgang verändert sich die Grundempfindlichkeit des Films (bei Farbdiafilmen ISO 400/27°) nicht, sie wird nur stärker ausgenutzt. Umgekehrt können bewußt oder versehentlich überbelichtete Farbdiafilme nach dem Pull-Prozeß (Verkürzung der Erstentwicklungszeit) in der Verarbeitung korrigiert werden.
Bei sehr langen oder sehr kurzen Belichtungszeiten können die Emulsionsschichten von Filmen unterschiedlich reagieren, so daß zur richtigen Belichtung eine Belichtungskorrektur (Öffnung der Objektivblende um einen bestimmten Wert) und/oder eine gewisse Veränderung der Entwicklungszeit erforderlich werden. Bei langen Belichtungszeiten spricht man vom Eintreten des Schwarzschildeffekts, bei sehr kurzen vom Ultrakurzzeiteffekt (sog. Reziprozitätsfehler). Die Formel, daß das Produkt aus der Lichtintensität (gesteuert über die Blende) und die Belichtungszeit zur Schwärzung der licht-

Film mit variabler Empfindlichkeit

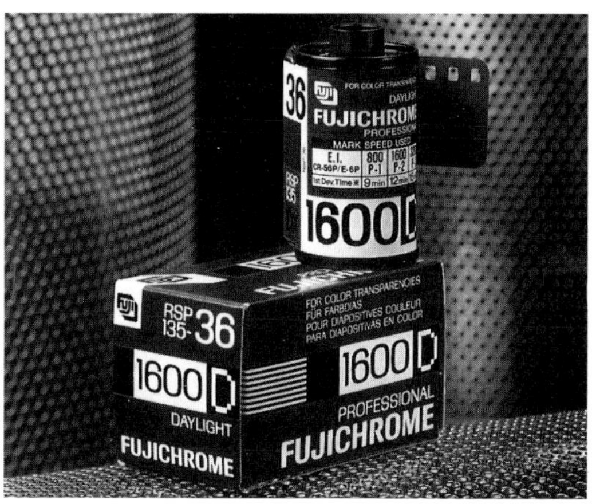

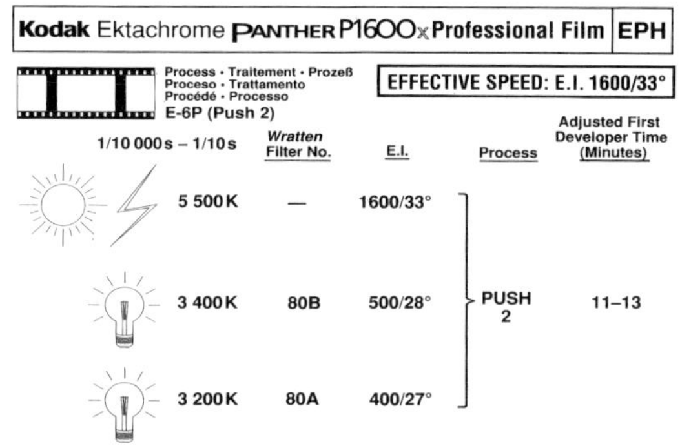

Die exakte Farbabstimmung der Emulsion und die nötigen Filterwerte werden auf der Innenseite der Packung angegeben.

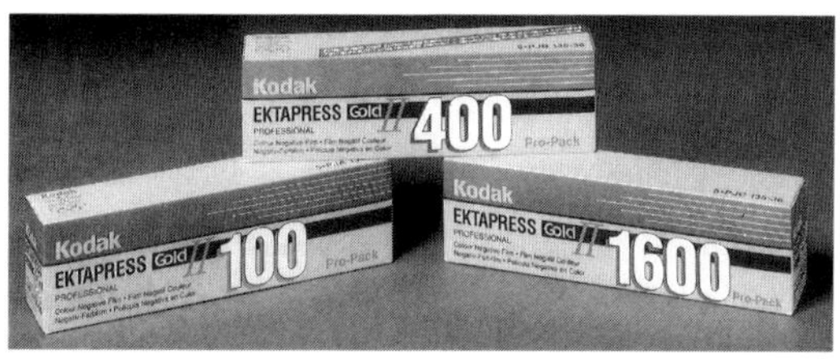

Professionelle Farbnegativfilme für Pushentwicklung

Reihe der DIN-Norm die Empfindlichkeitsverdopplung durch einen um drei höheren Wert ausgedrückt wird.
Vier ISO-Werte gebräuchlicher Filmempfindlichkeiten:
(ASA/DIN)
50/18
100/21
200/24
400/27

Perforation
Lochreihe an einem oder an beiden Rändern von Filmmaterial, die zum Filmtransport in der Kamera bzw. im Projektor dient.

DX-Code
Schachbrettmuster aus leitenden und nichtleitenden Flächen auf den Patronen von Kleinbildfilmen, das der Kameraelektronik Informationen über Filmempfindlichkeit und -länge gibt. Außerdem ein Strichcode und auf dem Vorspann des Films ein Lochcode sowie ein einbelichteter Strichcode, in denen alle für die automatische Filmerkennung im Labor wichtigen Informationen verschlüsselt sind.

Diffusionslichthof
Lichtsaum, der bei der Abbildung von Lichtquellen oder hell strahlenden Flächen auftreten kann. Er entsteht dadurch, daß Lichtstrahlen, die auf die fotografische Schicht auftreffen, durch die Silberhalogenidkörner der → **Emulsion** gestreut werden und sich in der Schicht ausbreiten, wo sie Unschärfe verursachen. Durch die inzwischen sehr dünnen Schichten moderner Filme und die Beimischung lichtabsorbierender Farbstoffe kann dieses Phänomen heute nahezu beseitigt werden.

empfindlichen Schicht immer konstant sei (Reziprozitätsgesetz von Bunsen und Roscoe), gilt dann nicht mehr. Bei Elektronenblitzgeräten mit ultrakurzer → Leuchtzeit ist der Empfindlichkeitsverlust des Films bereits in der → Leitzahl berücksichtigt. Bei Farbfilmen kann die Benutzung von Farbkorrekturfiltern (Kodak CC-Filtern) zur Korrektur von durch die Reziprozitätsfehler verursachten → Farbstichen, die sich je nach Filmfabrikat anders auswirken können, erforderlich werden. Dazu werden in den technischen Daten der betreffenden Filme Blendenkorrekturwerte angegeben, welche die Filterfaktoren der jeweils erforderlichen Korrekturfilter bereits berücksichtigen. Aus den veröffentlichten Reziprozitätskurven läßt sich ggf. eine Belichtungsverlängerung ablesen.

Spektrale Empfindlichkeit

Die Farbenempfindlichkeit eines Films wird durch seine optische Sensibilisierung, die mit Hilfe von an den Oberflächen der Silberhalogenid-Kristalle angelagerten speziellen Farbstoffen erfolgt, festgelegt. Das ist notwendig, weil die fotografischen Emulsionen von Natur aus nur blauempfindlich sind – abgesehen von ihrer Empfindlichkeit für unsichtbare ultraviolette Lichtstrahlung.
Die meisten Schwarzweißfilme sind panchromatisch sensibilisiert, das heißt für alle Farben gleich empfindlich. Davon zu unterscheiden sind die orthochromatischen (rotunempfindlichen) und die hyperchromatischen (verstärkt rotempfindlichen) Filme;

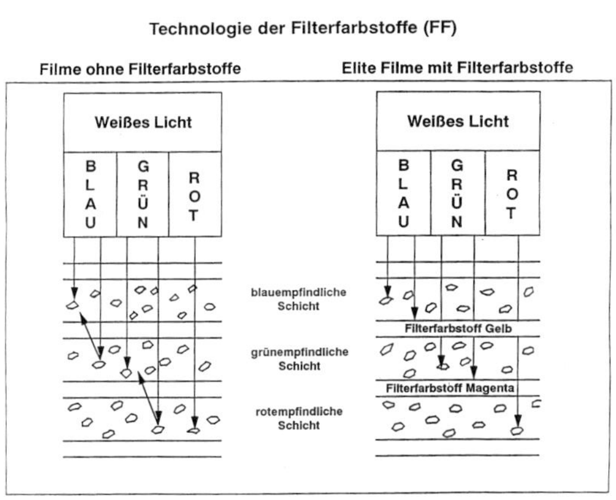

Das Schema zeigt die Wirkung von Filterschichten in Filmemulsionen.

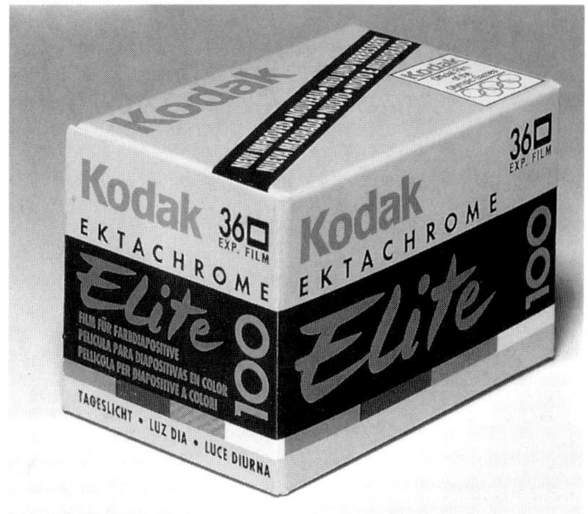

Die Kodak Elite Farbdiafilme zeichnen sich durch eine hohe Farbsättigung aus.

erstere werden bevorzugt als Dokumentenfilme, letztere als technische Filme eingesetzt (siehe bei Spezialfilme). Bei Farbfilmen ist zwar jede einzelne Schicht bzw. jeder Schichtverband (geteilte Schichten) für ein Spektrumsdrittel (Rot, Grün und Blau) sensibilisiert, jedoch wird das Gleichgewicht bewußt verschoben, je nach dem, ob es sich um einen Film für Aufnahmen bei Tageslicht (Tageslichtfilm, mit verringerter Blauempfindlichkeit) oder bei Kunstlicht (Kunstlichtfilm, mit erhöhter Blauempfindlichkeit) handelt (mehr dazu unter Filmarten/Farbfilme). Da die rot- und grünempfindlichen Schichten der Farbfilme naturgemäß auch für blaues Licht empfindlich sind, wird dieses durch eine Gelbfilterschicht unterhalb der blauempfindlichen Schicht/en unterdrückt. Einige neuere Filme besitzen zusätzlich eine Rotfilterschicht unterhalb der grünempfindlichen Schichten, um mittels der dadurch erzielten genaueren Rotsensibilisierung eine reinere Grünwiedergabe zu erreichen. Als bislang einziger Film besitzt Fujicolor Reala zusätzlich eine für blaugrünes Licht sensibilisierte Schicht, mit deren Hilfe eine bessere Farbendifferenzierung im Grün-Blau-Bereich ermöglicht wird. Infrarotfilme sind durch spezielle Sensibilisierungsfarbstoffe bis in den unsichtbaren Bereich der infraroten Lichtstrahlung empfindlich gemacht (siehe Spezialfilme).
Über die jeweilige spektrale Filmempfindlichkeit in Wellenlängen (nm = Nanometer) geben die in den technischen Daten abgebildeten Empfindlichkeitskurven Aufschluß.

Bei Farbaufnahmematerialien ist die Sensibilisierung in den drei Teilbereichen bewußt überlappend.

Gradation

Die Gradation eines Films gibt an, in welchem Dichteumfang der Objektumfang des Aufnahmemotivs oder der Originalvorlage durch das Aufnahme- bzw. Kopiermaterial wiedergegeben wird. Der Dichteumfang ist die Differenz zwischen der höchsten und der niedrigsten Dichte im Film; er läßt sich mit der Schwärzungskurve bei Schwarzweißfilmen und der Farbdichtekurve bei Farbfilmen darstellen. Diese Kurven werden anhand eines mit einem Sensitometergerät auf den Film aufbelichteten, regelmäßig abgestuften Graukeils im Densitometer gemessen. Der Objektumfang ist die Differenz zwischen der hellsten und der dunkelsten Stelle des Objekts (Motivs). Die Gradation wird als Gammawert (,) angegeben, welcher die Steigung der Dichtekurve in ihrem maßgeblichen geradlinigen Teil kennzeichnet (Tangens des Winkels, den eine an den in Richtung auf die Abszisse hin verlängerten geradlinigen Teils der Dichtekurve angelegte Tangente mit der Abszisse bildet). Die Gleichung für den Gammawert lautet:

$$r = \frac{\text{Dichteumfang}}{\text{log. Belichtung}}$$

Ein Film mit niedrigerem Gammawert (flachem Kurvenanstieg) gibt die Halbtöne im Bild feiner abgestuft wieder als ein »harter« Film (höherer Gammawert, steiler Kurvenanstieg). Für Negativfilme ist ein Gammawert von etwa 0,65 günstig; bei Diafilmen, die für Projektionszwecke und die Betrachtung auf dem Leuchttisch kontrastreicher arbeiten müssen, ist ca. 1,6 vorteilhaft. Bei diesen Werten handelt es sich um durchschnittliche Gammawerte, denn die Dichtekurven lassen sich mit einem einzigen Wert nur grob erfassen. Daher teilt man sie häufig (bei Diafilmen) in zwei Bereiche auf, jeweils für die hellen und für die dunklen Stellen im Motiv. Bei Schwarzweißfilmen werden zumeist außer der allgemeinen Schwärzungskurve

Beispiel für Farbdichtekurven

Belichtung: Tageslicht 1/100 s
Prozeß: AP 70/C-41
Densitometrie: Status M

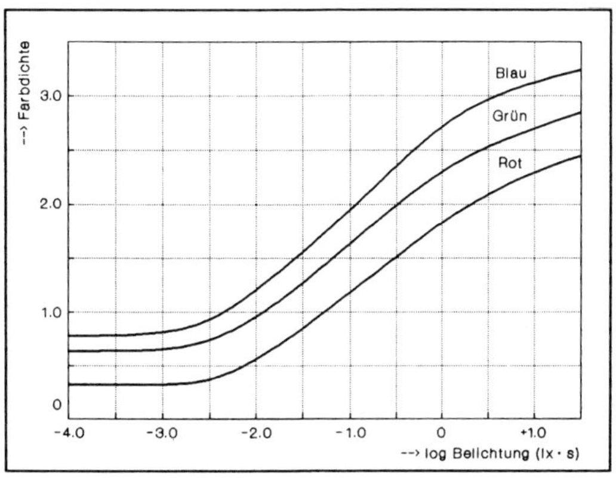

Emulsion
nennt man die hauchdünne lichtempfindliche Schicht, in der Silbersalze (Silberhalogenide) in Gelatine eingebettet auf einem Schichtträger verteilt sind. Korrekter müßte man genaugenommen von einer erstarrten Suspension sprechen, da die Halogenide in der Gelatine nicht eigentlich gelöst sind. Die Herstellung einer E. ist ein äußerst komplizierter Vorgang und umfaßt mehrere Rühr-, Wasch- und Reifungsprozesse. Durch die → **Sensibilisierung** wird die spektrale → **Empfindlichkeit** der E. auf bestimmte Bereiche des Farbspektrums festgelegt, bevor sie in einer Dicke von 0,01 mm bei Schwarzweißfilmen bzw. 0,025 mm bei Farbfilmen maschinell in mehreren Schichten auf den Schichtträger gegossen wird.

Beeinflussung durch Entwicklungszeit

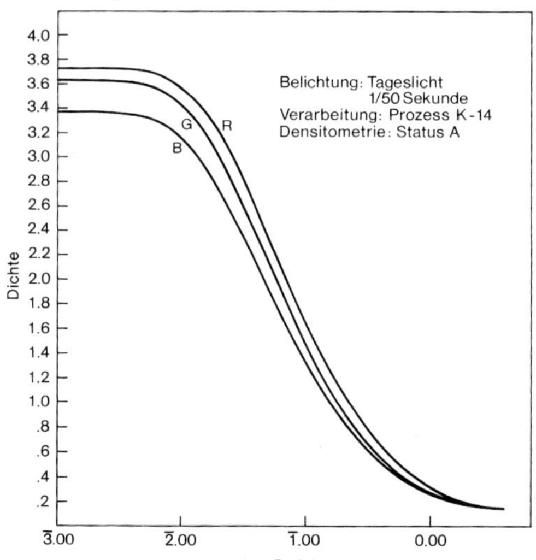

Dichtekurven eines Farbnegativfilms

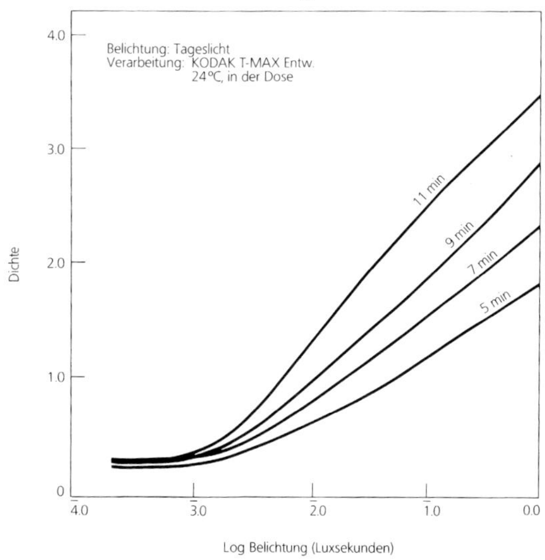

Belichtungsumfang
bezeichnet den maximalen Helligkeitsunterschied, den ein fotografisches Material wiederzugeben imstande ist.

Reifung
Wärmebehandlung bei der Herstellung von → **Emulsionen,** wodurch eine Veränderung von → **Korngröße** und -verteilung erreicht wird.

Gamma-Zeit-Kurven abgebildet, welche die Gradation in Abhängigkeit von bestimmten Entwicklern und Entwicklungszeiten angeben. Dabei wird berücksichtigt, daß eine kürzere Entwicklung die Gradation verflacht, während sie eine längere aufsteilt. Mit Hilfe der Kontrastindex-Kurven, die z.B. von Kodak an Stelle der Gamma-Zeit-Kurven veröffentlicht werden, lassen sich Filme auf denselben durchschnittlichen Kontrastindex mit übereinstimmenden Schwärzungsumfang entwickeln.
Die Gradation bestimmt auch den Belichtungsspielraum eines Films; je flacher sie ist, desto größer ist der Belichtungsspielraum (Belichtungsumfang des Films im Verhältnis zum Objektumfang, der unter dem Belichtungsumfang liegen soll).

Körnigkeit

Die Körnigkeit ist die im Negativ oder Diapositiv sichtbare Struktur aus entwickeltem metallischem Silber beim Schwarzweißfilm bzw. aus Farbstoffelementen beim Farbfilm. Sie hängt, außer von der Größe der Silberhalogenid-Körner und Farbstoffpartikel selbst, von der Belichtung, Entwicklung und Gradation des Films ab. Sie wird zumeist als RMS-Wert (Root Mean Square) angegeben, der mit Hilfe eines von der Kornstruktur bei einem mittleren Grauwert abgelenkten Lichtbündels in einem Mikrodensitometer bestimmt wird. Niedrige RMS-Werte entsprechen einem feineren, höhere einem gröberen → Korn. Die Körnigkeit ist dank neuartiger Silberhalogenid-Kristalle und doppelten oder sogar dreifachen Schichtverbänden je Sensibilisierungsbereich (dazu oben bei Spektrale Empfindlichkeit) auch bei hochempfindlichen Filmen heute relativ niedrig. Zusammen mit dem Auflösungsvermögen und der Schärfe bestimmt die Körnigkeit die Bildqualität eines Films.

Typische Gamma-Zeit-Kurven für die Dosen-Entwicklung von Schwarzweißfilmen

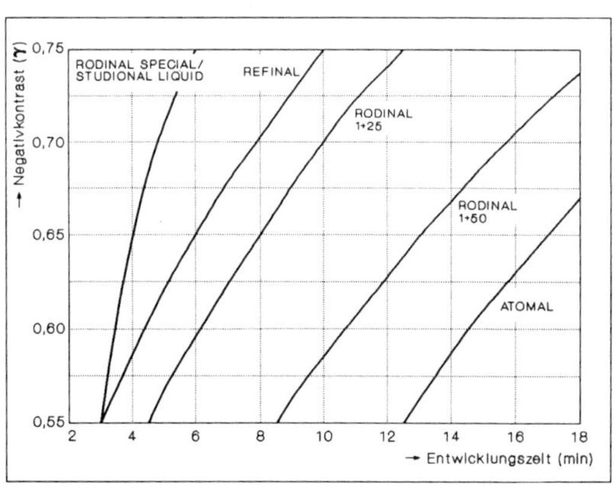

Auflösungsvermögen

Die Fähigkeit eines Films, nebeneinanderliegende Linienstrukturen noch getrennt wiederzugeben, nennt man Auflösungsvermögen (kurz: AV). Es ist umso größer, je enger nebeneinanderliegende Linien unterscheidbar sind. Das AV ist nicht gleichbedeutend mit Schärfe, da es für die wahrnehmbare

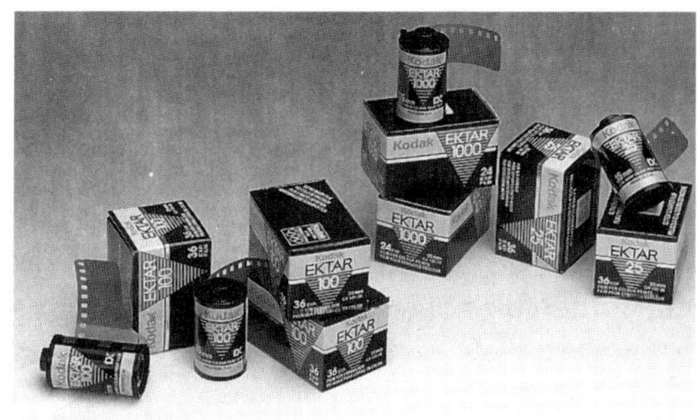

Für höchste Schärfe: Kodak Ektar Farbfilme

Linienauflösung unbedeutend ist, ob die Linien verwaschene oder klar begrenzte Kanten haben. Wohl setzt ein hohes AV ein gleichmäßig verteiltes feines → Korn voraus und hängt – neben der Güte des Kameraobjektivs sowie der Belichtung und der Entwicklung – vom Objektkontrast (Motivkontrast) ab, weshalb es zumeist von den Filmherstellern nach unterschiedlichen Kontrastwerten (1,6 : 1 und 1000 : 1) angegeben wird. Dabei wird die unter einem Mikroskop ermittelte Anzahl von deutlich getrennt wiedergegebenen Linien pro Millimeter Filmoberfläche (L/mm) aufgeführt; je größer sie ist, desto besser ist das AV. Der praktische Nutzwert der Angaben zum AV ist wegen der verschiedenen Einflüsse, Test- und Bewertungsmethoden gering. Die als Kurve dargestellte Modulationsübertragungsfunktion (kurz: MÜF) eines Films zeigt, wie das

Auflösungsvermögen als Modulationsgrad der Abbildung prozentual mit zunehmender Ortsfrequenz (Balkenraster mit enger werdenden Abständen und Breiten) abnimmt.

Schärfe

Die Schärfeleistung eines Films wird danach bewertet, inwieweit er feine Details klar abgegrenzt wiedergeben kann. Sie wird durch die Kornstruktur, den Objektkontrast (Motivkontrast) und die Gradation beeinflußt. Dabei erscheint ein Film mit deutlicher umgrenzten Körnern und einer steileren Gradation schärfer als einer mit verwaschenen, feinen Körnern und einer flachen Gradation. Die Schärfe ist auch umso höher, je dünner die Filmschichten sind. Nachteilig wirkt sich eine Lichtstreuung innerhalb der Filmschichten (Diffusionslichthof infolge von Überbelichtung) auf die Schärfewirkung aus.

Filmformate

Filme sind für unterschiedliche Formate (für entsprechende Kamera- Aufnahmeformate bzw. als Kopiermaterialien) konfektioniert. Die am häufigsten benutzte Konfektionierung ist der 35 mm breite, beidseitig perforierte und in Patronen zu je 12, 24 und 36 Aufnahmen abgefüllte Kleinbildfilm (Typ 135). Er ist bestimmt für Aufnahmeformate von 24 x 18 mm, 24 x 24 mm und insbesondere 24 x 36 mm. Preiswerte Meterware wird zum Selbstladen von Patronen verwendet. Ein neues Kleinbildsystem mit anderen Aufnahmeformaten ist in Vorbereitung. Die vorwiegend für professionelle Zwecke bestimmten Rollfilme gibt es zumeist als Typ 120 in 61,5 mm Breite und 82 cm Länge mit Papierrückspann auf Kunststoff- oder Holzspule für 12 Aufnahmen im Format 6 x 6 cm bzw. 8 Aufnahmen 6 x 9 cm, 10 Aufnahmen 6 x 7 cm und anderen Formaten. Über die doppelte Bilderzahl verfügt der gleich breite, aber doppelt so lange Rollfilm Typ 220 mit Papiervor- und -nachspann. Professionelle Filme werden zum Teil auch in größeren Planfilm-Formaten (Blattfilmen) ab 9 x 12 cm für Fachkameras angeboten. Bei bestimmten Kassettenfilmen für früher verbreitete einfache Amateurkameras gibt es die PAK-Kassette Typ 126 mit 12, 20 oder 24 Aufnahmen im Format 28 x 28 mm und die Pocket-Kassette Typ 110 mit 12, 20 oder 24 Aufnahmen im Format 13 x 17 mm. Daneben werden auch noch Disc-Filme auf runder Filmscheibe (Durchmesser 65 mm) für je 15 Aufnahmen 8 x 10,5 mm angeboten. Kassetten- und Disc-Filme sind nur als Farbnegativfilme erhältlich. Für einige Spezialkameras mit sehr kleinen Aufnahmeformaten sind Kleinstbildfilme erhältlich (z.B. Minox Kassette).

Sensibilisierung
Da die zur Herstellung fotografischer Schichten verwendeten Silberhalogenide nur Licht mit Wellenlängen bis zu 490 nm, also aus dem blauen Bereich des Farbspektrums, absorbieren, müssen → **Emulsionen** für andere Spektralfarben erst sensibilisiert werden. Dies geschieht durch Beigabe verschiedener Farbstoffe, durch die die drei Schichten eines Farbfilms jeweils für Blau, Grün oder Rot empfindlich gemacht werden. Neben dieser optischen gibt es eine chemische S., bei der die Farbempfindlichkeit einer Emulsion durch Edelmetallsalze oder Schwefelverbindungen insgesamt erhöht wird.

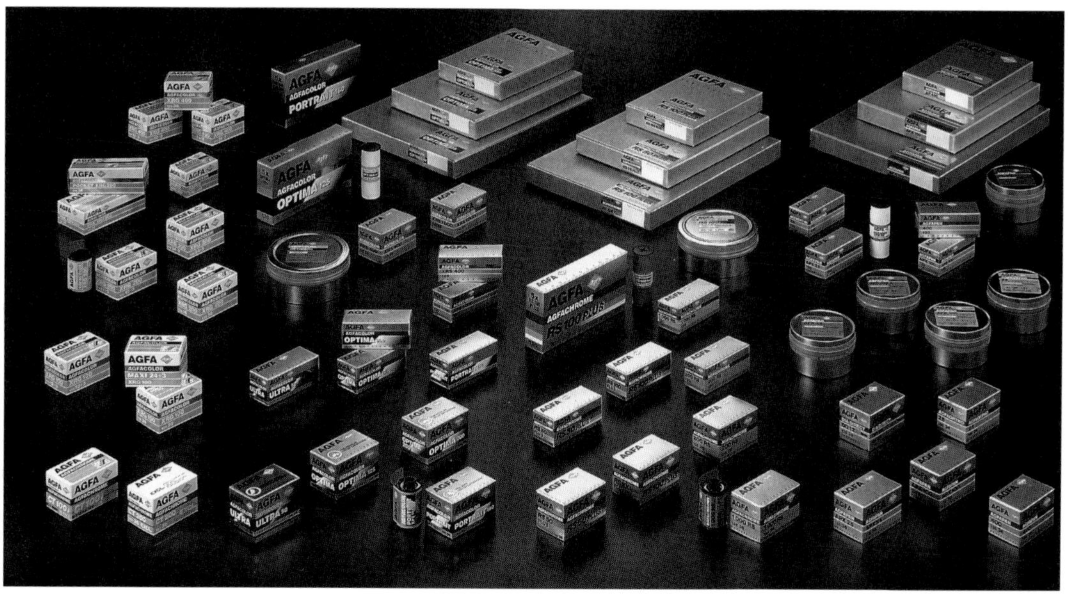

Die unterschiedlichen Formate und Typen von Agfa Farbnegativfilmen

Empfindlichkeit, fotografische
Unter fotografischer Empfindlichkeit versteht man die Lichtempfindlichkeit fotografischen Materials, die heute international in Größen nach der → **ISO-Norm** gemessen wird.

Internegativ
→ **Negativ,** das, meist als → **Kontaktkopie,** zur Herstellung von Vergrößerungen nach → **Diapositiven** erstellt wird und die Möglichkeit zu nachträglichen Kontrast- und Farbkorrekturen bietet.

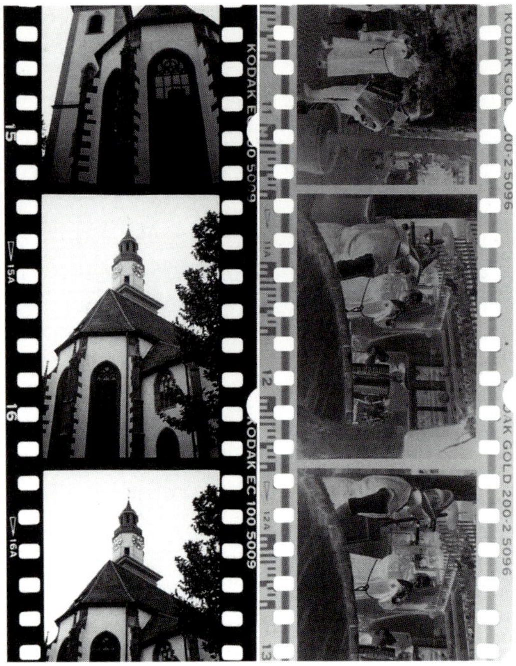

Die Bilder zeigen die unterschiedlichen Randsignierungen von Dia- und Negativfilmen.

Sofortbildfilme

Sofortbildfilme sind grundsätzlich sowohl Aufnahme- als auch als Kopiermaterialien (Unikate), ausgenommen der Polaroid Schwarzweißfilm Typ 55, bei dem das Negativ für weitere Kopien oder Vergrößerungen verwendbar ist. Es gibt drei verschiedene Filmtypen:

– Zweiblattfilme (in Color und Schwarzweiß, auch Trennbildfilme genannt), bei denen das positive Bild nach der Entwicklung jedes einzelnen Bildes , die außerhalb der Kamera automatisch erfolgt, von den Negativschichten abgezogen wird.

– Monoblattfilme (Color, auch Einstufenverfahren genannt), bei denen Negativ- und Positivschichten eine nicht trennbare, integrale Einheit bilden; diese sind an bestimmte Kameramodelle, in denen auch die Entwicklung erfolgt, gebunden.

– Schnellentwicklungsfilme (Sofort-Diafilme in Color und Schwarzweiß), bei denen die Positivschicht nach der Entwicklung des Fil-

Aufnahmematerialien

Man unterscheidet:
Negativfilme, die mit umgekehrten Helligkeits- bzw. auch Farbwerten (Komplementärfarben) entwickelt als Vorlage für Kopien (Papierbilder, Positiv- und Displayfilme) dienen, und *Diafilme* (Umkehrfilme), die nach der Entwicklung in ihren Helligkeits- und Farbwerten richtige (positive) Diapositive für Projektions- und Druckzwecke ergeben, von denen aber auch Aufsichtsbilder und Duplikate hergestellt werden können. Die meisten Schwarzweißnegativfilme können auch umkehrentwickelt werden.

Polaroid Sofortbild-Kamera mit Picture-Box auf der Rückseite zur Aufbewahrung der Bilder

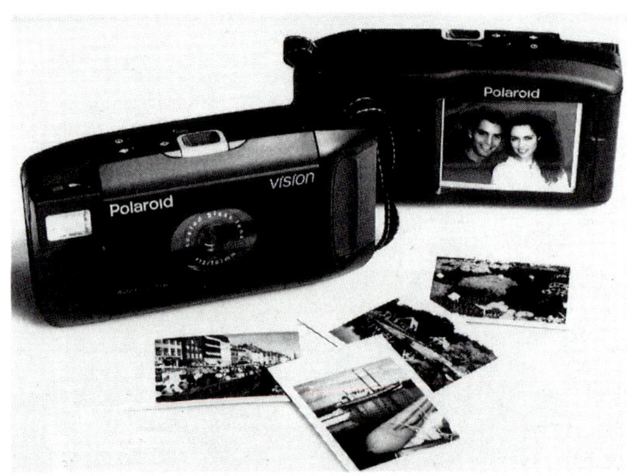

Spezial-Sofortbildfilme von Polaroid für das Kleinbildformat

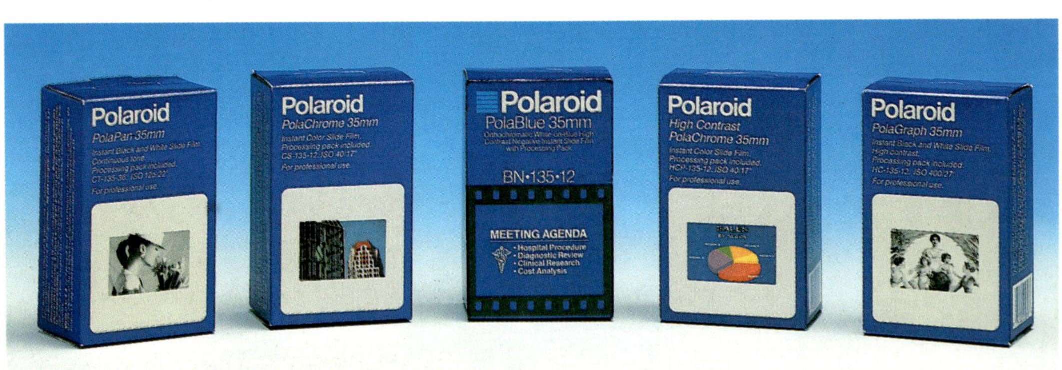

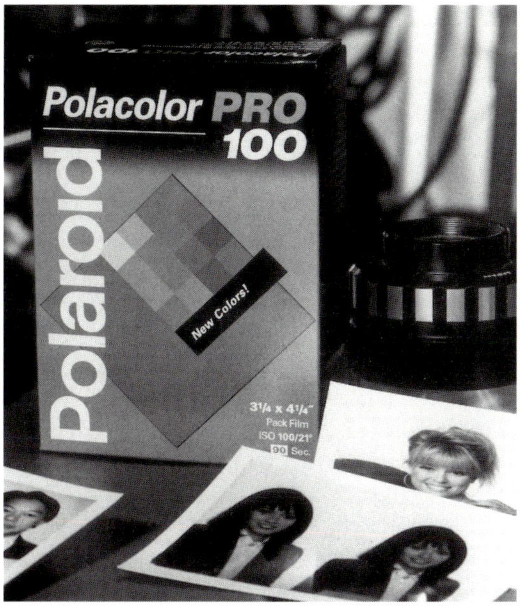

Sofortbildfilm nach dem Trennbildverfahren für professionelle Anwendungen

mes in einem Entwicklungsgerät in seiner gesamten Länge abgezogen wird. Diese Filme werden in herkömmlichen Kleinbildkameras benutzt.
Zweiblattfilme werden sowohl von Fuji wie auch von Polaroid angeboten, die übrigen Filmtypen nur von Polaroid.

Amateur- und Professionalfilme

Einige Negativ- und Umkehrfilme sind in zwei Ausführungen, nämlich als Amateur- und als Professionalfilme erhältlich, andere nur als Professionalfilme. Während Amateurfilme (das sind alle Filme ohne den Zusatz »Professional«) ihre höchste Qualität erst im Laufe ihrer Lagerzeit beim Händler oder Fotografen erreichen, kommen Professionalfilme bereits im ausgereiften Zustand auf den Markt und besitzen optimale oder in engeren Toleranzen gehaltene Eigenschaften, z.B. exakt der Angabe entsprechende Filmempfindlichkeit, neutrale Farbabstimmung oder eine spezielle Abstimmung auf eine gute Hauttonwiedergabe. Zur Erhaltung dieser Eigenschaften müssen Professionalfilme kühl gelagert sowie bald nach der Belichtung entwickelt werden.

Kopierfilme

Kopierfilme dienen zur Weiterverarbeitung oder als Endprodukt nach Aufnahmen auf Farbnegativ- oder -diafilmen. Zu unterscheiden sind:
Internegativfilme (Zwischennegativfilme) zur Herstellung von Negativen nach Diapositiven, damit diese auf herkömmliches Colorpapier (nicht direkt auf Umkehrpapier) vergrößert werden können. Diese Aufgabe ersetzt jedoch das »elektronische Internegativ« im Agfa DigiPrint System.
Positivfilme verwendet man zum Kopieren von Farbdias nach Farbnegativen oder Internegativen.
Displayfilme als großformatige Farbpositiv- oder -duplikatfilme zur Herstellung von Transparentbildern zu Werbe- und Dekorationszwecken. Es gibt zwei Sorten: – »Clear« mit klarer Unterlage für Leuchtkästen mit eingebauter Diffusorscheibe oder zur Montage auf Opalglasscheiben sowie zur Herstellung von Sandwichdias; – »Trans« mit weißpigmentierter, opaker Unterlage für Leuchtkästen ohne Streuscheibe und zur direkten Montage vor Lichtquellen.
Die Displayfilme gehen von Negativen oder Internegativen als Kopiervorlagen aus, ausgenommen die Ilfochrome Classic Filme, bei denen Dias als Vorlagen dienen.

Duplikatfilme

Sie werden zur Anfertigung von Diapositivkopien von Diafilmen gebraucht. Einige Duplikatfilme sind auch für Reproduktionsaufnahmen oder zur Anfertigung von Duplikatnegativen geeignet.

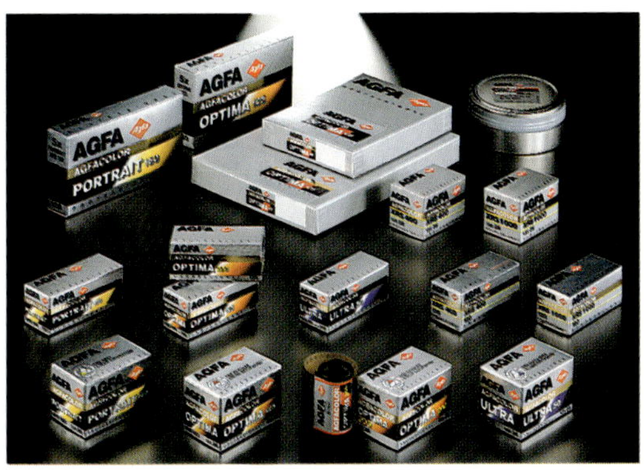

Professionelle Farbnegativfilme von Agfa

Filmherstellung
Fotografische Filme bestehen aus mehreren Schichten unterschiedlicher Materialien, die übereinander gegossen werden. Zur Herstellung des lichtunempfindlichen, transparenten Rohfilms oder → **Schichtträgers** wird zunächst gelöstes Cellulosetriacetat oder Polyester zu einem dünnen Film vergossen und getrocknet. Auf diesen Schichtträger wird dann in mehreren Schichten die aus gefälltem Silberhalogid in Gelatine und mehreren Zusatzstoffen bestehende → **Emulsion** aufgegossen. Ist das fertige Filmaterial getrocknet, so kann es in der → **Filmkonfektionierung** in die erforderlichen Formate zerschnitten werden.

Diapositiv
Schwarzweißes oder farbiges positives Einzelbild eines Farbumkehrfilms, das aufgrund seiner Transparenz sowohl direkt betrachtet als auch mit Hilfe eines Diaprojektors projiziert oder als Druckvorlage verwendet werden kann. Auch Vergrößerungen auf Fotopapier sind vom Dia möglich.

NC-Schicht (= Rückschicht) (NC = non curling) Gelatineschicht, die auf die Rückseite des Schichtträgers von Filmen aufgetragen wird, zum einen um zu vermeiden, daß das Material sich bei der Verarbeitung wellt (die NC-Schicht dehnt sich im trockenen wie im nassen Zustand im gleichen Maß wie die Emulsion), und zum anderen um seine Gleitfähigkeit beim Transportieren in der Kamera zu verbessern.

Overheadfilme

Overheadfilme sind spezielle Farbumkehrfilme bzw. Ilfochrome Materialien für die Hellraumprojektion. Abgesehen von den nach speziellen Verarbeitungsprozessen (Silberfarbstoff- Bleichverfahren) arbeitenden Ilfochrome Filmen werden die Internegativ- und Positivfilme nach dem Farbnegativprozeß (C-41), die Displayfilme nach einem modifizierten Colorpapierprozeß (RA 4) und die Duplikat- sowie Overheadfilme nach dem Umkehrprozeß (E-6) entwickelt.

Schwarzweißfilme

Schwarzweißfilme sind zumeist als Negativfilme in verschiedenen Empfindlichkeitsklassen von ISO 25/15° bis 3200/36° erhältlich. In jüngerer Zeit sind ihnen die modernen Silberkristall-Technologien der Farbfilme (z.B. T-Grains) ebenfalls zugutegekommen. Daneben gibt es Umkehrfilme und Sofortbildfilme (Zweiblatt-Typ) sowie einige Spezialfilme (siehe dort).

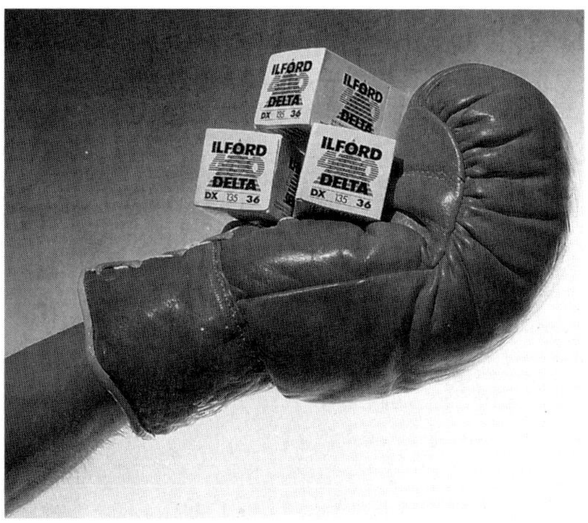

Der Ilford Delta: ein besonders feinkörniger Schwarzweißfilm

Farbfilme

Arbeitsweise

Farbfilme arbeiten überwiegend nach dem Prinzip der chromogenen Entwicklung, das heißt der Farbstofferzeugung in der Entwicklung mit Hilfe von in den Filmschichten eingelagerten Farbkupplern zur Erzeugung der Farbstoffe Yellow, Magenta und Cyan (ausgenommen die Kodachrome Filme, bei denen sich die Farbkuppler in den Entwicklerlösungen befinden). Die Sofortbildfilme folgen Farbstoff-Diffusionsverfahren, bei denen Farbstoffmoleküle aus den Negativschichten in eine Positivschicht (Auffangschicht) abwandern (ausgenommen die Pola Chrome Filme, bei denen das alte Linienraster-Farbverfahren mit dem schwarzweißen Silbersalz-Diffusionsverfahren verbunden ist). Die Ilfochrome Kopierfilme (vormals »Cibachrome«) arbeiten – wie die entsprechenden Materialien für Aufsichtsbilder – nach dem Silberfarbstoff-Bleichverfahren, bei dem in den Schichten eingelagerte fertige Azofarbstoffe im Farbbleichbad bildmäßig abgebaut werden. Die Farbnegativfilme sind maskiert, um zwangsläufig verunreinigte Nebenfarbdichten in den Magenta- und Cyanschichten in den Kopien zu vermeiden. Dazu sind die Magentakuppler mit einem gelben und die Cyankuppler mit einem roten Azofarbstoffrest versehen; diese bilden in der Entwicklung ein farbiges Gegenpositiv, das die Nebendichten zu beim Kopieren neutralisierend wirkenden Gesamtdichten ergänzt. Einen Teil der Maskenfunktion haben inzwischen die DIR-Kuppler (developer inhibitor releasing = Freisetzung eines Entwicklungsverzögerers) übernommen. Der Entwicklungsverzögerer diffundiert in die Nachbarschicht und unterdrückt dort störende Nebendichten, wodurch die Farbsättigung gesteigert wird. DIR-Kuppler, die auch die Kantenschärfe erhöhen und feinere Farbstoffkörner erzeugen, werden bei fast allen Farbnegativfilmen eingesetzt. Entsprechende DIR-Verbindungen werden bei einigen neueren Farbdiafilmen benutzt.

Negativ- und Diafilme

Farbfilme sind als Negativ- und Umkehrfilme (Diafilme) in Empfindlichkeitsklassen von ISO 25/15° bis ISO 1600/33° (Farbnegativfilm auch mit ISO 3200/36°) erhältlich. Höhere Empfindlichkeiten können durch eine Pushentwicklung ausgenutzt werden. Farbnegativ- und -diafilme sind praktisch beide universell verwendbar. Von beiden können farbige Aufsichtsbilder und Photo CDs angefertigt werden, und auch von Negativen lassen sich – auf Positivfilm (Print Film, Slide Film) – Diapositive kopieren. Farbige Aufsichtsbilder von Dias sind nach vier verschiedenen Methoden erhältlich: als Direktkopie auf Colorumkehrpapier oder Ilfochrome Materialien, auf dem Umweg über ein Internegativ auf herkömmliches Colorpositivpapier oder nach dem neuen Agfa DigiPrint System – mit weitgehenden Korrekturmöglichkeiten der Farbwiedergabe, Belichtung und Schärfe – ebenfalls auf herkömmliches Colorpapier. Der letztgenannte Weg eröffnet Bildern von Dias die gleichen Vorteile, wie sie bislang nur vom Negativ möglich waren, nämlich ausgeglicheneren Kontrast, reine Farben und gute Farbtonabstufungen und dank der nachträglichen Korrekturmöglichkeiten einen großen Belichtungsspielraum. Farbnegativfilme besitzen zumeist von Hause aus einen großen Belichtungsspielraum, da die Empfindlichkeit der Standardfilme (100er und 200er Klasse) tatsächlich höher ist als angegeben und somit Reserven in Richtung Unterbelichtungen bietet. Zudem bringen die meisten Farbnegativfilme bei bewußter Überbelichtung gesättigtere Farben.

Der Gossen Colormaster dient zur Ermittlung der Farbtemperatur der Beleuchtung und Bestimmung der erforderlichen Filterwerte.

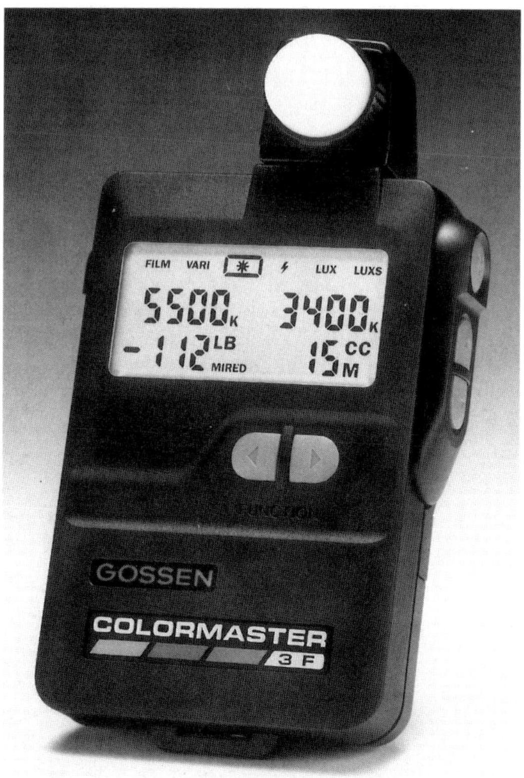

Tages- und Kunstlichtfilme

Wegen der unterschiedlichen Farbtemperatur des Lichts und damit je nach Lichtquelle andersartiger Charakteristik seiner spektralen Zusammensetzung sind für die beiden Hauptbeleuchtungsarten »Tageslicht« (mittleres Tageslicht sowie Studio- und Elektronenblitz) und »Kunstlicht« (Fotolampen des Typs B, Wolframlampen, Tungsten-Lampen) jeweils besonders darauf abgestimmte Farbfilme geschaffen worden. Tageslichtfilme (Typ D = daylight) sind auf eine → Farbtemperatur von 5.400–5.600 Kelvin, Kunstlichtfilme (Typ B oder T = tungsten) sind auf 3.100–3.200 Kelvin abgestimmt. Der Nullpunkt für die in Kelvin-Werten angegebene Farbtemperatur liegt beim absoluten Nullpunkt von minus 273 °C. Für Kelvin (kurz: K) gilt daher die Gleichung: K = °C + 273. Da sich Farbunterschiede aus der Kelvin-Skala nur bedingt ablesen lassen, wurde die Mired-Skala (Mired = micro reciprocal degree Kelvin) eingeführt. Mired ist der Kehrwert von 1 Mio. Kelvin. Die Mired-Werte dienen dazu, Farbtemperaturunterschiede zur Filmabstimmung mit Hilfe von Konversionsfiltern (Light Balance Filter von Kodak und Fuji) besser ausgleichen zu können, indem die Mired-Differenz der Filmabstimmung zur herrschenden Beleuchtung den erforderlichen Verschiebungswert des Filters ergibt. Farbtemperaturmeßgeräte (z.B. Gossen Sixticolor) zeigen die Farbtemperatur im Motiv und das zur Aufnahme benötigte Filter direkt an. Bei einigen professionellen Farbnegativfilmen stehen für anspruchsvolle Arbeiten zur Vermeidung von Reziprozitätsfehlern (insbesondere Schwarzschildeffekt, siehe bei Lichtempfindlichkeit) zwei verschiedene Filmtypen unterschiedlicher Abstimmung zur Verfügung: Typ L ist für längere Belichtungszeiten (bei Kodak Vericolor II z.B. von 1/50 s bis 60 s) und auf Kunstlicht abgestimmt, Typ S für kürzere Belichtungszeiten (bei Kodak Vericolor III z.B. ab 1/10 s) und Tageslicht.

Farbfilme mit besonderen Eigenschaften

Einige Filme besitzen besondere Merkmale in der Farbwiedergabe und/oder im Kontrastverhalten. So gibt es bevorzugt für Porträtaufnahmen vorgesehene Filme mit angenehmer Haut- und weicherer Kontrast-

Adaption
Das menschliche Auge paßt sich wechselnden Lichtverhältnissen (z.B. Kunstlicht/Tageslicht) an und neutralisiert dabei sich verändernde Farbtemperaturen. Dieser Vorgang heißt A.

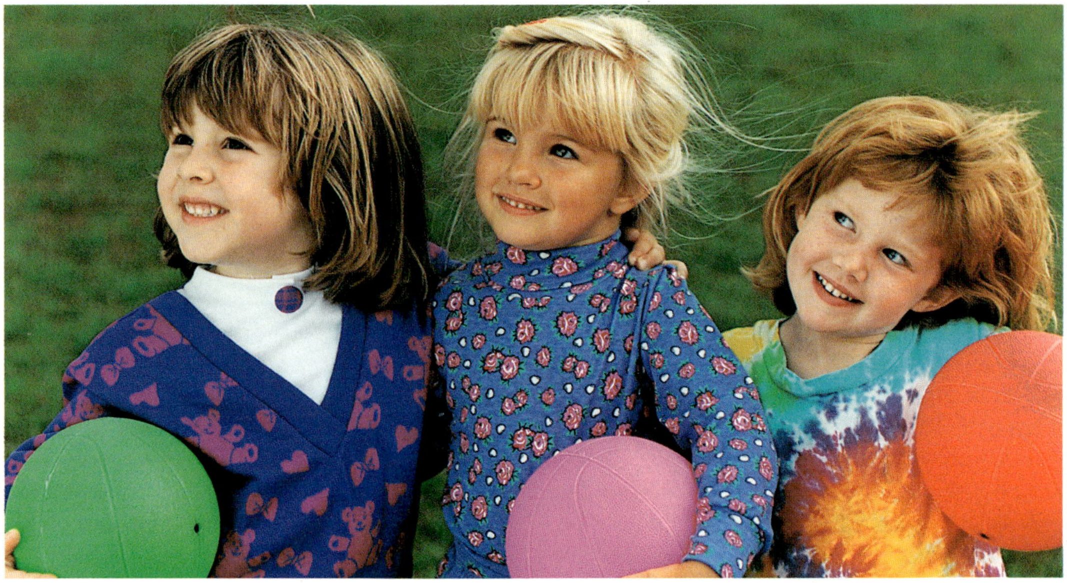

Moderne Farbnegativfilme wie der Kodak Gold 400 zeichnen sich durch Feinkörnigkeit und gute Farbsättigung aus.

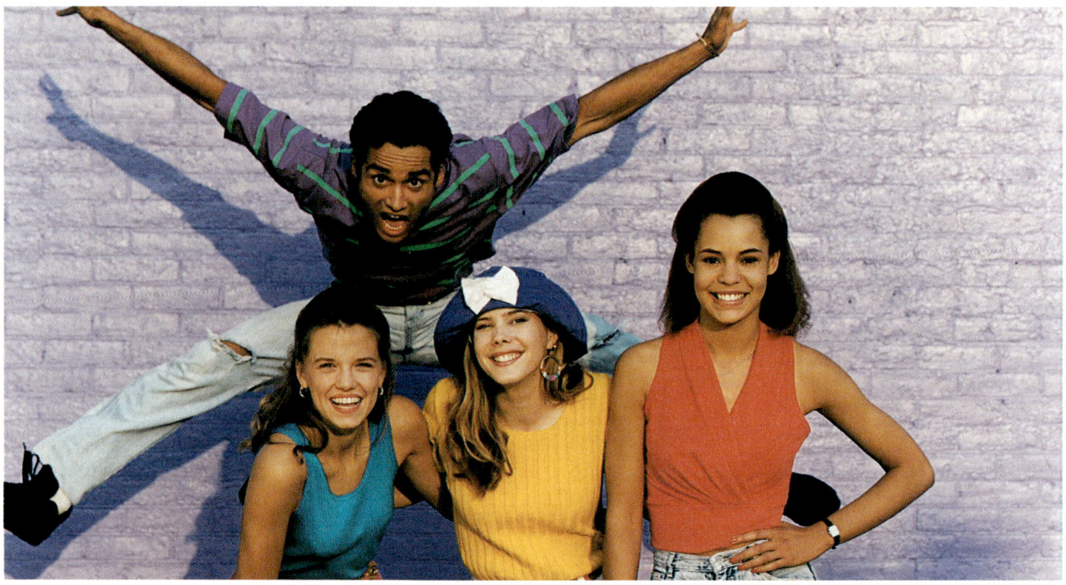

Trotz hoher Empfindlichkeit von ISO 400/27°C besitzt der Kodak Gold hohe Schärfe und einen großen Belichtungsspielraum.

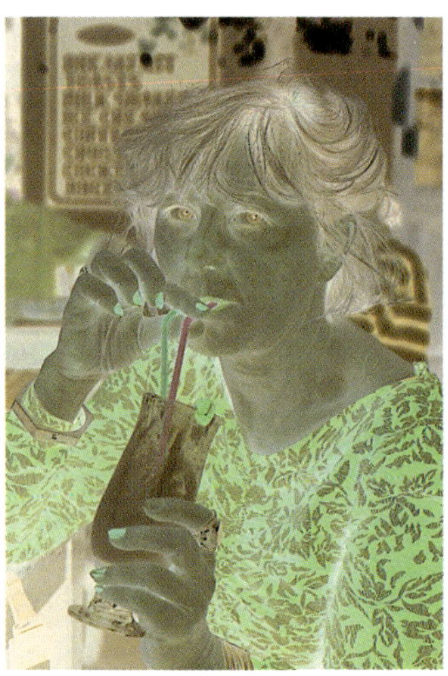

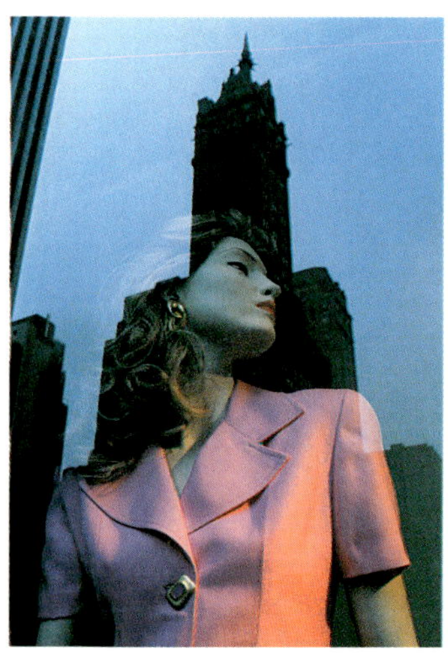

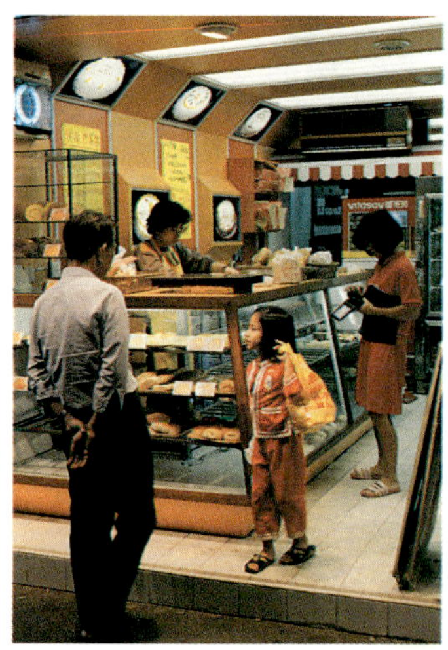

Farbnegativfilm (links).
Foto: Gert Koshofer

Aufnahmen mit hochempfindliche Diafilmen.
Fotos: Gert Koshofer

wiedergabe (z.B. Agfacolor Portrait 160 Professional), stärker farbgesättigte Filme (z.B. Fujichrome Velvia), Filme mit »wärmeren« Farben bei Außenaufnahmen (z.B. Kodak Ektachrome Panther 100X) und mit hohem Kontrast (Kodak Vericolor HC Professional).

Spezialfilme

Chromogen entwickelter Film

Der Einsatz der Farbfilmtechnologie für den Schwarzweißfilm Ilford XP2 (die »Schwärzung« der Negative wird aus drei mittels Farbkupplern entwickelten Farbstoffen gebildet) bringt die Vorteile eines von ISO 50/18° bis ISO 800/30° reichenden Belichtungsspielraums, einer feineren Kornstruktur und einer breit abgestuften Grautonskala. Die Verarbeitung erfolgt nach dem Farbnegativprozeß C-41; mit dem Farbumkehrprozeß E-6 (Push um 2 Stufen) läßt sich der Film auch zu Diapositiven verarbeiten.

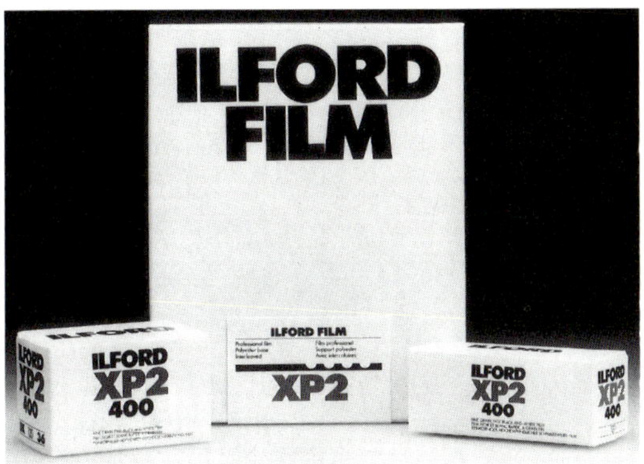

Ilford XP2: Schwarzweißfilm für die Entwicklung im Farbnegativprozeß

Kodak Ektagraphic Hochkontrastfilm für Schwarzweiß-Titeldias

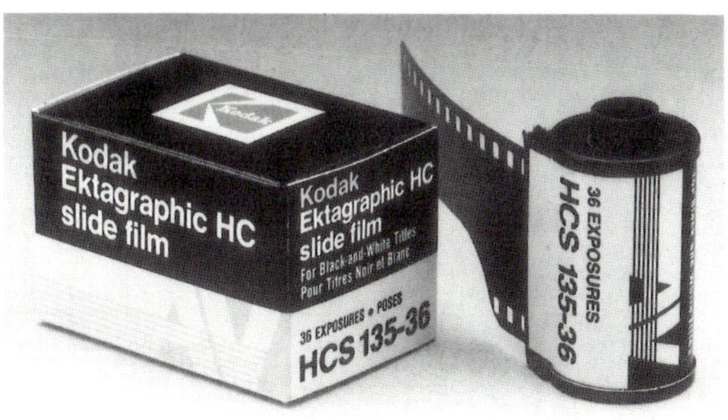

Dokumentenfilm

Der orthochromatisch sensibilisierte und mit sehr steiler Gradation arbeitende Agfaortho 25 Professional Film ist für die Reproduktion von Schrift- und Strichvorlagen sowie von Radio- und Autoradiografien vorgesehen und sowohl als Aufnahme- wie auch als Kopiermaterial mit Negativ- oder Umkehrentwicklung geeignet.

Hochkontrastfilme

Besonders für Titeldias ist der Kodak Ektagraphic HC Slide Film mit extrem hohem Kontrast, hoher Maximaldichte und schleierfreier Transparenz geeignet. Der orthochromatisch sensibilisierte Film entspricht dem Kodalith Ortho Film aus dem grafischen Sortiment. Als spezieller kontrastreich arbeitender Farbdiafilm ist Polaroid Presentation Chrome (Kleinbildfilm, Prozeß E-6) für Aufnahmen vom Videomonitor, Titeldias und Reproduktionen bestimmt.

Infrarotfilme

Für die Aufzeichnung der Infrarotanteile im reflektierten Sonnenlicht (wissenschaftliche und künstlerische Anwendung) sind die vom sichtbaren Licht bis in den Infrarotbereich (um 750–800 nm) sensibilisierten Infrarot-

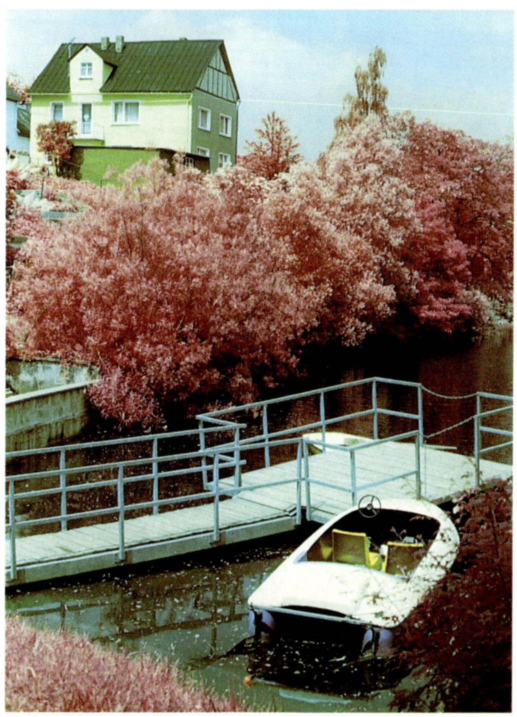

Aufnahme mit Ektachrome Infrarot-Diafilm. Foto: Gert Koshofer

Chromogene Entwicklung
Entwicklungsverfahren der Farbfotografie, bei dem in den Emulsionsschichten des Films gleichzeitig ein Silberbild und ein Farbstoffbild entstehen. Die Farben werden hierbei durch die Verbindung von in die Emulsionsschichten eingelagerten farblosen Farbkupplern mit den beim Entwicklungsprozeß entstehenden Oxidationsprodukten gebildet. Das entwickelte Silberbild wird sodann ausgebleicht und das unentwickelte Restsilber im Fixierbad beseitigt. Die c. E. ist heute bei nahezu allen modernen Farbfilmen das übliche Entwicklungsverfahren.

Sicherheitsfilm
Filmmaterial mit einem transparenten → **Schichtträger** aus Cellulosetriacetat oder Polyester, das im Unterschied zu dem früher verwendeten Celluloid nicht entflammbar ist. Solche Filme sind auf der Packung und der Randsignierung mit dem Vermerk »Safety-Film« gekennzeichnet.

Falschfarbenfilm (=Infrarotfilm)
Farbfilm, dessen → **Emulsion** hinsichtlich der farblichen → **Sensibilisierung** von normalem Filmmaterial abweicht. Anstatt für die Farben Rot, Grün und Blau sind die drei lichtempfindlichen Schichten des F.s für Rot, Grün und Infrarot sensibilisiert, was eine Verschiebung im Farbenspektrum bewirkt. Ursprünglich wurde solches Material für den militärischen und wissenschaftlich-technischen Bereich entwickelt, doch wird es heute wegen des verfremdenden Effektes auch in der experimentellen Fotografie benutzt.

Filmkonfektionierung
Die bei der Filmherstellung entstandenen Filmbahnen werden in der F. in die gewünschten Formate zerschnitten, perforiert und verpackt. Die gebräuchlichsten Konfektionierungen sind Kleinbildfilme, Kassettenfilme, Rollfilme, Schmalfilme und Planfilme.

filme vorgesehen. Angeboten werden Schwarzweißfilme (Kodak und Konica) und ein Farbdiafilm (Kodak Ektachrome Infrared Film); letzterer erzeugt wegen der abweichenden Zuordnung von Sensibilisierung und Farbstoffbildung in der grünempfindlichen Schicht ein gelbes, in der rotempfindlichen Schicht ein purpurnes und in der infrarotempfindlichen Schicht ein blaugrünes Teilbild, wodurch bei hoher Infrarotreflexion Rot als Gelb, Grün als Purpur und Blau als Rot wiedergegeben werden (sog. Falschfarbenfilm). Bei den Schwarzweiß-Infrarotfilmen sollen zur Betonung der Infrarotempfindlichkeit Rotfilter oder Schwarzfilter und beim Farbfilm zur Korrektur der Blauempfindlichkeit aller Schichten Orange- oder Dunkelgelbfilter bei der Aufnahme benutzt werden.

Recording Film
Speziell für den Einsatz unter ungünstigen Lichtverhältnissen ist der höchstempfindliche (je nach Objektkontrast bis zu ISO 8000/40°) Kodak Recording Film als Schwarzweißfilm mit erweiterter Rotempfindlichkeit bestimmt.

Strichfilme (Lithfilme)
Diese Filme mit extrem steiler Gradation werden bevorzugt in der Reprotechnik zur Wiedergabe von Strichvorlagen, gerasterten Halbtonbildern oder zur harten Wiedergabe von Halbtonbildern benutzt.

Technischer Film
Mit erweiterter Rotempfindlichkeit, extrem feinem Korn und sehr hohem Auflösungsvermögen sowie großem Belichtungsspielraum arbeitet der vielseitig sowohl im wissenschaftlichen als auch bildmäßigen Bereich einsetzbare Kodak Technical Pan Film.

Unterwasserfilm
Der Kodak Ektachrome Underwater Diafilm (UW) ist durch seine stärkere Sensibilisierung im roten Bereich zur Unterdrückung des in Tauchtiefen ab 3 m eintretenden Blaustichs speziell für Unterwasseraufnahmen vorgesehen.

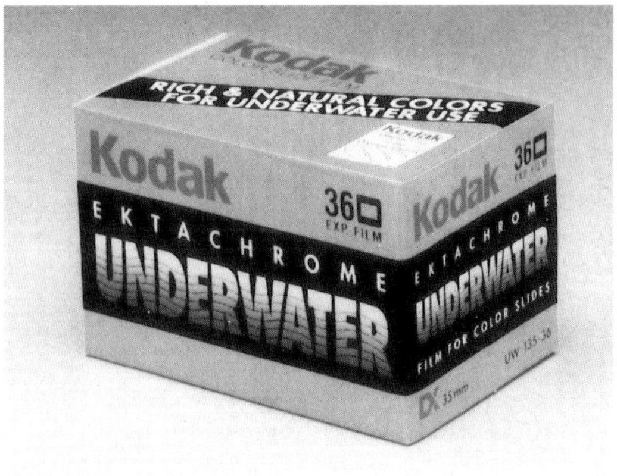

Kodak Ektachrome Underwater: Spezialfilm für Unterwasseraufnahmen

Filmlagerung

Unentwickelte Filme
sind kühl und trocken aufzubewahren und baldmöglich zu verarbeiten. Insbesondere für Professional-Farbfilme werden bei längerer Lagerung unter 10°C (Kühlschrank) oder besser unter 0°C (Tiefkühlschrank, in luftdichten Behältern) empfohlen. Zur Anpassung der Filme an die Raumtemperatur sind die von den Filmherstellern genannten Zeiten zu beachten. Bei Reisen in tropische Gebiete müssen die Filme vor allem gegen die starke Luftfeuchtigkeit geschützt werden. (Verpackungen mit Trockenmitteln wie Silikagel).

Entwickelte Negative oder Dias
Sie sind bei einer Temperatur unter 25°C und einer relativen Luftfeuchtigkeit von höchstens 60 % sowie an dunklen Stellen aufzubewahren. Die Farbstoffe bei Farbfilmen können sich trotzdem im Laufe der Zeit verändern.

Verarbeitungs- und Labortechnik

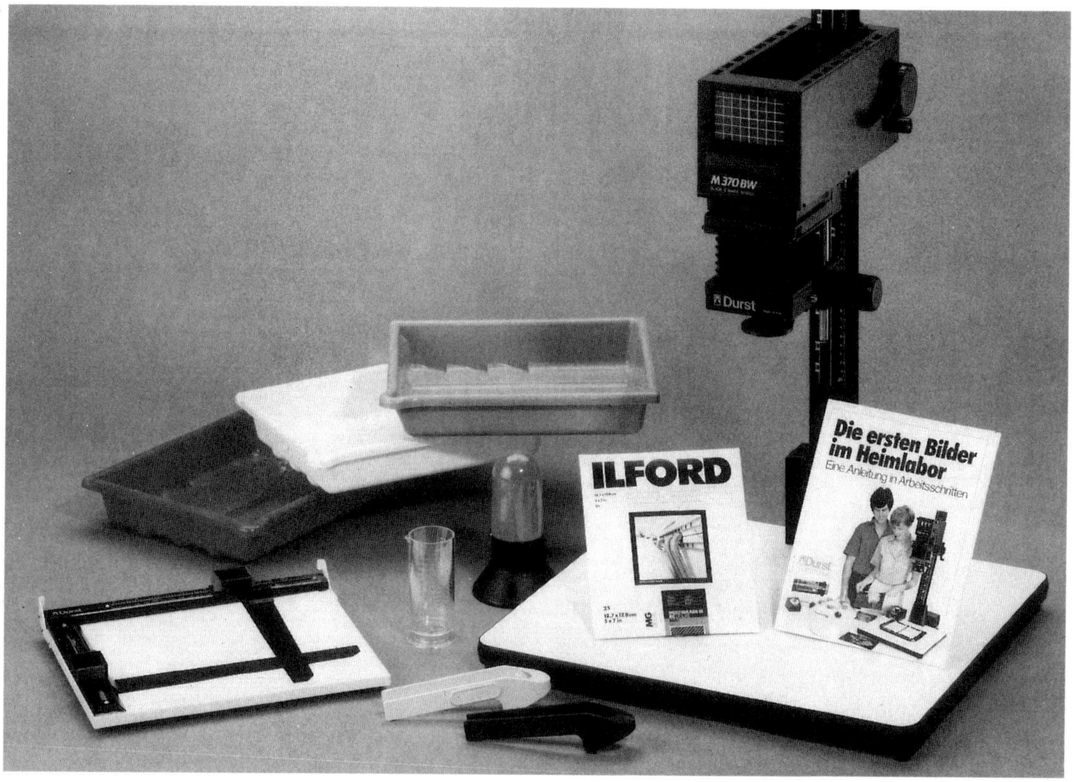

Nur wenig gehört zur Grundausstattung für die Schwarzweißverarbeitung im eigenen Labor.

Die Selbstverarbeitung der eigenen Aufnahmen stellt in vielen Fällen erst die Voraussetzung zur Optimierung einer Bildidee dar.
Andererseits ist die Standardisierung und Rationalisierung der Verarbeitungstechniken soweit fortgeschritten, daß es in manchen Fällen einfacher und sicherer sein kann, den belichteten Film einem Labor seines Vertrauens zu übergeben. Dies gilt insbesondere für die Farbumkehr- und Farbnegativverarbeitung.
Völlig anders liegen die Verhältnisse bei Schwarzweiß- und bei den Farb-Positiv-Verfahren. Hier wird man in aller Regel in eigener Regie mehr aus den Bildern herausholen. Hinzukommt, daß man oft erst während der Verarbeitung die Möglichkeiten erkennt, die sich technisch und ästhetisch bieten.

Chemiekalien für die Film- und Papierentwicklung

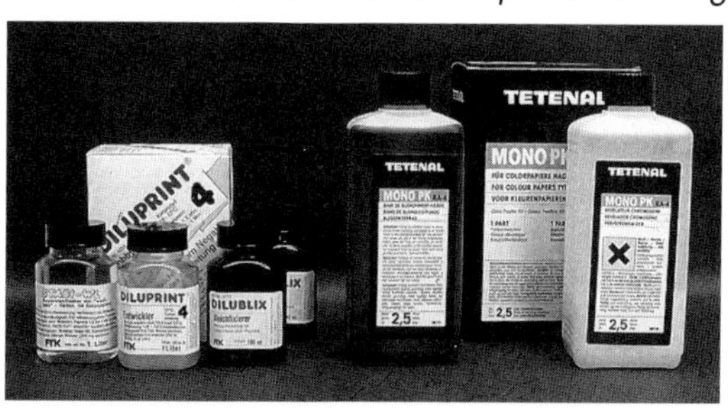

Latentes Bild
Durch die Belichtung in der → **Emulsion** fotografischen Materials gespeichertes, vor der Entwicklung jedoch unsichtbares Bild. Es entsteht durch die Einwirkung von Licht auf die in der Emulsion enthaltenen Silberhalogenide, die sich dadurch in metallisches Silber und Brom spalten. Das Brom wird von der Gelatine der Emulsion aufgenommen, während aus dem Silber das durch die Entwicklung sichtbar werdende Silberbild entsteht. Wird ein belichteter Film längere Zeit nicht entwickelt, so bildet sich das l.B. allmählich wieder zurück. Da dies in den verschiedenen Schichten eines Farbfilms unterschiedlich schnell geschieht, kommt es zu → **Farbstichen.** Um solche Rückbildungen, die besonders rasch bei warmer, feuchter Lagerung auftreten, zu vermeiden, ist eine möglichst baldige Entwicklung belichteten Materials wichtig.

Die Verfahren – eine Übersicht

Die meist in der Dunkelheit ablaufenden Prozesse sind vielfältig: Negativ- und Positiventwicklung, die Diapositivtechnik, Schwarzweiß- und Farbverfahren, chromogene und chromolytische Verfahren usw.
Bevor auf die Besonderheiten eingegangen wird, hier eine kurze Zusammenfassung der wichtigsten gemeinsamen Grundlagen, die sich aus der Schwarzweißentwicklung ableiten. Das Grundschema aller Schwarzweiß-Verfahren bei den Silberhalogenidschichten besteht aus:

Entwickeln
Unterbrechen
Fixieren
Wässern
Trocknen

Die Entwicklung

Bei der Entwicklung von Silberhalogenidschichten werden die Silbersalze durch Reduktion in metallisches Silber verwandelt. Dabei ist die Reduktionsfähigkeit von der Intensität des latenten Bildes abhängig. Ziel jeder Entwicklung ist ein in Helligkeitswerte abgestuftes Bild, wobei alle Helligkeitswerte umgekehrt, d.h. negativ wiedergegeben werden. Charakteristisch für diesen Vorgang ist die Entwicklungsgeschwindigkeit: sie verläuft an stark belichteten Stellen schneller als an weniger belichteten.
Jeder Entwickler setzt sich aus mehreren Substanzen zusammmen. Die wichtigste ist die Entwicklersubstanz. Dabei handelt es sich immer um organische Verbindungen. Da sie den Reduktionsprozeß steuern, sind sie gegen Oxydation empfindlich und dürfen nicht längere Zeit der Luft ausgesetzt werden. Diese Gefahr wird durch Konservierungsmittel vermindert. In den meisten Fällen handelt es sich um Natriumsulfit. Dieses beeinflußt ebenfalls die Entwicklungsgeschwindigkeit negativ. Die Wirkung der Entwicklersubstanz wird durch Zugabe von Alkali erhöht: Die bekanntesten Alkalien für die fotografischen Prozesse sind Borax, Soda, Pottasche. Die charakteristischen Eigenschaften eines jeden Entwicklers ergeben sich im wesentlichen aus der Menge und Auswahl der Entwicklersubstanz und den Alkalien. Hinzukommt eine Reihe weiterer Zusätze. Kaliumbromid verhindert bis zu einem gewissen Grad die Schleierbildung. Das gleiche bezwecken organische Verbindungen, die unter dem Sammelbegriff »Stabilisatoren« zusammengefaßt sind.

Unterbrechung

In vielen Fällen ist es zweckmäßig, die Entwicklung rasch zu unterbrechen. Damit soll verhindert werden, daß Entwicklungs- und Fixiervorgänge bis zu einem gewissen Grad gleichzeitig erfolgen. Die Konsequenz wären Schleier- und Fleckenbildung sowie vorzeitiger Verbrauch des Fixierbades. Die Unterbrechung der Entwicklung erfolgt in der Regel durch ein saueres Zwischenbad mit einer etwa 3%igen Essigsäure-Lösung und sollte nicht viel länger als eine Minute dauern.

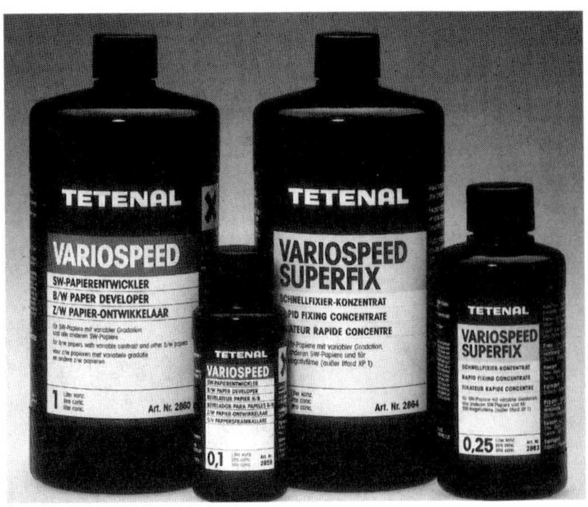

Entwickler und Fixierer von Tetenal

Fixieren

Nach der Entwicklung und Unterbrechung müssen zur Stabilisierung bzw. Fixierung des Bildes die nicht entwickelten Silbersalze aus der Schicht entfernt werden. Damit wird eine weitergehende Bildveränderung durch Lichteinwirkung verhindert. Zum Fixiervorgang müssen die nicht entwickelten, wasserunlöslichen Silberhalogenide in eine wasserlösliche Form umgewandelt werden. Dafür wird meist Natriumthiosulfat mit saueren sta-

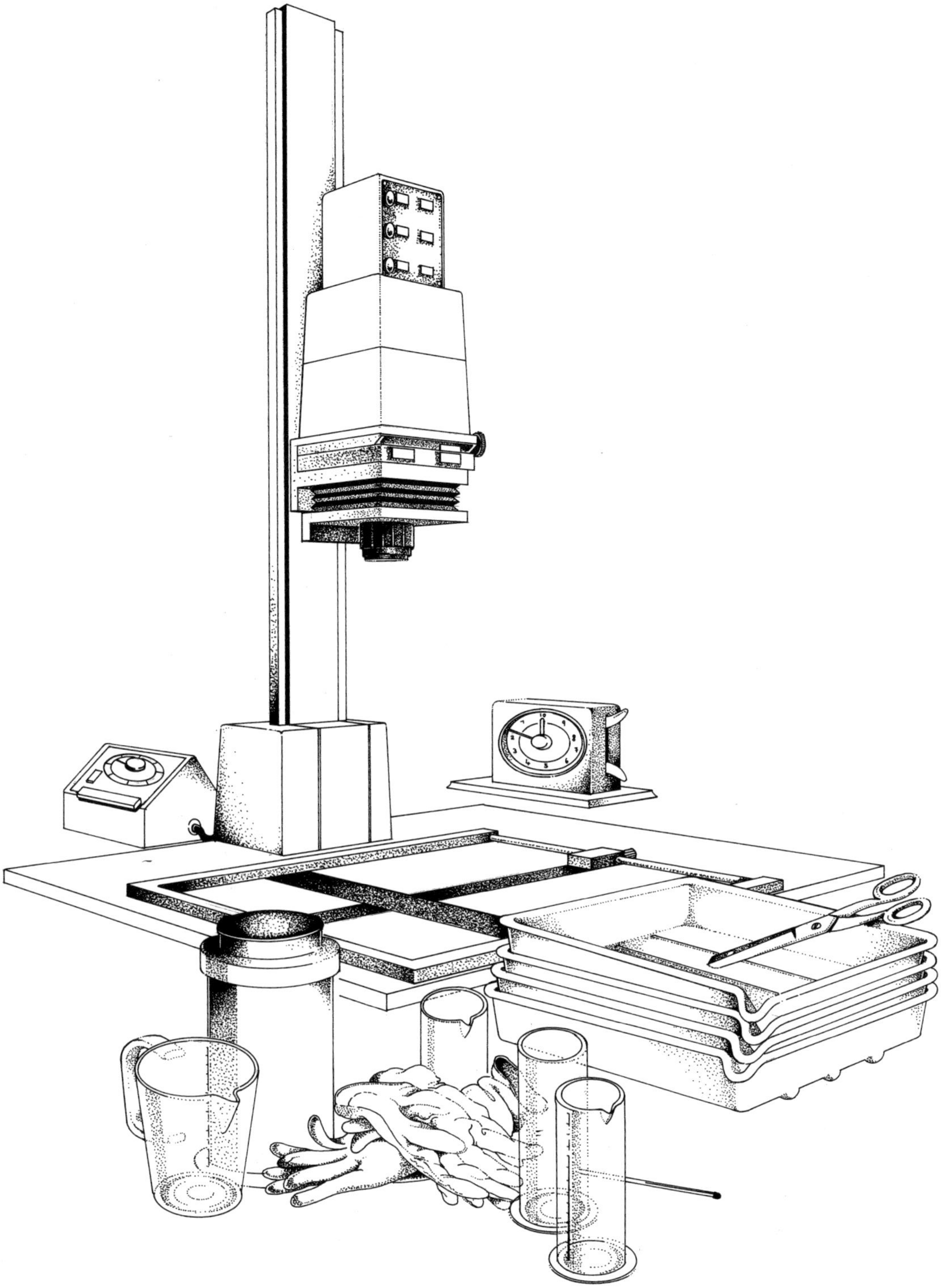

Kontaktkopie
nennt man die positive fotografische Kopie eines Negativs im Maßstab 1:1 auf Fotopapier. Sie entsteht dadurch, daß man das Negativ in direkten Kontakt mit dem Fotopapier bringt und belichtet. Meist werden ganze Filme auf Kontaktbogen kopiert, um eine erste Beurteilung der Aufnahmen und die Auswahl für spätere Vergrößerungen vornehmen zu können.

Grundausstattung für das Heimlabor: Vergrößerungsgerät, Zeitschaltuhr, Vergrößerungsrahmen, Schalen, Mensuren, Thermometer und Entwicklerdose.
Zeichnung: Karina Stieler

bilisierenden Zusätzen verwendet. Mit Ammoniumthiosulfat wird eine höhere Fixiergeschwindigkeit erreicht. Es ist Grundlage für die Schnellfixierbäder. Eine einwandfreie Reaktion des Fixierbades hängt von der Menge, Konzentration und dem Verbrauchszustand des Thiosulfates ab. Schädlich ist ein höherer Silbergehalt des Fixierbades, der schwer lösliche Silberthiosulfatkomplexe bildet, die sich nicht mehr auswässern lassen. Sie sind die häufigste Ursache für eine allmähliche Bildzer-

Negativ
Fotografische Abbildung, die ein Motiv in seinen Helligkeitswerten und ggf. in seinen Farben komplementär wiedergibt. Durch das Kopieren/Vergrößern auf ebenfalls negativ arbeitendes Fotopapier erst entsteht das Positiv, eine in Helligkeitswerten und Farben mit dem Motiv übereinstimmende Abbildung.

störung. Unverbrauchtes Fixierbad ist die wichtigste Voraussetztung für die Haltbarkeit der Bilder.

Wässerung

Sie hat die Aufgabe, alle löslichen Substanzen aus der oder den Schichten zu entfernen. Aus Gründen der Haltbarkeit ist die restlose Entfernung der Thio- und Ammoniumsulfatreste besonders wichtig. Eine gründliche Wässerung ist daher eine ebenso wichtige Voraussetzung für die Haltbarkeit der Aufnahmen wie eine einwandfreie Fixage.
Aus guten Gründen wird fließende Wässerung bevorzugt.
Durch das Verdrängen der Barytpapiere vom Markt ist die Wässerungszeit nicht mehr so kritisch. Sie hängt von der Art des Materials, der Durchführung und der Temperatur des Wassers ab und kann durch Beimengung von alkalischen Zusätzen verkürzt werden. Praktiker verwenden oft auch verbrauchten Entwickler wegen seiner Alkalinität zur Verkürzung der Wässerungszeit. Bei den modernen Farbverfahren kann man fakultativ auch ganz auf die Wässerung verzichten und sie durch umweltverträglichere Stabilisatoren ersetzen.

Trocknen

Das Tocknen erfolgt je nach Material durch einfaches Hängen der Bilder im normalen Raumklima oder durch Anwendung von Heißluft bzw. Infrarotstrahlung bei Trockenmaschinen, die auch in die jeweiligen Entwicklungsmaschinen eingebaut sein können. Für die selten gewordenen Barytpapiere gibt es spezielle Trockenpressen, die für einen spiegelnden Hochglanz sorgen.

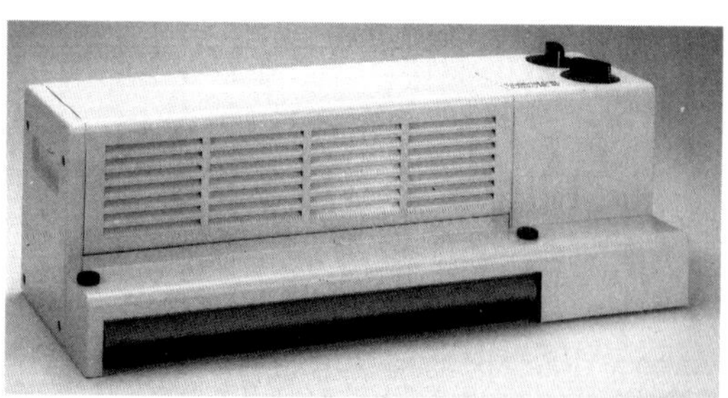

Professionelle Durchlauf-Trockenmaschine für kunststoffbeschichtete Papiere von Kindermann

Der Schwarzweißnegativprozeß

Der Schwarzweißnegativprozeß ist trotz aller Fortschritte bei den Filmemulsionen wegen seinen vielfältigen Beeinflussungsmöglichkeiten der Bildqualitätseigenschaften in puncto effektive Empfindlichkeit, Körnigkeit, Schärfe/Auflösung, Gradation und Grauwertabstufung immer noch von entscheidender Wichtigkeit und wird daher von Könnern in der Regel selbst durchgeführt. Neben den nachfolgend verwendeten Spezialentwicklern benötigt man hierzu nur eine kleine Ausrüstung, bestehend aus einer Entwicklerdose, einigen Mensuren, einem Thermometer, Klammern und einem Timer. Das Einlegen bzw. Einspulen des Films in die Entwicklungsdose erfolgt in absoluter Dunkelheit, alle anderen Manipulationen können bei normalem Licht erfolgen. Nachfolgend eine Zusammenfassung der wichtigsten Entwicklertypen:

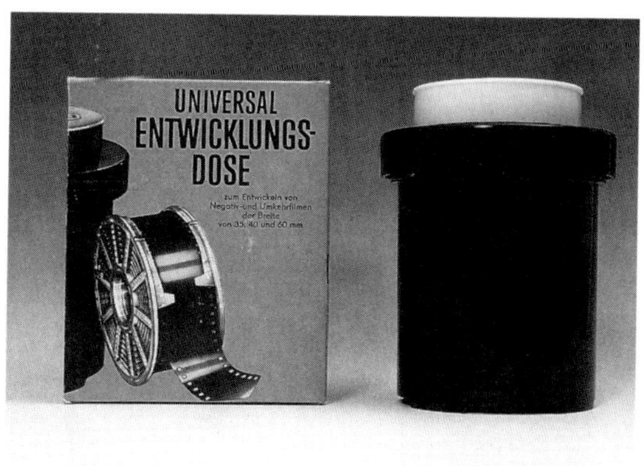

Entwicklerdose für die Filmentwicklung

Belichtungsschaltuhren von Hauck und Baeuerle

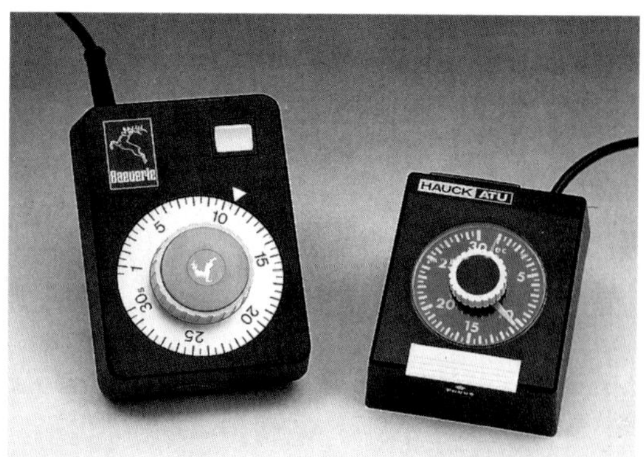

Ausgleichsentwickler

Da der Schwärzungsumfang eines Negativs nach dem Kopier- bzw. Vergrößerungsprozeß im Positiv (in der Regel Papieroberfläche) untergebracht werden muß, müßte er im Idealfall immer gleich sein. Das ließe sich aber nur durch eine auf den jeweiligen Objektumfang abgestimmte Spezialentwicklung für jede einzelne Aufnahme realisieren, eine in der Praxis kaum zu erfüllende Forderung bei Kleinbild- und Rollfilmen. Eine Annäherung an sie ermöglicht die Ausgleichsentwicklung, die mehr oder weniger mit jedem Halbtonentwickler erreicht wird, in besonders ausgeprägtem Maße aber mit Ausgleichsentwicklern erzielt werden kann. Eine klassische Variante ist bespielsweise der Brezkatechin-Entwickler nach Windisch:

Lösung A	*Lösung B*
Wasser 750 cm^3	Ätznatron 100 g
Brenzkatechin 200 g	Wasser auf 1 Liter
Natriumsulfit sicc 25 g	
Wasser auf 1 Liter	

Gebrauchslösung: je 50 cm^3 Lösung A und B und Wasser auf 1 Liter.

Im allgemeinen wird man heute aber mit Fertigprodukten arbeiten. Ein bewährter Ausgleichsentwickler ist Neofin blau von Tetenal. Ebenfalls bewährt ist die Zweistufenentwicklung, bei der nacheinander in einer Entwickler- und Alkalilösung entwickelt wird. Dabei kann die Entwicklung im alkalischen Bad nur soweit fortschreiten, bis die Entwicklersubstanz verbraucht ist. Da dies bei den stark gedeckten Stellen schneller erfolgt als bei den weniger gedeckten, entsteht der Ausgleich. Diese Methode hat große Vorteile, da die Entwicklereigenschaften ohne Rücksicht auf die Alkalinität hochgezüchtet werden können – beispielsweise in Richtung Empfindlichkeitsausnützung und/oder Feinstkornentwicklung. Ganz allgemein entsteht ein Kontrastausgleich auch durch eine Verkürzung der Entwicklungszeit. Das geht aber immer auf Kosten der Empfindlichkeit. Diese und andere Nachteile lassen sich mit der Zweistufenentwicklung weitgehend vermeiden. Eine ausgeprägte Ausgleichsentwicklung wird immer bei Motiven mit überdurchschnittlich hohen Kontrasten erforderlich.

Entwicklerchemie für Schwarzweiß- und Farbnegative von Tetenal

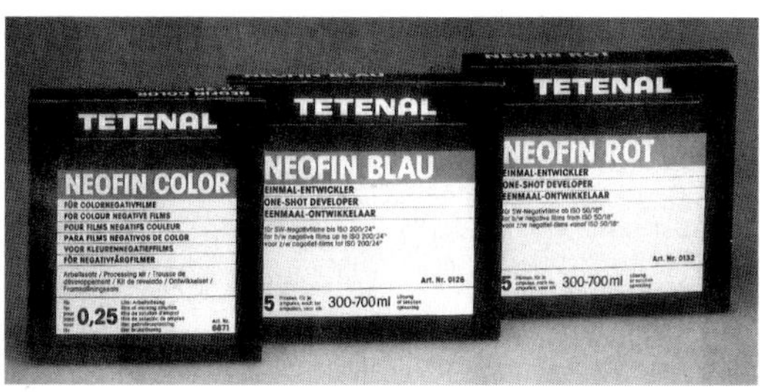

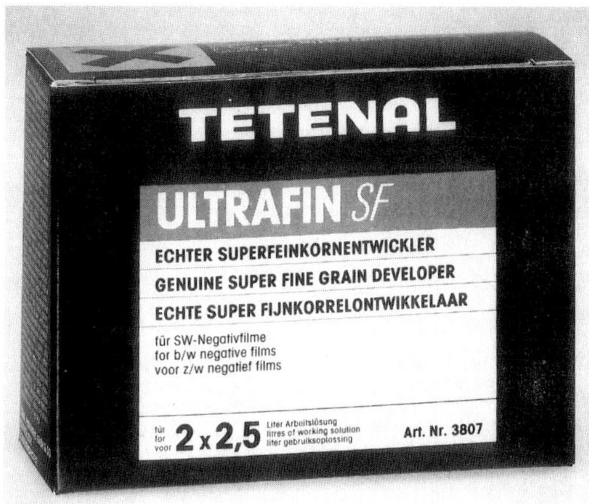

Superfeinkornentwickler von Tetenal

Feinkornentwickler

Diese Entwickler sind immer auch gleichzeitig Ausgleichsentwickler.
Sie bestehen in der Regel aus mehr oder weniger bekannten Entwicklerzusammensetzungen, wobei ein relativ geringer Alkaligehalt für eine langsame Entwicklung sorgt. Dadurch wird es möglich, sie kontrolliert in relativ frühen Phasen abzubrechen und auf diese Weise ein relativ feines → Korn zu erhalten. Entwickler dieses Typs zeichnen sich durch keine einseitig ausgeprägten Eigenschaften aus. Daher, und weil moderne Schwarzweißfilme von Haus aus gleichzeitig hochempfindlich, scharf und feinkörnig sind, sind sie wieder aktuell geworden. Moderne Vertreter dieses Typs sind beispielsweise Kodak T-MAX oder Tete-

Ausgleichsentwicklung
Schwach alkalische Entwickler bewirken aufgrund ihrer verminderten Aktivität eine Entwicklung an der Schichtoberfläche des Negativs. Da sie für eine gute Durchzeichnung der Schatten und gleichzeitige Dämpfung der Lichter sorgen, lassen sich mit Hilfe solcher Ausgleichsentwickler v.a. hohe Kontraste abmildern und die Filmempfindlichkeit besser ausnutzen.

Entwickler
nennt man die chemische Lösung, mit der das durch die Belichtung in der → **Emulsion** entstandene → **latente Bild** sichtbar gemacht wird. Dabei werden mit Hilfe der im E. enthaltenen Entwicklersubstanz die durch die Belichtung lösungsfähig gewordenen Silberhalogenide zu metallischem Silber reduziert. Bei Farbmaterial werden gleichzeitig die restlichen Bestandteile der Entwicklersubstanz in ihre Oxidationsprodukte übergeführt, welche schließlich zusammen mit den Farbkupplern die späteren Farben bilden. Grundsätzlich unterscheidet man E. für Negativmaterial und solche für Positivmaterial, doch gibt es innerhalb dieser Einteilung etliche hinsichtlich ihrer spezifischen Eigenarten sehr unterschiedliche Typen von E.n. Unabdingbare Bestandteile eines jeden E.s sind: die aus – je nach Anforderung unterschiedlichen – organischen Verbindungen bestehende Entwicklersubstanz als Reduktionsmittel, Konservierungsmittel zum Schutz vor vorzeitiger Oxidation, Alkalien als Beschleunigungsmittel, Bromkalium als Schleierschutzmittel und Wasser als Lösungsmittel.

nal Ultrafin Plus, beides Flüssigkonzentrate, die zum Ansatz im Verhältnis 1+4 mit Wasser verdünnt werden und somit gleichzeitig benutzerfreundlich und für alle Halbtonfilme praktisch gleich gut geeignet sind. Fein- oder Ultrafeinkornentwickler (auch Feinstkornentwickler) enthalten immer besondere Entwicklersubstanzen, die mit den anderen Bestandteilen kompatibel sein müssen. Dabei handelt es sich meist um Para- oder Orthophenylendiamin. Mit ihnen werden extrem feinkörnige Negative bei deutlichen Empfindlichkeitseinbußen erreicht. Bei diesen Varianten wird das Korn zum Teil aufgelöst, wobei eine Reduktion in der Lösung erfolgt und das dabei entstehende Silber sich wieder am latenten Bild niederschlägt. Dieses Silber hat eine große Deckungskraft, so daß diese Entwickler relativ kräftig arbeiten. Bei den modernen Versionen werden mehrere Entwicklersubstanzen mit unterschiedlichen Reduktionsgeschwindigkeiten kombiniert. Bekannte Vertreter dieses Typs sind z.B. Perceptol von Ilford, Microdol von Kodak, Ultrafin von Tetenal. Ihre speziellen Eigenschaften unterscheiden sich stark. Die Anwendung lohnt sich nur bei höher- und hochempfindlichen Filmen.

Empfindlichkeitssteigernde Entwickler

Empfindlichkeitssteigernde Entwickler nutzen die vorhandene Empfindlichkeit voll aus, wobei die anderen Eigenschaften als sekundär betrachtet werden. Dabei handelt es sich meist um ausgleichend arbeitende

Jobo Drum Expert: Spezialentwicklerdosen unterschiedlicher Größe für Jobo-Entwicklungsautomaten

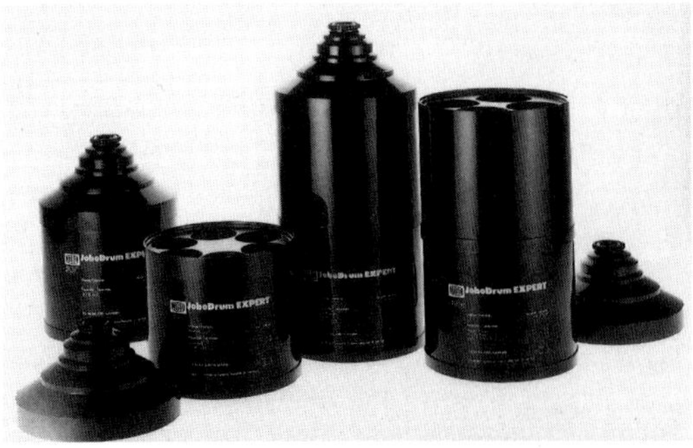

Oberflächenentwickler. Die geringen Konzentrationen dieser begünstigen den Nachbareffekt, der den Schärfeeindruck steigert. Dieser Entwicklertyp kann verständlicherweise nicht kornschonend arbeiten. Bei der hochgradigen Feinkörnigkeit moderner niedrig- bis hochempfindlicher Filme ist das leicht in Kauf zu nehmen. Ein typischer Vertreter dieser Variante ist Ilford Microphen. Aber auch mit der schon erwähnten Zweistufenentwicklung sind sehr hohe Empfindlichkeiten kornschonend herauszuholen.

Schwarzweißnegativentwicklung

Die Schwarzweißnegativ-Entwicklungstechnik beschränkt sich im wesentlichen auf die Tank- und Dosenentwicklung. Da besonders die Dosenentwicklung auf die individuellen Bedürfnisse im Kleinlabor abgestimmt ist, wird hier lediglich auf die Besonderheiten dieser eingegangen.
Zur Selbstverarbeitung von Schwarzweiß-Filmen benötigt man weder eine Dunkelkammer noch einen lichtdichten Raum. Das Einspulen der Filme in die Entwicklungsdose läßt sich auch mit Hilfe eines lichtdichten Wechselsacks durchführen. Wenn man eine Tageslicht-Entwicklungsdose zur Verfügung hat, kann das Einspulen sogar ohne Lichtschleuse erfolgen. Dabei ist es wichtig, daß der ganze Film unabhängig von seiner Bewegung in den Verarbeitungslösungen eingetaucht bleibt, um ungleichmäßige Entwicklung, Schleierbildung und Oxydation zu vermeiden. Das Entwicklungsgut muß vor

Mit Wechselsack und Patronenöffner kann das Filmeinlegen in die Entwicklerdosen auch bei Tageslicht erfolgen.

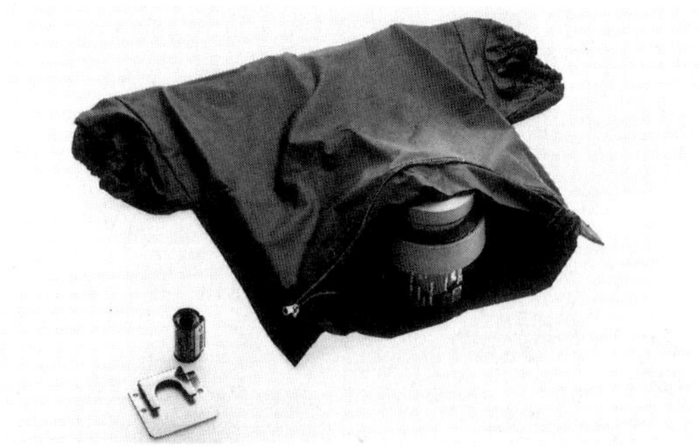

allem während der Entwicklungszeit bewegt werden, um unter Vermeidung von Wirbelbildungen frische Lösung an den Film heranzuführen. Das geschieht am besten mit der Kippmethode, weil dabei Turbulenzen durch unterschiedliche Relativbewegungen von Entwickler und Film durch Abstandsunterschiede vom Spulenkern vermieden werden. Das genaue Einhalten eines gleichbleibenden Kipprhythmus ist wegen der Reproduzierbarkeit der Ergebnisse wichtig. Wenn einmal hastig und ein andermal sporadisch gekippt wird, muß man mit nicht mehr vergleichbaren Ergebnissen rechnen. Die Intensität der Bewegung wie die Verarbeitungstemperatur beeinflussen die Entwicklungsgeschwindigkeit stark. Üblich sind Kipprhythmen von 3 Sekunden und 1 Minute. Es ist Ansichtssache, ob man die mit dem Film geladene Spule in die leere Dose bringt und erst nach dem Schließen der Dose den Entwickler einfüllt oder die Spule im Dunkeln in die schon mit dem Entwickler bereitstehende Dose taucht. Die zweite Variante hat den Vorteil der gleichzeitigen Berührung aller Filmteile mit dem Entwickler und ist vor allem bei kurzen Verarbeitungszeiten zu empfehlen. Nach dem Einfüllen bzw. Eintauchen der Spule mit dem Film muß die Dose kräftig an der Tischfläche aufgestoßen werden, um an der Filmoberfläche lagernde Luftblasen zu lösen. Die Entwicklungszeit, die genau eingehalten werden muß, beginnt mit der Berührung der Filmoberfläche mit dem Entwickler. Das Ausgießen des Entwicklers soll möglichst zügig erfolgen. Gleiches gilt für das Einfüllen des Unterbrecherbades. Hierfür verwendet man eine etwa 3%ige Essigsäure- oder Kaliummetabisulfitlösung. Durch das Unterbrecherbad wird auch ein Verschleppen von Entwicklerlösung in das saure Fixierbad verhindert. Für die Unterbrechung genügt in der Regel eine Minute. Nach der Unterbrechung ist keine Eile mehr geboten, da der Entwicklungsvorgang gestoppt wurde. Danach wird fixiert. Die Mindestfixierdauer liegt in etwa bei der doppelten zur Klärung des Filmes erforderlichen Zeit. Nicht ausreichend saure Fixierbäder können die Ursache von Fehlern (dichroitische Schleier) sein. Überlange Fixierzeiten sind insbesondere bei den modernen Dünnschichtfilmen gefährlich. Sie können feine Tonwertabstufungen reduzieren und im Extremfall zu ausgefressenen Bildstellen führen. Die früher üblichen langen Wässerungszeiten sind überlüssig geworden. Zehn Minuten durchspülen der Entwicklungsdose mit fließendem, nicht zu kaltem Wasser (um 20°C) gibt reichliche Sicherheitsreserven auch für hochempfindliche Filme. Nach der Wässerung wird der Film kurzzeitig in eine Netzmittellösung getaucht und mit einer Gummizange abgestreift. Das Trocknen von Filmen erfolgt freihängend in normal temperierten Räumen.

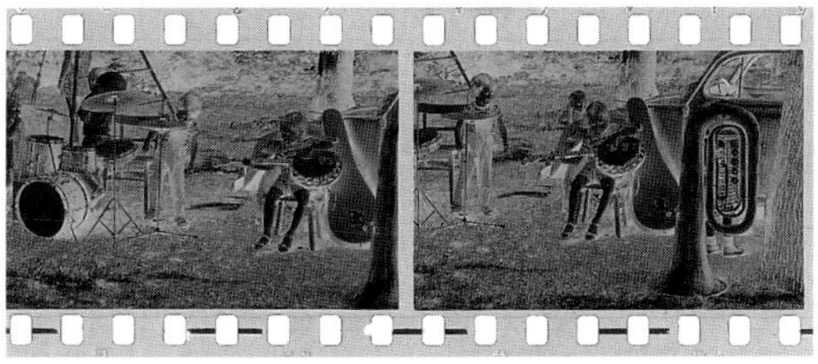

Die Beurteilung von Schwarzweißnegativen ist nicht ganz einfach und verlangt Erfahrung.

Erleichtert die Beurteilung von Filmen: sortilux 2 von Jobo mit Normlicht und integriertem Netzteil

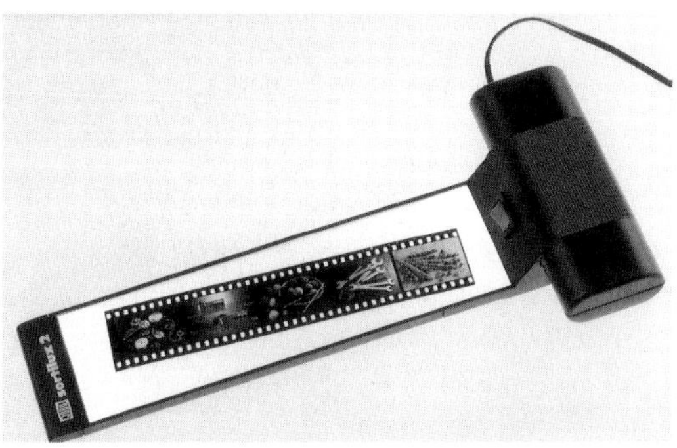

Beurteilung von Negativen

Negative können sowohl hart wie auch weich sein; sie können dicht, dünn und normal gedeckt erscheinen. Die Dichte der Negative ist eine Funktion der Belichtung. Überbelichtung führt zu dichten Negativen und umgekehrt. Die Gradation oder der Härtegrad ist eine Funktion der Entwicklung. Überentwicklung führt zu harten Negativen, Unterentwicklung aber zu flauen Negativen.

Korn
Lichtempfindliche Silberhalogenide in der → **Emulsion** fotografischer Materialien. Die Größe und Verteilungsdichte der Halogenidkörner ist vom Reifungsprozeß der jeweiligen Emulsion abhängig und bestimmt die Eigenschaften des fotografischen Materials. Je größer die Körner sind (zwischen 0,3 und 2,0 µm), umso höher ist die Lichtempfindlichkeit des Materials. Bei der Entwicklung belichteter Filme entstehen Zusammenballungen der zu metallischem Silber reduzierten Kristalle, die nun nicht mehr als einzelne Körner sichtbar sind, aber in ihrer Gesamtheit den visuellen Eindruck der Körnigkeit hinterlassen. Diese wird in einem sehr aufwendigen Verfahren als RMS-Wert eines Films gemessen.

Schichtseite
Die mit der lichtempfindlichen → **Emulsion** beschichtete Seite fotografischen Materials. Bei Filmen ist diese die mattere, bei Fotopapier meist die glattere oder glänzendere.

Entwicklungsmaschinen
Für größere Mengen von Filmen gibt es neben der herkömmlichen manuellen Entwicklung in Entwicklungsschalen auch die Möglichkeit der maschinellen Verarbeitung fotografischen Materials. Zu unterscheiden sind v.a. vier Maschinentypen:
Die Trommelmaschine, in der das fotografische Material auf Trommeln aufgespannt wird, welche sich in der Entwicklerlösung drehen.
Die Hängermaschine, in der die Entwicklung der an verchromten Rahmen befestigten Materialien in großen Tanks stattfindet, welche diese mit Hilfe eines Transportmechanismus passieren.
Die Rollen-Durchlaufmaschine, in der das Material über Kunststoffrollen durch die verschiedenen Tanks läuft.
Die Band-Durchlaufmaschine, in der der Transport der Filme durch ein Kunststoffband besorgt wird, an dem diese befestigt werden.

Seidenraster
Oberflächenstruktur, die Fotopapier bei der Herstellung durch eine spezielle Prägung der Gelatineschutzschicht erhält.

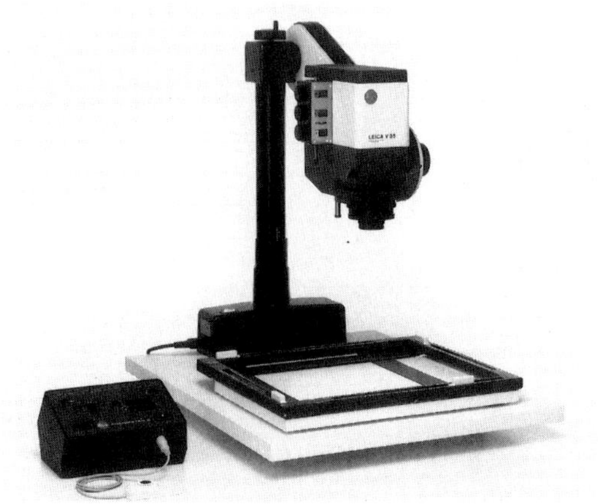

Traum vieler Dunkelkammer-Fans: Der Leica Focomat V 35 Farbvergrößerer mit Focometer R

Bei harten Negativen sind die Dichteunterschiede zwischen den stark und schwach gedeckten Stellen zu groß und führen deshalb zu Schwierigkeiten beim Kopieren. Bei flauen Negativen sind diese Dichteunterschiede zu gering und führen ebenfalls zu Problemen bei der Grauwertabstufung beim Kopieren oder Vergrößern. Wichtig in diesem Zusammenhang ist nicht nur die Abstimmung von Entwicklungszeit und -temperatur, sondern auch die Abstimmung von Objektkontrast und der jeweiligen Kombination von Film- und Entwicklertyp.

Maxilux und Minilux: Farbpapiertaugliche Laborleuchten von Jobo

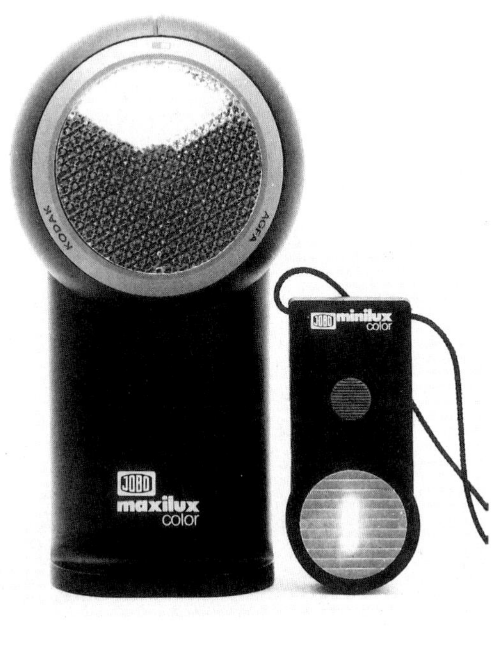

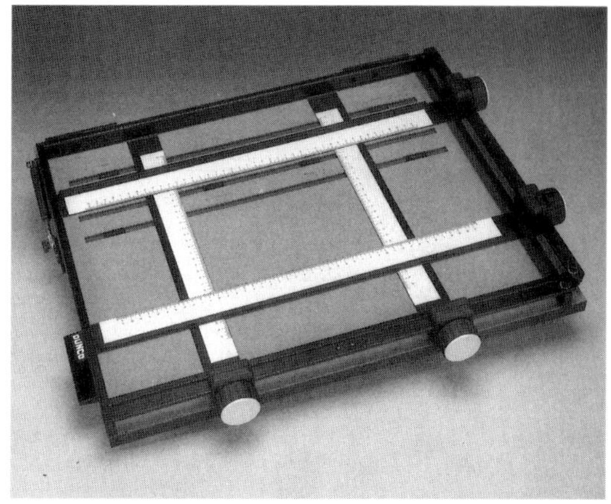

Präzise Ausschnitt- und Maßstabsbestimmung erlaubt die Rahmenmaske von Dunco.

Schwarzweißpositivprozeß

Für den Positivprozeß benötigt man eine Dunkelkammer. Es ist sehr angenehm, wenn man sich eine, wenn auch kleine, Dunkelkammer als ausschließlich für diesen Zweck bestimmten Arbeitsraum einrichten kann. Es geht notfalls aber auch mit provisorischen Aufbauten. Unabdingbar ist ein elektrischer Anschluß und die absolute Verdunkelung. Der Schwarzweißpositivprozeß erlaubt eine angenehm helle Arbeitsraumbeleuchtung, die auch eine wirksame Kontrolle des Entwicklungsprozesses nach sich zieht. Das braungrüne bis bernsteinfarbene Licht der Dunkelkammerleuchten macht eine neutrale Kontrastbeurteilung der entstehenden Bilder möglich. Kontrastwandelpapiere erfordern aber oft noch eine orangefarbene Beleuchtung, die den visuellen Eindruck der Bildkontraste verstärkt. Bei der individuellen Ausarbeitung überwiegt noch die alte Technik mit den Verarbeitungslösungen in offenen Schalen für Entwickler, Unterbrecher und Fixierbad. Der wichtigste Vorteil dieser altbewährten Methode liegt in der Sichtkontrolle des sich im Entwickler aufbauenden Bildes. So lassen sich mit Hilfe eines belichteten Probestreifens sehr schnell Belichtung und Gradation kontrollieren.
In der Dunkelkammer benötigt man eine Stellfläche, die in einen trockenen Teil für die Aufstellung des Vergrößerungsgerätes und einen nassen Teil für die Schalen oder die Entwicklungsmaschine eingeteilt ist. Wasser-

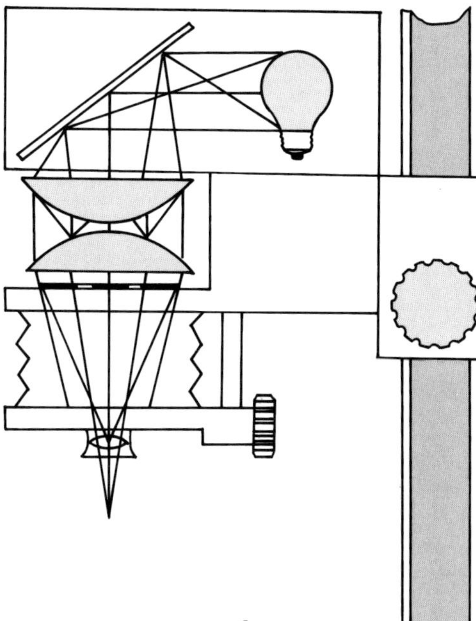

1.

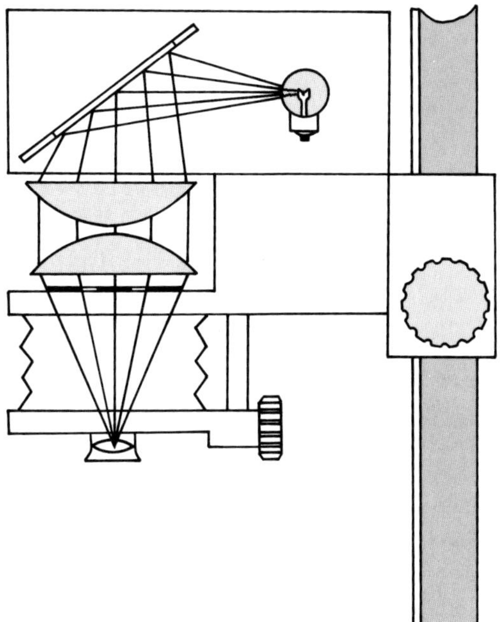

2.

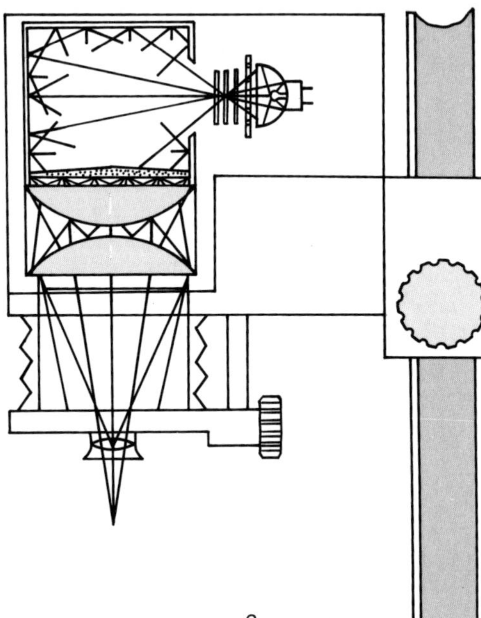

3.

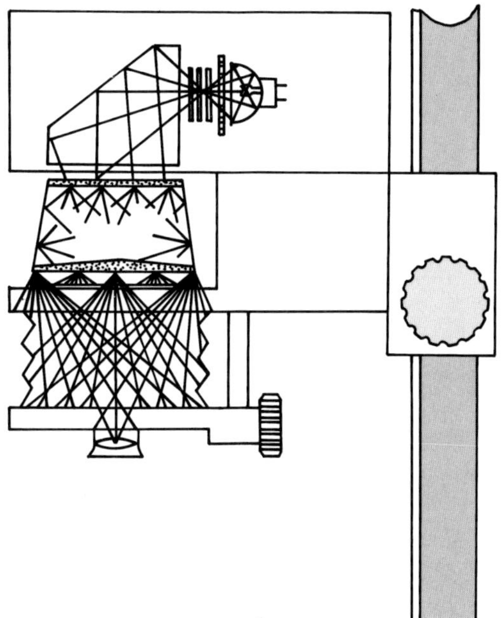

4.

Die Zeichnungen zeigen die Lichtführung in verschiedenen Typen von Vergrößerungsgeräten.
1. Kondensor und Punktlicht: Hohe Schärfe und hervorragende Detailwiedergabe. Striktes Einhalten von Brennweiten und Abstand sind erforderlich. Wird nur für Spezialanwendungen eingesetzt.
2. Wird ein Kondensor mit Opalbirne eingesetzt, wird das Licht besser gestreut, der Abbildungsmaßstab kann frei gewählt werden. Abzüge werden aber körnig und hart.
3. Farbmischkopf und Mischschacht: Die diffuse, weiche Beleuchtung ist speziell für Farbvergrößerungen geeignet. Sie dämpft Korn und Unreinheiten im Negativ und gestattet großen Spielraum für den Abbildungsmaßstab.
4. Farbmischkopf und Kondensor: Zwar werden die Konturen schärfer wiedergegeben als bei Geräten mit Mischschacht, doch ist die Wiedergabe um eine Gradationsstufe weicher als bei Kondensor und Opalbirne.
Zeichnungen: Karina Stieler

anschluß, Spülbecken und Wasserabfluß sind ebenfalls unentbehrlich. Für die Verarbeitung in der offenen Schale benötigt man mindestens drei Schalen in der Größe des maximal erwünschten Vergrößerungsformates. Für Arbeiten mit Barytpapieren lohnen sich fünf Schalen. Alle Schalen dürfen nur immer für die gleichen Lösungen verwendet werden. Die Reihenfolge der Aufstellung beginnt immer mit dem oder den Entwicklern und endet beim Fixierbad, wobei der Entwickler in der Nähe des Vergrößerungsgerätes stehen soll. Ferner sind erforderlich: Thermometer, Signaluhr, Papierzangen und Mensuren.

Die Wässerung der Bilder kann in ausreichend großen Spülbecken, in Badewannen oder in speziellen Wässerungsbecken vorgenommen werden. Sauberkeit und absolutes Vermeiden von Spritzern der Verarbeitungslösungen sind nicht nur aus hygienischen Gründen wichtig: Ein Tropfen Fixier-

Ausschnittvergrößerung
→ **Vergrößerung**, die nicht den gesamten Bildinhalt, sondern nur einen Teil der Vorlage wiedergibt. Durch A. können bestimmte Motivfehler im nachhinein korrigiert werden, indem z.B. nebensächliche oder störende Details weggeschnitten werden und dadurch die Konzentration auf zentrale Bildinhalte verbessert wird.

Sensitometrie
Meßverfahren zur Bestimmung der → **Empfindlichkeit** bzw. → **der Gradation** fotografischen Materials. Dabei erfährt ein Stück Film oder Fotopapier eine genormte, stufenweise Belichtung, deren Wirkung auf die Dichte der fotografischen Schicht dann mit Hilfe eines Densitometers ermittelt wird. Die aus den jeweiligen Ergebnissen erstellte Schwärzungskurve erlaubt einen Vergleich des Materials und somit die Kontrolle bei der Herstellung von Emulsionen mit bestimmten Empfindlichkeiten.

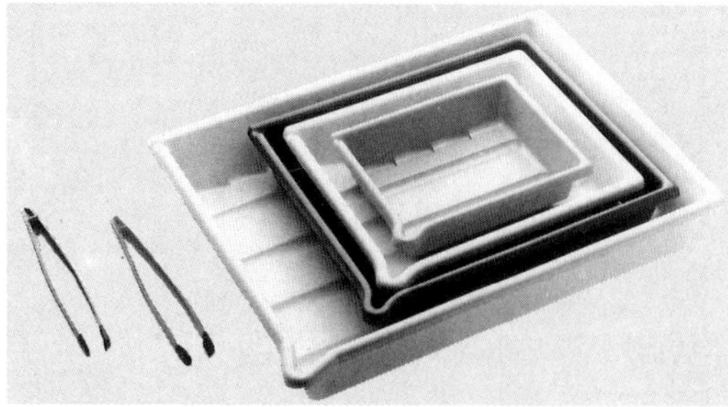

Schalen und Zangen in unterschiedlichen Größen für die Papierentwicklung

bad versehentlich in eine Entwicklerlösung gekommen, macht sie unbrauchbar. Diese kleinen Unachtsamkeiten sind die häufigsten Fehler im Heimlabor. Bei der Auswahl des Vergrößerungsgerätes sind einige wichtige Punkte zu beachten. Ausrüstungsteile, die den Komfort erhöhen, wie z.B. eine automatische Scharfeinstellung, können sehr angenehm sein, sind aber zur Herstellung erstklassiger Vergrößerungen nicht erforderlich. Wichtige Kriterien sind eine stabile, erschütterungsfreie Konstruktion, lichtdichte Ausführung des Beleuchtungskopfes und die Klärung der Frage, ob Entzerrungen durch Neigung von Negativ- und Objektivebene genutzt werden sollen oder ob eine Option für Farbvergrößerungen erfüllt werden soll. Beim Stand der Technik sollte die Nachrüstung eines Farbkopfes in jedem Fall einkalkuliert werden, zumal damit ebenso gut SW-Vergrößerungen angefertigt werden können. Farbköpfe haben meist eine kondensorlose Lichtführung. Das hat Vor- und Nachteile. Vorteilhaft ist in jedem Fall die Unterdrückung der Kornstruktur und das weitgehende Ausschalten kleiner Unsauberkeiten in der Bildträgerebene. Nachteilig ist eine leichte Reduzierung der Schärfe bei konventionellen SW-Filmen und eine schlechtere Nutzung des Lichtstromes. Mit der fortschreitenden Verbesserung der Detailwiedergabe der Farbfilme sind Lösungen interessant geworden, die eine Kombination von Mischschacht und Optiken mit kondensorähnlicher Wirkung beinhalten. Entscheidend für erstklassige Vergrößerungen ist auch das Vergrößerungsobjektiv. Man kann in vielen Punkten bei der Ausstattung einer Dunkelkammer sparen, bei der Wahl des Vergrößerungsobjektives sollte aber nur das Beste gut genug sein. Die Hersteller Josef Schneider und Rodenstock bieten für alle gängigen Brennweiten/Formate apochromatisch korrigierte Versionen, die höchste Ansprüche erfüllen und zum Erreichen der optimalen Leistung nur geringfügig abgeblendet werden müssen. Das ist bei Großvergrößerungen wichtig, insbesondere bei Dia-Direkt-Vergrößerungen auf den sehr unempfindlichen Ilfochrome-Materialien.

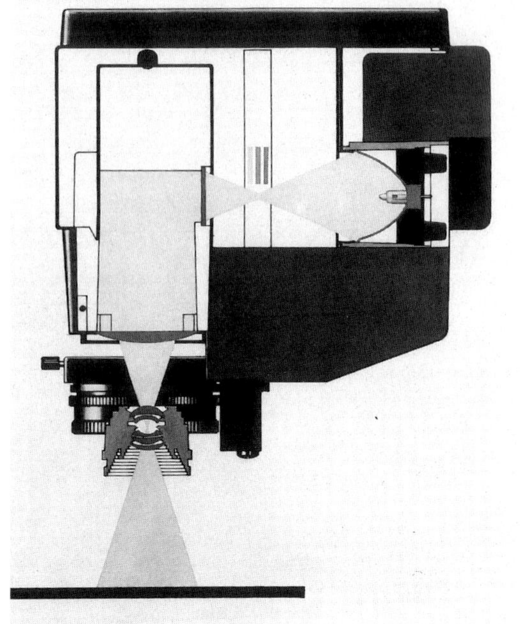

Schema für die Lichtführung beim Leica Vergrößererkopf

Vergrößerungsgeräte verwenden spezielle Repro-Objektive. Hier das Programm von Rodenstock.

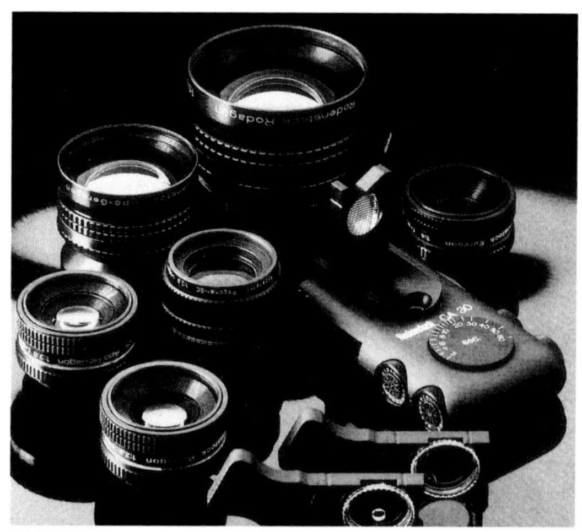

Schwarzweiß-positiventwicklung

Nach dem Einlegen des Negatives in die Bildbühne des Vergrößerers werden Ausschnitt und Vergrößerungsmaßstab durch Höhenverstellung des Vergrößerungskopfes und Fokussieren des Objektives festgelegt. Die Ermittlung der Belichtungszeit bei mittlerer Blende (um Blende 8) erfolgt zunächst mit Hilfe eines Papierprobestreifens, wobei gleichzeitig die Gradation und die Grauwertabstufung geprüft und gegebenenfalls durch Papierwechsel oder Veränderung der Filterwerte bei Gradationswandelpapier korrigiert wird. Die so ermittelten Optimalwerte lassen sich in einem Belichtungsmesser speichern, mit dem die nachfolgenden Belichtungen mehr oder weniger automatisch vorgenommen werden können. Probestreifen oder Vergrößerungspapier werden zügig in den Entwickler gebracht. Die vorschriftsmäßige Entwicklungszeit, die je nach Papiertyp, Entwicklerkonzentration und -zusammensetzung sowie Temperatur zwischen einer halben und drei Minuten liegen kann, sollte zu einer befriedigenden Reproduzierbarkeit der Ergebnisse immer eingehalten werden. Dies gilt im besonderen für die Mindestzeiten. Eine erste Beurteilung von Belichtung und Kontrastverhalten kann schon in der Entwicklerschale bei geeignetem Dunkelkammerlicht erfolgen. Die endgültige Feinabstimmung sollte aber erst nach Unterbrechung und kurzer Fixierzeit bei hellem Licht erfolgen. Bei manchen Papieren treten auch noch Veränderungen beim Schwärzungsumfang durch die Trocknung auf. Wenn der Probestreifen insgesamt zu dunkel geworden ist, muß kürzer belichtet werden und umgekehrt. Wenn die Schwärzungsunterschiede zwischen hellen und dunklen Teilen zu groß sind, muß ein weicheres Papier oder bei Gradationswandelpapier die Filtereinstellung am Vergrößerungskopf verändert werden. Umgekehrt muß bei einer zu flau ausgefallenen Vergrößerung verfahren werden. Es ist aber weder ökonomisch noch technisch sinnvoll, alle verfügbaren Papiergradationen in Reserve zu halten. Bei Papieren ohne eingebaute Entwicklersubstanzen lassen sich Kontrastausgleiche ebenso gut mit härter oder weicher arbeitenden Entwicklern erzielen. Dazu eignet sich die Mehrschalenentwicklung. Viel kann auch durch die Technik der partiellen Kontraststeuerung erreicht werden, d.h. durch Beeinflussungen des Strahlenganges unter dem Vergrößerungskopf mit der Technik des Abwedelns und Nachbelichtens einzelner Bildpartien. In diesem Zusammenhang eine Art Geheimtip: Gerade SW-Vergrößerungen können in der Bildwirkung dadurch gesteigert werden, daß man den Gesamtkontrast zu Lasten von Detailkontrasten steigert. In der Praxis heißt dies, daß man eine Bildvorlage und die zu starken Detailkontraste mit dieser Technik ausgleicht. Bei Gradationswandelpapieren kann man noch einen Schritt weitergehen, wenn man verschiedene Bildteile mit unterschiedlichen Filterein-

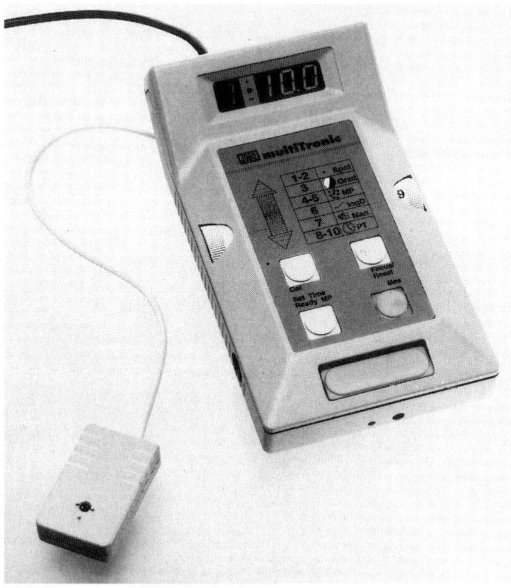

Elektronisches Belichtungsmeß- und -steuergerät für die Dunkelkammer

Barytpapier
Fotopapier, das einen saugfähigen Papierfilz als Schichtträger und eine ca. 0,015 mm starke Barytschicht (Bariumsulfat in Gelatine) besitzt. Die Barytschicht verhindert das Einsinken der lichtempfindlichen → **Emulsion** in den Papierfilz, glättet die Oberflächenstruktur des Papiers, steigert die Tiefe der Bildschwärzen und hebt durch zusätzliche optische Aufheller die Bildweißen des Papiers an, wodurch eine detailreichere Wiedergabe von Lichtern und Schatten ermöglicht wird. Durch lange Wässerungszeiten zur Auswaschung von Chemikalien aus dem saugfähigen Schichtträger und einen zeitintensiven Trocknungsprozeß ist die Verarbeitung von B. allerdings ziemlich aufwendig.

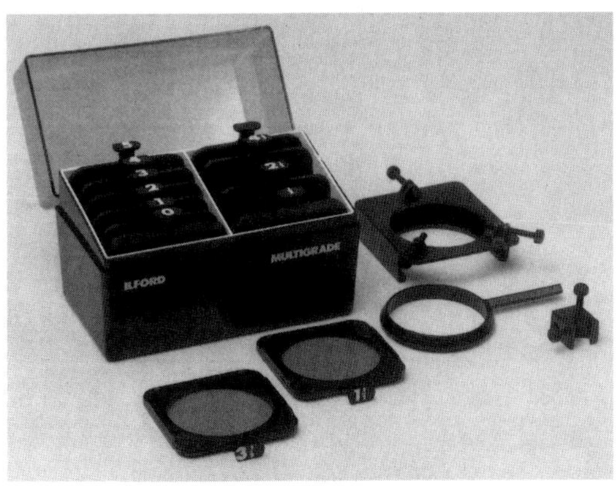

Ilford Filtersatz für Gradationswandelpapiere

Effektnegativ
Negative, auf denen schwarzweiße Strukturen, Liniennetze oder Rasterungen, ohne Grauabstufung (sog. Strichnegative), abgebildet sind und die bei der Vergrößerung mit schwarzweißen Halbtonnegativen zur Deckung gebracht werden, um durch die Rasterung dieser graustufigen Aufnahmen einen Verfremdungseffekt zu erreichen.

Push-Entwicklung
Durch längere Entwicklungszeiten oder höhere Verarbeitungstemperaturen forcierte Entwicklung, durch die sich die nominelle Empfindlichkeit von Filmmaterial steigern läßt. Sie wird v.a. in der Reportage- und Aktualitätsfotografie angewandt, wo häufig unter schlechten Lichtverhältnissen aufgenommene Bilder entwickelt werden müssen und wo qualitative Einbußen angesichts der ungleich wichtigeren inhaltlichen Aussage eines Bildes hingenommen werden.

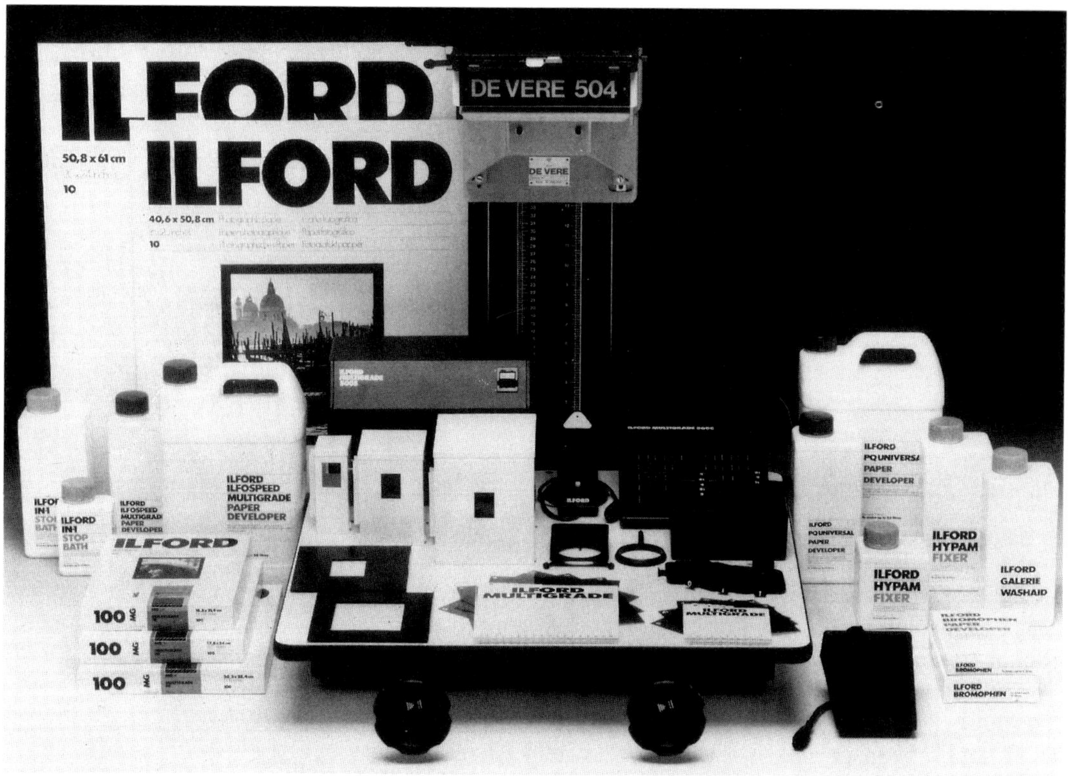

Ein komplettes System für die Schwarzweißverarbeitung bietet Ilford mit dem Multigrad 500. Es besteht aus Vergrößerungskopf, Steuereinheit, Meßfühler und Fußschalter und ist speziell auf die Gradationssteuerung bei Multigrade Papieren ausgelegt. Vorteile des Ilfospeed Multigrade Gradationswandelpapiers sind kurze Entwicklungs- und Fixierzeiten. Für alle Gradationen wird nur noch ein Papier benötigt. Die Gradation wird durch Filterung bestimmt.

stellungen belichtet. So läßt sich gegebenenfalls zusätzlich die Kontrastwiedergabe splitten. Die Verarbeitungstemperatur bei den SW-Positivverfahren ist nicht kritisch. Sie sollte jedoch niemals unter 18°C und nicht über 30°C liegen.

Unterbrecher- oder Zwischenbad

Ebenso wie bei der Negativtechnik erfolgt die Unterbrechung in einer saueren Lösung. Damit wird der Entwicklungsprozeß sofort gestoppt. Am einfachsten ist auch hier eine etwa 3%ige Essigsäurelösung. Da sich der pH-Wert durch das Einschleppen von Entwickler rasch ändert, muß es rechtzeitig erneuert oder regeneriert werden. Ein zu langes Verbleiben der Bilder im Unterbrecher sollte im Interesse einer einwandfreien Wässerung vermieden werden.

Fixierbad

Das Fixierbad hat die gleiche Zusammensetzung wie bei den Negativprozessen, kann und sollte hier aber etwas weniger konzentriert sein. Bei dieser Prozedur ist es wichtig, daß die Bilder in der Schale nicht unbewegt und aneinanderklebend liegen. Die Fixierdauer bei Raumtemperatur liegt bei PE-Papieren bei zwei bis fünf Minuten, bei Barytpapieren bei mindestens zehn Minuten.

Schlußwässerung

Die Schlußwässerung ist bei PE-Papieren unproblematisch und bei ausreichendem Wasserwechsel in der Regel nach drei Minuten abgeschlossen. Die heute nur noch selten verwendeten Barytpapiere verlangen eine gründliche Wässerung von gut einer Stunde, die durch ein alkalisches Zwischenbad verkürzt werden kann.

Trockenprozeß

Wegen der Vielfalt der Papiersorten muß auf die Vorschriften der Hersteller geachtet werden. PE-Papiere können einfach an der Luft getrocknet werden, eignen sich aber auch für jede Art Schnelltrocknung in Trockenmaschinen. Glänzende Oberflächen erfordern keine Sonderbehandlung. Das Trocknen von Barytpapieren erfordert große Sorgfalt, besonders beim Bearbeiten in der Hochglanzpresse.

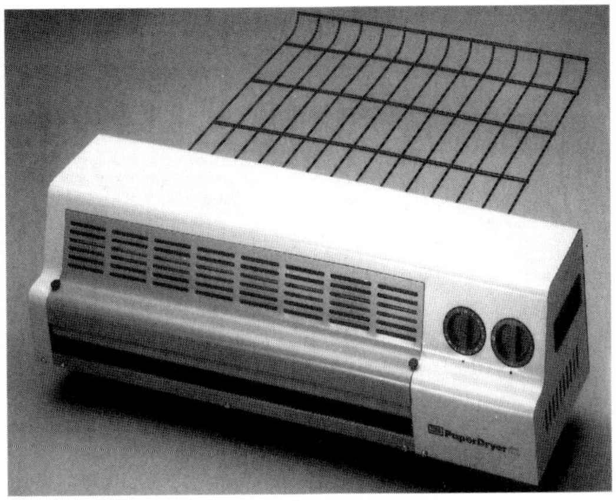

Jobo Papiertrockner

Verarbeitung von Farbnegativfilmen

Diese erfolgt heute ausschließlich in C-41- oder kompatiblen Prozessen in der Regel mit Standard-Verarbeitungszeiten mit sehr engen Toleranzgrenzen, die elektronisch kontrolliert werden. Daher ist es in der Regel auch für den anspruchsvollen Amateur und Profi sinnvoll, die Farbnegativfilme nicht selber zu verarbeiten. Ausnahmen bestätigen auch hier die Regel. Sie ergeben sich dann, wenn kurzzeitig Filme entwickelt werden müssen und manchmal auch dann, wenn Abweichungen bei den Standardverarbeitungszeiten erforderlich werden, insbesondere bei den notwendig werdenden Verlängerungen der Entwicklungszeit bei Unterbelichtungen von Spezialfilmen wie Kodak Ektapress 400 und 1600, die empfindlichkeitssteigernd entwickelt werden können. Darauf ist nicht jedes Auftragslabor eingestellt. Dann hilft nur die Selbstverarbeitung. Besonders praktisch für diesen Zweck ist der Mono C-41-Kit von Tetenal. Eine Packung, bestehend aus drei Konzentraten (Farbentwickler, Bleichfixierbad und Stabilisierungsbad), die vor Arbeitsbeginn jeweils auf 0,5 Liter Arbeitslösung mit Wasser verdünnt werden. Diese Lösungen werden hintereinander in eine Entwicklungsdose gebracht, wobei die Temperatur des Entwicklers streng auf 38°C gehalten werden muß. Das ist nur durch Vorwärmen des Entwicklers und wiederholtes Eintauchen der Entwicklungsdose in ein temperiertes Wasserbad möglich. Beim Bleichfixieren kann ein Spielraum von 35 bis 40°C und beim Wässern und Stabilisieren von 20 bis 40°C bzw. 20 bis 25°C eingehalten werden. Mit diesem Entwickler erreicht man jederzeit und überall absolut typgerechte Entwicklungen und kann durch Verlängern der Entwicklungszeit auch Pushen, wenn man die dafür geeigneten Filme vom Ektapress-Typ verwendet hat.

Farbpositiv-Prozesse

In der Positiv-Verarbeitungstechnik konnte in den letzten Jahren ein beispielloser Fortschritt erzielt werden. Der große Durchbruch kam vor wenigen Jahren mit der von Kodak zuerst entwickelten RA (Rapid Acces) Technik mit neuen Papieren und einer neuen, auch umweltfreundlicheren Chemie, mit der unter Standardbedingungen das entwickelte und bleichfixierte Bild im nassen Zustand in eineinhalb Minuten zur Verfügung steht und das bei nur zwei Badkomponenten. Diese Technik wird nun von allen großen Papier-

PE-Papier (= RC-Papier) Fotopapier, dessen Schichtträger von beiden Seiten kunststoffbeschichtet (PE = Polyäthylen) ist. Der Papierfilz ist so bei der Verarbeitung vor eindringenden Chemikalien und Wasser geschützt, was zu kürzeren Wässerungs- und Trocknungszeiten führt. Außerdem sind PE-Papiere den herkömmlichen ➔ **Barytpapieren** durch ihre Robustheit und Hitzeunempfindlichkeit überlegen, so daß sie heute nicht nur zur maschinellen Verarbeitung verwendet werden, sondern generell als Standardmaterial gelten. Allein ihre dauerhafte Archivfestigkeit ist noch nicht erwiesen.

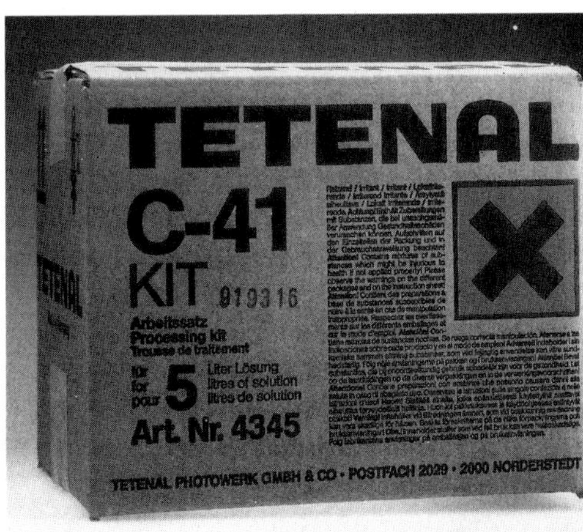

Entwicklersatz für Farbnegativfilm

Additive Farbmischung arbeitet mit Licht in den additiven Grundfarben Blau, Grün und Rot, die sich in ihrer Gesamtheit zu Weiß addieren und mit denen sich sämtliche Farben des Spektrums mischen lassen. Die drei Schichten eines Farbfilms sind je für eine dieser Grundfarben empfindlich, während sie ihre farbbildende Aufgabe nach den Regeln der → **subtraktiven Farbmischung** erfüllen.

Subtraktive Farbmischung beruht auf der Wegnahme von Farbanteilen aus weißem Licht, (welches sich in die bei der → **additiven Farbmischung** verwendeten Grundfarben Blau, Grün und Rot aufspalten läßt), mit Hilfe von Filtern. Da Filter nur Licht in ihrer Eigenfarbe passieren lassen, die Komplementärfarbe aber verschlucken, lassen sich mittels dreier Filter in den Grundfarben sämtliche Mischfarben des Spektrums erreichen. Wegen des Energieverlusts beim Filtern von Licht verwendet man bei der s.F. die helleren Mischfarben Yellow, Magenta und Cyan.

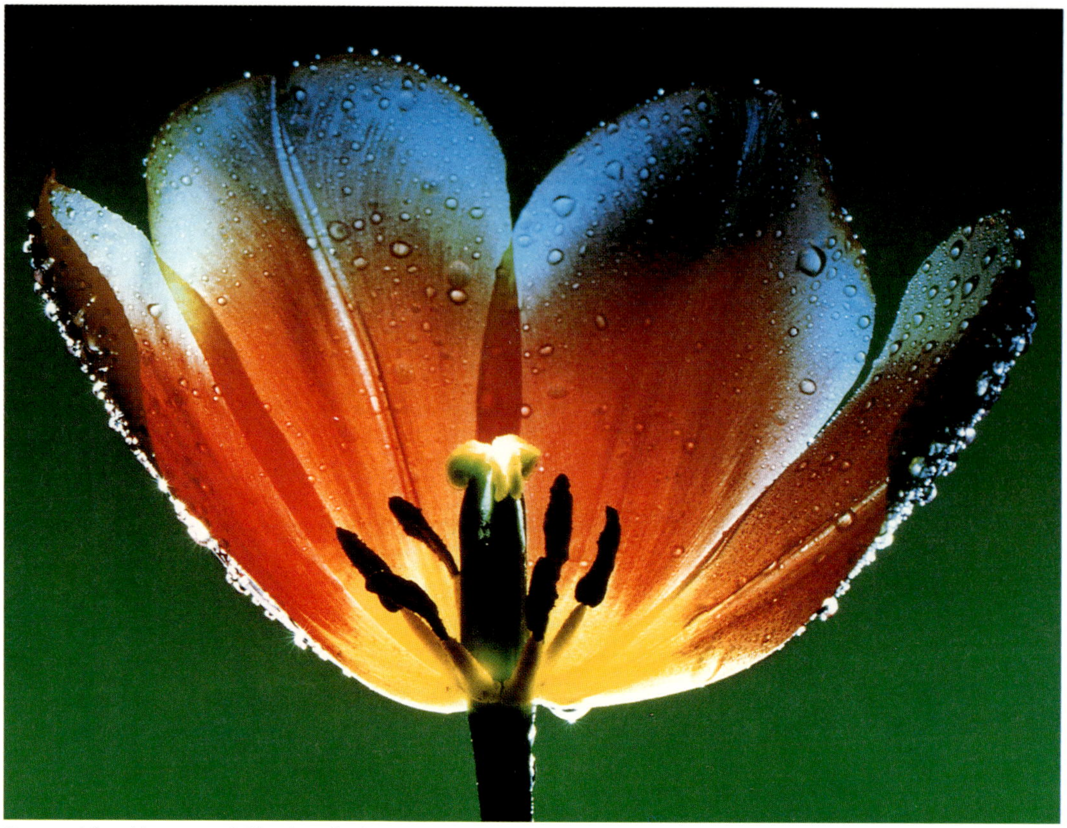

Beispiel für Abzug auf Ilford Colorluxe IL.1K

und Chemieherstellern in vorzüglicher Qualität angeboten. Die Verarbeitung ist auf verschiedenen Wegen möglich: mit offenen Schalen sogar bei Raumtemperatur der beiden Lösungen Farbentwickler und Bleichfixierbad, in den bekannten Hand- oder motorbetriebenen Trommeln, in mehr oder weniger lichtdichten Hängetanks und nicht zuletzt auch in den verschiedenen Varianten von Walzen-Durchlaufentwicklungsmaschinen, bei denen keinerlei Zeit- und Temperaturkontrollen mehr erfolgen müssen. Die hier verfügbaren Angebote reichen für jede Art von Geldbeutel und haben keinen Einfluß auf die Qualität der Bilder, wohl aber auf den Komfort des Verarbeitungsprozesses.
Im Farblabor sind gegenüber der SW-Ausrüstung Erweiterungen erforderlich. Dieser Ausbau kann komfortabel und kostspieliger, aber auch hohen Ansprüchen genügen und dennoch preiswert sein. Viele Anschaffungen vereinfachen im wesentlichen die Bedienung, sind aber für die Qualität bedeutungslos. Für die preiswerte, aber raumfordernde Schalenverarbeitung benötigt man vor allem eine geeignete Farbdunkelkammerleuchte. Diese gibt es in großer Auswahl von vielen Herstellern: Durst, Kaiser, Kindermann, Jobo usw. Bei Walzenentwicklungsmaschinen und bis zu einem gewissen Grad auch bei der Trommelverarbeitung kann man darauf verzichten, weil das Einlegen der Papiere in die Geräte auch im Dunkeln erfolgen und nach der Verarbeitung ohnehin volles Licht eingeschaltet werden kann. Notfalls lassen sich auch SW-Vergrößerungsgeräte verwenden, wenn diese mit einer Filterschublade versehen sind. Dann muß lediglich ein Filterfoliensatz in mehrfach abgestuften Farbdichten in Yellow, Magenta und Cyan angeschafft werden. Am zweckmäßigsten ist aber die Anschaffung eines Farbvergrößerungsgerätes. Für viele SW-Geräte ist es auch möglich, einen passenden Colorkopf nachzurüsten.
Beim Farbvergrößern wird in der Regel mit kondensorlosem, diffusem Licht gearbeitet. Das setzt eine ausreichend starke Lichtquelle voraus, um auch noch Großvergrößerungen im Proportionalitätsbereich der lichtempfind-

lichen Materialien zu ermöglichen. Die Leistungsaufnahme in Watt ist dabei zwar wichtig, aber nur ein Faktor für den Leistungsgrad. Bei den modernen Varianten reicht in der Regel eine 100 Watt Halogenlampe. Bis zu dieser Grenze kommt man auch ohne Lüfter aus.
Klarheit über den Grenzbereich der Beleuchtungsstärke läßt sich wie folgt schaffen: Man stellt den Vergrößerungskopf auf die für das größte Format verwendete Höhe, blendet um mindestens zwei Stufen ab, legt ein normal gedecktes Negativ ein und macht Probebelichtungen mit optimierter Filterung. Dann sollte die Belichtungszeit etwa 45 s nicht überschreiten. Wünschenswert ist auch eine Mindestbeleuchtungsstärke von 3 Lux bei Blende 11, ausgeschalteten Filtern und einem auf das Format 30 x 40 cm eingestellten Vergrößerungsmaßstab. Farbköpfe erleichtern die Vergrößerungsarbeit sehr.

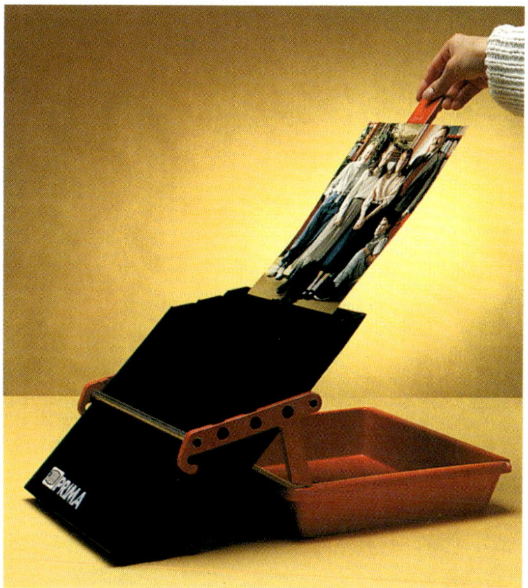

Jobo Prima: Ein besonders flacher, chemiesparender Farbpapierentwicklungstank für alle Bäder

PH-Wert
(Abk. für potentia hydrogenii: »Stärke des Wasserstoffs«) Maßzahl für die in Lösungen enthaltene Konzentration an Wasserstoffionen, d.h. für den sauren oder basischen (alkalischen) Charakter einer Lösung. Bei pH-Werten von 0 bis 7 spricht man von sauren, bei Werten von 7 bis 14 von basischen Lösungen. Der pH-Wert 7, wie ihn reines Wasser besitzt, markiert die neutrale Mitte der Skala. In der Fotografie bietet der pH-W. eine wichtige Kontrollmöglichkeit des chemischen Verhaltens fotografischer Verarbeitungslösungen.

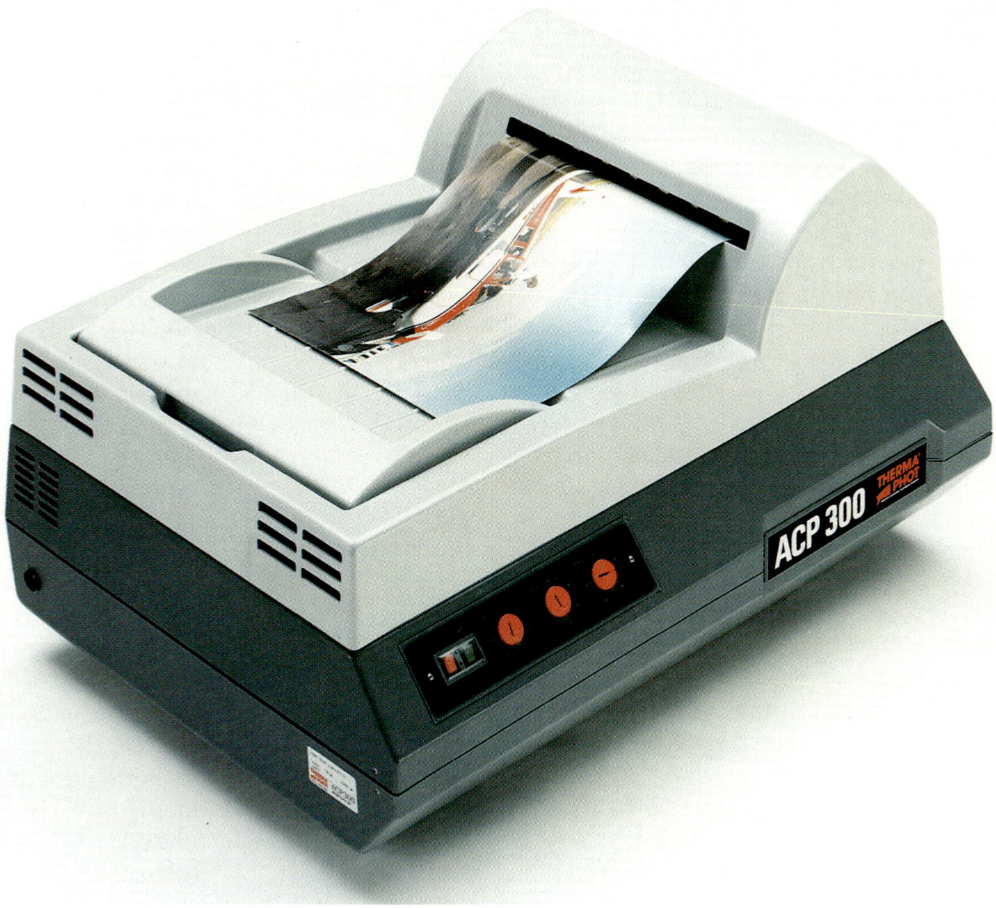

Besonders komfortabel im Büro sind Durchlaufentwicklungsmaschinen, wie die ACP 300 von Thermaphot, die das Papier automatisch durch alle Bäder leiten.

Kontern
Seitenverdrehtes Vergrößern eines Negativs oder seitenverdrehtes Reproduzieren einer Fotografie, wodurch unter Umständen bestimmte, für ein Layout erforderliche Effekte erzielt werden können.

Vergrößerung
Kopie einer Vorlage, Negativ oder Diapositiv, in einem Abbildungsmaßstab größer als 1:1. Mit Hilfe eines Vergrößerungsgerätes wird das Bild der transparenten Vorlage auf ein Fotopapier projiziert, welches anschließend entwickelt wird. Die Qualität der V. ist hierbei sowohl von den labortechnischen Voraussetzungen als auch in besonderem Maße von der Qualität und Größe der Vorlage abhängig. Ein größeres Aufnahmeformat erlaubt immer auch eine größere, technisch gute V. Wird bei der V. nur ein Teil der gesamten Aufnahme abgebildet, so spricht man von einer → **Ausschnittvergrößerung.**

Die eingebauten dichroitischen Filter sichern gleichbleibende Absorptionsverhältnisse, da hier im Gegensatz zu Filterfolien ein Ausbleichen nicht erfolgt. Zudem lassen sie sich bequem und stufenlos von außen verstellen.

Dunkelkammer-Meßgeräte

Dazu gehören Belichtungsmesser und Coloranalyser.
Die Meßtechniken von Belichtungsmessern lassen sich in etwa folgendermaßen einteilen: Punkt-, Mehrpunkt-, Integral-, Teilintegral- und Mehrfachmessungen, wobei die Meßsonde in der Vergrößerungsebene oder in Höhe des Vergrößerungsobjektives angebracht werden kann. Für die Reproduzierbarkeit der Meßergebnisse spielt die Meßgeometrie immer eine wichtige Rolle. Bei der Zweckmäßigkeit der Nutzung von Coloranalysern scheiden sich die Geister. Diese Geräte sind nicht gerade billig und so sollte man diese nur einsetzen, wenn man sicher sein kann, daß die Messungen damit auch zuverlässig und einfach zu handhaben sind. Das ist erst mit Geräten der neuesten Generation möglich geworden. Dazu gehören z.B. FEM-Kunze, Wallner TAT 2032 und Jobo Color star 3000, die beide je um 2000 Mark kosten.
Genaue Messungen sind nur mit Punktsonden möglich, die möglichst nicht vom Dunkelkammerlicht beeinflußt werden sollten. Solche Punktmessungen müssen genau justiert werden, beispielsweise auf mittlere Haut- oder Grautöne. Bei Integralmessungen andererseits müssen die Farbdominanten im Bild berücksichtigt werden. Dazu gibt es die sogenannten Unterkorrektureinstellungen in Prozentwerten, mit denen die Dominanz einer Objektfarbe weitgehend neutralisiert werden kann. Ganz allgemein läßt sich sagen, daß mit diesen Geräten nur dann zuverlässige Ergebnisse erzielt werden können, wenn man die grundsätzlichen Zusammenhänge der Einflußfaktoren auf die Meßtechnik auch versteht. Übertriebene Reserven sind hier aber nicht angebracht, weil mit den schon erwähnten heute gebräuchlichen, sehr schnellen Prozessen Fehlfilterungen nicht tragisch sind.

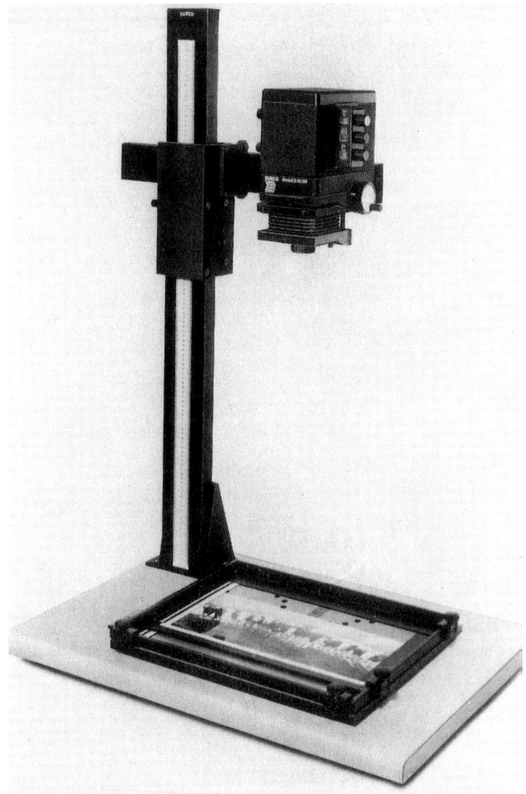

Coloranalyser II-67 Prof color von Dunco

Coloranalyser II-66 color von Dunco

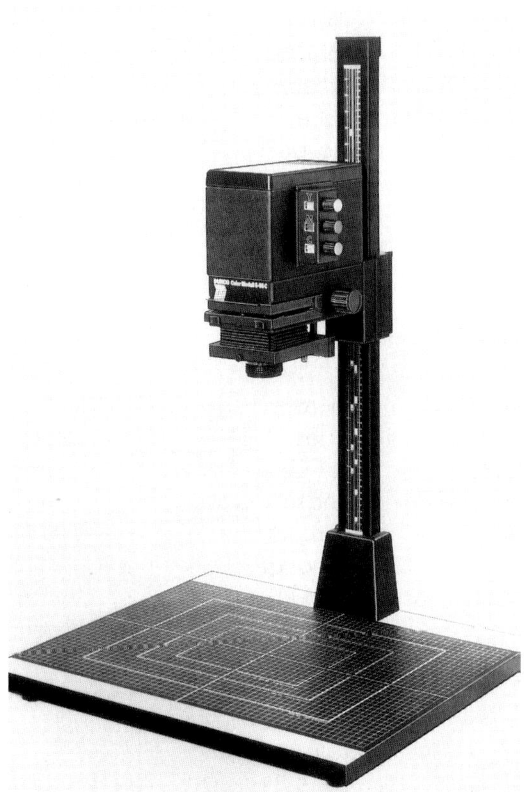

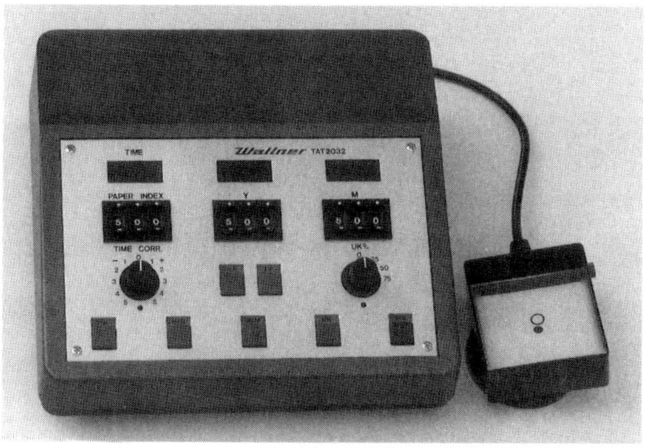

Wallner TAT 2032: Komfortables Meß- und Steuergerät für die Dunkelkammer

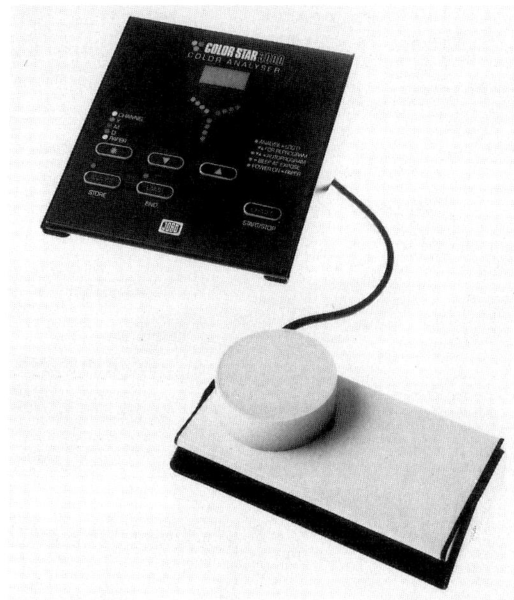

Coloranalyser Color Star 3000 von Jobo

Filtern in der Vergrößerungstechnik

Jede ungefilterte Farbvergrößerung führt zu starken Farbstichen. Aus diesem Grunde werden die Colorköpfe der Vergrößerer mit Farbfiltern ausgerüstet, die durch mehr oder weniger starkes Hineindrehen in den Strahlengang diesen in allen Farbnuancen beeinflussen können. Bei Vergrößerern ohne Colorkopf läßt sich diese Farbsteuerung weniger bequem und abgestuft durch Einlegen von Farbfiltern in eine Filterschublade durchführen. In beiden Fällen handelt es sich um subtraktive Filterungen. Das Durchlaßgebiet der Filter erstreckt sich jeweils auf zwei Spektraldrittel, so daß ein Spektraldrittel je nach Dichte der Filterung geschwächt wird. Zwei übereinander liegende Filter lassen demnach nur noch 1/3 des Spektrums nahezu ungeschwächt hindurch und schwächen 2/3. So läßt beispielsweise der Yellowfilter das rote und grüne Licht durch und absorbiert Blau. Wenn ein Magentafilter darübergelegt wird, wird auch das grüne Spektrumdrittel des weißen Lichtes absorbiert, so daß Rot übrigbleibt. Drei Filterfarben dürfen grundsätzlich nicht übereinandergelegt werden, da dann die Intensität des Lichtes unnötig geschwächt wird. Eine dritte Filterfarbe wirkt sich immer als Graufilter aus. Die Filterdichten sind nach dem Additionsprinzip ausgelegt, d.h., daß ein Filter der Dichte 60 die gleiche Wirkung wie zwei Filter der Dichte 30 hat usw.

Ein Satz Kopierfilter besteht aus drei Serien in den Dichten 05, 10, 20 usw. bis 99, wobei 99 den Zahlenwert 100 ersetzt, um die zweistellige Schreibweise nicht zu überschreiten. Die Beschreibung einer Gesamtfilterung ergibt sich daher immer aus einer sechsstelligen Zahl, die in drei Gruppen aufgeteilt wird. Dabei wird die Gelbfilterdichte immer durch die erste Gruppe, die Magentafilterdichte durch die zweite und die Cyanfilterdichte durch die dritte Gruppe festgelegt. Damit können alle vorkommenden Filterfarben und -dichten mit einer sechsstelligen Zahl definiert werden. Bei zwei Zahlenwerten ergibt sich eine Kombination zweier Filterdichten, beispielsweise 20 40 00, was einer Yellowfilterdichte 20 plus einer Magentafilterdichte 40 entspricht. Wenn Filter in den additiven Grundfarben Rot, Blau und Grün zeitlich hintereinander in den Strahlengang gebracht werden, entstehen additive Mischfarben, die ebenfalls beim Vergrößerungsprozeß angewandt werden können. Da ihre Handhabung zeitaufwendig und umständlich ist (es gibt aber auch automatisch gesteuerte Versionen), wird diese Technik kaum noch praktiziert. Jede Filterung verursacht eine Belichtungszeitverlängerung, die aber bei den Dunkelkammer-Belichtungsmessern automatisch berücksichtigt wird.

Beim Filtern sind folgende Regeln zu beachten:

- → Farbstiche werden immer durch Zugabe von Filterdichten in der Stichfarbe

Schichtträger
Grundlage fotografischen Materials, auf das die lichtempfindliche → **Emulsion** aufgetragen wird. Bei der Herstellung von Filmen (→ **Filmherstellung**) wird statt des früher gebräuchlichen Celluloid heute Cellulosetriacetat oder Polyester verwendet, für Rollfilme ca. 0,1 mm, für Planfilme ca. 0,25 mm stark. Bei Fotopapieren besteht der S. aus einem Papierfilz, der bei → **PE-Papieren** von beiden Seiten mit Kunststoff beschichtet ist.

Chromolytische Entwicklung (= Silberfarbbleichverfahren) Entwicklungsverfahren zur Herstellung von Farbbildern aus → **Diapositiven.** Im Unterschied zur → **chromogenen Entwicklung** sind hierbei die Farben in Form von Azo-Farbstoffen bereits in den Emulsionsschichten des fotografischen Materials enthalten. Die entsprechend der jeweiligen Belichtung für das spätere Bild nicht benötigten Azo-Farbstoffe werden durch das bei der Entwicklung entstehende Bildsilber im anschließenden Farbbleichbad abgebaut, so daß nach Herausfixierung der unbelichteten Silberkristalle ein positives Farbbild zurückbleibt. Durch die Reinheit der verwendeten Azo-Farbstoffe entstehen bei diesem Entwicklungsverfahren Farbbilder mit sehr hoher Farbsättigung, Lichtechtheit und Schärfeleistung.

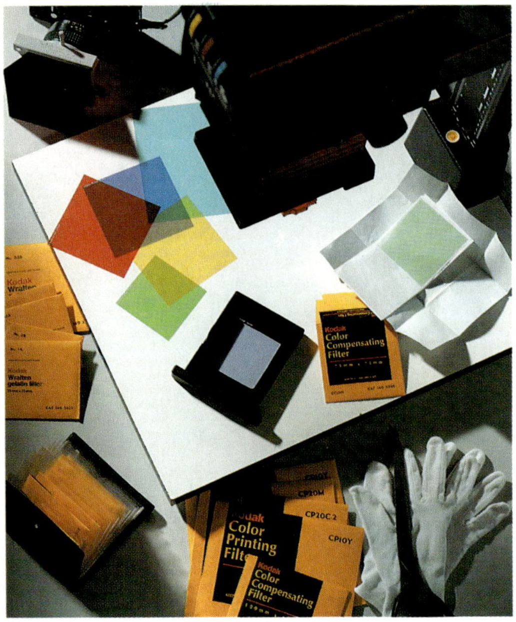

Von Kodak gibt es Color Printing und Color Compensating Filter in allen Dichten.

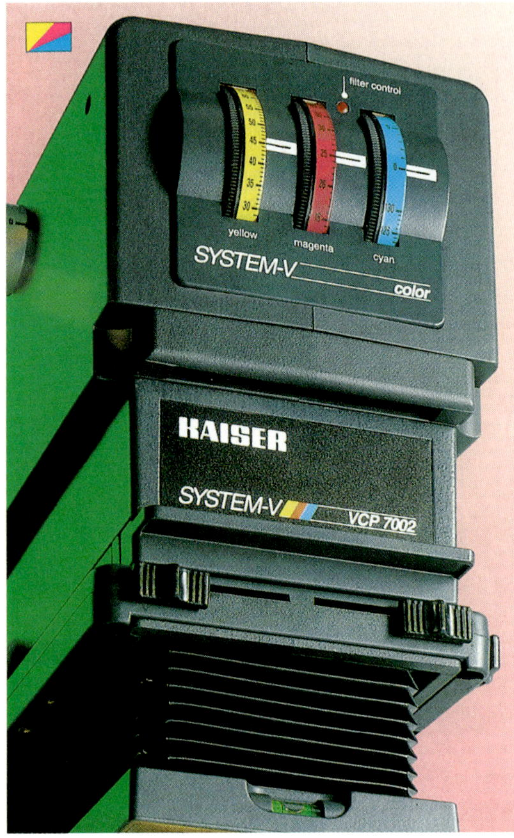

Farbvergrößerungskopf System-V VCP 7002 von Kaiser für Formate bis 6 x 7 cm

oder Wegnahme von Filterdichten in der Komplementärfarbe beseitigt.

- Bei der Farbkorrektur sollten zuerst immer die Möglichkeiten der Herausnahme von komplementären Filterdichten ausgeschöpft werden. Einen Blaustich z.B. gleicht man durch Wegnahme von Gelb aus.
- Jede Stichfarbe kann durch Kombination von maximal zwei Filterfarben ausgeglichen werden.
- Wenn eine Neutralisierung versehentlich mit drei Filtern erreicht wurde, muß lediglich der Zahlenwert der geringsten Filterdichte von den übrigen Filterdichten abgezogen werden.

Bei allen Farbpapieren ist eine mehr oder weniger starke Filterung in den Farben Yellow und Magenta – insgesamt also Rot – erforderlich. Es ist daher nicht sinnvoll, bei Arbeitsbeginn mit neuen Film-Entwickler-Kombinationen mit sogenannten Nullkopien zu beginnen. Meist ist es am zweckmäßigsten, mit den auf den Papierpackungen aufgedruckten Filterwerten zu beginnen. Der Sprung zu den endgültigen Filterwerten ist dann nicht mehr groß und zeitraubend.

Dia-Direkt-Verfahren

Die Herstellung von Aufsichtsbildern nach Diapositiven hat den Vorteil, daß sich die Beurteilung der Farbwiedergabe leicht abschätzen läßt. Auch die Filtertechnik ist besonders leicht. Das ergibt sich insbesondere aus der unmittelbar möglichen Beurteilung der Farben und der gegenüber Negativvorlagen inversen Filterung. Bei diesen Prozessen werden Farbabweichungen durch Zugabe von komplementärfarbigen Filterdichten oder Wegnahme von Filterdichten in der Stichfarbe – wie bei der Aufnahmetechnik auch – ausgeglichen. Das erscheint nicht nur logisch, sondern ist auch insofern einfach, als man die auszufilternde Stichfarbe unmittelbar durch visuellen Eindruck bestimmen kann. Wenn die Grundfilterung für eine bestimmte Emulsion bei einem gegebenen Verfahren festliegt, können die erforderlichen Filterkorrekturen durch vergleichende Sichtbeurteilung an einer Normlichtquelle erfolgen. Coloranalyser und andere Filterabstimmungsgeräte sind daher für die Dia-

Direktverfahren leicht entbehrlich. Diesen Verfahren gemeinsam ist eine Gradationsaufteilung beim Vergrößerungsprozeß. Sie ergibt sich aus den charakteristischen Eigenschaften der Duchsichtsvorlagen. Diapositive sind primär für die Projektion oder Betrachtung am Leuchttisch bestimmt. Die für eine Projektion erforderlichen hohen Kontraste, die in etwa einem Gammawert von 1,5 entsprechen, lassen sich auf einer Aufsichtsvorlage, also einem Papierbild, nicht unterbringen. Ein entsprechender Ausgleich durch die Papiergradation läßt sich nur teilweise erzielen, da bei größeren Kontrastunterschieden zwischen Vorlage und Wiedergabemedium Farbverschiebungen auftreten. Damit muß man sich abfinden. Und das muß sich durchaus nicht immer nachteilig auswirken, wenn man sie von vornherein einkalkuliert. So gibt es beispielsweise zahlreiche Motive, denen eine Kontrastverstärkung gut bekommt, bei Architektur-, Sach- und Landschaftaufnahmen zum Beispiel. Vorsicht ist vor allem bei Porträts und der Reproduktion von zarten Farben geboten. Für diese Prozesse stehen zwei grundsätzlich unterschiedliche Verfahren zur Verfügung: chromogene und chromolytisch wirkende. Beide sind Umkehrprozesse.
Bei den chromogenen Verfahren (Agfa Agfachrome, Kodak Ektachrome, Tetenal UK 3) wird zunächst SW-entwickelt, gewäs-

Tetenal Mono UK 3: Entwicklersatz für Farbumkehrpapiere nach dem R-3 Prozeß

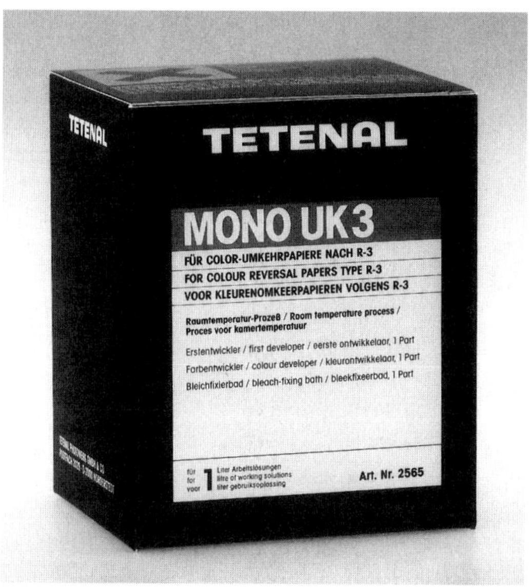

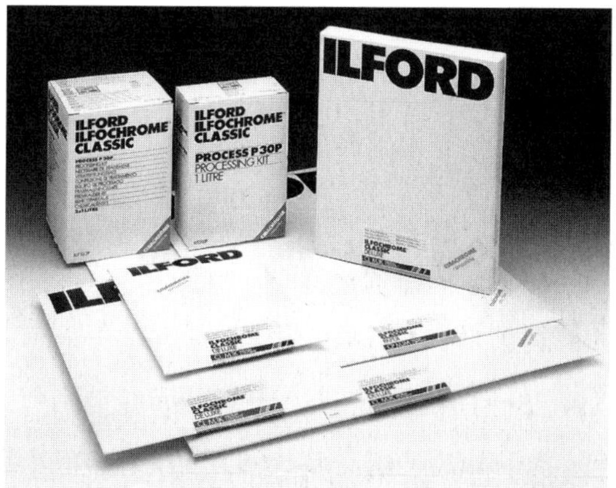

Ilfochrome Classic: Nachfolger des berühmten Cibachrome Farbumkehrpapiers

sert, im nachfolgenden Farbentwickler die Farben belichtungsabhängig aufgebaut und schließlich gebleicht und fixiert. Vielfach können die letzten beiden Stufen auch zusammengefaßt werden. Daraus ergibt sich ein ziemlich aufwendiges Prozedere, für das mindestens vier Tanks und Racks erforderlich sind. Entsprechend aufwendig ist auch und gerade die Handhabung mit Trommeln oder gar Schalen. Damit werden die Vorteile der schon erwähnten einfacheren Filterung wieder zunichte gemacht. Ein Vorteil ist hingegen das relativ preisgünstige Papier und die im Vergleich gute Beherrschung des Kontrastproblems.
Für den chromolytischen Prozeß steht nach wie vor nur ein einziges Papiermaterial zur Verfügung, nämlich Ilfochrome und der dazugehörende Prozeß aus nur drei Komponenten – Entwickeln, Bleichen und Fixieren. Die in die Papiere eingebauten Farbstoffe lassen die Emulsion schwarz erscheinen. Dadurch wird u.a. die Empfindlichkeit reduziert. Deswegen sind hier – zumal bei Großvergrößerungen – sehr intensive Lichtquellen im Vergrößerungskopf erforderlich. Bei diesem Verfahren werden die Farben im Prozeßverlauf abgebaut. Bedingt durch den Schichtaufbau dieser Papiere wird die Lichtstreuung in den Schichten extrem minimiert. Daher lassen sich mit dieser Technik extrem scharfe Bilder herstellen. Wichtigste Vorteile: Prozeß in nur drei Stufen, daher einfache Handhabung, z.T. auch in den Entwicklungsmaschinen für Negativ-Positiv-Prozesse durchführbar, wenn die Tanks und Racks entsprechend chemieresistent sind, denkbar beste Langzeit-Lichtbeständigkeit durch die Verwendung von Azo-Farbstoffen, extreme

Printer
Vollautomatisches Kopier- und Verarbeitungsgerät zur Herstellung von Papiervergrößerungen nach Negativ- oder Diapositivvorlagen im Großlabor. In modernen P.n wird unterschiedliches Filmmaterial anhand der → **DX-Codierung** automatisch erkannt und sowohl die Belichtung als auch die erforderliche Farbkorrektur automatisch eingestellt, so daß eine Verarbeitungsleistung von bis zu 20 000 Kopien pro Stunde erreicht wird.

Regenerierung
Erneuerung verbrauchter chemischer Substanzen in fotografischen Verarbeitungslösungen durch kontinuierliche Zugabe von Regeneratoren, wodurch die Lösungen in wirtschaftlicher und umweltschonender Weise über einen langen Zeitraum in ihrer Wirkung konstant gehalten werden. Vor allem bei der maschinellen Verarbeitung in Entwicklungsmaschinen kommt diese Technik zur Anwendung, wo die erforderlichen Regeneratorenmengen automatisch durch → **Sensitometrie** oder analytische Messungen bestimmt werden.

Schärfe. Wichtigste Nachteile: Durch den hohen Silbergehalt sehr teuer, stärkere Gradationsaufteilung als bei den chromogenen Verfahren, sehr aggressive Chemie (Bleichbad).

Verarbeitung von Umkehrfilmen (Diafilme)

Diese lohnt sich im allgemeinen nur, wenn die Dias rasch zur Verfügung stehen müssen. Bei den Kodachrome-Filmen ist eine Selbstverarbeitung unmöglich, da der Prozeß sehr komplex ist. Bei allen anderen Verfahren ist der Prozeß einfacher. Bei der Erstentwicklung entsteht ein SW-Negativ als Silberbild. Bei der Farbentwicklung entsteht ein SW-Positiv, das in ein Farbstoffbild umgewandelt wird. Anschließend wird das gesamte Silberbild in einem Bleichbad zu löslichen Verbindungen ausgebleicht. Und im Fixierbad werden alle in den Schichten vorhandenen Silberverbindungen ausfixiert. Nach der üblichen Schlußwässerung bleibt so in den Schichten das reine Farbstoffbild übrig. Bei der Heimverarbeitung wird eine Entwicklungsdose oder Trommel verwendet. Bei Verarbeitungsprozessen, die eine Zweitbelichtung erfordern, bietet ein Spiraleinsatz aus durchsichtigem Kunststoff eindeutige Vorteile. Eine sichere und exakte Temperaturkontrolle ist entscheidend für eine optimale Entwicklung. Für die Temperierung gibt es verschiedene Möglichkeiten. Am einfachsten ist ein Wassermantelbad. Angenehmer und sicherer sind thermostatisch geregelte Temperiergeräte. Besonders genau muß die Temperatur bei der Erstentwicklung eingehalten werden. Beabsichtigte Änderungen der Erstentwicklungszeit sind möglich und können zur gezielten Veränderung der Filmempfindlichkeit vorgenommen werden. Solche Sonderentwicklungen werden auch auf Wunsch gegen Aufpreis von den Entwicklungslabors durchgeführt. Motorisch angetriebene und temperaturkontrollierte Prozessoren erleichtern diese Arbeit entscheidend.

Tetenal Entwicklersatz für Farbumkehrpapiere

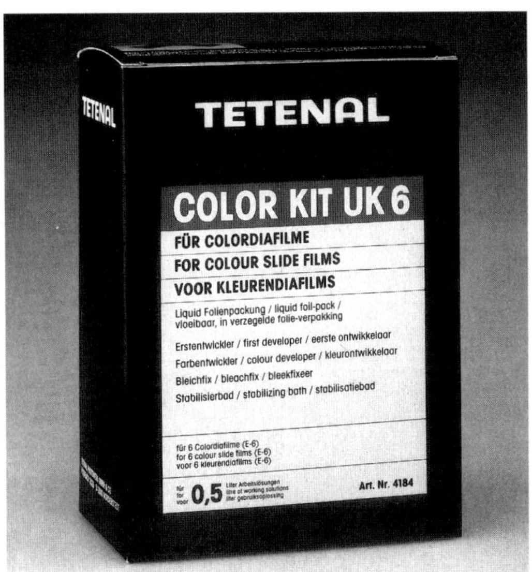

SW-Halbtonvergrößerungen nach Dokumentenfilmen

Wenn man ein Kamerasystem der Spitzenklasse mit entsprechenden Objektiven zur Verfügung hat, kann es zumal bei statischen Motiven reizvoll sein, die Informationsübertragungsleistung des Aufnahme- und Wiedergabe-Systems (Vergrößerer) auszuloten. Dies läßt sich am wirkungsvollsten mit Dokumentenfilmen realisieren, wenn sie halbtonentwickelt werden. Dafür eignet sich besonders der Kodak Technical Pan-Film, den es im Kleinbild- und Rollfilmformat sowie als Planfilm 10,2 x 12,7 cm gibt. Er ist panchromatisch mit erhöhter Rotempfindlichkeit sensibilisiert und läßt sich mit Kodak Technidol sowie Tetenal Neofin doku vorzüglich halbtonentwickeln, wobei bei mittlerem Kontrast eine effektive Empfindlichkeit von ISO 25 bis ISO 64 erreicht wird. Mit dieser Technik erzielt man Auflösungsgrenzwerte um 400 Linienpaaren/mm und praktische Kornfreiheit auch bei starken Vergrößerungsmaßstäben. Damit werden die Leistungsgrenzen auch der besten Objektive übertroffen. Durch den praktischen Wegfall jeglicher Lichthoferscheinungen werden Kantenschärfen erreicht, die nur von den optischen Systemen bei Aufnahme und Vergrößerung und den mechanischen Toleranzen (Filmplanlage) begrenzt werden. Der wichtigste Vorteil liegt in der unvergleichlichen Wiedergabe von SW-Großbildern im Meterformat nach Kleinbildern.

Gradationssteuerung bei den fotografischen Prozessen

Grundsätzlich lassen sich die Abstufungen der Helligkeits- und Farbdichtewerte bei allen Verfahren steuern. Möglichkeiten, Techniken und Voraussetzungen sind jedoch so unterschiedlich, daß sie in einzelnen Kapiteln getrennt angeführt werden. Da die Qualität einer fotografischen Aufnahme nicht nur vom Verarbeitungsprozeß, sondern auch von der richtigen Wahl des Filmes, der richtigen Belichtung und der manchmal möglichen Kontraststeuerung am Aufnahmegegenstand abhängt, hier einige Hinweise zur Aufnahmetechnik: Es gibt Bildvorlagen, bei denen man den durch die Beleuchtung bedingten Objektumfang willkürlich steuern kann und solche, die in dieser Richtung nicht veränderbar sind. Unabhängig davon sollte man wissen, welcher Objektumfang noch verkraftet werden kann. Das hängt auch davon ab, ob das Endprodukt Bild eine Duchsichts- oder Aufsichtsvorlage sein soll. Ein Diapositiv, das über einem Leuchtkasten oder durch Projektion betrachtet wird, kann in etwa den gleichen Helligkeitsumfang wiedergeben wie das unadaptierte Auge. Das schaffen Negative zwar auch, doch ist es nicht möglich, den auf dem Negativ vorhandenen Kontrastumfang auf das Papier zu bringen, da Aufsichtsbilder nur einen Teil des Kontrastumfanges von Durchsichtsbildern wiedergeben können. Mit dieser Tatsache hängt auch der Belichtungsspielraum zusammen. Der Preis für den hohen Kontrastumfang bei Diapositiven ist der eingeengte Belichtungsspielraum. Und die Anforderungen an die Belichtungsgenauigkeit steigen mit dem Objektkontrast: Die Grenzen bei allen Aufnahmematerialien liegen dort, wo die beiden Enden der Schwärzungskurve in den nicht mehr linearen Teil dieser Kurve übergehen. Da bei den Negativ-Positiv-Verfahren beim Kopier- und Vergrößerungsprozeß nur ein Teil aus dem geradlinigen Abschnitt der Schwärzungskurve des Negatives kopiert werden kann, ist bei diesen Verfahren die Belichtung nicht kritisch. Überbelichtete Negative werden dichter, die Kontrast- und Farbsättigungswerte aber bleiben weitgehend gleich. In geringerem Umfang trifft dies bei dann dünneren Negativen auch bei Unterbelichtungen zu. Trotzdem gibt es Unterschiede zwischen SW- und Farbnegativen: SW-Negative sind dann optimal belichtet, wenn der jeweilige Kontrastumfang im unteren Teil der geradlinigen Schwärzungskurve liegt, also in Abhängigkeit vom Objektumfang knapp belichtet werden, weil dann die Detailwiedergabe, also Körnigkeit und Schärfe, Maximalwerte erreichen. Bei Farbnegativen liegen die Verhältnisse anders: Die Körnigkeit wird mit zunehmender Belichtung feiner bei nur leichter Schärfereduzierung. Der im allgemeinen sehr große Belichtungsspiel-

Gradation
nennt man das Maß für die Fähigkeit fotografischer Materialien, Kontraste wiederzugeben. Sie ergibt sich aus dem Verhältnis zwischen der jeweiligen Belichtung und der dadurch erreichten Schwärzung des Materials und wird in einer Gradations- oder Schwärzungskurve graphisch dargestellt. Bei einem Film, der die Motivkontraste verstärkt wiedergibt, verläuft die Kurve steil, d.h. mit einem Steigungswinkel von über 45°. Man spricht von einer »steilen« oder »harten« G. Ein Film, der die wirklichen Kontraste des Motivs abschwächt, hat eine flache Kurve, es handelt sich um »weich« arbeitendes Material mit »flacher« G. Aus dem Verlauf der G.skurve errechnet man eine Maßzahl, den »Gamma-« oder »Beta-Wert«, um die G. der Kombination eines bestimmten Films mit einem Entwickler angeben zu können.

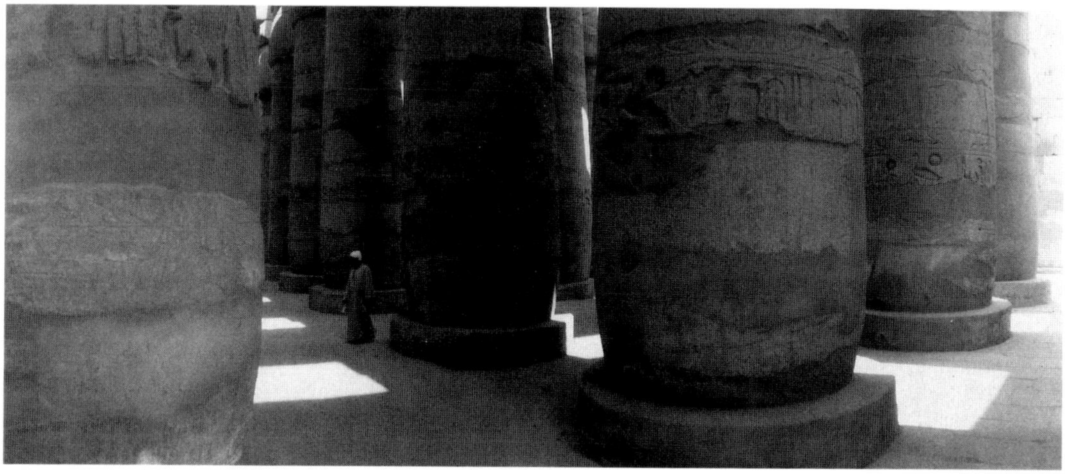

Hier wurde zur Kontrastminderung eine weiche Gradation gewählt. Foto: Rudolf Majonica

Gradationswandelpapier
Zum Ausgleich der unterschiedlichen Kontraste von Negativen werden in der Schwarzweißfotografie Fotopapiere verschiedener → **Gradationen** benötigt. 1937 erfand Frank F. Renwick ein Fotopapier, dessen Gradation durch die Farbe des Lichts stufenlos veränderlich ist, was die bisher sehr aufwendige Lagerhaltung der verschiedenen Papiere enorm vereinfachte. Dieses G. besitzt eine → **Emulsion** mit sowohl blauempfindlichen, feinkörnigen Silberhalogeniden, die kontrastreich abbilden, als auch grünempfindlichen, grobkörnigen, die kontrastarm abbilden, so daß durch die Verwendung verschiedenfarbiger Filter mit der Belichtung der jeweiligen Silberhalogenide auch die Gradation des Fotopapiers gesteuert werden kann.

raum bei Farbnegativen kann demnach zur Steuerung der Detail- und Farbwiedergabe genutzt werden. Hinzukommt, daß auch die Farbsättigung mit zunehmender Überbelichtung höher wird.

Der Kontrastumfang:

- Der Objektkontrast (Lichtwertunterschiede zwischen hellsten und dunkelsten bildwichtigen Teilen) bei Diapositiven sollte fünf Lichtwerte nicht überschreiten.
- Bei Farbnegativfilmen sollte der Objektkontrast möglichst 3 1/2 Lichtwerte nicht überschreiten.
- Bei SW-Filmen sind diese Werte variabel, weil beim Negativ- und Positiv-Entwicklungsprozeß die Kontrastwiedergabe weitgehend beeinflußt werden kann.

Bei Farbnegativfilmen lassen sich die oben erwähnten Grenzwerte im Positivprozeß vor allem durch individuelles Abwedeln und Nachbelichten deutlich erweitern.
Grundsätzlich gilt, daß überall dort, wo man den Objektkontrast willkürlich beeinflussen kann, dies auch geschehen sollte. Bei Kunst- und Blitzlichtaufnahmen ist dies meist möglich.

Kontraststeuerung in der SW-Positivtechnik

Die am weitesten verbreitete und meist bequemste Methode zur Steuerung der Grauwerte vom reinen Weiß bis zum tiefen Schwarz ist die angepaßte Anwendung unterschiedlicher Papiergradationen beim Positivprozeß. SW-Papiere werden in drei Härtegraden bei Barytpapieren und bis zu sechs Härtegraden bei den PE-Papieren angeboten. Beim Stand der Technik ist es heute am zweckmäßigsten, auf Kontrastwandelpapiere zurückzugreifen, die nun den gleich großen Kontrastbereich umfassen wie die Stufenpapiere. Mit ihnen wird die Laborarbeit deutlich vereinfacht, weil man mit dem gleichen Papier alle Kontrastbereiche erfassen kann. Die Steuerung des Kontrastes erfolgt über die farbliche Zusammensetzung des Vergrößerungslichtes über Filter, die – wie beim Farbvergrößern auch – entweder in den Vergrößerungskopf eingebaut sind und kontinuierlich verstellt werden können oder aber manuell in den Strahlengang des Vergrößerers gebracht werden. Gute Ergebnisse bei allen Papierarten werden nur dann erzielt, wenn man die Bilder ganz ausentwickeln läßt. Die hierfür erforderliche Zeit hängt nicht nur von der Papierart und Entwicklerzusammensetzung ab, sondern auch von der Temperatur des Entwicklers.
Bei Papieren ohne eingebaute Entwicklersubstanzen, die es auch bei den PE-Varianten gibt, läßt sich der Kontrast auch durch die Entwicklerzusammensetzung steuern. Konfektionierte Entwickler mit unterschiedlichen Härtegraden gibt es u.a. von Tetenal unter den Produktnamen Centrabrom, Eukobrom und Dokumol. Centrabrom ist ein ausgesprochen weich arbeitender, Eukobrom ein normal- und Dokumol ein hart arbeitender Entwickler. Mit diesen drei Entwicklern und der Gradationssteuerung über die Papierwahl gibt es praktisch keine Grenzen mehr für die Gradationssteuerung. Hier liegt die besondere Stärke der SW-Fotografie. Mit den klassischen Barytpapieren läßt sich diese Technik noch verfeinern. Letzte Feinheiten der Tonwertdifferenzierung lassen sich mit der Mehrschalenentwicklung erzielen, wobei die Papiere hintereinander in zwei oder drei dieser Entwickler verarbeitet werden und dabei die hellen, mittleren und dunklen Bildteile mehr oder weniger differenziert akzentuiert herausgeholt werden können. Die Tonwertabstufungen des Bildes lassen sich duch Änderung der Verweildauer in den einzelnen Bädern stark variieren. Mit dieser Technik erspart man sich in vielen Fällen das nicht immer risikolose Nachbelichten und Abwedeln von Bildteilen zur Verringerung der Detailkontraste. Diese Technik sollte nur dann in Betracht gezogen werden, wenn eine zu starke Reduzierung des Gesamtkontrastes die Tonwertdifferenzierung in Detailbereichen in Mitleidenschaft zieht. Könner arbeiten gern mit einer um mindestens eine Stufe zu harten Papiergradation und akzentuieren oder reduzieren die jeweils kritischen Bildteile,

die aus dem Rahmen des noch vertretbaren Gesamtkontrastes fallen. Die manchmal empfohlene Methode, zum Erreichen eines geringen Kontrastes Papiere nicht ganz ausentwickeln zu lassen, sollte in jedem Fall vermieden werden. Die Anwendung stark verdünnter Entwickler, die den gleichen Zweck erfüllen sollen, ist ebenfalls ein ungeeignetes Mittel, besonders bei schnell entwickelnden PE-Papieren.

Kontraststeuerung in der SW-Negativtechnik

Spitzenergebnisse im Sinne bester Übertragungseigenschaften können nur durch die jeweilige Abstimmung von Negativ- und Positivkontrasten erzielt werden. Am vorteilhaftesten ist es, wenn man schon am Aufnahmeort mit Hilfe der Belichtung den voraussichtlichen Negativkontrast berücksichtigen kann. Im Idealfall lassen sich dann alle Vergrößerungen mit der gleichen Papiersorte oder Gradationsfiltereinstellung anfertigen. Wenn es aufnahmetechnisch möglich ist, sollte man versuchen, sich diesem Idealfall zu nähern. Durch eine geeignete Film-Entwickler-Kombination und Veränderung der Entwicklungszeit kann man jeden Film weicher oder härter entwickeln. Kürzere Entwicklungszeiten ergeben weichere und längere Entwicklungszeiten härtere Negative. Solche Variationen wirken sich aber auch auf die effektive Empfindlichkeit aus, wobei bei längeren Entwicklungszeiten höhere und umgekehrt bei kürzeren Entwicklungszeiten geringere Empfindlichkeiten resultieren. Einen idealen Kompromiß ergibt auch hier die Zweistufenentwicklung mit Tetenal Emofin.

Chemische Kontrastreduzierung

Wenn z.B. bei der Herstellung von Massenkopien Korrekturen am Positivprozeß aus wirtschaftlichen Gründen nicht in Frage kommen und zu harte Negative die Arbeit erschweren, muß das Negativ bearbeitet werden. Die damit verbundenen Risiken machen ein Umkopieren auf Duplikatnegativ erforderlich. Korrekturen am vorhandenen Negativ lassen sich durch eine chemische Nachbehandlung durchführen, bei der es folgende Möglichkeiten gibt:

- Umwandlung von Silberbildern in Farbstoffbilder
- Anwendung von Abschwächern oder
- Umentwicklungen

Bei der ersten Variante konnten gute Erfahrungen mit der Umwandlung in ein Eisenblaubild erreicht werden. Als Nebenprodukt ergibt sich auch eine deutliche Kornverfeinerung, eine Wirkung, die gerade bei harten und damit oft überbelichteten Negativen von großer praktischer Bedeutung ist. Dazu müssen folgende Lösungen angesetzt werden:

Lösung A:
Wasser 1 Liter
Kaliumferrizyanid 10 g
1 %ige Kaliumbichromatlösung 1,3 cm^3

Lösung B:
Wasser 1 Liter
Ferranoniumsulfat 21 g

Lösung C:
Wasser 1 Liter
Oxalsäure 50 g

Diese Lösungen müssen vor Gebrauch bei gedämpftem Licht zu gleichen Teilen gemischt werden. Nach der Umwandlung des Silberbildes in ein Eisenblaubild wird nach kurzem Abspülen in einer 3%igen Thiosulfatlösung nachbehandelt.
Mit dieser wenig aufwendigen Methode lassen sich selbst stärkste Kontraste auf ein normales Maß reduzieren.
Mit der zweiten Variante, den sogenannten Lichterabschwächern, kann man ähnliche, wenn gleich weniger ausgeprägte Wirkungen erzielen, wobei die Abschwächung vorzugsweise auf die hohen Schwärzungen (Lichter) einwirkt. Ein Prototyp dafür ist der Ammoniumpersulfatabschwächer. Davon gibt es mehrere Varianten. Alle Negative, die in dieser Art Abschwächer behandelt werden, müssen gut gewässert sein, da geringste Spuren von Fixiernatron Flecken verursachen. Bei Beginn der Abschwächung

Silberrückgewinnung
Da das in den Verarbeitungsbädern aus Filmen herausgelöste Bildsilber ein wertvoller Rohstoff ist und gleichzeitig als Schwermetall die Umwelt stark belastet, wird es heute mittels verschiedener Methoden aus den chemischen Lösungen zurückgewonnen. Man unterscheidet vier Verfahren:
1. Elektrolytische Silberabscheidung, bei der zwei Elektroden in die Lösung eingelassen werden, an die eine Gleichstromspannung angelegt wird, wodurch sich das Silber an der Kathode niederschlägt.
2. Metallaustausch, wobei ein unedles Metall mit der Lösung in Kontakt gebracht wird, an welchem sich das Edelmetall Silber abscheidet.
3. Ionenaustausch, wobei sich die Silberverbindungen an Kunstharzen ablagern.
4. Chemische Fällung, bei der sich durch Beigabe bestimmter Chemikalien das Silber als Schlamm absetzt.
Nach der Abscheidung des Silbers sind auch die Verarbeitungslösungen wiederverwendbar.

entsteht zunächst an den dichten Bildstellen eine weiße Trübung. Wenn der Grad der Abschwächung ausreichend erscheint, muß das Negativ in das Fixierbad gebracht und anschließend wie üblich gewässert werden. Die Zusammensetzung der fertigen Abschwächer ist bei den verschiedenen Herstellern etwas unterschiedlich.
Abschwächer nach Agfa Formel 701:

Destilliertes Wasser 1 Liter
Ammoniumpersulfat 50 g
Ammoniak konz. 40 cm^3
Natriumchlorid 20 g
Natriumthiosulfat krist. 250 g

Diese Lösung ist gebrauchsfertig. Verarbeitungszeit etwa 5 Minuten.
Für die dritte Variante der Umentwicklung zur Kontrastverstärkung soll hier nur eine bewährte Methode hervorgehoben werden. Hierzu ist der Ansatz folgender Lösung erforderlich:

Wasser 1 Liter
Kaliumbichromat 10 g
Salzsäure konz. 10 bis 20 cm^3

In dieser Lösung werden die Negative bei gedämpftem Licht solange gebleicht, bis sie eine annähernd weiße Oberfläche erhalten. Anschließend Nachbelichtung etwa 1 Minute. Darauf Neuentwicklung in einem weich arbeitenden Feinkornentwickler (Agfa Atomal, Tetenal Neofin blau, Rodinal oder Paranol stark verdünnt). Die Beurteilung von Deckung und Kontrast ist in der Durchsicht möglich. Ist der gewünschte Deckungsgrad erreicht, muß unmittelbar in einem Expressfixierbad etwa 2 Minuten fixiert werden. Wässerung wie üblich.

Chemische Kontrastverstärkung

Für die Negativverstärkung mit gleichzeitiger Kontraststeigerung gibt es mehrere bewährte Verfahren. Hier sollen nur die hervorgehoben werden, die nicht gleichzeitig auch zu einem größeren Korn führen. Dafür bieten sich die Farbverstärkungsmethoden an. Bei diesen Verfahren verfärbt sich das Negativ in Richtung warme Farben. Das hat zur Folge, daß beim Vergrößern vornehmlich die blauen Strahlenanteile zurückgehalten werden, für die die gängigen Papiere sensibilisiert sind. Dieser Effekt wird bei allen halbphysikalischen Entwicklungsmethoden ebenfalls hervorgerufen und verursacht ein härteres Auskopieren, als es dem visuellen Negativeindruck entspricht. Es entsteht demnach ein Unterschied zwischen visuellem bzw. optisch gemessenem Härtegrad und tatsächlichem Papierkontrast. Dieses Verhältnis bezeichnet man als Farbkoeffizient.
Die wichtigsten Verstärker dieser Kategorie sind das Schwefelsilberverfahren, das Goldtonbad und der Kupferverstärker. Zur Umwandlung eines Silberbildes in Schwefelsilber bewährt sich folgendes Rezept:

Bleichlösung
Kaliumferrizyanid 30 g
Kaliumbromid 15 g
Soda 15 g
Wasser auf 1 Liter
Tonungslösung
Natriumsulfit krist. 10 g
Natriumthiosulfat krist. 8 g
Wasser auf 1 Liter

Die Behandlung der Negative erfolgt hintereinander in der Bleich- und Tonungslösung unter Zwischenschaltung einer gründlichen Wässerung von etwa 10 Minuten. Beim Bleichen wird das Silberbild in ein Silberbromidbild umgewandelt. Beim Tonungsvorgang bildet sich kolloidales Schwefelsilber. Sollte dieser Verstärkungsvorgang nicht ausreichen, kann in einem anschließenden Goldtonbad die Verfärbung nach Rot verschoben werden. Es setzt sich wie folgt zusammen:

Goldchlorid 1,2 g
Ammoniumrhodanid 14 g
Wasser auf 1 Liter

Kontraststeuerungen in der Farbfotografie

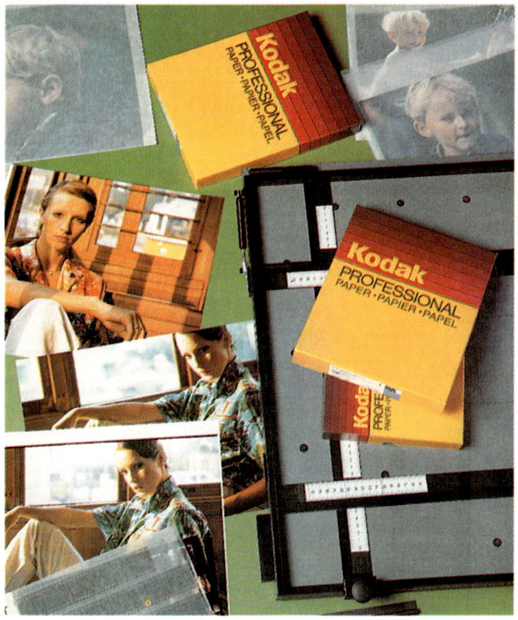

Das Kodak Ektacolor Portra Papier ist besonders für Porträtabzüge zu empfehlen.

Das Positivverfahren

Umsteiger von der SW-Fotografie vermissen im allgemeinen ein vergleichbares Angebot von Farbpapieren mit verschiedenen Härtegraden. Trotzdem gibt es auch hier Unterschiede vor allem bei den Professionalvarianten. Diese werden aber nicht in explizite Härtegrade unterteilt, sondern ergeben sich aus der Papiertypbezeichnung. Bei Kodak beispielsweise manifestieren sie sich mit den Typbezeichnungen Supra, Ultra und Portra. Ultra kopiert härter, Portra weicher. Das ist eine Art Grobunterteilung für Sach-, Architektur-, und Landschaftsaufnahmen einerseits und Porträt- bzw. Menschenaufnahmen andererseits. Diese Art Grobunterteilung ist in erster Linie systembedingt, weil die Farbnegative immer einen nahezu gleichbleibenden Gesamtkontrast aufweisen. Sie werden in der Regel standardentwickelt, kürzere oder längere Entwicklungszeiten verursachen zu große Dichte- und daraus resultierende Farbabweichungen. Das allein ist ein wichtiger Unterschied gegenüber den SW-Negativen. Und Unterschiede bei den Dichtekurven von Negativ und Positiv verursachen Farbkippen. Deshalb ist hier der Spielraum so gering. In der Praxis ist dieser grundsätzliche Unterschied aber nicht so gravierend, wie es auf den ersten Blick erscheinen mag, weil beim Farbbild der physiologische Eindruck in erster Linie von der Farbkomposition abhängt und weniger von den Hell-Dunkel-Kontrasten, die ihrerseits auch die Farbsättigung bestimmen. Eine Lösung dieses Problems wäre nur bei einer individuellen Abstimmung der jeweiligen Negativ- und Papiergradation möglich, eine Methode, die in der Praxis sehr kompliziert wäre. Dieser Aufwand lohnt sich aus oben erwähnten Gründen nicht. Für Sonderfälle gibt es trotzdem Methoden und Verfahren, die alle relativ aufwendig und nur bei den Positivverfahren sinnvoll sind.

Kontrastreduzierung mit Kontrastmasken

Das Farbnegativ wird im Kontakt auf ein Blatt eines Maskenfilmes kopiert. Hierzu eignet sich praktisch jedes Vergrößerungsgerät, weil damit eine gleichmäßige Lichtstärkeverteilung bei leichter Regelbarkeit der Lichtintensität ermöglicht wird. Das dabei entstehende Maskenbild muß zur Erleichterung der später erforderlichen Anpassung an das Originalnegativ unscharf werden. Hierzu benötigt man eine Diffusionsfolie und eine Klarglasscheibe, wobei Negative von 9 x 12 cm eine Glasstärke von etwa 3 mm benötigen. Für die Mittelformate eignen sich Glasstärken von etwa 2 mm. Kleinbildvorlagen eignen sich für diese Technik wegen der Paßungenauigkeiten nicht. Dabei ergibt sich für die Belichtung auf dem Grundbrett des Vergrößerungsgerätes folgende Anordnung von oben nach unten:

1) Plangeschliffene Glasplatte zur Aufrechterhaltung der Planlage.
2) Farbnegativ mit Schicht nach unten.
3) Diffusionsfolie, rauhe Seite oben.
4) Glasplatte in der oben angeführten Stärke.
5) Kodak Pan Masking-Film, Schicht oben.
6) Mattschwarze Papierunterlage am Vergrößerungsbrett.

Bei der Belichtung mit dem Vergrößerungsgerät wird als Ausgangswert eine Lichtstärke von 30 Lux zugrundegelegt, die am einfachsten durch Heben oder Senken des Vergrößerungskopfes bei möglichst offener

Vorbelichtung
Kurzzeitige Belichtung einer → **Emulsion** mit diffusem Licht geringer Intensität, wodurch deren → **Empfindlichkeit** für die eigentliche Belichtung gesteigert und die → **Gradation** verflacht werden kann.

Blende geregelt wird. Voraussetzung für ein einwandfreies Arbeiten ist die Neutralisierung der Maskenfarbe des Negatives. Sie kann durch Zwischenschalten der entsprechenden Gegenfarben aus dem Farbmischkopf erreicht werden. Ein schneller Abgleich ist mit Hilfe eines Coloranalysers möglich, wenn als Referenzwert das Neutralgrau eines SW-Negatives bei Ausschalten der Filterfarben gespeichert wird. Bei der Belichtung muß berücksichtigt werden, daß eine richtig belichtete Positivmaske nur wenig Zeichnung in den Lichtern haben soll. Wichtig ist auch eine gleichbleibende Entwicklungstechnik. Kodak empfiehlt hierfür den Entwickler DK 50 in Verdünnung 1 + 4 oder HC 110 in Verdünnung 1:19. Mit anderen, ausgleichend arbeitenden Entwicklern kann genausogut entwickelt werden. Nach Fixage und Trocknung der Maske braucht diese nur noch mit dem Originalnegativ vorzugsweise mit Klebern paßgenau in Übereinstimmung gebracht weden. Es liegt auf der Hand, daß diese Arbeit mit zunehmender Negativgröße erleichtert wird.

Kontrasterhöhung mit Masken

Diese relativ aufwendige Technik ist in der Praxis nur selten nötig. Unterbelichtete Negative und schlechte Reflexionsverhältnisse sowie Streulichteinwirkungen können zu kraftlosen Bildern führen. In solchen Fällen hilft eine scharfe Negativmaske, mit deren Hilfe der Bildkontrast deutlich erhöht werden kann. Zur Herstellung einer solchen Maske muß zunächst ein Zwischenpositiv angefertigt werden. Dabei wird das Vergrößerungsgerät – wie schon beschrieben – bei voller Blende auf eine Beleuchtungsstärke von 30 Lux in der Vergrößerungsebene eingestellt. Filterausgleich wie oben. Danach wird das Farbnegativ im Kontakt auf ein Kodak Separation-Negativ Schicht auf Schicht kopiert. Hier muß scharf kopiert werden, so daß weder eine Diffusionsfolie noch Glasplatten zwischen den beiden Schichten liegen dürfen. Danach Probebelichtung ausgehend von 1 1/2 s. Entwicklung in unverdünntem Kodak DK 50-Entwickler. Ein einwandfreies Zwischenpositiv entspricht in der Durchsicht einem stärker gedeckten SW-Diapositiv. Von dieser Zwischenmaske wird nach Fixage und Trocknung die Negativsilbermaske hergestellt. Dabei kann die gleiche Beleuchtungseinstellung des Vergrößerungskopfes verwendet werden, wobei allerdings stark – möglichst auf 22 – abgeblendet werden muß. Die Zwischenpositivmaske wird im Direktkontakt auf Kodak Separation-Negativfilm Schicht auf Schicht kopiert. Nach einer versuchsweisen Belichtung von etwa 2 s und Entwicklung in unverdünntem DK 50 muß die dann entstehende Negativmaske typisch unterbelichtet aussehen, d.h., daß keine Zeichnung in den Schatten erfolgt. Die Hochlichter aber zeigen eine kontrastverstärkende Dichte, die bei den mittleren Dichten nicht mehr wirksam werden darf. Nach der so beschriebenen Verarbeitung wird die Maske auf der Schichtseite des Farbnegatives mit Hilfe von Klebestreifen befestigt. Verständlich, daß hier die Passung besonders kritisch ist.
Wegen des großen Aufwandes müssen Maskenverfahren als ultima ratio angesehen werden, die nur dann eingesetzt werden, wenn andere Verfahren zur Kontrastangleichung unzureichend sind. Die einfachsten und sichersten Methoden zur Kontrastreduzierung ohne Masken sind das Abwedeln und Nachbelichten. Mit ihnen wird nicht der Gesamtkontrast, wohl aber relative Detailkontraste reduziert. Das kann in vielen Fällen vorteilhaft sein, weil dadurch Farbsättigung und- brillanz nicht reduziert werden.

Die Umkehrverfahren

Diapositive

Zu einer deutlichen Gradationsaufteilung genügt in den meisten Fällen ein Umkopieren auf den gleichen Film. Eventuell auftretende leichte Farbverschiebungen lassen sich meist durch Verwenden verschiedener Filmmarken beseitigen. Kontrastreduzierungen sind deutlich schwieriger zu handhaben. Am einfachsten ist es, wenn man den Kontrast schon bei der Aufnahme durch Verwendung von Kontrastreduktionsfiltern (Tiffen) verringern kann. Sie verleihen den Bildern einen eigenartig weichen Charakter ohne die typischen Weichzeichnereffekte. Eine weitere Variante ergibt sich durch gezielte Vorbelichtung ebenfalls bei der Aufnahme. Dies geschieht durch indirekte Blitzbelichtung einer weißen Wand, auf die die Kamera ausgerichtet, aber nicht scharfge-

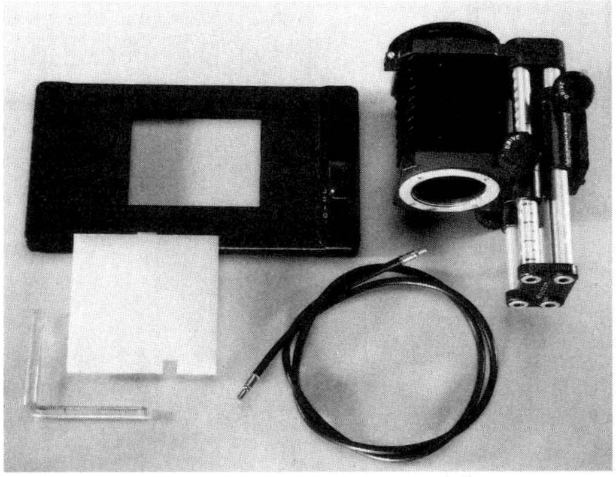

Multiblitz Pre-Flash: Einrichtung zur Vorbelichtung von Diafilmen passend zum Multiblitz Dia-Duplikator

stellt wird. Die Belichtungsintensität sollte dabei in der Regel 10 Prozent der Hauptbelichtung nicht überschreiten. Wenn ganze Filme in dieser Richtung vorbehandelt werden sollen, ist es zweckmäßig, diese in einem lichtdichten Raum auf einer Tischplatte mit Schicht nach oben aufzurollen und mit Klebefilm zu befestigen. Das entsprechend gedämpfte Blitzlicht wird auf die weiße Raumdecke gerichtet. Die so erreichte Gradationsabflachung verursacht gleichzeitig eine Empfindlichkeitserhöhung, die bei den nachfolgenden Aufnahmen berücksichtigt werden muß.

Umkehrpapiere

Über die Vorteile der Dia-Direkt-Verfahren wird an anderer Stelle berichtet. Es kann aber nicht verschwiegen werden, daß die Kontraststeuerung bei diesen Verfahren nicht unproblematisch sind. Bilder auf diesem Papiertyp sind oft zu hart, was sich insbesondere bei der Wiedergabe von Hauttönen nachteilig auswirkt. Beim Sortieren der Diapositive zur Vergrößerung sollte man folgende Einteilung treffen:

1) Weiche Vorlagen, bei denen sich eine Gradationsaufteilung vorteilhaft auswirken kann. Sie sind das ideale Ausgangsmaterial für die hier in Frage kommenden Prozesse.

2) Vorlagen, bei denen erfahrungsgemäß durch partielle Unterdrückung bzw. Hervorhebung von Bildteilen optimale Wirkungen erzielt werden können. Sie werden dann durch Abwedeln oder Nachbelichten erreicht.

3) Vorlagen, bei denen allein oder zusätzlich zu Punkt 2 Gradationssteuerungen durch Eingriffe in den Naßprozeß erforderlich sind.

zu 1) Weiche, flach ausgeleuchtete Diapositive, als Schlechtwetterbilder, Nebel- und Schneeaufnahmen, Fernsichten und manchmal auch leicht überbelichtete Aufnahmen sind für die Normalverarbeitung ideal.

zu 2) Im Abschnitt über die SW-Fotografie wurde bereits darauf hingewiesen, daß Routiniers grundsätzlich mit einem um mindestens eine Stufe zu hartem Papier arbeiten und die Stellen mit den bildwichtigen hellsten und dunkelsten Teilen nachbelichten oder abwedeln. Diese Technik erfordert einige Erfahrung, führt aber hier mit geringstem Risiko von Farbverschiebungen zu guten Ergebnissen. Dabei muß bedacht werden, daß die Handhabung umgekehrt zur gewohnten Verfahrensweise bei Prozessen nach Negativen ist: Die Belichtung der Lichter muß reduziert und die der Schatten verlängert werden. Und die Dosierungen der Belichtung zum Erreichen der gewünschten Korrektur sind relativ hoch, weil die entsprechenden Papiere wegen der hohen Kontraste der Bildvorlage Diapositiv relativ weich graduiert sind. Diese unempfindlichere Dosierung erleichtert andererseits diese Technik.

zu 3) Eingriffe in den Naßprozeß sind möglich, aber nicht empfehlenswerrt, weil bei Veränderungen der (Erst-)Entwicklungszeit meist auch Farbverschiebungen in Form von Farbkippen auftreten, das nicht mehr ausgefiltert werden kann. Sicherer sind Vorbelichtungen mit dem Vergrößerunsgerät oder – besser noch – mit einem extrem schwachen und kurzen Vorblitzen. Hier hat sich das Vorschalten einer farbneutralen Streuscheibe vor das Objektiv mit bis zu 15% der Intensität der Hauptbelichtung bewährt. Die Intensität der Gradationsabflachung steigt mit der Dosierung der Vorbelichtung. Kriterien für die Toleranzgrenzen sind die Bildweißen und -schwärzen. Die in Abhängigkeit von den Farbdominanten auftretenden Farbverschiebungen sind im allgemeinen linear und können daher ausgefiltert werden. Wirksamer ist die aufwendigere Variante mit einem indirekt eingesetzten Ultrakurzzeitblitz. Extrem kurze Blitzzeiten lassen sich durch frühes Abregeln der Computer-

Spitzlichter
Hellste Lichtpunkte, die v.a. als Reflexe bei Gegenlichtaufnahmen auftreten und auf → **Positiven** bei der Entwicklung keine Schwärzung bewirken, also durch das Weiß des Fotopapiers wiedergegeben werden.

steuerung erzielen. Die Dosierung ist schwierig und muß durch Versuchsreihen ermittelt werden. Die Werte sind nicht nur von den räumlichen Verhältnissen abhängig (Reflexion), sondern auch vom Vergrößerungsmaßstab und der Dichte der Bildvorlage. Die Intensität der Blitzbeleuchtung regelt man am einfachsten durch Ändern des Abstandes der weißen Reflexionsvorlage zur Papieroberfläche.

Kontrastreduzierung mit Masken

Wenn man bei Dia-Direkt-Prozessen höchste Ansprüche an die Reproduktionsqualität stellt, ist man auf die Herstellung von kontrastreduzierenden Masken angewiesen. In diesem Zusammenhang muß darauf hingewiesen werden, daß beim Direktkopieren nicht nur der Kontrast erhöht wird, sondern auch eine geringfügige Verunreinigung der Farben entsteht. Sie ergibt sich aus dem Auftreten von Nebenfarbendichten, die bei allen Kopierprozessen eine Rolle spielen. Bei Negativen werden sie durch die in die Schichten eingebauten Farbmasken weitgehend verhindert.
Daher ist die Herstellung von Papierbildern nach Diapositiven über Zwischennegative die technisch sauberste Lösung (Internegativfilme). Es ist aber auch möglich, bei den Dia-Direkt-Verfahren sowohl Kontrast- als auch Farbmasken herzustellen und damit durchaus vergleichbare Ergebnisse zu erzielen. Die Kontrastmarkierung setzt das Anfertigen von Hochlichtmasken voraus. Sie sind sehr harte Negative, die vom Originaldia hergestellt werden und nur in den Hoch- und Spitzlichtern Deckungen aufweisen dürfen. Eine solche Kombination von Originaldia und Hochlichtmaske verhindert, daß die Kontrastmaske in den Lichtern zu starke Deckungen erhält, wodurch die Lichterzeichnung nachteilig beeinflußt wird. Zur Herstellung von Hochlichtmasken benötigt man einen Lithfilm, der in einem Halbtonentwickler verarbeitet wird. Nach Anfertigen der Maske wird zwischen Dia und Film eine 0,10 mm starke Klarfolie gelegt. Dadurch erreicht man die erforderliche leichte Unschärfe zur Erleichterung der Anpassung bei der Montage mit dem Originaldia. Hochlichtmaske und Dia werden Schicht auf Schicht passergenau zusammenmontiert. Von dieser Kombination Diapositiv-Hochlichtmaske kann erst die eigentliche Kontrastmaske hergestellt werden. Die Kontrastmaske ist ein vom Dia kopiertes SW-Negativ, das nach dem Zusammenmontieren mit dem Dia den Kontrastumfang reduziert. Der Grad der Kontrastminderung hängt von der Gradation und Dichte der Maske ab. Im allgemeinen reicht es, wenn die Maske nur die Lichter und Mitteltöne der Originalvorlage beeinflußt. Zur Belichtung werden Originaldia und Hochlichtmaske unter Zwischenschaltung der Folie Schicht gegen Schicht montiert und der zu belichtende Maskenfilm auf die Rückseite des Originaldias gelegt. Da die Belichtung durch den Schichtträger des Diapositves erfolgt, entsteht in der Kontrastmaske eine erwünschte leichte Unschärfe. Sie erleichtert die passergenaue Montage mit dem Originaldia. Die fertige Kontrastreduktionsmaske wird mit der Schichtseite gegen die Rückseite des Originaldias zusammenmontiert. Diese Kombination ermöglicht eine praktisch unbegrenzte Kontrastreduktion am vergrößerten Bild, ohne daß Farbverschiebungen auftreten. Für den Amateur ist auch ein einfacherer Weg gangbar. Ein optimaler Kompromiß in der Bildqualität bei tragbarem Aufwand für die Anfertigung von kontrastreduzierten Vergrößerungen nach Diapositven ergibt sich durch die Anfertigung von Zwischennegativen auf normalem Negativfilm. Dabei sollte möglichst Blitzlicht für die Negativbelichtung verwendet werden. Diakopiergeräte und komfortable Kopierautomaten gibt es in großer Auswahl. Beste Ergebnisse werden erreicht, wenn das Zwischennegativ gegenüber dem Original vergrößert ausgeführt werden kann. Für die optische Übertragung sind Makroobjektive ideal, wobei die Einstellung der optimalen Blende wichtig ist. Das so hergestellte Zwischennegativ dient dann als Vorlage für eine Vergrößerung auf normalen Farbpapieren, wobei hier vorzugsweise die schon erwähnten weicher arbeitenden Porträtpapiere verwendet werden sollten.

Bildmanipulation

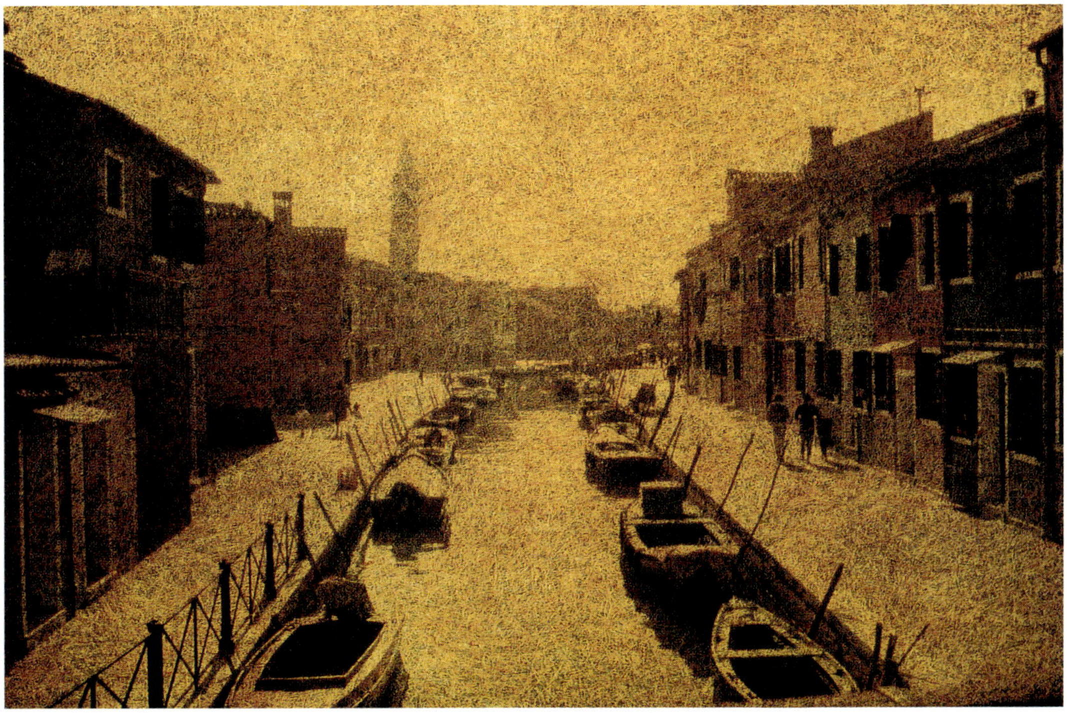

Ohne Chemikalien ist dieses Bild getont. Auf das Dia wurde nur braunes Transparentpapier (in Schreibwarengeschäften erhältlich) gelegt und davon ein Abzug gemacht.
Foto: Peter Ernszt

Nicht immer soll ein Foto nur ein genaues Abbild der Realität sein und nicht immer muß das Endergebnis ein Papierbild oder Dia sein. So wie man beim Fotografieren, z. B. durch Filter das Bild verändern kann, so kann man auch dem fertigen Foto durch nachträgliche Manipulationen ein vollkommen neues Aussehen geben. Oder man kann das Bild mit speziellen Techniken auch auf andere Materialien wie Porzellan oder Stoff auftragen. In der kreativen Nachbearbeitung sind der Phantasie kaum Grenzen gesetzt, da man mit unterschiedlichen Fotos und mit verschiedenen Materialien zu immer neuen Ergebnissen kommen kann. So ist es auch möglich, die im Folgenden aufgezeigten Techniken miteinander zu verbinden. Da die Möglichkeiten der kreativen Nachbearbeitung ein eigenes Buch füllen könnten, werden hier nur die wichtigsten Techniken vorgestellt.

Tonung

Getont werden üblicherweise fertige Schwarzweißbilder. Das metallische Bildsilber wird dabei in einen Farbstoff umgewandelt. Das geschieht auf verschiedene Weise, die auch verschiedene Farben zur Folge haben. Bei der Blautonung (ist als konfektionierte Lösung erhältlich) wird das Bildsilber

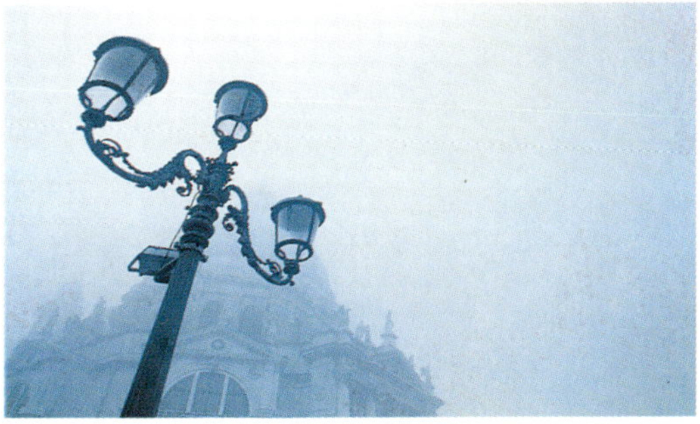

Blaugetontes Dia.
Foto: Detlev Motz

Verfremdung
Teilweise oder völlige Veränderung eines Motivs hinsichtlich der Tonwerte, Farben, Perspektive etc. bei der Aufnahme, im Labor oder während der Bildverarbeitung. Die verfremdende Wirkung von → **Doppel- bzw. Mehrfachbelichtungen,** Aufnahmen mit speziellen Trickfiltern, Infrarotaufnahmen (→ **Falschfarbenfilm**), von → **Effektnegativen** und bestimmten Rastern etc. im Labor bietet dem Fotografen unzählige gestalterische Möglichkeiten im Umgang mit Motiven.

der Aufnahme in ein Eisensalz umgewandelt. Das Bild wird naß in das Tonerbad gelegt, nach gewünschter Färbung herausgenommen und danach gewässert.
Einen bräunlichen Ton, der oft an alte Fotos erinnert, bekommt man mit dem Sepiatoner. Bei dieser Tonung kommt das Bild erst in ein Bleichbad, daß das Bildsilber in Bromsilber verwandelt, bis es nur noch blaßgelb ist. Danach wird es gewässert, anschließend in den Sepiatoner gelegt, wo es einen Braunton annimmt. Für die Sepiatonung eignen sich am besten Fotos mit großem Tonwertumfang, das heißt mit vielen Graustufen.
Um Bilder in verschiedenen Farben tonen zu können, gibt es im Fachhandel Farbkuppler zu kaufen, deren Anwendung relativ einfach ist. Die Kuppler werden dem Entwicklerbad zugesetzt und können auch untereinander zu neuen Farben gemischt werden.

Photogramme

Bei Photogrammen werden Gegenstände als Silhouetten dargestellt und zwar ohne die Verwendung einer Kamera, ausschließlich durch die Belichtung des lichtempfindlichen Fotopapiers oder Films. Als abzubildende Gegenstände eignen sich sowohl durchsichtige als auch undurchsichtige Objekte. Das können Scheren, Nadeln, Stifte, Büroklammern, Blätter oder Blüten sein.
Am einfachsten sind Schwarzweiß-Photogramme zu fertigen, die man kinderleicht auch ohne Vergrößerer herstellen kann. Die Objekte werden im Dunklen auf das Fotopapier oder den Film gelegt und durch eine Lichtquelle (es eignet sich jede Lampe, wobei eine punktförmige Anstrahlung schärfere Schatten ergibt) kurz belichtet. Durch Belichtungsreihen erfährt man die geeignetste Belichtungszeit. Nach der Belichtung muß, ebenfalls im Dunklen, das Fotopapier in Entwicklerflüssigkeit entwickelt und in Fixierer fixiert werden. Das kann beides in einfachen Plastikschalen geschehen. Wesentlich erleichtert wird die Arbeit, wenn man eine Dunkelkammerleuchte verwendet.
Besondere Effekte bei Photogrammen entstehen durch Verschieben der Objekte während der Belichtung oder durch kurze Beleuchtung mit einer zusätzlichen Lichtquelle. Weiche Konturen erhält man, wenn

Unterschiedliche Gegenstände lassen sich für die Erstellung von Photogrammen verwenden.

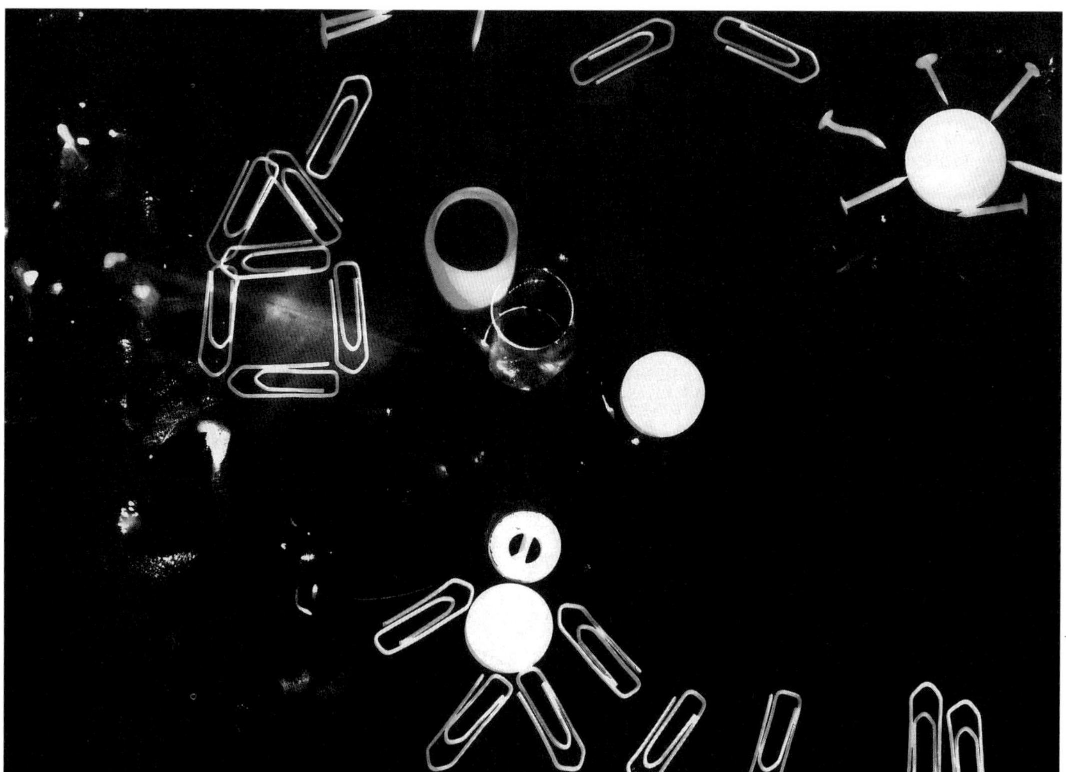

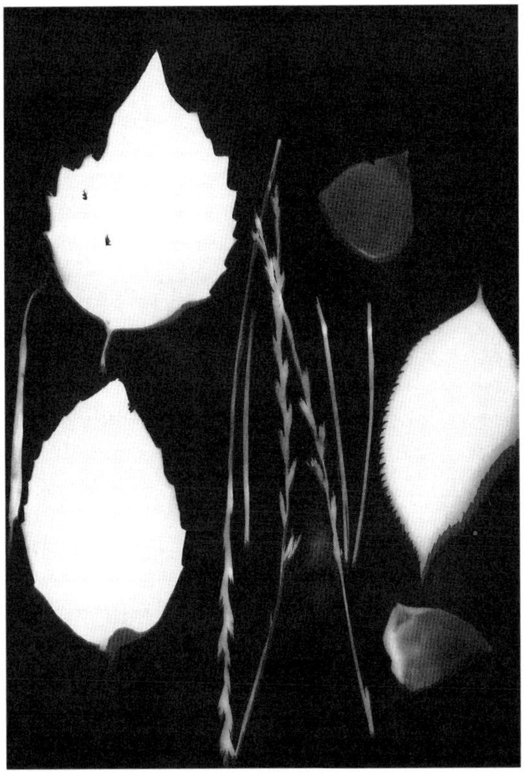

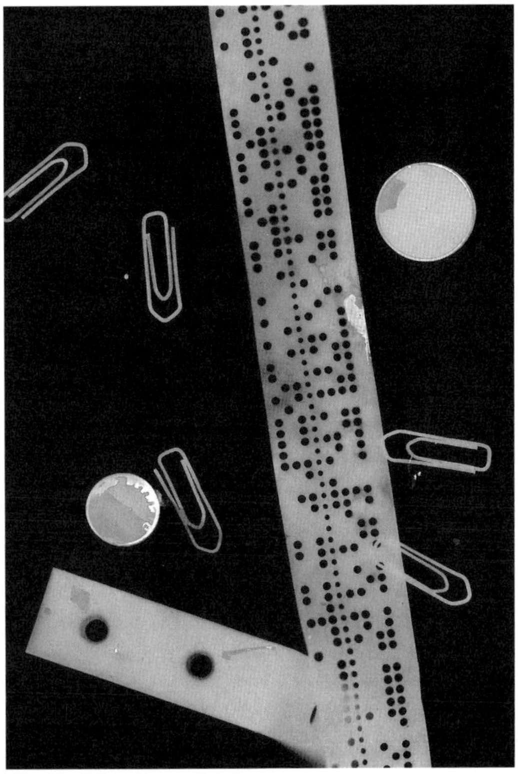

Photogramm
Abbildung der Umrisse von Gegenständen im Labor, indem diese auf Fotopapier gelegt und belichtet werden. Die nicht belichteten Flächen unter den Gegenständen erscheinen nach der Entwicklung weiß, während die übrige Fläche geschwärzt ist.

die abzubildenden Gegenstände nicht auf dem Papier liegen, sondern z. B. auf einer Glasplatte darüber.
Bei farbigen Photogrammen sollte man mit einem Vergößerer arbeiten. Verwendet man Negativ-Positiv-Papier sind die Farben der abgebildeten Objekte auf dem Abzug in Komplementärfarben dargestellt. Mit Dia-Direktpapier erreicht man hingegen die Darstellung farbrichtiger Bilder. Die Farben müssen durch Filter, vor allem bei durchsichtigen Objekten, meist verstärkt werden. Filter können aber auch je nach Geschmack das Bildergebnis in eine Farbrichtung verändern.

Liquid Light

Eine Fotoemulsion, die sich sowohl auf Holz, Porzellan, Keramik, Glas oder Metall auftragen läßt, ist Liquid Light von der Firma Jobo (im Fotofachhandel erhältlich). Die zu beschichtenden Objekte können sowohl plan wie auch dreidimensional sein. Zu der Verarbeitung der flüssigen Emulsion ist eine Dunkelkammer nötig. Als erstes muß die zu beschichtende Oberfläche gesäubert werden, vor allem Fett kann das Ergebnis verschlechtern. Ist die Oberfläche porös, sollte sie in jedem Fall vorher mit farblosem Lack behandelt werden. Das verhindert auch chemische Reaktionen, wie sie in der Verbindung von Aluminium und Liquid Light möglich sind. Die Grundierung muß vor der Weiterverarbeitung gut durchgetrocknet sein. Liquid Light ist lichtempfindlich und darf nur bei Dunkelkammerbeleuchtung benutzt werden. Vor dem Gebrauch muß Liquid Light im Wasserbad auf ca 40°C erwärmt werden. Danach wird die flüssige Emulsion auf die zu beschichtende Oberfläche gegossen oder mit einem Pinsel aufgetragen. Danach

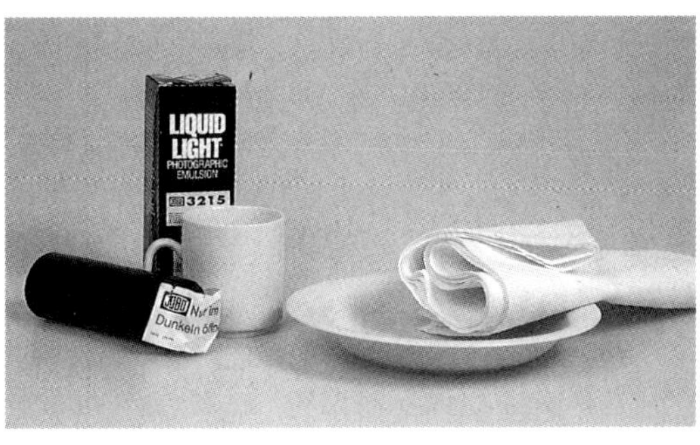

Einiges an Übung verlangt die Verwendung der Liquid Light Emulsion.

wird die beschichtete Oberfläche unter dem Vergößerer mit dem gewünschten Bild belichtet. Das ist bei planen Oberflächen relativ einfach, auch wenn die Belichtung meist wesentlich länger dauert als bei Fotopapier. Durch die unterschiedliche Entfernung zum Vergößerungsobjektiv wird es bei dreidimensionalen Objekten schwierig, das komplette Bild scharf zu bekommen. Ein Ausweg ist die Herstellung eines ausreichend großen Negativs, das um das Objekt gelegt wird. Nach der Belichtung wird die Emulsion wie normales Fotopapier entwickelt und fixiert. Man kann die unterschiedlichen Flüssigkeiten auch mit einem Schwamm auftragen. Um das Bild vorm Abblättern zu schützen, sollte es nach dem Trocknen mit Klarlack überstrichen werden. Mit Liquid Light ist es möglich, seine Fotos auf Geschirr, Rahmen, Vasen oder auch auf den Ostereiern anzubringen.

Polacolor Bildtransfer

Mit dieser Technik können Dias auf Stoffe oder Papier übertragen werden. Notwendig ist dafür ein Diaprinter wie in die Firmen Vivitar und Polaroid anbieten, außerdem Polacolor Farbfilme (im Fotofachhandel erhältlich). Das Dia wird in den Diaprinter eingelegt und auf den Polaroidfilm belichtet. Danach wird das belichtete Polaroidfoto aus der Cassette genommen und nach kurzer Zeit das Foto von dem Negativpapier auf dem die Entwicklerpaste ist, getrennt. Wichtig ist, daß der Entwicklungsprozeß noch nicht beendet ist, das heißt der Farbstoff noch nicht vom Negativ in den Empfängerteil gewandert ist. Das Negativ wird dann

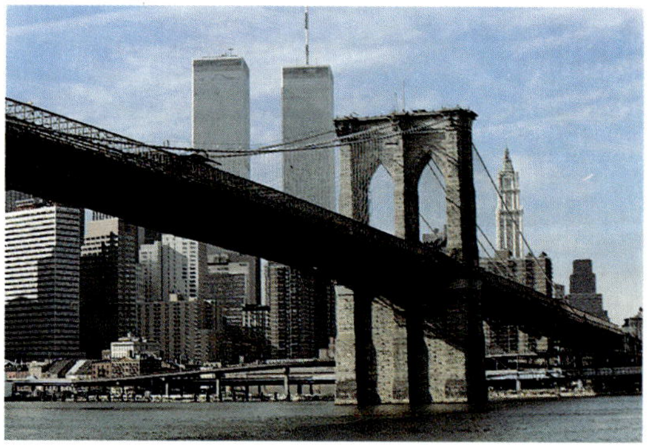

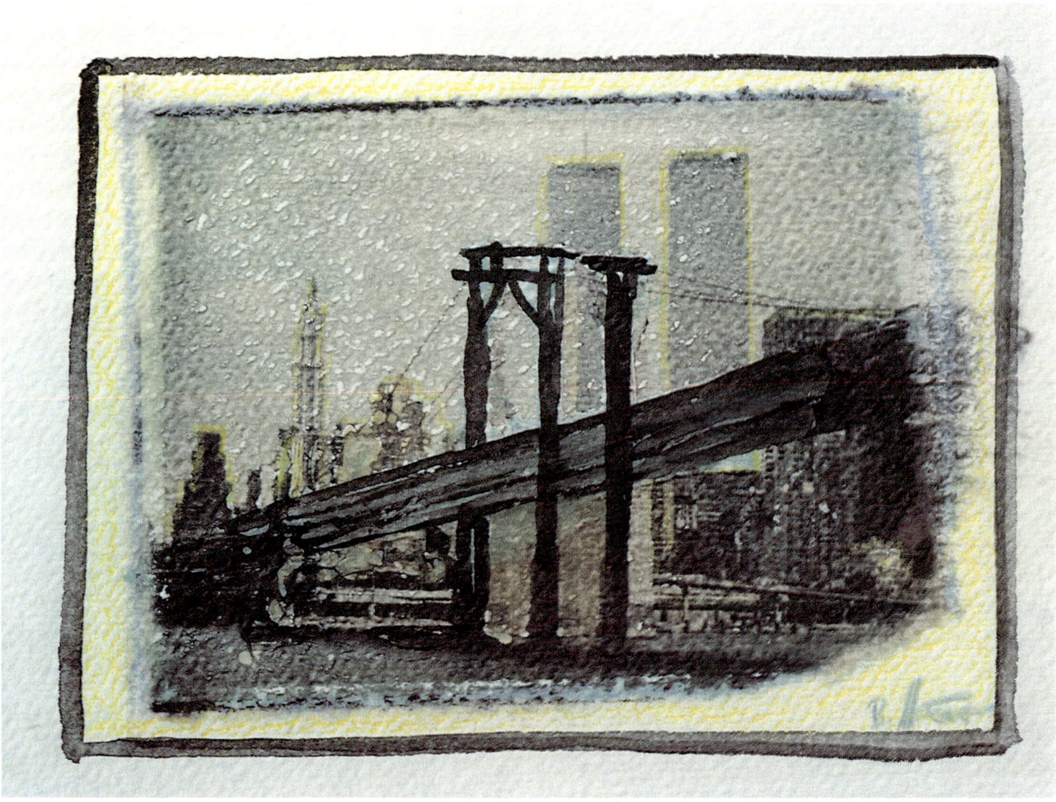

Das Originaldia und das Ergebnis nach der Verfremdung mit Polacolor Transfer.
Foto: Heiner Henninges

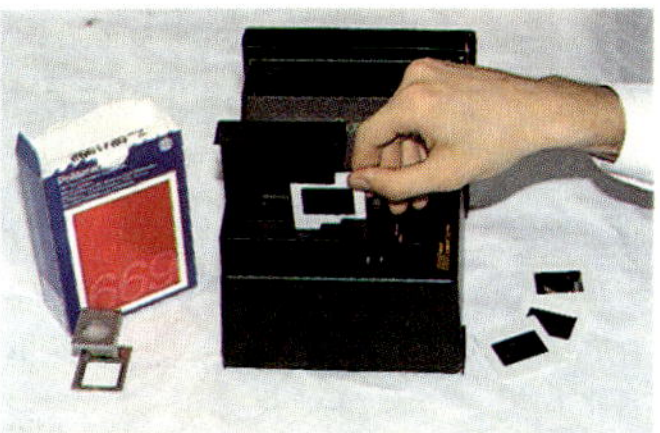
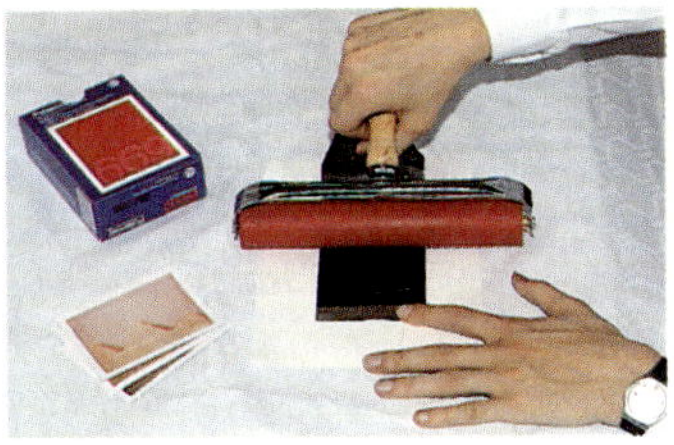
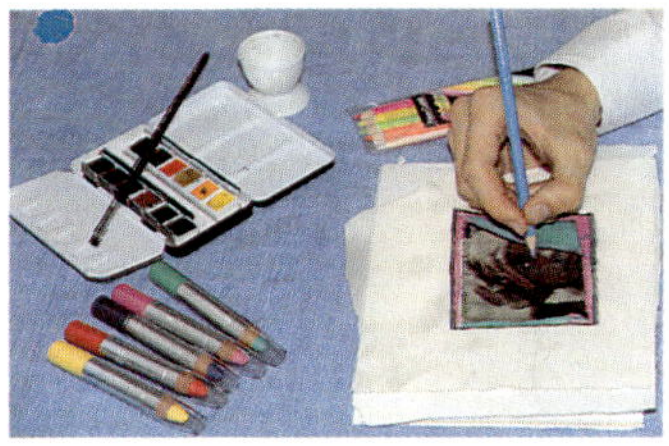

Verarbeitung von Dias mit Polacolor Transfer. Fotos: Barbara Maurer

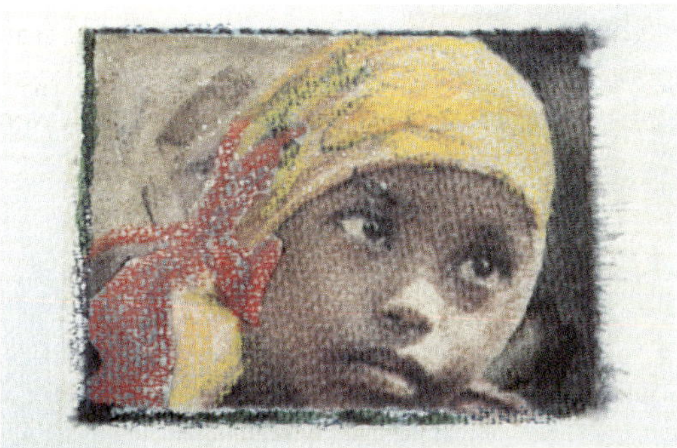
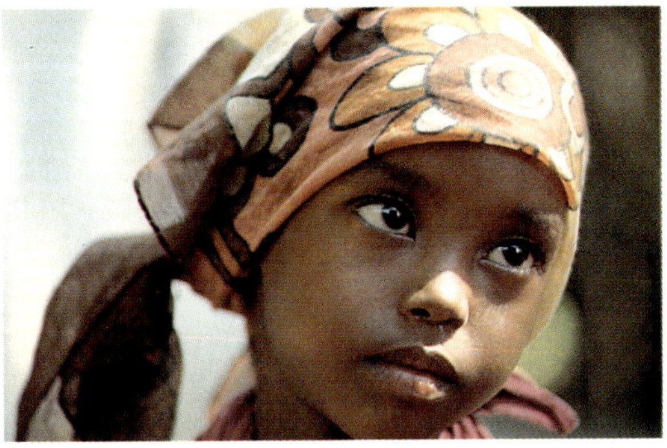
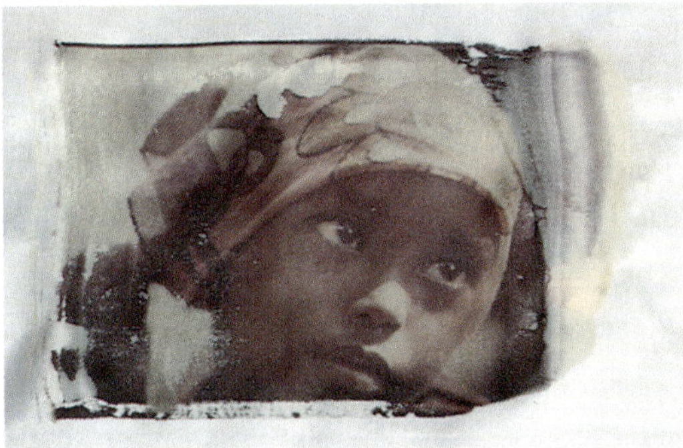

Das Originaldia und zwei Verfremdungen mit Polacolor Transfer. Foto: Barbara Maurer

auf das Material gelegt auf das man das Bild übertragen möchte. Das Material kann dafür sowohl trocken als auch naß sein. Mit einem Rollenquetscher oder Kuchenroller muß das Negativ auf dem Empfängermaterial festgewalzt werden. Die Entwicklungszeit beträgt etwas fünf Minuten. Danach trennt man das Polaroid von dem Empfangspapier und muß dann das Bild noch trocknen.

Die Ergebnisse dieses Verfahrens hängen von vielen Komponenten ab: Zum einen ist die Struktur des Materials auf das man das Bild aufträgt von entscheidender Bedeutung. Als Materialien eignen sich Stoffe wie Seide oder feine Baumwolle, die verschiedensten Papiersorten oder Pappe. Wesentlich ist auch die Entwicklungszeit und ob man trocken oder nasse Empfangsmaterialien verwendet. Entscheidend für das Bildergebnis ist auch die Weiterverarbeitung. Die fertig entwickelten Bilder können mit dicken Farbstiften bemalt, mit Aquarellfarben verstärkt oder mit fluoreszierenden Stiften verfremdet werden (siehe auch Colorierung).

Sandwich-Montagen

Ein Sandwich entsteht durch das Übereinanderlegen zweier Diapositive, zweier Negative oder eines Dias und eines Negativs. Beim Dia können als einfachste Methode zwei Dias übereinandergelegt und durch den Rahmen fixiert werden. Zu beachten ist bei Sandwich-Montagen immer, daß sich die Dichte der beiden Bilder addiert. Aus diesem Grund eignen sich als Sandwich aus zwei Dias eher helle Motive. Bei Negativaufnahmen setzen sich in der Sandwichvergrößerung immer die hellen Bildteile durch. So wird z. B. das helle Haus über einen schwarzen Wald eines zweiten Negativs gelegt, gut sichtbar im Sandwich hervortreten. Während bei Dias durch das Übereinanderlegen auf dem Leuchttisch das Ergebnis leicht vorauszusagen ist, bedarf es bei Negativen meist vieler Versuche, um zu

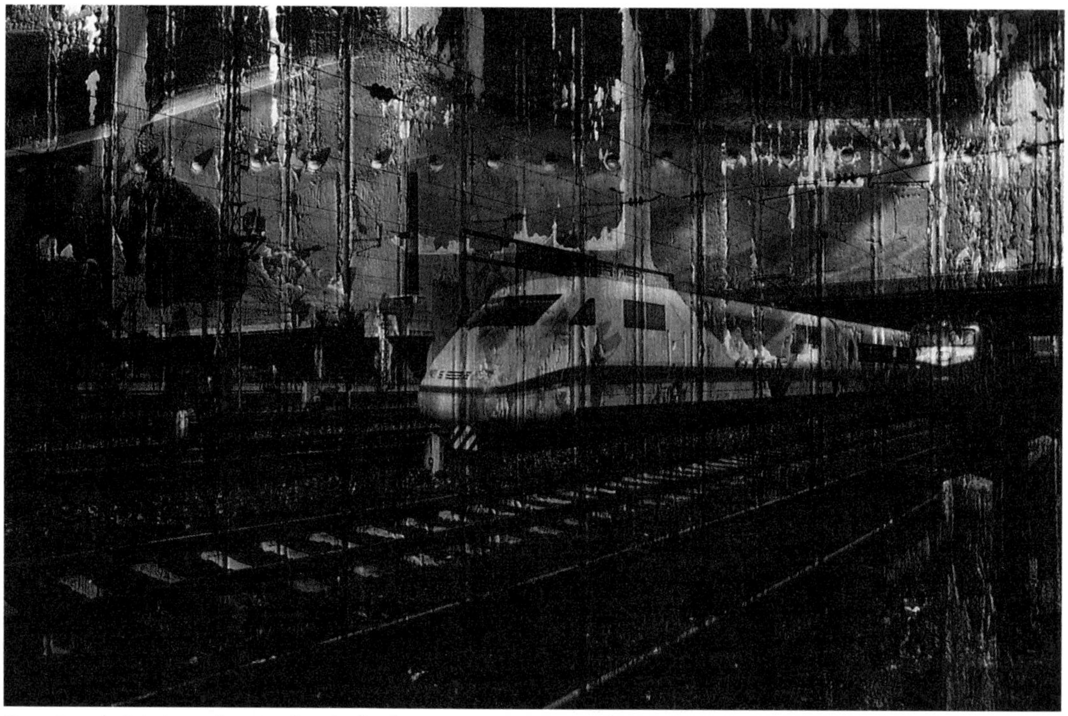

Das Sandwich besteht aus der Aufnahme eines Zuges und eines Bauwagens. Foto: Peter Ernszt

einem brauchbaren Egebnis zu gelangen. Allerdings sind dann die Ergbnisse oft verblüffend, da sie mit der Realität eventuell überhaupt nichts mehr zu tun haben. Zu den möglicherweise vollkommen unterschiedlichen Wirkungen der Motive kann auch noch die zusätzliche Filterung der Bilder beitragen.

Solarisation

Eigentlich heißt dieser in der kreativen Nachbearbeitung verwendete Effekt nicht Solarisation, sondern Sabattier-Effekt oder Pseudosolarisation. Da aber der Begriff Solarisation sogar bei den Fotofachzeitschriften für diese Nachbarbeitungstechnik verwandt wird, lassen wir es in diesem Absatz bei der Bezeichnung.
Wird während der Entwicklung eines Positives oder Negatives, das Bild diffus nachbelichtet (z.B. indem das normale Licht kurz angeschaltet wird, also mit einer schwachen gleichmäßigen Beleuchtung), werden dadurch die Tonwerte umgekehrt. Das heißt, das positive Bild wird ein negatives oder umgekehrt, das kann je nach Belichtungsdauer teilweise geschehen oder auch für das vollständige Bild. Das Ergebnis hängt von der Länge der Belichtung ab. Zwischen den negativen und positiven Bildteilen entstehen Linien, die entweder schwarz oder weiß sind, sogenannte Solarisationssäume.
Die besten Ergebnisse erreicht man bei einer Schwarzweißsolarisation, indem man zuerst das Negativ auf Strichfilm oder Lithfilm umkopiert, da durch die zweite Belichtung der Kontrast stark verringert wird. Negativ unter dem Vergrößerer belichten, Film in Entwickler legen, noch einmal kurz belichten und Film fertig entwickeln.

Isohelie

Durch die Isohelie oder Tontrennung entstehen Bilder, denen feine Farbabstimmungen fehlen. Das Bild besteht nur noch aus gleichmäßigen, gegeneinander stark kontrastierenden Farbtönen und wirkt wie ein Plakat. Für eine Isohelie müssen vom Schwarzweiß- oder Farbnegativ Kopien auf Lith- oder Strichfilm gefertigt werden. Je nach Länge der Belichtung sind in den Kopien bestimmte Flächen durchgezeichnet, das heißt einmal sind nur die Schatten schwarz, das andere Mal auch die mittleren Töne. Von diesen

Kopien fertigt man Negative und kopiert sie für eine Schwarzweiß-Isohelie nacheinander zusammen. Für eine Farbisohelie werden Vergrößerungen auf Colorpapier mit verschiedenen Filtern und Passern gemacht.

Colorierung

Durch Colorierung kann man aus einem Schwarzweißbild ein Farbbild machen oder ihm auch nur einige Farbtupfer geben. Die Handcolorierung gab es schon in den Frühzeiten der Fotografie. Sie war in den ersten hundert Jahren die einzige Möglichkeit, ein Bild nicht nur in Schwarzweiß, sondern in Farbe zu zeigen. Damals ging es vor allem darum, die Farben der Wirklichkeit wiederzugeben, wobei der Zeitgeschmack die Farbgebung auch dahin beeinflußte, ein Motiv in sanfteren Pastelltönen darzustellen als es der Realität entsprach. Das Colorieren eines Bildes war meist nicht die Aufgabe des Fotografen, sondern es wurden dafür oftmals eigens Künstler beschäftigt, die es auf diesem Gebiet zu großer Ferigkeit brachten. Heute, in der Zeit der Farbfotografie, dient das Colorieren der Verfremdung des Fotos oder der Betonung wichtiger Einzelheiten eines Bildes. Ob sich zum Colorieren eher Abzüge auf mattem, halbmattem oder glänzenden Papier eignen, ist eher eine Glaubensfrage, denn eine erwiesene Tatsache. In fast allen Fällen ist es aber günstig, helltonige Bilder zu nehmen. Gut eignen sich auch getonte Aufnahmen. Die Colorierung von Papierbildern ist mit verschiedenen Materialien möglich: Am gebräuchlichsten sind Eiweißlasurfarben. Sie werden je nach gewünschtem Effekt entweder mit dem Pinsel, mit dem Schwamm oder einer Spritzpistole aufgetragen. Das Arbeiten mit der Spritzpistole erfordert einiges an Übung, die angebotenen Modelle funktionieren auch unterschiedlich. Eiweißlasurfarben lassen sich gut mischen, sind wasserlöslich und ziehen gut in die Oberfläche des Fotopapiers ein. Relativ einfach ist auch das Colorieren mit Filzstiften und Wachsmalstiften. Etwas schwieriger hingegen ist die Arbeit mit

Das Bild wirkt wie eine Solarisation entstand aber anders: Auf Kunstlichtfilm bei Tageslicht aufgenommen, wurde es auf Lithfilm kopiert und mit einer Maske als Dia dupliziert. Foto: Alexander Hochhaus

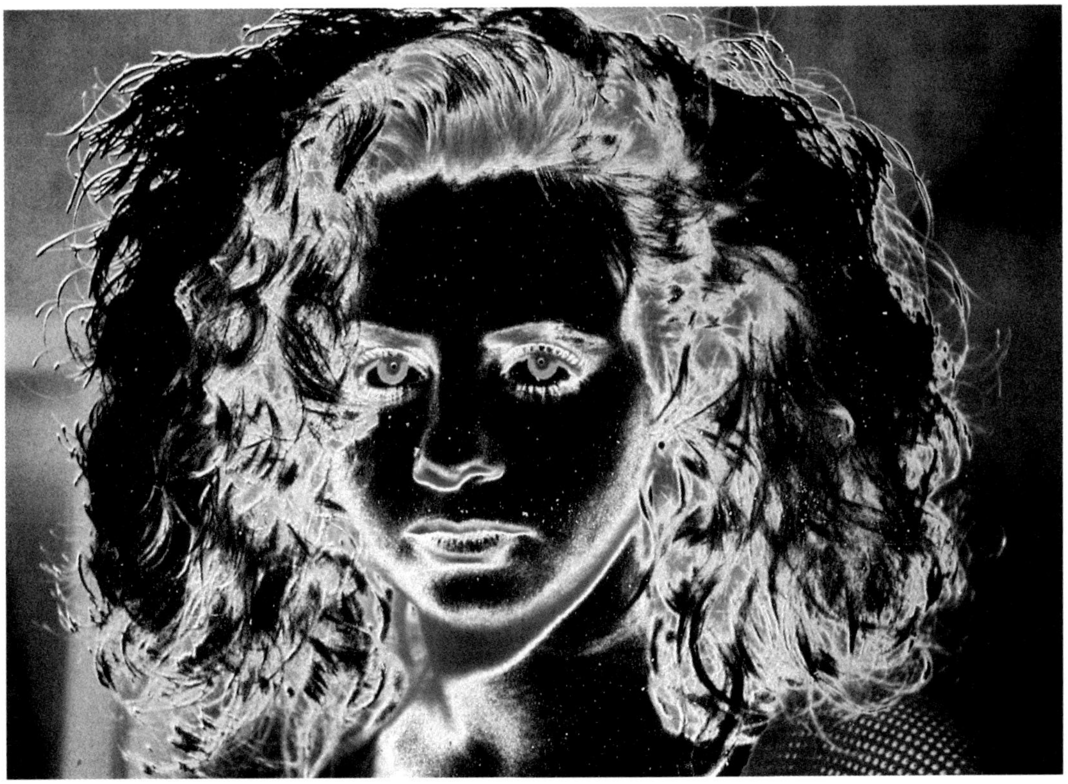

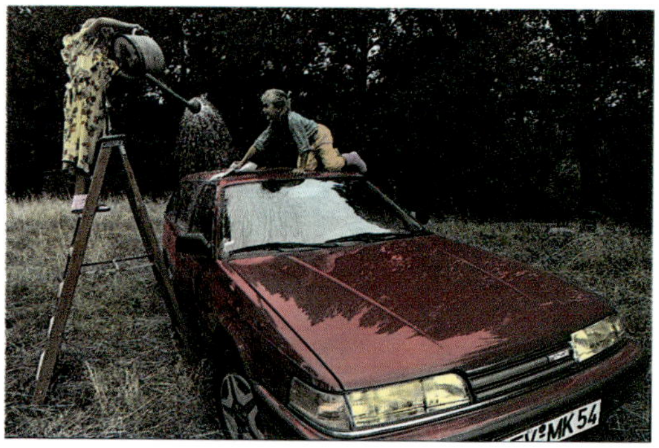

*Colorierung.
Foto: Klaus Fuchs*

Ölfarben. Sie müssen nacheinander aufgetragen werden, wobei es am besten ist, mit den großen Flächen zu beginnen. Nach dem Trocknen, etwa ein Tag, kann weiter verfeinert werden. Ölfarben werden mit Pinsel oder Spachtel aufgetragen.

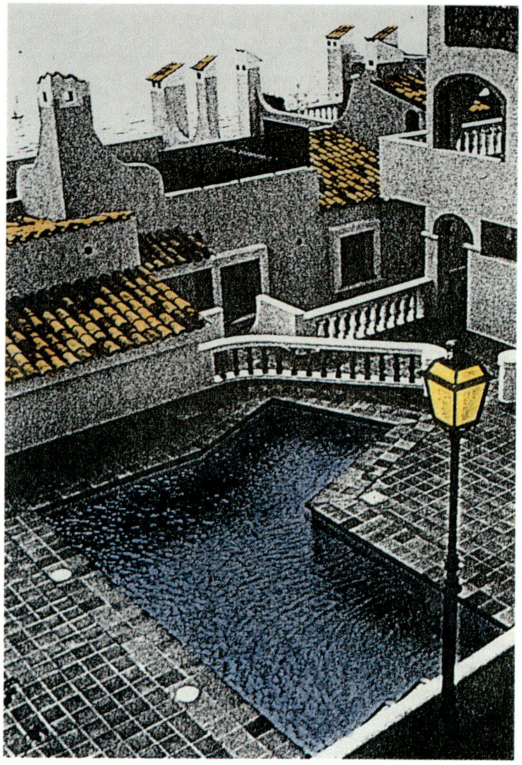

Von dem Farbdia wurde ein Farbabzug gefertigt und dieser auf einem Kopierer schwarzweiß kopiert. Die Schwarzweißvorlage ist mit Buntstiften coloriert. Foto: Joachim Knoll

Digitale Fotografie

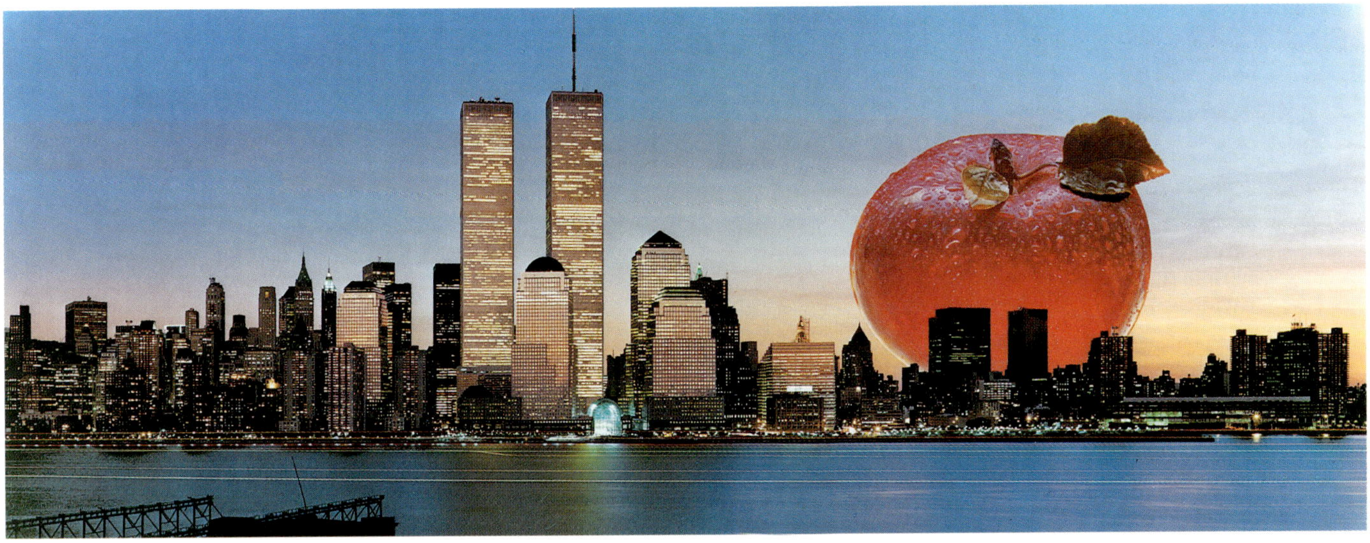

Composing mit dem Kodak Premier Bildbearbeitungssystem

Das Foto als naturgetreues Abbild der Wirklichkeit vor 150 Jahren von den Menschen teils begeistert gefeiert, teils als Tod der Malerei verschrien, wühlt heute durch seine Verknüpfung mit digitalen Bildtechniken erneut die Gemüter auf. Wieder einmal sehen sich Menschen durch neue Technologien bedroht. Wieder einmal begeistern sich andere über die überwältigenden Perspektiven, die sich dem Bild bereits in den letzten Jahren unseres Jahrhunderts eröffnen werden.

Es gibt kaum mehr einen Lebensbereich, der nicht in irgendeiner Weise von der Elektronik oder der Fotografie bzw. von beiden berührt wird. Kaum ein Gebiet der Wissenschaft und Forschung, das nicht auf fotografische Methoden für die Erfassung von Vorgängen zurückgreift, keines das sich nicht der Hilfe der Elektronik bedient, um die erfaßten Informationen zu analysieren und zu verarbeiten. Ob in der Medizin, in der Industrie, in der Weltraumforschung, der Archäologie, der Architektur, der Geografie oder der Wetterkunde – überall spielt das Bild und seine elektronische Auswertung eine bedeutende Rolle. Ob uns die ferngesteuerten Kameras der Weltraumsonden Bilder von der Beschaffenheit ferner Planeten zur Erde zurückfunken, ob sich Ärzte mit Hilfe der Tomographie dreidimensionale Röntgenbilder vom menschlichen Körper machen, ob Wissenschaftler ins Innere jahrtausendealter Mumien schauen, ohne sie zerstören zu müssen oder ob Flugzeugingenieure mit Hilfe von Spezialkameras Materialermüdungen oder Haarrisse erkennen – die elektronische Fotografie ist als wichtiges Hilfsmittel nirgends mehr wegzudenken.

Doch auch in näher liegenden Bereichen des Alltags hat die Fotografie im Gespann mit der Elektronik umwälzende Veränderungen hervorgerufen. In der Übermittlung von Nachrichten und den dazu gehörenden Bildern, in der Druckvorbereitung, der Lithografie, beim Trickfilm, aber auch bei der Produktion von Bildausweisen, bei der Herstellung von Phantombildern für polizeiliche Ermittlungen, im Porträtstudio, wo man sofort entscheiden kann, ob die Aufnahme gefällt, beim Frisör, der einem elektronisch auf dem Bildschirm eine neue Frisur verpaßt, bevor er zur Schere greift oder beim Grafiker, der seine Paintbrusharbeiten jetzt am Bildschirm erledigt, überall hat die durch Elektronik verstärkte Fotografie längst Einzug gehalten.

In Bezug auf die bildmäßige Fotografie

Geschichte der elektronischen Fotografie

1981 Sony stellt mit der Mavica die erste Still-video-Kamera der Welt vor.

1982 Kodak zeigt ein TV-Abtastgerät zur positiven Wiedergabe von Disc-Negativen auf dem Bildschirm. Das Labormodell eines Bildsensors mit 360 000 Pixel wird vorgestellt.

1983 Zwanzig Firmen gründen ein Komitee zur Standardisierung von Still-Video.

1984 Einführung des Still-Video Standards. Das Komitee besitzt inzwischen 32 Mitglieder.
Sony und Canon testen Still-Video bei der Olympiade in Los Angeles.
Auf der photokina werden Still-Video-Systeme von zahlreichen Anbietern als Prototypen gezeigt.
Fuji zeigt ein Überspielgerät für herkömmliche Bilder auf Still-Video-Floppy für Händler und Labors.
Der Verkauf professioneller Still-Video-Systeme im NTSC-Standard beginnt.

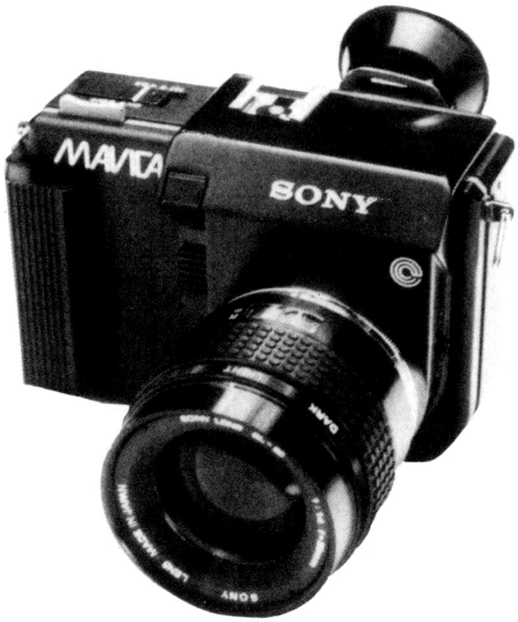

Die Mavica von Sony war die erste elektronische Stehbildkamera, die anstelle des Films eine Video-Floppy verwendete.

haben vor allem die professionellen Anwender begeistert auf die Ergänzung der Fotografie durch die Elektronik reagiert, während die Reaktion bei den Hobbyfotografen eher zurückhaltend bis ablehnend war.
Als 1981 Sony auf der Internationalen Funkausstellung in Berlin zum ersten Mal eine elektronisch aufzeichnende Kamera, die Mavica vorstellte, ging eine Welle der Ablehnung durch die Fotowelt. Bei aller Begeisterung für die auf der Hand liegenden Vorteile der elektronischen Fotografie wie die sofortige Verfügbarkeit des Bildes auf dem Fernsehschirm, der schnelle Versand per Telefon, die Speicherung auf preiswerten, wiederbespielbaren Disketten empfand man die damalige Bildqualität als unzureichend, ja unzumutbar. Auflösung, Farbwiedergabe, Empfindlichkeit, all das waren Kriterien, bei denen die Mavica nicht mit der herkömmlichen Fotografie konkurrieren konnte. Und das obwohl andererseits beim Laufbild Video den Schmalfilm trotz schlechterer Bildqualität längst abgelöst hatte. Anders als bei der Mavica hatte bei Video der Kunde eine zwar ausreichende, doch deutlich schlechtere Qualität zu Gunsten der einfacheren Bedienung dem qualitativ bessere Bilder liefernden Schmalfilm vorgezogen. Umgekehrt werden beim professionellen Fernsehen und beim Film noch sehr viele wichtige Produktionen auf herkömmlichem Filmmaterial aufgenommen, das nach wie vor – auch angesichts neuer Fernsehnormen wie HDTV und MAC 2 – als qualitativ besser und als Ausgangsmaterial universeller gilt.
Doch anders als häufig dargestellt, ist die Elektronik für die Fotografie keine Bedrohung. Im Gegenteil, sie ist eine sinnvolle Ergänzung, durch die sich die Möglichkeiten der Fotografie bereits deutlich erweitert haben und beständig erweitern werden.
Das Bündnis zwischen chemischer Fotografie und elektronischer Bildverarbeitung wird die Fotografie der kommenden Jahre bestimmen. Es wird der Fotografie Dimensionen eröffnen, denen nur noch die Phantasie Grenzen setzt. Bilder, die sich nicht nur sehen lassen können, sondern die man hört, fühlt oder sich durch andere Sinne erfassen und darstellen lassen, werden die Welt der Bildkommunikation sowohl in der professionellen als auch in der Hobbyfotografie verändern. Die Symbiose von Chemie und Elektronik wird die Bedeutung der Fotografie für unser tägliches Leben weiter ausbauen und sie zu einem Faktor machen, der in alle Lebensbereiche eingreift, ja sie beeinflußt, lenkt und verbessert.
Auch der Hobbyfotograf wird davon profitieren. Die Verbesserung seiner Abzüge durch das elektronische Scannen und Auswerten seiner Aufnahmen ist bereits eine Folge des Einsatzes von Elektronik im Foto-

Die professionelle Still Video Kamera RC-701 von Canon war Teil eines ganzen Systems für die aktuelle Bildberichterstattung.

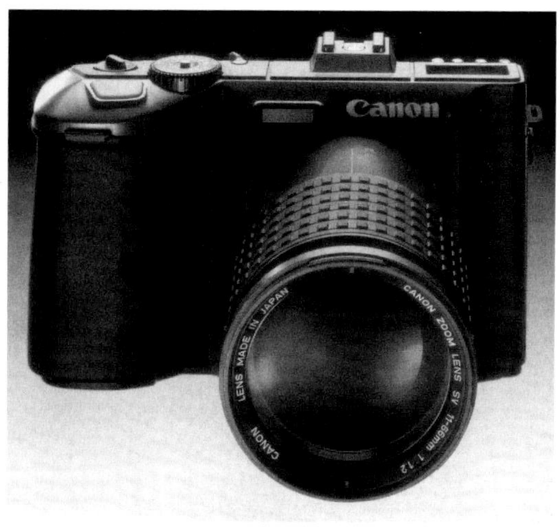

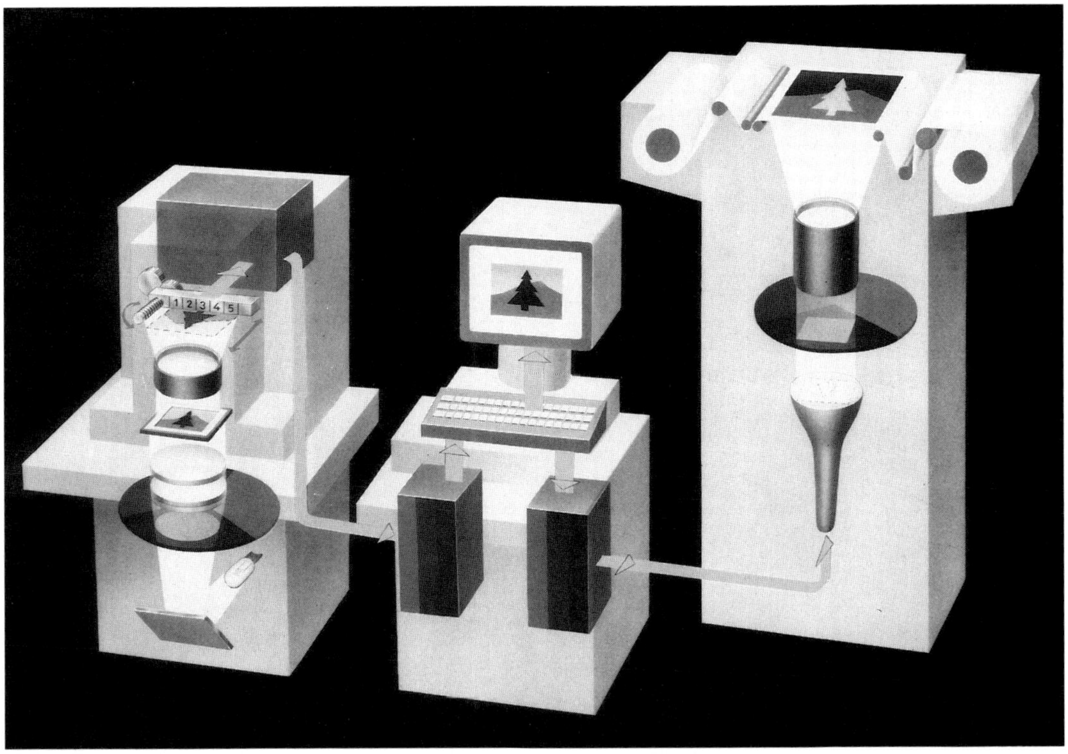

Prinzip des Agfa Digi-Print-Systems: Die Bilder werden zunächst gescannt, dann im Rechner aufbereitet und schließlich über den CRT-Printer auf Colornegativpapier ausbelichtet. Inzwischen printet das System auch direkt von digitalen Bildquellen.

labor. Printsysteme, die das gesamte Negativ elektronisch abtasten, in digitale Impulse umwandeln und schließlich mit einem Cathoden- beziehungsweise Laserstrahl auf Fotopapier schreiben, gehören längst zum Alltag im Fotolabor. Solche Systeme haben den Vorzug, daß sich die in digitaler Form vorliegenden Bilddaten mit den angeschlossenen Rechnersystemen über spezielle Software-Programme auf Tastendruck optimieren lassen. Jeder Parameter einer Aufnahme kann in diesen Systemen unabhängig voneinander verändert werden. Damit wird schon ein gravierender Vorzug gegenüber der chemischen Fotografie deutlich. Soll bei einer herkömmlichen Vergrößerung die Gradation verändert werden, muß die Helligkeit insgesamt verstärkt oder reduziert werden. Bei der Elektronik kann ich jeden Grauwert einzeln und unabhängig von den anderen heller oder dunkler erscheinen lassen. So lassen sich, die entsprechende Software vorausgesetzt, Bilder automatisch optimal in Gradation, Helligkeit und Kontrast an das verwendete Vergrößerungspapier anpassen. Bessere Abzüge sind die Folge.

Auch Aufnahmefehler lassen sich rechnerisch ausgleichen oder zumindest in ihrer Wirkung abschwächen. Nicht nur Fehlbelichtungen können per Computer korrigiert werden. Auch Farben und Schärfe lassen sich mit Hilfe der Elektronik nachträglich verbessern. »Nun gut«, mag mancher engagierte Fotograf fragen, »wozu brauche ich dies alles? Ich sorge bereits bei der Aufnahme dafür, daß meine Bilder so sind, daß sie sich perfekt projizieren oder vergrößern lassen.« Abgesehen davon, daß auch hier eine rechnerische Optimierung in Bezug auf die Papiereigenschaften nichts schaden könnte, gibt es auch für ihn genügend Argumente, die den Einsatz von elektronischer Bildverarbeitung im Labor rechtfertigen. Was ist nämlich, wenn das Labor durch höhere Gewalt ein Hochzeitsfoto beschädigt? Es kann ja deswegen nicht noch einmal geheiratet werden. Was passiert, wenn bei der Projektion ein Dia steckenbleibt und dabei zerkratzt wird? Dies wird nicht immer den hohen Aufwand der elektronischen Bearbeitung und Wiederherstellung rechtfertigen. Für Bilder von ideellem Wert

1986 Das Komitee zur Standardisierung für Still-Video fügt die Möglichkeit der Tonaufzeichnung hinzu. Zum Komitee gehören inzwischen 42 Mitglieder.
Die photokina streicht den Zusatz »Weltmesse der Photographie« und ersetzt ihn durch »Weltmesse des Bildes«.
Canon und Sony erweitern ihre professionellen Systeme. Nikon stellt eine hochempfindliche, hochauflösende Schwarzweiß-Still-Video-Kamera vor.
Auch Fuji besitzt ein komplettes Still-Video-System für den professionellen Einsatz. Die Auflösung der Bildsensoren erreicht 400 000 Pixel.
Panasonic zeigt die erste Kompakt-Still-Video-Kamera. Auch Konica zeigt ein Still-Video-System.
Minolta und Rollei bringen Still-Video-Rückwände für Kleinbild-Spiegelreflex.

1987 Kodak stellt ein komplettes Still-Video System vor.
Mit dem Megaplus CCD-Sensor mit 1,4 Millionen Pixel besitzt Kodak den höchstauflösenden Chip der Welt.
Von Sony kommt die ProMavica.
Canon eröffnet Imageland, einen Shop für elektronische Bildverarbeitung in Tokio.

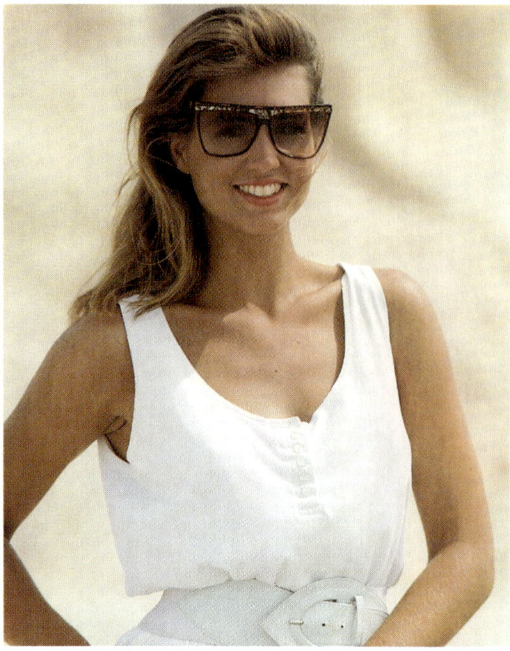

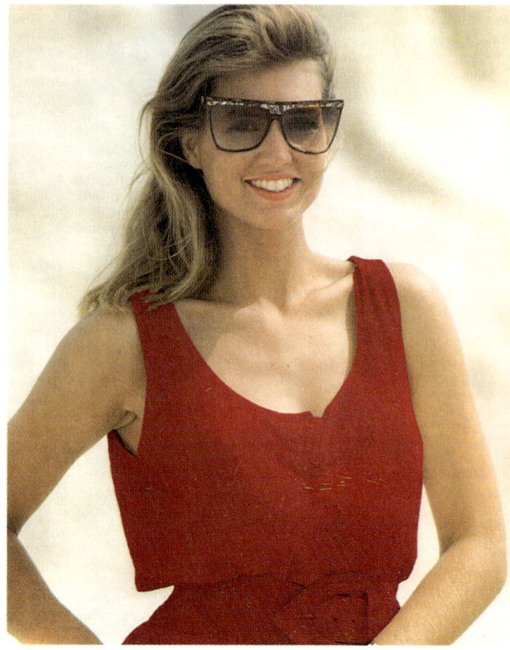

Eine der leichtesten Übungen der elektronischen Bildbearbeitung: Mit Hilfe von entsprechender Software wurde die Bluse der Dame einfach umgefärbt. Einfache Retuschen und Composings sind die Hauptvorteile digitaler Bildtechniken. Fotos: Kodak

wird jeder gern tiefer in die Tasche greifen, wenn er sie durch elektronische Retusche retten und wiederherstellen könnte. Darüberhinaus können die Fotolabore den Kunden natürlich mit Hilfe der Elektronik noch ganz andere Dienstleistungen anbieten. Wer hat nicht schon einmal den Schnappschuß seines Lebens gemacht und ausgerechnet auf diesem Bild stört ein unruhiger Hintergrund. Für die elektronische Bildverarbeitung kein Problem. Vom elektronischen Passepartout in jeder denkbaren Farbe bis hin zur Freistellung eines Gesichts aus der Menge reicht die Palette der einfach auszuführenden, nachträglichen Bildmanipulationen, die sich mit Labormaschinen wie dem Digital Print System von Agfa oder dem Print from X-System von Kodak bewerkstelligen lassen.

Hasselblad Picture Desk-System:
Elektronisches Bildarchivierungs- und -verwaltungssystem

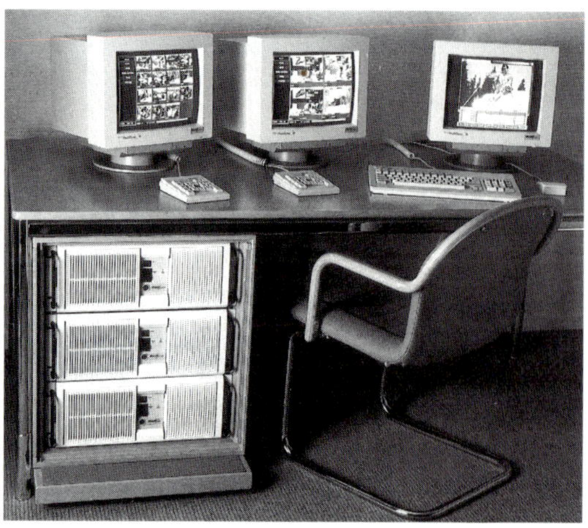

Hasselblad Dixel 2000 CM:
Transportabler Bildsender mit integriertem Modem und Farbbildschirm

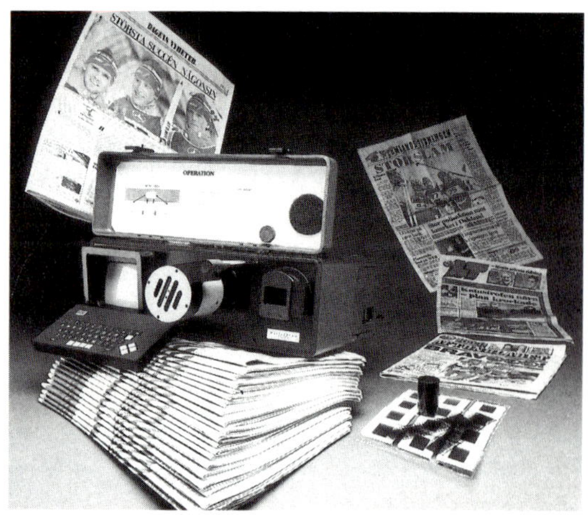

1988 Nikon testet seine Schwarzweiß-Still-Video-Kamera in Seoul bei den Olympischen Spielen. Das Standardisierungskomitee führt Hi-Band Standard ein.
Sony und Canon stellen Still-Video-Kameras für breite Verbraucherschichten vor.
Fuji zeigt die erste Digital Card Kamera.
Hitachi und Kodak beschließen Zusammenarbeit bei der Entwicklung und Vermarktung von Video-Printern. Rollei stellt ein Stillvideo-Rückteil für die 3000er Reihe vor.

1989 Vivitar zeigt eine Still-Video-Kamera. Toshiba und Fuji entwickeln gemeinsam die Digital Card weiter. Großformatige Videoprinter kommen auf den Markt. Kodak bringt den 4 Megapixel Sensor. Mit 4 Millionen Bildpunkten damals der Sensor mit der höchsten Auflösung der Welt. Auch Olympus stellt einen neuartigen Bildsensor und eine Digital Card mit hoher Bildkapazität vor. Ein neuentwickeltes Datenkompressionsverfahren ermöglicht die Speicherung von bis zu 50 Bildern auf einer Karte.

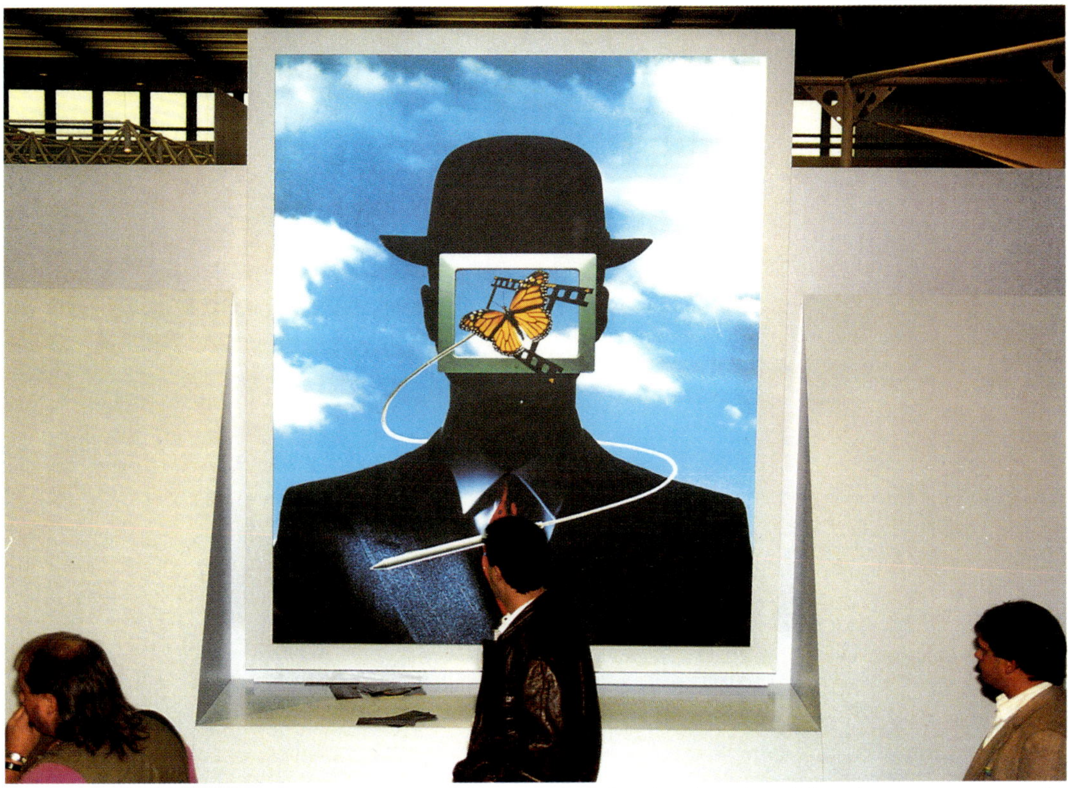

Composing mit dem Kodak Premier System: Das System für die digitale Bildbearbeitung gestattet die Kombination von Elementen unterschiedlicher fotografischer Aufnahmen in höchster Qualität.

Ganz gleich, ob es sich um chemische Fotografie oder elektronische Bilderstellung handelt, beide Bereiche arbeiten nach dem gleichen, aus drei Schritten bestehenden Grundschema. Die Aufnahme, die Speicherung und die Darstellung des Bildes. Dazu kommen ergänzend die Manipulation und die Übermittlung. Bei der Entscheidung zugunsten des einen oder anderen Systems steht nicht die Frage welches der beiden Systeme besser ist, sondern welches der beiden sich für eine zu erfüllende Aufgabe besser eignet. So wird eine Nachrichtenagentur sich auch für ein qualitativ schlechteres Foto entscheiden, wenn es ihr dafür früher zur Verfügung steht. Andererseits werden Hochglanz-Magazine, für die Aktualität eine untergeordnete Rolle spielt, sich niemals mit schlechter Bildqualität begnügen. Um beide optimal befriedigen zu können, arbeiten heute bereits viele aktuelle Bildagenturen mit Negativfilmen. Sie bieten höchste fotografische Qualität sowie relativ schnelle und einfache Entwicklung. Andererseits lassen sich Negative von den modernen Bildscannern und Transmittern leicht verarbeiten und per Funk oder durch die Telefon- bzw. Datenleitung schnell und bequem in alle Welt versenden, ohne daß ein Abzug erstellt werden müßte. Selbst in der Redaktion muß das Bild gar nicht erst ausgedruckt werden. Es wird auf den Bildschirm geholt. Dort wird es eventuell rechnerisch bearbeitet und retuschiert, freigestellt und in den Seitenumbruch eingepaßt. Ohne daß irgend jemand

Vorschaumenu für die Korrektur der Farbbalance am Computer

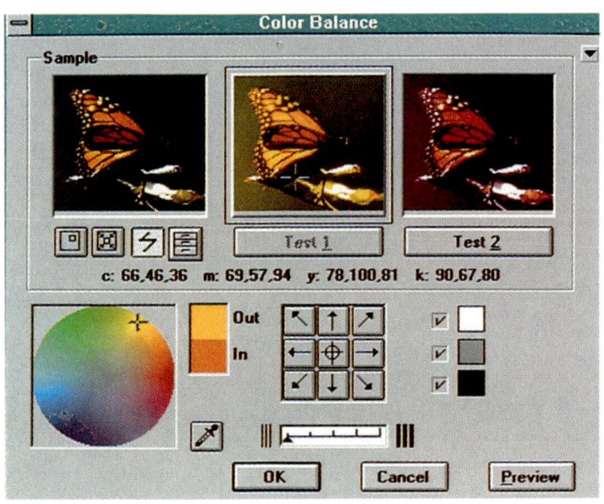

1990 Kodak kündigt die Photo CD für die digitale Speicherung von Bildern in Fotoqualität an und schlägt damit die Brücke zwischen herkömmlicher und elektronischer Fotografie. Sony bringt Mavica Stillvideo-Kamera mit Tonaufzeichnung. Yashica-Kyocera zeigen Samurai V70 Stillvideo-System. Pentax bringt flache Powerzoom Stillvideo-Kamera EL-C70.
Rollei stellt mit dem Scan Pack ein Rückteil zur digitalen Bildaufzeichnung für Mittelformat und Großbildkameras vor.

1991 Canon bringt mit der ION RC-260 eine Stillvideo-Camera für das Pal-System. Als PC-Kit kommt die Kamera mit Digitizer-Karte zum Einlesen der Bilder in den Computer.
Sony präsentiert ein portables System zur Farbbildübermittlung. Es verarbeitet Bilddaten von Stillvideo, Scannern, PCs und Video-Kameras im Pal- und NTSC-Format. Kodak zeigt das DC-System, eine modifizierte Nikon F3 für digitale Bildaufzeichnung mit hoher Auflösung.

1992 Kodak beginnt die Markteinführung der Photo CD und kündigt weitere vier Spezialformate, Photo CD Portfolio, Photo CD Catalog, Photo CD medical und Pro Photo CD an. Etliche Soft- und Hardwarehersteller übernehmen das Photo CD-Format, das zum plattformübergreifenden Bildformat wird. Logitech stellt die digitale »Fotoman« Aufnahmeeinheit vor.
Leaf bringt ein digitales Kamera-Rückteil für Mittelformat und Großbildkameras auf den Markt.

1993 Digicam, eine einfache Digital-Kamera der amerikanischen Firma Dycam, kommt auch in Europa auf den Markt. Kodak kündigt die Photo CD Print für das Druckgewerbe und die Photo CD Mini mit 80 mm Durchmesser für Notebooks an.

1994 Die Kodak Portfolio Authoring Software für die Herstellung interaktiver Photo CDs mit Text, Ton und Bildern kommt auf den Markt.

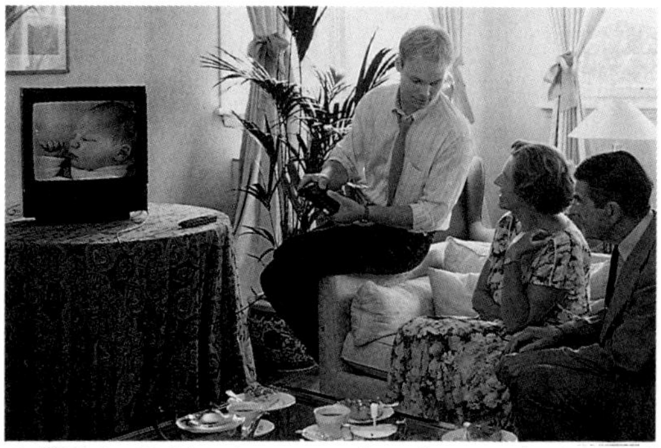

Still-Video-Bilder lassen sich sofort nach der Aufnahme auf dem Fernsehschirm betrachten.

das Foto selbst in der Hand gehabt hat, geht es mit der fertigen Seite über die Datenleitung in die Druckerei. Ein anfaßbares Bild wird es erst, wenn die Zeitung oder Zeitschrift die Druckmaschine verläßt. Hier ist es die Schnelligkeit der Bildübermittlung, die die Wahl des Mediums bestimmt. Für Magazine ohne den Druck der Aktualität lassen sich anschließend von dem Negativ hochwertige Farb- oder Schwarzweißabzüge als Druckvorlage erstellen.
Aber auch die beabsichtigte Form der Darstellung kann ausschlaggebend sein. Sicher ist das Bild, das man herumreichen kann, das jeder solange betrachten kann, wie er möchte, eine akzeptable Form und auch die Projektion wird für bestimmte Ansprüche und Anlässe genau die richtige Darstellungsform von Bildern sein. Was aber wenn eine kleine Gruppe von Menschen das Bild gleichzeitig betrachten soll, zum Beispiel bei einer Schulung oder bei einem Verkaufsgespräch und keine Möglichkeiten vorhanden sind, einen Projektor aufzubauen oder es auch zu umständlich und dem Gastgeber auch nicht zuzumuten wäre? Ein Fernsehgerät, auf dem man mit der Still-Video-Kamera oder einem Photo CD-Player seine Bilder vorführen kann, werden ja wohl die meisten zuhause haben. Kodaks Photo CD hat ihr Bildformat bereits auf zukünftige Fernsehnormen abgestimmt. Bis zu 100 Bilder in höchster Auflösung, die in der Informationsdichte einem guten Farbnegativ gleichkommt, kann man sich bei seinem Fotohändler auf eine solche Scheibe überspielen lassen und anschließend auf seinem Fernsehgerät anschauen. Die Bilder lassen sich nicht nur mit einem der auch audiotauglichen Photo-CD-Player abspielen, sondern man kann sich auch Papierabzüge in Fotoqualität von den elektronisch gespeicherten Bildern machen lassen. Da die Spei-

Kodak Premier: Das System für die digitale Bildverarbeitung zur elektronischen Retusche und für die Kombination von Bildelementen aus unterschiedlichen Aufnahmen

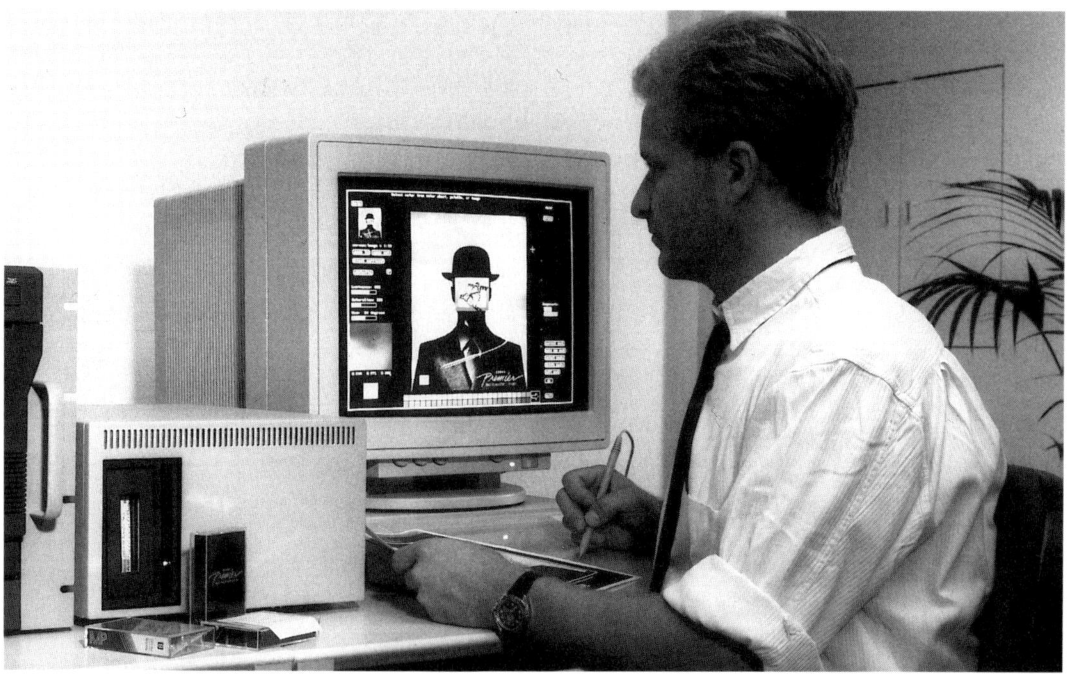

cherung digital erfolgte, lassen sich die Bilddaten über ein entsprechendes Laufwerk direkt in einen PC einlesen und mit entsprechender Software dort bearbeiten und manipulieren.
Von Kodak stammt auch das elektronische Bildbearbeitungssystem Premier Plus. Mit ihm lassen sich am Bildschirm Farbretuschen und Composings von Fotos machen, für die früher aufwendige Laborarbeiten nötig waren. Solche Arbeiten konnten bisher nur von Spezialistenteams mit langjähriger Erfahrung ausgeführt werden und benötigten außerdem viel Zeit und Material. Das Kodak Premier Plus Bildbearbeitungssystem ist ein sogenanntes Hybridsystem, das fotografische Aufnahmen elektronisch bearbeitet und anschließend wieder als fotografisches Bild ausgibt. Mit sogenannten Thermodruckern lassen sich Prints in Fotoqualität von digitalen Bilddatensätzen ausgeben.
Aber auch auf Desktop-Anlagen können heute mit Bildbearbeitungssoftware wie Photostyler, Photoshop und Picture Publisher elektronisch Fotos nachbearbeitet, Bildausschnitte festgelegt, die Schärfe gesteigert oder verringert, Masken angelegt, Sandwichbilder erstellt oder Bildelemente einkopiert werden. Farbabstimmung und Bildkontrast können wahlweise partiell oder im gesamten Bild verändert werden. Der Einsatz des Computers als Tageslichtlabor für die Bildverarbeitung ist heute für jedermann möglich. Vorausgesetzt man verfügt über ein Computersystem mit ausreichend großem Arbeitsspeicher und die inzwischen von etlichen Herstellern angebotene Software sowie eine entsprechende Grafikkarte, kann jeder selbst am Bildschirm kreativ werden und die digitalen Bilder nach Lust und Laune manipulieren oder miteinander kombinieren, wie es auch professionelle Systeme tun. Hat die elektronische Bildverarbeitung in ihren Leistungsdaten die chemische Bildmanipulation bereits überholt, so ist bei den Aufnahmesystemen, abgesehen von den in der Wissenschaft und Forschung eingesetzten Geräten, noch kein echter Durchbruch festzustellen. Doch auch hier kündigen sich, über ein Jahrzehnt nach der Vorstellung der Mavica im August 1981, einschneidende Veränderungen an. Das Ende unseres Jahrhunderts läutet über 150 Jahre nach ihrer Erfindung eine neue Ära der Fotografie ein.

Elektronische Bildaufzeichnung

Moderne und althergebrachte Technologien zum Festhalten von Bildern verwenden nach wie vor optische Systeme, um Bilder von der uns umgebenen Welt zu entwerfen. Begnügten sich die Pioniere der Fotografie dabei mit einem winzigen Loch, so sind es heute aufwendige Präzisionsobjektive, die das Bild gestochen scharf in der gewünschten Größe in der Bildebene entstehen lassen. Um dieses durch optische Konstruktionen erzeugte, flüchtige Bild nun für immer festzuhalten, benutzen die chemische wie die elektronische Fotografie lichtempfindliche Sensoren, nämlich den Silberhalogenid-Film und den Festkörper-Sensor, in der Fachsprache als CCD-Chip bezeichnet. CCD steht für »Charge Coupled Device«, auf deutsch ladungsgekoppeltes Halbleiterelement.
Ein wesentlicher Unterschied zwischen den beiden Bildaufzeichnungsverfahren liegt darin, daß der herkömmliche Film Sensor und Speicher in einem ist, während bei der elektronischen Bildaufzeichnung Sensor und Speicher getrennt werden. Bei beiden Systemen wird durch die einfallenden Lichtstrahlen eine Veränderung der lichtempfindlichen Schicht des Sensors bewirkt. Die Form dieser Veränderung ist die Basis für die spätere Rekonstruktion des von dem Objektiv entworfenen, flüchtigen oder besser gesagt nicht dauerhaften Bildes. Lassen die bei der Belichtung aktivierten Silberhalogenid-Kristalle das Bild erst durch eine zusätzliche chemische Behandlung im Laufe der Entwicklung entstehen, erfolgt die Bildumwandlung beim Chip durch Auslesen der elektrischen Signale sofort. Chips, wie sie heute in elektronischen Bildaufzeichnungssystemen, zu denen auch die inzwischen weit verbreiteten Camcorder zählen, als Bildwandler eingebaut werden, sind winzige Plättchen von etwa 6,4 x 8,5 bzw. 4,9 x 6,5 Millimetern Größe. Auf diesen Plättchen aus einem lichtempfindlichen Silizium-Substrat befinden sich einige Hunderttausend sogenannter Pixel. Diese verdanken ihre Bezeichnung der Abkürzung von Englisch »Picture Elements«. Jedes einzelne Pixel besteht aus einem lichtempfindlichen Element und einer mikroskopisch kleinen Speicherzelle. Üblich

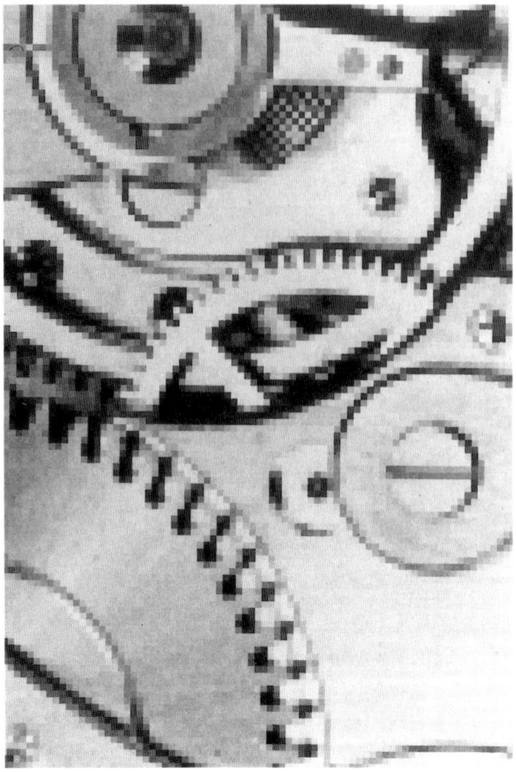

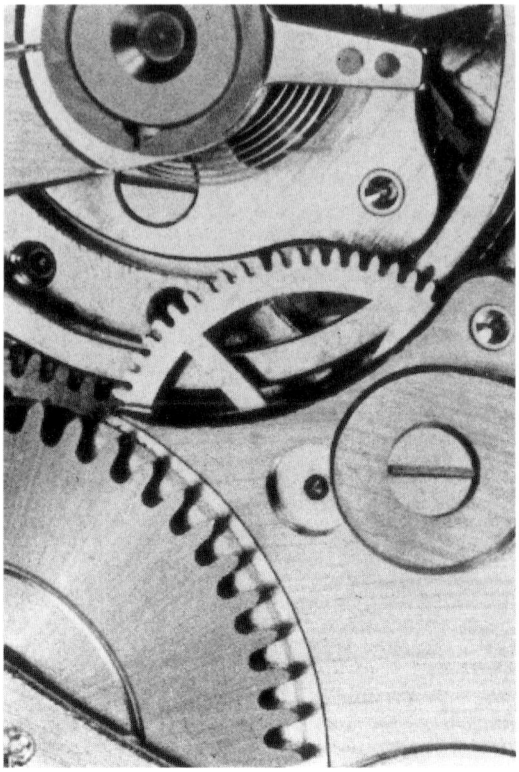

Die Bilder zeigen die hohe Auflösung des Kodak Megapixel Bildsensors (rechts) im Vergleich zu herkömmlichen CCD-Sensoren mit geringerer Auflösung (links).

sind »Metal-Oxyd-Semiconductor-Condensators« – kurz MOS-Kondensatoren – als Speicher. Je mehr Pixel ein Chip besitzt, um so mehr Bildpunkte kann er aufnehmen. Ihre Anzahl bestimmt, ähnlich wie beim herkömmlichen Film, die Größe der lichtempfindlichen Kristalle, das Auflösungsvermögen des Sensors. Je größer ihre Anzahl umso schärfer sieht das elektronische Auge. Die höchste bis heute erreichte Speicherdichte erreichte Kodak mit 6 Millionen Pixel.

Aus Licht werden Elektronen

Gelangt nun ein Lichtstrahl auf die lichtempfindlichen Sensorelemente, werden Elektronen freigesetzt. Diese wiederum werden mit Hilfe positiv geladener Elektroden an der Oberfläche des Siliziumkristalls festgehalten. Die Speicherzellen für diese Elektronen sind mit lauter kleinen Töpfen zu vergleichen, in denen die Elektronen gesammelt werden.
Die Anzahl der Elektronen pro »Top« gibt also Auskunft über die Stärke der Lichteinstrahlung pro Pixel. Doch damit wurde noch keine Aussage über die Farbe gemacht. Dazu müssen von der ankommenden Bildinformation einzelne Farbauszüge angefertigt werden. Dies geschieht mittels einer Filter-Matrix, die entweder aus den Primärfarben Rot, Grün und Blau oder den Komplementärfarben Blaugrün, Purpur, Gelb besteht. Die in den Töpfen gesammelten Elektronen repräsentieren nun einen bestimmten Helligkeits- (Luminanz) und Farbanteil (Chrominanz) des Bildes. Um das Bild nun speichern und ein neues erzeugen zu können, müssen die Töpfe wieder geleert werden, das heißt das Bild muß »ausgelesen« und auf einem anderen Träger aufbewahrt werden. Außerdem kann der Chip das Bild in der Regel kaum länger als eine halbe Sekunde halten, da die thermisch erzeugten Elektronen ihn sonst überfluten würden. Beim Auslesen des Bildes wird festgehalten, wieviele Elektronen in welchem Farb-Töpfchen waren, um später daraus auf dem Monitor oder über den Drucker das Bild rekonstruieren zu können. Dieses Auslesen der Elektronen geschieht digital. Erst bei der Rekonstruktion erfolgt wieder eine Umwand-

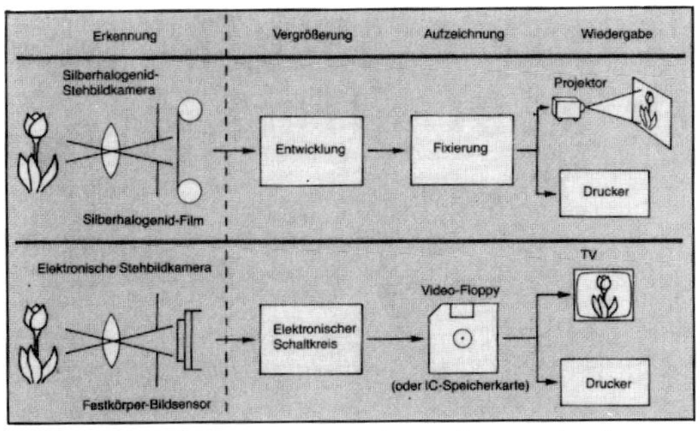

Schemazeichnung von Arbeitschritten herkömmlicher und elektronischer Bildaufzeichnung

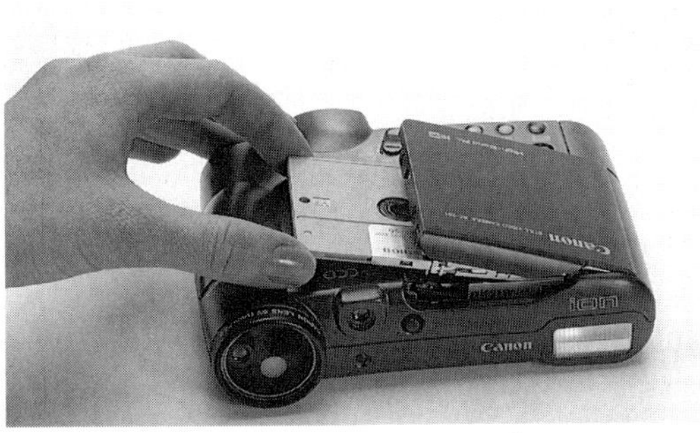

Einlegen der Stillvideo-Floppy in die Canon RC 251

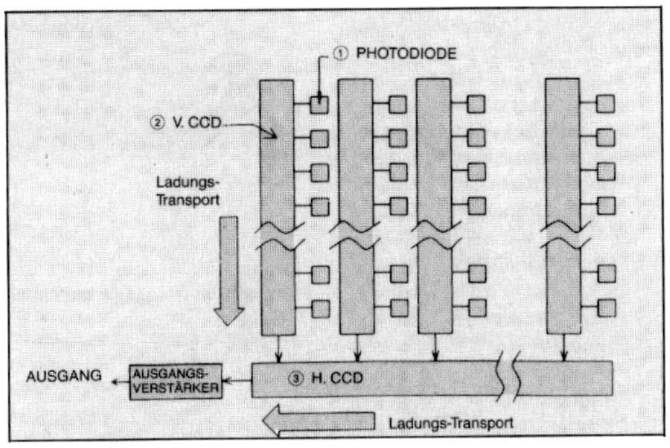

Schema der Arbeitsweise eines CCD-Bildsensors

lung der digitalen Information in eine analoges Bild.
Zur Speicherung der elektronischen Bildinformation können sehr unterschiedliche Medien dienen. Bei Camcordern ist es die Video-Kassette, bei Stillvideo Kameras die Videofloppy. Eine Video-Floppy-Disc ist etwa so groß wie ein Diarähmchen und bietet bis zu fünzig Bildern Platz. Ein neues Speichermedium, das auf dem besten Weg ist, die Floppy bereits in ihrer Einführungsphase abzulösen, ist die Digital Memory Card. Dieser Festspeicher ist kaum größer als eine gewöhnliche Scheckkarte und kann je nach Typ zwischen 16 und 50 Bilder speichern. Im Gegensatz zur Floppy sind hier keine beweglichen Teile oder Antriebe erforderlich. Auch Videoband, DAT und Bildplatte kommen als Speichermedien für die elektronische Stehbildaufzeichnung in Frage.

Pixel oder Korn

Die chemische Fotografie hat ein Qualitätsniveau erreicht, wovon selbst Fachleute vor wenigen Jahren noch nicht zu träumen wagten. Das → Korn konnte verringert, die Schärfe verbessert und die Empfindlichkeit gesteigert werden. Die drei Faktoren Empfindlichkeit, Korn und Schärfe bestimmen beim herkömmlichen Film die Bildqualität. Um den Zusammenhang dieser drei Faktoren zu verstehen, muß man sich die Empfindlichkeit als eine senkrechte Linie vorstellen, die bei zunehmender Filmempfindlichkeit länger wird. Eine waagerechte Linie, die vom Fußpunkt der Senkrechten nach rechts ausgeht, steht für die Schärfe. Je länger sie ist, umso größer ist die Schärfe. Eine weitere, vom selben Punkt nach links verlaufende Linie steht für das → Korn. Auch diese Linie wird länger, je geringer das → Korn ist. Verbindet man die Endpunkte der Linien miteinander, entsteht das Dreieck der Bildqualität. Je größer dieses Dreieck wird, um

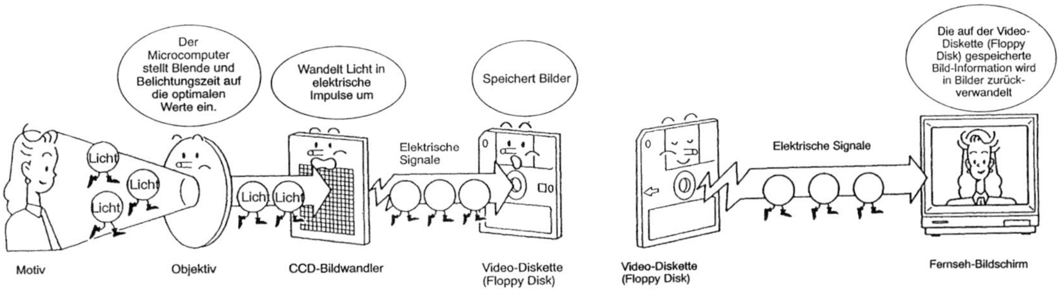

Prinzip für Aufnahme und Wiedergabe von Stillvideo-Bildern. Zeichnung: Canon

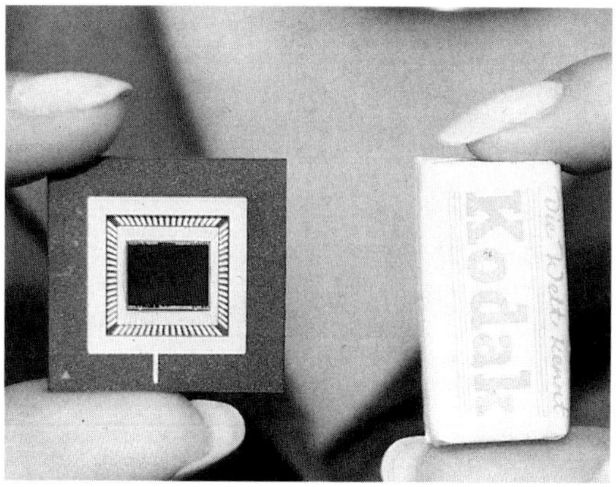

Größenvergleich zwischen CCD-Sensor und Film. Foto: Köln Messe

so größer ist die gesamte Bildqualität des Filmes. Die Schwierigkeit zu höherer Bildqualität zu gelangen, lag bisher darin, daß die Steigerung der Empfindlichkeit mit Abnahme an Schärfe und Zunahme in der Körnigkeit bezahlt werden mußte. Allerdings ist es den Emulsionstechnikern inzwischen gelungen, Schärfe und Korn zu verbessern und gleichzeitig die Empfindlichkeit zu steigern. Dadurch stehen uns heute sehr viel empfindlichere Materialien mit feinerem Korn und besserer Schärfeleistung zur Verfügung als noch vor wenigen Jahren. Schenkt man den Wissenschaftlern glauben, so sind die Grenzen der Möglichkeiten zur Qualitätssteigerung herkömmlicher Filmmaterialien noch lange nicht erreicht.

Neben diesen genannten Qualitätsmerkmalen gibt es allerdings weitere Faktoren der Bildqualität, die im Laufe der Zeit Verbesserungen erfahren haben und bei denen weitere Verbeserungen zu erwarten sind. Da sind die Farbkuppler und ihre Stabilität gegenüber Einflüssen bei der Entwicklung und während der Lagerung sowohl des latenten als auch des entwickelten Bildes. Hinzu kommt zum Beispiel die Lichtabsorption der Kristalle. Von einem einzelnen Korn werden etwa 9 von 10 Photonen beim Passieren der Emulsionsschicht nicht absorbiert, da bisherige Technologien nur eine monomolekulare Beschichtung der Kristalle mit Farbstoffen ermöglichten. In der Lichtabsorption sind also noch deutliche Fortschritte zu erwarten. Auch die Effizienz der freigesetzten Photonen, mit der das latente Silberbild erzeugt wird, läßt sich nach Ansicht von Dr. Edwin P. Przybylowicz, Forschungsdirektor bei Kodak erheblich steigern.

Zum Zeitpunkt als elektronische Bildaufzeichnung und Verarbeitung ins Gespräch kamen, waren chemische Bilderzeugungsverfahren ihnen haushoch überlegen und auch heute noch machen sie immer rasantere Fortschritte. Aber auch die elektronischen Verfahren haben im Laufe der letzten Jahre umwälzende Qualitätssteigerungen erfahren. Ähnlich wie beim Film das Dreieck aus Empfindlichkeit, Korn und Schärfe gibt es bei der elektronischen Bildaufzeichnung eine Wechselwirkung zwischen den grundlegenden Qualitätskriterien »Auflösung, Signal und Rauschen«. Auch hier müssen bei der Veränderung eines dieser Faktoren Zugeständnisse beim anderen gemacht werden. Die Empfindlichkeit und der Belichtungsspielraum, der in der elektronischen Bildaufzeichnung als Dynamik bezeichnet wird, hängt ab von den Minimal- und Maximalwerten des Signal-Rausch-Verhältnises. Soll nun das Auflösungsvermögen des Chips erhöht werden, ist eine Miniaturisierung der Sensorelemente erforderlich, wodurch sich wiederum das Signal, also der Informationsgehalt, verringern würde. Gleichzeitig wird das Signal-Rauschverhältnis schlechter und somit die Dynamik und Empfindlichkeit des Sensors vermindert.

Empfindlichkeit und Auflösung sind also bis zum heutigen Tag die Schwachpunkte der elektronischen Bildaufzeichnung. Zwar sind Wissenschaftler heute in der Lage hochauflösende Chips mit hohen Empfindlichkeiten zu produzieren, doch kommen diese wegen ihres enorm hohen Preises und der zur Ver-

Gerade daumennagelgroß sind moderne Bildsensoren wie der Kodak Megapixel Sensor.

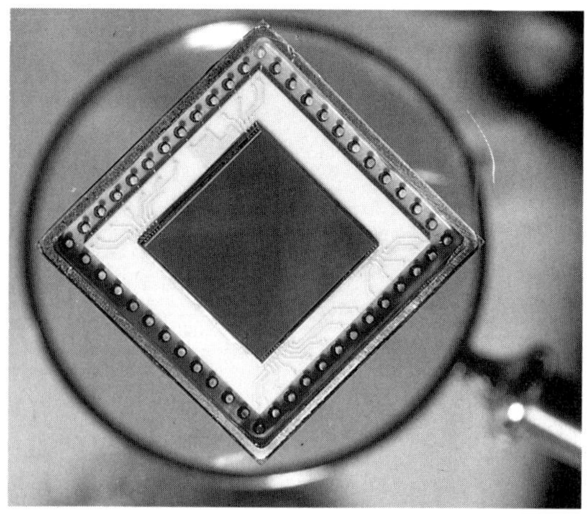

arbeitung der Bildinformationen erforderlichen Rechner nur für den industriellen Einsatz in Frage. Dennoch sind auch bei den Chips für Still-Video und Video Kameras inzwischen erhebliche Steigerungen der Pixel Zahl und damit Verbesserungen in der Auflösung zu verzeichnen.
Werden die kleinsten, aufzulösenden Elemente beim Film und bei den Festkörpersensoren gemessen, so wird man keinen großen Unterschied in ihrer Größe feststellen. Unterschiedlich ist jedoch ihre Anzahl. So besitzt ein Kleinbild-Negativ ungefähr 20 Millionen solcher Bildelemente gegenüber maximal 500 000 bei heute üblichen Camcorder-Chips.
Ein weiteres Problem ist die fotografische Empfindlichkeit der CCD-Sensoren. Bei schwacher Belichtung wird der Sensorausgang von starkem Rauschen beherrscht. Vergleichbar ist dieses Rauschen vielleicht mit dem Schleier bei chemischen Filmen. Mit zunehmender Belichtung wird auch das Sensor-Signal stärker, das entspricht beim Film einem Ansteigen der Dichte. Sensorempfindlichkeit und Auflösung hängen in einem reziproken Verhältnis voneinander ab. Eine Verdoppelung der Pixelzahl führt zu einer um den Faktor 2 geringeren Photonenzahl pro Pixel und bedingt so eine um den Faktor 2 niedrigere fotografische Empfindlichkeit. Die Erhöhung der Auflösung eines Chips mit 360 000 Pixel und einer Empfindlichkeit von ISO 100/21° auf etwa 2,3 Millionen, was der Auflösung eines früheren Disc-Negativs entspräche, würde einen Chip mit etwa ISO 16/13° Empfindlichkeit zur Folge haben. Doch wie in der Filmtechnologie fallen auch bei den Chipherstellern Tag für Tag vor wenigen Jahren noch für unüberwindbar gehaltene Barrieren.
Sind die CCD-Bildwandler auch heute noch, zumindest bezogen auf das Angebot für breite Verbraucherschichten, noch meilenweit von der Qualität und dem Preis-Leistungsverhältnis, wie es der Film bietet, entfernt, so haben sie dennoch gegenüber dem herkömmlichen Silberhalogenid-Bild erhebliche Vorteile zu verzeichnen.
Den Wettlauf um die Vormachtstellung im elektronischen Bildergeschäft hat sich die Industrie bereits Milliarden kosten lassen. Bei den Investitionsgütern für die Bildverarbeitung wie Scannern, Printern, Kopierern, sowie Geräten für die Druckvorbereitung, aber auch für die medizinische Diagnostik haben sich elektronische Bildtechniken längst durchgesetzt. Gegen eine größere Verbreitung im Massenmarkt spricht bisher nur der für die erforderliche Qualität anfallende Preis. Doch erobert die elektronische Fotografie jetzt auch den Amateurbereich.

Vorzüge der elektronischen Bildtechniken

Schnelle Verfügbarkeit: Elektronisch erzeugte Bilder lassen sich sofort auf jedem

Stillvideo-Aufnahmen können direkt nach der Aufnahme am Fernsehschirm betrachtet werden. Foto: Canon

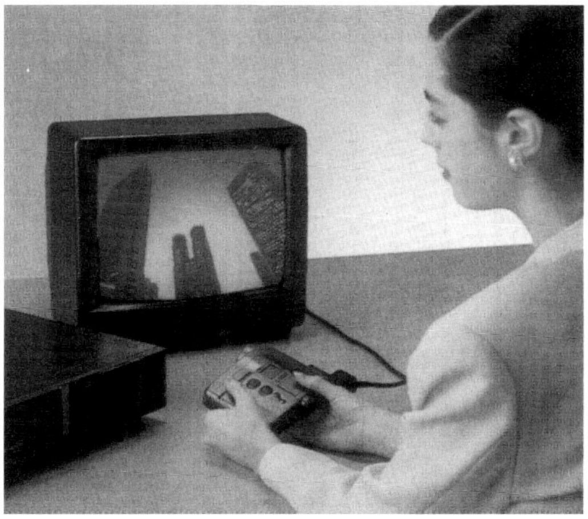

Dias können mit dem Canon Film Adapter auf Stillvideo aufgezeichnet werden. Foto: Canon

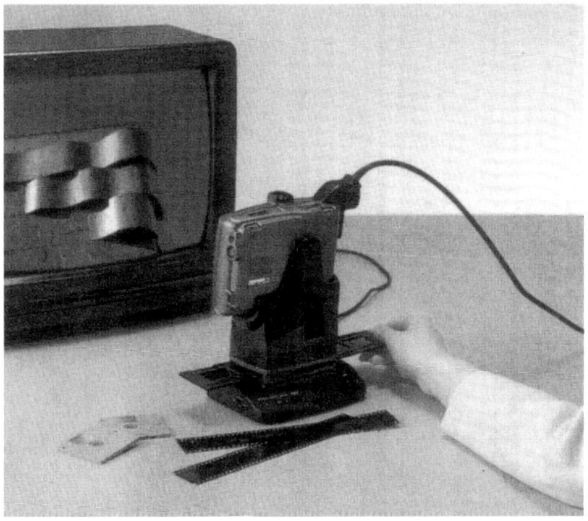

Monitor oder Fernsehgerät anschauen. Der Fotograf weiß also direkt nach der Aufnahme, ob sein Bild technisch wie künstlerisch gelungen ist. Das hat ebenso Vorteile für den Berufsfotografen wie für den Amateur. Es gibt keine verdorbenen Urlaubsbilder mehr. Keine Enttäuschung mehr, wenn die Hochzeits-, Geburtstags- oder Partybilder aus dem Labor kommen. Es wird solange fotografiert, bis jedes Erinnerungsbild zur vollen Zufriedenheit im Kasten ist.

Wiederholbarkeit: Bei der elektronischen Fotografie braucht der Fotograf nicht mit Material zu sparen. Ist eine Aufnahme nicht gelungen oder wird ein Foto nicht mehr benötigt, kann er es mit einer anderen Aufnahme »überspielen«. Er bringt auf seiner Floppy oder Digital Card nur gelungene Aufnahmen mit nach Hause.

Haltbarkeit: Elektronische Aufnahmen bestehen aus Zahlenkombinationen. Sie vergilben nicht. Sie behalten ihre Farben und verändern sich auch sonst nicht während der Lagerung.

Schnelle Übertragung: Für den Amateur ist es vielleicht weniger wichtig als für den Berufsfotografen, daß sich elektronische Aufnahmen in minutenschnelle per Telefon

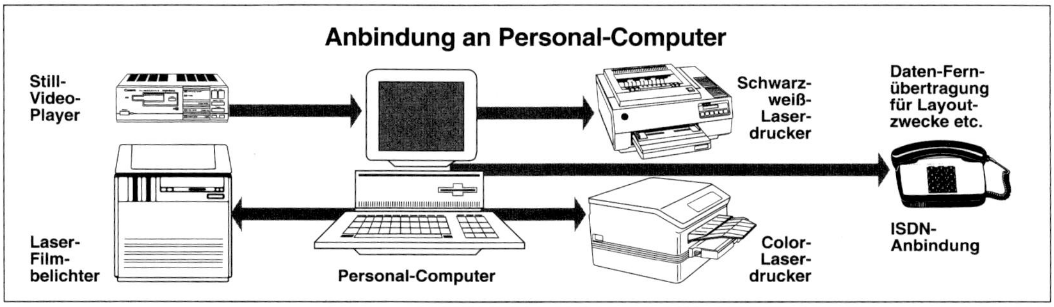

Anbindung von Still-Video an den Computer. Zeichnung: Canon

um den gesamten Erdball schicken lassen und zwar versehen mit Text und Ton.

Geringer Platzbedarf: Eine Video-Floppy-Diskette ist kaum größer als ein Kleinbild-Diarahmen und bietet Platz für 25 oder 50 Bilder, je nachdem ob nur ein Halbbild des Fernsehbildes (Field-Mode) oder ein Vollbild (Frame-Mode) aufgezeichnet wurde. Die scheckkartengroßen Digital Memory Cards können mit Datenkompression ebenfalls bis zu 50 Bilder speichern. Der geringe Platzbedarf gilt natürlich nicht nur für die Aufbewahrung bereits geschossener Bilder, sondern auch für den Reservebedarf leerer Disketten oder Karten unterwegs.

Einfache Vervielfältigung: Digitale Bilder lassen sich beliebig oft vervielfältigen und auf die unterschiedlichsten Träger kopieren. Sie können auf Festplatten, Videobänder, Bildplatten oder auf DAT-Geräte überspielt werden.

Kombination von Bild, Ton und Text: Zusätzlich zur Bildinformation können elektronische Bildspeicher auch Ton oder Text aufzeichnen und bei der Wiedergabe mit dem Bild kombinieren. So können zum Beispiel elektronische Fotoalben mit Musik, Sprache und Texteinblendungen erstellt werden. Eigene Kalender, Einladungen oder Grußkarten lassen sich so auf einfachstem Wege herstellen.

Gleichzeitige Aufzeichnung von Bild und Ton: Von Sony gibt es eine Stillvideo-Kamera, die während oder nach der Bildaufzeichnung auch kurze Tonsequenzen aufnehmen kann. Auch das Photo CD Portfolio Format kann Text, Grafik und Ton zum Bild mischen.

Wahlweise Aufzeichnung von Steh- und Laufbildern: Durch die sehr hohen Bildfolgen von bis zu 25 Bildern in der Sekunde können mit manchen Stillvideo-Kameras auch kurze Laufbildsequenzen aufgenommen und wiedergegeben werden. So lassen sich zum Beispiel die ersten Schritte des Babys als Lauf und Stehbild festhalten. Aus der Laufbildsequenz kann jederzeit das beste Stehbild herausgenommen und auf einen anderen Träger überspielt werden.

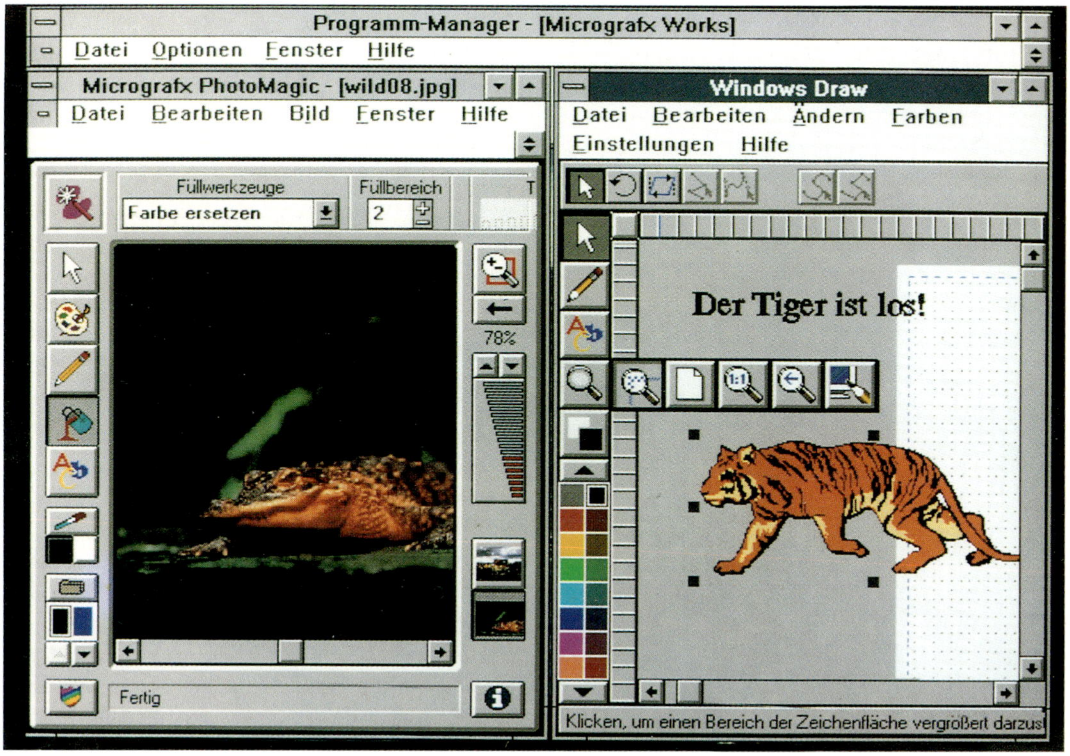

Mit Bildbearbeitungsprogrammen wie Photo Magic von Micrografx lassen sich auch von Nichtfachleuten Bilder am Computer bearbeiten.

Einfache Bildbearbeitung: Entsprechende Software vorausgesetzt, können elektronisch erzeugte Bilder jederzeit im Computer weiterverarbeitet oder miteinander kombiniert werden. Die Kunstfotografie, also die Fotografie autonomer Bilder, erhält dadurch eine enorme Palette kreativer Möglichkeiten. Zu dem kreativen Aspekt kommen noch die weitaus wichtigeren Möglichkeiten der nachträglichen, rechnerischen Bildverbesserung. So kann theoretisch jeder Bildpunkt beliebig in seiner Farbe und Helligkeit verändert werden. Elektronische Bilder lassen sich ohne Schwierigkeiten in jeder DTP-Anlage (Desktop Publishing) verarbeiten.

Videoprinter von Mitsubishi

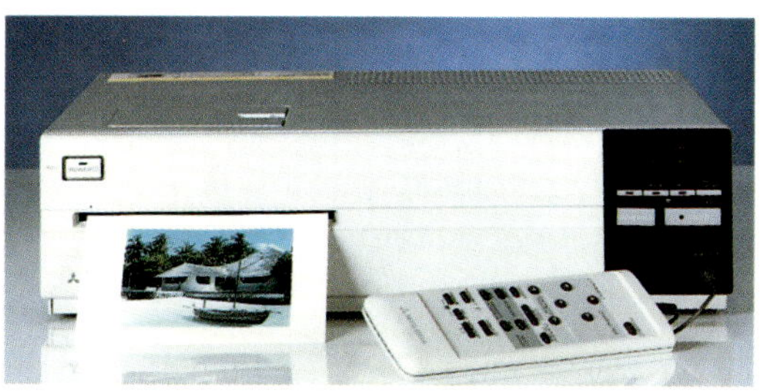

Papierbild auf Knopfdruck: Über Videoprinter oder Thermodrucker lassen sich inzwischen hochwertige Papierbilder bis zum DIN A3 Format machen. Selbst mit Farblaserkopierern können Vergrößerungen und Abzüge hergestellt werden. Solche Kopien lassen sich sogar in vorhandene Text- oder Bildvorlagen hineinkopieren.

Photo CD

Die von den Unternehmen Kodak und Philips gemeinsam entwickelte Photo CD (CD = Compact Disc) gestattet die Einbeziehung fotografischer Bilder in Computer Anwendungen. Dieses universelle Speichermedium für digitale Bilder hat nicht nur die Präsentation, Archivierung und Distribution digitaler Fotos im privaten wie professionellen Bereich, sondern die gesamte Welt des Desktop Color Imaging revolutioniert. Die Photo CD ist zunächst einmal eine WORM-CD (Write Once Read Many) aus der Familie der CD-ROMs kompatibel zum CD-ROM-XA-Standard (XA = Extended Architecture), auf der in dem von Kodak entwickelten PCD-

Format Fotos als digitale Datensätze gespeichert werden. Das Besondere an den Photo CD Bildern ist einerseits ihre hohe Auflösung, die den fotografischen Vorlagen entspricht und ihre ausgeklügelte Datenstruktur, die den Zugriff auf die gespeicherten Fotos in unterschiedlichen Auflösungen und damit für die eine Vielzahl von Anwendungen erlaubt.

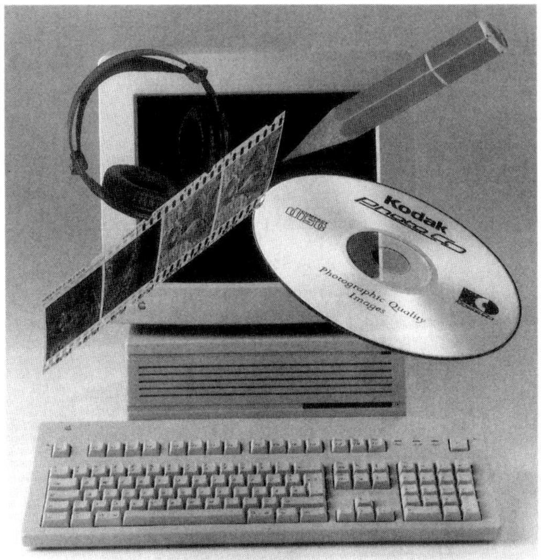

Die Brücke vom Film zur Elektronik schlägt die Kodak Photo CD

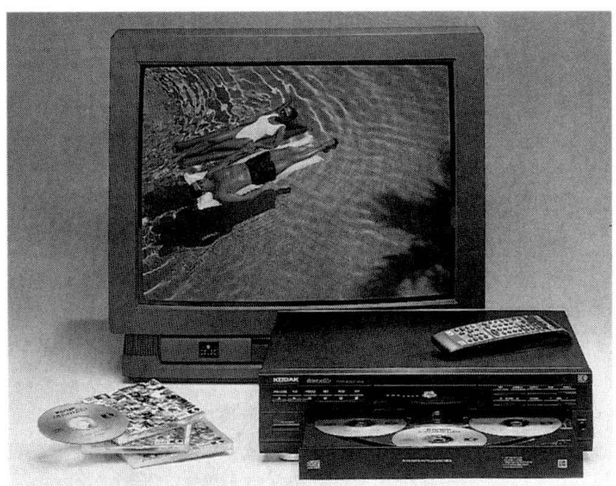

Der Kodak PCD 5860 (Wechselplayer für 5 CDs) erlaubt das Abspielen von Audio- und Photo CDs.

Da bei der Digitalisierung von Fotos in hoher Auflösung riesige Datenmengen anfallen, bietet sich die Compact Disc mit ihrer hohen Speicherkapazität von etwa 650 Megayte und günstigen Produktionskosten als optimaler Träger an.
Die einmal auf eine Photo CD geschriebenen Bilddatensätze lassen sich nicht mehr löschen oder verändern. Die Photo CD ist also ein praktisches und sicheres Medium für die Archivierung von Bildern. Doch damit sind die Einsatzmöglichkeiten längst nicht erschöpft. Photo CD Bilder lassen sich mit Photo CD- oder CD-I-Playern, die übrigens auch in der Lage sind, ganz normale Audio CDs abzuspielen, analog auf Fernsehschirmen oder mit Videoprojektoren vorführen.

Bildtransfer auf die Photo CD

Der Weg zur Photo CD ist genauso einfach, wie der zu einem Fotoabzug. Man bringt seine Dias oder Negative zum Fotohändler und verlangt ihre Überspielung auf Photo CD. Bis zu 100 Bilder haben auf einer Photo CD Platz. Die Scheibe kommt in einer praktischen Kunststoffkassette zusammen mit einem Index-Print, der alle gespeicherten Fotos und ihre Bildnummern zeigt. Die Bilder müssen nicht alle auf einmal, sondern können auch in zeitlich versetzten Arbeitsgängen auf die Photo CD übertragen werden.
Die Überspielung der Fotos erfolgt mit der Kodak Professional Imagetransfer Workstation. Diese besteht aus drei Komponenten: Scanner, Datenmanager und PCD-Writer. Die Vorlagen – Dias oder Negative – werden im Scanner abgetastet. Anschließend wird im Datenmanager diese Rohdatenmenge von etwa 18 MB in ein Image Pac mit verschiedenen Auflösungen konvertiert und nach der ebenfalls von Kodak entwickelten YCC-Farbraumbeschreibung codiert. Die fünf als Bases bezeichneten Teildatenmengen des Image Pacs einer Photo CD Master Disc speichert das Bild in fünf unterschiedlichen Auflösungen. Im Mittelpunkt der Dateistruktur steht die zentrale Image Base für die Wiedergabe auf Fernsehgeräten nach VGA (Video Graphics Array) mit 256 x 768 Pixel. Für PC-Anwendungen stehen zum schnellen Blättern in Bilddatenbanken zusätzlich die Base/4 und Base/16 mit 256 x 384 und 128 x 192 Pixel zur Verfügung. Diese drei genannten Image Bases werden unkomprimiert gespeichert. Die beiden Bases für hohe Auflösungen werden allerdings komprimiert abgelegt. Dies sind 4Base und 16Base mit

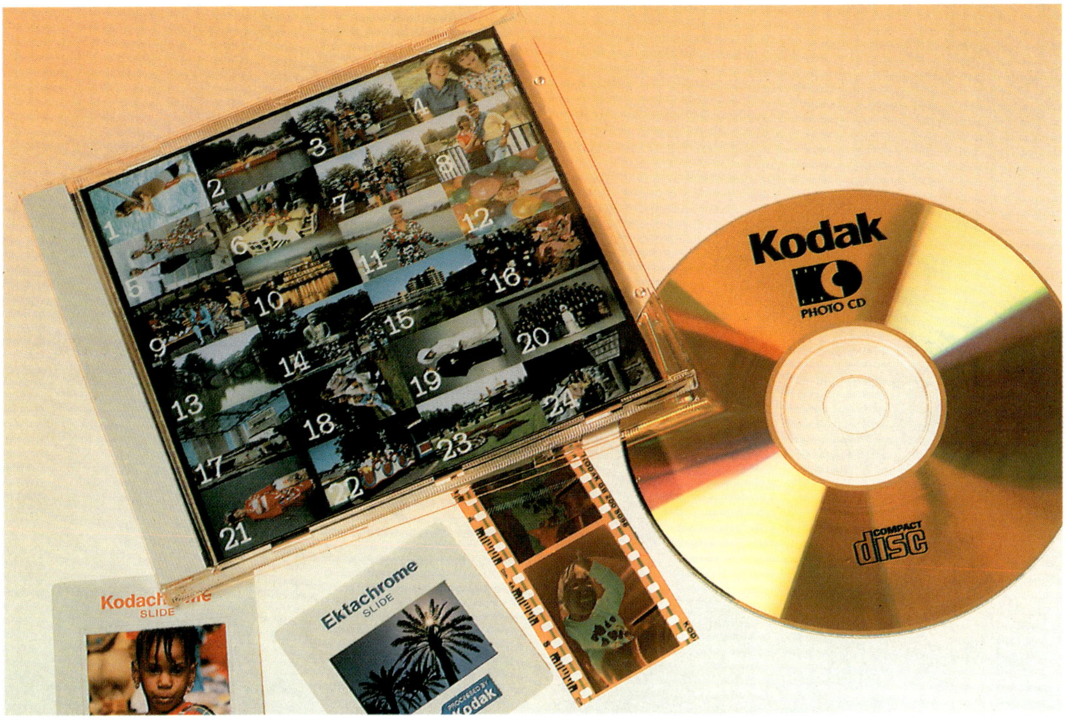

Auf einer Photo CD lassen sich Bilder in fotografischer Qualität digital speichern.

	PC Anwendung		TV	HDTV	PRINTEN
	BASE/16	BASE/4	BASE IMAGE	4 BASE	16 BASE
Auflösung:	128 x 192	256 x 384	256 x 768/VGA	1024 x 1536	2048 x 3072
	unkomprimiert			komprimiert	

Datenstruktur der auf einer Photo CD gespeicherten Bilder

1024 x 1536 und 2048 x 3072 Pixel für die HDTV-Wiedergabe bzw. zum Druck in fotoähnlicher Qualität. Die endgültige Datenmenge pro Photo CD-Bild liegt nach der Kompression bei etwa 6,5 MB. Das sind fast zwei MB mehr als eine Kompression nach dem JPEG Standard erreichen würde. Die Kodak Datenkompression arbeitet nicht nach dem JPEG-Standard, da dieser keine parallele Ablage von komprimierten und nicht komprimierten Bilddatenanteilen vorsieht.

Ein weiterer Vorzug des Kodak PCD-Datenformats liegt in der Möglichkeit der nahezu grenzenlosen Erweiterung durch zusätzliche Image Bases. So gibt es die Pro Photo CD mit der zusätzlichen 64Base und einer Auflösung von 4048 x 6144 Pixel sowie die Photo CD Diagnostic und die Photo CD Print für noch höhere Auflösungen.

Das Photo CD-Format verwendet die von Kodak entwickelte Farbcodierung YCC. Diese neue Farbraumbeschreibung hat für die Farbbildkommunikation eine ähnliche Bedeutung wie der ASCII-Code für die Textkommunikation und wurde von den wichtigsten Software-Entwicklern bereits in ihre aktuellen Anwendungen eingebunden. So wird der Code auch vom Level 2 der Seitenbeschreibungssprache Postscript unterstützt. Die YCC-Farbcodierung ermöglicht es, hochwertige Bilder auf jedem Ausgabemedium, ganz gleich, ob es nun mit additiver (RGB) oder subtraktiver (CMYK) Farbmischung arbeit, weitgehend identisch zu halten. Die Umwandlung von RGB-Scan-Daten

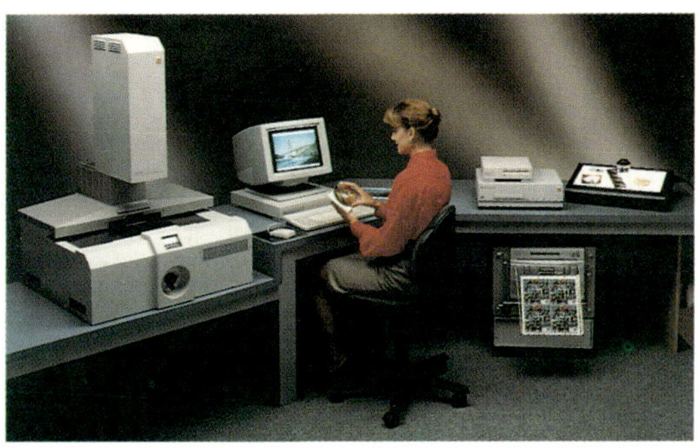

Kodak Photo CD Transferstation für die Pro Photo CD

Kleines Lexikon der elektronischen Bildaufzeichnung

Analog: Darstellung und Übertragung von Größen (Bilder oder Tönen) in kontinuierlicher Form. So wird zum Beispiel die Schwingung eines Bildsignals so übertragen, daß eine elektrische Spannung dem Auf und Ab der Schwingung ständig folgend zu- oder abnimmt.

Bildplatte: Laser Disc zur Speicherung von Lauf- und Stehbildern.

CCD: Abkürzung für Charge Coupled Device, zu deutsch ladungsgekoppeltes Halbleiterelement.

Chrominanz: Farbton oder Sättigung der Farbe.

DAT: Abkürzung für Digital Audio Tape, einem System für die digitale Tonaufzeichnung, das sich aber auch zur Speicherung aller anderen digitalen Daten verwenden läßt.

Digital: Darstellung von Größen durch Codierung. Bei der digitalen Übertragung von Bildsignalen wird das Auf und Ab des Schwingungsverlaufs durch rasch hintereinanderfolgende Zahlenangaben dargestellt.

Digital Card: Speicher für digitale Bilder, die mit der Digital Card aufgenommen wurden.

in die YCC-Struktur für die Speicherung auf der Photo CD erfolgt in drei Stufen. Nach einer nichtlinearen Transformation werden die sich ergebenden Werte in eine Luminanz (Y) und zwei Chrominanz (C) Komponenten umgewandelt. Diese drei Komponenten werden schließlich für die Speicherung auf Photo CD in eine 8-Bit Datenstruktur konvertiert und mit dem PCD-Writer auf die Photo CD geschrieben.

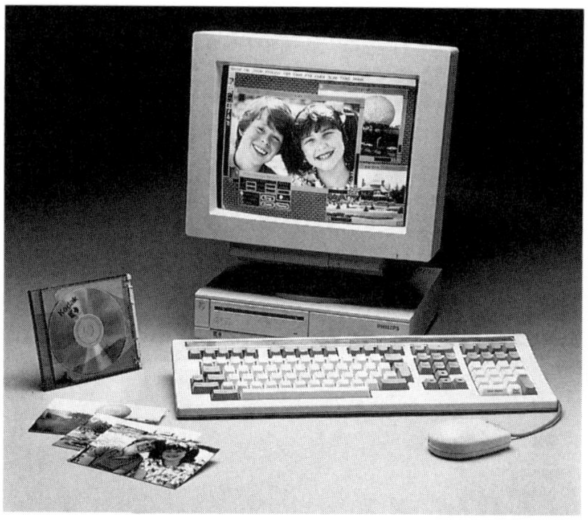

Über ein CD-ROM-XA-Laufwerk lassen sich die auf einer Photo CD gespeicherten Bilder in den Computer laden und mit entsprechender Software bearbeiten.

Photo CD Bilder und Computer

Zum Einlesen der Photo CD Bilder in den Computer wird ein CD-ROM-XA Laufwerk benötigt. Die richtige Wahl eines Laufwerks wird durch die Vielfalt der existierenden CD-ROM-Standards und der Laufwerk-Typen erschwert. Optimal lassen sich Bilder einer Photo CD mit multisessionfähigen CD-ROM-XA-Laufwerken (XA mode 1 & mode 2 Form 1) einlesen. Das Photo CD Logo auf den Laufwerken garantiert, daß mit ihm Photo CDs ohne Einschränkung gelesen werden können. Es garantiert, daß es sich um ein multisessionfähiges XA-Laufwerk handelt, das auch CD-I, Photo CD, Audio CDs und Sony PC/CD ROM Bookman Daten lesen kann. Normale CD-ROM-Laufwerke können die auf CD-ROM-XA enthaltenen Audio-Informationen entweder gar nicht oder aber nicht schnell genug verarbeiten.

Fotos auf dem Bildschirm

Die Darstellung der Photo CD Bilder auf dem Bildschirm hängt von der Qualität der Grafikkarte und des Monitors ab. Für die ernsthafte Bildbearbeitung sollte man möglichst mit Truecolor-Grafik-Boards arbeiten, die über 16,7 Millionen Farbnuancen darstellen können. Da bei der digitalen Bildbearbeitung fotografischer Bilder riesige Datenmengen bewegt werden müssen, ist eine Grafikkarte mit eigenem Prozessor empfehlenswert. Ansonsten kann es vorkommen, daß sich selbst einfache Bildmanipulationen ewig lang hinziehen.
Normale VGA-Karten stellen höchsten 256 Farben bei einer Auflösung von 640 x 480 Bildpunkten dar. Bei Super VGA erhöht sich die Auflösung schon auf 800 x 600 Punkte und mit XGA können schon Auflösungen bis 1024 x 768 Pixel am Bildschirm erreicht werden. Grafikkarten nah dem TIGA-Standard bringen Auflösungen bis zu 1280 x 1024 Pixel und 16,7 Millionen Farben. Entscheidend für die Anzahl der darstellbaren Farben ist der Videospeicher auf der Grafikkarte. Um Bilder in 24-Bit-Farbtiefe und vernünftiger Auflösung darzustellen, sind mindestens 2 MB erforderlich.

Photo CD Formate

Die Kodak Photo CD stellt nicht ein einzelnes Produkt für die Bildspeicherung dar, sondern ist Teil eines umfassenden Imaging-Systems. Neben der normalen Photo CD Master Disc, gibt es weitere Photo CD-Formate für spezielle Anwendungen im professionellen wie im privaten Bereich.

Pro Photo CD Master Disc

Für professionelle Anwendungen gibt es die Pro Photo CD. Dieses Format wurde um die Base 64 erweitert, in der die zusätzlich anfallenden Daten für Bilder mit einer Auflösung von 4096 x 6144 Pixel gespeichert werden. Somit lassen sich auch Fotos bis

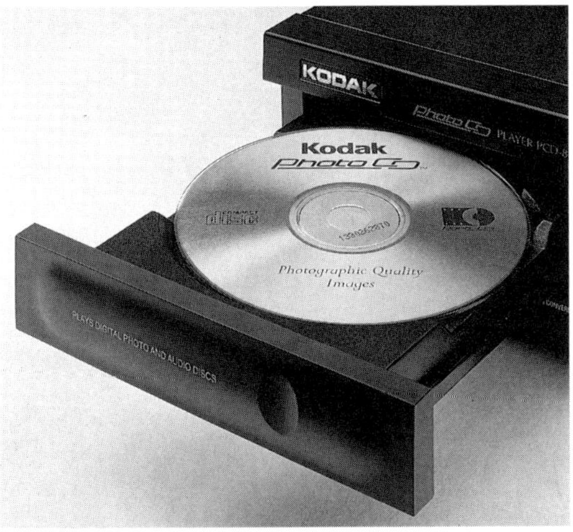

Einfach wie eine Audio CD lassen sich Photo CDs abspielen. Foto: Kodak

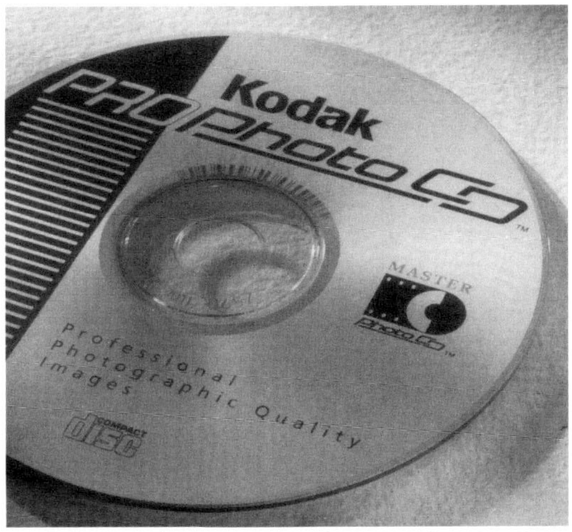

Kodak Pro Photo CD Master Disc für die Speicherung von hochauflösenden digitalen Bildern

zum Format 4 x 5 Inch, wie sie in der professionellen Fotografie häufig anfallen, auf die Photo CD übertragen. Die Bases des Image Pacs der Pro Photo CD mit den hohen Auflösungen können zum Schutz gegen Copyright-Verletzungen mit einer Art Wasserzeichen codiert werden, das sich nur durch ein Passwort wieder löschen läßt. Zusätzlich können Copyright Vermerke und andere Bildinformationen mit abgespeichert werden.

Photo CD Portfolio Disc

Eine der vielseitigsten Photo CD-Varianten ist die Kodak Photo CD Portfolio Disc. Auf ihr können Fotos, Grafiken, Text und Ton gemeinsam gespeichert werden. Sie ermöglicht die preiswerte Produktion von Präsentationen für Schulung, Information und Animation. Anwendungen als Museumsführer, für Touristikinformationen, Ausbildung u. ä. sind nur ein Bruchteil der Möglichkeiten, die sich durch die Portfolio CD ergeben. Privat lassen sich so vertonte Fotoalben von Familienfesten, Urlauben oder Hochzeiten herstellen. Die Herstellung einer Portfolio CD teilt sich in zwei Bereiche. Das ist zum einen der kreative und zum anderen der produktive Teil. Für die Gestaltung einer Portfolio wird die Kodak Portfolio Kreative Software (Mac oder Windows) benötigt. Die mit der Kreative Software zusammengestellten Bild-, Grafik- und Tondateien werden zum Überspielen auf die Portfolio CD Teil zu einem entsprechenden Dienstleister gebracht. Dort kann die Portfolio CD für Kleinauflagen auch vervielfältigt werden. Sie läßt sich aber auch als Master für industrielle Vervielfältigung in großen Auflagen einsetzen.

Photo CD Catalog

Nahe verwandt mit der Portfolio CD ist die Photo CD Catalog. Sie ist für Kataloge auf CD-ROM konzipiert worden und kann Bilder, Texte, Grafik und Ton gemischt aufnehmen. Die Bilder werden in die Katalogseiten eingepasst. Ein einfaches Bildschirm-Menu führt den Anwender durch das Angebot. Die dazu benötigte Software ist bereits auf jeder Catalog CD enthalten. Da nur die Videoauflösung verwendet wird, lassen sich Tausende von Bildern auf einer einzigen Photo CD Catalog unterbringen.

Photo CD Diagnostic

Noch in der Entwicklung ist die Photo CD Diagnostic Disc, die zur Archivierung von medizinischen Bildern, die entweder auf Film basieren, aber auch von digitalen Bildquellen kommen können, dient. Dazu zählen medizinische Fotos, Röntgenbilder, Ultraschallaufnahmen oder Tomographien.

Field-Mode: Aufnahmemodus für Halbbilder mit geringerer Auflösung.

Frame Mode: Aufnahmemodus für Vollbilder, die sich aus ungraden und geraden Teilbildern (Field-Mode) zusammensetzen.

Luminanz: Leuchtdichte, Helligkeit des Bildes.

PAL: Abkürzung für Phase Alternation Line, die Deutsche Fernsehnorm.

NTSC: Abkürzung für National Television System Comittee, die amerikanische Fernsehnorm, die auch von Japan übernommen wurde.

Pixel: Picture Element, deutsch Bild-Element, kleinste Einheit eines Bildsensors. Die Anzahl der Pixel bestimmt das Auflösungsvermögen eines CCD-Bildsensors.

Rauschen: Unerwünschte Bild- oder Tonstörungen.

Still-Video-Floppy: Floppy-Disc zur Aufzeichnung von elektronisch erzeugten Stehbildern.

Zusätzlich können auch Kommentare sowie Patientendaten auf der Photo CD Diagnostic gespeichert werden. Die Anzahl der Bilder, die auf einer Photo CD Medical abgelegt werden können, hängt von der Größe der einzelnen Datensätze ab.

Photo CD Print

Gemeinsam mit den Herstellern für High-End-Scanner Dainippon Screen, Crosfield, Linotype-Hell und Scitex hat Kodak die Print Photo CD entwickelt. Sie kann hochwertige Scans für den Druck und alle dazu gehörigen Daten speichern. Mit den Systemen der vier Hersteller können auch Photo-CD Formate gelesen, dargestellt und geschrieben werden. Zusätzlich nimmt die Print Photo CD auch die in der Druckindustrie verwendeten CMYK (Cyan, Magenta, Yellow, Black) Daten auf. Damit ist es erstmals möglich, Bilddaten sowohl im CMYK- als auch im Photo CD-Format unter den Systemen dieser vier Hersteller auszutauschen. Dadurch werden der Bilddatentransfer im Prepress-Bereich deutlich vereinfacht und die Kosten erheblich gesenkt.
Es lassen sich nicht nur die Bilddaten gescanter Vorlagen auf die Print Photo CD übertragen sondern auch andere Grafik- oder Textdateien. Dadurch können Unternehmen im Prepress-Bereich alle mit einem Auftrag verbundenen Daten gemeinsam mit den Bilddaten auf einer oder auf einer Reihe von Discs sichern

Software für die Photo CD

Um Photo CD Bilder in Anwendungen für Layout, DTP, Bildbearbeitung, Multimedia usw. importieren zu können, ist eine entsprechende Software nötig, mit der sich die Bilder zunächst in den Computer einlesen und schließlich in das vom Anwendungsprogramm akzeptierte Grafikformat konvertieren lassen.

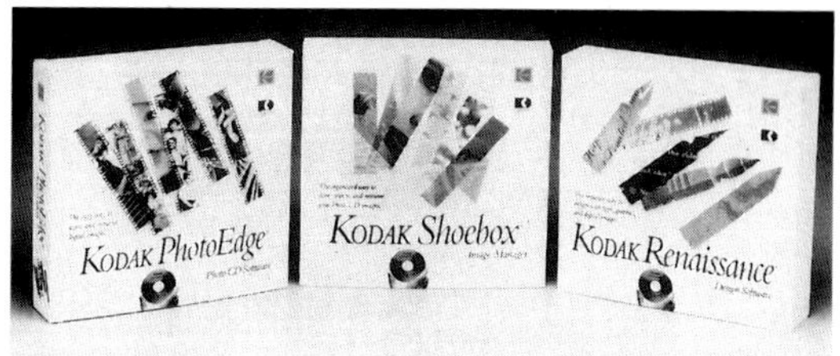

Software für die Bearbeitung und Archivierung von Photo CD Bildern

Einige Anwendungsprogramme, vor allem für die Bildbearbeitung, erlauben bereits den direkten Zugriff auf die Photo CD-Bilder, für andere werden sogenannte Plug-Ins angeboten. Manche Betriebssysteme haben bereits das Photo CD Format integriert. Kodak selbst bietet die Kodak Photo CD Access Software für DOS, Windows und Mac an. Sie dient zum Anschauen am Bildschirm und zur Konvertierung der Dateien in die gängigsten Grafikformate. Die Fotos können in Form eines Kontakabzuges auf den Bildschirm geholt werden. Durch Anklicken können einzelne oder mehrere Bilder in der gewünschten Auflösung (Base) geladen werden. Mit der Photo CD Access Software lassen sich Ausschnitte herstellen und Bildgrößen verändern. Zur richtigen Orientierung können die Bilder auch gedreht werden.
Eine ähnliche Oberfläche wie die Photo CD Access besitzt die Kodak PhotoEdge Software. Sie stellt jedoch zusätzliche Werkzeuge für die Bildbearbeitung zur Verfügung, mit denen Bilder nachgeschärft, Über- und Unterbelichtungen korrigiert, der Kontrast verbessert und die Farben verändert werden können. Kodak PhotoEdge gibt es in IBM-PC und Macintosh Versionen.

Bildgestaltung

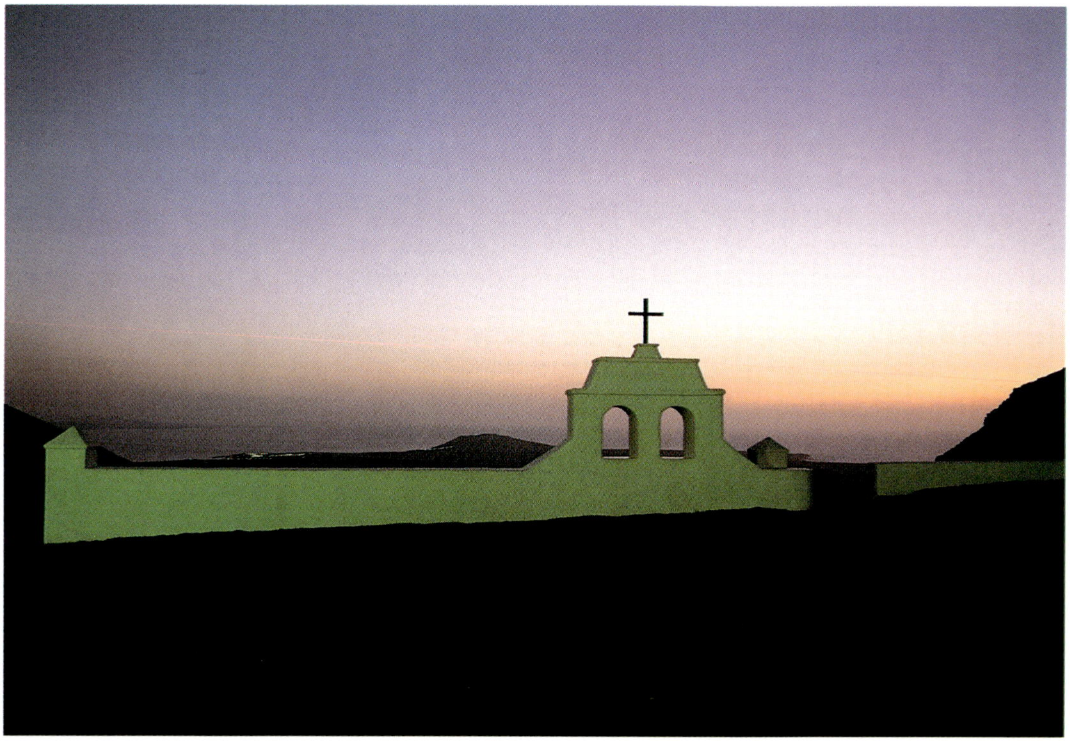

Das Bild wurde abends aufgenommen. Die Mauer ist weiß und wurde durch das Neonlicht hinter dem Fotografen grün (siehe unten).
Foto: Herbert Stecher

Licht

»Lichtbildner« ist eigentlich der zutreffende Titel für einen Fotografen. Denn ob er mit Tages- oder mit Kunstlicht (Lampen und Scheinwerfer) fotografiert, immer spielt Licht eine entscheidende Rolle. Licht kann man in verschiedene Kategorien einteilen. Die erste Kategorie ist Tageslicht und Kunstlicht.
Die meisten Fotos werden bei Tageslicht aufgenommen. Es ist die Zeit von kurz nach Sonnenaufgang bis kurz vor Sonnenuntergang. Man sollte aber wissen, daß die Mittagszeit die ungeeignetste Zeit für Landschaftsaufnahmen ist. Sie wirken flau, oft blaustichig und sind ohne Tiefe. Die beste Zeit für aussagestarke Fotos ist kurz nach Sonnenaufgang und kurz vor Sonnenuntergang. Das Licht ist warm, die Schatten bringen Tiefe und ein »warmer« → Farbstich wirkt angenehmer als ein blauer → Farbstich.
Der Standardfilm bei Tageslicht ist der 100 oder 200 ISO-Film. In den Morgen- und Abendstunden, wo mehr Licht benötigt wird, kann es aber auch ein 400 oder 1000-ISO-Film sein. Je höher die ISO-Zahl, desto grobkörniger und auch farbloser werden aber die Aufnahmen. Dies kann man auch bewußt als Gestaltungselement in Kauf nehmen. Kunstlicht, dieses Wort umschreibt alles, was mit künstlichem Licht zu tun hat. Das können geblitzte Fotos sein oder Bilder mit Lampenlicht aufgenommen. Dazu gehört

Diese Aufnahme etwa eine halbe Stunde früher aufgenommen zeigt die Gegenrichtung des Fotos oben mit der künstlichen Lichtquelle, die der Fotograf im Rücken hatte.
Foto: Herbert Stecher

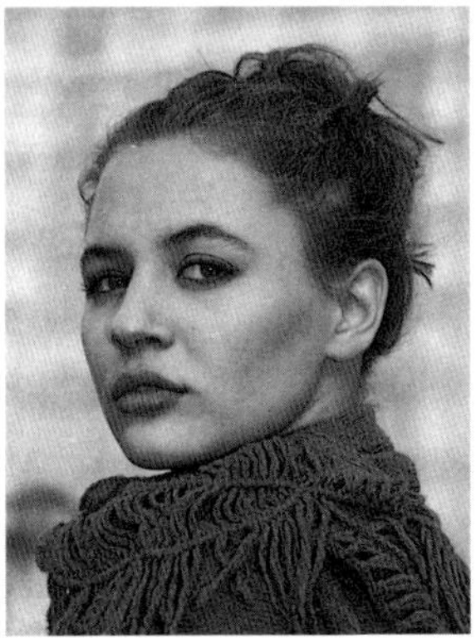

Porträt
Im Freien sollte man darauf achten, daß harte, schwarze Schlagschatten nicht unter den Augen und an der Nase zu sehen sind. Hartes Licht zeigt auch Hautunebenheiten besonders stark. Besser ist es zu fotografieren, wenn die Sonne an manchen Tagen zwar intensiv ist, aber von Wolken verdeckt ist. Bei Sonnenlicht sollte grundsätzlich mit Aufhellblitz fotografiert werden. Damit hat man Spitzlichter in den Augen, keine Schlagschatten und oft ist sogar noch die Augenfarbe des Porträtierten zu erkennen.

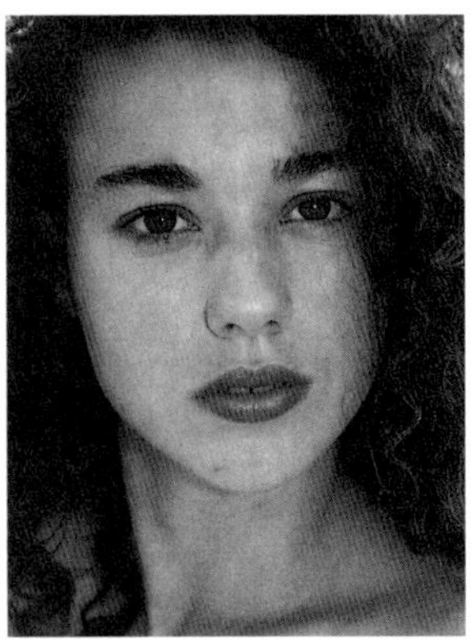

Fotos: Detlev Motz

auch das Licht von Neonlampen. Der Blitz an der Kamera – ob eingebaut oder nachträglich als Zubehör angeschafft – ist auf Tageslicht sensibilisiert. Man kann also beim Blitzen die normalen Tageslichtfilme benutzen und benötigt keinen speziellen Kunstlichtfilm. Auch wenn mit einer Blitzanlage fotografiert wird, kann mit Tageslichtfilm gearbeitet werden. Einziger Unterschied: Man kann hier sogar auf noch niederempfindlichere Filme zurückgreifen wie einen 100 ISO-Film. Fotografiert man bei Glühlampenlicht mit Tageslichtfilm, erhält man einen (warmen) rötlichen → Farbstich. Bei Neonlicht hingegen ist der → Farbstich grün. Ein Kunstlichtfilm vermindert diesen Farbstich. Um exakt die Farben zu erhalten, die man zu sehen glaubt, benötigt man aber zusätzliche Filter, die genau auf die jeweilige → Farbtemperatur abgestimmt sind. Mit diesen Farbveränderungen kann man aber auch experimentieren. Fotografiert man mit Kunstlichtfilm bei Tageslicht, erhalten die Bilder bläuliche Farben. Wird mit Tageslichtfilm bei Kunstlicht fotografiert, bekommen die Dias einen rötlichen Ton. Diese Farbstiche sieht man nur beim Diafilm. Beim Negativfilm werden die »Stiche« automatisch vom Labor ausgefiltert.

Lichtrichtung

Wo Licht ist, ist auch Schatten. Glücklicherweise kann der Landschaftsfotograf nur sagen, denn Schatten geben dem Bild Tiefe. Wir sehen ja dreidimensional, ein Foto zeigt die Umwelt aber zweidimensional. Also muß mit Tricks gearbeitet werden, um Fotos mehr Tiefe zu geben. Dazu bedient man sich der Schatten und Kontraste. Und dazu wieder benötigt man Seitenlicht oder Auflicht. Was für den einen die reine Freude ist, ist für den anderen Frust. Denn während ein Landschaftsfotograf diese Gestaltungselemente benötigt, ist ein Porträtfotograf über Schatten unter den Augen seines Modells überhaupt nicht erfreut. Deshalb hat ein guter Porträtfotograf immer seinen Aufhellblitz dabei, um die stärksten Schatten seines Modells »weg zu blitzen«. Ein Landschaftsfotograf dagegen bekommt erst richtig Strukturen in seine Gegenstände, wenn er fotogenes Seitenlicht hat. Prinzipiell unterscheidet man folgende Lichtrichtungen: Seitenlicht, Gegenlicht, Vorderlicht (gleichbedeutend wie Rückenlicht).

Seitenlicht verstärkt den Eindruck der Dreidimensionalität des Motivs. Rückenlicht schwächt diesen Eindruck ab. Für den Fotografen ist es aber am einfachsten zu handhaben, da er kaum Probleme mit der Belichtungsmessung hat. Ohne in den Programmablauf seiner Kamera eingreifen zu müssen, kommt er damit zu richtig belichteten Fotos.

Bei Gegenlicht sollte man sich nicht auf die Automatik seiner Kamera verlassen, da die Fotos sonst zu dunkel werden oder falsch belichtet sind. Um ein Gefühl für »richtig« belichtete Fotos zu bekommen, sollte der Landschaftsfotograf zu Belichtungsreihen im Abstand von 1/3 oder 1/2 Blenden greifen. »Richtig« belichtet muß nicht immer identisch sein mit »perfekt« belichtet. Oft kann ein um 1/2 oder sogar eine Blende unterbelichtetes Foto erst die gewünschte Stimmung vermitteln.

Einen entscheidenden Einfluß auf die Stimmung in einem Bild hat auch der Kontrast. Er hängt vom Motiv selbst, der Beleuchtung, dem Film, der Entwicklung und sogar von der Präsentation des Fotos ab (beispielweise helles oder schwarzes Passepartout). Bei der eigentlichen Aufnahme entscheidet bereits der Kontrast (hellste und dunkelste Stelle im Motiv), ob die Aufnahme später vergrößert oder nur als Dia auf der Leinwand gezeigt werden kann. Denn während das Auge einen Konstrast von 1:300 000 wahrnimmt, verkraftet ein Fotopapier nur einen Kontrast von 1:50.

Eine Innenaufnahme mit hellem Ausblick hat aber bereits einen Kontrast von 1:10 000! Ohne Tricks ist dieser Kontrast also nicht aufs Fotopapier zu bekommen.

Lichtcharakter, direkt, indirekt

Neben der Lichtrichtung ist auch der Lichtcharakter wichtig. Denn man kann sowohl mit hartem Licht, mit halbdiffusem Licht oder mit weichem Licht arbeiten. Ein Beispiel für die unterschiedliche Wirkung ist ein Männer- oder Frauenporträt. Ein männliches

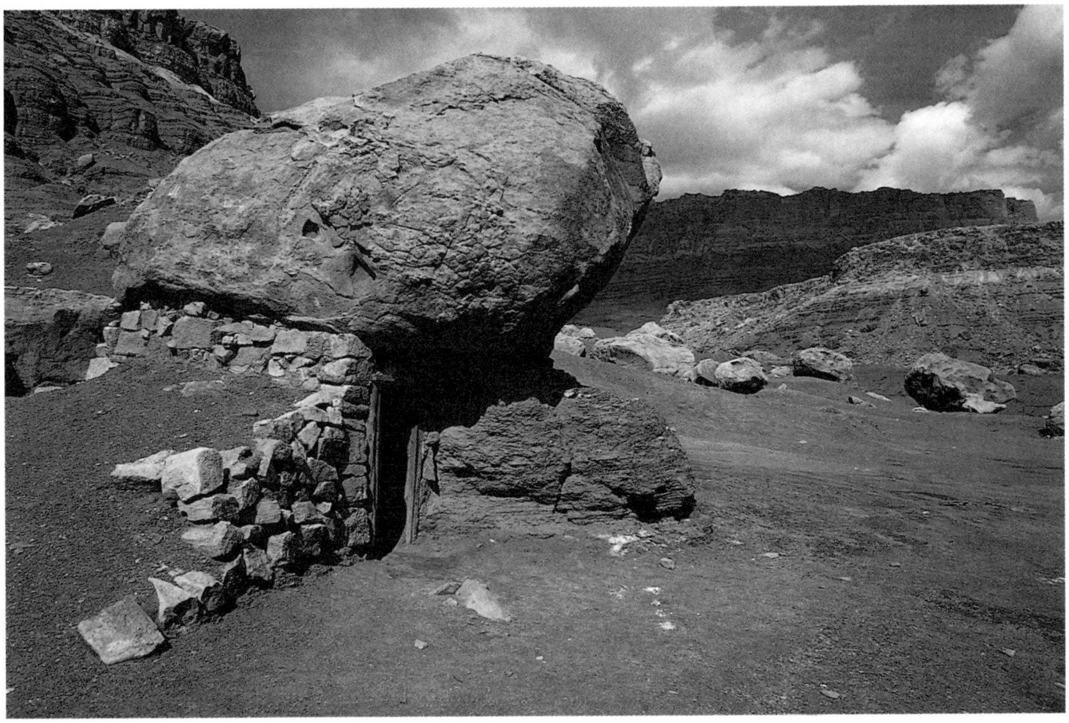

Dieses Foto wurde bei direktem Sonnenlicht aufgenommen.
Foto: Heiner Henninges

Charaktergesicht kann mit hartem Licht fotografiert werden. Es liefert klare Konturen. Falten kommen deutlich zum Vorschein. Eine Frau hätte gegen dieses Licht eher etwas einzuwenden. Sie wird am besten mit weichem oder bei halbdiffusem Licht fotografiert.
In freier Natur herrscht dann diffuses Licht, wenn die Sonne nur als helle Scheibe zu erkennen ist, ohne daß man die Augen schließen muß. Meist ist sie im Dunst oder Nebel gerade noch zu erkennen. Das ist die beste Zeit für Porträts. Denn dann muß man starken Schatten nicht mit dem Blitz zu Leibe rücken. Die Beleuchtung ist weich und extreme Kontraste (schlecht für Vergrößerungen) fehlen. Die Farben sind gedämpfter und nicht mehr so grell (bunt) wie bei hartem Licht. In Innenräumen erreicht man diffuses (weiches) Licht, wenn nicht das fotografierte Objekt, sondern die Wände darum herum und die Decke mit Lampen oder mit einer Blitzanlage beleuchtet werden. Die Spannweite der Lichtqualität (Lichtcharakter) reicht damit vom harten Licht (harte Schatten), über das halbdiffuse Licht (weiche Schatten) bis zum weichen Licht (keine Schatten). Mit dem Lichtcharakter ändern sich nicht nur die Schatten, sondern auch die Farben. Mit dem Licht ändert sich ebenfalls die Sättigung der Farben. Sie werden kräftiger (hartes oder direktes Licht) oder gedämpfter (weiches oder indirektes Licht). Natürlich können die Farben eines Objekts auch noch durch die eingestellte Belichtungszeit verändert werden. Die Farbhelligkeit kann dabei von pastellartigen bis zu plakativen Farben verändert werden. Bei direktem Licht von vorne ist natürlich auch Vorsicht geboten, da dieses zu Blendenreflexen und Überstrahlungen führen kann. Bei indirektem Licht von vorn (Wolken, Nebel) tritt diese Gefahr weniger auf.

Lichtstimmung

Die meisten Aufnahmen, hauptsächlich im Urlaub, werden bei schönem Wetter aufgenommen. Dies mag bei einem Prospektfotografen seine Richtigkeit haben, der immer Fotos mit strahlend blauem Himmel benötigt. Als engagierter Fotograf sollte man aber gerade das schlechte Wetter nutzen. Regen, Schnee, Hagel, Frost und Nebel sind natürliche Stimmungsmacher, die Fotos einen besonderen Reiz geben. Eine Landschaft, fotografiert durch die regennasse Autoscheibe, kann wie ein Aquarell aussehen, wenn auf die Autoscheibe scharf gestellt ist. Nach einem Regen ist die Luft klar und die

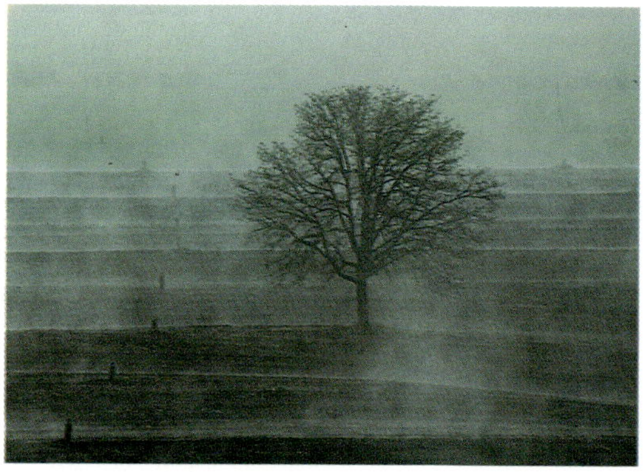

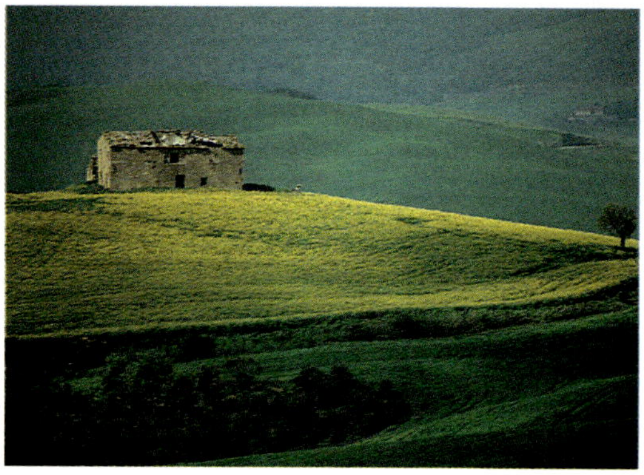

Einen wesentlichen Einfluß auf die Bildwirkung hat das Wetter: trist bei Nebelschwaden wie oben oder wie unten nach einem Regenschauer, wenn es an manchen Stellen schon wieder aufklart, während der Rest noch im Schatten der dunklen Wolken liegt. Fotos: Detlev Motz

Luftaufnahmen
Wenn der Horizont verschwindet, Häuser wie Spielzeug und Äcker nur noch als Form und Fläche wirken, dann sind es meist Luftaufnahmen. Diese können von einem stark erhöhten Standplatz, aus dem Flugzeug, dem Zeppelin, dem Hubschrauber oder einem Fesselballon aufgenommen sein. Besonders bei Föhn oder nach einem Regen wirkt die Luft »rein« und damit »durchsichtiger«. Mit einem Polfilter erhält man noch kräftigere Farben. Ein Schraubstativ kann bei dieser Gelegenheit gute Dienste leisten, da man weniger verwackelt.

Farben satter. Schnee kann eine Landschaft in eine Märchenlandschaft verwandeln. Aus diesem Grund versuchen viele Hobbyfotografen Venedig im Winter zu erwischen. Kein einfaches Unterfangen, da die Möglichkeit nicht oft besteht. Aber es muß nicht Venedig sein. Selbst die nähere Umgebung vor der Haustür verwandelt ihr Gesicht im Winter oder nach einem Hagelschauer. Nebel dagegen gilt als der »Radiergummi der Fotografen«. Er läßt alles verschwinden, was einen Fotografen stört. Ein Maler läßt weg, was ihm nicht gefällt. Diese Möglichkeit hat ein Fotograf nicht. Doch bei Nebel verschwinden plötzlich störende Reklameschilder, Autobahnbrücken, Telefon- und Hochspannungsmasten im Hintergrund. Da Aufnahmen bei Nebel meist nur einen geringen Kontrastumfang haben, erhält man vom Dia- oder Negativfilm auch gute Farbvergrößerungen. Frost verzaubert Bäume. Sie erhalten einen »Zuckerguß«, der den Bildern etwas märchenhaftes gibt. Meist hält der Frost aber nicht lange. Geht die Sonne auf, verschwindet er. Es heißt also schnell sein, um diese Zeit auszunützen. Gute Landschaftsfotografen kennen bereits ihr Motiv und brauchen bei Nebel oder Frost nur noch ins Auto zu steigen, um zur richtigen Zeit am »Tatort« zu sein. Landschaftsfotografen sollten auch bei diesen »natürlichen Stimmungsmachern« immer ein Stativ im Auto haben. Sie können dann auch mit langen Brennweiten (ab 200 mm) oder gezielt mit der Tiefenschärfe arbeiten.

Langzeit

Blenden zwischen 5,6 und 11, und ein Film von 100 ISO werden am meisten benutzt. Dazu kommt eine verwacklungsfreie Zeit von 1/125 bis 1/500 Sekunde. Nicht immer steht aber für diesen Film genügend Licht zur Verfügung. Sei es, weil man gestalterisch mehr Schärfentiefe möchte oder bereits die Dämmerung eingesetzt hat. Auch fotogene Unwetter sind plötzlich nicht mehr möglich. Langzeitbelichtung heißt das Zauberwort. Man ist es gewöhnt, mit Zeiten von 1/125, 1/250, 1/500 oder sogar darüber bis 1/2000 Sekunde zu fotografieren. Wer aber fotografiert mit einer Sekunde? Dort fängt die Langzeitbelichtung an, die in extremen Fällen bis zu Stunden gehen kann. Obwohl aus künstlerischen Gründen eine Langzeitbelichtung auch aus der freien Hand gemacht werden kann, braucht man im normalen Fall ein stabiles (!) Stativ, dazu einen Drahtauslöser oder einen Selbstauslöser an der Kamera. Denn jeder Griff zum Auslöser an der Spiegelreflexkamera kann leichte Erschütterungen mit sich bringen und führt damit automatisch zu Unschärfen im späteren Bild oder Dia. Langzeitbelichtungen bedeuten, mit wenig Licht zu Aufnahmen kommen zu können. Also bei Nacht, in der Dämmerung oder in dunklen Gebäuden. Während man dabei sonst aufwendig ausleuchten müßte, kann man bei Langzeitbelichtung mit Stativ und 100 ISO-Film in fast jedem Gebäude fotografieren, ohne daß die jeweilge Stimmung verloren geht. Auch Effektaufnahmen sind möglich. So kann ein Raum scharf wiedergegeben werden, während die zu fotografierende Person nur als unscharfer Schatten zu sehen ist. Wenn das Modell kurz die Luft anhält, während es stillsteht, wird auch sie scharf wiedergegeben.
Langzeitaufnahmen von der Autobahn-

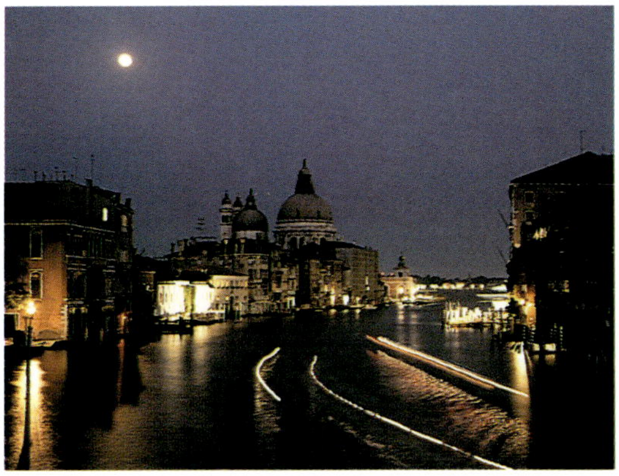

Mit Langzeitbelichtung erreicht man den Effekt, daß die Lichter eines sich bewegenden Objekts als langezogenen Spuren wiedergegeben werden. In diesem Fall sind es die Schiffe auf dem Canale Grande.
Foto: Holger Baumann

brücke oder von einem erhöhten Standpunkt auf einen Bahnhof führen dagegen zu einem anderen Effekt. Die Beleuchtung eines Bahnhofs wird »überstrahlt« wiedergegeben und führt zu einer romantisierenden Darstellungsweise. Fahrende Züge sind nur noch an ihren roten Rücklichtern zu erkennen, die als rotes Band gezeigt werden. Ebenso Autos, die nur noch als helle Streifen zu sehen sind. Selbst die Erddrehung ist zu erkennen, wenn man in klarer Nacht die Sterne fotografiert. Sie werden kreisartig gezeigt, je nachdem welche Belichtungszeit eingestellt ist und welcher Film benutzt wurde.
Auch hier hat die Filmempfindlichkeit Einfluß auf die Bildaussage. Niederempfindliche Filme verlangen eine längere Belichtungszeit, bringen aber die Farben kräftiger. Hochempfindliche Filme verlangen eine kürzere Belichtungszeit, die Farben werden aber blasser und die Bilder körniger. Körnigkeit kann aber zur Bildgestaltung bewußt eingesetzt werden (siehe auch Available Light-Fotografie und Nachtaufnahmen). Natürlich können Langzeitaufnahmen auch am hellen Tag gemacht werden. Dazu benötigt man meist einen Film um 25 bis 50 ISO und die kleinste an der Kamera einstellbare Blende, meist 22 oder 32. Von einem erhöhten Standpunkt fotografiert, werden gehende Menschen zu einer nebelartigen Masse, während ein darin stehender Mensch scharf abgebildet wird.

Available Light und Nachtaufnahmen

Available Light heißt mit »vorhandenem Licht« auskommen (siehe auch Langzeitbelichtung). Meist sind es Stimmungsbilder, die mit vorhandenem Licht fotografiert wurden. Also Life-Aufnahmen oder auch Stilleben. Schwarzweißfotografen haben es etwas einfacher, da ein entscheidendes Kriterium, die Farbe, wegfällt. So kann mit hochempfindlichem Film, bis zu 36 ISO, fotografiert werden und durch Empfindlichkeitssteigerung die Filme (Negative) im Labor noch bearbeitet werden. Selbst der Ausschnitt ihres Motivs kann später im Labor neu festgelegt werden. Ein Diafotograf hat es da erheblich schwerer, denn während die Körnigkeit bei Schwarzweiß-Aufnahmen ihren gewissen Reiz hat, kommt beim Diafotograf noch ein → Farbstich dazu. Dieser ist nicht immer im Sinne des Fotografen. Bei Life-Aufnahmen mit Available Light-Charakter gibt es meist Probleme mit der Belichtung. Es ist also darauf zu achten, daß das Hauptmotiv möglichst nahe an der vorhandenen Beleuchtung ist. Die Messung sollte nach Möglichkeit mit Spotmessung erfolgen, da bei einer normalen Belichtung die Fotos meist zu dunkel wer-

Empfindlichkeitssteigerung
Bei Aufnahmen unter schlechten Lichtverhältnissen und mit geringen Motivkontrasten, wie sie etwa in der Sport- oder Konzertfotografie vorkommen, ist oft eine Steigerung der Filmempfindlichkeit wünschenswert. Eine bessere Ausnutzung der nominellen Filmempfindlichkeit läßt sich durch forcierte Entwicklung erreichen, wobei v.a. die Entwicklungszeit verlängert wird, um den Kontrast zu steigern. (**→ Push-Entwicklung**)

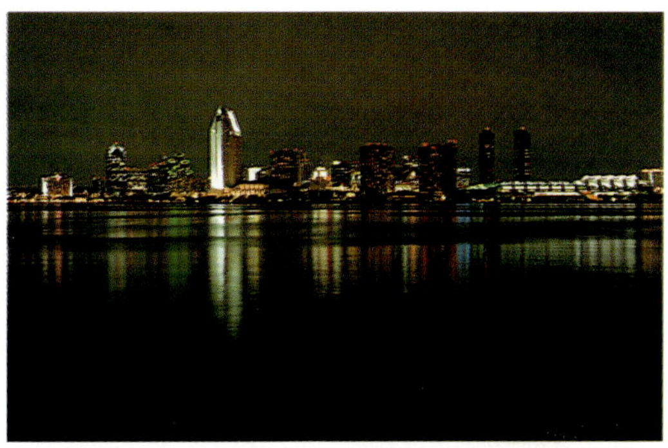

Die Stadtkulisse San Diegos wirkt in der Nachtaufnahme mit der Spiegelung davor besonders beeindruckend.
Foto: Holger Baumann

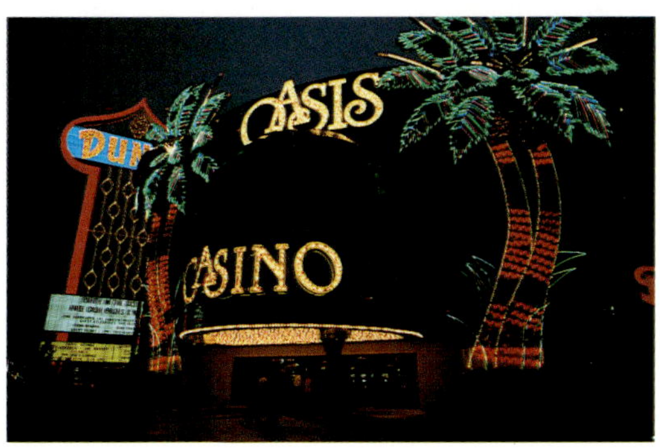

Eine wirkungsvolle Nachtaufnahme sind die Leuchtreklamen einer Stadt.
Foto: Heiner Henninges

Mitziehen
ist eine Technik zur Aufnahme bewegter Objekte, die v.a. in der Sportfotografie Anwendung findet. Hierbei wird die Kamera während der Aufnahme bei langer Verschlußzeit parallel zum Objekt bewegt, wodurch dieses im Bild scharf erscheint, während der eigentlich unbewegte Hintergrund verwischt, so daß dem Betrachter der Eindruck von Geschwindigkeit vermittelt wird.

den. Fackeln oder eine Feuerstelle werden nur noch als helle, gelbe Fläche wiedergegeben, während die Umgebung in sattem Dunkel verschwindet. Das Entscheidende bei Available Light-Aufnahmen ist deshalb die richtige Belichtung. Bei Life-Aufnahmen ist ein Stativ eher störend. Besser ist es mit höher empfindlichen Filmen und lichtstarken Objektiven zu arbeiten. Wenn man die Kamera auf einen Tisch stellt oder an einer Wand abstützt, kann auch mit längeren Belichtungszeiten gearbeitet werden. Die Belichtungszeit sollte aber nicht unter einer 1/15 Sekunde liegen, wenn Menschen, die sich bewegen, noch scharf abgebildet sein sollen. Natürlich können auch Stilleben, Details, Häuser bei natürlichem, in diesem Fall ungünstigem Licht, fotografiert werden. Wichtig ist dabei auch ein helles Sucherbild, damit die Szenerie ohne Mühe beurteilt werden kann. Spezielle → Mattscheiben bietet der Fachhandel an.
Nachtaufnahmen sind eigentlich ebenfalls Available Light-Aufnahmen. Von »vorhandenem Licht« kann man aber kaum noch reden. Das ungünstige Licht, meist Kunstlicht von Lampen oder Leuchtreklamen, führt zu extremen Kontrasten, die kaum aufs Papier übertragbar sind. Aus diesem Grund entstehen gute Nachtaufnahmen kurz vor dem völligen Einbruch der Nacht. Also wenn der Himmel noch dunkelblau ist. Bei näherstehenden Objekten wird das sogenannte »Langzeit-Blitzen« eingesetzt. Das nahe Objekt wird mit dem Blitz richtig ausgeleuchtet. Mit der längeren Zeiteinstellung (1/2 Sekunde und länger) wird erreicht, daß der Hintergrund nicht im Dunkel »absäuft«, sondern stimmungsvoll wiedergegeben wird. Fast jede moderne Spiegelreflexkamera bietet im Verbund mit dem leistungsstarken Blitz dazu heutzutage diese Möglichkeit. Die Wahl des Filmmaterials hat hier ebenfalls einen entscheidenden Einfluß auf die Farbgestaltung ihrer Aufnahme, da jeder Farbfilm einen anderen Farbcharakter aufweist. Dieser kann von fast neutral über warmtonig bis zu giftiggrün reichen. Auch hier haben es die Schwarzweißfotografen etwas einfacher, da die Farben bei ihnen keine Rolle spielen. Betrachter sehen in einer Schwarzweiß-Aufnahme immer die »dokumentarischer wirkende, die ehrlich wirkendere Aufnahme«. Nur wenige Farbfotografen schaffen es, dieses Hindernis mit packenden Fotos zu durchbrechen.

Mitziehen-Zoomen-Drehen

Normalerweise bewegt man während der Aufnahme seine Kamera nicht. In den meisten Fällen ist selbst das fotografierte Objekt eher statisch. Es gibt aber auch sogenannte »Mitzieh-Aufnahmen«. Dabei kann man unterscheiden zwischen »Bewegte Kamera/ bewegtes Objekt« und »Bewegte Kamera/ unbewegtes Objekt«. Bei beiden Möglichkeiten entscheidet die Verschlußzeit über den Effekt auf dem späteren Bild/Dia. Oft wird die falsche Verschlußzeit bei Mitziehaufnahmen ausgewählt. Der gewünschte Effekt sieht dann eher wie ein Bildgestaltungsfehler aus. Empfehlungen kann man

Statisch und langweilig wirkt die obere Aufnahme der Blumen im Verhältnis zu dem dynamischen Foto unten, das durch Zoomen während der Belichtung der Aufnahme entstand.
Fotos: Detlev Motz

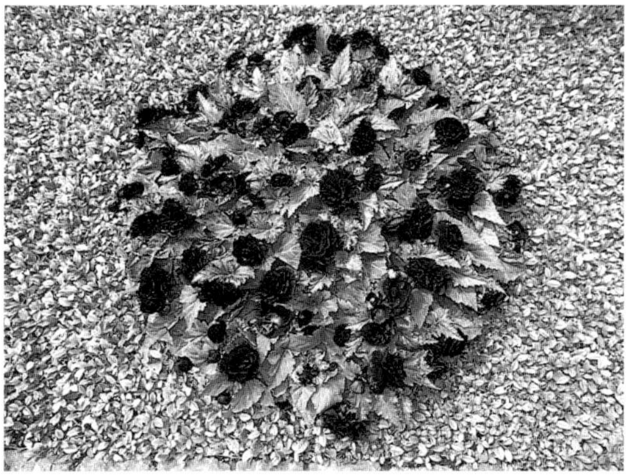

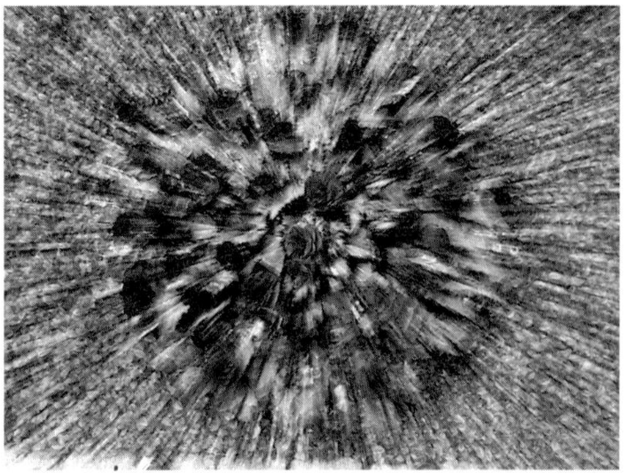

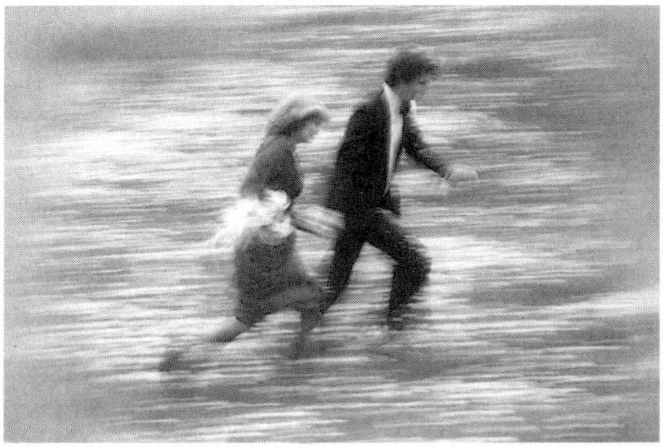

Das laufende Paar wurde mit mitgezogener Kamera fotografiert, dadurch entstand der interessante Wischeffekt.

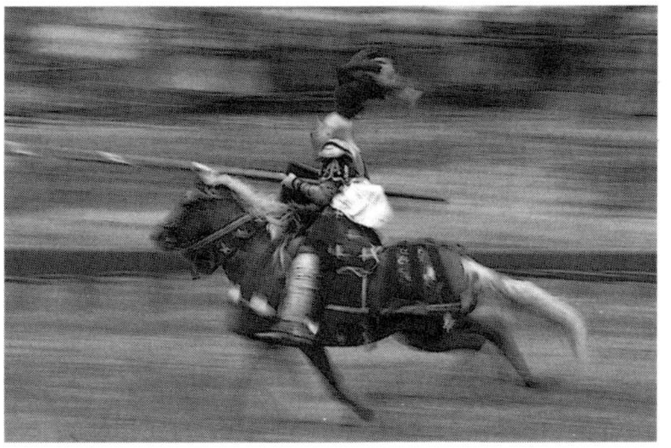

Gerade bei Sportveranstaltungen und Actionszenen bringt das Mitziehen der Kamera zusätzlich Dynamik. Foto: Detlev Motz

kaum geben, da es immer auf das jeweilige Motiv ankommt. Mitziehaufnahmen können mit 1/4 bis zu einer 1/1000 Sekunde gemacht sein. Kurze Verschlußzeiten sind oft bei Sportaufnahmen erwünscht. Damit wird das bewegte Motiv »eingefroren«. Lange Verschlußzeiten eher bei künstlerischen Fotos. Surrealistisch anmutende Fotos entstehen bei Mitziehaufnahmen durch die Verwendung eines Blitzes und einer Verschlußzeit von etwa 1/4 Sekunde.
Natürlich ist es auch möglich, ein unbewegtes Objekt in Bewegung zu versetzen. So kann ein Hochhaus mit unbewegter oder bewegter Kamera fotografiert werden. Im letzteren Fall wird die Kamera bei langer Verschlußzeit zügig nach oben und unten gezogen, ohne die Bewegung zu unterbrechen. Dabei löst man aus. Je nach Verschlußzeit kommt eine »künstliche Bewegung« in das Motiv. Je öfter man diese Art der Fotografie anwendet, desto mehr unbewegte Objekte fallen einem ein, die man in Bewegung versetzt.

Explosionseffekt

Um einen »dynamischen Explosionseffekt« (siehe Foto links) zu erreichen, benötigt man ein Zoomobjektiv. Während der Belichtung wird die Brennweite verändert, dadurch entsteht der Wischeffekt. Manche Kameras (z. B. Minolta) haben auch die Möglichkeit, solche Effekte automatisch (über Chipkarte) zu erzeugen.
Natürlich kann eine Kamera auch während der Aufnahme gedreht oder geschaukelt werden. Meist wird man dazu Zeiten benutzen um 1 Sekunde, 1/2 Sekunde, 1/4 Sekunde, 1/8 Sekunde. Auch hier kann es zu ungewöhnlichen Effekten führen, wenn gleichzeitig geblitzt wird.

Aufhellblitzen

Hartes Licht wirft dunkle Schatten. Besonders störend wirken diese bei Porträts oder bei Urlaubsaufnahmen. Ein typisches Beispiel ist die Familie am Strand, aufgebaut zum Gruppenfoto mit gleißend hellem Wasser im Hintergrund. Ein Kontrast, den kein Film schaffen kann. Hier hilft nur ein Aufhellblitz. Man kann es auch einen »Beleuchtungsausgleich« nennen, wenn nur mit dem Aufhellblitz gearbeitet wird. Damit die Personen im Vordergrund nicht nur als »schwarze Schatten« erscheinen, hellt man die Umrisse mit einem Blitz auf. Aber Achtung: Oft reicht der kleine, leistungsschwache Blitz, eingebaut in die Kamera, nicht aus. Man sollte auf die Blitzreichweite seines jeweiligen Geräts achten. Die meisten reichen gerade, um ein Porträt auszuleuchten. Ein leistungsstarker Aufsteckblitz ist da schon viel besser und kann meist ein kleineres Zimmer ausleuchten. Aufhellen bedeutet aber auch, die Stimmung nicht zu zerstören. Der Blitz darf also nicht viel heller sein als das Umgebungslicht. Viele Automatikblitzgeräte sind so berechnet, daß sie dieses berücksichtigen. Oder die Kamera hat ein spezielles Programm. Arbeitet man mit Automatikblitz, kann die doppelte Filmempfindlichkeit eingestellt werden. Damit erhält man

Theater, Konzert, Freiluftschauspiel
Bei Veranstaltungen muß man sich prinzipell vorher erkundigen, ob das Fotografieren erlaubt ist. Bei Open Air-Veranstaltungen großer Künstler wird heute oft die Kamera bis zum Ende der Aufführung abgenommen. Gibt es eine Erlaubnis, dann ist meist das Blitzen verboten. Es nützt auch wenig, wenn man, wie man es so oft sieht, aus der 50. Reihe mit einem eingebauten Blitz fotografiert. Besser sind mittel- bis hochempfindliche Filme und eine mittlere Brennweite. Bester Sitzplatz ist einer, der möglichst paralell zum Künstler ist. Schräg von der Seite aufgenommene Fotos wirken durch die Linienführung nicht gut.
Bei Freiluftschauspiel-Aufführungen ist es meist besser, bei den Proben zu fotografieren. Wer mit lauten Kameras oder Bildserien während eines Konzerts oder Balletts arbeitet, stört die anderen. Grundsätzlich sollte man so fotografieren, daß man andere nicht belästigt.

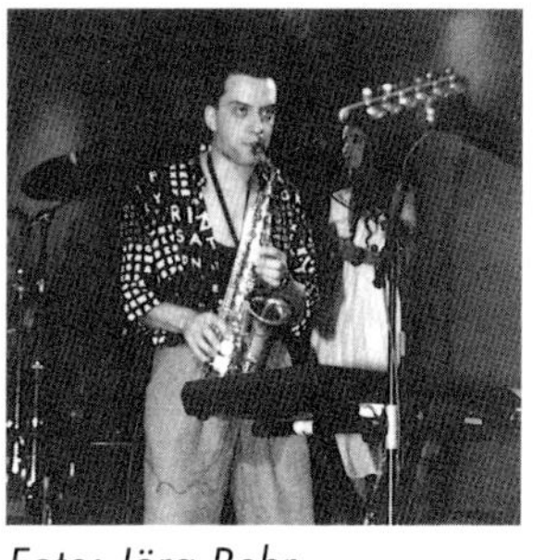

Foto: Jörg Rehr

Urheberrecht
Gesetzliche Grundlage zum Schutz der Rechte des Herstellers eines fotografischen Werkes vor dessen Nutzung und Reproduktion durch andere. Im Normalfall ist eine Fotografie 25 Jahre vor unrechtmäßiger Nutzung geschützt, d.h. jede Veröffentlichung ist nur mit der Einwilligung des Fotografen gestattet, wenn dieser das Bild nicht ausdrücklich zur Veröffentlichung freigegeben und somit seine Rechte daran abgetreten hat. Neben diesen Rechten des Fotografen gibt es auch persönlichkeitsrechtliche Ansprüche abgebildeter Einzelpersonen am eigenen Bild. So muß ein Fotograf vor der Veröffentlichung solcher Bilder grundsätzlich die Einwilligung der abgebildeten Personen einholen.

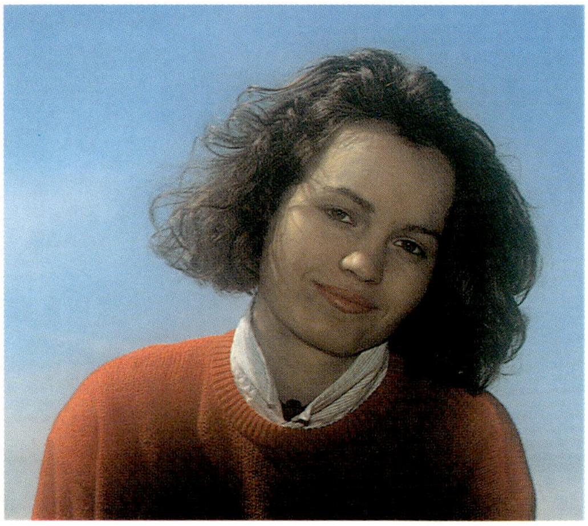

Porträtaufnahme ohne Blitz

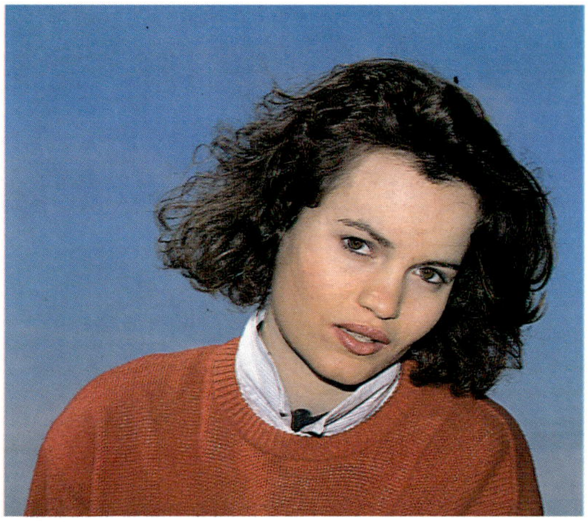

Porträt mit Aufhellblitz. Fotos: Detlev Motz

das richtige Verhältnis zwischen Schatten und Spitzlichtern. Besser ist es aber, ein Blatt Transparentpapier oder ein Tempotaschentuch vor dem Blitz zu befestigen. Es hat die gleiche Wirkung und man vergißt nicht – wie es oft geschieht – die Filmempfindlichkeit umzustellen. Bei leistungsstarken Blitzgeräten, bei denen der Kopf schwenkbar ist, kann man diesen auch nach oben richten (natürlich nur in Räumen und nicht im Freien!), auch damit wird ein Motiv mit nicht zu starken Schatten gut ausgeleuchtet. Die Kunst einer »aufgehellten Aufnahme« besteht darin, die Belichtung so zu wählen, daß der Betrachter nicht merkt, daß ein Blitz eingesetzt wurde. Die Beleuchtung sollte also natürlich wirken. Egal, ob ein Porträt oder ein Raum fotografiert wird.

Die ungewöhnliche Landschaftsaufnahme von der Toskana, kommt durch die Verwendung eines Kunstlichtfilms bei Tageslicht zustande, der zu der Blaufärbung führt. Foto: Detlev Motz

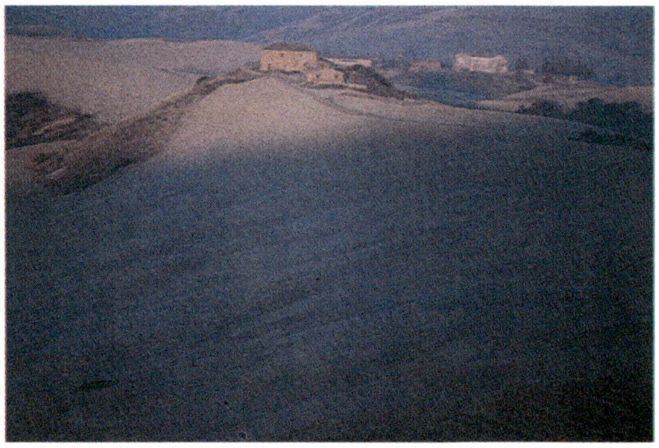

Farbtemperatur

Erhitzt man einen schwarzen Körper, strahlt er je nach Temperatur verschiedenfarbiges Licht aus. Die → Farbtemperatur wird in Kelvin-Graden angegeben. Im Unterschied zur Celsius-Skala beginnt der Nullpunkt der Kelvin-Skala bei minus 273 Celsius. Da sich unser Auge den Lichtverhältnissen anpaßt, ist es für die Beurteilung der Farbtemperatur nicht geeignet. Am besten sind Farbtemperaturmesser, die aber nur von Profifotografen eingesetzt werden. Außerdem kann die Farbtemperatur von Neonlampen damit nicht exakt gemessen werden. Wer aber die wichtigsten Kelvin-Werte kennt, kommt auch ohne Farbtemperaturmesser aus. Tageslichtfilme sind meist auf 5500 Kelvin (entspricht etwa Sonnenlicht), Kunstlichtfilme auf 3200 Kelvin (Glühlampenlicht) abgestimmt. Gibt es Unterschiede (Neonröhren in der U-Bahn), so können diese durch Filter richtiggestellt werden. Wobei dann trotzdem nicht alle Farben gleich wiedergegeben werden. Die Farbtemperatur kann also per Film oder Filter »richtiggestellt« werden oder aber ganz bewußt zur Bildgestaltung benutzt werden. Ein giftiggrünes Neonlicht kann die Stimmung einer U-Bahn vielleicht besser dokumentieren als eine »ausgefilterte« Aufnahme. Man kann auch, bei geeignetem Motiv, einmal Kunstlichtfilm für Tageslicht und Tageslichtfilm für Kunstlicht einsetzen und damit sehr effektvoll experimentieren.

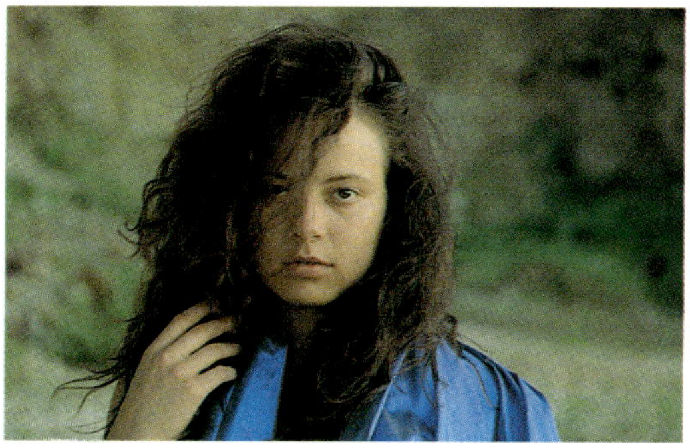

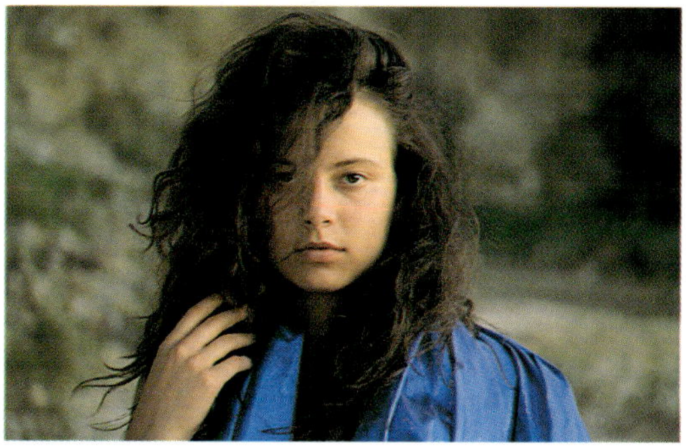

Dasselbe Motiv wirkt in einer Farbaufnahme wie hier auch durch die Verwendung eines anderen Films unterschiedlich. Welche Farbgebung man bevorzugt, ist Geschmackssache.
Fotos: Detlev Motz

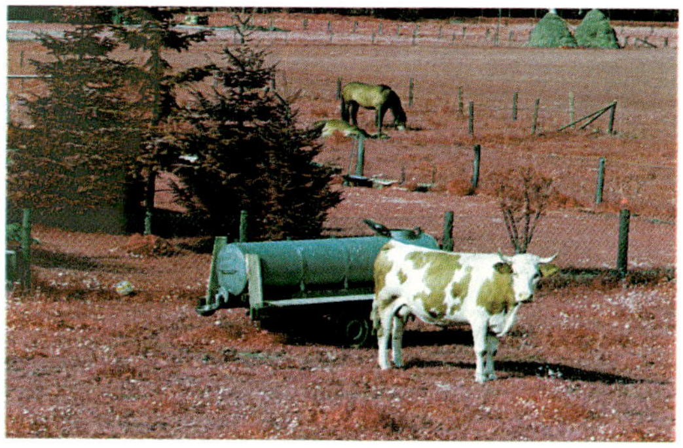

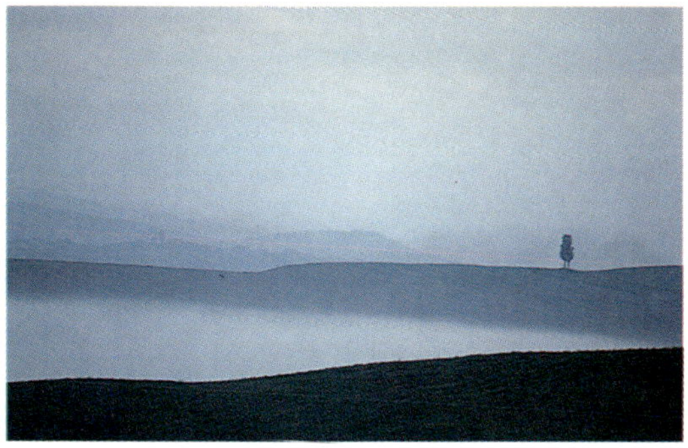

Verwendet man den »verkehrten« Film, kommt man zu ungewöhnlichen Effekten. Bei dem oberen Bild (Foto: Jürgen Philipp) wurde ein Infrarotfilm, bei dem unteren (Foto: Detlev Motz) ein Kunstlichtfilm verwendet.

Effekte

Falschfarben

Normalerweise möchte jeder die Farben eines Objekts so abbilden, wie er es »mit eigenen Augen« gesehen hat. Bereits die Wahl des Films (Marke, Empfindlichkeit) hat aber auf die Farben eine enorme Wirkung. Jeder Film hat seine eigene Farbcharakteristik und zeigt Farben bunter oder pastellartiger. Der eine Film betont Grün, der andere Rot usw. Hochempfindliche Filme bringen Farben gesättigter, niederempfindliche Filme reiner und farbkräftiger. Bereits mit der Wahl des Films kann bewußt experimentiert werden. Greift man bewußt zum »falschen« Film (anstatt Tageslichtfilm ein Kunstlichtfilm), kann mit diesen »falschen Farben« ein besonderer Effekt erzielt werden. Noch stärker geschieht dies bei einem Infrarotfilm. Damit werden normale Landschaften zu futuristischen Aufnahmen aus einer anderen Welt. Die dafür angebotenen Filter verändern ebenfalls die Farben der gezeigten Landschaft.

Eine weitere Möglichkeit für »falsche Farben« und damit für Experimente ist die Entwicklung des Films. Denn eine falsche (z.B zu kurze, zu lange, zu warme) Entwicklung kann ebenfalls die Farben verändern. Selbst mit Chlorbleichern oder Putzmittel kann in die Farbigkeit eines Film eingegriffen werden. Dabei sollte es sich nicht um dokumentarisch wichtige Aufnahmen handeln.

Über- und Unterbelichtung

Der einfachste Effekt, um ein Bild aus der Menge anderer hervorzuheben, besteht in einer »falschen« Belichtung. Bei vielen Motivbereichen führt eine Unterbelichtung um eine 1/3 oder 1/2 Blende zu satteren Farben. Etwas seltener wird eine Überbelichtung angewandt, um ein Porträt oder eine Landschaft noch duftiger zu zeigen. Meist ist dabei noch ein Weichzeichner oder Nebelfilter im Einsatz.

Sandwich

Diafotografen können zu Bildverfremdungen durch ein Sandwich kommen. Zwei Dias,

Sonnenaufgang

Die Stimmungsbilder überhaupt! Nur eine Sonne zu fotografieren genügt aber heute lange nicht mehr. Fotografieren sollte man am besten kurz bevor die Sonne unter- oder aufgeht. Der richtige Moment ist dann gegeben, wenn man ohne zu blinzeln in die Sonne schauen kann. Am besten verwendet man ein Teleobjektiv, damit die Sonne nicht wie ein Stecknadelkopf wirkt. Immer mehrere Aufnahmen in Belichtungsstufen fotografieren. Es sollte aber noch ein weiteres, fotogenes Element im Bild zu sehen sein. Ein altes Haus, ein Baum, ein Schiff. Dieses Element sollte ebenfalls nicht zu klein abgebildet werden und klar erkennbar (auch als Silhouette) auf ihrem Motiv zu sehen sein.

Foto: Heiner Henninges

Kinderaufnahmen

»Ran ans Motiv« heißt hier das Motto. Leichte Teleobjektive eignen sich für Porträts am besten. Mit den Kindern bei den Aufnahmen sprechen und wirklich nur so lange fotografieren, daß es »den Kleinen« noch Spaß macht. Bei Porträts immer auf einen ruhigen Hintergrund achten. Drähte oder andere Gegenstände sollten nicht gerade aus den Ohren oder dem Kopf wachsen. Auch unerwünschte Farbstiche stören ein Bild. Wer sein Kind unter einem fotogenen Baum aufnimmt, darf sich nicht wundern, wenn er später einen »kleinen, grünen Marsbewohner« auf dem Bild hat.

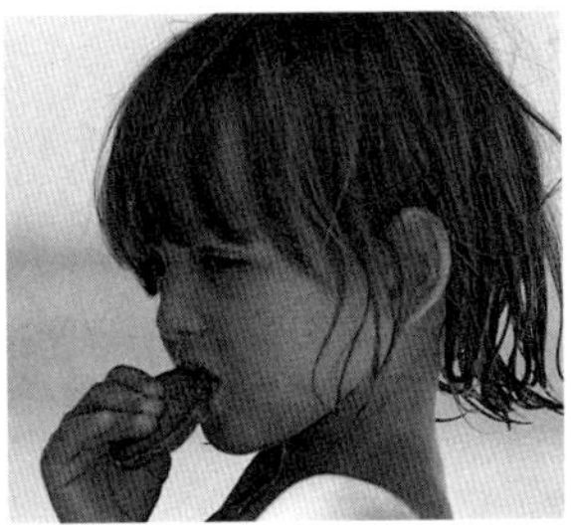

Foto: Heiner Henninges

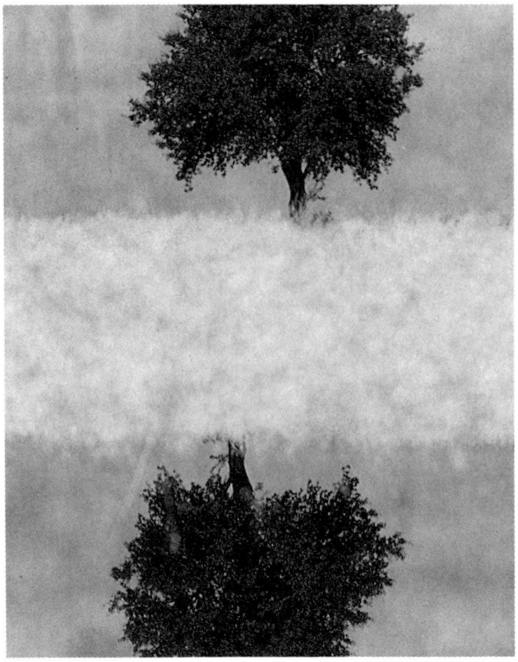

Bei diesem Sandwich wurden zwei Diaaufnahmen desselben Baumes auf den Kopf und seitenverkehrt übereinander gelegt. Foto: Detlev Motz

die beide etwas zu hell sind, werden gemeinsam in einen Diarahmen gelegt und projieziert oder dupliziert, wodurch man ein neues Dia erhält. Natürlich eignet sich nicht jedes Dia für ein Sandwich. Man »sammelt« sozusagen Hintergründe (Sand, strukturierte Tapeten, Mauern, Wasser, Himmel), um diese mit einem passenden Dia zu kombinieren.
Was für den Diafotografen das »Sandwich« ist, kann für den SW- und Negativfotografen die »Doppelbelichtung« sein. (Natürlich sind auch in der Diafotografie Doppelbelichtungen möglich, Sandwich von SW- oder Farbnegativen dürften aber nicht die Regel sein). Hier erfolgen zwei Belichtungen meist verschiedener Motive oder eines Objekts mit unterschiedlichem Standpunkt auf einen Film, ohne daß dieser weitertransportiert wird. Gute Fotografen achten bei solchen Aufnahmen darauf, daß beide Aufnahmen harmonisch aufeinander abgestimmt sind und keine unschönen Überschneidungen entstehen. Mit Hilfe von Masken kann die Doppelbelichtung zur Kunst werden. Optische Illusionen sind damit möglich. Bei längeren Belichtungszeiten und mit einem Stativ kann das Objektiv nach einer gewissen Zeit auch mit einer schwarzen Pappe verdeckt werden. In dieser Zeit wird die Dekoration verändert oder ein Modell geht aus dem Motiv.
Dann wird die zweite Belichtung auf dem gleichen Film vorgenommen. Auch ein Feuerwerk wirkt als Doppelbelichtung besser. Nimmt man fast das ganze Feuerwerk auf dem gleichen Filmstück auf, kommt man zu einer Mehrfachbelichtung (siehe Unterschied Langzeitbelichtung).

Mehrfachbelichtung

Werden mehr als zwei Belichtungen auf das gleiche Filmstück aufgenommen, spricht man von einer Mehrfachbelichtung. Hier ist aber einige Erfahrung nötig, damit die Belichtungszeit entsprechend reduziert werden kann. Mit Stroboskop-Blitz sind ebenfalls Mehrfachbelichtungen möglich, die meistens einen Bewegungsablauf zeigen.

Korn

Es ist das Silberhalogenidkristall, das in Gelatine eingebettet, als lichtempfindliche Substanz einer fotografischen Emulsion wirkt. Je niederempfindlicher ein Film, desto kleiner sind die Körner. Ihre Anhäufung führt zu dem visuellen Eindruck der Körnigkeit. Die meisten Fotografen wünschen »knackige Schärfe«, also möglichst wenig → Korn. Starkes → Korn kann aber auch ein Gestaltungsmittel sein. Bei starken Ausschnittsvergröße-

Bewegungsablauf durch Mehrfachbelichtung und Stroboskopblitz eingefangen.
Foto: Heiner Henninges

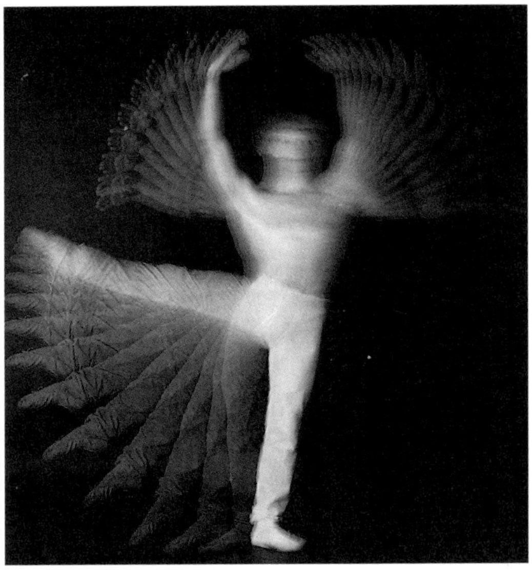

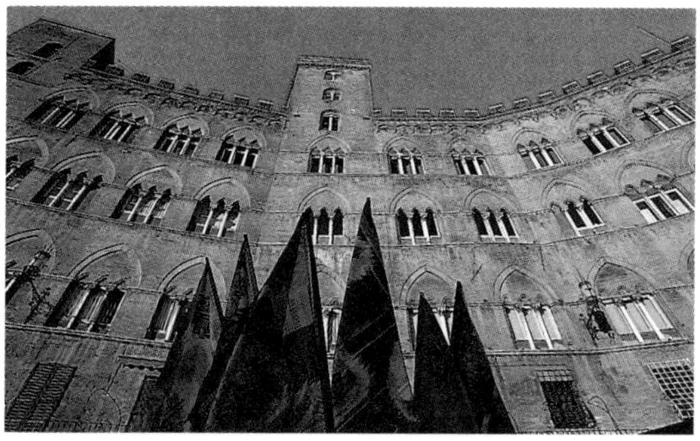

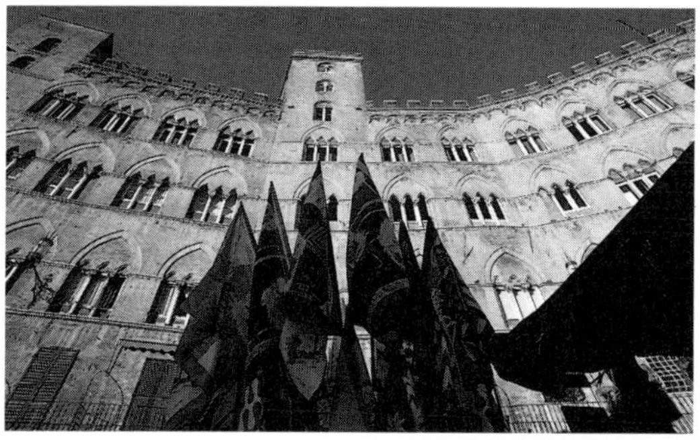

Manchmal ist die korrekte Belichtung nicht die optimale. Hier wurde bei dem unteren Bild normal belichtet, das eindrucksvollere oben ist leicht unterbelichtet. Foto: Detlev Motz

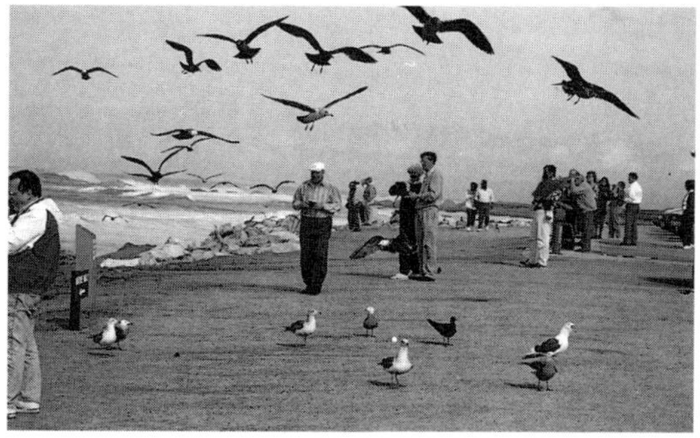

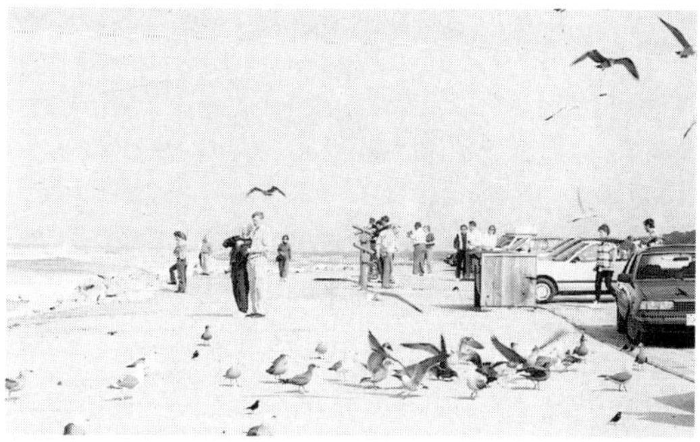

Oben wurde die Strandaufnahme richtig belichtet und ergibt das optimale Bildergebnis, unten ist die Aufnahme überbelichtet. Foto: Heiner Henninges

Streiflicht
Lichtführung, bei der das Motiv in einem sehr flachen Winkel von der Seite beleuchtet wird, wodurch die erhabenen Teile der Motivoberfläche gegenüber den tiefer liegenden stark hervorgehoben werden und so dem Motiv eine besonders plastische Wirkung verleihen.

Streulicht
Diffuses, nicht gerichtetes Licht, das bei der Reflexion von Lichtstrahlen an rauhen Oberflächen oder bei deren Übergang in optisch dichtere Medien entsteht und sich in der Fotografie negativ auf die Wiedergabe von Kontrasten auswirkt.

rungen, gerade bei hochempfindlichen Filmen, kommt das → Korn zur Geltung und kann ein Stilmittel des Fotografen sein. Auch hier kommt es natürlich wieder auf den Motivbereich an. Ein körniges, romantisches Stilleben wird eher überzeugen als eine körnige Makroaufnahme von einer farbenkräftigen Blume mit einer Biene im Anflug.

Reflexe

Reflexe findet man auf spiegelnden Oberflächen und am Wasser. Sie können teilweise durch Polfilter eliminiert werden. Oft werden sie aber auch gestalterisch eingesetzt. So werden diese, mit der kleinsten Blende fotografiert, zu Sternen, die oft besser aussehen als die künstlich wirkenden Sterne per Filter.

Silhouetten und Schatten

Der Schatten einer Person vor einer bunten oder einfarbigen Wand aufgenommen, kann fotografisch interessanter sein, als wenn die Person im Bild wäre. Je nach Tageszeit sind die Schatten länger oder kürzer. Ein Objekt wird dadurch verfremdet. Spannungsreiche Fotos ergeben sich auch dadurch, daß das jeweilige Objekt angeschnitten, der Schatten aber voll gezeigt wird oder auch umgekehrt.

Spiegelungen

Der am meisten fotografierte Effekt dürften Spiegelungen sein. Wer in Burano bei Venedig war, wird auch eine der bunten Spiegelungen von Booten oder Häusern fotografiert haben. Diese sollten besonders farbkräftig wirken. Besonders gut eignen sich dafür niedrigempfindliche Filme, die Farben kräftiger wiedergeben.

Spiegelungen auf bewegten Wasseroberflächen ergeben interessante Formen. Foto: Detlev Motz

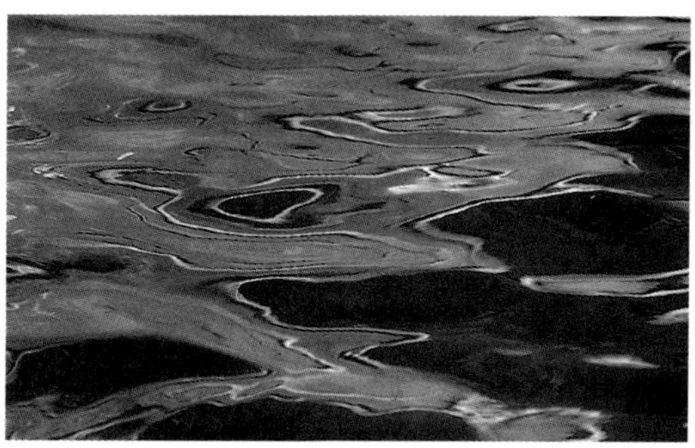

Strukturen und Muster

Jeder Gegenstand, jedes Objekt, jede Landschaft hat im Detail gesehen eine Struktur oder stellt ein interessantes Muster dar. Dieses wird im Seitenlicht am besten sichtbar. Eine Struktur oder ein Muster entsteht durch die Wiederholung von Umrissen, Formen und Farben. Durch einen Standortwechsel verändert sich auch eine Struktur oder ein Muster.

Man sollte also in einer Serie möglichst viele Variationen einer Struktur oder eines Musters fotografieren, um später die beste Aufnahme einer Serie oder die besten Aufnahmen aus mehreren Serien auswählen zu können. Wichtigste Gestaltungsmittel nach der Linienführung sind dabei Licht und Schatten.

Verfremdungen

Jeder Eingriff in ein fertiges Bild kann als Verfremdung gewertet werden. Wird ein Foto beim Abdruck beschnitten oder per Computer verändert, ist es bereits verfremdet. Dies ist aber keine künstlerische Verfremdung. Dazu zählt das Colorieren eines SW-Fotos, das Bemalen eines Farbfotos mit Malfarben, das Zerschneiden eines Fotos, das dann in anderer Reihenfolge zusammengesetzt wird oder das systematische Zerkratzen eines Dias oder Bildes. Auch

Das Wesentliche an diesem Foto, das fast wie ein gemaltes Bild wirkt, ist die Struktur der hügeligen Landschaft in der Toskana. Die monochrome Farbe unterstützt die Bildwirkung.
Foto: Detlev Motz

künstlerisch kann heute per Computer ein Bild oder Dia verfremdet werden. Selbst per Ostereierfarben kann ein SW-Bild eine völlige Verfremdung erleben.

Rasterfolien

Rasterfolien (Strukturfolien) gibt es in Grafikbedarf-Geschäften zu kaufen. Sie verändern ein Dia oder Bild – je nach Struktur – in verschiedenartig wirkende Gemälde. Wer gezielt ein Stillife mit warmen Farben fotografiert und dieses mit einer Leinwand-Strukturfolie unterlegt, bekommt ein Bild, das fast wie gemalt aussieht. Das gleiche funktioniert

Zu den beliebtesten nachträglichen Verfremdungen gehört das Colorieren einer Aufnahme. Allerdings erfordert es einiges Geschick, um gute Ergebnisse zu erzielen. Foto: Klaus Fuchs

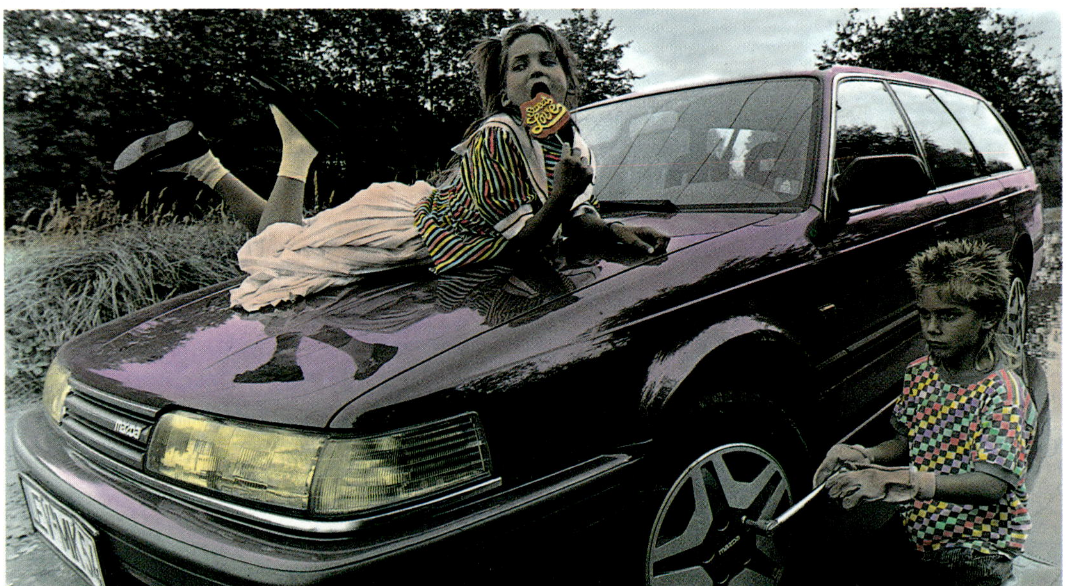

auch bei Landschaften und Porträts. Der Effekt sollte aber hier sehr behutsam eingesetzt werden und nicht Selbstzweck werden.

High Key/Low Key

Ein »High Key-Motiv« besteht aus meist hellen Farben oder hellen bis mittleren Grautönen. Im Gegensatz zum Low Key-Motiv mit dunklen Farben und mittleren bis dunklen Grautönen. Typische High Key-Motive sind verschneite Landschaften oder Porträts, bei denen der helle Hintergrund und die weiche Ausleuchtung den hellen Haaren und der hellen Kleidung des Modells angepaßt sind. Auch Studio-Stillifes lassen sich bewußt in High Key oder Low Key gestalten. Mit einer leichten Unter- oder Überbelichtung kann der jeweilige Effekt noch gesteigert werden. Auch ein Nebel- (Fog) oder Weichzeichnerfilter kann ganz gut für High Key eingesetzt werden.
Bei den Low Key-Aufnahmen sollte man, hauptsächlich bei Schwarzweiß, darauf achten, daß diese trotz allem ein paar helle Spitzlichter aufweisen. Bei Low Key-Studioaufnahmen sollten nur die bildwichtigsten Partien beleuchtet werden. Und selbstverständlich sind die Personen schwarz angezogen (oder in dunklen Farben).
Bei Landschaftsaufnahmen ergeben sich die besten Low Key-Aufnahmen vor einem Gewitter oder in der Morgen- oder Abenddämmerung. Auch ein dramtischer Himmel kann Low Key-Aufnahmen unterstützen. Schwarzweißfotografen können bei der Entwicklung und Vergrößerung ihres Films den Low Key-Effekt noch verstärken. Bereits eine Nachbelichtung kann zu einem dramatischeren Landschaftsfoto führen.

Sammeln mit der Kamera

Beim »Sammeln mit der Kamera« kommt es nicht so sehr auf das perfekt gestaltete Einzelbild an, sondern auf das Zusammenspiel mehrerer Fotos oder Dias. Sammeln kann man fast alles: schöne Fenster, bunte Türen, moderne Häuserfassaden, bestimmte Blumenarten, Katzen, venezianische Glockenschilder oder Löwenköpfe usw. Gestaltungskenntnisse sollten konsequent umgesetzt werden. Also Wahl des Objektivs, Schärfentiefe, Perspektive, Farbgestaltung, Hell/Dunkel-Kontrast, Farbkontrast, Haupt- und Nebenelement. Sammeln kann man immer und überall, wenn man seine Sammelthemen im Gedächtnis hat. Am Leuchtpult werden dann die jeweiligen Motive zugeordnet, sortiert oder schlechtere Aufnahmen gegen bessere ausgetauscht. Man sollte darauf achten, daß die jeweils gesammelten Motive möglichst alle im Querformat vorliegen. Sollte man die Bilder später für eine Diaschau verwenden wollen, stört dann nicht der Wechsel vom Quer- ins Hochformat und umgekehrt. Auch wenn man drei, sechs, neun oder zwölf Motive in einem Rahmen zeigen will, hat man es mit Querformaten immer einfacher, diese ansprechend zu präsentieren.

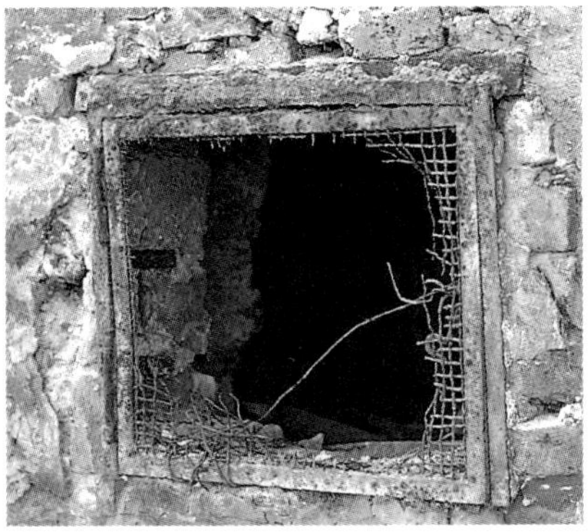
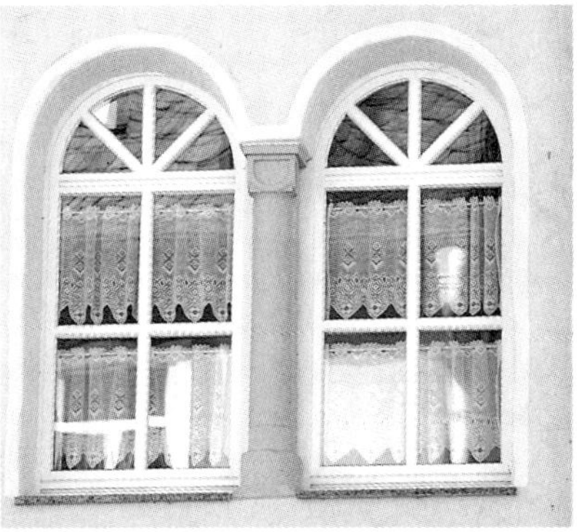
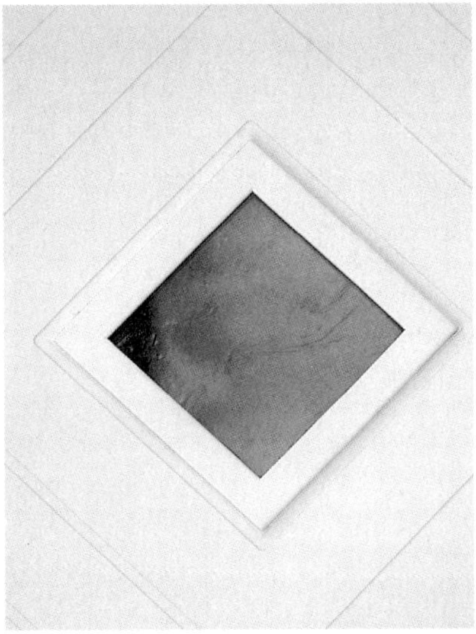
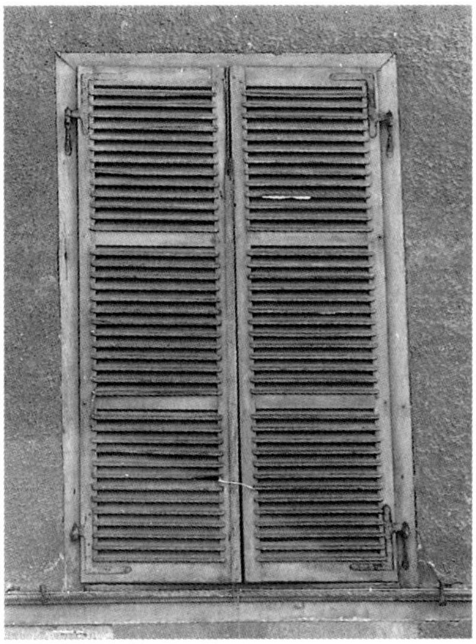

Beispiele für High Key-Aufnahmen sind das Foto rechts oben und links unten, für Low Key das Foto links oben und rechts unten.
Fotos: Natascha Wanka

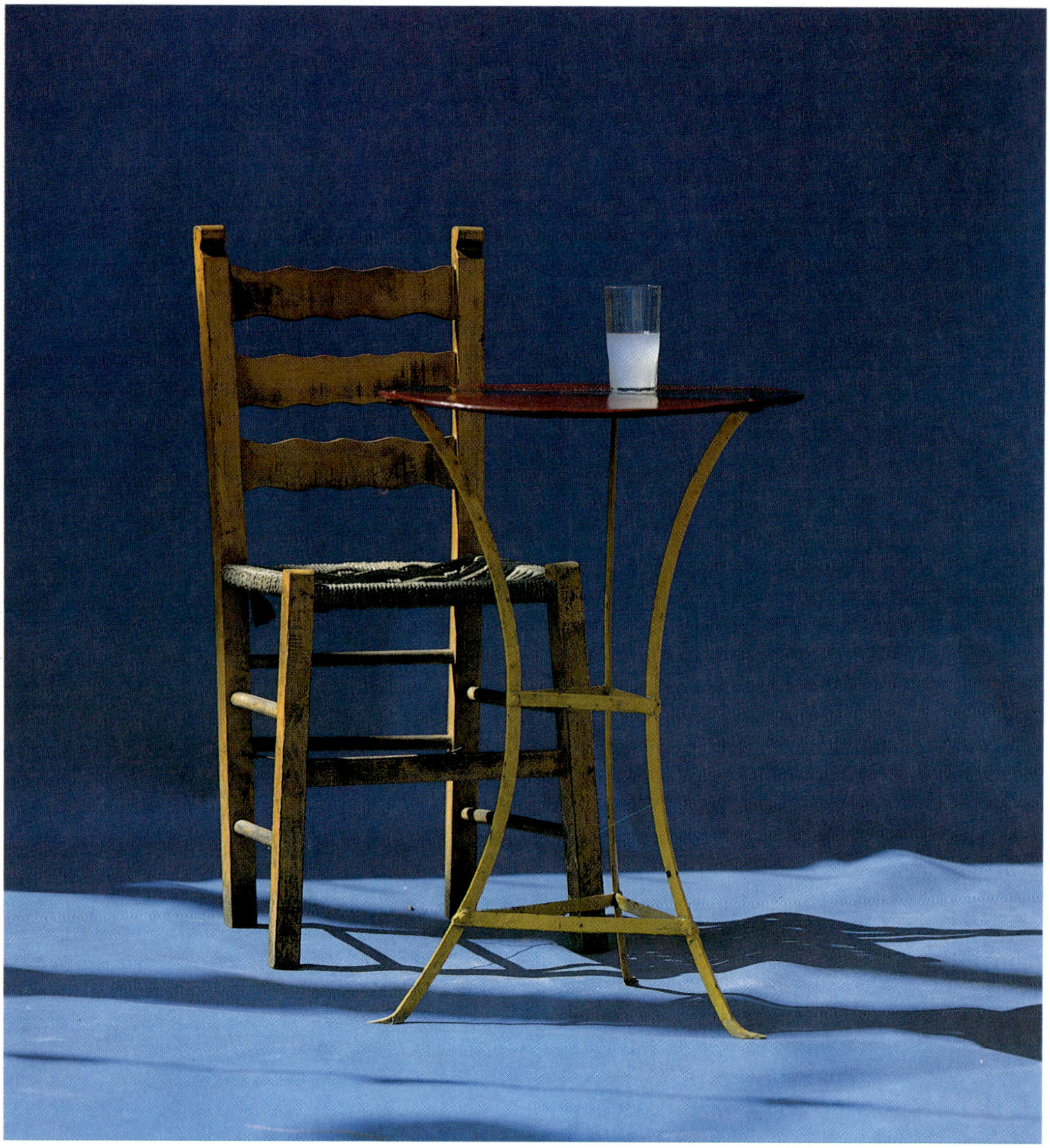

Serien

Die Serie ist am ehesten verwandt mit dem »Sammeln mit der Kamera«. Auch hier geht es darum, zum gleichen Thema möglichst viele Objekte zu finden. Eine Serie kann jederzeit unterbrochen und zu einem späteren Zeitpunkt fortgesetzt werden. Die Präsentationsform spielt bei der Serie eine große Rolle – bei einer Diaschau die passende Musik, bei Fotos eine großzügige Präsentation. Wobei bei der Serie verschiedene Motive größer gezeigt werden können, andere wieder kleiner. Schwarzweißfotografen können sich auch auf ein sehenswertes Objekt beschränken und eine Serie mit verschiedenen Ausschnitten zusammenstellen. Nicht zu verwechseln ist »die Serie« mit dem Fotografieren mit Motor. Dort ist nicht das Sammeln das wichtigste, sondern das schnelle Fotografieren, um von einem Motiv (Motocross, Autorennen usw.) später das optimalste Bild zu haben.

Sequenz

Die einfachste Unterscheidung zwischen einer Serie und einer Sequenz: Eine Serie kann immer wieder unterbrochen und fortgesetzt werden. Es gibt bei der Präsentation meist keine Reihenfolge. Jedes Bild inner-

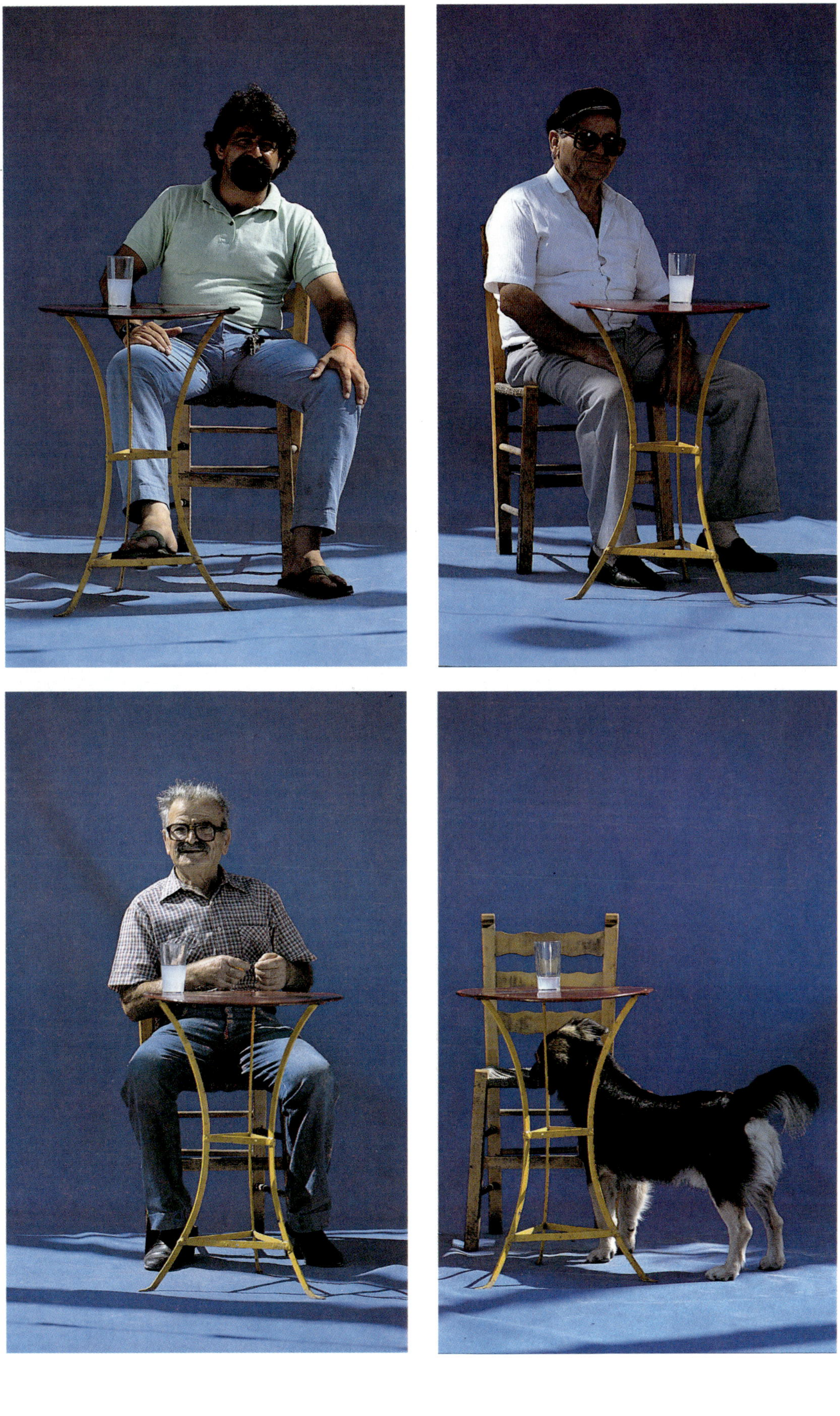

Zwischen Serie und Sequenz sind diese Aufnahmen wechselnder Personen in demselben Motiv einzuordnen. Fotos: Detlev Motz

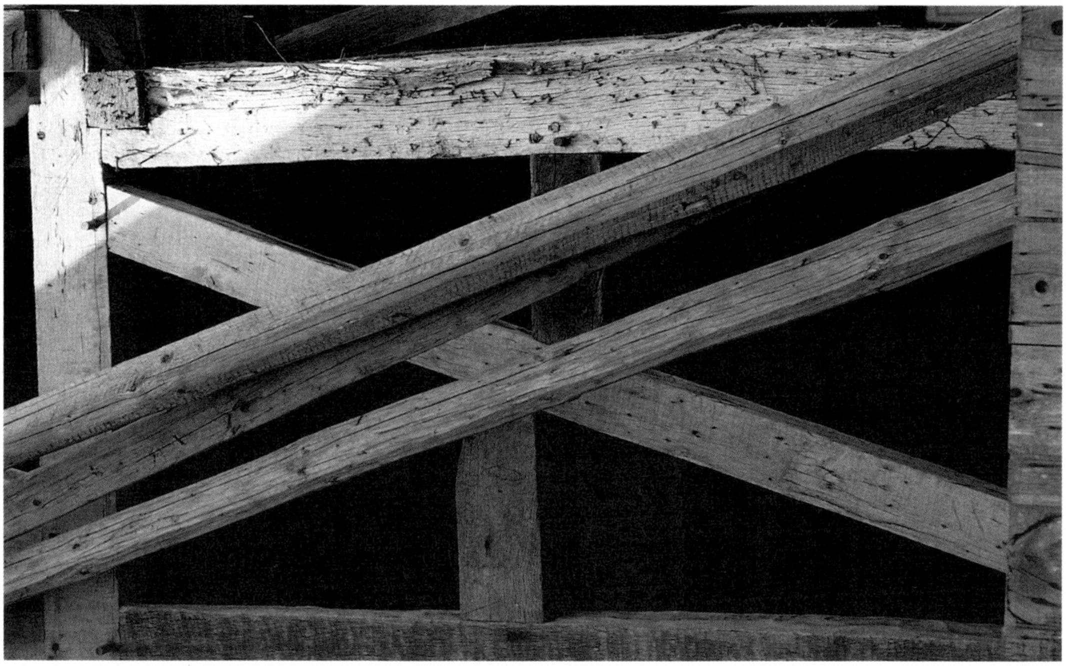

Dieses an sich einfache Motiv lebt durch seine grafische Wirkung. Foto: Natascha Wanka

Details
Unscheinbare Gegenstände oder Personen wirken plötzlich interessant, wenn diese »im Detail« fotografiert werden. Je näher man rangehen kann, desto fremdartiger wirkt dieser Gegenstand. So kann die Schulter einer Frau in Großaufnahme und dem richtigen Licht reizvoller wirken als eine Aufnahme der ganzen Person. Aufgeklappte Buchseiten können als Makroaufnahme faszinieren, während eine Normalaufnahme (und Normalansicht) langweilig wirkt.

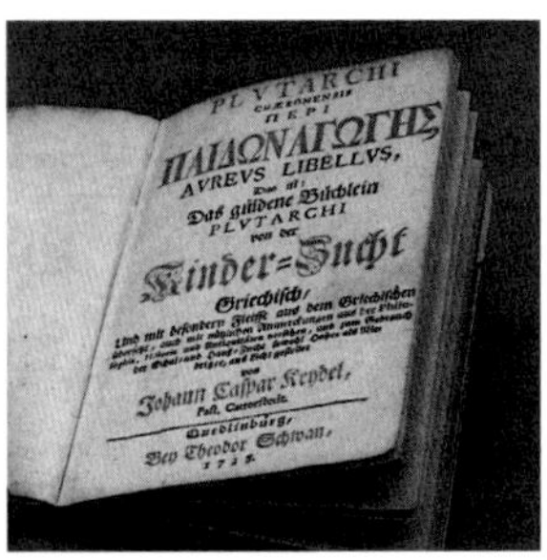

Foto: Heiner Henninges

halb einer Serie kann theoretisch gegen ein anderes ausgetauscht werden. Welches Bild einer Serie groß präsentiert wird ist ebenfalls zweitrangig.
Eine Sequenz kann nicht beliebig verändert werden, da meist die Zeit (Minuten, Stunden, Wochen, Tage, Jahre) die größte Rolle spielt. Die fotografierte Person geht in eine bestimmte Richtung oder das Objekt, wie der Schatten eines Baums, verändert sich in einer bestimmten Abfolge.
Die Größe der Bilder sollte gleich sein, damit jedes Foto gleichrangig neben dem anderen steht. Eine Sequenz kann auch in den wenigsten Fällen unterbrochen werden, da sie aus »einem Guß« bestehen soll. So wird beispielsweise eine Sequenz »Familie am 24. Dezember unterm Tannenbaum« zwar nur einmal im Jahr fotografiert. Die Reihenfolge ist aber durch die Zeit vorbestimmt und nicht beliebig veränderlich. Es gibt auch künstlerische Sequenzen, bei denen der Betrachter oft den »roten Faden« nicht mitverfolgen kann. Während für den Fotografen die Sequenz »nur in dieser Bildanordnung« bestehen kann, sind die Bilder für den Betrachter sehr wohl austauschbar.

Serien zum Sammeln
Dabei sind einzelne Fotos austauschbar. Der Reiz der Serie ergibt sich aus möglichst vielen Fotos/Dias zu einem Thema. Diese können später in Unterthemen angeordnet werden.

Zeit-Sequenz
Eine Bildfolge, die über einen bestimmten Zeitraum geführt wird. So könnte sich ein Fotograf jeden Morgen über 12 Monate im Spiegel fotografieren. Hierbei ist der zeitliche Ablauf für den Betrachter selbst nicht exakt nachvollziehbar. Eine Bildfolge mit dem Porträt eines Fotografen über mehrere Jahre wird sicher eher anhand des Alterns nachvollziehbar sein. Aber auch an einer S-Bahn-Station kann es eine Zeit-Sequenz geben. Sie ist nachvollziehbar, da sich der Bahnsteig immer schneller mit Menschen füllt und später völlig leert.

Licht-Sequenz
Anhand eines wandernden Schattens oder der Farbe des Lichts wird der Ablauf für den Betrachter augenfällig.

Surreal-Sequenz
Eine normale Situation verändert sich in eine irreale. Meist sind diese Sequenzen geplant. Meist können Serien jederzeit unterbrochen und wieder aufgenommen werden. Bei einer Sequenz ist dies nicht möglich.

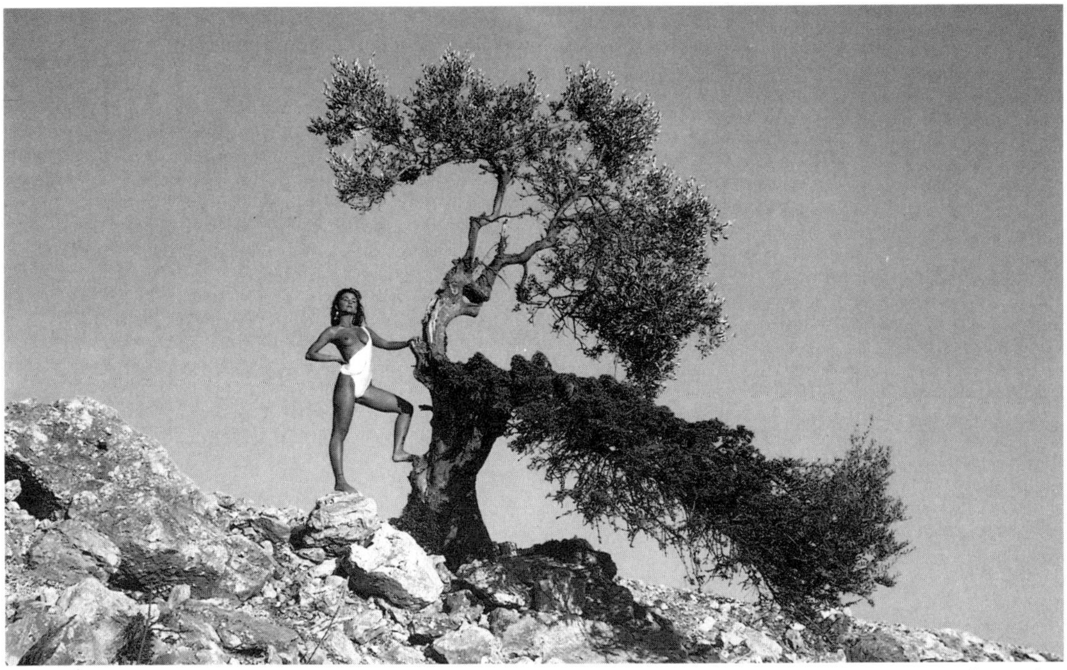

Ein Motiv doch unterschiedliche Bildauffassungen durch Hoch- und Querformat. In diesem Fall werden durch das Querformat mehr die Landschaft und mit dem Hochformat stärker die Person betont. So werden bereits durch die Formatwahl wichtige Bildaussagen gemacht. Fotos: Detlev Motz

Tabletop-Fotografie
Fotografische Aufnahme von Miniatur-Szenen, die aus Kulissen, Figuren und Modellen auf einem Tisch im Atelier aufgebaut werden. Solche Nahaufnahmen, die grundsätzlich mit jeder Kamera möglich sind, haben meist einen irrealen, utopischen Charakter.

Bildaufbau

Formate

Querformat, Hochformat, Quadratisches Format, Extremes Format, Panorama, Rundes Format, Ovales Format.

Während der Film (Kino) nur das Querformat, entweder als »normales« Format (Breitleinwand) oder als extremes Format (Cinemascop, 70 mm usw.) kennt, steht dem Fotografen noch das Hochformat zur Verfügung. Die meisten Aufnahmen werden von Fotografen im Querformat aufgenommen. Hochformat wird hauptsächlich bei Porträts oder bei Architekturaufnahmen bevorzugt. Während der Filmer in diesem Fall mit der Standortwahl und Perspektiven arbeitet, kippt der Fotograf die Kamera ins Hochformat.

Zum Hoch- und Querformat kommt das extreme Hoch- und Querformat. In diesem Fall werden die Dias meist abgeklebt oder mittels Masken gezeigt oder bei den Vergrößerungen wird extrem auf Hoch- oder Querformat beschnitten. So sollen extreme Querformate in der Landschaftsfotografie »die Weite einer Landschaft« vermitteln. Dafür gibt es spezielle Panoramakameras

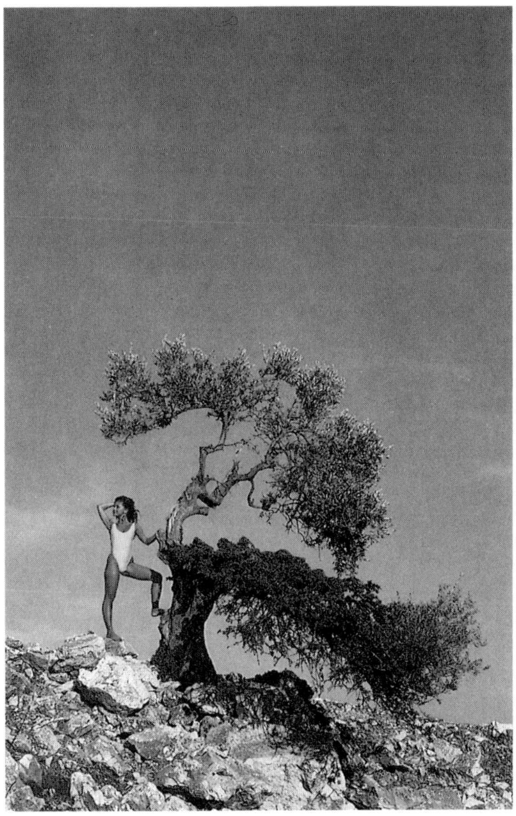

Feuerwerk

Zu klein, zu entfernt, zu wenig farbenkräftig wirken normale Feuerwerksaufnahmen. Besser man fotografiert mit dem Stativ und Langzeitbelichtung. Das heißt, nicht nur »ein Knaller« ist auf dem Bild sondern mehrere Leuchtraketen zeigen ihre Wirkung. Dabei kann bis zu fünf Minuten mit mittelempfindlichem Film belichtet werden. Der gute Standplatz ist wichtig, damit das Stativ nicht angestoßen wird. Eine andere Möglichkeit: Das Fotografieren mit Mehrfachbelichtung. Dabei wird mehrmals das Feuerwerk auf einem Filmstück fotografiert, der Film aber nicht weitergedreht.

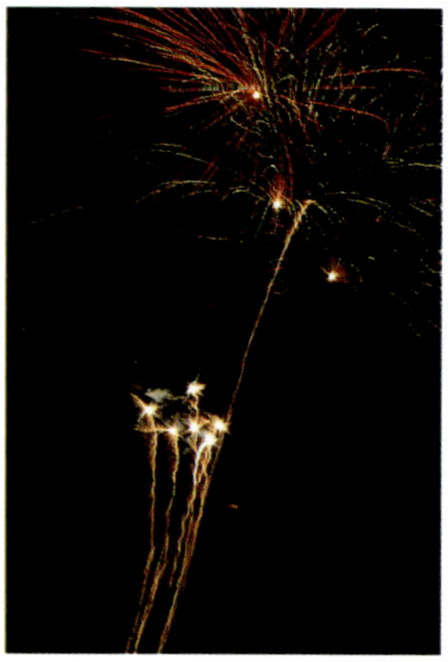

Foto: Jürgen Philipp

oder auch Kameras, die mittels eines Einsatzes extreme Hoch- und Querformate liefern, ohne daß diese nachträglich maskiert werden müssen.

Mittelformatkameras liefern oft noch quadratische Bilder. Sie so zu gestalten, daß die gesamte Bildfläche genutzt wird, schaffen die wenigsten Fotografen. Oft wirken Motive auf 6x6-Dias langweilig. Viele der Dias können nachträglich ins Hoch- oder Querformat beschnitten werden und die gestalterische Qualität gewinnt dadurch sogar noch.

Durch entsprechende Passepartous oder Masken können Dias oder Fotos auch im runden Format oder als Oval gezeigt werden. Beliebt ist das Oval bei den Porträtfotografen der alten Schule. Ovale oder runde Masken können aber auch bei einer Diaschau als Übergang zu einem anderen Thema benutzt werden. Aus einem Oval wird dann in der Diaschau ein Querformat oder umgekehrt.

Goldener Schnitt

Als Goldenen Schnitt bezeichnet man ein harmonisches Teilungsverhältnis von Strecken oder Flächen. Maler und Künstler hielten sich bereits in früheren Zeiten zum Teil fast sklavisch an diese Form. Die Teilung einer Strecke im Goldenen Schnitt führt zu ausgeglichenen Maßverhältnissen. Eine Strecke wird so geteilt, daß sich der kleinere Teil zum größeren so verhält wie der größere Teil zur ganzen Strecke. Also EB:AE = AE:AB. Daraus ergibt sich ein Seitenverhältnis von 1:1,6. Vereinfacht kann man von einem Seitenverhältnis von 5:8 ausgehen. Teilweise wurde der Goldene Schnitt in einem Gemälde öfters angewandt. Fast jeder wichtige Gegenstand innerhalb eines Gemäldes wurde im Goldenen Schnitt plaziert. Ein Fotograf kann diese Formel ebenso anwenden, um ein ansprechendes Bild zu bekommen. Befindet sich beispielsweise bei einem Porträt der Kopf genau in der Bildmitte, wird dieser sehr stark betont. Das Foto wirkt aber oft etwas langweilig. Also versucht man, nach der Belichtungsmessung, den Kopf etwas aus der Bildmitte (Goldener Schnitt) zu rücken. Die gewonnene Freifläche sollte dort sein, wo das Modell seinen Blick hinwendet. Dabei ist es wesentlich günstiger einen einheitlich farbigen Hintergrund

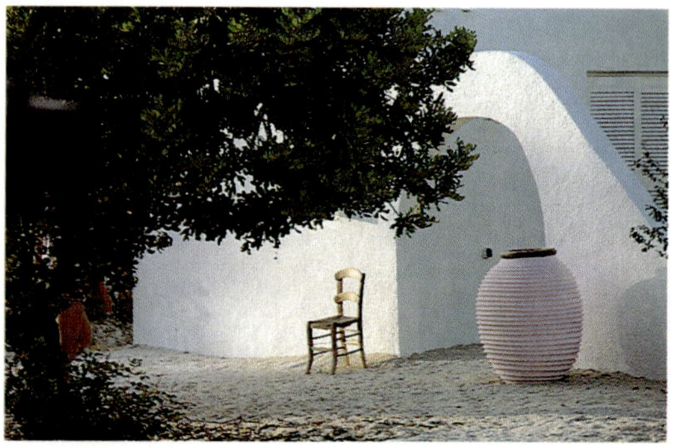

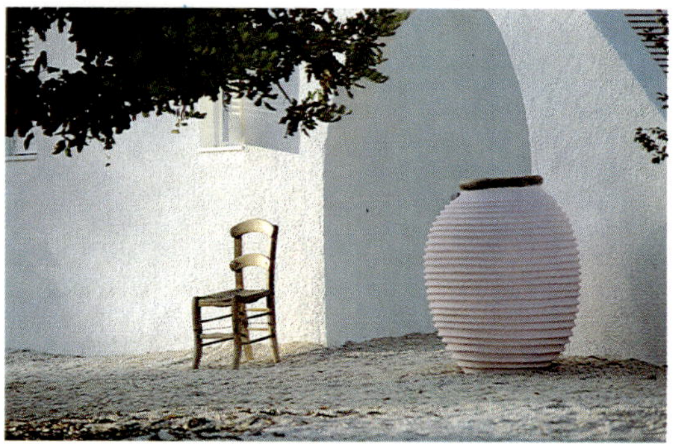

Durch die Veränderung des Bildausschnitts wird auch die Bildaussage verändert. In den meisten Fällen ist die Bildaussage stärker, wenn der Ausschnitt enger gewählt wird.
Fotos: Heiner Henninges

für die Freifläche zu wählen, als eine weiße Fläche. Noch besser ist eine Dreiteilung des Bildes, wie auf der Skizze gezeigt. Der Motivschwerpunkt sollte auf einem dieser Punkte liegen, egal ob im Quer- oder Hochformat fotografiert wird. Sicher ist die Dreiteilung eine individuellere Lösung als der ausgewogene Goldene Schnitt, der einmal erlernt, fast narrensicher funktioniert, aber auf die Dauer keine Bilder mit überraschender Sichtweise bringt. Versucht man verschiedene Motive »mittig«, im »Goldenen Schnitt« und als »Dreiteilung« aufzubauen, wird man die unterschiedliche Bildwirkung deutlich sehen. Später kann man diese noch mit weiteren Gestaltungsarten kombinieren.

Horizontlage

Der Horizont ist für jeden Landschaftsfotografen eine aggressive Linie, die einen enormen Einfluß auf die Bildgestaltung seines Motivs hat.

Bei Personenaufnahmen kann der Horizont ungünstig durch den Kopf einer Person gehen (oder durch einen anderen Körper-

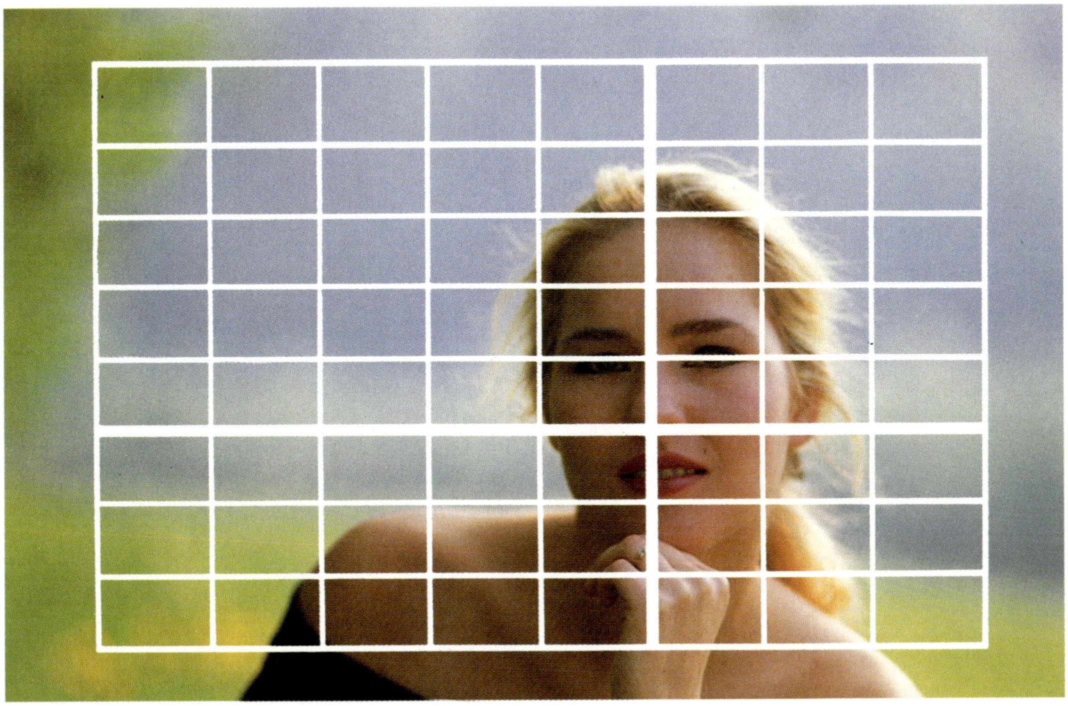

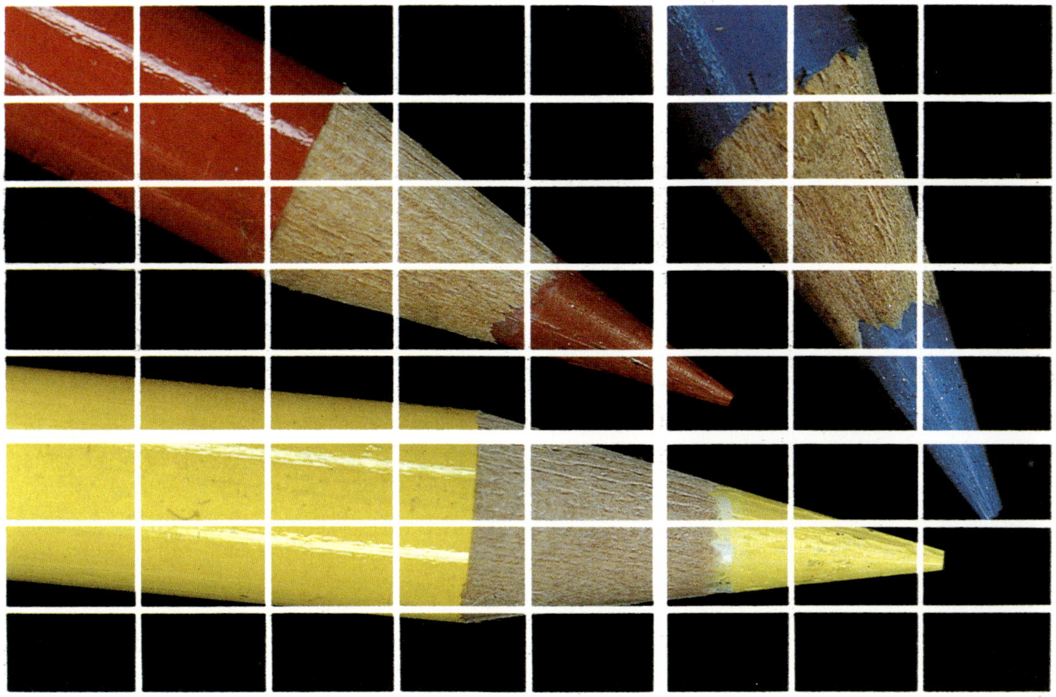

Das Raster zeigt deutlich das optimale Teilungsverhältnis der Flächen in den obigen Bildern. Dieses wird durch den »Goldenen Schnitt« erreicht. Nach dieser Regel wird eine Strecke so geteilt, daß sich der kleinere Teil zum gößeren so verhält, wie der größere zur gesamten Strecke. Für Porträtaufnahmen (oben) läßt sich der goldene Schnitt ebenso anwenden wie für Sachfotos (unten). Porträts bei denen der Kopf präzise in der Mitte plaziert wurde, wirken leicht langweilig. Nach dem »Goldenen Schnitt« aus der Mitte gerückte Objekte machen Bilder interessanter. Die über die Bilder gelegten Raster zeigen, wie sich eine ansprechende Dreiteilung nach der Regel des »Goldenen Schnitts« erreichen läßt. Der »Goldene Schnitt« läßt sich auf unterschiedliche Objekte im Bild anwenden und auch mit anderen Gestaltungsregeln kombinieren. Fotos: Detlev Motz (oben), Heiner Henninges (unten).

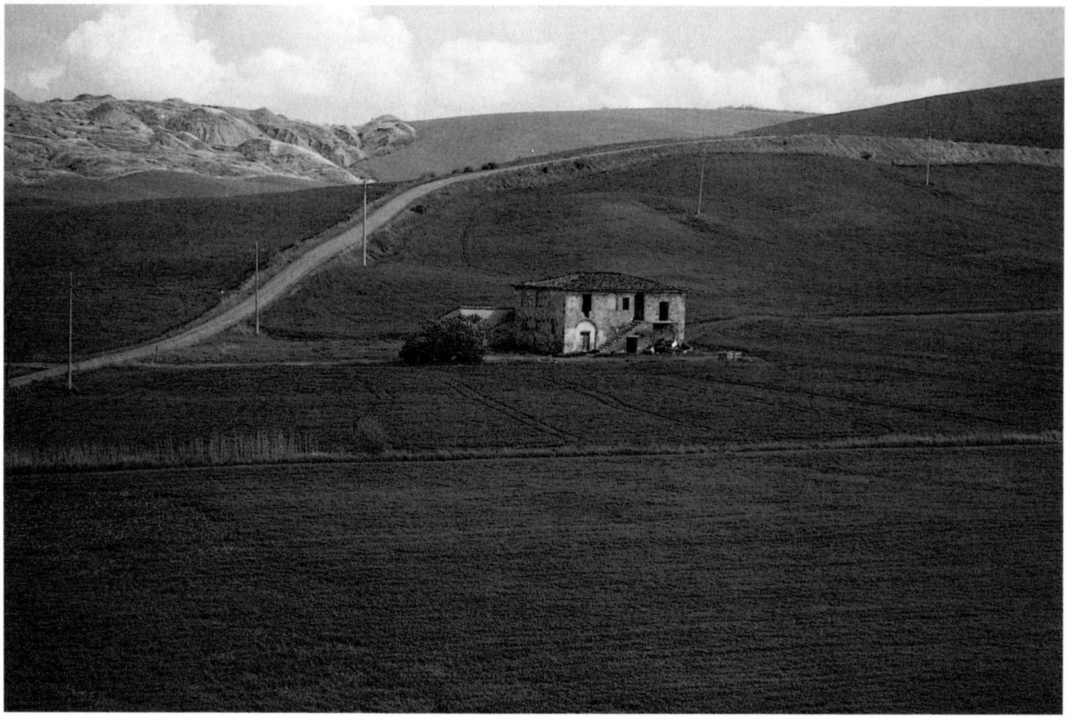

Die Lage des Horizonts im Bild hat einen starken Einfluß auf die Bildwirkung. Der hochgelegte Horizont in dieser Aufnahme aus der Toskana unterstreicht die Weite der Landschaft. Foto: Detlev Motz

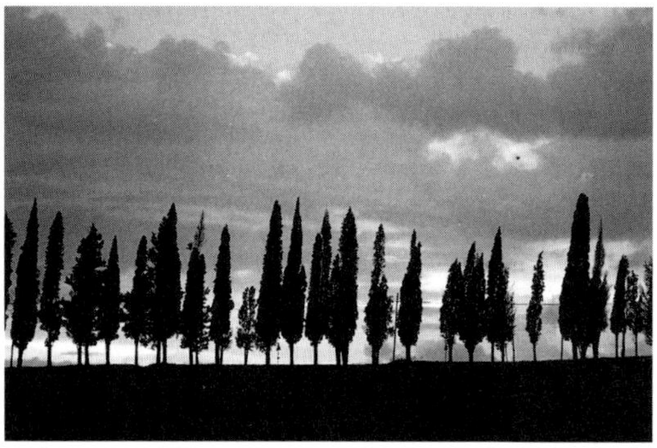

Die tiefe Horizontlage im Bild oben betont die Dramatik des Himmels, gegen den sich die Bäume als Silhouetten abheben. Auch im Bild unten wurde ein tiefer Horizont gewählt, um die Morgenstimmung zu betonen. Fotos: Detlev Motz

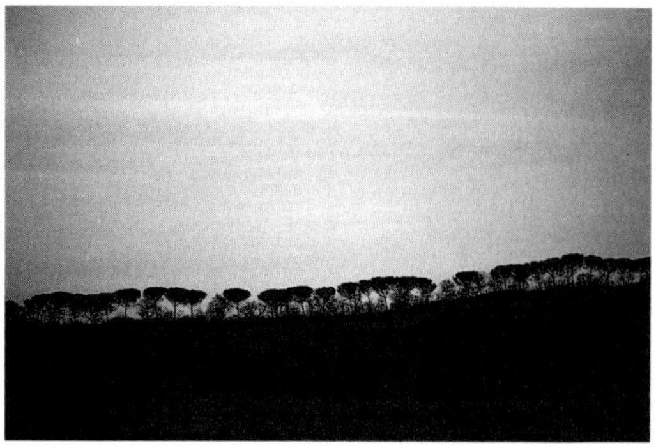

teil) und die Aussage eines Bildes ungünstig verändern. Bei Landschaftsaufnahmen ist der auffälligste Fehler meist ein nicht beabsichtigter Hell/Dunkel-Kontrast, der sich bei einem Papierabzug vom Dia noch verstärkt. Aus einem hellblauen Himmel wird plötzlich eine leere, weiße Fläche, die wie unbelichtetes Papier aussieht, während die Landschaft ebenfalls zu hell oder zu dunkel wirkt. Aus diesem Grund benutzen Filmer und Profifotografen Ausgleichsfilter, sogenannte Chromo- oder Verlauffilter. Sie sind unten durchsichtig ohne jegliche Tönung, während sie nach oben farbig verlaufen. Gut geeignet ist ein grauer oder blauer Verlauffilter. Diesen gibt es in verschiedenen Abstufungen. Damit kann der Kontrast zwischen Himmel und Landschaft gemildert werden.

Landschaftsfotografen brauchen Zeit. Um ein intensiveres Licht oder einen dunkelblauen Himmel zu bekommen, muß man einfach warten können. Der Himmel kann jede Farbe aufweisen, Hauptsache er ist strukturiert. Zu umgehen ist der starke Kontrast aber auch, indem man den Horizont nach oben, also außerhalb des Sucherbildes legt. Als Bildgestaltungsfehler gilt es die Hori-

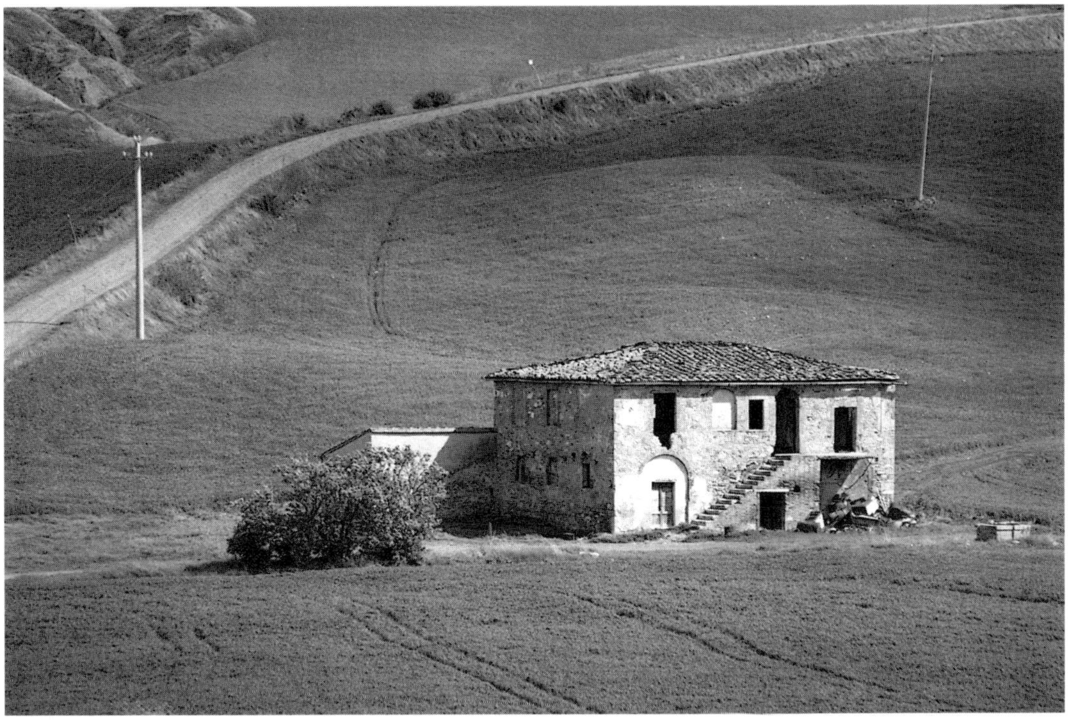

Das gleiche Motiv wie links noch einmal ohne Horizont in einem engeren Bildausschnitt: Hier konzentriert sich die Bildaussage auf das Bauernhaus. Foto: Detlev Motz

zontlinie in die Mitte eines Bildes zu legen. Das Bild wird in zwei Hälften zerlegt und wirkt langweilig, wenn nicht wenigstens noch ein Objekt die Bildmitte durchschneidet. Nur innerhalb einer Serie, wenn der Betrachter sofort sieht, daß der Fotograf die Monotonie einer Landschaft bewußt mit diesem Gestaltungsmittel unterstreichen wollte, ist der Horizont in der Bildmitte erlaubt. Besser ist es aber, den Horizont nach unten zu verlagern. Also 1/3 Landschaft, 2/3 Himmel. So wird die Weite einer Landschaft unterstrichen. Natürlich kann es auch 2/3 Landschaft und 1/3 Himmel sein. Damit wird die Bildwichtigkeit des Vordergrundes betont.

Eine weitere Gestaltungsmöglichkeit ist es, den Horizont mittels eines Fisheyes abzurunden. Dann hat der Betrachter den Eindruck, einen Ausschnitt aus der Weltkugel zu sehen.

Außer im letzteren Fall oder bei bewußt stark gekippter Kamera sollte der Horizont absolut präzise horizontal verlaufen. Bereits ein paar Millimeter zu viel oder zu wenig können den Eindruck erwecken, daß ein See nach einer Seite »ausläuft«.

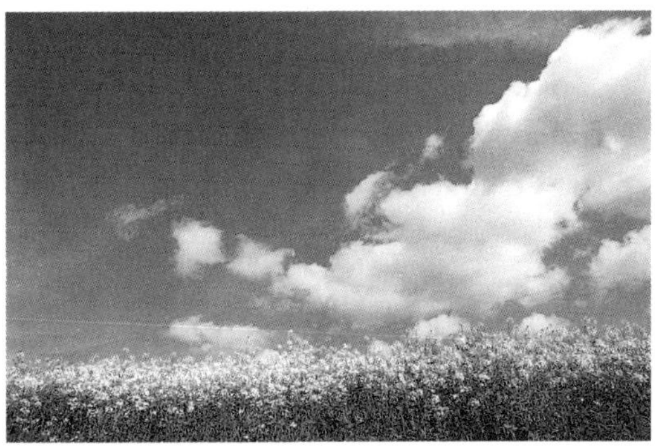

Beispiele für tiefen und hohen Horizont: Oben wird die Dramatik der Wolkenbildung betont. Unten wird durch die Kombination mit der Perspektive der Blick auf den einsamen Baum gerichtet. Fotos: Detlev Motz

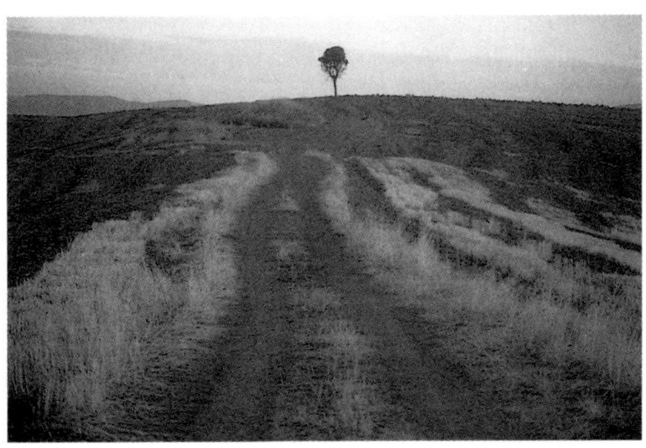

Wettbewerbs-fotografie

Wer sich an Fotowettbewerben beteiligt, sollte einige wichtige Kriterien kennen. 1. Nutzen Sie das volle Bildformat aus, das angegeben ist. 2. Albumbilder und »nette« Familienfotos haben keine Chancen. Die Fotos müssen einen bestimmten »Aufmerksamkeitswert« haben, um anzukommen. 3. Die Aufnahmen müssen perfekt gestaltet sein. Sowohl in Farbe als auch in SW. Daß die technische Qualität stimmen muß, ist selbstverständlich. 4. Überlegen Sie bei einem Fotowettbewerb mit Thema v o r der Aufnahme. Spontane Ideen vergißt man am besten wieder, denn die hatten garantiert bereits die anderen. Es kommen aber meist nur Motive an, die eben n i c h t jeder einschickt. Ausnahmen bestätigen die Regel.

Karneval und Prozessionen

Wichtig ist es schon vor dem Ereignis die Streckenführung zu erkunden und auch den Veranstaltungsplatz vorher schon zu besichtigen. Um einen Platz in der »ersten Reihe« zu ergattern, muß man frrühzeitig da sein. Am besten sind zwei Kameragehäuse mit einem Normal- oder Weitwinkelobjektiv und zusätzlich einem 135 mm-Objektiv für Porträts. Die Prozessions- oder Karnevalszüge bleiben oft stehen, dann ist die Zeit für Porträts gekommen. Bei Aufnahmen mit Weitwinkel sollte aus der Froschperspektive fotografiert werden. Oft gibt es auch die Möglichkeit, am Aufstellplatz oder am Endpunkt des Umzugs zu guten Aufnahmen zu kommen.

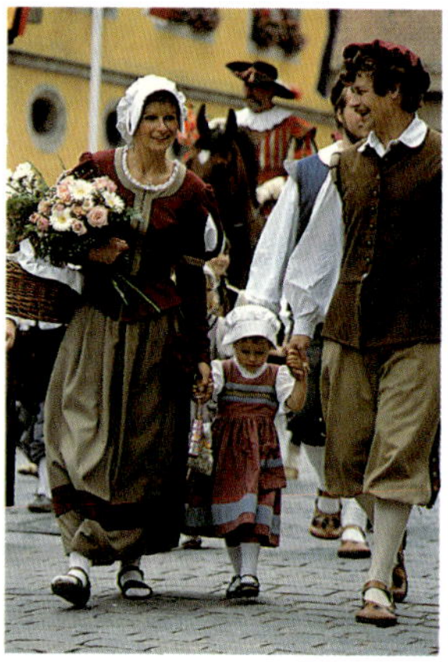

Foto: Heiner Henninges

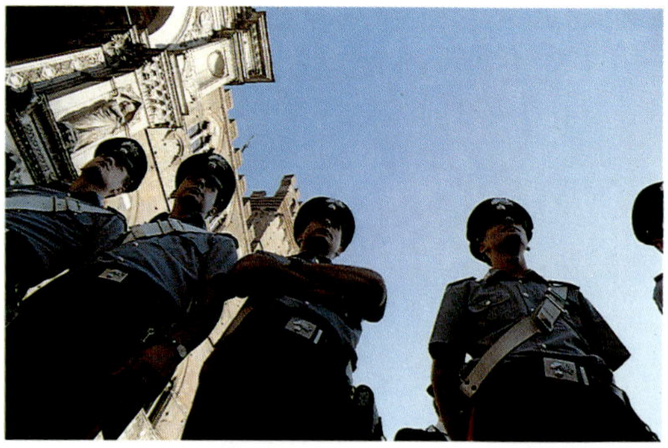

Eine dramatische Wirkung wird durch Aufnahmen aus der Froschperspektive erreicht. Sie wird durch den Kontrast gegen den Hintergrund noch verstärkt. Foto: Detlev Motz.

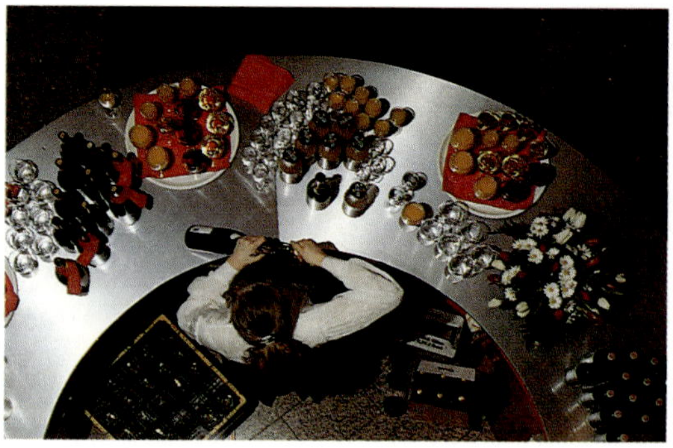

Ungewöhnlich ist auch der Blick aus der Vogelperspektive. Zoomobjektive erleichtern bei schwer zugänglichen Standpunkten die Wahl der richtigen Brennweite.

Kamerastandpunkt

Der normale Kamerastandpunkt ist meist »aus dem Stand«, also aus Augenhöhe. Gerade dieser bringt aber keine besonders aufregende Perspektive ins Bild. Man sollte deshalb auch einmal auf die Knie gehen oder auf dem Boden liegen, um eine bessere Perspektive zu erhalten. So ist es einem Landschaftsfotografen beispielsweise eher möglich, durch einen hohen Kamerastandpunkt einen ungünstigen Horizont verschwinden zu lassen. Der einfachste Gebrauchsgegenstand für die Sicht aus der Vogelperspektive ist eine einfache Klappleiter, die man beispielsweise im Kofferraum seines Autos mitführen kann. Oft gibt es aber auch Mauer- und Felsvorsprünge, die man dafür nutzen kann. SW-Fotografen, die später den genauen Ausschnitt wählen, können auch einmal mit gestreckten Händen fotografieren, ohne durch den Sucher zu schauen. Das Fotografieren aus dem Fesselballon, Hubschrauber oder einem Aussichtsturm bringt die extremste Vogelperspektive. Dabei sollte man aber Tage nutzen, die möglichst klar und ohne Dunst sind. Auch manche Filter helfen etwas, um den Dunst und Dreck in der Luft »durchsichtiger« zu machen.

Einen niedrigen Kamerastandpunkt bekommen Sie aus der Hocke oder wenn sich die Kamera direkt über dem Boden befindet. Aus dieser Perspektive wäre die Geschichte eines Kleinkinds oder das Tagebuch eines bayrischen Dackels (damit ist eine bestimmte Rasse von Hund gemeint) denkbar. Starke bis leichte Weitwinkelobjektive verstärken diesen Sichteindruck noch. Gerade bei einem starken Weitwinkel können bereits ein paar Zentimeter mehr oder weniger über dem Erdboden zu völlig anderen Perspektiven führen. Auch hier hat es der SW-Fotograf etwas leichter, da er später auch noch den Bildausschnitt verändern kann. Ein Diafotograf sollte dagegen versuchen, so bildfüllend wie möglich zu fotografieren.

Auf den normalen, niedrigen oder hohen Kamerastandpunkt haben natürlich auch Objektive einen Einfluß. Schnell zu handhaben sind Zoomobjektive. Ein umständlicher Objektivwechsel entfällt und wenn es auf Schnelligkeit ankommt, sind mehrere Aufnahmen aus der jeweiligen Sicht möglich, aber mit verschiedenen Brennweitenbereichen. Um ein paar typische anzuführen: 28 bis 80, 80 bis 200, 100 bis 300 mm. Wer dagegen Zeit und Muße hat, der kann mit lichtstarken Festbrennweiten arbeiten und damit noch mehr mit Zeit/Blende und der Tiefenschärfe arbeiten.

Dieses monochrome Bild erhält seine Spannung durch die grafischen Elemente. Foto: Heiner Henninges

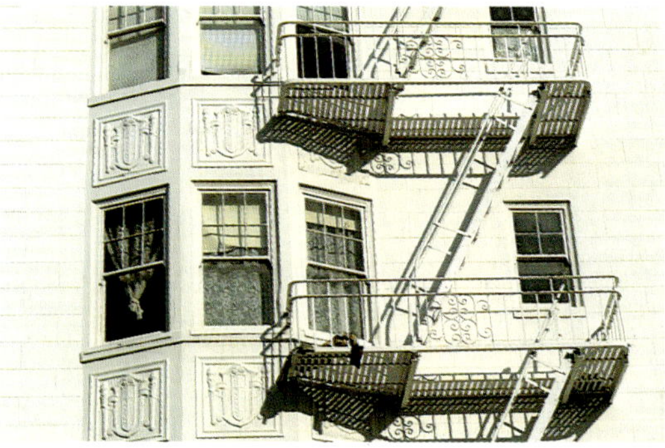

Die drei charakteristischen Merkmale der Farbe

Der Farbton

Die Bezeichnung einer Farbe – Rot, Gelb, Grün, Blau – nennt man »Farbton«. Diese Bezeichnung sagt noch nichts darüber aus, ob die Farbe heller oder dunkler ist. Diese und viele andere Farben sind auch in einem *Farbkreis* zusammengestellt.
Farbtöne sind die Grundlage für farbliche Kompositon eines Bildes. Als Farbfotograf sollte man wissen, daß der Farbton nicht nur vom Farbgehalt eines Motivs abhängt, sondern auch vom Farbcharakter des jeweiligen Films und von der Beleuchtung.

Der Sättigungsgrad

Dieser ist das zweite wichtige Merkmal einer Farbe. Der Sättigungsgrad umschreibt die Intensität oder Reinheit einer Farbe. Die Farbe einer Blue Jeans ist am stärksten gesättigt, wenn sie neu ist. Der Anstrich eines Hauses ist am stärksten gesättigt, wenn er frisch ist. Eine Landschaft zeigt satte Farben im Sonnenlicht. Rauch oder Nebel führen dazu, daß die Farben nicht mehr so intensiv sind. So ist der Sättigungsgrad

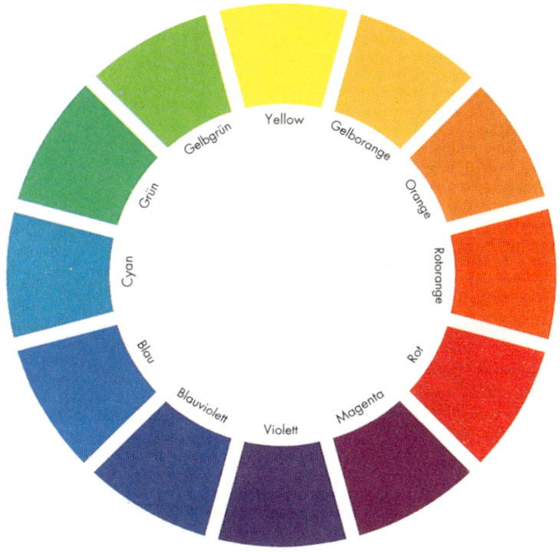

Farbkreis aus den Primärfarben Gelb, Grün und Blau

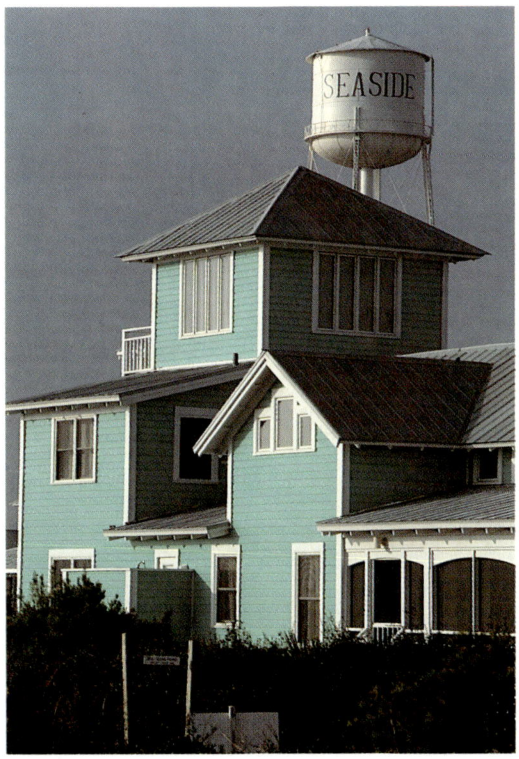

Das Wesentliche dieser drei Aufnahmen kommt durch die wirkungsvollen, harmonischen Farben zustande. Die zwei Türen im Bild unten würden ohne den Kontrast des matten Grüns zu dem rötlichen Ziegeln eher langweilig wirken. Genauso ist die Abendstimmung wesentlich für das Bild mit den Verstrebungen und der Treppe (links unten); wirkungsvoll auch die Farben des türkisen Hauses mit dem dunklen Himmel, gegen den sich der weiße Wasserspeicher absetzt.
Fotos: Detlev Motz, Klaus Kamphausen

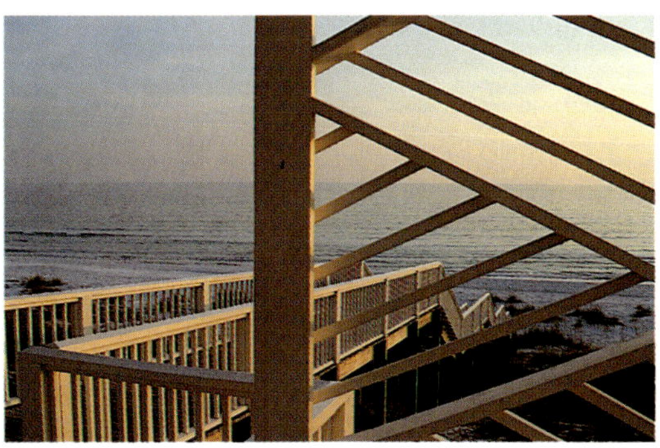

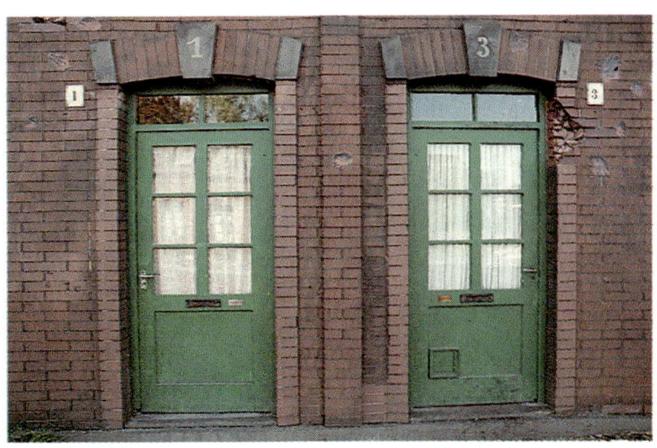

Stilleben
Fotografische Aufnahme unterschiedlicher lebloser Gegenstände, deren Zusammenstellung die Bildkomposition ausmachen. Im Atelier wird hierbei vor allem mit der Lichtführung, den Objektfarben und anderen gestalterischen Mitteln gearbeitet.

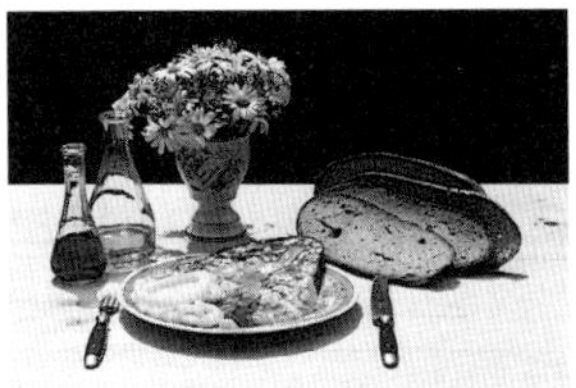

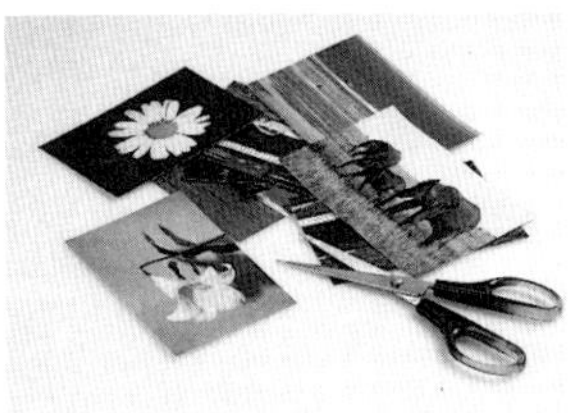

Fotos: Heiner Henninges

durch die Art der Beleuchtung, durch die verwendete Filmsorte und durch die Belichtungszeit zu beeinflussen. Welchen Sättigungsgrad man für ein Bild verwendet, ist in erster Linie Geschmacksache.

Die Helligkeit
Das dritte Merkmal gibt an, wie hell oder dunkel eine Farbe ist. Der Begriff ähnelt dem »Tonwert« in der SW-Fotografie. So, wie es einen Graukeil aller Grauabstufen gibt – vom Weiß bis zum Schwarz, so kann man jede beliebige Farbe in Abstufungen zeigen. Oft wird in der Fotografie der Sättigungsgrad und die Helligkeit verwechselt. In der Fotografie bringt aber die Änderung des einen auch eine Veränderung des anderen mit sich.
Der Fotograf sollte berücksichtigen, daß dunkle Farben eine düstere, gedrückte Stimmung entstehen lassen. Helle Farben erwecken dagegen freudige und leichtere Gefühle.
Farbton, Sättigung und *Helligkeit* sind wichtige Kompositionselemente in der Hand des Fotografen. Wichtig ist, daß die Merkmale nicht nur gesehen, sondern bewußt angewendet werden. Die »Lichtstärke« und die »Lichtqualität« haben darauf einen entscheidenden Einfluß. Dazu kommt die »Lichtfarbe«, die für das ungeübte Auge oft nicht wahrnehmbar ist.

Farbton, Sättigung, Helligkeit

Maler wissen, daß es bei den Farben verschiedene Sättigungsgrade gibt. Je mehr eine Farbe mit Weiß gemischt wird, desto pastellartiger wirkt sie. Werden Farben mit Schwarz gemischt, kommen sie gesättigter.
Als Fotograf sollte man deshalb wissen, daß kräftige Farben dynamischer und plakativer wirken. Gesättigte Farben dagegen wirken harmonisch und für den Betrachter angenehm. Es genügt, wenn man folgende Begriffe auseinanderhalten kann:
Farbton – ist die Bezeichnung einer Farbe
Farbsättigung – bezeichnet die Reinheit einer Farbe
Farbhelligkeit – gibt die Menge des Lichts an, das das Auge erreicht.

Beispielsweise wird man an einem nebligen und an einem sonnigen Tag die Farben eines Motivs völlig verschieden wahrnehmen. Ein Film kennt diese Sensitivitätsänderung nicht so stark. Auf dem Dia wird man noch Farben erkennen, die das Auge nicht wahrgenommen hat.
Bei richtigem Licht, beispielsweise kurz vor oder nach einem Gewitter, kann es auch zu »überraschenden Farben« kommen. Bei diesen Gelegenheiten entstehen besonders dramatische Stimmungen.
Jede Farbe hat ihre eigene emotionale Kraft – und kann einen Bildaufbau zerstören. Oft wirkt Farbe auch nur störend. Kriegs- und Kriminalfilme wirken oft spannender, packender und dokumentarischer, wenn die oft völlig überflüssige Farbe per Knopf vom Fernsehschirm weggedreht wird. Die Lichtführung (Hell-Dunkel-Kontrast) kann diesen Effekt noch verstärken. Für echte Filmfreunde gilt es deshalb als Sünde, Filme wie »High Noon« per Farbe aufzumöbeln, um diese den normalen Sehgewohnheiten anzupassen. Als Gegensatz werden SW-Fotos durchs Colorieren verfremdet. Hier tritt aber ein völlig anderer Effekt ein. Diese Fotos wirken, wenn sie gut gemacht sind, wie aus einer »künstlichen« Welt. Hier wird die Farbe als künstlerisches Gestaltungsmittel genutzt.

Kontrast

Zuerst einmal hat jeder Fotograf den Wunsch, ein technisch einwandfreies Dia oder Negativ herzustellen. Je größer der Kontrast bei unserem Motiv, desto schwieriger wird es, die richtige Belichtungszeit zu treffen. Und desto problematischer wird es auch, dieses kontrastreiche Dia oder Negativ aufs Vergrößerungspapier zu bekommen. Kontrastreiche Dias, die auf der Leinwand noch brillant wirken, kommen oft auf dem Papier flau. Der Grund: Während unser Auge bei Pupillenanpassung immerhin einen Kontrast von 1:300 000 verschafft, ist Fotopapier längst nicht so flexibel. Gerade 1:50 bekommt man als Motivkontrast aufs Papier. Der Kontrastumfang eines Motivs ist die hellste und dunkelste Stelle! Man braucht also nur so auszuleuchten, daß diese Stellen eben keinen zu starken Kontrast aufweisen.

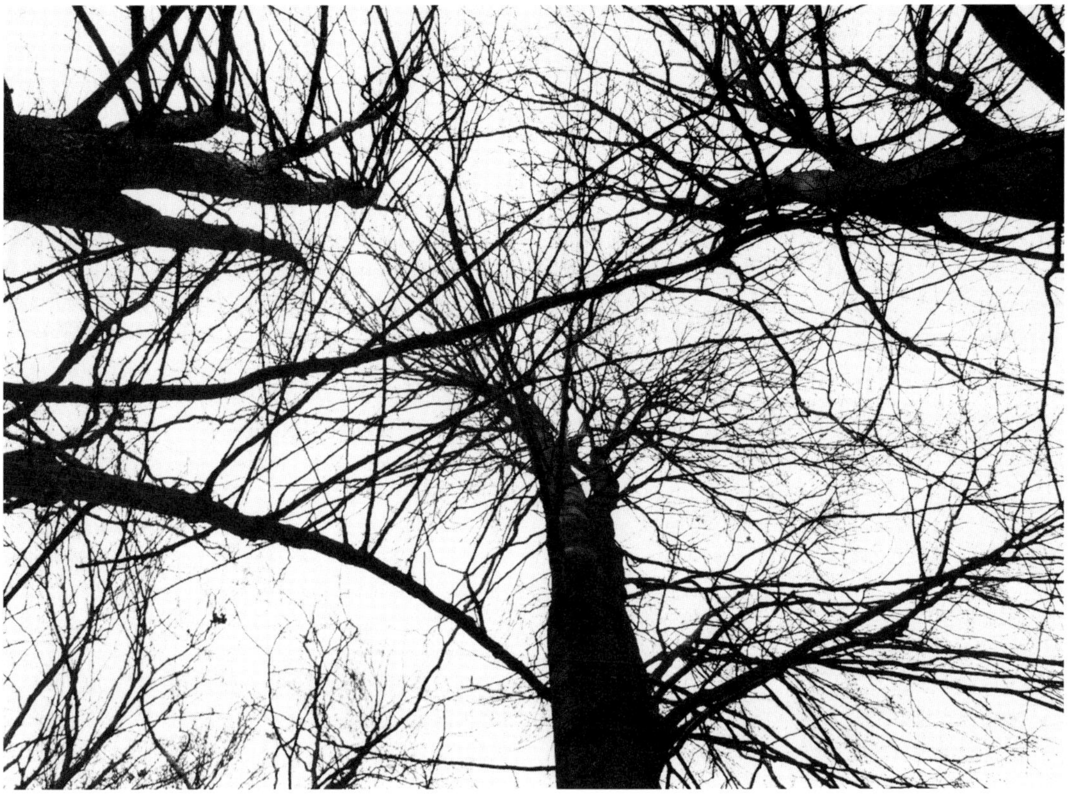

Nur noch als Silhouette heben sich die Äste der Bäume gegen den hellen Himmel ab. Foto: Rudolf Majonica

Bei Studioaufnahmen ist das einfach. Es können mit einem Handbelichtungsmesser die hellste und dunkelste Stelle angemessen werden, da sowohl die dunkelste als auch die hellste Stelle noch etwas Zeichnung hat.
Bei einer Landschaftsaufnahme ist dies nicht ganz so einfach. Eine helle Landschaft im Mittagslicht bei entsprechender Sonne kann einen Kontrastumfang von 1:1000 000 haben. Hier sollten wir auf eine Aufnahme verzichten und bei anderem Licht fotografieren. Eine Innenaufnahme mit hellem Ausblick kann einen Kontrastumfang von 1:1000 haben. Hier kann man den Raum so ausleuchten – mit Lampen oder Blitz – daß der Kontrast vom Außen- und Innenlicht angepaßt ist.
Aber es gibt noch andere Kontraste, die weniger mit der Belichtung zu tun haben. Wie den Kalt-Warm-Kontrast, den Komplementär-Kontrast, den Mengen-Kontrast.

Kalt-Warm-Kontrast

Kalte und warme Farben stehen sich im Farbkreis gegenüber. Man kann also mit nur kalten oder mit nur warmen Farben ein Bild aufbauen. Oder man kann in einem Motiv mit nur kalten Farben ein Objekt mit warmen Farben einbauen. Bei einem Schnappschuß wird eher zufällig die warme oder kalte Farbe vorherrschen.

Komplementär-Kontrast

Stehen sich im *Farbkreis* zwei Farben direkt gegenüber, sind dies komplementäre Farbpaare. Die bekanntesten sind: Gelb-Violett, Blau-Orange, Rot-Grün. Arbeitet ein Fotograf mit diesen Kontrasten, werden dies sicher sehr plakative, farbenprächtige Motive sein. Kräftige Farben sind zwar sehr eindrucksvoll, bringen aber auch Unruhe ins Bild. Deshalb ist hier oft »weniger besser als mehr«. Also das Motiv eng aufnehmen und nicht zu viel Umfeld zeigen.
Ein weiterer Fotografen-Trick ist es auch, kräftige Farben gedämpften Farben gegenüber zu stellen. So wirken zwei rote Luftmatratzen in einem Gebirgssee besonders plakativ bei Nebel, denn dieser dämpft stark die Umgebungsfarben.

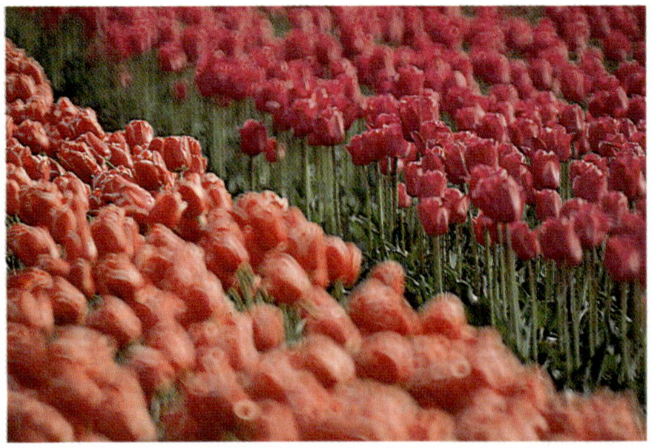

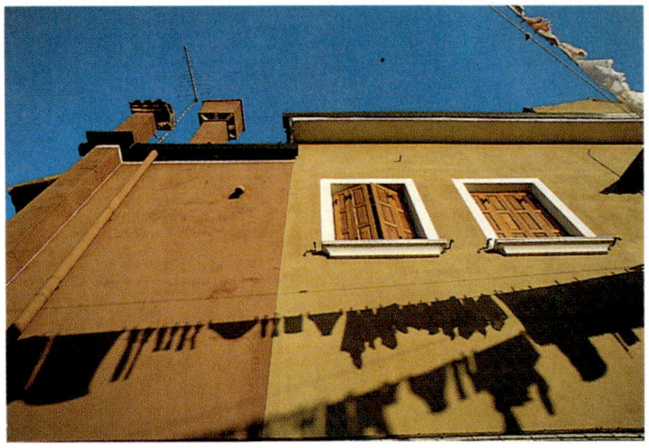

Einen reizvollen Kontrast liefert das Grün der Tulpenstile zu der Komplementärfabe Rot der Blüten (oben). Auch das Bild unten lebt von den Farbkontrasten.
Fotos: Detlev Motz

Mengen-Kontrast

Mit welchen Farben man bei einem Komplementär-Kontrast arbeitet, hatten wir bereits gesagt. Ähnlich wirkt der Mengen-Kontrast. Nur stehen sich hier die Farben nicht ausgeglichen gegenüber, sondern eine der Farben nimmt nur einen minimalen Teil des Bildes ein. Ein bekanntes Beispiel ist dabei Rot/Grün. Bei einem Komplementärkontrast steht es etwa 1:1 gegenüber. Bei einem Mengen-Kontrast kann Rot nur 1:100 gegenüberstehen und fällt trotz des starken Grünanteils sofort auf. Deshalb kann die geringste Menge Rot im Bildhintergrund, die wir übersehen haben, den gewollten Bildeindruck stören. Nimmt man gedämpfte Farben bei einem Mengen-Kontrast, erhält man eher ein harmonisches Verhältnis, da dort der »kleinere Teil einer Farbe« nicht aus dem Bild »heraussticht«. Ganz bewußt kann man mit einem Farb-Kontrast auch einen »Farbakzent« setzen. Ein kleineres Objekt bringt damit in ein eher monotones Bild etwas Leben und beherrscht oft sogar das Motiv.

Obwohl das Rot in dieser Aufnahme nur einen ganz geringen Anteil der Fläche einnimmt, fällt es trotzdem sofort ins Auge und setzt sich deutlich gegen den hellblauen Untergrund ab.
Foto: Heiner Henninges

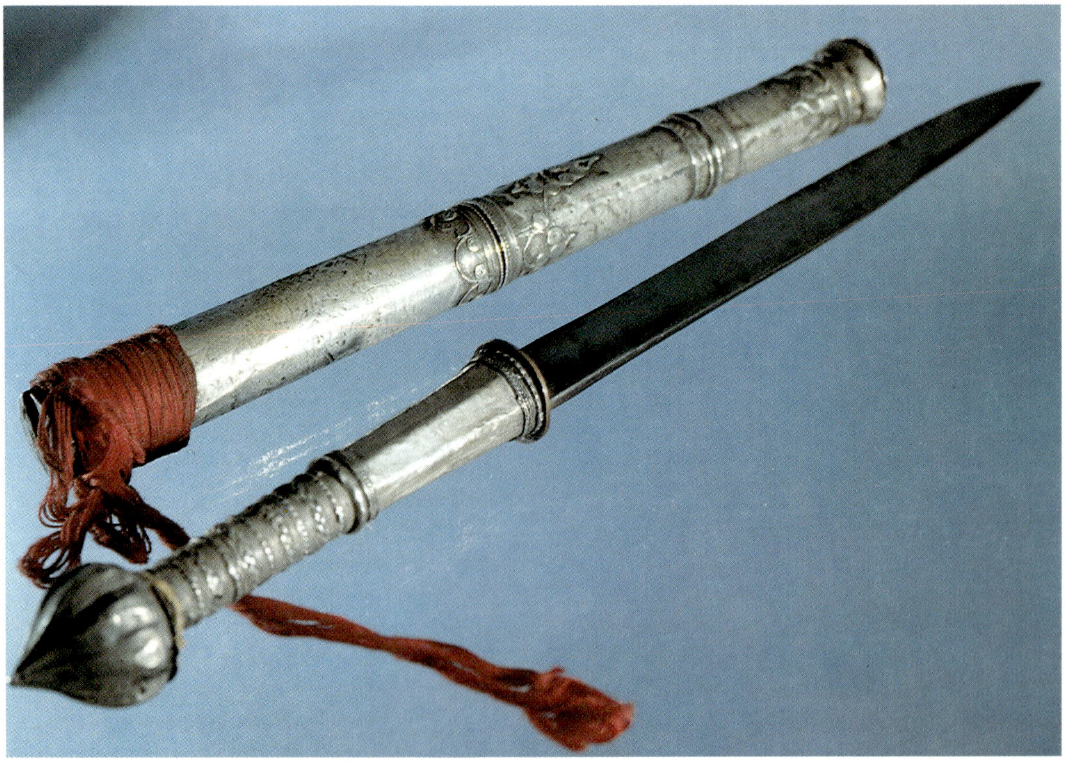

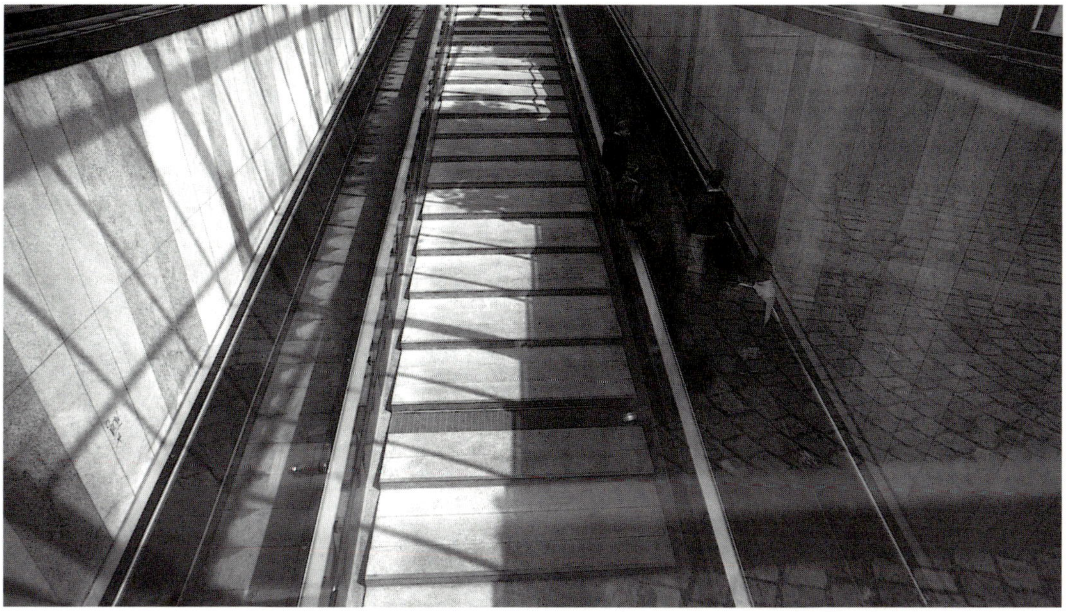

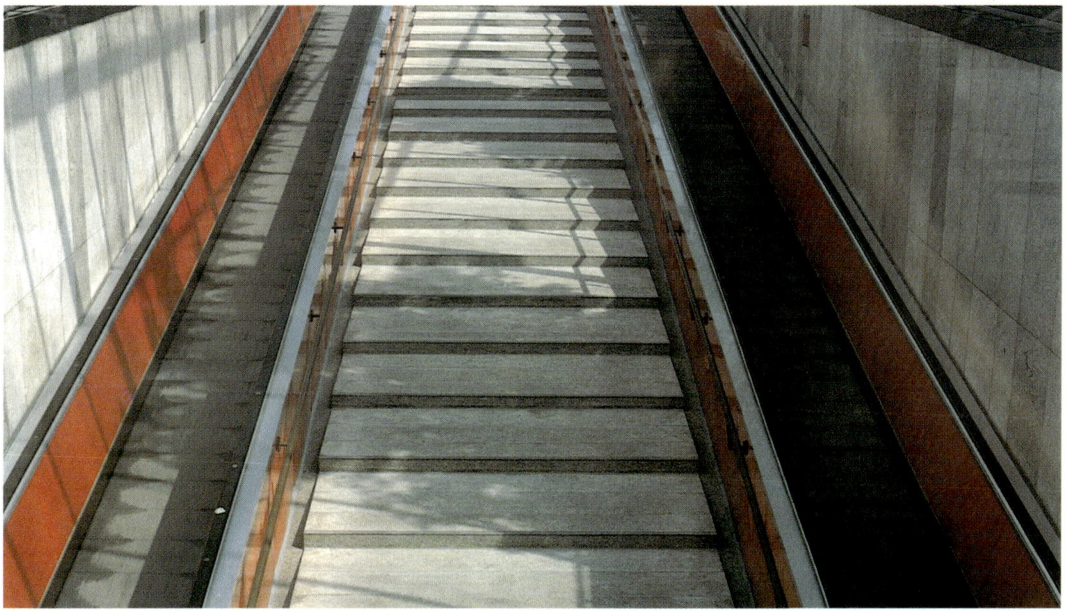

Diese beiden Aufnahmen in Farbe und Schwarzweiß zeigen deutlich den Effekt, den schon ein winziger Farbanteil in einem monochromen Bild haben kann. Fotos: Detlev Motz

Schwarzweißfotografie

In der Farbfotografie gibt es die »Helligkeit« einer Farbe. In der Schwarzweißfotografie ist es der Tonwert. Ein Graukeil zeigt von Weiß bis Schwarz alle abgestuften Grauabstufungen. Ein gutes Foto kann in High Key, also mit vorherrschend hellen Tonwerten oder in Low Key, also mit vorherrschend dunklen Tonwerten aufgenommen werden. Oder aber, es wird ein Motiv so aufgenommen, daß es alle Tonwerte abgestuft wiedergibt. Dabei besteht die Schwierigkeit, Weiß und Schwarz noch so wiederzugeben, daß in beiden noch Zeichnung zu erkennen ist. Ein fast aussichtsloses Unterfangen für viele Fotografen. Nur wer die Beleuchtung perfekt setzt (oder beherrscht) und auch einwandfreie Vergrößerungen herstellen kann, wird diese Aufgabe meistern. Meist wirken SW-Aufnahmen zu »soßig«. Während ein Farbfotograf aufpassen sollte, daß seine Vergrößerung keinen unschönen Farbstich zeigt, sollte ein SW-Fotograf darauf achten,

Architektur
Die Abbildung von Gebäuden ist ein umfassendes Thema, das sich auf unterschiedlichste Weise fotografisch darstellen läßt. Bei den meisten Aufnahmen von Bauwerken steht der Fotograf auf ebener Erde und lichtet das Objekt von unten aus ab. Dadurch verjüngen sich die vertikalen Linien, das Gebäude scheint nach hinten zu stürzen. Um das zu verhindern, kann man entweder ein Stück zurückgehen oder aber seinen Aufnahmestandort in die Höhe verlagern, indem man z. B. vom Nachbarhaus aus fotografiert. Ein anderes, aber auch teures Mittel gegen stürzende Linien ist die Verwendung von Shiftobjektiven mit denen sich die optische Achse verschieben läßt. Die stürzenden Linien können auch als Gestaltungsmittel angesehen werden.

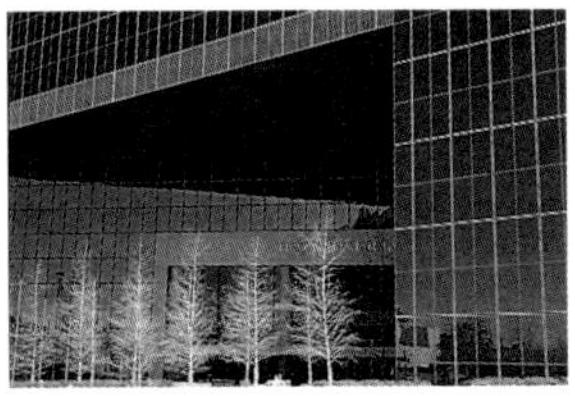

Foto: Heiner Henninges

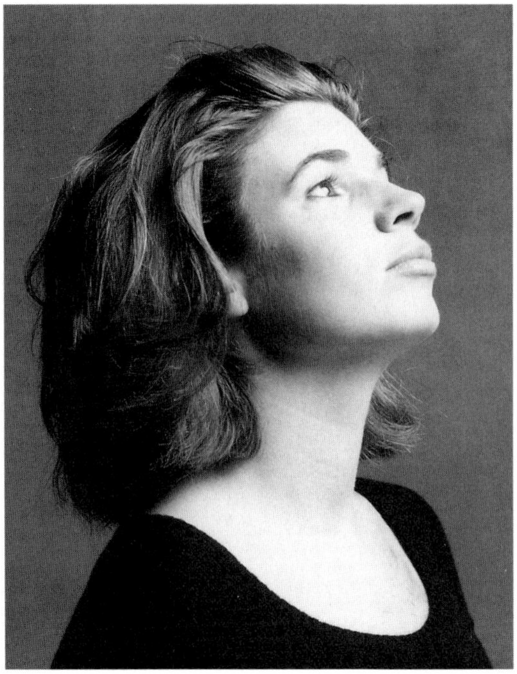

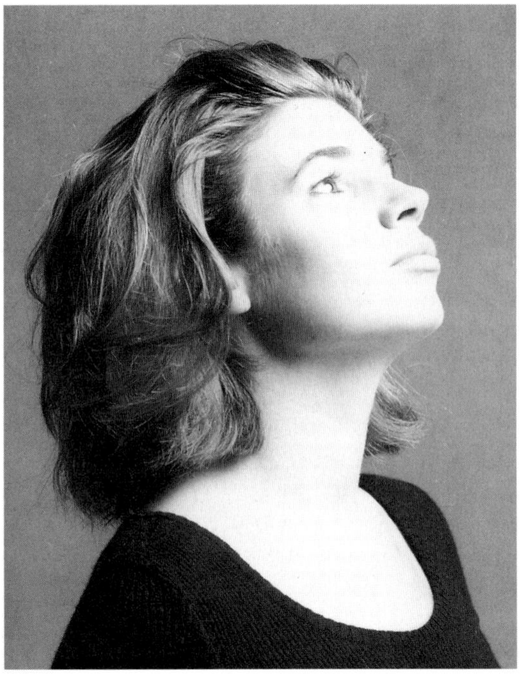

In der Schwarzweißfotografie werden die Tonwerte der Farben in Graustufen wiedergegeben. Sie leben besonders vom Kontrast zwischen hell und dunkel. Während die Aufnahme rechts zu hell und weich vergrößert wurde, ist der Kontrast in der linken Vergrößerung optimal. Fotos: Natascha Wanka

daß seine Vergrößerung nicht grau in grau wirkt. Dies kann er mit dem richtigen Papier (Gradation) und der richtigen Entwicklungszeit erreichen. Oft spielt aber bereits der Film und die richtige Entwicklung des Films (Negativ) eine entscheidende Rolle.
Ein Tonwert kann sich zu den Originalfarben umgekehrt verhalten. Das heißt, helle Farben werden dunkel wiedergegeben und dunkle Farben werden zu hell wiedergegeben. Ein guter SW-Fotograf kann diesen Effekt mit dem entsprechenden Filter berücksichtigen. Grundsätzlich muß sich sowohl der Farb- als auch der SW-Fotograf die Frage stellen: »Fotografiere ich mein Motiv in SW oder in Farbe?« Oft lenkt Farbe von der Aussage ab, ist sogar überflüssig. Die Frage ist also auch: »Brauche ich die Farbe, um die Bildaussage zu steigern?« Bei Motiven, die dokumentarisch wirken sollen, wird man diese Frage oft mit »nein« beantworten. Bei formalen Aufnahmen ist die Farbe wesentlich wichtiger. Colorierte Aufnahmen wirken meist dokumentarisch und formal zugleich. Je nach Farben geben sie dem Motiv etwas unwirkliches. Es entsteht eine dritte Wirklichkeit zwischen SW und Farbe.

Vordergrund, Hintergrund, Formen, Strukturen

Im Studio kann der Vorder- und Hintergrund passend und mit dem richtigen Licht gestaltet werden. Eine offene Landschaft wirft ebenfalls keine größeren Probleme auf, außer der Fotograf übersieht gravierend störende Objekte. In einer Stadt ändert sich dagegen laufend der Hintergrund. Konzentriert man sich zu sehr auf den Vordergrund mit seinem Hauptelement, übersieht man gerne den Hintergrund. Linien zerschneiden das Foto, farbige Flächen stören den Bildaufbau oder Personen stehen oder laufen ins Bild, die nicht in das Bild passen.
Linien exakt so abzubilden, wie man sie haben möchte, gelingt am besten mit einem Stativ. Es erleichtert nicht nur die Wahl der Schärfentiefe, sondern auch der Komposition. So kann beispielsweise mit langen Brennweiten gearbeitet werden, so daß der Hintergrund augenschonend zerfließt. Wenn man sich auf ein Detail innerhalb des Suchers konzentriert, kann dieses durch

einen Objektivwechsel gut herausgearbeitet werden. Man kann aber auch die Weite einer Landschaft betonen, indem kurze Brennweiten (18 – 35 mm) verwendet und mit einer Blende um 16 oder 22 fotografiert wird.

Die Wahl des Hintergrunds – unabsichtlich oder absichtlich – hat immer einen entscheidenden Einfluß auf die Bildaussage. Deshalb sollte man sich angewöhnen, das Motiv im Sucher von links nach rechts und von oben nach unten so schnell wie möglich abzusuchen. Damit spart man viel Filmmaterial. Es passiert aber selbst Profis, daß sie »Bildunebenheiten« erst am Leuchttisch feststellen. Meist sind es aggressive Farbtöne im Hintergrund oder Drähte und ähnliches, die im Bildhintergrund übersehen wurden.

Schärfentiefe

Als Schärfentiefe, oft fälschlich auch als Tiefenschärfe genannt, bezeichnet man den Abstand zwischen dem nähesten und dem entferntesten Objekt, das man fotografiert. Die Schärfentiefe nimmt zu, wenn abgeblendet wird (Blende 16, 22, 32 usw.) und verringert sich, wenn aufgeblendet wird (2,8, 4, 5,6). Die Schärfentiefe ist hinter der jeweils eingestellten Entfernung wesentlich größer als davor.

Das wichtigste Gestaltungselement ist die Verlagerung der Unschärfe im Motiv. Man kann den Hauptgegenstand des Motivs scharf abbilden und den Hintergrund in Unschärfe auflösen. Das hat den Vorteil, daß störende Bildelemente fast völlig reduziert werden können. Besonders mit langen Brennweiten kann diese selektive Schärfenverteilung zu gestalterisch guten Fotos führen. Beispielsweise bei Mode- oder Porträtaufnahmen. Auch bei Stilleben entscheidet oft die Wahl der richtigen Schärfentiefe, ob das Bild den Betrachter anregt oder nicht.

Je länger die Brennweite, desto geringer ist die Schärfentiefe. Nun könnte man sagen, zur kreativen Gestaltung setzt man einfach nur lange Brennweiten ein. Aber: Je länger

Die Schärfentiefe ist ein wesentliches Gestaltungsmittel der Fotografie. Im Bild links oben reicht sie vom Vordergrund bis in die Tiefe der Landschaft. Im Bild daneben wird die Gondel im Hintergrund schon unscharf. Ebenfalls von vorn bis hinten scharf ist das Bild von dem Bauern auf dem Feld unten rechts, während sich der Eimer daneben deutlich vom unscharfen Hintergrund absetzt. Fotos: Detlev Motz

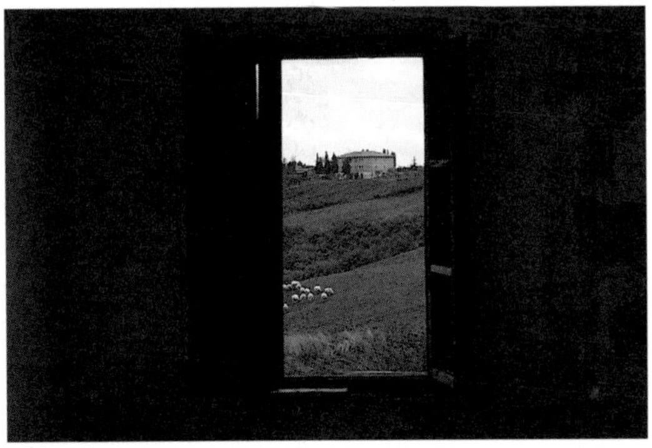

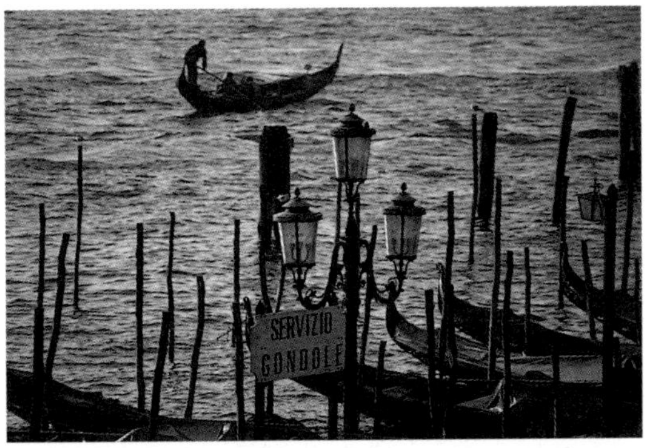

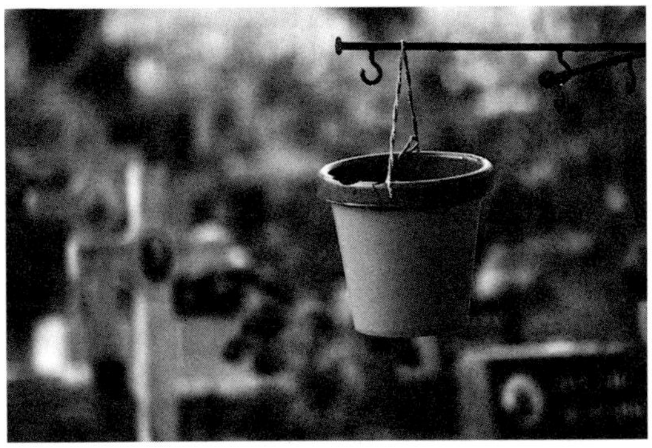

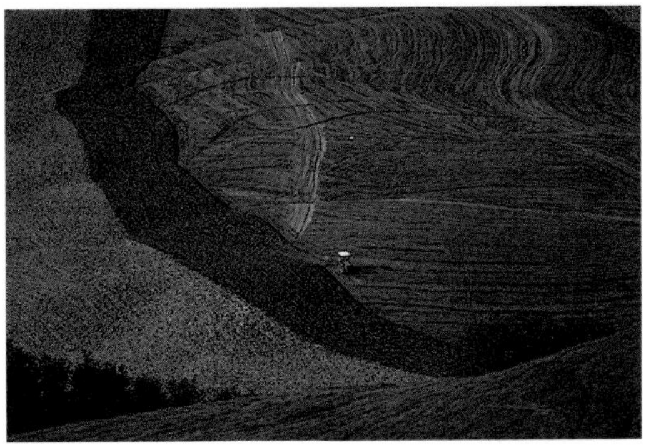

und lichtstärker die Brennweite, desto schwerer und teurer ist das Objektiv. Außerdem ist immer ein stabiles Stativ notwendig, um nicht zu verwackeln. Manche Fotografen greifen deshalb zu einem Spiegelobjektiv, das durch die Bauweise bedingt, leichter und kürzer ist. Es hat aber meist nur eine Blende, läßt sich also nicht auf- oder abblenden und zeigt im Hintergrund eines Bildes oft unerwünschte Zerstreuungsringe (siehe auch Spiegelobjektiv). Mit ihm kann aber sehr gut mit der Schärfentiefe gestaltet werden.

Verwackeln: Je länger die Brennweiten, desto kürzer sollten die Belichtungszeiten sein, wenn aus der Hand fotografiert wird. Folgende Empfehlungen der kürzesten Belichtungszeit zur jeweiligen Brennweite gelten nur als Richtlinie.

20 mm	50 mm	135 mm	200 mm	300 mm
1/15	1/60	1/125	1/250	1/500

Grundsätzlich sollten längere Brennweiten nicht aus der freien Hand genutzt werden, sondern nur mit Stativ. Wer seine kürzesten Belichtungszeiten selbst prüfen will, braucht dazu keine Testkarten. Eine doppeltes Zeitungsblatt mit Text und einigen Fotos genügt. Fotografiert man es bildfüllend mit den oben genannten Zeiten ab – einmal mit und ohne Stativ – wird einen das Ergebnis überraschen.

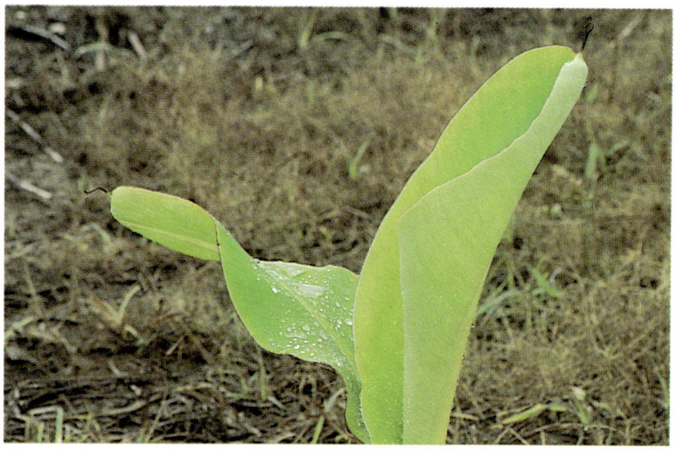

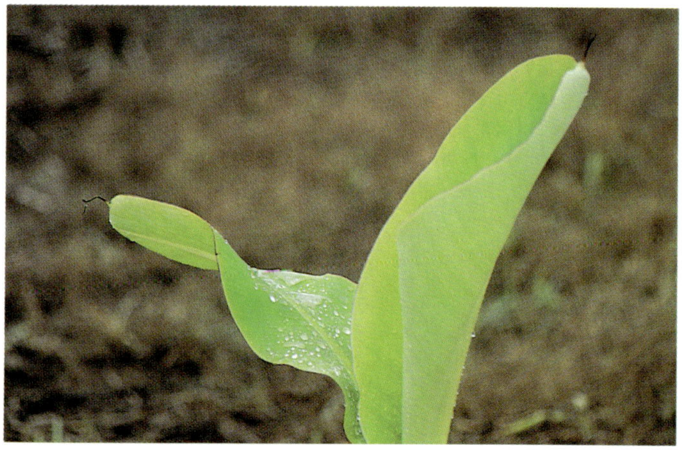

Die Aufnahmen zeigen deutlich die Gestaltungsmöglichkeiten mit der Schärfentiefe. Für die Aufnahme links wurde eine kleine Blende (hohe Zahl) für die rechts eine große Blende gewählt.

Bildpräsentation

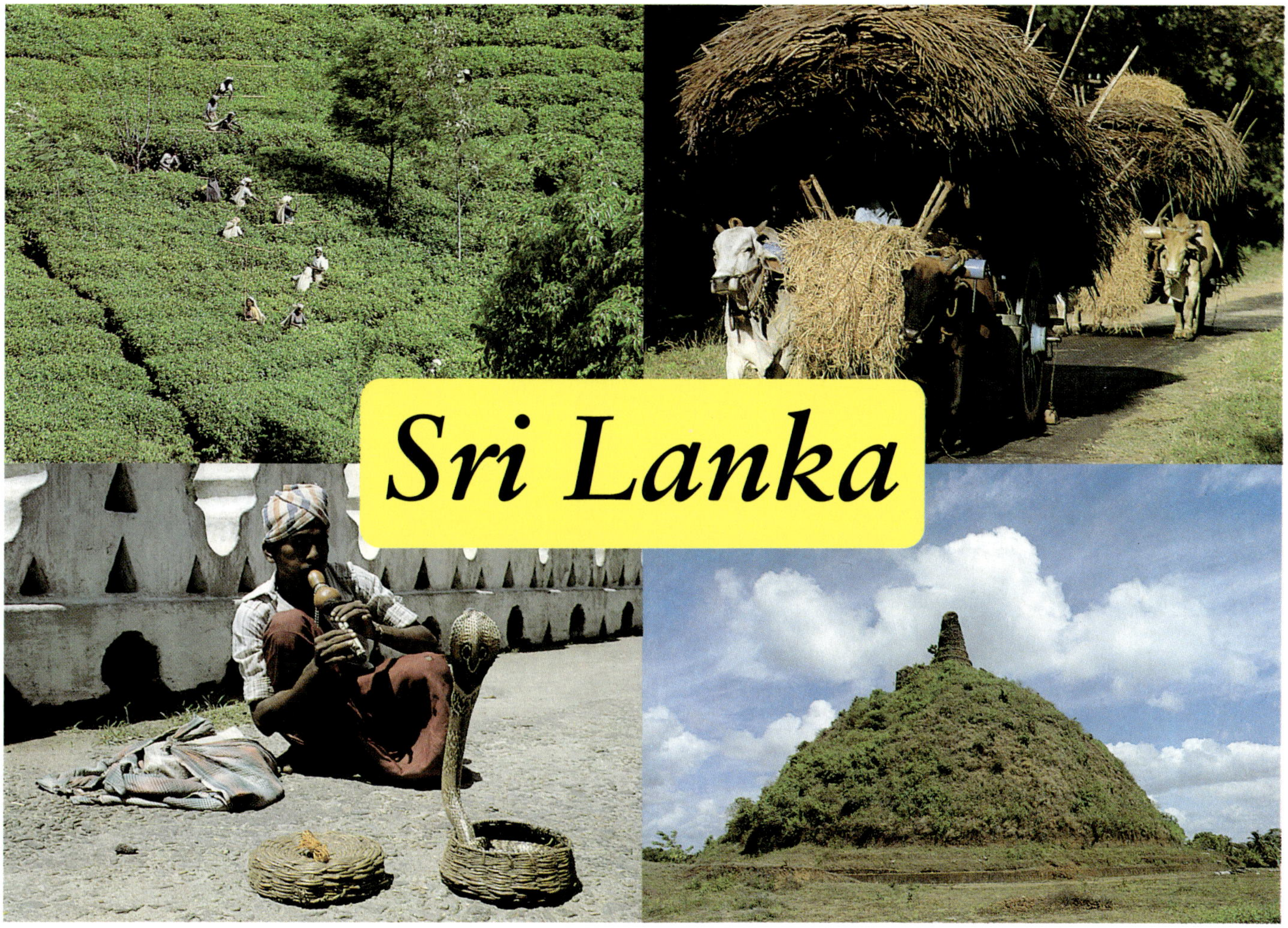

Einstieg in eine Diashow: Vier zu einem Dia aneinandergefügte Bilder mit einem darüberliegenden Schriftzug als Titel. Fotos: Heiner Henninges.

Damit ein Foto den Betrachter begeistert, fasziniert oder berührt, sind verschiedene Voraussetzungen nötig. Zum einen die gekonnte Aufnahmetechnik, Bildgestaltung und Laborverarbeitung, zum anderen aber auch die passende Präsentation. Für Dias und Papierbilder gibt es unterschiedliche Möglichkeiten der Präsentation.

Projektion

Bei der Projektion wird das Dia mit Hilfe eines Projektors im Durchlicht vergrößert auf eine Projektionsfläche geworfen. Projektoren gibt es für unterschiedliche Diaformate, am gebräuchlichsten sind Kleinbildprojektoren. Diese Projektoren werden in den verschiedensten Ausführungen und daher auch Preisgruppen angeboten. Es gibt sowohl Projektoren für die Einzelprojektion wie auch für Überblendprojektion. Bei beiden sind die wichtigsten Unterscheidungskriterien die Qualität des Objektives, der Bedienungskomfort und die Präzision des Gerätes.

Die Brennweite des Projektionsobjektivs bestimmt zusammen mit dem Projektionsabstand (der Abstand zwischen Projektor und Projektionsfläche) die Größe des projezierten Bildes. Je größer der Abstand und je kürzer die Brennweite, umso größer wird das Dia projeziert. Allerdings nimmt die Beleuchtungsstärke, also die Helligkeit des Bildes, bei zunehmender Entfernung ab. Die Bildhelligkeit eines Projektors richtet sich nach Lichtleistung der Projektorlampe und der Lichtstärke des Objektivs. Umso besser der Raum abgedunkelt ist in dem die Bilder vorgeführt werden, umso schöner kommen die Dias auch zur Geltung. Auch das Reflektionsvermögen der Leinwand auf die projiziert wird, hat einen Einfluß auf die Bildwirkung.

Projektionsobjektive

Genauso wichtig wie für Fotoaufnahmen ist die Qualität des verwendeten Objektivs auch für die Projektion. Die meisten Käufer geben sich bei Projektoren mit dem Objektiv zufrieden, mit dem das Gerät standardmäßig ausgestattet ist. Das ist meist eine Standardbrennweite von 90 mm.
Welche Brennweite am besten verwendet wird, hängt von der für den Präsentationsraum gewünschten Bildgröße ab. Bei kurzem Projektionsabstand, wie man ihn meist in einer Wohnung hat, erreicht man mit einem Super-Weitwinkelobjektiv noch große verzerrungsfreie Bilder. Wenn die Dias nicht immer im gleichen Raum vorgeführt werden, ist ein Zoomobjektiv am geeignetsten, das es z. B. für die Brennweiten 70–120 mm, 85–150 mm, 85–210 mm und 100–300 mm gibt. Mit ihnen kann man das Projektionsbild der vorhandenen Projektionsfläche anpassen. Entscheidend für die Güte der Projektion sind Abbildungsqualität und die Kontrastwiedergabe des Objektives. Hochwertige lichtstarke Objektive unterscheiden sich in diesen Merkmalen wesentlich von nicht vergüteten Billigprodukten.

Projektionsobjektive. Foto: Rollei

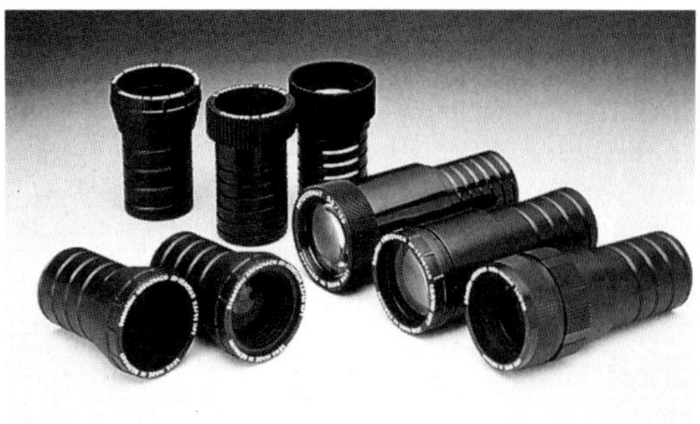

Projektoren

Eine wichtige Unterscheidung bei Projektoren ist, daß die einen mit Rundkarussells und

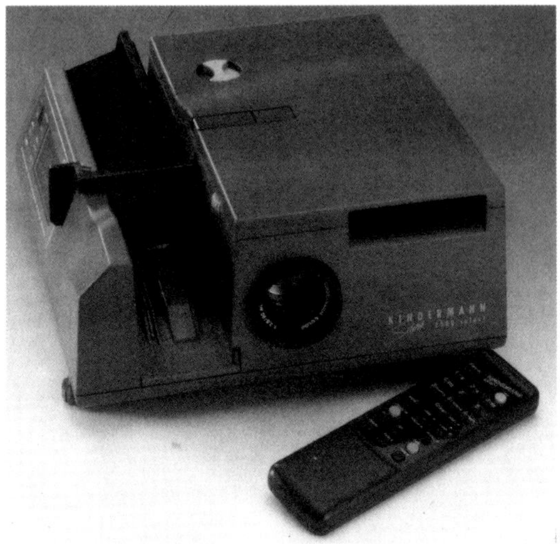

Kindermann Silent Vision Projektor für Langmagazine

die anderen mit Stangenmagazinen arbeiten. Die Karussellprojektoren arbeiten nach dem Fallschachtprinzip. Das Dia fällt in einen Schacht und wird dort von drei Seiten präzise fixiert. Dadurch ist bei allen projezierten Dias ein gleicher Bildstand, der vor allen bei Überblendprojektion wichtig ist, gewährleistet. Bei Projektoren mit Stangenmagazinen wird das Dia hingegen seitlich in den Strahlengang geschoben, und es kann hin und wieder einmal zu Ungenauigkeiten im Bildstand kommen. Während preisgünstige Modelle (oft aus Plastik, daher weniger stabil) für die häusliche Vorführung von Einzeldias oft ausreichen, haben sich im professionellen Bereich die hochwertigen Karussellprojektoren durchgesetzt. Zum Bedienungskomfort eines hochwertigen Projektors gehören u.a. auch eine genaue Objektivführung, eine Reservelampe, die bei Ausfall schnell und einfach gewechselt werden kann und die Möglichkeit die Füße des Projektors leicht und trotzdem genau einstellen zu können.

Überblendprojektion

Am beeindruckendsten wirken nacheinander gezeigte Dias, wenn ein Bild in das andere ohne störende Dunkelphase ineinander übergeht. Diese Technik, bei der mit zwei Projektoren gearbeitet wird, nennt sich Überblendprojektion oder Diaüberblendschau. Für Überblendprojektionen mit Ton wird der Ausdruck Diaporama (vor allem im Amateurbereich) und Dia-AV oder Dia-Audiovision (bei professionellen Produzenten) verwendet. Unter Multivision versteht man eine Schau mit acht, zwölf oder mehr Projektoren.

Um eine Überblendschau herstellen zu können sind (mit der im folgenden beschriebenen Ausnahme) zwei Projektoren nötig, die auch für Überblendungen ausgerüstet sein müssen. Außerdem benötigt man ein Überblendsteuergerät. Diese gibt es in den unterschiedlichsten Ausführungen vom einfachsten Handschieberegler bis zur komplizierten Überblendung.

Handschieberegler sind die preiswerteste Lösung, leicht zu bedienen und ermöglichen die Überblendung und den Wechsel der Dias. Bei Geräten mit einem Schieber wird der eine Projektor ein- und der andere gleichzeitig ausgeblendet. Bei Reglern mit zwei Schiebern kann jeder Projektor einzeln mit der gewünschten Geschwindigkeit gesteuert werden. Es gibt auch genauso arbeitende Geräte mit Tasten anstatt Schiebern. Bei den Tasten-Steuergeräten stehen verschiedene Überblendzeiten zur Verfügung, die für jede gewünschte Überblendung vorgewählt werden müssen. Je mehr Überblendzeiten man wählen kann, umso variationsreicher können die Überblendungen programmiert werden. Mit einem Steuerteil ausgestattet, können die Steuersignale in Impulse umgewandelt werden, die man dann mit einem Tonband aufzeichnen kann. Diese Art der Programmierung nennt man Echzeit-Programmierung.

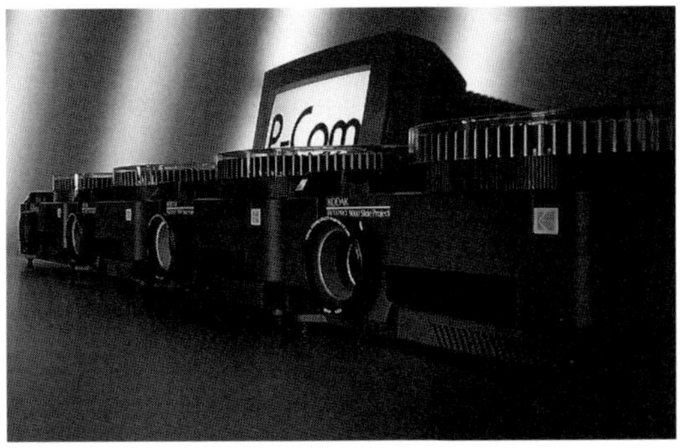

Die neuen Kodak Ektapro Diaprojektoren arbeiten mit Karussell-Rundmagazinen.

Neben diesen relativ einfachen Geräten gibt es auch sehr aufwendige Überblendeinheiten, deren Programmierung meist über den Computer läuft. Sie sind eher für die Programmierung mehrerer Projektoren gedacht, da ihre komplizierte Technik und der höhere Anschaffungspreis sonst nicht gerechtfertigt sind.

Mit zwei Projektoren seine Dias in Überblendtechnik vorzuführen, ist eine Möglichkeit, eine andere bietet die Firma Rollei, die einen Diaprojektor mit zwei unabhängig voneinander arbeitenden Lampen und Objektiven herstellt. Ein Langmagazin speist den Projektor mit den Dias für die Überblendung. Die Überblendungen lassen sich auf

Überblendprojektion aus einem Magazin erlauben Rolleivision twin Projektoren.

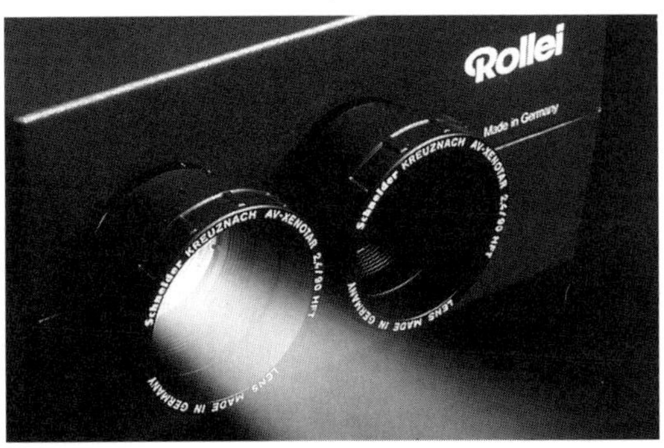

Anschluß für die Fernsteuerungen durch PC oder Kabelfernbedienung beim Rolleivision twin

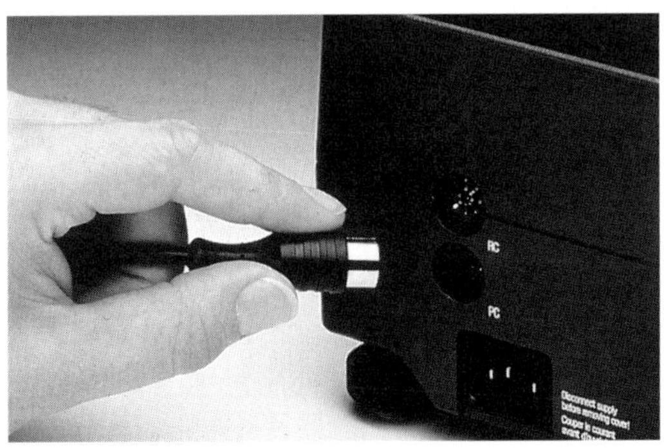

einen Chip speichern und wieder abspielen. Eine Version des Rolleiprojektors läßt sich auch an den Computer anschließen. Ebenfalls eine komplette Einheit, allerdings mit zwei Projektoren, aber integrierter Steuereinheit bietet Kindermann an.

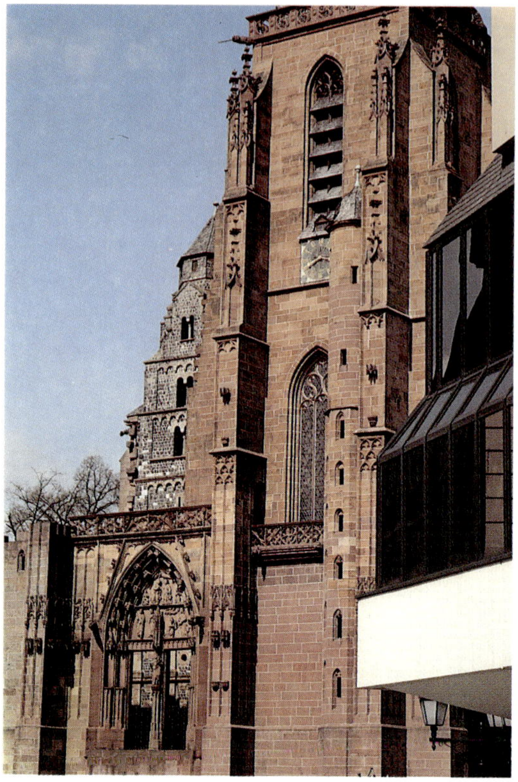

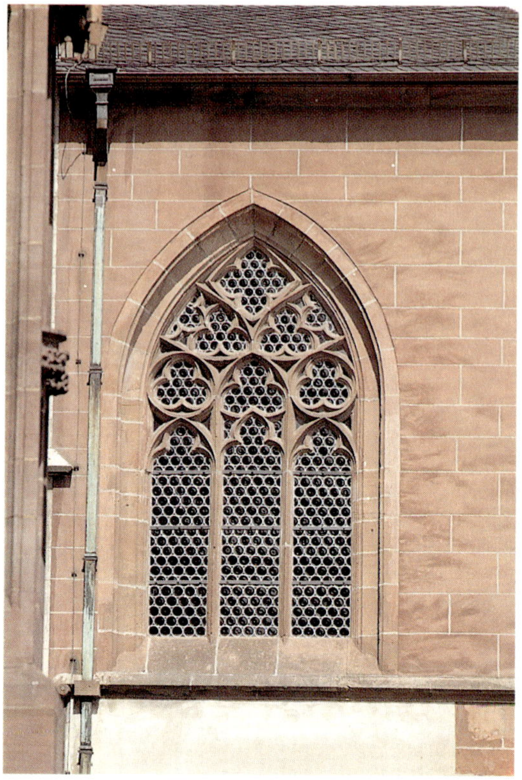

Beim Überblenden sollte man sich für Quer- oder Hochformat entscheiden, da Übergänge von einem zum anderen meist störend wirken. Auch wenn vorwiegend Querformat verwendet wird, eignet sich für manche Themen das Hochformat besser.
Fotos: Natascha Wanka

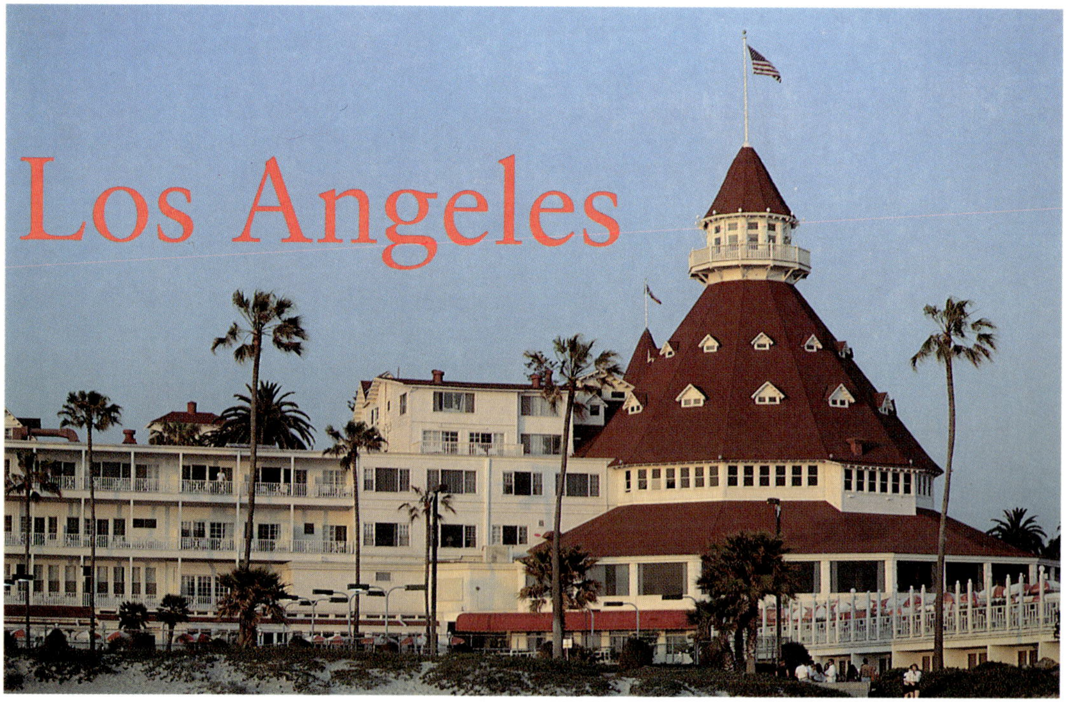

Die Einblendung von Schriften in ein Dia sorgen für zusätzliche Informationen. Solche Schriftdias lassen sich am einfachsten mit Lithfilmen herstellen. Etwas komplizierter ist das Einkopieren von Schriften in die Dias.
Foto: Holger Baumann

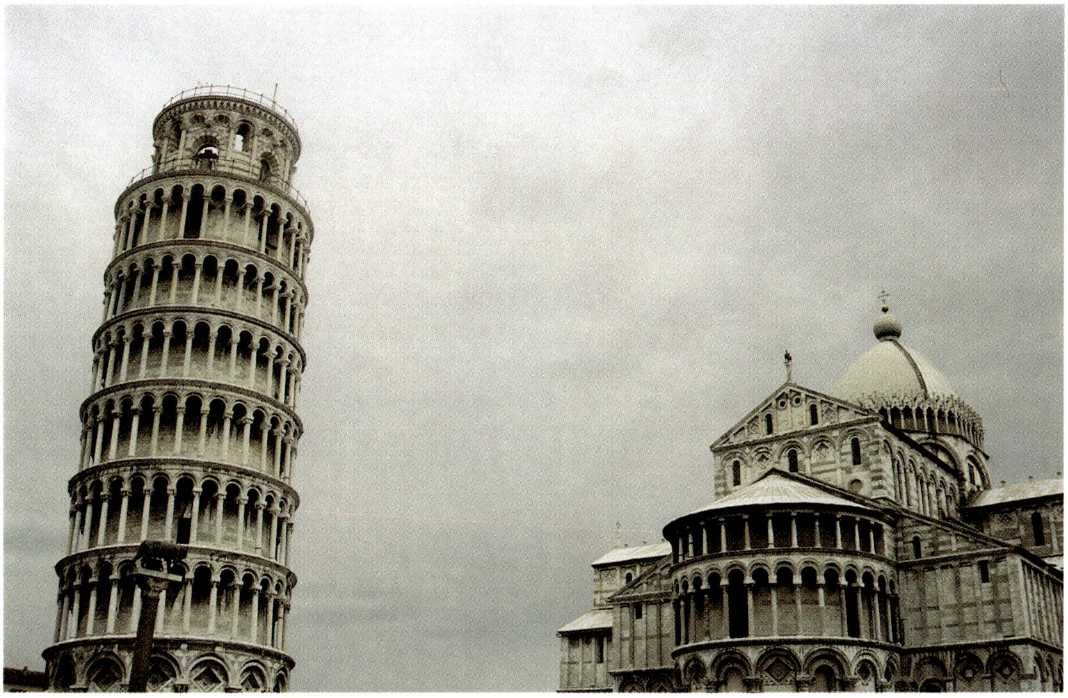

Der Übergang von einem normal belichteten zu einem gefilterten Foto desselben Motivs ergibt einen reizvollen Effekt in der Überblendprojektion. Solche effektvollen Übergänge können zum Beispiel auch von scharf zu unscharf oder von Farbe zu Schwarzweiß erfolgen. Fotos: Detlev Motz

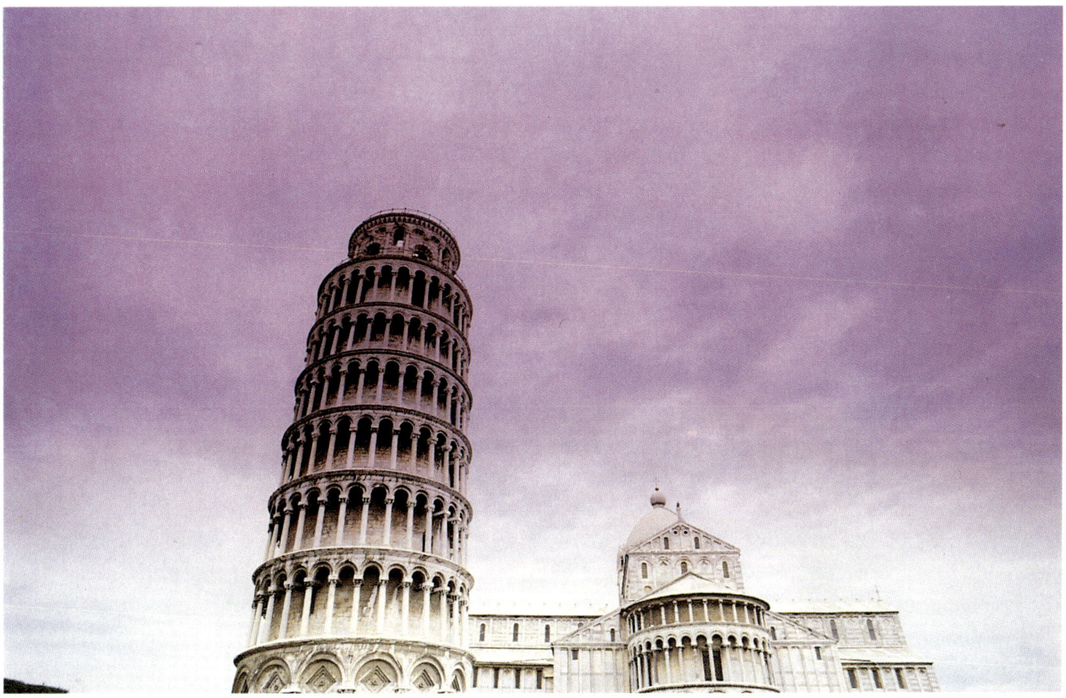

Überblendschau

Eine Überblendschau lebt von der gekonnten Zusammenstellung der Dias und von den dramaturgisch sinnvollen Effekten. Beim Zusammenstellen am Leuchtpult muß nicht nur darauf geachtet werden, daß die Bildauswahl hernach eine Geschichte ergibt, son-

dern auch darauf, wie sich die Bilder optisch aneinanderreihen lassen. Bei Überblendungen wirkt der Sprung vom Hoch- zum Querformat oder umgekehrt störend. Ebenso ist es mit einem springenden Horizont.
Er sollte bei zwei aufeinander folgenden Dias möglichst an der selben Stelle liegen. Reizvolle Übergänge sind etwa die von einer Totalen zum Detail, vom Hellen ins Dunkle oder umgekehrt. Nach der Auswahl werden die Dias in die Magazine gesteckt, bei zwei Projektoren immer abwechselnd in einen, bei einem Überblendprojektor im Ablauf hintereinander.
Bei der folgenden Programmierung wird die Standzeit des Bildes und die Dauer der Überblendung festgelegt. Überblendungen werden in drei Kategorien eingeteilt:
Cut – ist ein Bildwechsel ohne Überblendung, der Tempo und Dynamik vermittelt. Er ist aber nicht das typische Stilmittel einer Überblendschau.
Harte Überblendung – sie dauern nicht länger als eine Sekunde und werden gerne dafür verwendet, Motive, die wie eine Aufzählung aneinandergereiht sind, zu zeigen oder auch Schnelligkeit (vielleicht passend zur Begleitmusik) zu demonstrieren.
Mittlere Überblendung – sie dauert zwischen einer und fünf Sekunden und wird bei Überblendschauen am häufigsten verwendet. Die Faszinationen einer Diaschau sind Bilder, die so unmerklich ineinander übergehen, daß für kurze Zeit ein »Drittes Bild« entsteht.
Weiche Überblendung – dauert länger als fünf Sekunden und läßt für längere Zeit ein drittes Bild entstehen. Durch die lange Überblendzeit sollten die Bilder sehr gut aufeinander abgestimmt sein, da der Zuschauer genügend Zeit hat, Unstimmigkeiten in den Übergängen zu bemerken. Besonders beliebt sind weiche Überblendungen, z. B. bei Landschaftsaufnahmen.
Einblendungen – sind Bilder, die nur in das gerade stehende Dia eingeblendet werden und wieder verschwinden. Für Einblendungen eignen sich auch Schriftdias, die eine zusätzliche Information bieten.
Für alle Effekte gilt, daß sie sich zu oft verwendet, abnutzen und daß der Reiz in der Verwendung der verschiedenen Möglichkeiten, die eine Überblendschau bietet, liegt.

Masken, Titel- und Textdias

Zusätzliche Informationen und Abwechslung bringen Textdias, Masken und Grafiken in die Schau. Textdias können nicht nur am Anfang als Titel stehen, sondern auch als Untertitel erklärend die Sprache ersetzen und ergänzen.
Es gibt verschiedene Verfahren Textdias herzustellen. Einfach und billig ist die Verwendung von Abreibebuchstaben (z.B. Letraset), die es in großer Auswahl gibt. Die Buchstaben werden auf ein weißes Blatt Papier aufgerieben, abfotografiert und mit einem Dia, das sich als Titelmotiv eignet, als Sandwich übereinandergelegt. Beide Dias sollten leicht überbelichtet sein, da sie sonst hernach in der Projektion zu dunkel wirken. Ebenso kann man statt fertige Buchstaben zu verwenden, den Titel auch mit der Hand schreiben.
Nahezu grenzenlos ist die Gestaltung mit Computern auf Programmen wie z.B. Corell Draw und Page Maker. Dort kann man aus mehreren Schriften die passende auswählen und die gewünschte Größe bestimmen. Wenn einem ein Drucker mit einem guten Schriftbild zur Verfügung steht, kann man die Schrift selbst ausdrucken und dann mit einem Lithfilm abfotografieren. Reicht die Qualität des Druckbildes nicht aus, kann man die Schrift auf einer Diskette zum Belichten geben.
Das Geschriebene sollte nicht zu lange sein, da der Zuschauer es ja in der kurzen Standzeit des Dias gelesen haben soll. Auch Grafiken müssen so unkompliziert sein, daß sie schnell erfaßt werden können.
Mit verschiedenartigen Masken können störende Bildteile der Dias für die Schau abgedeckt werden. Bei Masken, die es in verschiedensten Varianten gibt, unterscheidet man zwischen »Soft-Edge« und »Hard-Edge« Masken. Hard-Edge Masken haben scharf abgegrenzte Ränder, während sie bei Soft-Edge Masken fließend sind.
Um mit Masken optimal arbeiten zu können, verwendet man am besten Registrierrähmchen, bei denen man mit einer Stanze die Lochung in den Dias genau passend anbringen kann. Mit ihnen können die Dias weniger verrutschen.

Präsentation von Papierbildern

Ein Dia zeigt erst so richtig was es in sich hat, wenn es mit der richtigen Technik präsentiert wird. Nicht anders ist es bei einem Papierbild. Nicht gerade beeindruckend wirkt es, wenn Fotos, ungeordnet aus dem Schuhkarton, die besten Urlaubsbilder präsentieren. Jedes Foto und sei es noch so klein (oder gerade deswegen), benötigt das richtige Umfeld. Das heißt: ein passendes Passepartout, einen schmucken Rahmen, die richtige Beleuchtung oder die passende Wand. Bei kleineren Fotos kann es auch eine Kassette, ein schönes Album oder eine Präsentationsmappe sein. Ein Foto in der Größe 13x18 cm sieht bereits besser aus, wenn es auf einen schwarzen oder weißen Plakatkarton in der Größe DIN A4 aufgeklebt ist. Nun gibt es noch die Möglichkeit, ein Passepartout mit Zierrand zu benutzen oder mit einem Schrägschnitt. Zierränder sind bei Porträtfotos aus dem Atelier meist gold- oder silberfarben. Zu modernen Bildern wirken diese aber eher antiquiert, hingegen bringt ein schwarzer Karton mit einem weißen Zierrand (eventuell noch silber) oder ein weißer Karton mit schwarzen Zierrand (eventuell auch kupfer) die Bilder gut zur Wirkung. Es gibt auch die Möglichkeit, den Zierrand in der Hauptfarbe des jeweiligen Motivs zu wählen. Schrägschnittpassepartouts können mit entsprechenden Geräten selbst hergestellt werden. Zu kaufen gibt es sie im Fachgeschäft. Schrägschnittpassepartouts sind meist dicker als übliche Passepartouts und haben um das Bild einen »Schrägschnitt«. Das Bild hebt sich damit gut ab.

Verzichten sollten man auf poppige oder farbige Passepartouts, die vom Bild ablenken. Nur Fotos, die eine einzige Farbe aufweisen, können ausnahmweise mit farbigen Passepartouts versehen werden. Nur bei

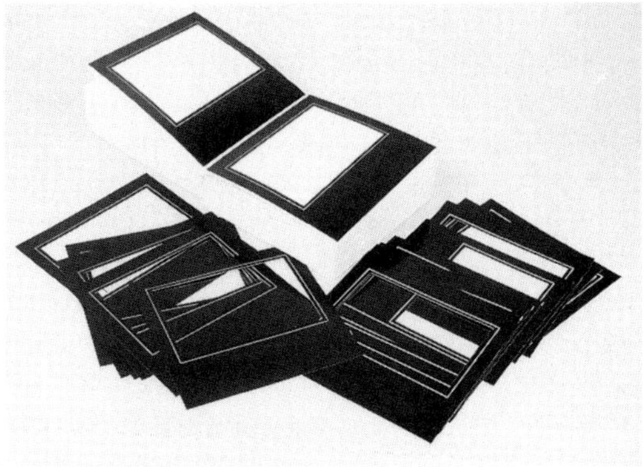

Schwarze Passepartouts zur Präsentation von Aufsichts- und Durchsichtsbildern

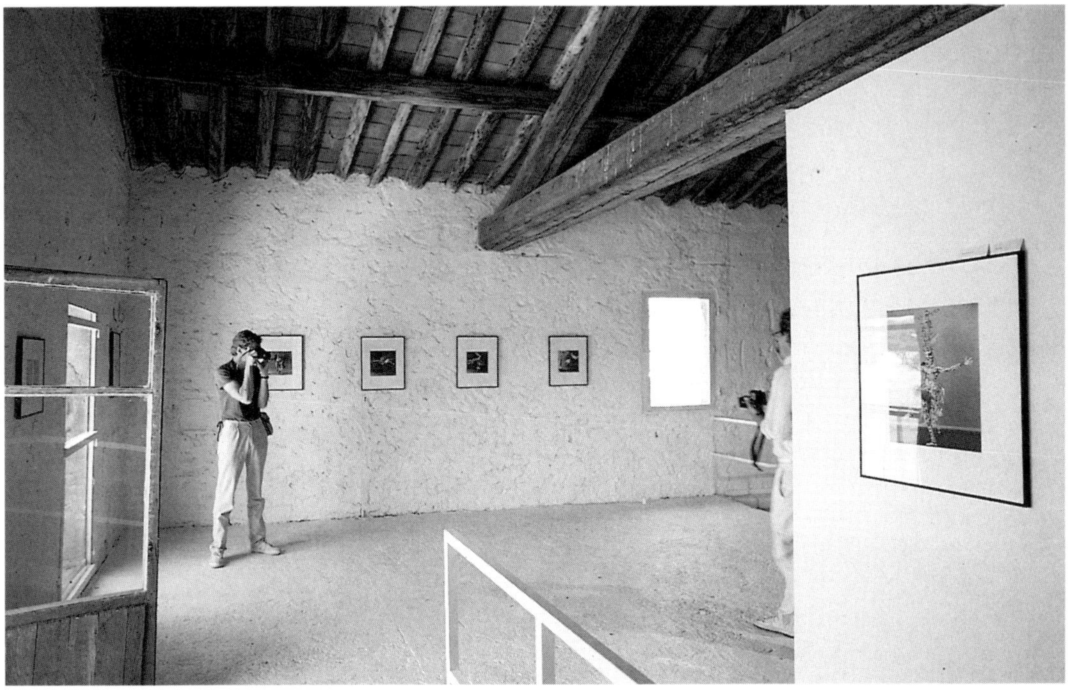

Wie wichtig die Präsentation eines Fotos ist, kann man deutlich an der gelungenen Hängung in einem der Ausstellungsräume der Rencontres de la Photographie, dem Grenier à Sel in Arles sehen.
Foto: Heiner Henninges

Fotos die größer als 30 x 40 cm sind, kann in Ausnahmefällen ein farbiges Passepartout dem Bild einen »modernen Anstrich« geben. Rahmen gib es in den unterschiedlichsten Aussführungen, von Holz und Plastik bis zum Alurahmen. Am besten wirken meist Alurahmen oder Holzleisten in Schwarz oder Weiß. Ein kleines Foto kann dabei auch einmal in einem 30 x 40 cm Rahmen oder noch größer präsentiert werden. Je mehr Umfeld (Passepartout) das Foto hat, desto edler wirkt es. Im eigenen Heim wirken Fotos am besten, wenn diese in Augenhöhe oder knapp darüber hängen. Mit Spotstrahlern werden einzelne Fotos noch zusätzlich ins rechte Licht gerückt. Bei Rahmen hat man die Wahl zwischen normalem und entspiegeltem Glas (ist meist auf einer Seite leicht aufgerauht). Bei entspiegelten Fotos sollten die Abzüge in Hochglanz sein, da durch das Glas etwas an Schärfe verlorengeht. Dafür spiegelt sich die Wohnzimmerwand nicht in den Bilderrahmen. Hängt man die Bilder leicht schräg, sind Spiegelungen noch besser zu vermeiden. Die Wohnzimmerwand sollte nicht zu farbig sein. Einfarbige Wände oder Tapeten in dezenten Farben eignen sich am besten. Ausstellungswände sind meist weiß gehalten.

Fast unendlich ist die Auswahl der Fotoalben. Präsentationsalben gibt es meist in einer kräftigen Farbe oder aber in Schwarz oder Weiß. Sie sind nicht gerade preiswert, dafür wirken Ihre Fotos darin besonders fotogen.

Eine weitere Möglichkeit sind Fotokassetten, die es ebenfalls vom einfachen Karton bis zum Karton mit Samt- oder Wildlederüberzug gibt. Bei allem Zubehör, das zur Bildpräsentation zur Verfügung steht, sollte man aber auf keinen Fall vergessen, daß eine saubere, farbstichfreie, flusenfreie und scharfe Vergrößerung die Voraussetzung ist, um Bilder überhaupt gut präsentieren zu können.

Who is who

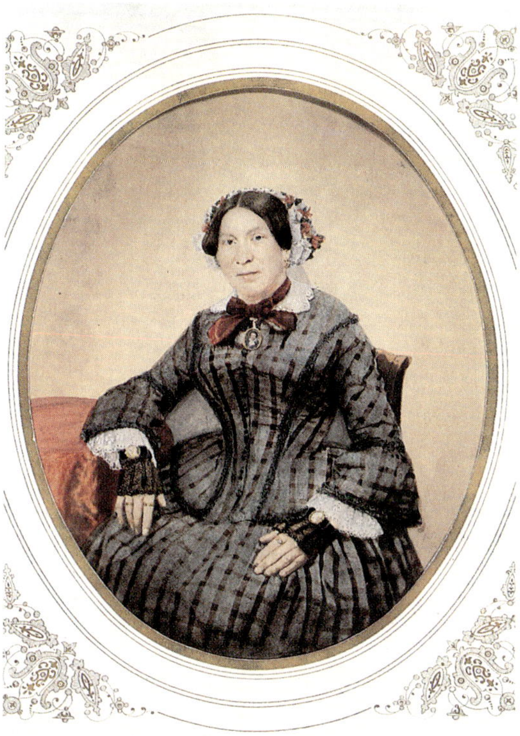

Das kolorierte Salzpapierfoto entstand um das Jahr 1870.
Foto: Archiv Gert Koshofer

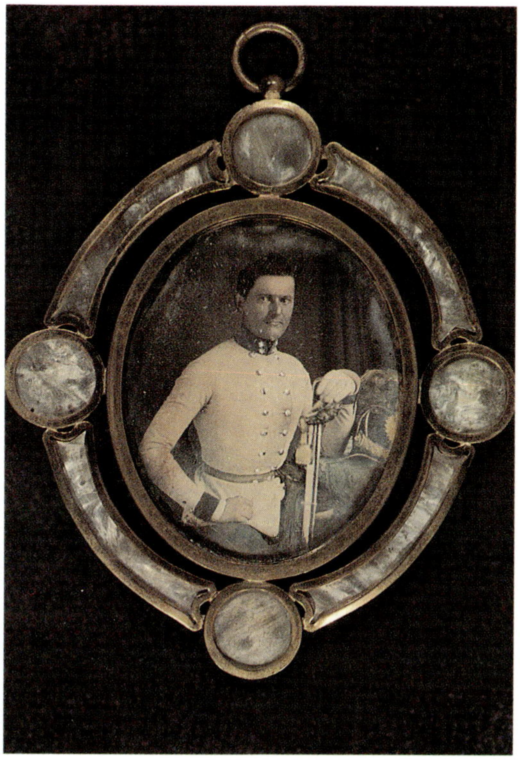

Das Foto ist eine kolorierte Daguerreotypie aus dem Jahr 1850.
Foto: Archiv Gert Koshofer

Abbott, Berenice
(1898 Springfield/Ohio; 1991)
Abbott studierte zunächst Journalistik und anschließend von 1918–23 Bildhauerei in New York und Paris. Ab 1923 assistierte sie bei → Man Ray und beschäftigte sich mit der Porträtfotografie. 1925 setzte sie sich mit den Arbeiten → Atgets auseinander und kaufte 1927 sein gesamtes Negativmaterial auf. 1929, nach New York zurückgekehrt, arbeitete sie neben wissenschaftlichen Fotoarbeiten an einer Bestandsaufnahme New Yorks im Sinne → Atgets. 1939 erschien die Fotodokumentation »Changing New York«. Ab 1938 lehrte sie an der New School for Social Research. Durch ihre Pionierarbeit auf dem Gebiet der → Dokumentarfotografie zählt sie zu den wichtigsten Fotografinnen des 20. Jahrhunderts.

Adams, Ansel Easton
(1902 San Francisco;
1984 Carmel/Kalifornien)
Schon mit 14 Jahren beschäftigte sich Ansel Adams mit der Fotografie, schlug aber zuerst eine Karriere als Pianist ein. Unter dem Einfluß von → Alfred Stieglitz und → August Sander entwickelte er später seinen sachlichen Stil. 1932 gehört er zu den Mitbegründern der Fotogruppe → »f 64«. Sein Thema sind vor allem Landschaften und die Großartigkeit der Natur. Adams Bilder werden nach einem genau vorbedachten Konzept realisiert. Sie zeichnen sich durch die Liebe zum Detail und einen großen → Tonwertumfang aus. Von Ansel Adams wurde das → Zonenmeßsystem entwickelt. Er gilt als führender Vertreter der → sachlichen Fotografie.

I. Vor und Frühgeschichte der Photographie

»Photographie« heißt aus dem griechischen abgeleitet »Schreiben mit Licht«. Die Vorgeschichte der Photographie ist gekennzeichnet von dem Wunsch, ein getreues Abbild der Natur zu schaffen.
Die »Camera obscura« (nach ital. dunkler Raum) war ein völlig abgedunkelter Raum, in den durch eine kleine blendenartige Öffnung Licht eindrang. Auf der gegenüberliegenden Wand im Inneren der »Lochkammer« erscheint ein seitenverkehrtes, kopfstehendes Abbild der Außenwelt.
Erstmals erwähnte Aristoteles im ***4. Jahrhundert vor Chr.*** das Funktionsprinzip der Camera obscura. Er benutzte sie zum Beobachten einer Sonnenfinsternis.
Als Hilfmittel bei der Sonnenbeobachtung wurde die Camera obscura im 11. Jahrhundert auch von arabischen Gelehrten beschrieben, z.B. vom arabischen Wissenschaftler Alhazen (956–1038)
Leonardo da Vinci konstruierte im späten ***15. Jahrhundert*** eine Camera obscura. Er benötigte sie zum Beweis seiner optischen Theorien. Folgende Aussagen Leonardos wirken hinsichtlich der viel

Die »Dame an der Harfe« aus dem Jahre 1842 stammt von Talbot, einem der Erfinder der Fotografie und zeigt Talbots Schwester. Archiv Photoindustrie-Verband

später entwickelten Photographie wie eine Prophezeihung: »Ein so kleiner Raum vermag die Bilder des ganzen Weltalls zu fassen«, ein »Wunder, das keine Sprache zu erklären vermag«. »Hier werden alle Gestalten, hier werden alle Farben, hier werden alle Bilder der Teile des Weltalls in einem Punkt zusamengedrängt.« Im ***16. Jahrhundert*** wurde die Camera obscura von Malern als technisches Hilfsmittel eingesetzt. Sie sollte eine genauere Wiedergabe der Perspektive ermöglichen. Ein Nachteil der Camera obscura bestand darin, daß das Bild bei kleinem Loch zwar relativ scharf abgebildet, aber zu dunkel war. Bei Vergrößerung des Lochs erscheint das Abbild zwar heller, aber dafür weniger scharf. Die Bildschärfe wurde durch den Einbau von Blende (***1530*** durch *Daniele Barbaro*) und Linse (***1550*** durch *Girolamo Cardano*) in die Öffnung der Camera obscura verbessert. Einen weiteren Fortschritt dokumentierte ***1646*** *Athanasius Kircher* mit seiner Zeichnung einer nun erstmals transportablen

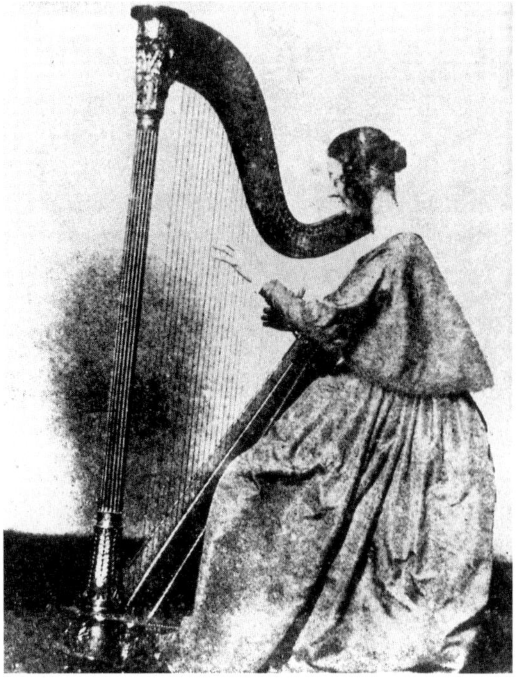

Adamson, Robert
(1821 Burnside/Schottland; 1848 St. Andrew/Schottland)
Robert Adamson war der erste Fotograf, der schon 1840 in England ein Porträtstudio unterhielt. Adamson arbeitete eng mit → David Octavius Hill nach dem Talbotschen → Kalotypieverfahren zusammen. Mit ihm entstand die Dokumentation über die Gründung der Free Church of Scotland, bei der 470 Pfarrer porträtiert wurden. Neben Landschaftsstudien und Stadtansichten entstanden vor allem Porträts, Doppelporträts und Gruppenbildnisse. Adamson, der nur 27 Jahre alt wurde, gehört mit Hill zu den Pionieren der → Dokumentarfotografie.

Arbus, Diane
(1923–1971 New York)
Bis 1959 war Diane Arbus als Mode- und Porträtfotografin tätig. Bekannt wurde sie durch ihre anschließende Konzentration auf soziale Randgruppen, Großstadtprobleme, Bilder des Abnormen und Deformierten. Die Arbeiten zeichnen sich durch eine schockierende Schärfe aus, deren Sachlichkeit der Aufnahme mit den emotionsgeladenen Inhalten kontrastiert. 1967 beteiligte sie sich an der Ausstellung »New Documents« im Museum of Modern Art, New York. Depressionen und verstärkte Angriffe von Kritikern ließen sie 1971 den Freitod wählen.

Atget, Jean Eugène
(1856 Libourne/Gironde; 1927 Paris)
Zunächst war Atget Seemann, dann Maler, erfolgloser Schauspieler und dabei immer arm. Er lebte vom Verkauf fotografischer Vorlagen für Maler (u.a. für Utrillo, Derain, Vlaminck). Ab 1898 machte er sich daran, systematisch alte, vom Untergang bedrohte Stadtteile von Paris abzulichten. Erst nach seinem Tod wurden seine Arbeiten von der Fotografin → Berenice Abbott wieder entdeckt und in New York veröffentlicht. Atget gilt heute als Vorreiter einer → sozialdokumentarischen Fotografie.

Avedon, Richard
(1923 New York)
Mit der Fotografie kam Richard Avedon durch die Fotoabteilung der US-Marine im Zweiten Weltkrieg in Kontakt. Avedon zählt heute zu einem der bekanntesten Porträt- und Modefotografen Amerikas. Unter anderem fertigte er Porträts von Igor Strawinsky, Jasper Jones, Louis Borges, Jean Genet. Er arbeitet bevorzugt im Studio mit gezielt gesetztem Kunstlicht.

Baily, David
(1938 London)
David Baily stieg vom Arbeitersohn zu einem der bekanntesten Mode- und Werbefotografen der 70er Jahre in England auf. Ab 1960 hatte er Fotoaufträge für »Vogue«, zugleich erschienen Bildessays in anderen wichtigen Modezeitschriften. Auch Situations-Porträts gehören zu seinem Gebiet. Seine expressiven Mode- und Aktaufnahmen, die mit verschiedenen foto- und lichttechnischen Mitteln entstehen, wirkten nicht zuletzt durch die Natürlichkeit seiner Modelle belebend auf die gesamte Modefotografie.

Basilico, Gabriele
(1944 Mailand)
Gabriele Basilico studierte bis 1973 Architektur, seit 1975 ist er ausschließlich als Fotograf tätig. Sein Interesse gilt vor allem der Stadt und ihrer Umwelt. Er arbeitet als freier Fotograf; zahlreiche Ausstellungen wurden von ihm ausgerichtet.

Bayard, Hippolyte
(1801 Breteuil-sous-Noye; 1887 Nemours)
Hippolyte Bayard ist ein Pionier in der Geschichte der Fotografie. Zunächst Angestellter im Pariser Finanzamt, experimentierte er ab 1836 mit der → Camera obscura. Drei Monate nach Bekanntgabe von → Daguerres Ergebnissen legte er ein direktes Verfahren zur Herstellung von positiven Bildern mit Hilfe von Silberchlorid vor. Er fand allerdings wenig Beachtung dafür. 1842 eröffnete er ein Fotostudio, nahm Landschaften und Pariser Bauwerke auf und beteiligte sich an Gründungen fotografischer Gesellschaften.

Bayer, Herbert
(1900 Stadt Haag/Österreich;
1985 Santa Barbara/Kalifornien)
Zuerst studierte Herbert Bayer am Bauhaus in Weimar, und ab 1925 arbeitete er dort als Meister für Typografie und der Druckwerkstatt. Er widmete sich der experimentellen Fotografie und erstellte → surrealistische Stilleben. Zentrales Thema ist die Ausarbeitung seiner Idee von der »Fotoplastik«. 1938 emigrierte er nach New York, arbeitete dort als Werbeberater und gab im Jahre 1947 schließlich die Fotografie vollkommen auf.

Beaton, Cecil (eigentl. Walter Hardy)
(1904 London; 1980 Salisbury)
Cecil Beaton betätigte sich zuerst auf verschiedenen Gebieten, wie Bühnenbild, Kostümentwurf, Schriftstellerei und Fotografie. Einen Namen machte er sich als → Porträtist der High Society, als Hoffotograf des englischen Königshauses und durch seine elegant-elegischen Frauenporträts. Seine Arbeiten zeigen einen romantischen Grundton. Sie sind im Studio arrangiert, oft unter Einbezug atmosphärischer Dekors.

Becher, Bernd und Hilla
(B: 1931 Siegen; H: 1934 Potsdam)
Bernd und Hilla Becher lernten sich an der Kunstakademie in Düsseldorf kennen. Gemeinsam entwickelten sie den Plan einer dokumentarfotografischen Bestandsaufnahme von Industriebauten, Fachwerkhäusern, Wassertürmen und Skulpturen. Sie arbeiten in Form von Fotoserien, wobei ihre Objekte frontal von allen vier Seiten fixiert werden. Als Vertreter der modernen → Dokumentarfotografie sind sie in vielen Fotoausstellungen, aber auch Kunstgalerien vertreten.

Bellocq, Ernest James
(1873 New Orleans; 1949 New Orleans)
Der → Genrefotograf war vermutlich von 1895–1914 in New Orleans tätig. Um

Camera obscura. Diese war ein auf Tragebalken errichtetes zimmergroßes Gehäuse, welches vom Zeichner, der sich ihrer als Hilfsmittel bediente, durch eine Bodenöffnung zu betreten war.

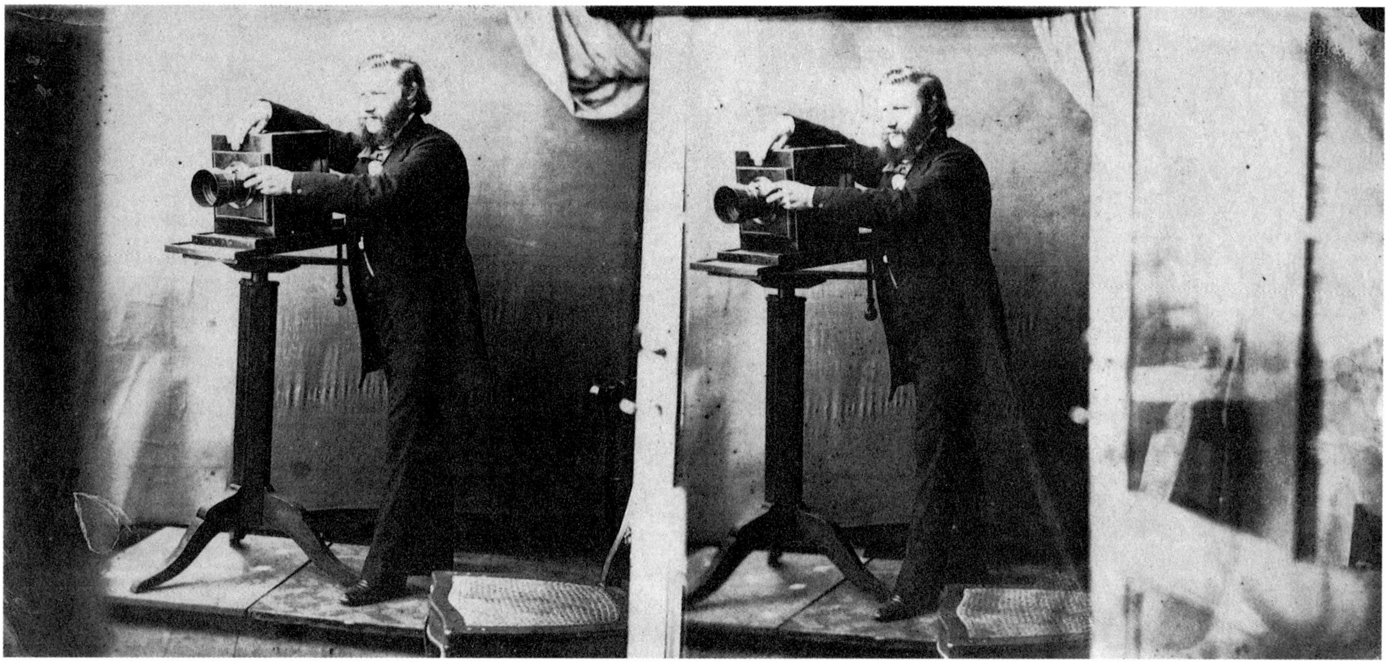

Das Bild zeigt eine Stereofotografie. Bildquelle: Rheinisches Bildarchiv; Besitzer: Agfa Foto-Historama, Köln

In der Folge wurde eine große Vielfalt von transportablen Kameras entwickelt: Sänfte, Kamera, die man über den Kopf stülpen konnte.
Besonders hervorzuheben ist schließlich die Entwicklung einer kleinen Kastenkamera, die man unter den Arm klemmen konnte.

Erfinder und ihre Geräte:
1. (Deutschl.) *Kaspar Schott* (ein Schüler von Athanasius Kircher) baute eine Kastenkamera, deren Vorbild er 1657 in Spanien gesehen hatte. Diese Kamera stattete er zusätzlich mit zwei Linsen und einer Entfernungseinstellung aus.
2. (Engl.) *Robert Boyle* baute eine Kastenkamera, bei der das Bild auf transparentes Ölpapier projiziert wurde.
Die Entwicklung der Camera obscura, eines rein optischen Gerätes ist abgeschlossen.
Eine weitere wichtige Voraussetzung für die Fotographie ist der Wunsch nach der Fixierung dieses durch die Camera obscura entstehenden Projektionsbildes
1676 Von der Erfindung Boyles profitierte der deutsche Mathematikprofessor *Johann Sturm,* der dem Ensemble des Engländers einen Spiegel hinzufügte, der im Verhältnis von 45 Grad zur Linse stand.

1912 entstanden die »Storyville-Potraits« – Aktaufnahmen von Prostituierten in ihren Privatquartieren im Prostituiertenviertel Storyville von New Orleans. Bellocq fotografierte seine Modelle in natürlichen Posen. Diese Auffassung gab der Aktfotografie neue Impulse. 1958 wurden die Aufnahmen von → Friedlander entdeckt und 1970 im Museum of Modern Art ausgestellt.

Biermann, Anne
(1898 Goch, Niederrhein; 1933 Gera)
Von der Musik kommend, fing Anne Biermann als Autodidaktin mit der Fotografie an. Ihr Interesse galt vor allem Objektarrangements und Naturmotiven. 1933 wurde sie durch eine Publikation ihrer Werke der Öffentlichkeit bekannt. Ein Großteil ihrer Arbeit wurde 1939 von den Nazis beschlagnahmt. Biermanns Werk ist fotohistorisch der → Neuen Sachlichkeit zuzuordnen.

Blossfeldt, Karl
(1865 Schielo; 1932 Berlin)
Karl Blossfeldt ist ein Wegbereiter der → Neuen Sachlichkeit. Nach einer Lehre als Kunstgießer und dem Studium der bildenden Künste analysierte, sammelte und fotografierte er ab 1891 auf seinen ausgedehnten Reisen die Flora der jeweiligen Länder. 1899 erhielt er eine Professur an der Berliner Unterrichtsanstalt des Kunstgewerbemuseums. Sein Werk manifestiert sich in Fotostudien von Pflanzen und Blumen, die oft in Detail- und Makroansichten bestehen und um ein Mehrfaches vergrößert wurden; in den Bauformen der Natur sah er die Urformen der Kunst offenbart.

Blume, Bernhard Johannes
(1937 Dortmund)
Ausgangspunkt ist bei Bernhard Johannes Blume die freie Kunst. Sein Werk besteht vorwiegend aus narrativen Fotogeschichten, die er als visuellen Ausdruck eines »magischen Determinismus« verstanden wissen will. Bewußte Bewegungsunschärfen kennzeichnen seine Arbeiten.

Boubat, Edouard
(1923 Paris)
Eduard Boubat ist ein wichtiger Vertreter der → sozial engagierten Dokumentarfotografie. Seine bildjournalistischen Arbeiten führten ihn bis 1967 durch die ganze Welt. 1962 entstand ein Zyklus über das Leben der Inder auf dem Lande. Auch das ländliche Frankreich und der Hydepark wurden von ihm dokumentiert. Boubat organisierte in Europa und Amerika zahlreiche Einzelausstellungen seiner Arbeiten.

Bourke-White, Margaret
(1904 New York;
1971 Stanford/Connecticut)
Margaret Bourke-White ist eine sozial engagierte und wagemutige → Dokumentarfotografin. Vom Gründungsjahr 1936 bis zu ihrem Tod gehörte sie zum Fotografenstab von »Life«. Während des Krieges war sie für die amerikanische Luftwaffe Berichterstatterin, 1945 entstanden Fotos von KZs, später u.a. Serien von den Unabhängigkeitskämpfen in Indien und Pakistan. Sowohl die Porträtaufnahmen der amerikanischen Bevölkerung als auch die Bildbände über die ehemalige UdSSR verdienen Beachtung. Ihre Bilder zeichnen sich durch eine sorgfältige Motivwahl aus, in denen jedes Bildelement die zentrale Aussage unterstützen soll.

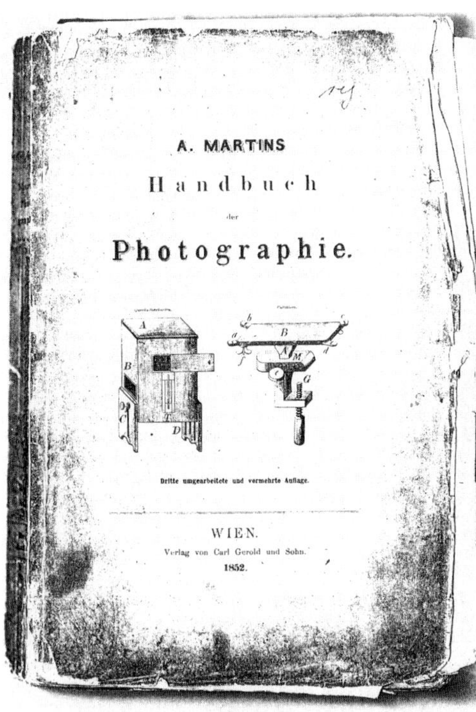

Schon in den ersten Anfängen gab es Bücher über die Technik der Fotografie. Agfa Foto-Historama, Köln

Brady, Mathew B.
(1823 Lake George/New York; 1896 New York)
Mathew B. Brady eröffnete mit 21 Jahren ein Porträtstudio, in dem er Daguerreotypien berühmter Zeitgenossen fertigte. 1858 eröffnete er ein zweites Fotostudio in Washington, wo auch Lincoln porträtiert wurde. Bekannt ist er als Dokumentarfotograf des amerikanischen Bürgerkrieges von 1861–65. Er arbeitete mit einem Fotografenstab von bis zu 30 Mitarbeitern. Da der direkte Report mit der damaligen Technik nicht möglich war, fixierte er alles, was der Krieg hinterlassen hatte: zerstörte Städte, verwüstete Landschaften, die Leichen der Gefallenen.

Brandt, Bill
(1904 London; 1983 London)
Nach seiner Ausbildung bei → Man Ray in Paris kehrte er 1931 nach England zurück und widmete sich zunächst als Bildjournalist der → Dokumentarfotografie. Sein besonderes Interesse galt den Klassengegensätzen. Es entstanden Reportagen über die Industriezentren Nordenglands, später über Bunkerquartiere. Nach 1945 wandte er sich mehr der Akt- und Landschaftsfotografie zu. Mit seinen freien Porträts von Künstlern und Schriftstellern, surrealistischen Städtebildern und skurrilen Akt/Landschaftskombinationen hatte er eine große Wirkung auf die deutsche → Avantgardefotografie.

Brassai (eigentl. Gyula Halasz)
(1899 Brasso/Ungarn; 1984 Paris)
Nach einem Kunststudium in Budapest und Berlin arbeitete Brassai ab 1924 in Paris als Bildhauer, Maler und Journalist. Ab 1930 wandte er sich dem → Bildjournalismus zu und erhielt dabei den Ruf der Unsichtbarkeit. Seine subtilen atmosphärischen Schilderungen des Pariser Nachtlebens und der Halbwelt machten ihn bekannt. Brassai gilt als Meister der → Available-Light-Fotografie und neben → Boubat als bedeutendster Repräsentant der französischen Street-Photography. Auf Anregung Picassos fotografierte er die Graffiti an Pariser Hauswänden. Er porträtierte Künstler wie Eluard, Picasso, Dali, Bracques. Ab 1945 konzentrierte er sich auf die kommerzielle Fotografie.

Bravo, Manuel Alvarez
(1902 Mexiko City)
Manual Alvarez Bravo wurde nach einer Ausbildung zum Fotografen 1929 Professor an der Academia San Carlo. 1931 machte er sich selbständig. Er gilt als Vater der südamerikanischen Fotografie, der die gegenwärtige Fotografie durch den → magischen Realismus geprägt hat.

Burri, René
(1933 Zürich)
Neben ersten bildjournalistischen Arbeiten war René Burri ab 1953 mit der Erstellung

Dieser Spiegel ermöglichte nun ein aufgerichtetes Projektionsbild. Eine Kapuze, mit der Sturm seine Kamera ausstattete, gewährleistete eine bessere Sicht. Die erste tragbare Spiegelreflexkamera war geboren.
Diese erste Spiegelreflexkamera wurde durch den Mönch *Johann Zahn* verbessert: Er verwendete Opalglas anstatt Ölpapier und setzte eine Teleskoplinse ein.
Diese Teleskoplinse bestand aus einem konvexen und einem konkaven Teil, die verschiedene Brennweiten besaßen und somit ein größeres Bild ergaben.
1725–27 entdeckte *Johann Heinrich Schulze* (1687–1774) in Halle die Lichtempfindlichkeit der Silbersalze und kopiert mit Hilfe von Papierschablonen Schriftzüge auf silberhaltigen Kreideschlamm.
1757 *John Dolland* baut Achromat mit Lichtstärke 1:17.

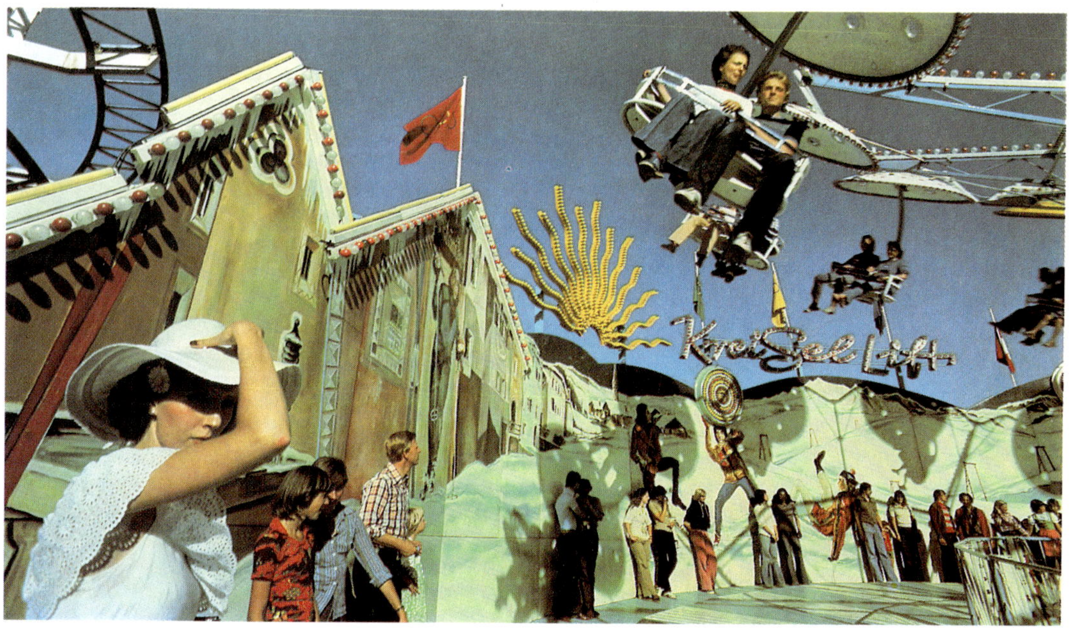

Dokumentarische Aufnahmen wie das Jahrmarktsfoto (1980) sind die Stärke des Schweizers René Burri.
Mit freundlicher Genehmigung dem Buch »75 Jahre Leica Fotografie« entnommen.

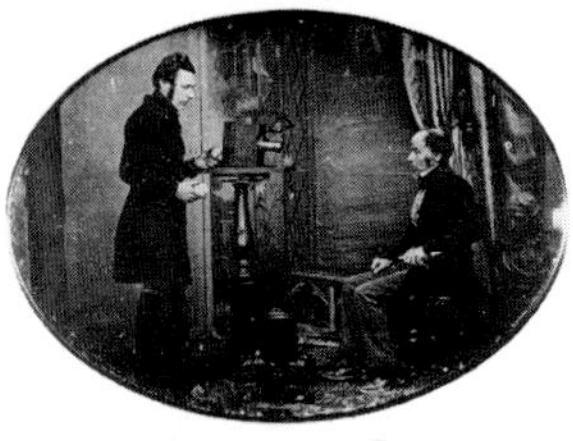

Daguerreotypie. Foto: Photoindustrie-Verband

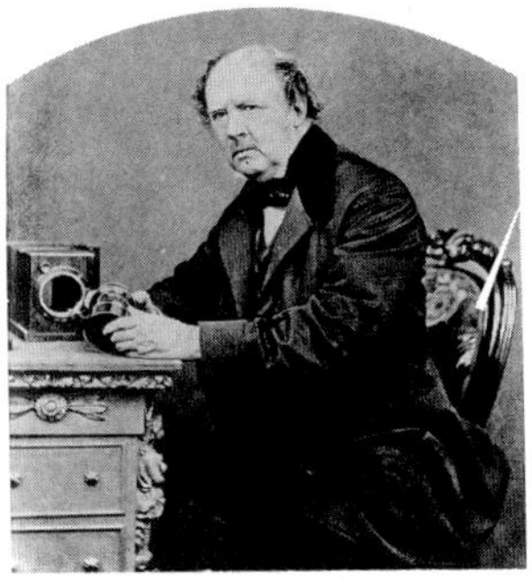

William H. F. Talbot. Foto: Photoindustrie-Verband

Fotogafische Versuche auf Salzpapier 1839 München. Foto: Agfa Foto-Historama

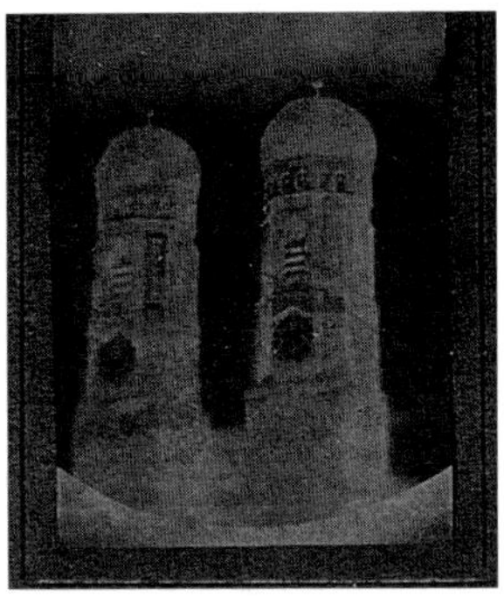

***1800** J.F. Herschel* entdeckt das unsichtbare ultrarote Licht durch Wärmewirkung.
19 Jahre später endeckte er die Löslichkeit von Silberchlorid in Natriumthiosulfat.
***1802** Thomas Wedgewood* stellt die ersten Kopien auf einem mit Silbernitrat getränkten Papier her.

kurzer Dokumentarfilme beschäftigt. 1959 wurde er Mitglied der Bildagentur → Magnum. Als → Bildjournalist hat er den Ruf des »Menschenfotografen«. Seine Reportagen aus aller Welt erschienen in führenden Zeitschriften. Seit 1960 hat Burri auch viel Erfolg mit PR-, Dokumentar-,und Industriefilmen für das Fernsehen. Er hat ein ausgeprägtes Gespür für Formen und arbeitet oft mit doppeldeutigen Schlagschatten und Farbblöcken, mit denen er halbabstrakt wirkende geometrische Effekte erzielt. Stilistisch ist er der → strukturalistischen Fotografie zuzuordnen.

Callahan, Harry
(1912 Detroit/Michigan)
Erst nach seinem Ingenieurstudium interessierte Harry Callahan sich für Fotografie. Callahan setzte sich mit der neusachlichen Fotografie auseinander. Seine Themen sind Akt, Interieur- und Landschaftsstudien, die alle einen sehr persönlichen Charakter aufweisen. Ab 1948 beteiligte er sich an zahlreichen Ausstellungen, u.a.1955 an → Steichens Ausstellung »The family of man« und → Steinerts »Subjektive Fotografie«. Callahan ist Vertreter einer dem Symbolismus nahestehenden → metaphysischen Fotogra fie.

Cameron, Julia Margaret
(1815 Kalkutta; 1879 Dikoya/Ceylon)
In England und Frankreich aufgewachsen und 1848 nach England übersiedelt, kam Julia Margaret Cameron 48jährig zur Fotografie. Bekannt wurde sie durch ihre Porträtaufnahmen berühmter Persönlichkeiten. Nach 1870 wandte sie sich allegorisierenden Frauenporträts und mythologischen Szenen zu, die sie im bühnenhaft inszenierten → Kunstfotostil erstellte. Typisch für ihre Arbeit ist der Weichzeichnereffekt und die Vorliebe für die Malerei der Präraffaeliten.

Capa, Robert (eigentl. André Friedmann)
(1913 Budapest;
1954 Thai-Bing, Indochina)
Der berühmteste → Kriegsfotograf erlernte die Fotografie in Berlin, flüchtete später nach Paris und zog dann in die USA. Er machte Fotoreportagen über den spanischen Bürgerkrieg 1936–45, 1938 über den Indochinakrieg. Für »Life« war er 1941–45 als Kriegsberichterstatter in Europa. 1948 lieferte er vom Palästinakrieg aufsehenerregende Fotos. Seiner Devise folgend »sind die Bilder nicht gut, war man nicht nah genug dran« war er immer selbst im Zentrum des Geschehens. 1947 gründete er mit anderen die Fotoagentur → »Magnum«. 1954 kam er bei einem Bericht in Indochina durch eine Mine um.

Carroll, Lewis
(eigentl. Charles Ludwidge Dodgson)
(1832 Daresbury/England;
1898 Guildford)
Der schriftstellerisch begabte Mathematiker Lewis Carroll, der als begeisterter Amateurfotograf Kinder und Jugendliche aufnahm, wurde durch das Buch »Alice im Wunderland« (1862) berühmt. In die Geschichte der Fotografie ist er erst nach seinem Tod als Kinderfotograf eingegangen. Die ca. 700 Fotos repräsentieren durch ihre inhaltliche Ambivalenz von scheinbarer Unschuld und Natürlichkeit der Porträtierten und versteckter Lüsternheit die victorianische Fotografie. Sie ist Spiegelbild einer Epoche schleichender Unmoral unter dem Deckmantel von selbstgerechter Wohlanständigkeit.

Cartier-Bresson, Henri
(1908 Chanteloup/Frankreich)
Der Fotografie wandte Henri Cartier-Bresson sich erst ab 1930, nach einem Studium der Malerei, ernsthaft zu. Heute gilt er als der bekannteste französische → Bildjournalist. Sein Interesse gilt Situationen aus dem menschlichen Alltag. Von ihm wurde die Forderung nach dem Foto des »entscheidenden Augenblickes« geprägt, das ihm durch den Einsatz der leichten Kleinbildkamera ermöglicht wurde. Es existieren nicht nur Fotoreportagen aus aller Welt von ihm – er betätigte sich auch filmisch, erarbeitete Dokumentarfilme und machte Regieassistenz bei Jean Renoir. 1947 war er Gründungsmitglied der Fotoagentur → »Magnum«. Nach vielen Jahren in den USA lebt er heute in Paris.

Chargesheimer
(eigentl. Karl-Heinz Hargesheimer)
(1924 Köln; 1971 Köln)
Chargesheimer arbeitete als Schauspieler, Bühnenbildner und Opernregisseur. Ab

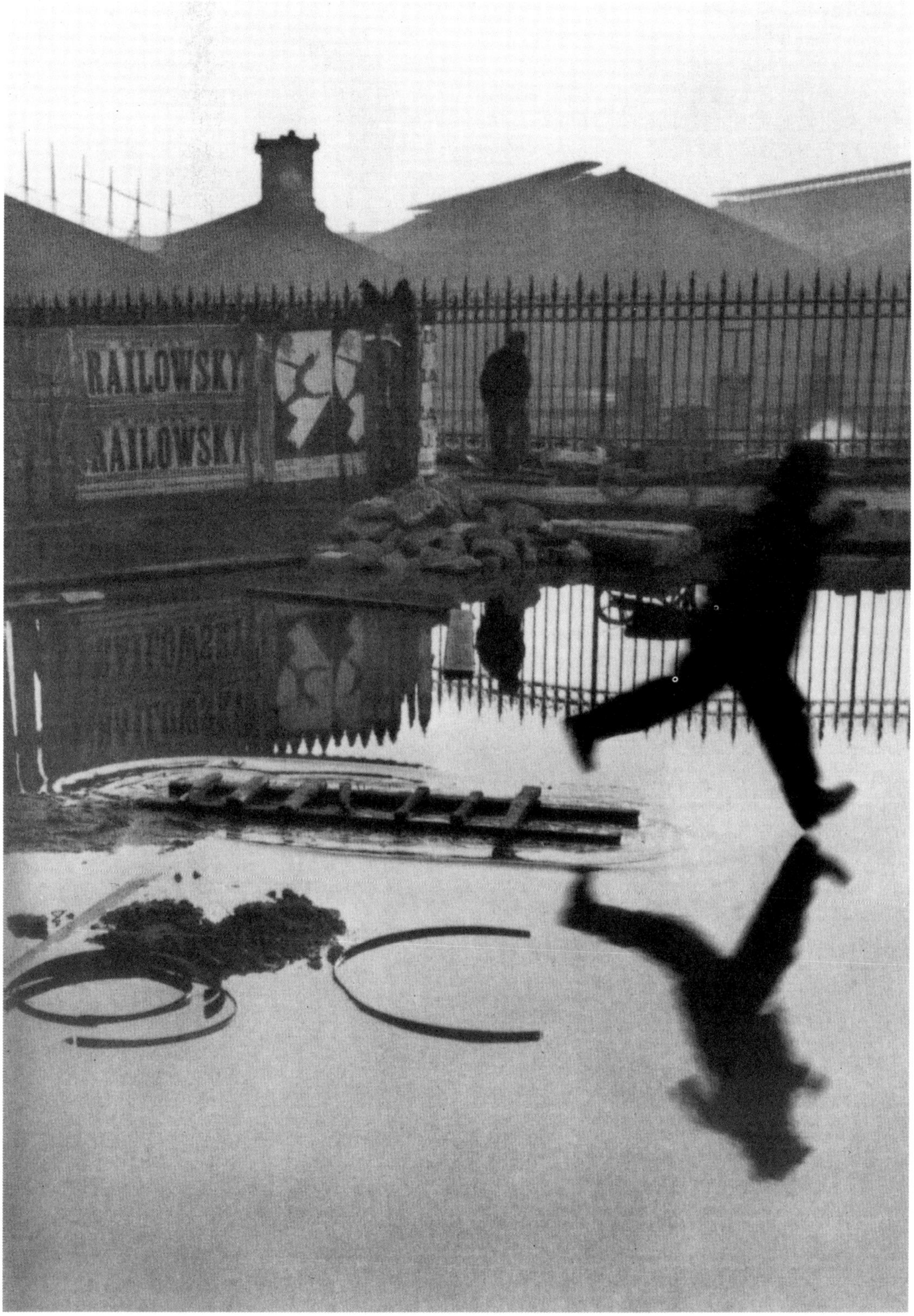

Die berühmte Aufnahme »Derrière la Gare St. Lazare« wurde von Henri Cartier Bresson im Jahre 1932 fotografiert. Mit freundlicher Genehmigung dem Buch »75 Jahre Leica Fotografie« entnommen.

1950 experimentierte er mit der kameralosen Fotografie, bis er sich 1955 auf den Bildjournalismus konzentrierte. Zu seinem Werk zählen Porträts, Theaterstudien – vor allem aber Straßenbilder von Köln. Außerdem enstanden Serien über das Ruhrgebiet, über dortige Zechenarbeiter und über den Zoologischen Garten. Auch als Bühnenbildner und Bildhauer arbeitete er weiter. 1971 wählte Chargesheimer den Freitod.

1816 *Nicéphore Nièpce* (1765–1833) stellt Metallplatten her, die durch eine Asphaltbeschichtung lichtempfindlich wurden und nach der Belichtung mit Steinöl, einem Lösungsmittel, fixiert wurden. Seine Experimente hatte er bereits im Jahre 1793 begonnen. Von den Forschungsergebnissen Nièpces ist nur eine mit Asphalt beschichtete Zinnplatte von 1826 erhalten. Diese zeigt den Blick aus dem Fenster seines Arbeitszimmers.

1838 Die Entdeckung *Louis Jacques Mandé Daguerres* (1787–1851) bestand in der Verstärkung und Entwicklung eines latenten Bildes. Das Ergebnis war ein seitenverkehrtes Unikat von großer Bildschärfe. Als Kamera benutzte er eine einfache Holzkamera vom Ausziekastentyp mit einer Meniskuslinse. Das Verfahren Daguerres fand von ca. 1840–1860 Anwendung.

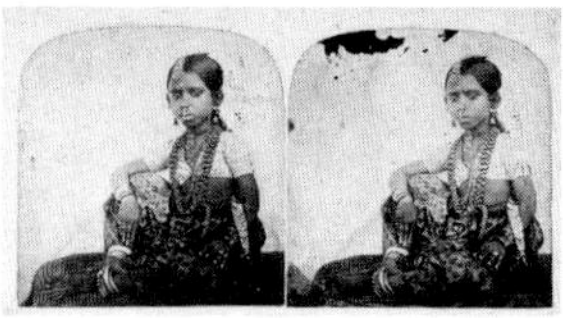

Porträt auf Albuminpapier von Fedor Jagor 1857. Foto: Agfa Foto-Historama, Köln

Daguerre benutzte eine polierte, versilberte Kupferplatte, die dadurch sensibilisiert wurde, daß die Platte ca. 1 Stunde in einem Jodierungskasten innerhalb der Dunkelkammer behandelt wurde wobei die Silberseite mit dem Jod reagierte. Die Jodierung war bei goldgelber Färbung beendet. Diese Platte wurde anschließend in der Daguerre-Kamera zwischen 5 und 30 Minuten lang bei Sonnenlicht belichtet.
Die Entwicklung erfolgte in einem Entwicklungskasten, wobei Quecksilberdämpfe 2–6 Minuten lang bei einer Temperatur von 50 – 60 Grad über die Platte streichen und diese amalgamieren. Daß durch die Belichtung entstandene Silber verband sich unlöslich zu Silberamalgam.

Cunningham, Imogen
(1883 Portland/Oregon;
1976 San Francisco)
Ihre ersten Fotos entstanden 1901. Nach Studium und Promotion in Chemie, dem Erlernen des → Edeldruckverfahrens bei → Edward Curtis und einem Fotochemie-Studium in Dresden kehrte Imogen Cunningham 1910 nach Seattle zurück und eröffnete dort ein Porträtstudio. Vom Stil der Kunstfotografie, → Pictoralismus, wandte sie sich bald der → Neuen Sachlichkeit (Straight Photography) zu. 1932 ist sie Gründungsmitglied der Gruppe → »f 64«. Zahlreiche Fotoreportagen entstehen neben Pflanzen-, Landschafts- und Stillebenzyklen. Nach 1935 entstanden fast nur noch Porträts. 1978 erschien ihre letzte Porträtserie: »After Ninety«, die nur Personen, die älter als 90 Jahre sind, zum Thema hat.

Curtis, Edward Sheriff
(1868 Wisconsin; 1954 Los Angeles)
Der gelernte Porträtfotograf, der ab 1887 ein Studio in Seattle hatte, begann 1896 mit der Fotodokumentation über das Leben der Indianer. Dieser Aufgabe widmete er sein ganzes Leben. Durch finanzielle Unterstützung des Bankiers J. Piemont Morgan konnte er 1930 sein Gesamtwerk veröffentlichen: »The North American Indian«, das aus 20 reich illustrierten Textbänden und 20 Bänden mit Photogrammen bestand. Seine Arbeit (mit über 40 000 Glasnegativen) zählt zu den umfangreichsten → Fotodokumentationen, die ein einzelner Fotograf erstellt hat.

Daguerre, Louis Jacques Mandé
(1787 Cormeilles-en-Parisis/Frankreich;
1851 Bry-sur-Marne)
Daguerre arbeitete zunächst als Bühnenbildner in Paris und hatte mit Panoramabildern, die sich durch Beleuchtungseffekte veränderten, Erfolg. Seine Leistung liegt, nachdem er die Forschungen → Niepces weiterbetrieb, in der Entwicklung des ersten brauchbaren fotografischen Verfahrens. 1835 entdeckte er das latente Bild, indem silberbeschichtete Kupferplatten Joddämpfen ausgesetzt wurden; die dabei entstandene lichtempfindliche Silberjodidschicht wurde in einer Kamera belichtet. Dieses Bild konnte durch Quecksilberdämpfe 1837 fixiert werden. 1839 erfolgte das Patent. Die als »Daguerreotypien« bezeichneten Unikate waren ein Jahr später als erste fotografische Massenprodukte bis ca. 1854 über die ganze Welt verbreitet.

Davidson, Bruce
(1933 Oak Park/Illinois)
Nach einem Studium der Fotografie und anschließend der Philosophie und Kunst,

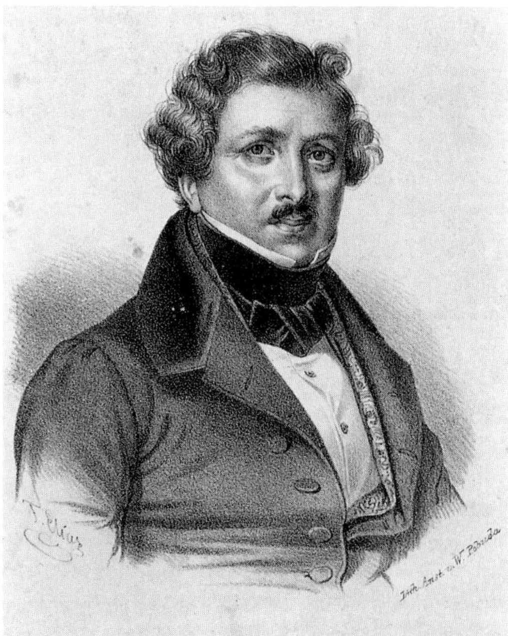

Louis Jacques Daguerre. Foto: Archiv Gert Koshofer

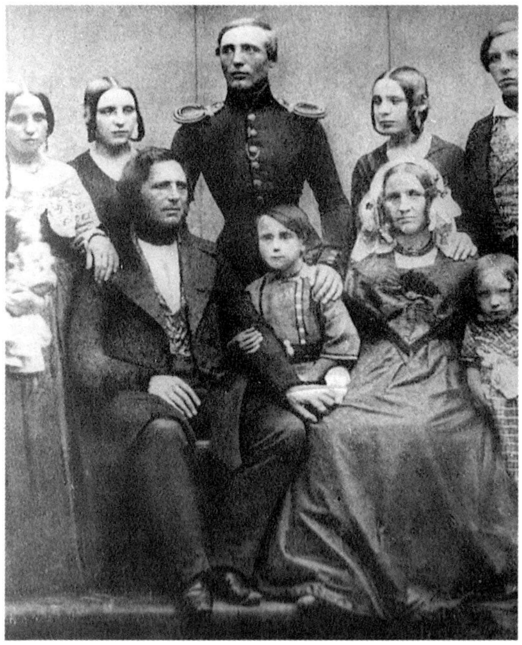

Frühe Daguerreotypie. Foto: Archiv Gert Koshofer

arbeitete Bruce Davidson ab 1957 als → Dokumentarfotograf in New York. Das Thema seiner sozialkritischen Bildberichte ist der Mensch in seiner Umwelt; seine Fotos faßt er als »Landschaften von Menschen« auf. 1959 wird er Mitglied der Bildagentur → Magnum. Seit 1970 beschäftigt er sich zusätzlich mit dem Medium Film.

Doisneau, Robert
(1912 Gentilly/Frankreich)
Seine fotografische Karriere fing Robert Doisneau bildjournalistisch an, von 1934–39 war er als Industriefotograf bei Renault angestellt. Als Bildjournalist arbeite er in verschiedenen Agenturen, 1950 versuchte er sich als Modefotograf (Vogue). Ab 1955

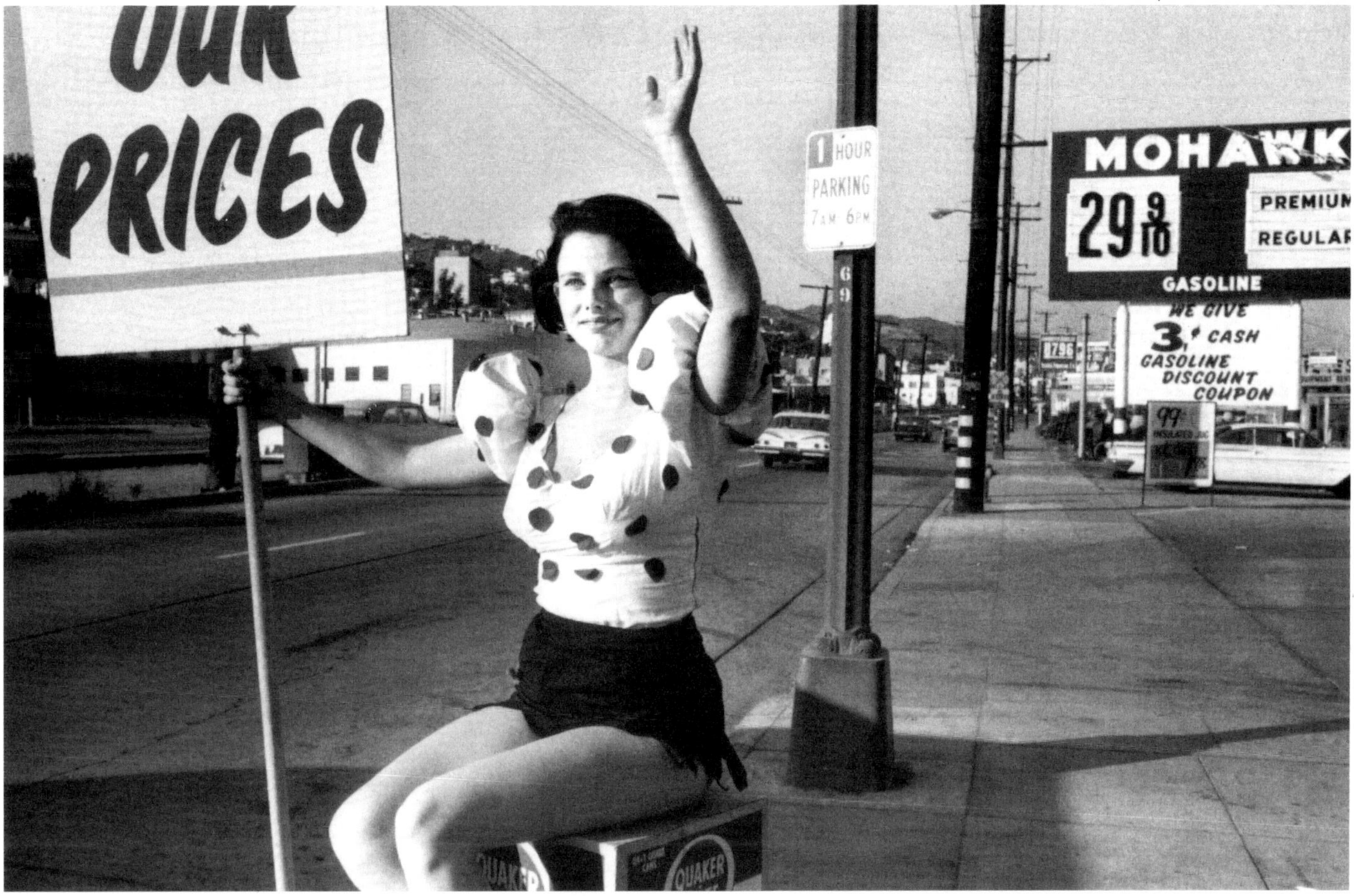

Glamourfoto aus dem Jahre 1964 fotografiert in Los Angeles von Bruce Davidson. Mit freundlicher Genehmigung dem Buch »75 Jahre Leica Fotografie« entnommen.

Day, Fred Holland
(1864 Norwood/Massachusetts;
1933 Norwood)
Der als gebildet und exzentrisch bekannte → Kunstfotograf wurde 1895 durch Hilfe → Stieglitz' in den »linked ring« aufgenommen. Bekannt machten ihn 1898 Fotoallegorien zumeist christlichen Inhalts. Zu seinen Leistungen zählt, daß er 1900 die »Neue Schule der amerikanischen Fotografie« in Europa durch eine große Ausstellung in der Londoner Royal Photographic Society bekanntmachte, die die meisten fortschrittlichen amerikanischen Fotografen zeigte.

fotografiert er (auch in Farbe) verstärkt für die Werbung. Bekannt ist Doisneau vor allem wegen seiner humorvoll-hintergründigen Menschendarstellungen und seinen Szenen aus dem Pariser Leben. Sein Stil ist sachlich-direkt.

Drtikol, Frantisek
(1883 Pribram/Westböhmen; 1961 Prag)
Frantisek Drtikol zählt zu den überragenden Fotografen Osteuropas. Nach seiner Lehre in Westböhmen und einer anschließenden Fotoausbildung in München eröffnete er in Prag ein eigenes Studio. Seine bevorzugten

Themen wurden neben dem Porträt der weibliche Akt. Kennzeichen seiner Arbeiten sind ausgefallene Körper-Raum-Kompositionen und der Einsatz von Retuschiertechniken. Die von → Kubismus und → Konstruktivismus beeinflußten Bilder wurden in der Folgezeit zunehmend formal-abstrakt. Ab 1935 wendete er sich von der Fotografie ab, um sich der Malerei zu widmen.

Duncan, David Douglas
(1916 Kansas City)
Der studierte Archäologe David Douglas Duncan startete seine Karriere als Hobbyfotograf. Bis 1943 machte er kunsthistorische Fotoberichte von Chile und Peru. Berühmt ist Duncan vor allem als → Kriegsfotograf. Nach Reportagen im Pazifik 1944 berichtete er von 1945–56 im Auftrag von »Life« über Palästina, Griechenland, Korea und Indochina. Im Jahr 1952 entstanden Fotoberichte über das geteilte Deutschland. Im Mittelpunkt seiner Reportagen steht das individuelle menschliche Geschick. Der passionierte Kriegsgegner versucht durch seine Fotos den methodischen Irrsinn des Krieges aufzuzeigen. Bekannt ist auch seine 1957 entstandene Fotoserie aus dem Privatleben Picassos.

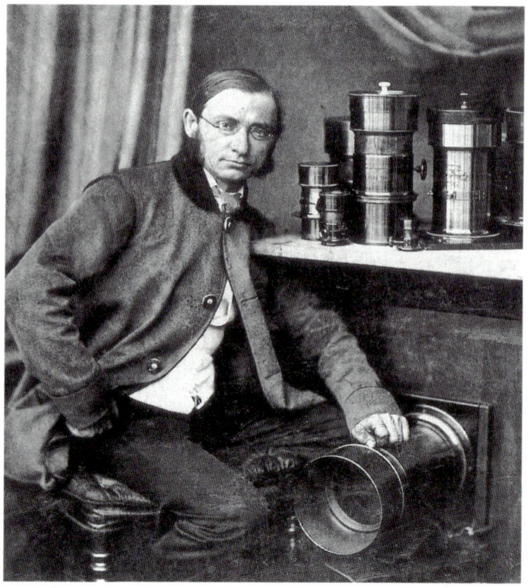

Selbstporträt des Fotografen Hermann Krone mit seinen Objektiven. Dresden 1858. Agfa Foto-Historama, Köln

Kolorierte Litographie aus dem Jahr 1847. Agfa Foto-Historama, Köln

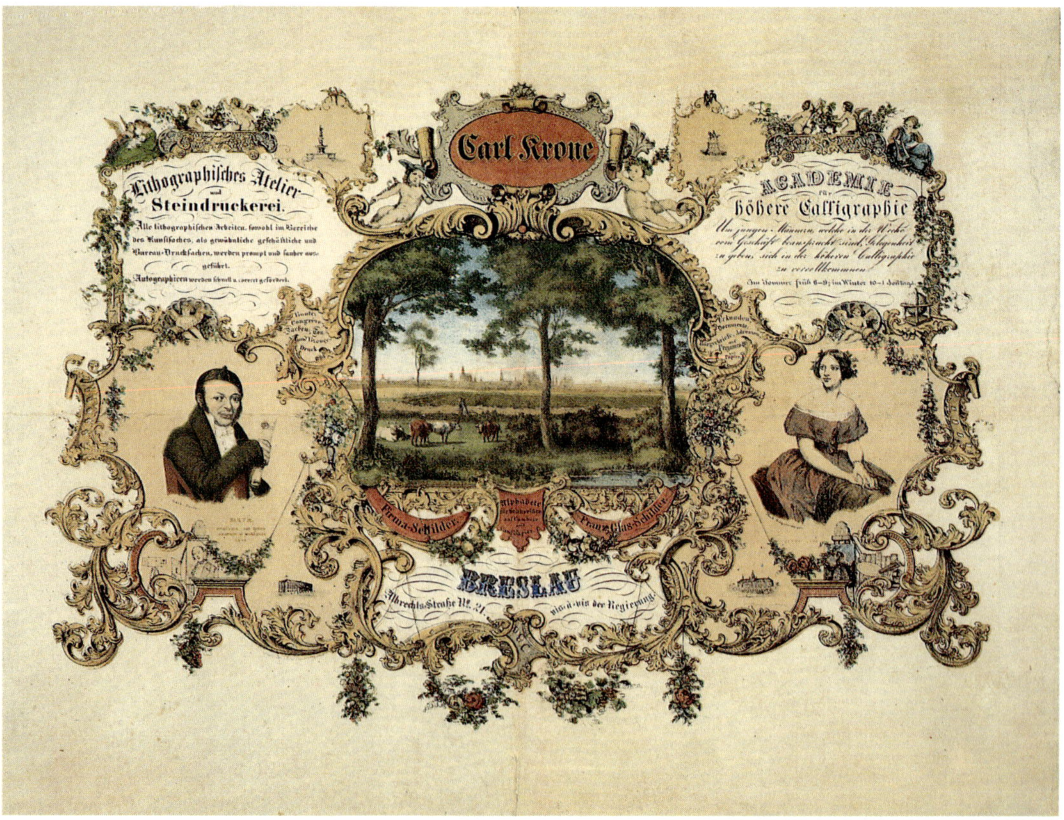

An belichteten Stellen wird das freigewordene Jod von Quecksilber ersetzt. Das unbelichtete Silberjodid wurde mit $Na_2S_2O_3$ (Fixiernatron) weggelöst, und das dunkle Kupfer trat hervor.
Obwohl die Aufnahme negativ war, wurde eine positive Bildwirkung durch das sehr helle Silberamalgam erzielt.
1839 stellte er seine Daguerreotypien der Öffentlichkeit in Paris vor. Das Ergebnis war zum Teil aus der Zusammenarbeit mit Nièpce entstanden. Am 19. August 1839 werden alle Einzelheiten von François Argot an der Pariser Akademie der Wissenschaften bekanntgegeben.
1840 *Petzval* (1807–1891) berechnet das erste lichtstarke Porträtobjetiv. Für dieses entwickelt
1841 *Fr. Voigtländer*, ebenfalls ein Wiener, eine Metallkamera.
1841 *Fox Talbot* (1800–1877) entwickelt die Kalotypie (griech. »Kalos«: schön). Sie wurde später auch – nach ihm – Talbotypie genannt.
Er ist der Erfinder des Negativ-Positiv Verfahrens, mit dem sich zum ersten Mal auch Vervielfältigungsmöglichkeiten boten. Sowohl als Aufnahme- als auch als Kopiermaterial verwendete Talbot mit Silberjodid beschichtetes Papier. Dieses wurde bei Dunkelheit erst in einer Natriumchloridlösung, anschließend in einer

Edgerton, Harold E.
(1903 Fremont/ Nebraska; 1990)
Harold E. Edgerton hatte ab 1931 eine Professur für Elektrotechnik am Massachusetts Institute of Technology inne. Er entwickelte 1934 den Stroboskop-Blitz (→ Elektronenblitzverfahren) – ein Verfahren zur fotografischen Aufzeichnung von extrem schnellen Bewegungsabläufen. Dadurch konnten Formen festgehalten werden, die dem Blick normalerweise verschlossen bleiben. 1953 entwickelte er eine Unterwasserkamera nebst Blitzanlage. Als Fotograf wurde er durch seine »Shoot-pictures« berühmt. Es sind phantasievolle Stakkato-Bilder der Bewegungsabläufe und -bahnen von sich schnell bewegenden Gegenständen.

Eisenstaedt, Alfred (1898 Dierschau)
Alfred Eisenstaedt wuchs in Berlin auf und interessierte sich früh für die → Dokumentarfotografie. 1929 wurde er Berufsfotograf und machte sich durch Fotoreportagen für die »Berliner Illustrierte Zeitung« einen Namen. 1935 emigrierte er nach New York, wo er ab 1936 für »Life« tätig war. Er zählt zu den meistgeehrten und meistpublizierten → Bildjournalisten der Welt. Seine Fotos sind durch einfachen und einprägsamen Bildaufbau und durch Linien und Formen, die seine Motive einrahmen, gekennzeichnet.

Emerson, Peter Henry (1856 Kuba; 1936 Falmouth, Cornwall/England)
Der Arzt und Naturwissenschaftler Peter Henry Emerson, der 1869 nach England übersiedelte, erhielt ab 1885 Ehrungen als Fotograf. 1889 erregte seine Veröffentlichung »Naturalistic Photography« großes Aufsehen. Als Gegner der Salonfotografie wurde er zum Wegbereiter der → naturalistischen und dokumentarischen Fotografie. Seiner Meinung nach muß der Bildaufbau durch den Bildinhalt und nicht nach den »Regeln der Kunst« festgelegt werden. Alle seine Abzüge – meist Landschaften und bäuerliche Szenen – sind → Platindrucke oder → Photogravuren.

Erfurth, Hugo
(1874 Halle; 1948 Gaienhofen/Bodensee)
Nach der Fotolehre und Malkursen in Dresden eröffnete Hugo Erfurth ab 1896 ein eigenes Atelier, das bald zum Treffpunkt des Dresdner Kulturlebens avancierte. Erfurth wurde zu einem bedeutendem Porträtisten der 20er und 30er Jahre. Er fotografierte die Gesichter vor einem neutralen Hintergrund und ohne Accessoires. Außerdem beschäftigte er sich mit → Photogrammen

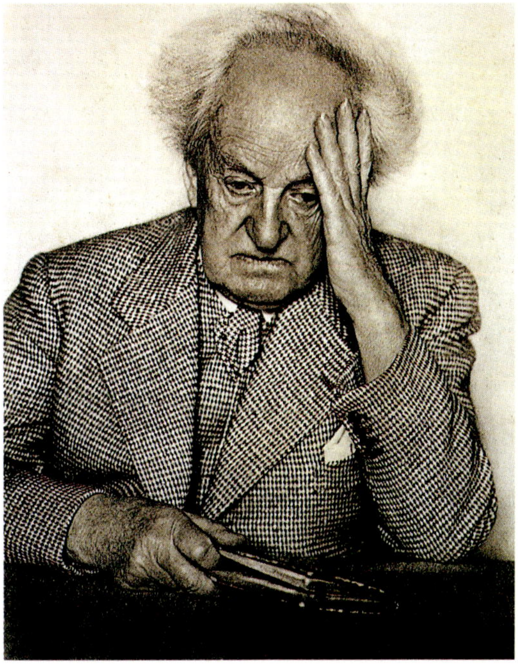

Hugo Erfurth fotografierte im Jahr 1944 Gerhart Hauptmann. Bildquelle: Rheinisches Bildarchiv Köln. Besitzer Agfa Foto-Historama, Köln

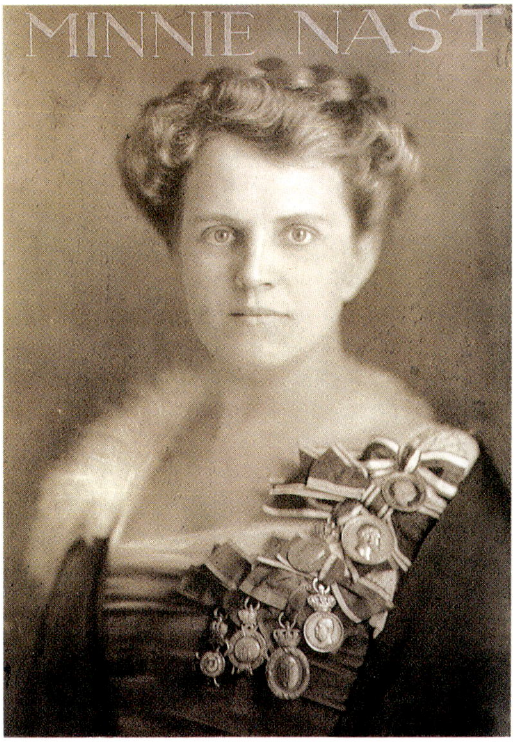

Die Opernsängerin Minnie Nast aufgenommen von Hugo Erfurth. Bildquelle: Rheinisches Bildarchiv Köln. Besitzer Agfa Foto-Historama, Köln

$AgNO_3$-Lösung getränkt. Dadurch bildete sich im Papier das lichtempfindliche Silberhalogenid. Das noch feuchte Papier wurde in einer Kamera etwa eine halbe Minute lang belichtet. Entwickelt wurde es in Gallussäure. Wodurch eine mehr als 100fache Empfindlichkeitssteigerung erzielt wurde. Die Schwärzung konnte man bei Kerzenlicht beobachten. Fixiert wurde mit Natriumthiosulfat. Die Chemikalien mußten ebenfalls ausgewässert werden, um das Negativ haltbar zu machen. Nachdem dieses Papiernegativ getrocknet war, wurde es mit Paraffin eingewachst, um es an den nicht geschwärzten Stellen durchscheinend und somit kopierfähig zu machen.

Die auch Salzbilder genannten und oft bis zur Unkenntlichkeit übermalten Talbotypien lösten Daguerres Unikate ab, obwohl durch das grobe Papier eine geringere Auflösung zu erzielen war. Die Konturen waren nicht scharf, und die Talbotypie war bei weitem nicht so erfolgreich wie das Verfahren Daguerres.

1850 fand die Ablösung von Talbots Salzpapier durch das von *Louis-Désiré Blanquart-Evard* (1802–1872) eingeführte Albuminpapier statt. Albuminpapier war detailreicher und warmfarben.

1851 *Frederic Scott Archer* und *LeGray* entwickeln das Kollodiumverfahren. Die Erfindung war das erste Negativverfahren auf Glas mit einer Kollodiumschicht, die der heutigen Emulsion schon sehr nahe kam. Sein Negativmaterial war eine mit Kollodium begossene Glasplatte (Kollodium: Nitrocellulose, Alkohol und Äther). Unmittelbar vor der Belichtung kam die Platte in ein $AgNO_3$-Bad, und es bildete sich unter Lichtabschluß Jodsilber – Silberjodid. Die abgetropfte noch nasse Platte wurde in einer Kamera etwa 4–12 Sekunden belichtet. Die immer noch nassen Platten wurden mit Eisenoxalatentwickler entwickelt. Aus dem überschüssigen $AgNO_3$ wird metallisches Silber ausgefällt, daß sich an die belichteten Bildstellen

und neuartigen Kopiertechniken wie dem → Gummidruck und dem → Ölpigmentdruck. 1919 war er einer der Gründer der → GDL (Gesellschaft Deutscher Lichtbildner). 1943 wurde bei einem Bombenangriff sein Atelier in Köln zerstört.

Erwitt, Elliott (1928 Paris)
Elliot Erwitt ist in Kalifornien aufgewachsen und lebt seit 1948 in New York. Seine fotografische Tätigkeit begann er 1944. 1953 wird er von → Capa als → Bildjournalist zu → »Magnum« geholt. Neben der bildjournalistischen Tätigkeit, die oft einen verhaltenen Humor aufweist, arbeitet er ab 1953 auch als Werbe- und Architekturfotograf. Berühmt wurde er durch die Reportage des Treffens zwischen Chruschtschow und Nixon 1959. Die Situationsporträts und die Hundestudie »Son of bitch« von 1975 sind besonders bemerkenswerte Arbeiten.

Evans, Walker
(1903 St. Louis/Missouri;
1975 New Haven/Connecticut)
Der Dokumentarfotograf Walker Evans befaßte sich nach einem Literaturstudium ab 1928 mit der Fotografie. Er bekennt sich zur »straight photography« und zum → fotografischen Realismus. Von 1935–37 arbeitete er bei der → FSA (Farm Security Administration). Hauptthema ist neben Architekturstudien aus Mexiko das Leben der Armen, insbesondere die einfühlsame Dokumentation über Pächter im amerikanischen Süden. Evans entdeckte die Serie und Sequenz als dokumentarische Ausdrucksform. Ab 1943 arbeitete er bildjournalistisch bei »Times«, 1945 gründete er mit anderen zusammen die Zeitschrift »Fortune«. Ab 1965 hatte er eine Professur an der Yale-Universität in New Haven inne. Er zählt zu den vielschichtigsten und theoretisch versiertesten Fotografen Amerikas.

Feininger, Andreas (1906 Paris)
Der Sohn des Malers Lionel Feininger studierte zunächst Architektur bei Walter Gropius. Ab 1932 machte er eigene Fotoexperimente und arbeitete ab 1933 als Bildjournalist. Von 1940–43 fotografiert er für die → »Black Star Photo Agency«, ab 1934 für »Life«. Seine freien Arbeiten weisen ihn als Meister der → sachlichen Fotografie aus. Sein Interesse gilt vor allem den Strukturen der Natur, die er in Nahaufnahmen festhält. Feininger erlangte ebenso Bedeutung auf dem Gebiet der Fototheorie und -lehre. Er verfaßte zahlreiche Fotolehrbücher.

Fontana, Franco
(1933 Modena/Italien)
Franco Fontana ist fotografischer Autodidakt. Die Arbeiten des → Avantgardefotografen liegen auf der Konzentration farbgeometrischer Landschaftsdetails. Die Fotos wirken durch Abflachung der Perspektive oft verfremdet. Neben den formalen Landschaftskompositionen machten ihn seine neusachlichen Städtebilder (Modena, Venedig) berühmt. Fontana ist heute in vielen großen Fotosammlungen vertreten.

Fontcuberta, Joan (1955 Barcelona)
Joan Fontcuberta studierte Kommunikationswissenschaften und war anschließend bis 1977 in einer Werbeagentur tätig. Seitdem lebt er als freier Fotograf in Barcelona und hat seit 1978 einen Lehrauftrag. Seine phantastischen Arbeiten, die dem südamerikanischem → magischem Realismus verwandt sind, haben vor allem »Vergänglichkeit und Zeit« zum Thema. Sein Werk wird in zahlreichen Ausstellungen vorgestellt.

Frank, Robert (1924 Zürich)
Robert Frank zog 1947 in die USA. Zuerst als Modefotograf tätig, arbeitete er ab 1948 freischaffend als → Dokumentarfotograf. Bekannt wurde er durch die Fotodokumentation »The Americans«, die 1959 erschien. Sie schockierte, da sie ein Bild Amerikas zeigte, das die Mißstände des Systems schonungslos offenlegte. Er entwickelte eine neue Bildsprache, die klassische Kompositionsprinzipien mit der modernen Schnappschußtechnik verband. Frank revolutionierte die Fotografie der jungen Generation nach 1960. Seit 1961 arbeitet er verstärkt beim Film.

Freund, Gisèle (1912 Berlin)
Nach einem Studium der Soziologie und Kunstgeschichte, u.a. bei Adorno, emigrierte Gisèle Freund 1933 nach Paris. Ab 1936 arbeitete sie bildjournalistisch (u.a. für »Life«) und schloß sich 1947 der Gruppe → »Magnum« an. Ihre ergänzte Doktorarbeit

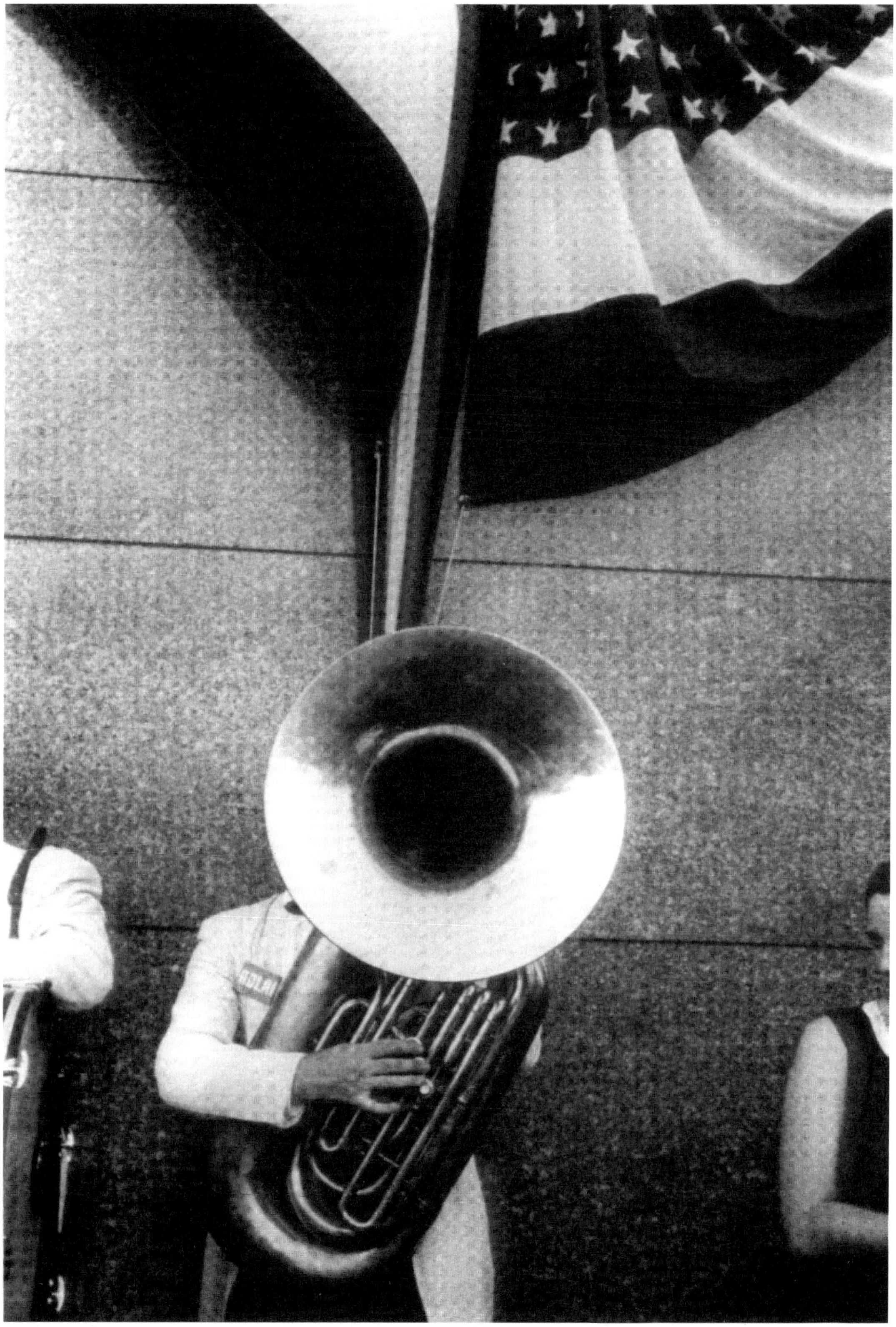

anlagert. Anschließend wurde das Jodsilber mit Cyankalium herausgelöst, und die Glasplatten waren somit fixiert.
Da die Beschichtung nur noch sehr dünn war, erzielte man eine große Bildschärfe. Das »nasse Kollodiumverfahren« löste die Verwendung aller anderen Negativmaterialien ab.
Wegen des umständlichen Naßverfahrens hielt es sich in der bildmäßigen Photographie nur bis etwa 1880.
In der Reproduktionsfotographie allerdings wegen seines hohen, kaum übertroffenen Auflösungsvermögens bis Ende der 50er Jahre unseres Jahrhunderts.
1855 *Clerk Maxwell* entdeckt das Prinzip der additiven Farbenfotographie.
Die additive Farbmischung ist die Mischung der Lichtfarben (blau, grün, rot) die sich zu weißem Licht addieren.
1866 Einführung von barytiertem Papier als Unterlage für lichtempfindliche Emulsionen durch *Martinez-Sanchez* und *J. Laurant* in Madrid.

»Political Rally« Chicago 1956, Fotograf Robert Frank. Mit freundlicher Genehmigung dem Buch »75 Jahre Leica Fotografie« entnommen.

über die Fotografie des 19. Jahrhunderts in Frankreich zählt zu einem der ersten soziologisch fundierten Theorieansätze zur Fotografie. Einen Namen machte sie sich vorrangig als Porträtfotografin berühmter Künstler und Schriftsteller.

1871 *Richard Leach Maddox* veröffentlicht sein Verfahren zur Herstellung von Bromsilber-Gelatine-Trockenplatten. Sie besaßen eine 50fach höhere Lichtempfindlichkeit als bisher durch das Kollodiumverfahren erreicht worden war. Die Gelatine wurde nun als Bindemittel für die lichtempfindlichen Silbersalze eingesetzt. Diese Trockenplatten wurden ab 1878 produziert. Dies war gleichzeitig die Begründung der industriellen Herstellung von Fotomaterialien.

1873 *Hermann Wilhelm Vogel* (1834–1898) entdeckt die optische Sensibilisierung von Bromsilber-Kollodium-Emulsionsschichten. Dadurch wurde das bisher ausschließlich auf violett und blau empfindliche Material auch auf grün und orange sensibilisiert. Somit konnte man orthochromatische (ortho: »richtig«, chroma: Farbe) und panchromatische (»pan«:»alles« – für alle Farben empfindlich) Platten herstellen.

Friedlander, Lee
(1934 Aberdeen/Washington)
Lee Friedlander publizierte in zahlreichen Zeitschriften, bevor er 1960 mit freien Arbeiten anfing und den Ruf eines originellen → Dokumentarfotografen errang. Die Motive sind oft surrealistisch wirkende Großstadt- und Straßenszenen, die spontan aufgenommen wirken – der Bildaufbau ist jedoch genau kalkuliert. Typisch für ihn sind Fotos, die durch eine im Bildvordergrund liegende Ebene formal zerteilt werden. Friedlander ist Vertreter des → Symbolismus.

Gelpke, André
(1947 Beienrode)
André Gelpke machte eine Maurerlehre mit dem Ziel, Architekt zu werden. Während seiner Bundeswehrzeit, die er während der Studentenunruhen absolvierte, entschloß er sich, Fotograf zu werden. Nach einem Studium bei → Steinert mitbegründete er 1975 die Bildagentur → »VISUM«. Seit 1978 arbeitet Gelpke freischaffend als Schwarz-Weiß-Fotograf mit Schwerpunkt Menschenaufnahme. Er ist der Stilrichtung des → Visualismus zuzuordnen.

Gibson, Ralph (1939 Los Angeles)
Ralph Gibson, 1962 Assistent bei → Dorothea Lange, arbeitete von 1963–70 im Bildjournalismus und in der Werbefotografie. Als Vertreter der → abstrakten und strukturalistischen Fotografie charakterisieren ihn Nahaufnahmen von Menschen und Gebäuden in knappem Ausschnitt. Seine Bildsprache besinnt sich auf visualistische (im Gegensatz zu dokumentarischen) Qualitäten. 1969 gründete er die »Lustrum-Press«, die der amerikanischen Avantgardefotografie Publikationsmöglichkeiten bot.

Gloeden, Baron Wilhelm von
(1856 Mecklenburg;
1931 Taormina/Sizilien)
Nach einem Malereistudium in Weimar übersiedelte Baron Wilhelm von Gloeden 1880 nach Sizilien, wo er sich ab 1882 der Fotografie widmete. Sein Thema ist die Genre-Fotografie, Freilichtaufnahmen von Knabenakten in malerischen Posen und in antike Szenerien versetzt. 1883 erzielt er in London große Anerkennung mit seinen »arkadischen Szenen«, 1899 wurde er für einen Vortrag über Freilichtfotografie nach Berlin eingeladen. 1939 wurde seine Arbeit von den Nazis als obszön verurteilt und größtenteils vernichtet.

Haas, Ernst
(1921 Wien; 1986 New York)
Ernst Haas studierte bis 1942 Medizin und

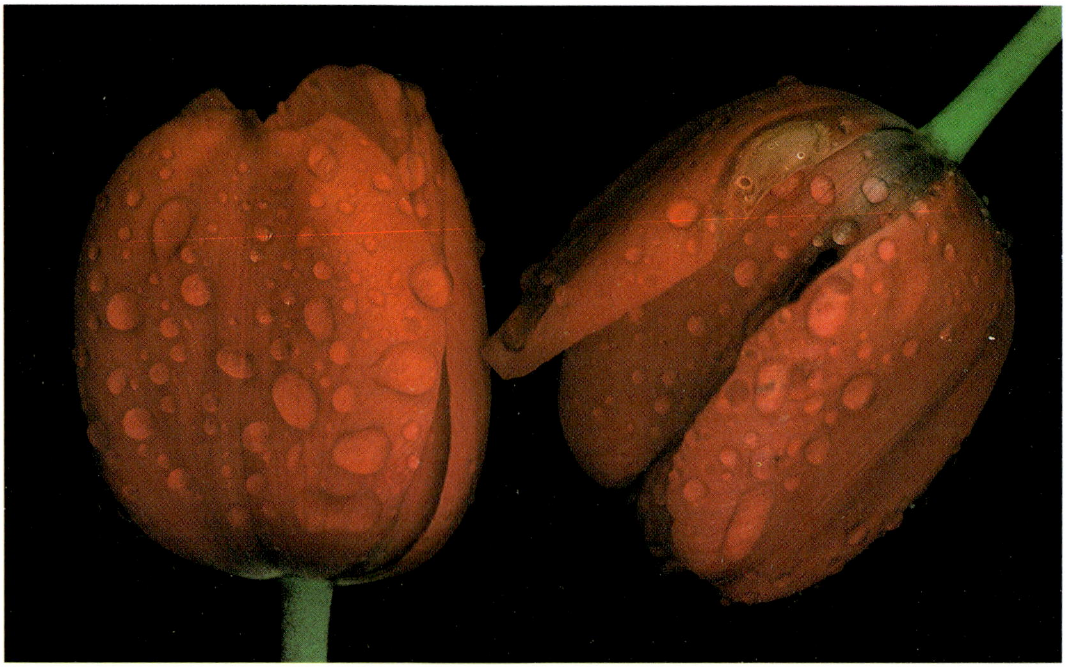

»Japan Tulips« fotografiert von Ernst Haas 1980. Mit freundlicher Genehmigung dem Buch »75 Jahre Leica Fotografie« entnommen.

ließ sich anschließend zum Fotografen ausbilden. 1948 übersiedelte er nach Paris und wurde Mitglied der Bildagentur → »Magnum«. Ab 1951 lebte er in den USA. Haas schuf farbige Fotoessays, deren Bilder von der dichten, aktiven Stimmung leben. Wichtig ist ihm nicht die Reproduktion der Dinge, sondern ihre Transformation. Dynamik erreicht er durch Bewegungsunschärfe. Haas gilt als Pionier der modernen → Reportage- und Farbfotografie. Seit 1946 ist er in internationalen Zeitschriften vertreten.

Hamaya, Hiroshi
(1915 Tokio)
Hiroshi Hamaya machte mit 16 Jahren seine ersten Fotos. Seine erste Bildreportage über die Slums von Tokio fertigte er mit 20 Jahren. Seit 1937 ist er als freier → Bildjournalist tätig. Sein Spezialgebiet liegt auf japanischer Folklore, Landschaften und »Winterthemen«; 1956 erschien sein Buch »Snow-Land«. Zahlreiche Bildberichte wurden von ihm veröffentlicht, u.a. über die Mandschurei, über China, Europa und Amerika. Sie zeichnen sich durch große Ruhe und eine klare Komposition aus. 1960 wurde Hamaya Mitglied bei der Agentur → »Magnum«. Er ist einer der führenden japanischen Fotojournalisten.

Heartfield, John
(eigentl. Helmut Herzfelde)
(1891 Berlin; 1968 Berlin)
Heartfield gilt als Begründer der modernen → Fotocollage und der politischen Fotomontage. Nach einer Buchhändlerlehre und einem Studium an der Kunstgewerbeschule beschäftigte er sich ab 1916 mit der Fotografie. 1917 gründete er den Malik-Verlag. Er nahm auch an den Berliner Dada-Aktionen teil. 1933 emigrierte er nach Prag und London, von wo aus er die Situation des Dritten Reiches in äußerst bissigen Fotomontagen kommentierte. 1950 kehrte er nach Leipzig zurück und übersiedelte schließlich nach Berlin. Heartfield hatte einen evidenten Einfluß auf andere Künstler.

Hill, David Octavius
(1802 Perth/Schottland; 1870 Edinburgh)
David Octavius Hill betätigte sich als Landschaftsmaler und Lithograf. 1825 war er Mitbegründer der Royal Scottish Academy. 1843 erhielt er den Auftrag, ein Ölbild des Gründungskonvents der Free Church of Scotland zu malen. Dafür bot sich als fotografische Gedächtnisstütze das Kalotypieverfahren an. Er lernte den Porträtfotografen → Adamson kennen, mit dem er bis 1848 zusammenarbeitete. Es entstanden für den Auftrag allein 1500 → Kalotypien. Später machten die beiden frei gestellte Gruppen-Porträts und Landschaftsstudien. Nach Adamsons Tod 1848 kehrte Hill zur Malerei zurück. Adamson und Hill zählen zu den Pionieren der Fotografie in England, die den ersten künstlerischen Erfolg mit dem Kalotypieverfahren erzielten.

Hine, Lewis Wickes
(1874 Oshkosh/Wisconsin;
1940 Hastings-on-Hudson/New York)
Der studierte Soziologe kam als Autodidakt zur Fotografie. Nach Bildreportagen aus den Slums von New York und den Bergarbeitergebieten von Pittsburgh berichtete er über die Lebensverhältnisse der Einwanderer aus Europa. Eine Dokumentation über Kinderarbeit in den USA führte zur Verabschiedung von Gesetzen gegen sie. 1918/20 arbeitete er für das Rote Kreuz als Kriegsberichterstatter im Balkan. Es folgten Dokumentationen über Fabrikarbeiter und über

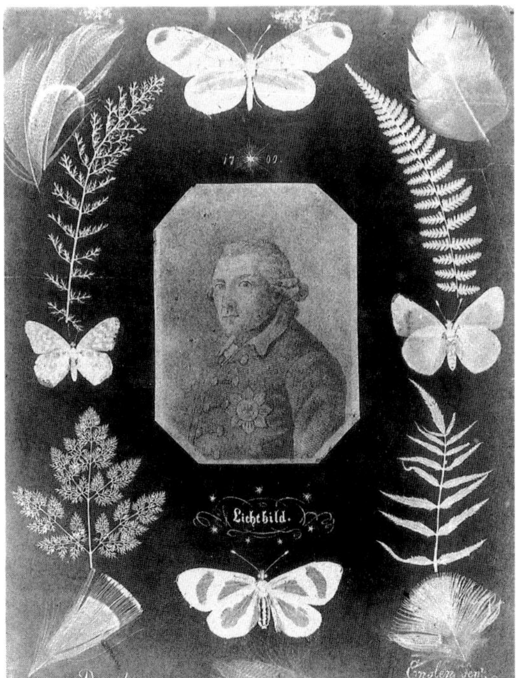

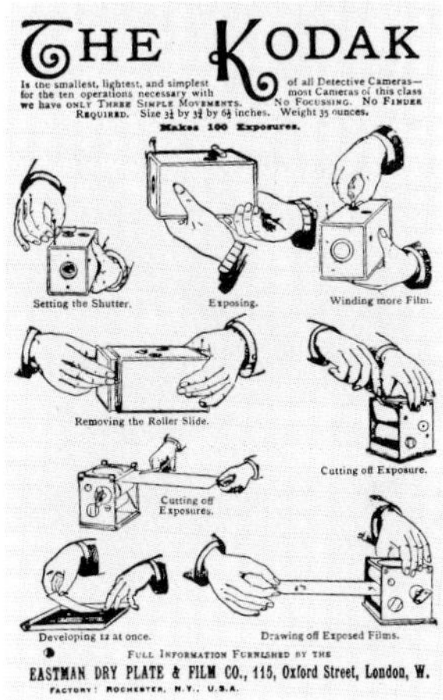

1880 *William de Wiveleslie Abney* (1843–1920) entdeckt Hydrochinon als Entwicklersubstanz.
1887 entdeckt *Hannibal Williston Goodwin* (1822–1900) das Zelluloid als biegsamen, transparenten Träger für lichtempfindliche Emulsionen. Goodwin ist somit der Erfinder des aufrollbaren, fotografischen Films.
1888 kam die Kodak-Box auf den Markt, die mit einem Film für 100 Aufnahmen geladen war. Sie kostete etwa 25 Dollar. Der belichtete Film wurde samt Kamera nach Rochester geschickt. Der Film wurde entwickelt, und Abzüge gemacht. Die Box wurde mit einem neuen Film geladen – dies für insgesamt 10 Dollar.

Die photogenische Zeichnung auf Salzpapier zeigt ein Porträt Friedrichs des Großen 1839. Agfa Foto-Historama, Köln

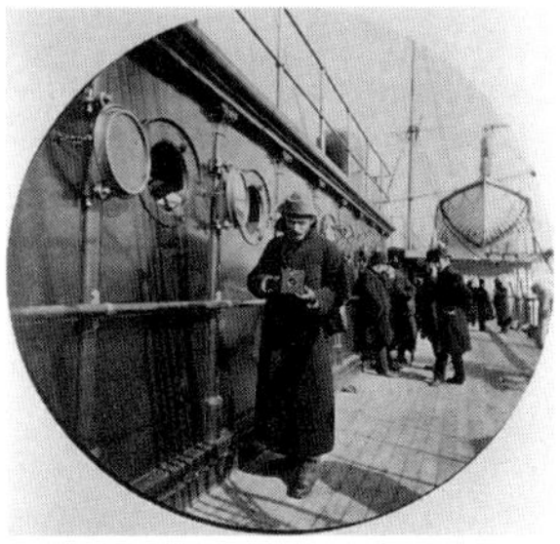

George Eastman mit seiner Kodak-Kamera. Foto: Photoindustrie-Verband

Der Name »Kodak« war geboren und mit ihm die Schnappschußfotografie unter dem Slogan »You push the button, we do the rest.« (Sie drücken auf den Knopf, wir erledigen den Rest).
Der Firmenname war 1887 von *George*

den Bau des Empire State Building. Später wurde er für die → FSA tätig. Hines → Dokumentarfotografie entstand aus dem Glauben an die soziale Verpflichtung der Kunst.

Hockney, David
(1937 Bradford/Yorkshire)
Vorwiegend ist David Hockney als Maler und Grafiker der Pop-Art bekannt. Ab 1965 verwendete er die Fotografie – teils als Bildvorlagen für Arbeiten, teils als eigenständige Werke. Seine bevorzugten Objekte sind Swimmingpools und kalte, perfekte Wohnungseinrichtungen. Die Fotografien besitzen eine sehr unterkühlte Wirkung.

Horst P. Horst
(1906 Weißenfels a.d.Saale)
Der Modefotograf Horst ist in seinen Arbeiten von → Hoyningen-Huene beeinflußt, dessen Assistent er 1932–35 im Studio von Vogue in Frankreich war. Seine Aufnahmen mit strengen klassischen Arrangements beziehen den Charakter der Fotomodelle in die Bildinszenierung ein. Seine Modeaufnahmen spiegeln den Wandel der Bezie-

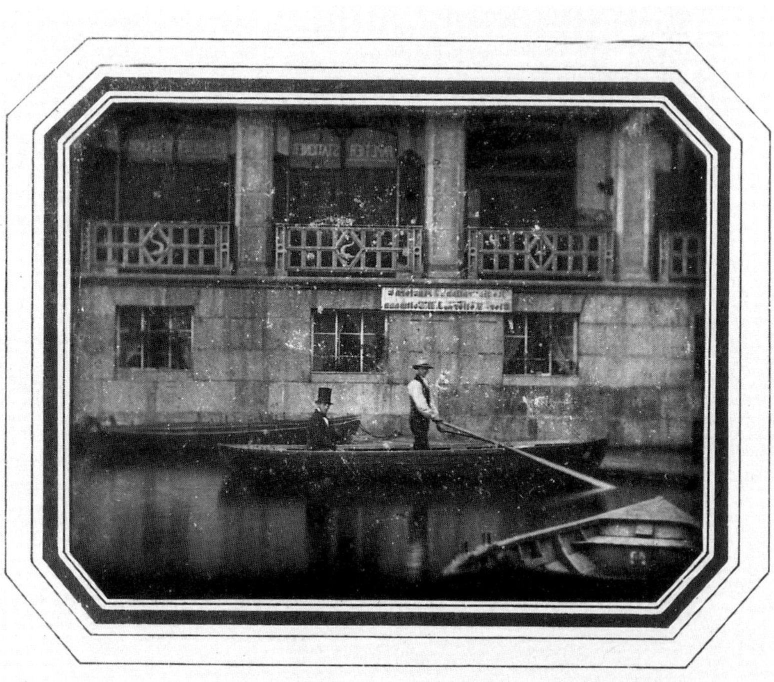

Die Daguerreotypie »Kahnfahrt auf der kleinen Alster in Hamburg« fotografierte Franz Bertram 1851. Agfa Foto-Historama, Köln

hung zwischen Mann und Frau während der ca. 50 Jahre seines Schaffens. Als Porträtfotograf erstellte er in Amerika eine interessante Serie der Oberschicht.

Hoyningen-Huene, George
(1900 St. Petersburg; 1968 Los Angeles)
George Hoyningen-Huene flüchtete während der russischen Revolution nach Paris, wo er Malerei studierte. Ab 1925 arbeitete er als Arrangeur für Modeaufnahmen bei »Vogue«, begann seine Karriere als → Modefotograf und wurde dort 1928 Cheffotograf. 1929 siedelte er nach New York über und fotografierte für »Vogue« und »Harper's Bazaar«. 1946 entstand in Hollywood seine Serie amerikanischer Filmstars. Zugleich lehrte er an der Art Center School, Los Angeles. Seine Modefotos zeichnen sich durch strengen Bildaufbau, oft akzentuiert durch Requisiten der klassischen Kunst und der Verwendung starker Lichtkontraste aus. Hoyningen-Huenes Modearrangements prägten die Modezeitschriften der 30er bis 50er Jahre.

Ikko (Ikko Narahara)
(1931 Fukuoda/Japan)
Ikko begann während seines Kunstgeschichtestudiums an der Waseda-Universität, das bis 1959 dauerte, zu fotografieren. Von 1962–65 reiste er durch Europa. 1970–74 bereiste er die USA, wo viele seiner heute bekannten Landschafts-, Straßen- und Situationsfotos entstanden. Ikko zählt zu den international bekanntesten japanischen Fotografen. Er publizierte zahlreiche Bücher (1972: »Celebration of Life«; 1975: »Where Time Has Vanished«).

Jackson, William Henry
(1843 Keesville/New York;
1942 New York)
William Henry Jackson ist der erste bedeutende Landschaftsfotograf Amerikas. Von 1870–1878 fotografierte er für die Landesvermessungsprojekte der Regierung in acht Bundesstaaten geologische Übersichtsaufnahmen. Seine Fotos vom Yellowstone-Gebiet bewirkten, daß es 1872 zum ersten Nationalpark der USA erklärt wurde. Seine Arbeiten, oft mit einer 50 x 60 cm Großbildkamera gemacht, zeichnen sich – im Gegensatz zu den damals üblichen pittoresken Landschaftsfotos – durch Einfachheit und dokumentarische Präzision aus.

Kane, Art (eigentl. Arthur Komofsky)
(1925 New York)
Art Kanes steile Karriere setzte direkt nach der Fotografenausbildung bei A. Brodovitch an. Zahlreiche Aufträge für führende Zeitschriften wie »Vogue« und »Harper's Bazaar« und Magazine wie z.B. »Life« machten ihn zu einem der meistbeschäftigten und bestbezahlten Fotografen der Gegenwart. Sein Betätigungsfeld erstreckt sich von der surrealistischen Modefotografie, der Milieustudie, dem Sportbericht bis hin zu Porträt-, Akt- und Landschaftsaufnahmen. Daneben entstanden auch experimentalfotografische Arbeiten.

Kertész, André
(1894 Budapest; 1985 New York)
Seine Laufbahn als Fotograf begann der Börsenangestellte in den 20er Jahren in Paris. Dort arbeitete er mit großem Erfolg als freier Fotograf für renommierte Zeitschriften. Als Bildjournalist war er weiterhin in New York beschäftigt, wohin er 1936 emigrierte. Er genoß früh den internationalen Ruf als Fotograf von künstlerischem Rang. Sein Werk steht der → Neuen Sachlichkeit und dem → Symbolismus nahe. Seine Bilder, oft unerwartete Aspekte einer gewöhnlichen Situation, zeichnen sich durch klare Komposition aus und der Fähigkeit, den flüchtigen Augenblick festzuhalten. In New York entstanden tagebuchartige Beobachtungen aus seiner Wohnung mit Blick auf den Washington Square.

Klauke, Jürgen
(1943 Kliding/Rheinland-Pfalz)
Jürgen Klauke studierte bis 1965 freie Grafik. 1970 beginnt er die Aufzeichnung der täglichen Ereignisse in Tagebuchform und mit Fotos. Von 1971–76 lehrte er Grafik und Malerei an der Fachhochschule für Kunst und Design in Köln. Ab 1972 entstehen neben Performances Fotosequenzen, die eine kritische Haltung zu gesellschaftlichen Dogmen einnehmen. Klauke benutzt die Fotografie als Notierungsmittel.

Klein, William (1928 New York)
William Klein studierte Sozialwissenschaften in New York. 1948 zog er nach Paris, wo er im Atelier des Malers Fernand Léger assistierte. Er kam als Autodidakt zur Fotografie. Von 1957–67 arbeitete er als Bildjournalist für »Vogue«. Daneben entstanden Modeaufnahmen und freie Porträts. Internationale Anerkennung fand Klein durch seine ungewöhnlichen Bildbände wie z.B. »New York« (1956), »Rom« (1959), »Tokio« (1964), »Moskau« (1964). Seine Arbeiten sind fotohistorisch der → subjektiven Fotografie zuzuordnen. 1958 erschien sein erster von über 20 Filmen.

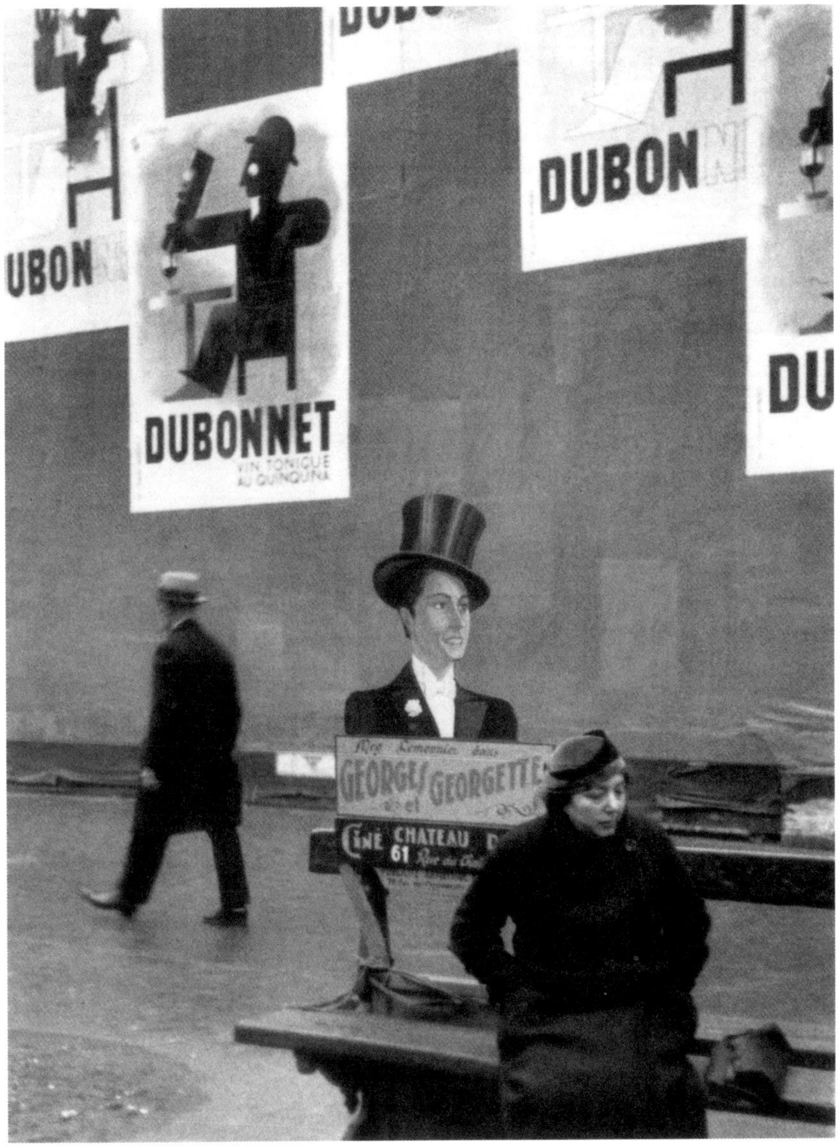

»Paris, sur les Boulevards« fotografiert von André Kertész 1934. Mit freundlicher Genehmigung dem Buch »75 Jahre Leica Fotografie« entnommen.

Koudelka, Josef
(1938 Boscovice/CSSR)
Nach einem Technikstudium in Prag arbeitete er als Flugingenieur und Theaterfotograf. 1967 wird er freischaffend. Es entste-

Eastman (1854–1932) mit allerlei psychologischem Hintergrund erfunden worden. 1924 äußerte er sich posthum folgendermaßen dazu: »Wie das Lallen eines Kindes. Kurz und bündig, schroff und hart bis an die Grenze der Grobheit, eingekeilt in zwei steinharte Konsonanten an beiden Enden, schlägt Kodak einem wie ein Schlitzverschluß ins Gesicht. ›Kodak‹ ist in allen Sprachen auszusprechen und bedeutet nur den Klang und die Unverwechselbarkeit einer Firma und seiner Produkte.«
1888 *Ives* entwickelt die 3-Farbenprojektion. Nach diesem Prinzip wird die Strahlenteilungskamera/Bernpohlkamera das erste Mal für Farbaufnahmen verwandt. In dieser Kamera wird mit Hilfe von halbdurchlässigen Spiegeln das Licht in seine drei Grundfarben geteilt und wird durch Filter auf einen panchromatischen Schwarz-Weißfilm geworfen. Die drei Negative werden durch die drei Grundfarbenfilter zu einem Farbbild projiziert.

Eine Dreifarben-Strahlenteilerkamera. Foto: Archiv Gert Koshofer

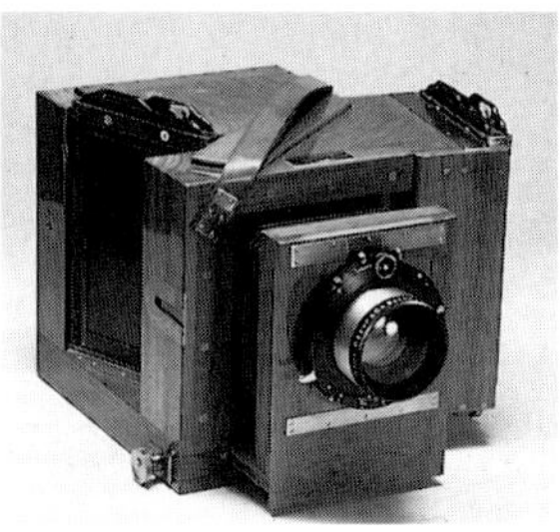

hen Bildessays über die tschechische Landbevölkerung und Dokumentationen über das Leben der Zigeuner in Europa. 1970 übersiedelt er nach England und arbeitet seit 1971 als → Bildjournalist für die Bildagentur → »Magnum«.

Kühn, Heinrich
(1866 Dresden; 1944 Birgitz/Innsbruck)
Der als Stilbildner der → Kunstfotografie bekannte Heinrich Kühn widmete sich ab 1888, nach einem Medizinstudium, der Fotografie. 1894 wurde er Mitglied im Wiener »Camera-Club«. Kühn setzte sich mit dem → Edeldruckverfahren auseinander, entwickelte Techniken für einen mehrfarbigen kombinierten → Gummidruck und experimentierte mit den Möglichkeiten des → Kornrasterverfahrens. Zwischen 1905–19 entstand in seinem Porträtstudio der Hauptteil seiner dem → Impressionismus nahestehenden Fotoarbeiten.

Lange, Dorothea
(1895 Hoboken/New Jersey;
1965 Marin County, Kalifornien)
Dorothea Lange ist eine der bedeutendsten → Bildjournalistinnen. Nach einem Pädagogikstudium ließ sie sich bei C.H. White zur Fotografin ausbilden und eröffnete 1919 ein Porträtstudio in New York. Sie lieferte eine engagierte Sozialfotografie zur Arbeitslosigkeit während der Depression in den USA und Reportagen zum Elend der Wanderarbeiter. Im Jahre 1934 wurde sie Mitglied der Gruppe → f/64 und von 1935–39 arbeitete sie für die → FSA. Ihre Aufnahmen, die der → Neuen Sachlichkeit zuzuordnen sind, weisen neben dem Respekt vor und dem Mitleid mit ihren Motiven eine strenge Bildkomposition und einen ruhigen Bildaufbau auf.

Lartigue, Jacques-Henri
(1894 Courbevoie/Frankreich;
1986 Nizza)
Jacques-Henri Lartigue betrieb die Fotografie neben seiner Filmarbeit und Malerei als engagiertes Hobby. Er fotografierte den Alltag einer privilegierten Klasse als dessen Angehöriger. Zahlreiche Porträts und Sportereignisse wurden von ihm auf humorvolle Art festgehalten. Dominierend in seinen oft surrealistisch wirkenden Arbeiten sind durch kurze Belichtungszeiten gebannte Bewegungsmomente. Lartigue, der zur Stilrichtung des → Dynamismus gehört, entdeckte das filmische Sehen für die Fotografie. 1979 vermachte er seine fotografischen Tagebücher der französischen Nation.

Lebeck, Robert (1929 Berlin)
Robert Lebecks erste Fotografien wurden 1952 veröffentlicht. Als → Bildjournalist war er bei mehreren deutschen Zeitungen tätig: Revue, Kristall und Stern. Ab 1966 war er im Reporterteam des Stern, teilweise in New York. 1977–78 war er dann mit Klaus Happrecht Chefredakteur von Geo Amerika. Seit 1979 ist er wieder beim Stern. Seine Reportagen aus aller Welt bestechen durch die Genauigkeit und Treffsicherheit, mit der er komplexeste Geschehen in einem einzigen Bild zu fassen vermag.

Leibovitz, Annie (1949)
Annie Leibovitz ist eine der erfolgreichsten Porträtfotografinnen. In den 70er Jahren porträtierte sie die Musikprominenz für die Zeitschrift »Rolling Stone«. Seit den 80er Jahren erscheinen ihre Fotos von Prominenten und Reichen vor allem in der Zeitschrift »Vanity Fair«. Bekannt wurde sie auch durch ihre Porträts für die Werbekampagne von American Express. Ihre Porträts sind genau konzipierte und inszenierte Aufnahmen, die versuchen, die ganze Person charakterlich einzufangen.

List, Herbert
(1903 Hamburg; 1975 München)
Herbert List ist als Bohemien seiner Zeit bekannt. Er reiste zunächst im Auftrag der väterlichen Firma nach Süd- und Nordkorea. Ab 1930 erstellte er seine ersten der → Neuen Sachlichkeit zuzurechnenden Fotos. 1936 emigrierte er nach Paris und London, wo er u.a. als Modefotograf tätig war. 1941 kehrte er nach München zurück. Es entstanden zahlreiche Reisebildbände, Künstlerporträts und Bildessays. Sein Werk zeichnet ihn als distanzierten, präzisen Beobachter seiner Umwelt aus. Die Arbeiten sind vom → Surrealismus beeinflußt und wurden auch als »fotografia metafisica« bezeichnet. Seine Fotos hatten sowohl Auswirkungen auf die Avantgarde-Fotografie in Deutschland wie auch in den USA.

Man, Felix (eigentl. Hans Baumann)
(1893 Freiburg; 1985 London)
Felix Man studierte zunächst Malerei und Kunstgeschichte in München und Berlin. Seine ersten Fotos entstanden während des Ersten Weltkrieges. Ab 1928 avancierte er zu einem der führenden → Bildjournalisten, der mit einer Ermanox-Kleinbildkamera arbeitete. 1934 ging er ins Exil nach London, wo er im selben Jahr die Zeitschrift »Weekly Illustrated« gründete und ab 1938 für »Picture Post« arbeitete, die 1948 die erste Farbreportage veröffentlichte. Bekannt sind seine Fotoessays berühmter Persönlichkeiten. Man führte den neuen Stil der → Reportagefotografie ein, der weg vom Einzelbild und hin zur Bildstory ging.

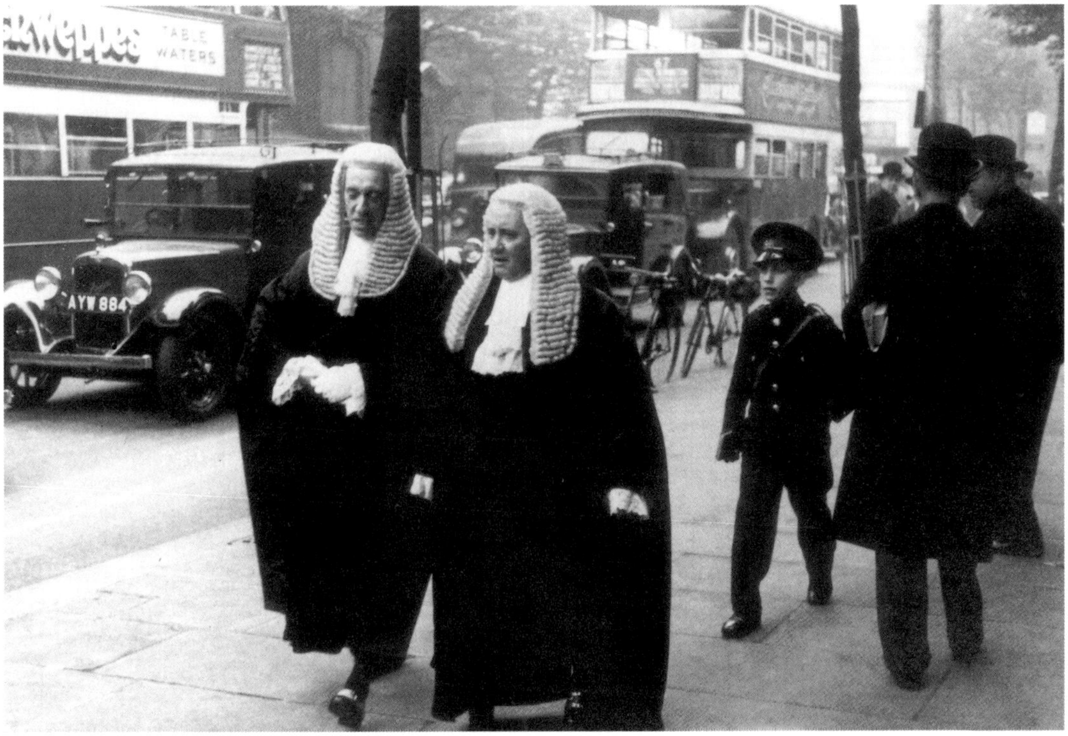

Felix H. Man »Richter und Botenjungen im Londoner Straßenbild 1934«. Mit freundlicher Genehmigung dem Buch »75 Jahre Leica Fotografie« entnommen.

Mapplethorpe, Robert
(1946 New York; 1989 New York)
Robert Mapplethorpe arbeitete nach einem Kunststudium an Undergroundfilmen. Ab 1972 widmete er sich verstärkt der Fotografie, wobei er anfangs hauptsächlich Sofortbildmaterial benutzte. Seine Schwerpunkte liegen auf dem Porträt und der männlichen Aktfotografie. Ab 1976 entstanden Blumenstilleben, die durch avantgardistische Kargheit in Komposition und Lichtführung an die Richtung → Neue Sachlichkeit anschließen. Er gilt als wichtiger Vertreter männlicher Aktfotografie, der dieses Sujet erst zu etablieren verhalf.

Meyer, Adolf Baron de
(1868 Paris; 1949 Hollywood)
Adolf Baron de Meyer zog 1896 nach London, wo er Mitglied des dortigen »Camera-Clubs« wurde. 1901 trat er der »Royal Photographic Society« bei und stellte 1907 in der »Photo-Secession« in New York aus. Als er 1914 als deutscher Spion verdächtigt wurde, flüchtete er nach New York. Dort fotografierte er bis 1920 Mode für »Vogue«. Ein Vertrag in Paris mit »Harper's Bazaar« schloß sich an. 1943 siedelte er nach Hollywood über. Meyer zählte zu den begehrten Mode- und Porträtfotografen, dessen romantischer Stil, der in kunstvoll arrangierten Bildern mit Weichzeichnereffekt und gezielt eingesetztem Kunstlicht bestand, die Modefotografie stark beeinflußte.

1889 *George W. Eastman* führt den Rollfilm ein,
Die 1873 gegründete A(ctien)-G(esellschaft) für Anilin-Fabrikation, kurz Agfa, brachte ***1889*** ihr erstes Fotoprodukt auf den Markt. Es handelt sich um die Entwicklersubstanz »Eikonogen«. Das von *Andresen*, einem Farbstoffchemiker der Fa. Agfa, erprobte Paraphenylendiamin sollte später als Feinkornentwickler große Bedeutung erlangen.
1889 die Firma *Carl Zeiss* in Jena stellt die ersten von *P. Rudolph* berechneten Anastigmate her.
(»stigma«: griech. Punkt«)
(Astigmatismus: griech. Punktlosigkeit)
1891 bringt Kodak die erste Kamera auf den Markt, in die ohne Benutzung einer Dunkelkammer ein Film eingespannt werden kann (»daylight-loading« camera).
Agfa: Rodinal-Universalentwickler

George Eastman, der Gründer von Kodak. Foto: Archiv Gert Koshofer

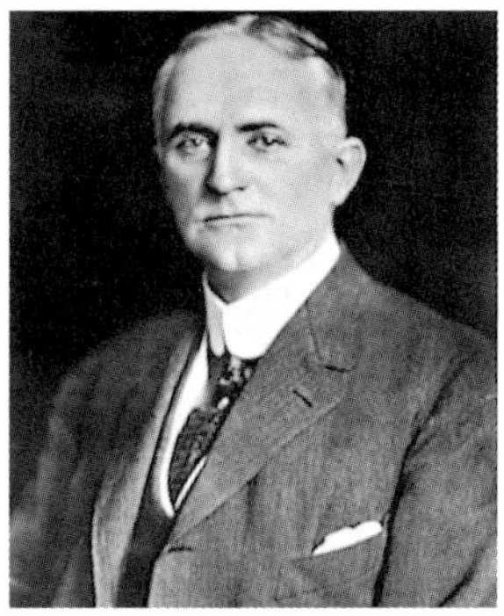

1895 kündigt sich die Pocket Kodak Kamera an. Sie wurde mit einem Rollfilm geladen, und ein kleines Fenster zeigte die Anzahl der Belichtungen an.
Alfred Stieglitz (1864–1946) bezog 1897 folgendermaßen Stellung zur Praxis der die Rollfilm-Handkamera gebrauchenden Hobbyfotografen: «Die Photographie als Hobby liegt in ihren letzten Zügen und das verdankt sie der neuen Fahrrad-Manie. Diejenigen, die sich für ihren Fortschritt ernsthaft interessieren, betrachten diese Tatsache nicht als Unglück, sondern als versteckten Segen. Dies hängt zweifellos mit der Handkamera zusammen, die so populär wurde, (denn) das ist es, was das Publikum liebt, keine Arbeit und viel Spaß. Den Versuchen dieser Leute ist es zu verdanken, daß Handkamera und schlechte Arbeit Synonyme wurden. Die Zahl der enthusiastischen Knöpfedrücker wurde Legion. Aber in den vergangenen ein, zwei Jahren hat sich alles geändert. Es gibt viele, die behaupten, daß die Handkamera für die ernsthafte Arbeit nicht nur gut geeignet ist, sondern daß der »pictorial photographer« sogar ohne sie sehr im Nachteil ist.«
Ebenfalls im Jahr 1895 werden die Röntgenstrahlen entdeckt.

Meyerowitz, Joel (1938 New York)
Der Beginn von Joel Meyerowitz fotografischer Laufbahn ist 1962. Mittels der Schnappschußtechnik nahm er vor allem Straßenszenen auf. Ihn faszinierte dabei die Schnelligkeit. Ab 1973 änderte sich seine Einstellung zur Fotografie – er verließ die Schnappschußtechnik und konzentrierte sich ausschließlich auf Landschafts- und Architekturaufnahmen, die ab 1976 mit einer Deardorff-Großbildkamera (20 x 26 cm) entstehen. 1977 fotografierte er die Gateway-Architektur in St. Louis. Meyerowitz, der zur etablierten Fotografenszene der USA gehört, ist der → strukturalistischen Fotografie zuzuordnen. Die Bilder sind karg, Farbe spielt eine grundlegende Rolle.

Michals, Duane
(1932 McKeesport/Pennsylvania)
Duane Michals fotografiert seit 1958 beruflich in New York. Ab 1960 entstanden Porträtserien bekannter Künstler. 1966 fotografiert er die ersten Sequenzen mit narrativem Aspekt. Sie sind vom Surrealismus beeinflußt. Seine Bildfolgen, Bildgeschichten und Märchen sind alle inszeniert und geprägt von der Suche, die Welt des Geistigen darzustellen. Seine Bilder handeln oft von fremdartigen oder mythischen Ereignissen. Michals ist Vertreter der → Seriellen Fotografie.

Model, Lisette
(1906 Wien; 1983 New York)
Nachdem Lisette Model einige Zeit für »Harper's Bazaar« Mode fotografiert hatte, wurde sie 1947 als Professorin an die School of Fine Arts in San Francisco berufen. Durch zahlreiche Ausstellungen und Publikationen ist sie in der ganzen Welt bekannt geworden.

Modotti, Tina
(1896 Udine/Italien; 1942 Mexiko City)
Tina Modotti wuchs in Italien auf, übersiedelte in die USA, zog mit → Edward Weston nach Mexiko, wo sie Mitglied der KP wurde, von dort nach Rußland und schließlich nach Frankreich. 1939 kehrte sie nach Mexiko zurück. Sowohl ihr Leben wie auch ihre fotografische Arbeit sind durch starkes politisches Engagement geprägt. Ihre Schwarz/Weiß-Aufnahmen tragen stark formalistische Züge.

Moholy-Nagy, László
(1895 Borsod/ Ungarn; 1946 Chicago)
1920 übersiedelte der Maler, Bildhauer und Fotograf László Moholy-Nagy nach Berlin, wo seine ersten Photogramme entstanden. Von 1923–1938 lehrte er am Bauhaus. Als Konstruktivist bemühte er sich um eine neue, zeitgemäße künstlerische Aussagekraft der Fotografie. Er experimentierte mit Photogrammen, Mehrfachbelichtungen, Fotoplastiken, mit der Lichtmalerei und erstellte Fotomontagen. Sein Interesse galt der abstrakten Darstellung von Raum und Zeit. 1934 flüchtete er über Amsterdam und London in die USA und gründete 1937 in Chicago das »New Bauhaus«. Er ist Vertreter der → strukturalistischen Fotografie.

Moon, Sarah (1938 England)
Ursprünglich war Sarah Moon von Beruf Mannequin. Ihre ersten Modeaufnahmen machte sie 1968. Sie hatte sogleich großen Erfolg, besonders durch ihre Publikation »Patchwork«. Ihre Bilder erschienen in den führenden Modezeitschriften. Die Aufnahmen von Moon sind durch die ästhetisch-traditionellen Darstellungen der Frau geprägt. Sie arbeitet auch mit Kombinationen von Landschaftsfotos und Modeaufnahmen.

Morath, Inge
(1923 Graz)
Ab 1946 arbeitete die → Bildjournalistin Inge Morath als Redakteurin der Zeitschrift »Heute«. 1951 übersiedelte sie nach Paris, lernte bei der Bildagentur → »Magnum« und wurde 1953 deren Mitglied. Ab 1955 entstanden Bildberichte über die damalige UdSSR, über Afrika und Südamerika. In die USA zog sie 1962, wo sie Arthur Miller heiratete. Neben zahlreichen Veröffentlichungen in anerkannten Zeitschriften erschienen Bücher von ihr. Ihre freien Situationsschilderungen und Porträts sind bemerkenswert.

Morgan, Barbara
(1900 Buffalo/New York)
Bekannt wurde Barbara Morgan nicht durch ihre originellen Porträtaufnahmen, sondern aufgrund ihrer Fotosequenzen vom Tanz, die sie ab 1953 ausschließlich machte. Sie arbeitete eng mit der Choreografin Martha Graham zusammen. Morgans Aufnahmen entstehen alle im Atelier unter Verwendung

von Kunstlicht, Mehrfachblitzen und Stroboskoplampen. Ihre brillante Lichtregie läßt die expressiven Qualitäten des modernen Tanzes erkennbar werden. Fotohistorisch ist sie der Stilrichtung des → Dynamismus zuzuordnen.

Moses, Stefan
(1928 Liegnitz/Schlesien)
Der in Fotografie ausgebildete Stefan Moses wurde 1948 Bühnenfotograf am Nationaltheater in Weimar. Nach der Übersiedlung nach München 1950 arbeitet er bildjournalistisch für diverse Zeitungen. Zugleich entstanden Bildessays über Künstler, Schriftsteller und Politiker. Seit 1965 arbeitet er als freischaffender Fotograf. Seine Bildessays beschreiben Augenblicke und Situationen aus dem Leben berühmter Menschen.

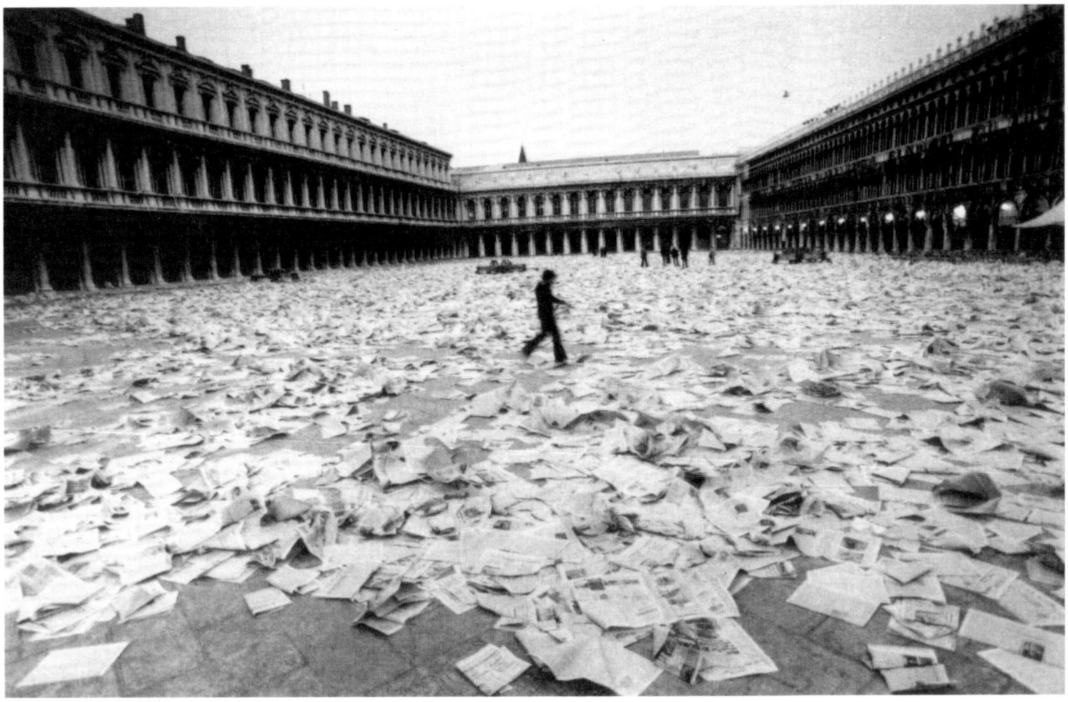

Stefan Moses »Venezia Vive 1976«. Mit freundlicher Genehmigung dem Buch »75 Jahre Leica Fotografie« entnommen.

Muybridge, Eadweard
(Eduard James Muggeridge)
(1830 Kingston/England; 1904 Kingston)
Der gelernte Buchhändler wanderte 1852 nach New York aus. Seine ersten Fotografien von Landschaften und Menschen entstanden 1860. Einen Namen als Fotograf machte er sich, als er zwischen 1872 und 1876 Bewegungsabläufe von Pferden (später auch Menschen) in einzelnen Phasen erstellte. 1879 konstruierte er das »Zoopraxicop«, das die filmähnliche Projektion seiner Phasenbilder ermöglichte und wegbereitend für die Kinematographie war. 1894 kehrte er in seinen Geburtsort zurück.

Nadar (Gaspard Félix Tournachon)
(1820–1910 Paris)
Nach einem Medizinstudium in Lyon kehrt Nadar nach Paris zurück und wird als Karikaturist und Journalist bekannt. 1853 eröffnete er ein Porträtstudio. In seinen Arbeiten schälte er das Charakteristische einer Person heraus. 1858 machte er erste Luftaufnahmen von einem Ballon aus. Er führte die Verwendung von Kunstlicht in die Fotografie ein. Die Pariser Kanalisation und die Katakomben sind 1860 von ihm mit Kunstlicht aufgenommen. 1886 übernahm sein Sohn Paul die fotografischen Arbeiten im Atelier. 1886 entstand das erste serielle Fotointerview mit dem 100jährigen Wissenschaftler M.E. Chevreul.

Newton, Helmut
(1920 Berlin)
Helmut Newton hatte sich während seiner Ausbildung schon auf Mode- und Porträtfotografie spezialisiert. Er emigrierte 1940

Ein Jahr später liefert Kodak Platten und Papier für das neue Verfahren. Außerdem vertreibt Kodak den ersten Film »coated for motion picture use«.
1898 vermarktet Kodak die »Folding Pocket Kodak«-Kamera.
Diese Kamera wird als der Urahn sämlicher Rollfilmkameras betrachtet.
Das Negativformat von 2 1/4inch x 3 1/4inch wurde für Jahrzehnte verwendet.
1900 wurde die Brownie-Kamera eingeführt. Diese Kamera war für 1 Dollar, der Film für 15 Cent beim Händler zu erwerben: Die Fotografie passte in die finanziellen Möglichkeiten von fast allen, die es wünschten. Die Brownie-Kamera war so leicht zu bedienen, »kinderleicht«, daß die Werbung speziell an Schulkinder gerichtet war und die »Unter-Sechzehn-Jährigen« aufgefordert wurden in den »Brownie Camera Club« einzutreten.

1902 berechnet *P. Rudolph* das Tessar. Nach diesen Berechnungen wird es auch heute noch hergestellt.
Im gleichen Jahr erfanden *Adolf Miethe* und *Arthur Traube* Sensibilisatoren für die Rotempfindlichkeit.
Von Kodak wird ein Entwicklungsgerät entwickelt, mit dem man die Filme auch außerhalb der Dunkelkammer entwickeln konnte. Dem Amateur war damit auch die Möglichkeit gegeben, unter dem Slogan »You push the button, then do the rest« seine Bilder selbst zu entwickeln.
Die Jahre **1903** und **1908** sind mit der Einführung neuer Filmtypen verbunden: Der »N(on)-C(urling)«-Film hatte den Vorteil, daß er keine Wellen schlug, der 5 Jahre später bekannt gewordene »Safety«-Film wurde aus einem Material hergestellt, das nicht so leicht entflammbar war, wie die früheren Filme (cellulose acetate base anstatt cellulose nitrate base).
1904 die Gebrüder *Auguste und Louis Lumière* entwickelten die Autochromplatte oder Kornrasterplatte. Eine Glasplatte, die mit blau, grün, rot eingefärbten Stärkekörnern und einer lichtempfindlichen Schicht beschichtet war. Die farbigen Stärkekörner wirken wie winzige Selektivfilter. Die Zwischenräume wurden mit Ruß ausgefüllt. Es erfolgte eine Umkehrentwicklung.

nach Australien. 1957 fing er in Paris mit Fotoarbeiten an. Die dominierenden Aspekte seiner skurrilen phantastischen Modefotografie sind Eros und Gewalt. Newton zählt zu den bestbezahlten und ideenreichsten Mode- und Werbefotografen der 70er und 80er Jahre. Seine Fotos werden in allen großen internationalen Magazinen abgedruckt.

Nièpce, Joseph Nicéphore
(1765 Chalon-sur-Saône/Frankreich; Gras 1833)
Joseph Nicéphore Nièpce ist einer der Erfinder der Fotografie. Seit 1816 beschäftigte er sich gezielt mit Versuchen zur Übertragung von den mit der Camera obscura erzeugten Bildern auf einen Druckträger, wobei er zunächst lichtempfindlichen Asphalt verwendete. 1822 gelang ihm die Fixierung des photographischen Abbildes eines Kupferstiches auf einer asphaltüberzogenen Glasplatte. Im Laufe seiner Experimente schuf er 1826 die erste fotografische Aufnahme – die Aussicht aus seinem Arbeitszimmer auf einer asphaltbeschichteten Zinkplatte. 1827 stellte er sein Verfahren der Royal Society Of Sciences unter dem Namen → »Heliographie« vor. Mit → Daguerre schloß er 1829 einen Vertrag über die Verbesserung und geschäftliche Nutzung des Verfahrens. Er selbst starb verarmt 1833. Daguerre gelang es, das Verfahren von Nièpce zu modifizieren und 1839 unter dem Namen → »Daguerreotypie« bekannt zu machen.

Porträt von Joseph Nicéphore Nièpce, einem der Pioniere der Fotografie, dem seine Erfindungen zu Lebzeiten wenig geschäftlichen Erfolg brachten. Archiv Photoindustrie-Verband

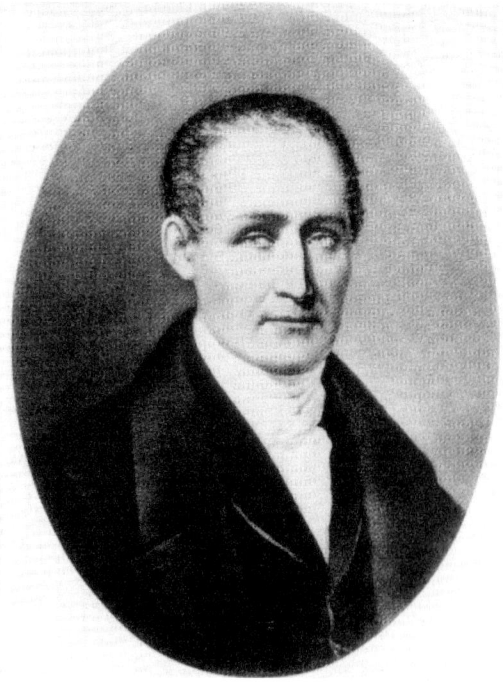

Outerbridge, Paul (1896 New York; 1958 Laguna Beach, Kalifornien)
Nach einem Kunst- und Fotografiestudium bei C. White wurde er 1923 Fachlehrer an der C. White School in New York. In den 20er Jahren arbeitete er als Werbefotograf für »Harper's Bazaar« und »Vogue« in Paris und New York. Outerbridge spezialisierte sich auf die Dreifarben-Carbotechnik für Farbaufnahmen (subtraktive Farbmischung/Pigmentverfahren). Neben Werbeaufnahmen entstanden Aktstudien und Stilleben, die der → Neuen Sachlichkeit zuzuordnen sind. Ein Großteil seiner Arbeiten wurde erst nach seinem Tod veröffentlicht.

Parks, Gordon (1912 Fort Scott, Kansas)
Der Filmemacher, Schriftsteller und Komponist Gordon Parks arbeitete ab 1937 als Dokumentarfotograf. 1942 stieß er durch Roy Stryker zur FSA (Farm Security Administration), wo er sich durch Reportagen über das Fischereiwesen und das Dasein der Farbigen hervortat. Von 1948–1961 war er für »Life« tätig. Parks engagiert sich für die Probleme seiner schwarzen Mitmenschen – 1967 wurde er zum Fotografen gewählt, der am meisten zur Völkerverständigung beigetragen hat. Neben seiner fotografischen Tätigkeit ist er Regisseur zahlreicher Spielfilme, u.a. »Shaft« (1971), der zum ersten Welterfolg eines schwarzen Filmregisseurs wurde.

Penn, Irving (1917 Plainfield New Jersey)
Bis 1942 arbeitete Irving Penn als Mode- und Art Director, ab 1943 wird er Titeldesigner bei »Vogue«. Er ist der führende Modefotograf der 50er Jahre. Berühmt machten ihn seine mondänen Frauenbildnisse; seine Stärke liegt aber besonders auf dem freien Porträt. Die wichtigsten Aufnahmen vergrößert er als Platindrucke auf handbeschichtetem Büttenpapier.

Porter, Eliot
(1901 Winnetka/Illinois; 1990)
Nach Ingenieur- und Medizinstudien an der Harvard University und wissenschaftlicher Forschungs- und Lehrtätigkeit lernt er 1936 → A. Stieglitz kennen und wechselt 1939 zur Fotografie. Porter thematisiert in seinen Farbaufnahmen die Natur durch zahlreiche Vogelstudien und Landschaftsaufnahmen.

Ray, Man
(eigentl. Emmanuel Rudnitsky)
(1890 Philadelphia, 1976 Paris)
Bis 1912 machte sich Man Ray als Kunststudent mit allen künstlerischen Medien vertraut. Er wurde Mitglied der New Yorker Dada-Gruppe; 1921 wechselte er nach Paris, wo er die multimediale Arbeit fortsetzte. Nach der Flucht 1940 nach Amerika kehrte er erneut 1951 nach Paris zurück. Sein Œuvre bilden neben Porträts virtuose Aktdarstellungen, Stilleben und skurrile Objektkonstellationen. Das Hauptinteresse gilt Foto- und Filmexperimenten, durch die er eigene fotografische Techniken entwickelte wie z. B. die Rayographie (das Photogramm), die Solarisation, die Fotomontage und die Fotozeichnung.

Rejlander, Oscar Gustav
(1813 Schweden; 1875 London)
Der Porträtmaler befaßte sich ab 1853 mit der Fotografie, um sich Malvorlagen zu beschaffen. 1855 wechselte er das Metier und eröffnete ein Fotoatelier, in dem erste Experimente mit der Fotomontage entstanden. Berühmt wurde er durch seine 1857 veröffentlichte Serie »Two Ways Of Life«. Sie bestand aus komponierten, aus mehreren Negativen zusammengestellten Bildern von Aktdarstellungen mit oftmals allegorischem Thema. Weiterhin illustrierte er im Jahre 1872 Darwins »Ausdruck der Gemütsbewegungen bei Mensch und Tier«. Rejlander hat als einer der Ersten bewußt die Fotografie als künstlerisches Ausdrucksmittel verwendet.

Renger-Patzsch, Albert
(1897 Würzburg; 1966 Wamel Krs. Soest)
Nach Kriegsdienst und Chemiestudium übernahm Albert Renger-Patzsch die Leitung der Bildstelle des Folkwangarchivs in Hagen und arbeitete freischaffend als Fotograf. 1928 wurde sein Bildband »Die Welt ist schön« veröffentlicht – heute ein wesentliches Dokument der → Neuen Sachlichkeit. Sein Werk besteht aus Nahaufnahmen von Pflanzen und Tieren, Strukturstudien sowie fotografischen Arbeiten für Industrie und Architektur.

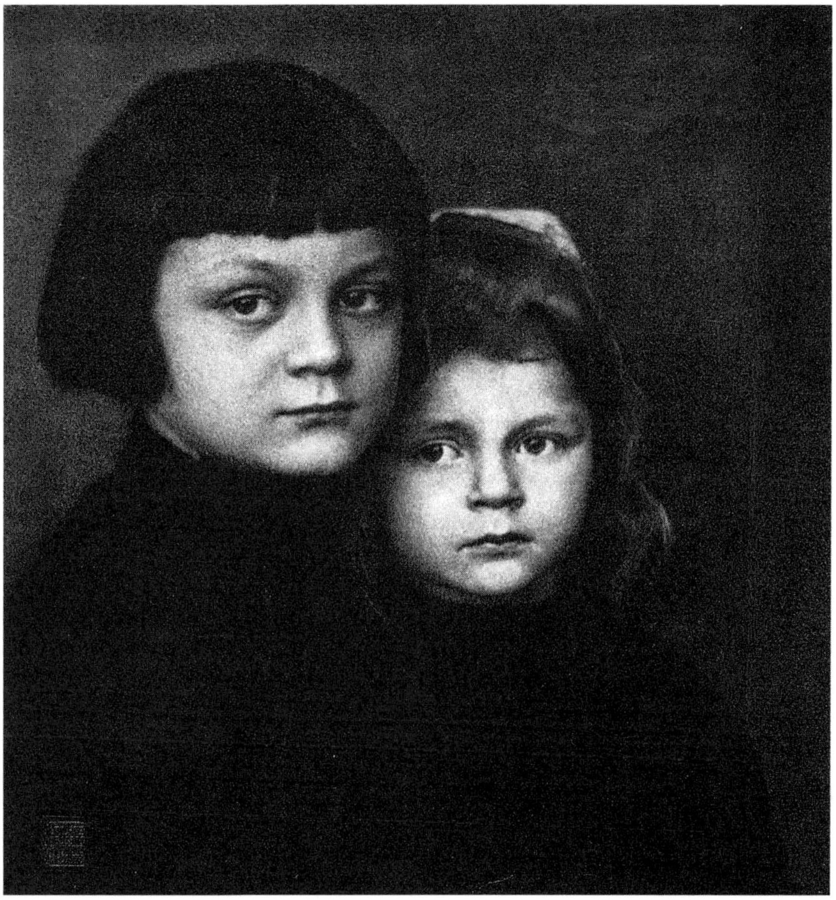

Hugo Erfurth »Doppelbildnis von Annemarie und Wolfgang Erfurth« 1907. Bildquelle: Rheinisches Bildarchiv. Besitzer: Agfa Foto-Historama, Köln

Riebesehl, Heinrich
(1938 Lathen/Ems)
Heinrich Riebesehl studierte bei → Otto Steinert an der Folkwangschule Essen. Nach mehrjähriger Tätigkeit als Bildjournalist bekam er 1968 einen Lehrauftrag an der Fachhochschule in Hannover. Es entstand die Serie »Menschen im Aufzug«. 1971 gründet Riebesehl die Fotogalerie »Spectrum« in Hannover, 1973 macht er den Bildbericht »Situationen und Objekte« und ab 1977 konzentriert er sich auf das Thema »Agrarlandschaft«. Seine Arbeiten stehen dem → Visualismus nahe.

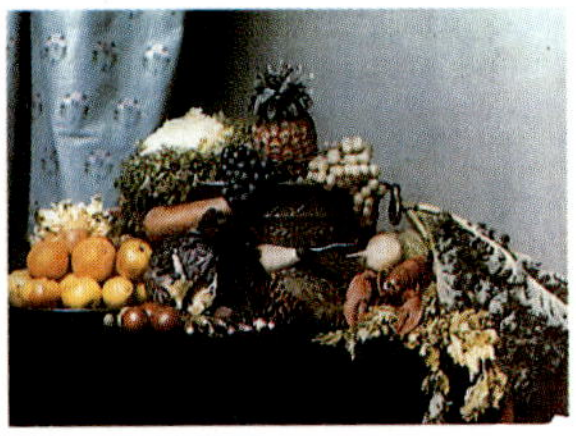

Pinatypie Farbbild um 1905. Foto: Archiv Gert Koshofer

Die panchromatische Schwarz-Weiß-Emulsion wurde mit Hilfe der eingefärbten Stärkekörner zum Vorläufer des Farbfilms. »Die Belichtung erfolgt in einem fotografischen Apparat, in den man die Platte umgekehrt einsetzt, so daß das vom Objektiv kommende Licht zuerst die gefärbten Partikel durchdringt bevor es die empfindliche Schicht erreicht.« Es vergingen noch drei Jahre bis die Autochromplatte serienmäßig hergestellt wurde. Dieses Verfahren beherrschte nun den Markt. Dies obwohl mit der Autochromplatte nur ein einziges Glasbild hergestellt werden konnte. Mit Hilfe des sogenannten Utopapiers konnte man positive Kopien erstellen.

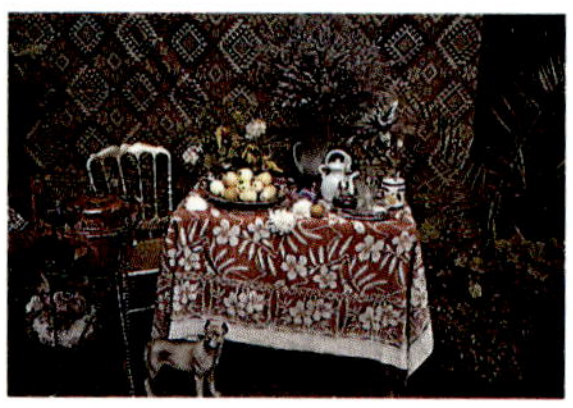

Autochrome Platte um 1910. Foto: Archiv Gert Koshofer

Rijs, Jakob
(1849 Ribe/Dänemark;
1914 Barre, Massachusetts)
Ab 1873 beschäftigte der gelernte Zimmermann sich mit Fotografie. Seine erste Kriminalreportage machte er 1887 für die »New York Tribune«, nachdem er 1870 nach New York ausgewandert war und jahrelang Not erlitten hatte. Es folgten Bilddokumentationen über die Slums in New York, über Kinderarbeit und andere sozial engagierte Bildberichte. Er arbeitete mit dem neu gefundenen Blitzpulver, und seine Aufnahmen sind eindeutig und direkt. Er ist ein früher Vertreter der → Sozialdokumentarischen Fotografie.

Ritts, Herb
1979 arbeitete Herb Ritts als Vertreter der elterlichen Möbelfirma. Seine steile Karriere als Fotograf für Prominentenporträts und Mode fing er als Amateur an, und seine Fotos setzten den Maßstab für die Glamourfotografie der späten 80er. Ritts Arbeiten werden in Zeitschriften, auf Plakaten, in der Kinoreklame, auf Buchumschlägen und auf Schallplatten veröffentlicht. Er lebt in Hollywood Hills.

Rodtschenko, Alexander Michailowitsch
(1891 Petersburg; 1956 Moskau)
Alexander Michailowitsch Rodtschenko gab 1922 die konstruktivistische Malerei auf und wurde Berufsfotograf. Ab 1925 erschienen seine streng formalen Bildkompositionen in der Zeitschrift »Lev« und »Novy lev«. Einen Gedichtband von Wladimir Malewitsch illustrierte er mit Fotomontagen. Ab 1933 wurde er Bildjournalist bei der Zeitschrift »UdSSR im Aufbau«. Rodtschenko favorisierte das → »Neue Sehen«: seine Arbeiten zeichnen sich durch extreme Perspektiven, schrägen Bildhorizont und starke Auf- und Untersichten aus. Themen sind Städte-, Porträt- und Figurenbilder. Auf die Avantgarde-Fotografie in Europa übte sein Schaffen starken Einfluß aus.

Salgado, Sebastiao
(1944 Aimores, Brasilien)
Vor seiner fotografischen Laufbahn studierte der Brasilianer Wirtschaftswissenschaften. Heute ist Sebastiao Salgado einer der berühmten Reportagefotografen. Immer wieder bekommt er Aufträge für soziale Brennpunkte, sein Thema sind Arbeiter der Welt. So dokumentiert er u.a. Goldsucher in Brasilien, Auswirkungen der Dürrekatastrophe in der Sahelzone oder den kulturellen Widerstand in indianischen Gesellschaften. 1986 begann er die Bildergeschichte »Archäologie des Industriezeitalters«. Er ist Mitglied der Gruppe → »Magnum«.

Salomon, Erich
(1886 Berlin; 1944 Auschwitz)
Erich Salomon ist mit → Felix Man einer der Väter des modernen Bildjournalismus. Er verfolgte von 1928–32 nahezu sämtliche wichtigen Konferenzen und Gipfeltreffen. 1931 veröffentlichte er den Bildband »Berühmte Zeitgenossen in unbewachten Augenblicken«. Sein Arbeitsprinzip lag in der Schnappschußtechnik. Er gilt als Meister der diskreten Beobachtung. 1934 flüchtete er nach Holland, wurde von dort nach Auschwitz verschleppt, wo er 1944 den Tod fand.

Sander, August
(1876 Herdorf; 1964 Köln)
Der Berufsfotograf August Sander begann 1910 mit dem Projekt, Porträts von Menschen aller Gesellschaftsschichten und Berufsgruppen in Deutschland abzulichten. Die Fotodokumentation wurde 1927 im Kölner Kunstverein ausgestellt, 1929 erschien das Buch »Antlitz der Zeit«. In seinen inszenierten Ganzporträts ging es ihm nicht um Individuen, sondern um die Typologie von Menschen. Seine Arbeit wurde durch das Eingreifen des NS-Regimes abgebrochen. Nach dem Krieg konzentrierte er sich auf Landschaftsfotografie. Stilgeschichtlich ist er → Dokumentarfotograf.

Saudek, Jan
(1935 Prag)
In Industriefotografie und Technik ausgebildet, widmete sich Jan Saudek ab 1960 der freien Arbeit. Sein Thema bildet die Beziehung von Menschen zueinander. Sein Stil ist geprägt von skurrilen, meist unwirklichen Porträts und kleinen Bildserien. Die Aufnahmen sind meist schwarz/weiß und handkoloriert. Saudek zählt zu den bekanntesten tschechischen Fotografen.

Seidenstücker, Friedrich
(1882 Unna; 1966 Berlin)
Friedrich Seidenstücker hat sich als Berliner Milieufotograf einen Namen gemacht. Er arbeitete mit der Schnappschuß-Technik. Ähnlich wie → Cartier-Bresson hat er ein Gespür für den entscheidenden Augenblick und erfaßt Menschen in charakteristischen oder pointierten Situationen. In seinen Fotos schildert er den unspektakulären Alltag durchschnittlicher Leute.

1973 erschien der Bildbericht »Minamata«, der die Auswirkungen der Quecksilbervergiftungen von Industrieabwässern auf die Bewohner eines japanischen Fischerdorfes zeigte.

Steichen, Edward (1879 Luxemburg; 1973 West Redding/Connecticut)
Edward Steichen wuchs in den USA auf. Während seiner Ausbildung als Lithograf beschäftigte er sich seit 1886 mit Fotografie. Sein Leben spielte sich abwechselnd in New York und Paris ab. 1902 wurde er Mitbegründer der »Photo-Secession« und der Zeitschrift »Camera Work«. Er etablierte sich als Porträtfotograf. In den 20er und 30er Jahren wurde er erfolgreicher Modefotograf, 1942–45 war er Experte für Luftbildfotografie bei der amerikanischen Armee. 1947–1962 leitete er die Fotoabteilung des Museum of Modern Art. Zahlreiche Ausstellungen wurden von ihm organisiert, so 1955 »The family of man« – die bis dahin größte Fotoausstellung der Welt.

Diese Erfindung verhalf der Autochromplatte durch die nun mögliche unbegrenzte Vervielfältigung von farbigen Papierbildern zum Durchbruch.

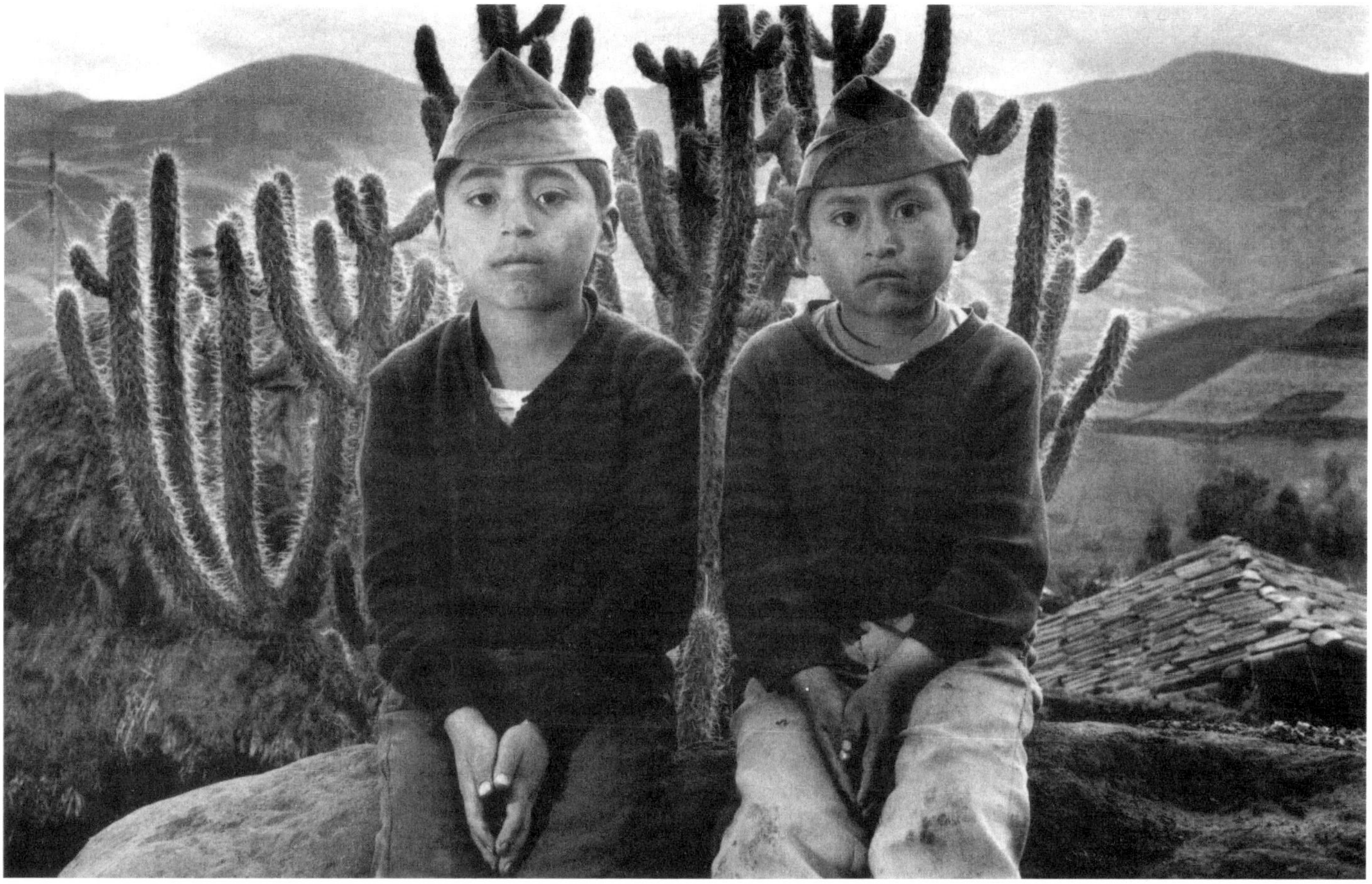

Sebastiao Salgado »Ecuador: The Other Americans« 1982. Mit freundlicher Genehmigung dem Buch »75 Jahre Leica Fotografie« entnommen.

Smith, William Eugen
(1918 Wichita/Kansas; 1978 Tucson)
Der mit bedeutendste → Bildjournalist wurde mit 21 Jahren Vertragsfotograf bei »Life«; weiter arbeitete er 1937 für »Newsweek«, 1938 für die Blade Star Agentur und von 1939 bis 1942 wieder für »Life«. 1943–1944 fotografierte er den Zweiten Weltkrieg für das Magazin »Flying«. Von 1955–1959 war er Mitglied bei → »Magnum«. Smith spezialisierte sich auf lange Bildstorys. Seine Arbeiten sind engagiert, human und um Wahrheit bemüht.

1910–1913 *Rudolph Fischer* und *Hans Sigrist* schaffen die Grundlage der heutigen Farbfotographie: sie entwickelten die chromogene Entwicklung von Mehrschichtenfarbmaterialien (Dreischichtiger Farbfilm).
1917 wird eine Kamera (Kodak) entwickelt, mit der Luftpiloten Aufnahmen aus dem Flugzeug machen konnten.
1923 ist das Geburtsjahr des 16 mm Umkehrfilms, entsprechender 16 mm Filmkamera und einem Filmprojektor. Diese Erfindungen (Kokak) machen es möglich: der Amateurfilm(er) ist geboren. 5 Jahre später – 1928 – wird auch der 16 mm Farbfilm »Kodacolor« eingeführt. Noch ein Jahr später bringt Kodak den ersten Tonfilm für den Kinofilm auf den Markt. 1932 wird der 16 mm Amateurfilm vom 8 mm Film mit entsprechender Zubehör abgelöst.
Von der Firma Ernemann in Dresden wurde ***1924*** eine sensationelle kleine, handliche Kamera herausgebracht.
Diese als »Ermanox« bezeichnete Kamera war für Platten im Format 4,5 x 6 cm konstruiert und besaß mit einer Lichtstärke von 1:1,8 das bisher lichtstärkste Objektiv der Welt. Es war von *Ludwig Berthele* gebaut worden. Dem Bilberichterstatter der 20er Jahre eröffnete die »Ermanox« bisher völlig unge-

Steinert, Otto
(1915 Saarbrücken; 1978 Essen)
Otto Steinert war bis 1948 als Arzt tätig und wechselte als Autodidakt zur Fotografie. Er ist Verfechter der → subjektiven Fotografie und organisierte drei programmatische internationale Ausstellungen, die auf die künstlerische Fotografie wesentlichen Einfluß hatten. Steinert wurde Leiter der staatlichen Schule für Kunst und Handwerk in Saarbrücken, später Professor an der Folkwangschule, Essen. Er gilt als der bedeutendste Fotolehrer der Nachkriegszeit.

Stieglitz, Alfred
(1864 Hoboken/New Jersey;
1946 New York)
Nach Schulzeit und Studium in Berlin kehrte Alfred Stieglitz 1890 in die USA zurück. Sein Ziel lag in der Anerkennung der Fotografie als künstlerisches Medium. 1902 gründete er die »Photo-Secession« und die Zeitschrift »Camera Work«, die für die Avantgardefotografie ein Forum ist. Von 1905–1917 unterhielt er die Galerie 291 in New York. Er legte eine fotografische Sammlung an, die er 1933 dem Metropolitan Museum of Art schenkte.

Strand, Paul (1890 New York;
1976 Orgeval, Frankreich)
Seine ersten Aufnahmen als Berufsfotograf entstanden um 1912 im künstlerischen Stil, von dem er sich bald abwandte. Die ihm eigene Arbeitsmethode war die ungeschminkte, direkte Fotografie, mit der er alltägliche Dinge, abstrakte Stilleben und New Yorker Straßenszenen aufnahm. Er ist Vorreiter der → Neuen Sachlichkeit (straight photography). Seine besondere Motivauswahl, das technische Konzept und die direkte Betrachtungsweise sind heute anerkannte Stilmittel.

Sudek, Joseph
(1896 Kolin; 1976 Prag)
Der gelernte Buchbinder begann etwa zwischen 1911 und 1913 als Amateurfotograf. Sein Interesse galt der → Kunstfotografie. 1920–1922 machte er eine Ausbildung an der staatlichen Grafikschule in Prag. Von 1924–1928 entstehen Fotoserien des Prager St. Veits-Dom. Joseph Sudek ist Mitbegründer der »Tschechischen Fotografischen Gesellschaft«. Von 1927 an arbeitet er mit einer Großbildkamera. Aktstudien, symbolisch-phantastische Stilleben und Landschaft sind seine Themen. 1940 beginnt die Serie »Das Fenster meines Ateliers«, die er bis zu seinem Tod fortsetzt. Sudek vertritt den → poetischen Realismus.

Talbot, William Henry Fox
(1800 Melbury/England;
1877 Lacock/Abbey)
William Henry Fox Talbot, ein Universalgelehrter und Wissenschaftler, gilt als der Erfinder des Negativ-Positiv-Verfahrens. Die ersten Experimente fanden 1834 statt. 1839 erfand er die Kalotypie (auch Talbotypie), ein Verfahren, bei dem von einem Negativ mehrmals ein lichtempfindliches Papier entwickelt werden konnte. Sein Buch, das erste fotografische Buch der Welt – »The Pencil of Nature« – erschien 1844. 1845 folgte »Sun Pictures in Scotland«.

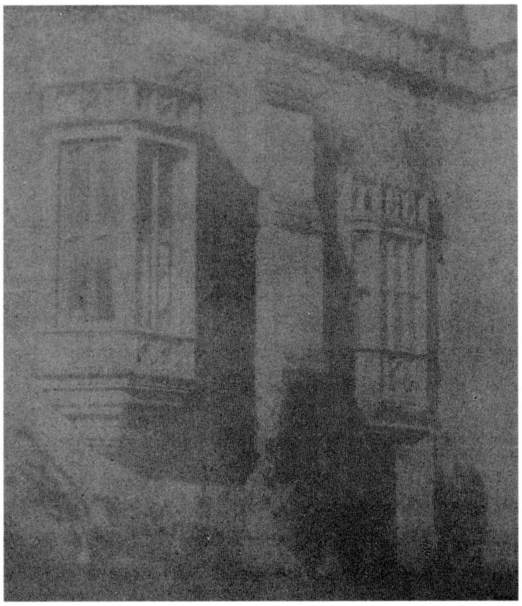

Erkerfenster in Lacock Abbey von Henry Fox Talbot 1841 aufgenommen. Agfa Foto-Historama, Köln

Thomson, John
(1837 Edinburgh; 1921 London)
John Thomson ist einer der ersten → Bildjournalisten Englands. 1865 unternahm er als Mitglied der Royal Geographical Society eine 7jährige Reise nach Kambodscha,

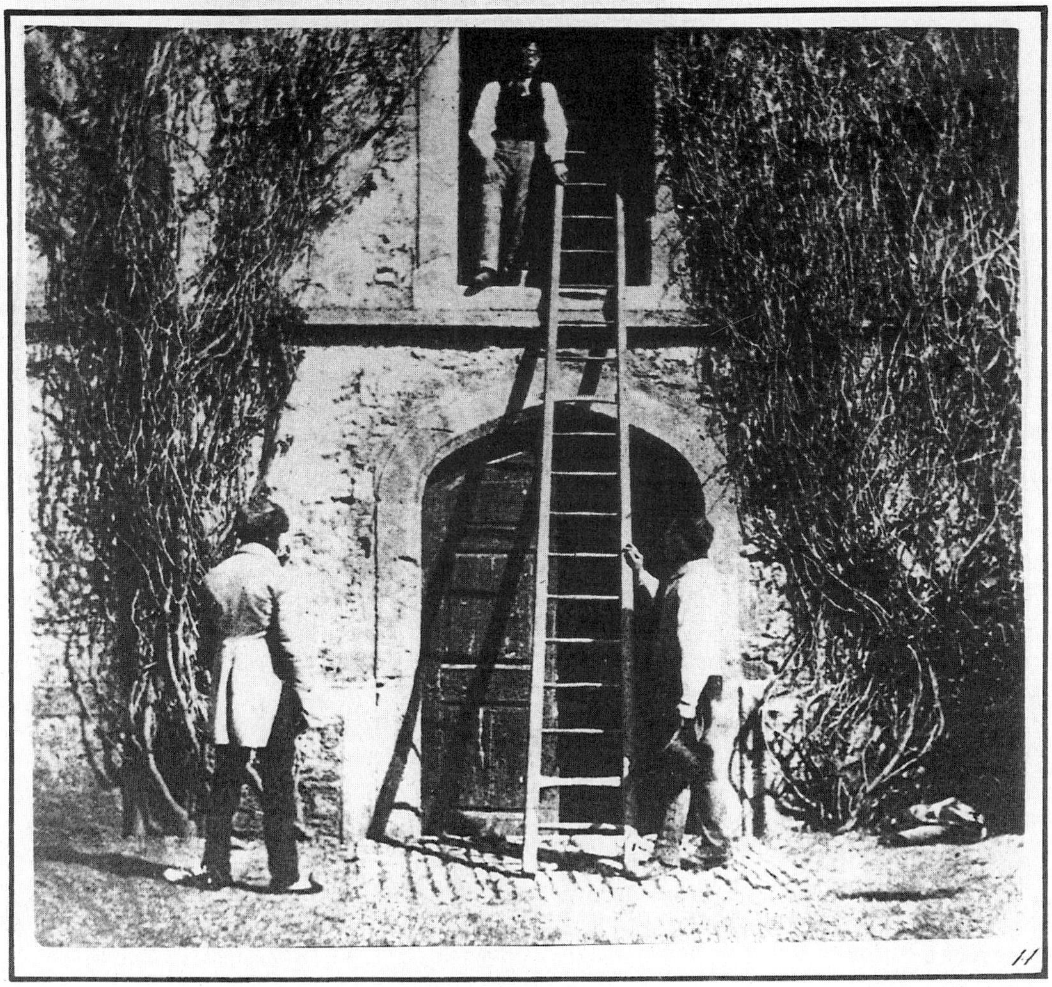

Aus dem ersten fotografischen Buch »The Pencil of Nature« von Talbot. Agfa Foto-Historama, Köln

Malaga und Indochina. Das Ergebnis – das vierbändige Werk »Illustrations of China and It's People«, das 1873 erschien – berichtete nicht nur von Landschaft und Kultur, sondern auch vom Alltag der dort Lebenden. Nach England zurückgekehrt, fotografierte er die Armen von London, als Buch »Streetlife in London« 1877 veröffentlicht. Seine Fotos sind präzise und unsentimental und wiesen durch ihre objektive Art der Dokumentarfotografie neue Wege.

Warhol, Andy (1928 Pittsburgh/ Pennsylvania; 1987 New York)
Der berühmte Pop-Art-Künstler arbeitete zunächst als Werbegrafiker in New York, bevor er 1959 zur Kunst überging. Seit 1960 verwendete er Polaroids, um Siebdruckserien zu erstellen, ebenso wie er Zeitungsfotos verwertete. Neben seinen Skulpturen und Gemälden, die unter Anwendung industrieller Herstellungsverfahren entstanden, machte er auch Langzeitfilme (»Sleep«, »Empire«, »Eat«, »Kiss«, »Haircut«). Es gibt wenige, die die Fotografie so konsequent zur Umsetzung von Bildideen verwendeten.

Weber, Bruce
(1946 Greensburg/Pennsylvania)
Bruce Weber studierte an der New School for Social Research in New York. Er ist einer der international anerkannten Modefotografen, dessen Arbeiten in zahlreichen Ausstellungen gezeigt werden. Neben Buchveröffentlichungen (»Bruce Weber«, »Rio de Janeiro«) ist er Regisseur zweier Filme (»Let's Get Lost«, »Broken Nose«).

Weegee (Arthur Fellig)
(1899 Zloczew/Polen; 1968 New York)
Weegee, der mit 10 Jahren nach New York kam, schlug sich bereits mit 15 Jahren als

kannte Möglichkeiten. Es war nun möglich Nachtaufnahmen oder Aufnahmen in Innenräumen bei Kunstlicht ohne Blitzlicht zu machen.
Dr. Erich Salomon (1886–1944), der sogenannte »Vater des Bildjournalismus«, verlangte dieser Kamera als »roi des indiscrets« (Aristide Briand nannte ihn so) Höchstleistungen ab, bis er 1932 auf die Leica-Kleinbildkamera umstieg. Mit dem Werk Salomons ist uns ein Stück Zeitgeschichte – vor allem der sich Ende der 20er Jahre zuspitzenden politischen Situation – überliefert, das er mit dem Gespür für die richtige Situation, den richtigen Zeitpunkt und der notwendigen Kühnheit und Beharrlichkeit auf seinen Bildern erfasste. Salomon genoß das Vertrauen von Staatsmännern. Er durfte auf Zusammenkünften und in Verhandlungen fotografieren. Das Ergebnis

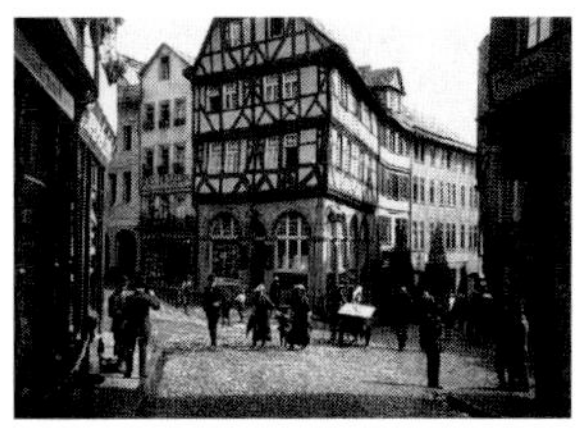

Das erste Ur-Leicafoto: Eisenmarkt in Wetzlar 1914, fotografiert von Oskar Barnack. Foto: Leica

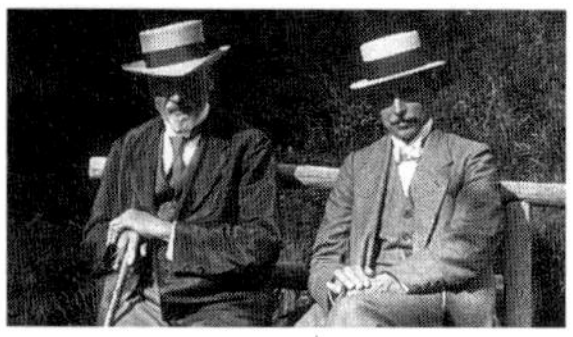

Ernst Leitz und Oskar Barnack 1914. Foto: Leica

waren völlig natürliche Fotografien, ganz anders als steife und gestellt wirkende Atelierporträts. ***1925*** wird die »Ur-Leica« auf der Leipziger Frühjahrsmesse zum erstenmal öffentlich vorgeführt. Dies nachdem *Ernst Leitz Jun.* 1923 beschlossen hatte, den bereits 1914 von *Oskar Barnack* (1879–1936) fertiggestellten Prototypen mit einigen Verbesserungen in Serie produzieren zu lassen. Die berühmte, allererste Serie von Leica-Apparaten war allerdings schon 1923 mit einer Anzahl von 31 Kameras hergestellt worden. Haptische Ästhetik und einzigartige Präzision der Technik sind von Anfang an bis heute entscheidende Qualitätsmerkmale dieser Kamera. Die Bezeichnung »Leica« ist der Zusammenschluß der Worte Lei(tz)-Ca(mera).

Straßenfotograf durch. 1914–1935 war er Fotolaborant bei einer Bildagentur, ab 1935 Polizeifotograf und schließlich selbständiger Pressefotograf. Durch ein Polizeifunkgerät war er immer als Erster am Tat- oder Katastrophenort. Seine Bildreportagen, die alle mit Blitzlicht geschossen sind, bestechen durch die Eindringlichkeit der Situationen, sie dokumentieren menschliche Krisen und Schwächen. Er veröffentlichte zahlreiche Bücher, darunter das von Jules Dassin verfilmte Buch »Naked City« (1945).

Wegman, William
(1943 Holyoke/Massachusetts)
Wegmann studierte 1967. Bekannt wurde er durch seine witzigen Bildgeschichten, die aus mehreren Fotos zusammengesetzt sind. Sein bevorzugter Protagonist ist sein Hund »Man Ray« (1970–1982). Die Arbeit setzt er mit »Fay Ray« fort. Wegmann zielt darauf ab, den Wahrscheinlichkeitseindruck, den die Fotografie vermittelt, auf subtile Weise zu erschüttern.

Weston, Edward
(1886 Highland Park/Illinois; 1958 Carmel/Kalifornien)
Edward Weston stellte zuerst malerische Abbildungen, die der → Kunstfotografie verbunden waren, aus. Ab 1922 bekannte er sich immer mehr zum Dokumentarismus und zur → Neuen Sachlichkeit. Angeregt wurde er dazu auch von → Tina Modotti, mit der er Reisen nach Mexiko unternahm und mit der ihn eine geistige Wahlverwandtschaft verband. Typisch für ihn sind technisch perfekte Arbeiten, die maximale Schärfentiefe, messerscharf durchgezeichnete Details und Tonwertreichtum besitzen. Seinen Schwerpunkt bilden formalistische Studien von Natur, Mensch und Landschaft. Weston zählt zu den bedeutendsten Vertretern der klassischen Moderne in der Fotografie.

Winogrand, Garry
(1928 New York; 1984 Mexico)
Nach einem Malereistudium in New York und anschließendem Fotostudium bei Brodovitch an der New School of Social Research arbeitete er von 1952–1964 als freischaffender Fotograf. 1969 erschien das Bildessay »The Animals«. Sein Hauptthema nach 1970 ist die sozialkritische Darstellung des amerikanischen Alltags mit seinen extrovertierten Verhaltensmustern. Seine Bilder, oft mit Blitzlicht fotografiert, wirken wie scheinbar zufällige Straßenszenen.

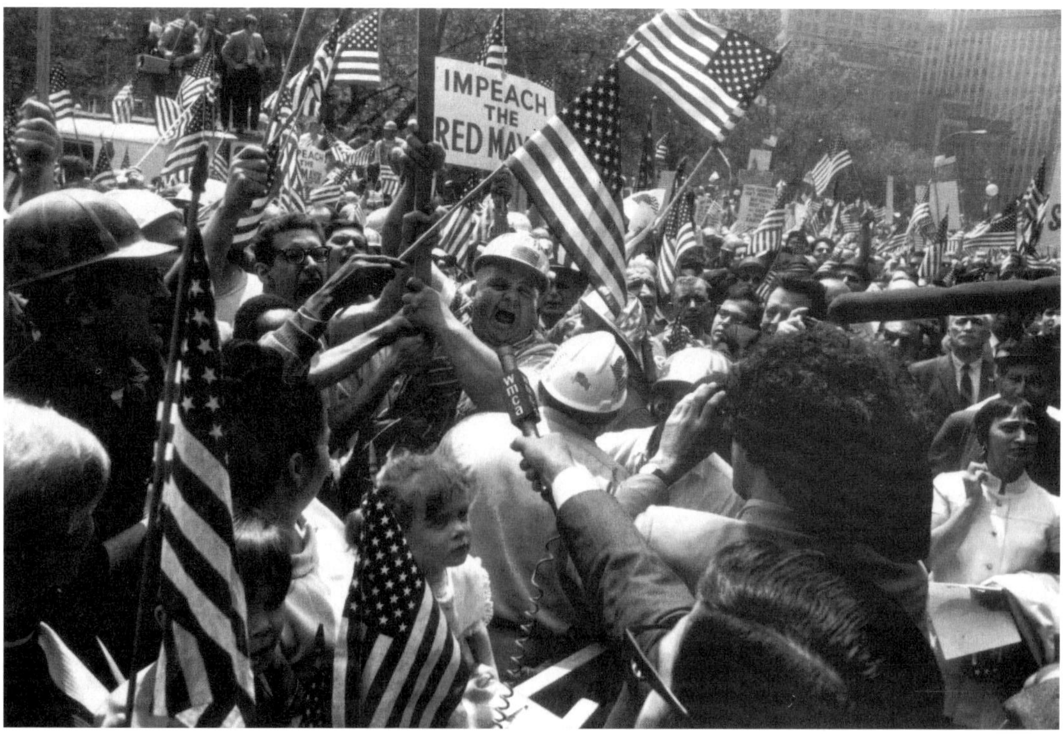

Garry Winnogrand »Hard Hat Rallye« New York 1969. Mit freundlicher Genehmigung dem Buch »75 Jahre Leica Fotografie« entnommen.

Stilrichtungen

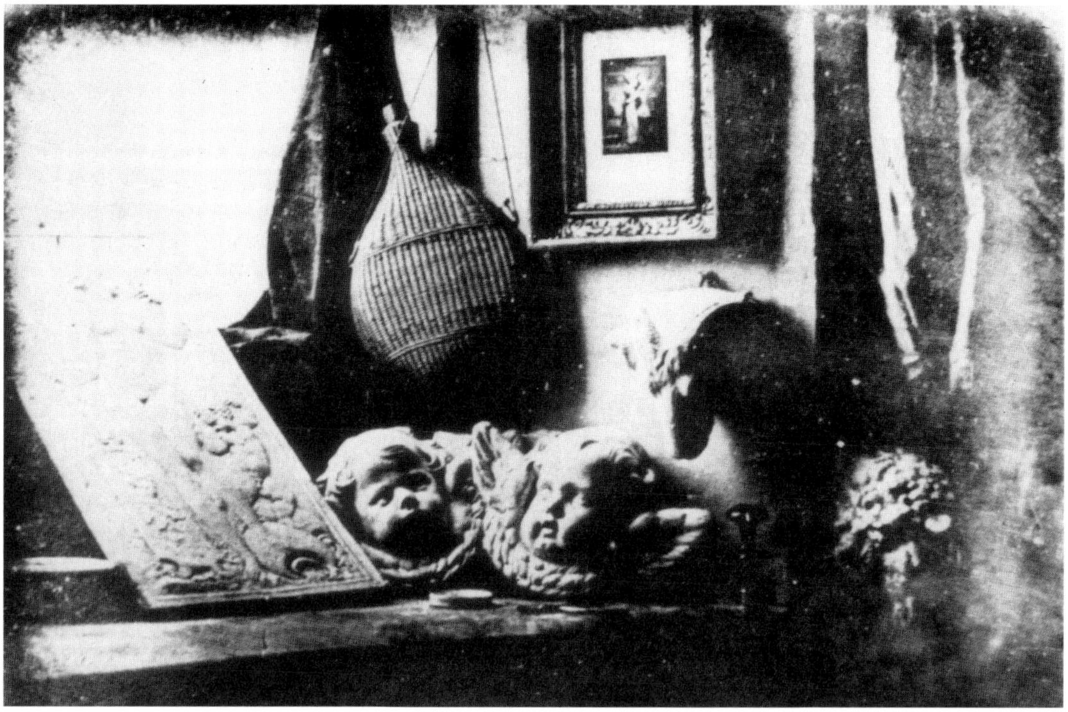

Die früheste noch existierende Daguerreotypie aus dem Jahre 1837. Foto: Photoindustrie-Verband

Dominique Francois Arago (1786–1853), der Leiter des Pariser Observatoriums, hatte den anerkannten Maler *Paul Delaroche* (1797–1856) hinsichtlich der Veröffentlichung von → *Daguerres* Verfahren um ein Gutachten gebeten. Als *Delaroche* die erste Daguerrotypie sah, soll er ausgerufen haben: »Von diesem Augenblick an ist die Kunst tot.«
Bisher war es ausschließlich malerischen, zeichnerischen und druckgraphischen Verfahren vorbehalten, Bilder neben der Wirklichkeit und über die Wirklichkeit zu erschaffen und sie einem Publikum zugänglich zu machen. Die Fotografie war das Endprodukt des Strebens nach objektiver Gültigkeit der Abbildung.
Das Mißtrauen gegenüber dem mechanischen Aufzeichnen von Lichtbildern drückte sich vor allem in der Angst vor dem Verlust von Aufgaben aus, die bisher Malern und Zeichnern vorbehalten waren.
Dementsprechend äußert sich *Jean Etienne Delecluze* (1781–1863), ein einflußreicher

Der deutsche Gelehrte Johann Heinrich Schulze entdeckte 1725 die Lichtempfindlichkeit der Silbersalze. Foto: Photoindustrie-Verband

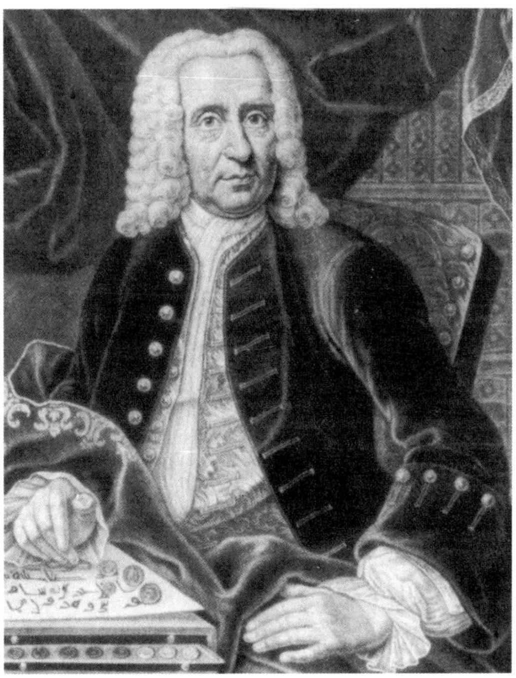

Barnack war der Leiter der Versuchsabteilung der optischen Werke Ernst Leitz in Wetzlar. Dort stellte man bereits seit Mitte des 19. Jahrhunderts feinoptische Geräte, vor allem Mikroskope her. Ursprünglich war, die »Leica« von ihm nur als Testgerät für Filme gedacht. Als begeisterter Fotograf war er des ewigen Schleppens von schweren Kameraausrüstungen, an denen wie er selber sagte seine Ausflüge litten, müde geworden. Mit aus dieser Erfahrung entstand die Grundidee Barnacks: »Kleines Negativ – Großes Bild«. Umso kleiner das Negativ war umso kleiner und handlicher konnte auch die Kamera und ihre Ausstattung sein. Barnack hatte das ursprüngliche Kinofilmformat auf das Format von 24 x 36 mm verdoppelt. Ursprünglich Leica-Format genannt, wurde dieses Format zum heute noch gültigen Kleinbild-Format und damit zum Beginn aller Kleinbildfotografie.
1914 kam Barnack zu ersten Ergebnissen. Das erste Ur-Leicaphoto machte Barnack vom Eisenmarkt in Wetzlar. Die Ur-Leica

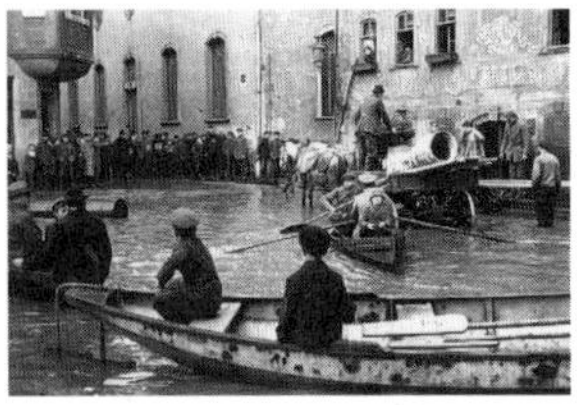

Hochwasser in Wetzlar. 1920 von Oskar Barnack mit der Ur-Leica fotografiert. Foto: Leica

war eine handliche Sucherkamera, mit einem 42 mm Objektiv ausgestattet, und besaß schon Verschlußzeiten zwischen 1/20 und 1/40 Sekunden. Der Erste Weltkrieg verzögerte die Serienproduktion dieser Kamera. ***1927*** sorgt das erste Leitz-Vergrößerungsgerät »Filoy« dafür, daß die kleinen Negative vergrößert werden können.
In den 30er Jahren werden neue Typen der Leica produziert, mit immer noch weiter verbesserten Möglichkeiten. So ist zum Beispiel ***1933*** die Leica III mit bereits 10 verschiedenen Objektiven zu haben. Darunter ist auch das erste Teleobjektiv von Leitz, das Telyt 1:4,5/200 mm. Hat diese Kamera noch eine Verschlußzeit von 1/500 Sekunde, so bietet die Leica IIIa zwei Jahre später bereits eine Verschlußzeit von 1/1000 Sekunde. ***1931*** ergeben sich bedeutende Neuerungen im Fotofilm-Material: Der »Kodalith«-Film und »Kodalith«-Platten ersetz-

und eher konservativer Kunstkritiker im Jahre 1850: »Die Photographie ist es, diese neue technische Erfindung, die seit ungefähr zehn Jahren nicht nur einen verheerenden Einfluß auf den Geschmack ausübt, sondern gleichzeitig ganze Zweige der Kunst, wie Gravure, Lithographie, Genrebild und Porträtmalerei, ernstlich in ihrer Existenz gefährdet.«
Doch gab es auch Stimmen, die bereits in der Geburtsstunde der Fotografie versuchten, der Fotografie eine ihr gemäße Bedeutung einzuräumen. So besitzt die Äußerung von *Jules Janin* (1804–1874) – ebenfalls ein Kunstkritiker – gegenüber seinen kritischen Zeitgenossen einen erstaunlichen Weitblick, als er 1839 sagte: »Zwischen der Kunst und ihrem neuen Rivalen gibt es nichts mehr zu verhandeln. ... keine Hand könnte so zeichnen, wie die Sonne zeichnet.« Und er kommt zu dem Schluß, der die Fotografie neben anderen Künsten relativiert: »Nehmen Sie zur Kenntnis, daß auch, wenn das Licht arbeitet, der Mensch der Meister bleibt.« Mit anderen Worten: das neue technische Hilfsmittel in der Hand des Menschen entscheidet nicht allein über den Wert und die Qualität der Abbildung. Die Fotokamera bietet enorme Möglichkeiten, doch ist sie in der Hand des Fotografen nicht mehr als Pinsel und Farben in der Hand des Malers. Die nachfolgende Entwicklung unglaublich vielfältiger Stilrichtungen in der Fotografie gibt Aufschluß darüber, wie sehr das Foto vom Fotografen und dessen Bestrebungen abhängt.
Am Anfang aller fotografischen Stile steht die Entdeckung der Welt durch das Auge der Kamera. Neben Architektur- und Landschaftsfotografie erfreut sich von Anfang an die Reisefotografie größter Beliebtheit. Fotografen bewegen sich wie Pioniere auf noch unerforschtem Boden und formen mit ihren heimgetragenen Aufnahmen ein bisher unbekanntes Weltbild.
Die Porträtfotografie ist anfangs wegen langer Belichtungszeiten (ca. 15 Min.) mit allzu langen Sitzungen verbunden. Die frühen Ergebnisse zeigen die Modelle zumeist steif verkrampft und mit geschlossenen Augen, kurz: sehr unnatürlich. Die satirische Zeitschrift »Le Charivari« fühlte sich in ihrer Ausgabe vom 30. 8. 1839 genötigt folgende

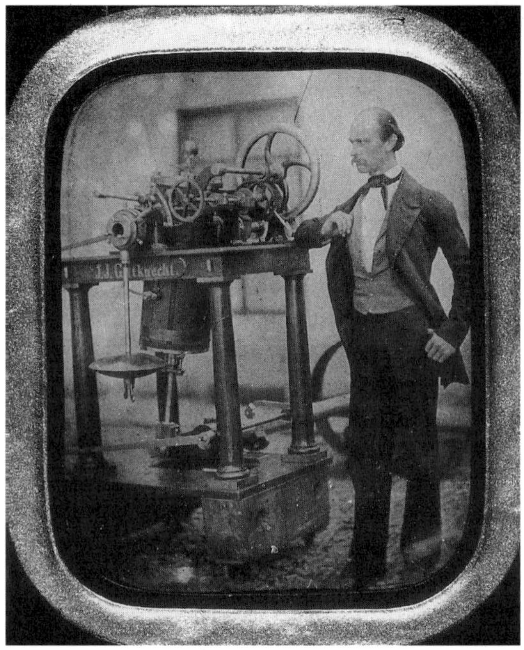

Kein leichtes Handwerk war der Fotografenberuf in den ersten Jahrzehnten. Foto: Agfa Foto-Historama, Köln

Anweisungen zu geben: »Sie wollen ein Porträt Ihrer Frau machen. Stecken Sie ihren Kopf für einige Zeit in einen Eisenkragen, um die erforderliche Bewegungslosigkeit zu gewährleisten... Richten Sie sodann das Objektiv der Kamera auf ihr Gesicht, und wenn Sie das Porträt aufgenommen haben, dann ist am Ende nicht sie darauf zu sehen, sondern ihr Papagei oder ihre Gießkanne oder noch etwas Schlimmeres.«
Erst mit der allmählichen Verbesserung von Objektiven, lichtempfindlicheren Platten und einer schöneren Tönung dieser Platten durch den Zusatz von Goldsalzen und den damit wesentlich geringeren Belichtungszeiten und wesentlich besseren Resultaten im Laufe der 40er Jahre des 19. Jahrhunderts gewinnt sie einen großen Aufschwung.
→ *Nadar*, die Brüder *Louis und Auguste Bisson* und *Gustave Le Gray* unterhalten in Paris berühmte Porträtateliers. Von *André Adolphe Eugéne Disdéri* erschienen Anweisungen für die Herstellung eines künstlerischen Porträts. Außerdem erfindet er die »Cartes de Visite«, Kleinstporträts, die in jedermanns Tasche passen und die durch ihre kostengünstige Herstellung seriösen Ateliers ernsthaft Konkurrenz machen.«

Kunstfotografie

Britische Künstler (1850–1870) waren die ersten, die darum bemüht waren, der Fotografie eine der Kunst gleichbedeutende Anerkennung zu verschaffen. Sie lösten die Diskussion, ob die Fotografie »nur« Mittel der Kommunikation sei, nur Wissenschaft oder doch Kunst, indem sie sich an der Malerei und ihren gestalterischen Gesetzen orientierten und somit den künstlerischen Wert der Fotografie legitimieren wollten. Die Kunstfotografie war die erste Stilrichtung, die sich künstlerisch etablieren konnte. Bald darauf wurde ihre Legitimität angezweifelt: »Solange der Fotograf den Maler nachäfft....«.

Themen und Techniken der frühen Kunstfotografen

Nach dem Rat der Kritiker bereiteten die Kunstfotografen einen »Schleier über das Gewöhnliche und Häßliche«.
Sie schufen mit den Mitteln der Fotografie anekdotische und allegorische Szenen, in denen sie sich an der viktorianischen Malerei orientierten. Ziel war die Vermittlung streng bürgerlicher und moralischer Werte. Die Kunstfotografen verwendeten literarische Themen aus Opern und Romanen und der dramatischen Dichtung (Shakespeare). Ein weiteres Thema war die Beschäftigung mit dem Tod. Die lichtschwachen Objektive und die in dieser Zeit meist verwendeten Kollodiumplatten, die eine niedrige Empfindlicheit hatten, regten die Fotografen zu Mehrfachbelichtungen der einzelnen Motivteile oder zu Fotomontagen an. Wäre es sonst kaum möglich gewesen, Vorder- und Hintergrund scharf abzubilden, konnte das durch die getrennte Aufnahme oder das spätere Zusammenmontieren der Bildteile leichter erreicht werden.
Die Fotografie orientierte sich nicht nur an der Malerei, vielmehr war eine gegenseitige Beeinflußung zwischen Fotografen und vor allem den Präraffaeliten unter den Malern zu konstatieren. Die Präraffaeliten standen in Gegnerschaft zu einer »schlampigen« freieren Malerei, wie sie von *Sir Joshua Reynolds* (damaliger Präsident der Royal Academy) propagiert wurde. Die Genauigkeit der Wiedergabe, Detailreichtum, Einfügung von naturgetreu wiedergegebenen Personen aus dem Umfeld in die Bilder mit literarischen oder religiösen Themen standen bei ihnen im Vordergrund. Wichtige Vertreter der Kunstfotografie waren der Schwede → *Oscar Gustave Reijlander*, der aufwendige epische Mehrfachbelichtung herstellte; *Henry Peach Robinson*, der das Zusammenkopieren von Negativen, bei ihm blieben die Übergänge unsichtbar, zu höchster Perfektion trieb; → *Julia Margaret Cameron*, die sowohl für die Porträts von Familien und Freunden wie auch für Fotos im Stil der Kunstfotografie bekannt war, und → *Fred Holland Day* mit einer beeindruckenden Serie von Bildern biblischen Inhalts, dessen berühmtestes »The Crucifixion« (1898) war, in dem er sich selbst als den Gekreuzigten fotografierte.

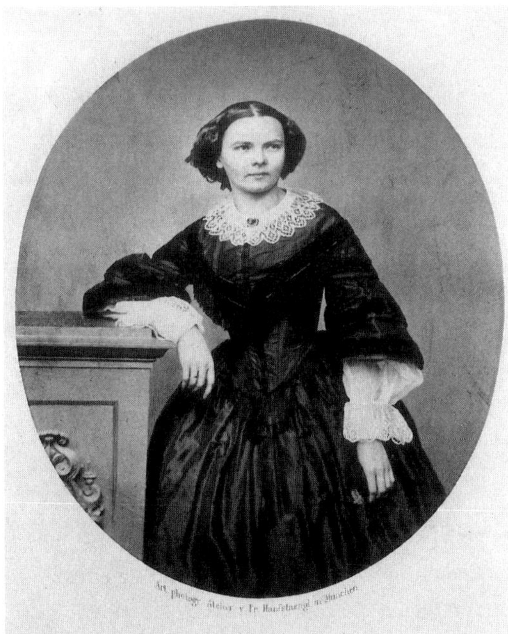

Porträtfotografie gehörte lange Zeit zu den wichtigsten Domänen. Das Foto von Marie Königin von Bayern entstand um 1855 im Atelier Hanfstaengl. Foto: Agfa Foto-Historama, Köln

Der Pictorialismus

»Pictorialismus«, malerische Fotografie, ist der Sammelbegriff für einen in seinen Anfängen avantgardistischen fotografischen Stil, der von ca. 1880 bis 1930 vertreten wird. Der Pictorialismus setzt noch vor den Inhalt des Bildes seine Wirkung auf den Betrachter. Es geht um Schönheit und Harmonie von Licht und Linien. In diesen Punkten orientiert sich die Fotografie immer noch an Prinzi-

ten nun gänzlich das Kollodiumverfahren, das noch bis zu diesem Jahr in der »graphic arts industry« verwendet worden war.
Der Kodak NC (Non Curling)-Film wird ebenfalls ersetzt: Der Kodak Verichrome-Film verfügte über einen größeren Belichtungsspielraum und eine feinere Körnung.
Im gleichen Jahr ließ sich die Kodak AG in Deutschland (Stuttgart) nieder. Eine frühere Niederlassung in Köpenick ging durch die Teilung Deutschlands im Zweiten Weltkrieg verloren.
In Deutschland wird 1934 die Empfindlichkeitsbezeichnung für fotografische Aufnahmematerialien nach DIN 4512 genormt.

Die Kodak AG in Deutschland produziert die erste 35 mm Kodak-Retina Präzisions Kamera.
Die Leica 250 besitzt ein Großgehäuse in das sich 10 m Film unterbringen lassen.

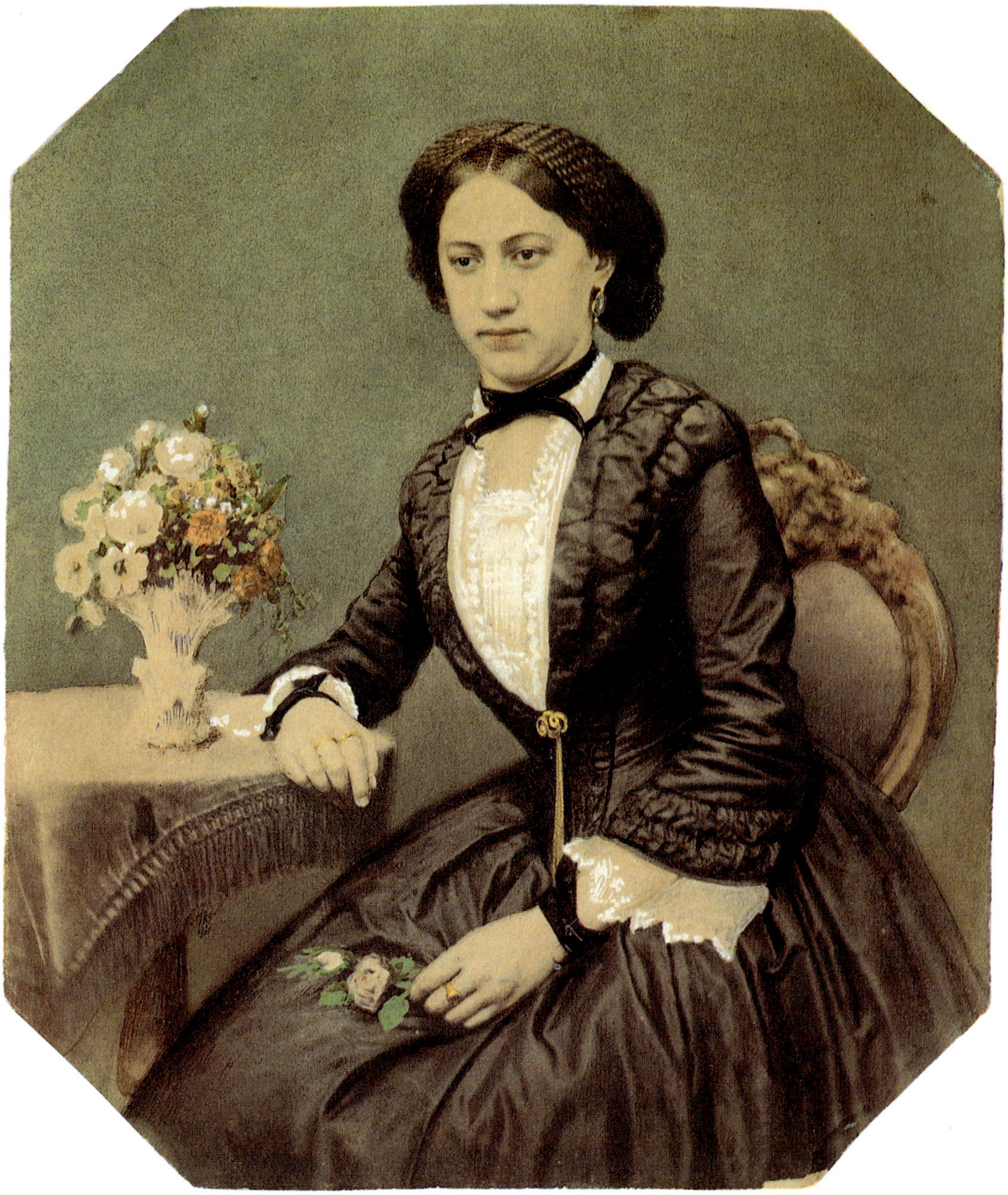

Das Porträt einer unbekannten Frau stammt von dem Fotografen Alois Löcherer. Zwischen 1854-55 auf koloriertem Salzpapier aufgenommen, zeigt es den typischen Stil der damaligen Zeit. Bildquelle: Rheinisches Bildarchiv. Besitzer: Agfa Foto-Historama, Köln

1935 wird der Kodachrome-Film eingeführt. Es war der erste auf dem Markt erfolgreiche Fotofarbfilm für Amateure. Die Erfinder des Kodachrome-Verfahrens sind *Leopold Mannes* und *Leo Godowsky.*
1936 entdeckt *R. Koslowsky* durch Zugabe von Goldsalzen die Empfindlichkeitssteigerung von fotografischen Emulsionen. Damit schuf er für die Firma Agfa die Grundlage für höchstempfindliche Aufnahmematerialien.
Im gleichen Jahr brachte ein ultralichtstarkes Leitz-Objektiv (Leitz Xenon) mit Brennweiten von 1:1,5/ 50 mm der Fotografie völlig neue Perspektiven.

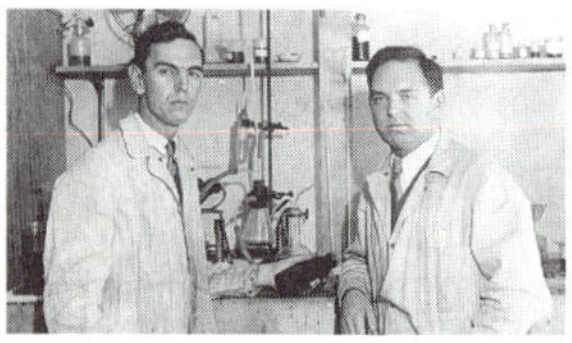

Die Erfinder des Kodachrome Verfahrens Leopold Mannes (links) und Leo Godowsky jr. (rechts), 1922 im Labor. Foto: Archiv Gert Koshofer

pien der Malerei, mehr noch, sie gleicht sich ihr durch den Einsatz malerischer Mittel in einer Nachbehandlung der Fotografie an. Der Pictorialismus ist als eine Gegenbewegung zu der Kunstfotografie zu verstehen: Die Pictorialisten wehrten sich gegen die Verwendung traditioneller Themen und zogen diesen naturalistische Themen vor. Lediglich die Präsentation dieser Themen sollte nicht allzu naturalistisch sein. Der Pictorialismus ist nicht als einheitliche Bewegung zu verstehen. Unter den Vertretern, den Malerfotografen, gab es Puristen, d.h. auf reine Techniken besonnnene und stark naturalistisch arbeitende Fotokünstler, die eine Manipulation der Bilder bei der Aufnahme oder nach der Entwicklung mieden. Sie verlachten jene, denen an einer starken Verfremdung der Aufnahme zugunsten malerischer Effekte gelegen war.
Vorbilder für Pictorialisten waren unter anderem die englischen Maler *Whistler* und *Turner*. Ab ca. 1870 wurden die Pictorialisten auch von den Impressionisten und deren

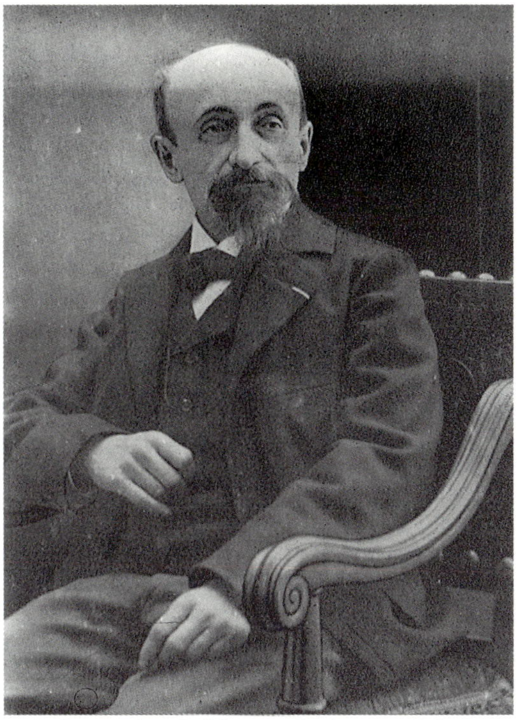

Erfinder vieler farbfotografischer Verfahren in den Jahren ab 1862 war Louis Ducos du Hauron, den man auch den Vater der Farbfotografie nennt. Foto: Archiv Gert Koshofer

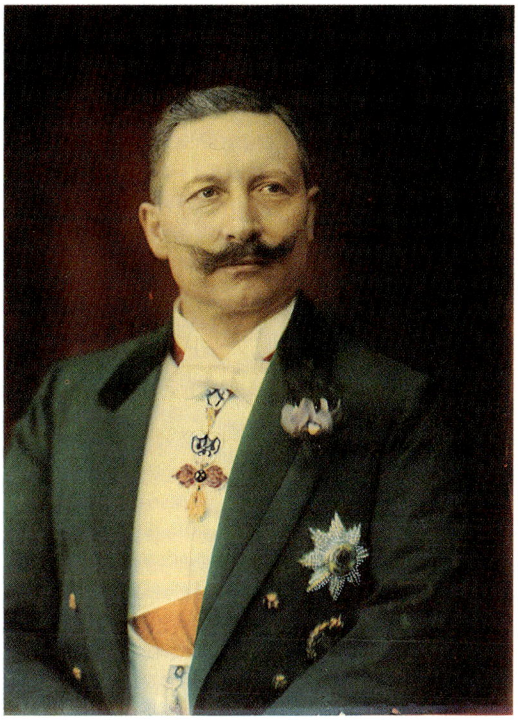

Die Aufnahme mit der Dreifarbfarbenphotographie/Pigmentverfahren zeigt Kaiser Wilhelm II. im Jahre 1908.
Foto: Archiv Gert Koshofer

Inspiration durch den japanischen Holzschnitt beeinflußt.
Die Pictorialisten verwendeten vielfältige Techniken, um zum gewünschten Ergebnis zu gelangen. Das Ergebnis hing von der jeweiligen »Persönlichkeit« und den Zielen des Fotografen ab, entsprechend hatte dieser auch eine individuelle Technik, die mitunter zu seinem Berufsgeheimnis zählte.
Neue Erfindungen, wie spezielle Weichzeichnerobjektive, der → Bicarbonatdruck und → Carbonpapierprozesse, kamen zum Einsatz. Zuweilen wurden die beschichteten Glasplatten retuschiert um zu verdecken oder auch um Teile hervorzuheben. Die Fotografen bedienten sich unterschiedlichster Druckverfahren. So erfreuten sich → Platindruck, → Gummidruck, → Carbonverfahren, → Öl- und Bromöldruck großer Beliebtheit.
Auch die Kombination fotografischer Verfahren mit grafischen Drucktechniken, wie z.B. der sogenannten → Fotogravüre oder auch → Kupferlichtdruck genannt, findet bei den Fotografen des Pictorialismus Verwendung.

Zu einem Zusammenschluß der dem Pictorialismus verschriebenen Fotografen kam es in England 1892 unter der Bezeichnung »Linked Ring Brotherhood«. Diese Organisation veranstaltete zwischen 1893–1909 einmal im Jahr einen Salon, auf dem sie ihre Ergebnisse vorführten. In den USA gründete → *Alfred Stieglitz* 1902 die Gruppe der Sezessionisten. Diese verfügten über eine eigene Galerie und eine Zeitschrift.

Die Neue Sachlichkeit

In der Zeit zwischen 1910 und 1930 gelang der Fotografie allmählich die Ablösung von der Malerei. Die Heranbildung einer neuen Bewegung, der »Neuen Sachlichkeit« in den 20er Jahren, unterstützt von der etwa gleichzeitig auflebenden → Dokumentarfotografie, gab ein erstes Zeugnis von dieser Ablösung, in der sich die Fotografie nun ausschließlich auf ihre eigenen Mittel (d.h. auf den Stand der technischen Entwicklung und den daraus resultierenden Darstellungsmöglichkeiten) besann. Mit die-

1937/39 *A. Rott* und *E. Weyde* veröffentlichen »Copyrapid« – das erste Silbersalz-Diffusions-Entwicklungsverfahren.
1938 Die erste Kamera mit »photoelectric exposure control« (Super Kodak Six-20 Camera). Die Neuerung bei dem Leica Modell IIIb liegt in der Positionierung von Sucher- und Entfernungsmesser-Einblick: Sie liegen unmittelbar nebeneinander.
1941 produziert Kodak die (versatile) Kodak Ektra. Diese Kamera ist mit einem Belichtungszeitraum von 1/1000 bis 1 Sekunde ausgerüstet.
1942 Der erste (wirkliche?) Farb-Negativ Film der Welt wird unter dem Namen Kodacolor von Kodak auf den Markt gebracht.
1947 *E. Land* hatte die erste Sofortbildkamera erfunden (1-Minuten-Kamera; Polaroid).

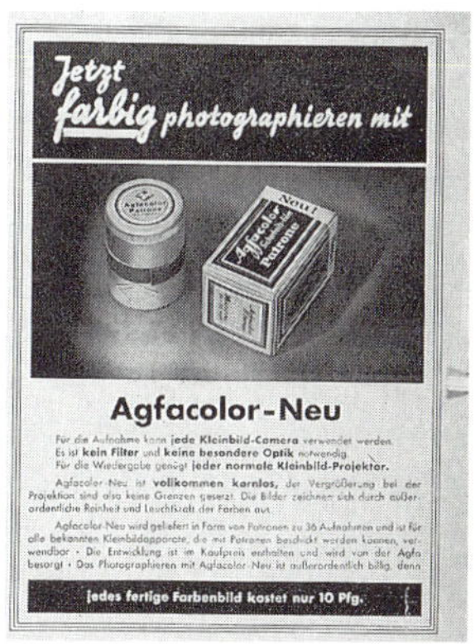

Werbung für den neuen Agfacolor Diafilm.
Foto: Archiv Gert Koshofer

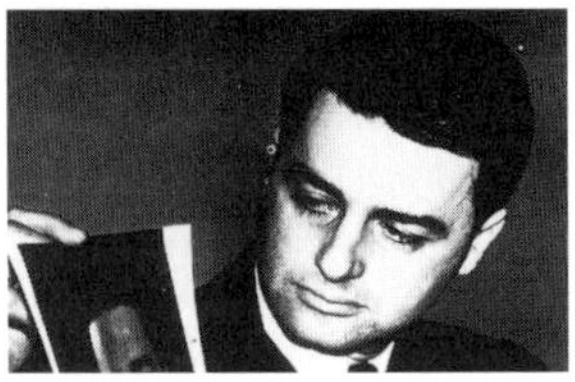

Dr. Edwin Land, Erfinder der Sofortbildfotografie. Foto: Polaroid GmbH

1950 Die erste photokina in Köln – Weltfachmesse für Fotografie. (Inzwischen ist die Schreibweise »Fotografie« statt Photographie die übliche.)
Zum erstenmal wurde das professionelle Blitzlicht eingesetzt.
Die Leica IIIf verfügt über eine stufenlose Blitzsynchronisation für alle Lampentypen. Sie ist somit eine ideale Blitzkamera.
Kodak erhält einen Oscar für den zwei Jahre zuvor erstmals für die Kinoindustrie produzierten unbrennbaren, sogenannten 35 mm tri-acetate safety base film (tri acetate ersetzt die entflammbare cellulose nitrate base).
1952 erhält Kodak nochmals einen Oscar für die Entwicklung der Eastman Color negative und Color print Filme.
1954 Leica M3 ist mit Leuchtrahmensucher und Objektivwechselbajonett ausgestattet: »neue Ära« für die Fa. Leitz.
1956 Die Agfa AG bringt zur photokina die erste vollautomatische Kamera heraus: Agfa Automatic 66.

ser Besinnung änderten sich auch die Themen der Darstellung. Besondere Verbreitung fand der neue Stil in Amerika und Deutschland.
Die »Neue Sachlichkeit« war gekennzeichnet von der Abwendung von pittoresken, allegorischen Themen, hin zu einer stark auf den Gegenstand bezogenen objektiven Fotografie. Die Fotografen des »Neuen Realismus« bemühten sich, die Bedeutung des Gegenstands auf dem Foto – unter großem handwerklichen Können – zur Anschauung zu bringen. Die Verschleierung und Idealisierung des Gegenstands durch Manipulation war nicht mehr gefragt, gesucht wurde die schonungslos anmutende Konfrontation, dargestellt in Nähe und Scharfeinstellung. Die Malerfotografen (Pictorialisten) als Gegner der Neuen Sachlichkeit kritisierten die »trivialen« Motive und qualifizierten die »brutal sachliche« *(Alfred Stieglitz)* Fotografie« mitunter als »Mülleimerschule« ab. Die Vertreter des »Neuen Realismus« wählten Gegenstände aus ihrer unmittelbaren Umgebung, geradezu »unmalerische«, gewöhnliche Objekte, die zuweilen in extremer Nahaufnahme und aus ungewöhnlicher Perspektive aufgenommen waren.
→ *Ansel Adams* führte das → Zonensystem ein, eine fotografische Aufnahmetechnik, die es ihm ermöglichte, Schatten und Lichter auf der späteren Fotografie noch vor der Belichtung genau festzulegen. Sein Ziel war es, eine gute »visuelle Beschreibung« des Gegenstands zu erzeugen. Seine Erfindung wurde von anderen Fotografen übernommen.
Die Initiatoren des »New Realism«, auch »Straight Photography« genannt, in Amerika um 1920 waren → *Paul Strand* und → *Edward Weston.* 1932 bildeten die Vertreter des »New Realism« in New York eine eigene Schule. Die sogenannte »Group f/64« erhielt ihre Bezeichnung von der Einstellungsgröße der damals kleinsten Objektivblende, die somit die größtmögliche Schärfentiefe besaß. Ihre wichtigsten Mitglieder waren → *Edward Weston,* → *Ansel Adams,* und → *Imogen Cunningham.*
In Deutschland waren → *Albert Renger-Patzsch* und → *Karl Blossfeldt* von großer Bedeutung für die Heranbildung und Verbreitung des neuen Stils. Ihre Entwicklung vollzog sich allerdings unabhängig von den Amerikanern. *Renger-Patzsch* und *Blossfeldt* legten in ihrer Fotografie sowohl die »ungewöhnlichen« Seiten als auch die »Architektur« des einzelnen Gegenstands frei, indem sie ihn aus seinem sonstigen Umfeld isolierten und in Nahaufnahme präsentierten. Hiermit wurden auch die kreativen Möglichkeiten der »Neuen Sachlichkeit« sichtbar: Verfremdung durch ungewöhnliche Nähe kann zu einer gewissen Abstraktion des Gegenstands führen oder ihn hinsichtlich spezifischer Qualitäten deutlicher vor Augen führen. Dies ist auch der Grund, für den die Fotografie der »Neuen Sachlichkeit« Anwendung im kommerziellen Bereich, vor allem in der Werbung, findet. Sie erreicht eine bisher ungekannte Optimierung der Gegenstandspräsentation durch Blickwinkel und handwerkliches Können der Fotografen.

Die Dokumentarfotografie

Die Dokumentarfotografie ist eine Form der Fotografie, die sich gänzlich außerhalb von intendierten ästhetischen Ansprüchen bewegt. Sie soll Tatsachen und Informationen über Menschen und ihre Lebensbedingungen vermitteln. Die Fotografen, die mit ihren Aufnahmen »ihr Bild« der Gesellschaft zeigen wollten, nannten sich »Soziale Realisten«. Auch die Dokumentarfotografie ist um eine sachliche Präsentation des Motivs bemüht. Aussagen über soziale und kulturelle Gegebenheiten werden in den Bildern dokumentiert.
Frühe Zeugnisse der Dokumentarfotografie stammen bereits aus der Mitte des 19. Jahrhunderts. So vermitteln zum Beispiel die Zeugnisse der frühen fotografischen Kriegsberichterstattung (Krimkrieg 1855 *Roger Fenton,* amerikanischer Bürgerkrieg 1861–65 von → *Mathew Brady* u.a.) ein eindrückliches Bild von Tod und Zerstörung. Aber auch frühe Beispiele der Porträtfotografie (→ *Nadar,* → *Cameron*) geben ein sachlich beschreibendes Bild der Modelle.
1890 ist das Geburtsjahr des Bildjournalismus. Seit diesem Zeitpunkt werden dokumentierende Fotozeugnisse in öffentlichen Medien verbreitet. Sie finden Abdruck in den Tageszeitungen und später – ab den

20er Jahren – in Illustrierten. Vor allem im Deutschland der 20er Jahre, dem Zentrum der Druckindustrie, wird vom abgedruckten Foto als Kommunikationsmittel reger Gebrauch gemacht. Nachdem die New York Times seit 1896 zwei-wöchentlich eine Fotobeilage herausbrachte, wurden in den 20er Jahren in Deutschland die ersten illustrierten Zeitungen, die »Berliner Illustrierte« und die »Münchner Illustrierte« gegründet. In kürzester Zeit erreichten sie Millionenauflagen. Die Sensation der Illustrierten lag vor allem in der Aktualität ihrer Bilder. Der Bildjournalismus öffnete ein Fenster zur Welt.

Weltberühmt wurden dann die Illustrierten »Life« in Amerika, die ab 1936 erschien, »Picture Post« in England und »Paris Match« in Frankreich ab 1949.

Die Zeitschrift »Life« blieb von 1936 bis zu ihrer Einstellung im Dezember 1972 ein weltweit führendes Organ des Bildjournalismus. Das Life-Archiv verfügt über eine Sammlung von 18 Millionen Photos.

Wichtige von Fotografen gegründete »Organe« der Dokumentarfotografie sind die amerikanische »Farm Security Administration« (FSA) und die Bildagentur »Magnum«.

Erstere bildete sich anläßlich der »Großen Depression« im Amerika der 30er Jahre und dem damit verbundenen Elend der Bevölkerung. Die Fotografen machten es sich zur Aufgabe, durch ihre Bilder auf den materiellen Notstand, vor allem der Landbevölkerung, aufmerksam zu machen und sowohl öffentliche wie private Hilfeleistungen zu bewirken. Ein Vorhaben, das sie auch in die Realität umsetzen konnten.

Bedeutende erste Mitglieder der Farm Security Administration waren u.a. → *Dorothea Lange*, und → *Walker Evans.*

Die Bildagentur → »Magnum« wurde 1947

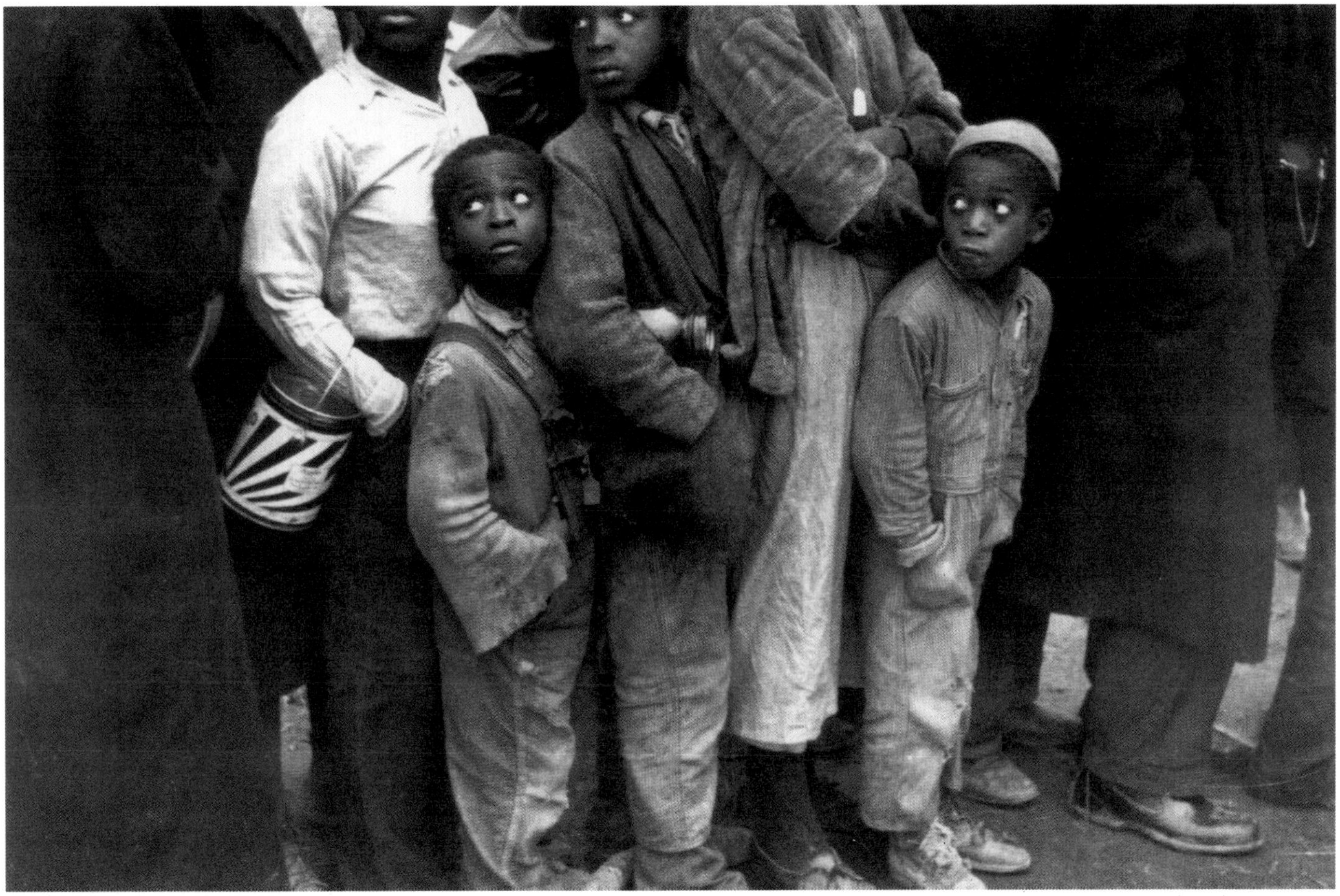

Walker Evans, einer der ersten Mitglieder der Farm Security, nahm das Foto »Flood Refuges« 1937 in Arkansas auf. Mit freundlicher Genehmigung dem Buch »75 Jahre Leica Fotografie« entnommen.

in Paris gegründet und besteht heute noch. Der Name »Magnum« leitet sich ab von der englischen Bezeichnung für eine große Flasche, deren Inhalt die doppelte Menge »spirit« faßt. »Spirit« bedeutet eben nicht nur »Alkohol«, sondern auch »Geist«. So sollte im Realismus der Fotoreportage nicht nur vordergründige Wirklichkeit gezeigt werden, sondern auch die zeitlose Hintergründigkeit menschlichen Daseins.

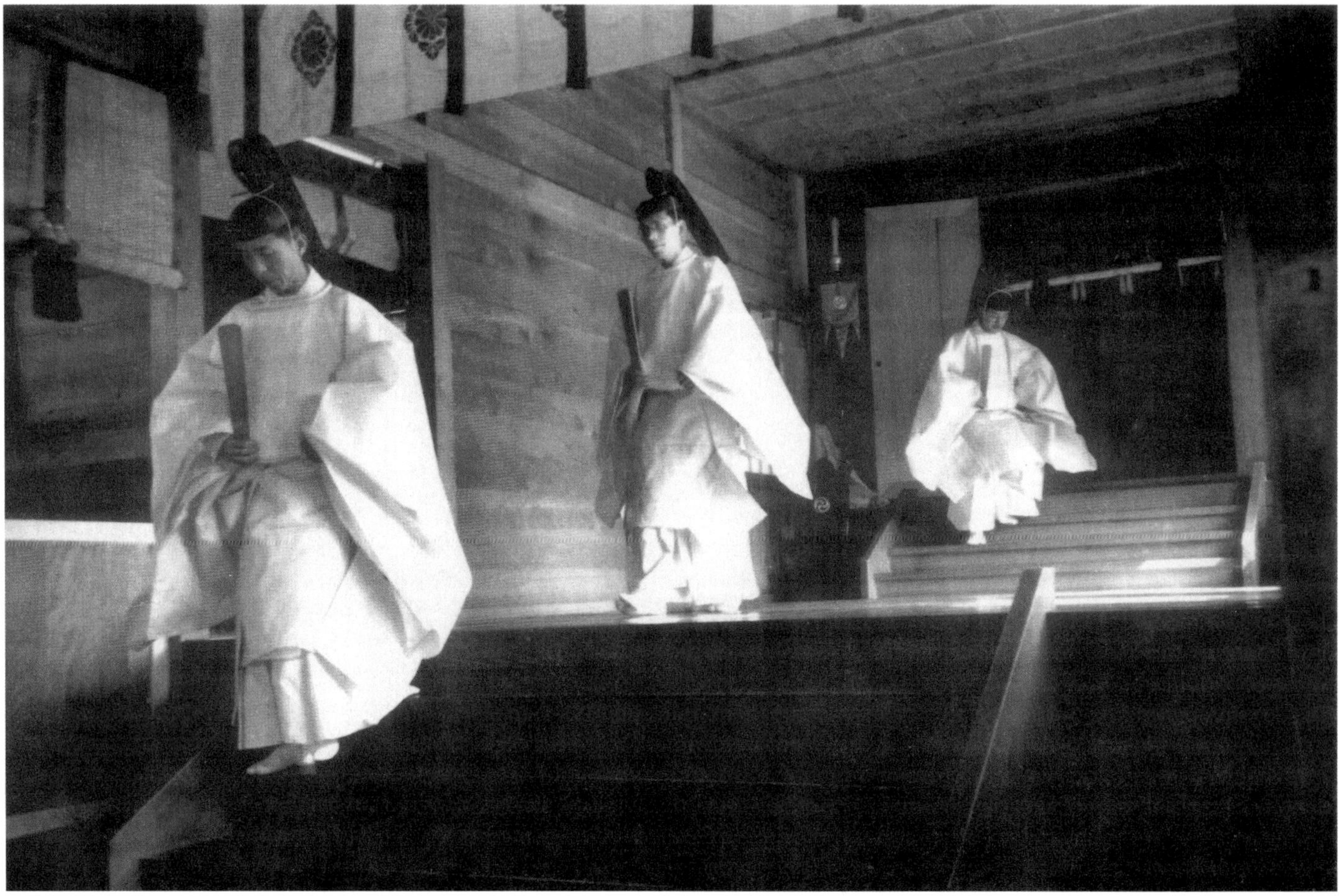

Werner Bischof, ein Gründungsmitglied der Bildagentur »Magnum«, fotografierte 1951 in Tokio die Shinto Priester. Mit freundlicher Genehmigung dem Buch »75 Jahre Leica Fotografie«.

Unter dem Vorsatz »ein glaubhaftes Zeugnis vom wirklichen Leben« abzulegen, eine Darstellung von Menschenschicksalen zu geben, schlossen sich sechs Fotografen aus sechs Ländern zusammen. Gründungsmitglieder waren → *Robert Capa* (Ungarn), → *Henri Cartier-Bresson* (Frankreich), *Werner Bischof* (Schweiz), *David Seymour* (USA), → *Ernst Haas* (Österreich) und *George Rodger* (England). Ihre Kunst bestand vor allem in der Wahl des »decisive moment« (→ *Cartier-Bresson)*, des entscheidenden Augenblicks: Den Magnum-Fotografen gelang es, das »Besondere« eines Augenblicks der Realität zu erfassen. Darin besteht auch in unseren Tagen noch die zeitlose Gültigkeit der Aufnahmen von vergangenem Weltgeschehen. Weitere Mitglieder wurden von den Gründungsmitgliedern von Magnum berufen.

Die Fotografen von Magnum arbeiten ohne Vorschrift bestimmter fotografischer Techniken, aber oft unter Einsatz des eigenen Lebens. → *Robert Capa*, der vor allem für seine aufrüttelnde fotografische Kriegsberichterstattung (Spanischer Bürgerkrieg 1936–1939, Zweiter Weltkrieg: Invasion der amerikanischen Truppen in Europa) bekannt ist, stellte seine eigene Arbeit unter das folgende Motto: »Sind die Bilder nicht gut genug, war man nicht nah genug dran.« Er wurde in Indochina durch eine Mine getötet.

Der Dynamismus

Erste Experimente der Fotografie, die sich um die Erzeugung dynamisch abstrakter Bildeffekte bemühten, fanden im Zeitraum von 1910–1930 statt. Angeregt wurden sie auch von etwa gleichzeitigen Bestrebungen in der Malerei.

Die Bannung von Bewegung und Aktion in einem statischen Medium wie der Fotografie ist nur möglich über Effekte, die die Bewegung suggerieren. Erreicht werden diese Effekte mit Hilfe fotografischer Techniken wie z.B. → Langzeit- und → Mehrfachbelichtung. Die Ergebnisse, dynamische Fotografien, suggerieren den Eindruck von Bewegung und Aktion. Mitunter können durch die Fotografie Phasen einer Bewegung festgehalten, d.h. »eingefroren« werden, die das menschliche Auge auf Grund seiner Trägheit im einzelnen niemals sehen könnte. So konnte man beispielsweise zum ersten Mal die Beinbewegungen eines galoppierenden Pferdes in einzelnen, nachvollziehbaren Phasen festhalten. Ein abstrakter dynamischer Effekt auf dem Foto entsteht auch durch Bewegungs- bzw. Motivunschärfe oder durch Verzerrung des Gegenstandes. Das Interesse an der Wiedergabe von Dynamik, hinsichtlich von Bewegung, Geschwindigkeit, Kraft und Vitalität, entstand gleichzeitig mit der Veränderung der Umwelt zu Beginn des 20. Jahrhunderts. Die Technisierung der Welt durch neue Fortbewegungs- und Kommunikationsmittel, die Verbreitung der Elektrizität, zog die Künstler, sowohl Fotografen wie auch Maler in ihren Bann.

So wirkte sich z.B. die Darstellung von Bewegungsabläufen durch die Fotografie → *Eadweard Muybridges* auf die Darstellungsweise des Gegenstands in der Malerei aus.

Wegbereiter des fotografischen Dynamismus sind gegen Ende des 19. Jahrhunderts → *Eadweard Muybridge* und *Etienne Marey*. Wichtige Vertreter der eigentlichen Bewegung sind u.a. → *Ernst Haas*, → *Jacques Henri Lartigue* und → *Barbara Morgan*.

Mit den 30er Jahren nimmt auch die Sportfotografie ihren Anfang, deren höchstes Ziel in der Erfassung der dramatischen Höhepunkte einer Bewegung liegt – entweder der Augenblick größter Kraftanstrengung zu Beginn der Aktion, oder der Moment größter Entspannung innerhalb der sich vollziehenden Bewegung. Auch hier ist → *Eadweard Muybridge* wichtiges Vorbild. Die Aufzeichnung von Bewegungsabläufen gelang ihm mit Hilfe von 20 nebeneinander aufgestellten Kameras, die er durch ein kompliziertes aneinandergekoppeltes Auslösesystem hintereinander auslöste.

Strukturalismus und Abstraktion

Wie auch der Dynamismus sind Strukturalismus und Abstraktion innovative, kreative Formen künstlerischer Fotografie. Inspiriert von formalen Bemühungen der Malerei, wie z.B. dem Kubismus und den daraus hervorgehenden künstlerischen Bewegungen von Dadaismus und Konstruktivismus, wurde die Fotografie des Strukturalismus und der Abstraktion vor allem von den Konzepten wichtiger Vertreter der → »Neuen Sachlichkeit« und den design-orientierten Errungenschaften des → Bauhauses beeinflußt. Zeitlich auf die ersten Experimente des Dynamismus folgend, verwendete die strukturalistische und abstrakte Fotografie u.a. die Erkenntnisse des Dynamismus, der frühesten Form gewollt abstrahierender Fotografie. Unter besonderer Berücksichtigung formaler Elemente/Details des Motivs, wie z.B. Linien, Muster oder geometrische Formen, wird der Bildaufbau streng komponiert, d.h. bewußt aufgebaut.

Ziel ist die Entwicklung neuer, bisher unbekannter bildnerischer Formen. Das Sichtbarmachen bzw. die Hervorhebung von Strukturen und Mustern steht im Vordergrund. Neben der Verwendung spezieller und je nach Fotograf variierender fotografischer Techniken, ist die Wahl von Perspektive und Bildausschnitt entscheidend. Sofern es dem Endergebnis dienlich ist, ist jedwede Form der Manipulation erlaubt. Zu beobachten ist z.B. der Einsatz von (Zerr)Spiegeln, die Bearbeitung der Fotografie durch → Fotomontage oder → -collage.

Durch die Isolation einzelner an das Motiv gebundener Strukturen entsteht eine Verfremdung des Motivs. Es kann durch die Abstraktion zu etwas Neuem werden. Das Motiv verliert seine ursprüngliche Bedeutung

1960 Mit Summilux 1:1,4/35 mm bringt Leitz das lichtstärkste Weitwinkelobjektiv der Welt auf den Markt.
In den sechziger Jahren steigen japanische Kamerafirmen erstmals in den Weltmarkt für Fotografie ein.
1963 Die Firma Polaroid bringt das Polacolor-Verfahren auf den Markt, der entscheidende Schritt in die Verbreitung der Sofortbildfotografie.

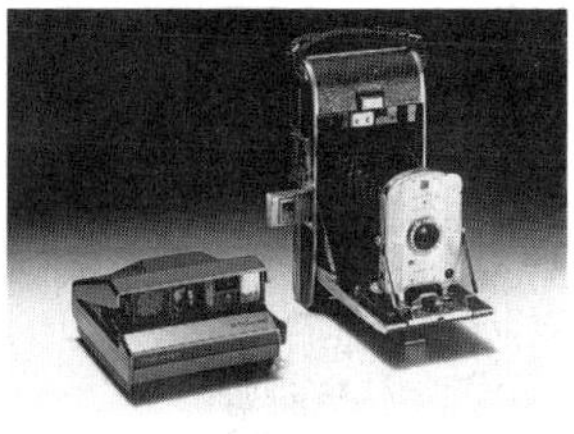

Sofortbildkameras gestern und heute.
Foto: Polaroid GmbH

1965 Die Firma Leitz bringt ihre erste Spiegelreflexkamera auf den Markt. Die kürzeste Verschlußzeit der »Leicaflex« liegt bei 1/2000 Sekunde.
1966 ist das erste in Serienproduktion gefertigte Fotoobjektiv mit einer asphärischen Linsenfläche auf dem Markt erhältlich. Das als »Noctilux« bezeichnete Objektiv der Fa. Leitz verfügt mit 1:1,2/50 mm Brennweite über eine bis dahin sensationelle Lichtstärke.
Mit der Leicaflex SL wird die selektive Belichtungsmessung durch das Objektiv 1968 zum ersten Mal mit einer Spiegelreflexkamera möglich.

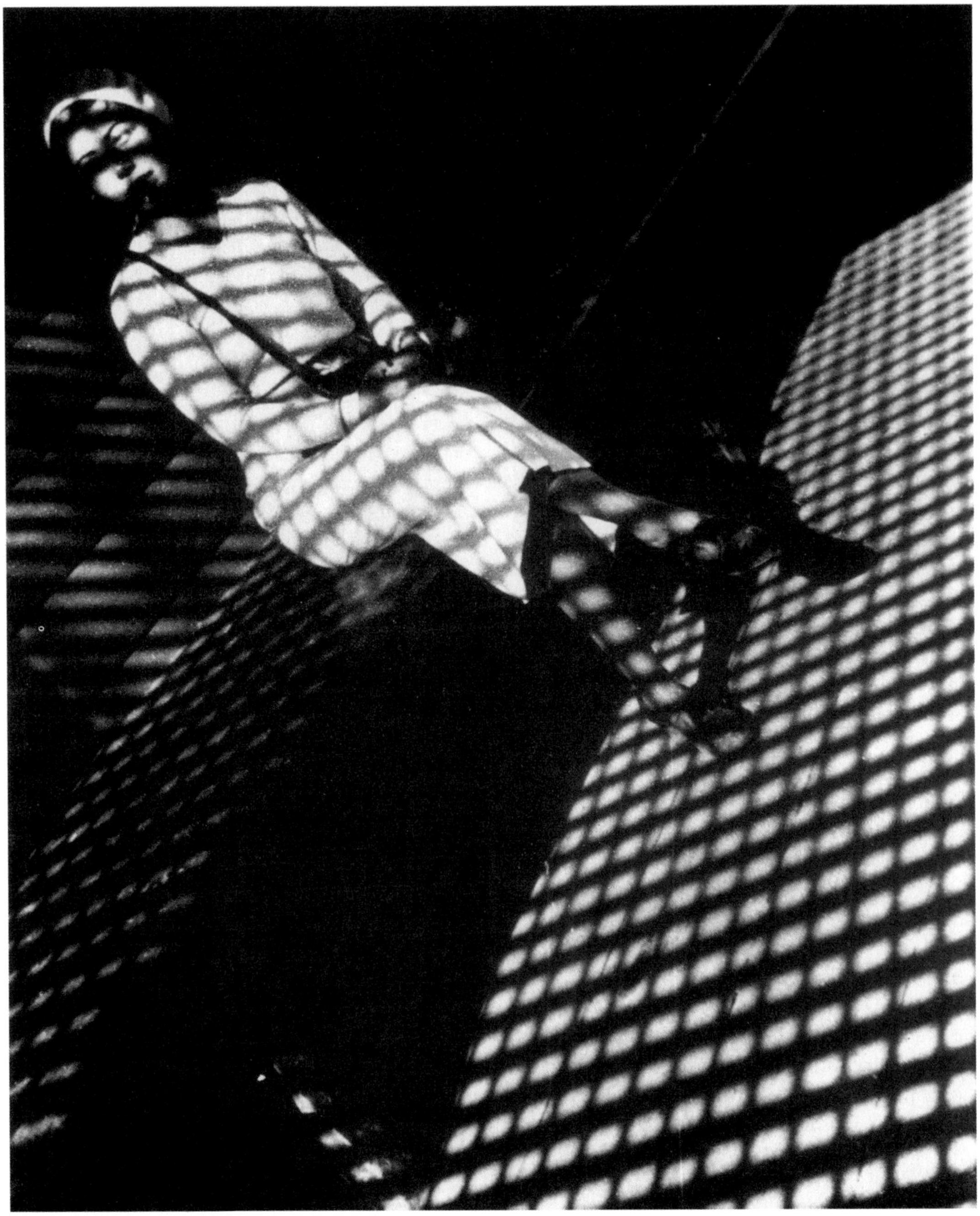

Alexander Rodtschenko, einer der Vetreter der abstrahierenden Fotografie, nahm das »Mädchen mit Leica« 1934 auf. Mit freundlicher Genehmigung dem Buch »75 Jahre Leica Fotografie« entnommen.

Auf dem ersten Flug zum Mond begleitete eine spezielle Stereokamera, die **1969** von Kodak in Windsor, Colorado konstruiert wurde, die beiden Astronauten Aldrin und Armstrong.
1971 Erste Meßsucherkamera mit selektiver Belichtungsmessung durch das Objektiv: Leica M5.
1976 erster Einzug der Elektronik in die Kameratechnik: Elektronische Verschlußsteuerung bei der neuen Leica R3.
1980 Die Leica R4 ist mit Integral- und Selektivmessung sowie mit Zeit-, Blenden und Programmautomatik ausgerüstet.
1984 bringt Leica eine Präzisionskamera auf den Markt, mit Qualitäten die auf dem Weltmarkt einzigartig sind: Die Leica M6 ist die einzige Meßsucherkamera, die in der Lage ist, mit einem ganzen System von Wechselobjektiven optischer Höchstleistung zu arbeiten.
1987 Multiautomatik, variable Programmautomatik und TTL Blitzbelichtungsmessung sind Begriffe, die die Leica R5 mit sich bringt.

und erhält eine von der Bildkomposition abzuleitende Bedeutung, d.h. aus dem realen Gegenstand wird ein Bildgegenstand mit völlig neuen Interpretationsmöglichkeiten. Das von den Strukturalisten geschaffene künstliche Formen- und Bildvokabular wurde unter anderem für die Erzeugung neuer Formen in Grafik und in der Industrie verwendet.
Auch heutzutage gehören die Errungenschaften von Dynamismus, Strukturalismus und abstrakter Fotografie zu den Stilmitteln von Fotografen.
Die wohl frühesten Experimente abstrahierender Fotografie, ab ca. 1917, stammen von *Alvin Langdon Coburn*, → *Man Ray* und *Christian Schad.*
Weitere wichtige Vertreter sind → *László Moholy-Nagy*, → *Alexander Rodtschenko*, → *André Kertész*, und → *Bill Brandt.*

Symbolische und metaphorische Fotografie

Die Besonderheit symbolischer und metaphorischer Fotografie besteht in der übertragenen Wirklichkeit des abgelichteten Gegenstands. Das Verständnis für diese nicht eindeutig durch die Präsentation des Gegenstands definierte Fotografie liegt in der Seh- und Imaginationsfähigkeit des Betrachters. Das auf der Fotografie Sichtbare ist Träger von gleichnishaften Bedeutungen, die sich dem Betrachter durch seine eigenen Assoziationen erschließen.

Die Anfänge der symbolischen und metaphorischen Fotografie sind im Spätwerk von → *Alfed Stieglitz*, also im Zeitraum zwischen 1922 und 1937 zu suchen. Seine symbolischen Fotografien, die er auch »Equivalents« (Gleichnisse) nannte, zeigen oft Wolkenformationen als Motiv. Ihnen haftet der Ausdruck von Stimmungen und Gefühlen an. Stieglitz verstand diese Bilder als sehr persönlich, im Gegensatz zu den Fotografien, die nun in der illustrierten Presse – als Fenster zur Welt – um die Welt kreisten. Frühe Versuche einer symbolischen, zuweilen mystisch anmutenden Fotografie gab es aber auch schon um die Jahrhundertwende.

Spätere Vertreter der symbolischen und metaphorischen Fotografie sind u.a. *Minor White, Wynn Bullock, Clarence John Laughlin,* → *Harry Callahan.*

Weitere Formen einer eher an die Psychologie des Betrachters gerichteten Fotografie beschäftigen sich mit Romantik und Drama. Ausdrucksträger sind Stimmung, Gefühl und Illusion, kurz eine eher theatralische Wirklichkeit. Fotografien dieser Art ließen sich sehr gut kommerziell verwerten: z.B. in der Modefotografie, aber auch in der Werbung für industrielle Produkte. Mit der romantischen Fotografie leben in gewissem Maße auch Techniken der frühen Kunstfotografen und der Pictorialisten wieder auf. Die Fotos wurden oft aufwendig im Atelier inszeniert. Einen Höhepunkt erlebt die romantische Fotografie zwischen 1920 und 1930.

Führende Vertreter sind → *Baron de Meyer,* → *Cecil Beaton, David Hamilton, Marcus Adams* und → *Sarah Moon.*

Surrealistische Fotografie

Der Surrealismus als Bewegung in der Kunst schöpft sein Vokabular aus der unterbewußten Traumwirklichkeit. Die äußerst detailgenaue und gegenständliche Darstellungsweise der surrealistischen Malerei findet auch in der Fotografie einen adäquaten Ausdruck. Die surrealistische Fotografie arbeitet mit der Montage von verschiedenen Bildern, in deren Synthese Traum und Wirklichkeit durch die Gegenüberstellung miteinander und ineinander verschmelzen.

Die so erschaffene Bildwelt entzieht sich vielfach logischen Überlegungen des Verstandes. Die Logik bekannter und wiedererkennbarer Situationen wird gesprengt zugunsten einer viel tiefer im Inneren des Menschen liegenden, oft unbekannten und unverständlich anmutenden Wirklichkeit.

Fotografen des Surrealismus bedienen sich einer ausgefeilten Technik, die die Montage als wirklich erscheinen läßt. Die ersten, die sich der Technik der Fotomontage bedienten, sind *Raoul Hausmann* und *Hannah Höch.* Außerhalb surrealistischer Bestrebungen war die Fotomontage ihr hauptsächliches Ausdrucksmittel. Ihr Anliegen war es »die Objektivität des Scheins« in Frage zu stellen.

Die Ergebnisse surrealistischer Fotografie finden vielfach Anwendung bei der Mode- und Porträtfotografie.

Frühe Beispiele surrealistischer Effekte in der Fotografie – noch vor Beginn des eigentlichen Surrealismus in den 20er Jahren – finden sich im Werk von → *Jacques Henri Lartigue.*

Berühmte Beispiele surrealistischer Fotografie schufen auch die Fotokünstler → *Man Ray,* → *Moholy-Nagy, Angus McBean,* → *André Kertész,* → *Henri Cartier-Bresson,* → *Cecil Beaton, Jerry Uelsmann, Paul de Nooijer, Sam Haskins* und *Bob Carlos Clarke.*

Pop- und Op-Art

Eine wichtige Richtung der künstlerischen Fotografie war die Pop-Art, in der die banalen Dinge des Alltags in den Vordergrund gestellt wurden. Konsum- und Massenme-

Ende der ***80er Jahre*** verbessert sich die Qualität des Filmmaterials hinsichtlich der Empfindlichkeit, Körnung, Schärfe als auch der Farbwiedergabe. Diese Verbesserungen beruhen auf der Entwicklung der »T-grain-emulsion-technology«. Diese Technologie beruht auf der Manipulation von Silberhalogenidkristallen. Sie gehört zu den bedeutendsten Forschungserfolgen der Fotoindustrie seit ca. 50 Jahren. Es können nunmehr hochempfindliche Farbfilme mit mehr als 1000 ISO oder 31 DIN hergestellt werden.

Neue Technologien ermöglichen heutzutage – neben der konventionellen Fotografie, die sich chemischer Verfahren bedient – die elektronische Bildverarbeitung. Hierbei sind rein digitale Aufnahmesysteme von sogenannten »Hybriden Systemen« zu unterscheiden.

Während rein digitale Verfahren die Bildinformation direkt auf dem Computer verarbeiten und auf Harddisk speichern, wird im hybriden System – wie bisher ein Filmbild erzeugt, das aber anschließend mit Hilfe eines Scanners in den Computer eingespeist wird und so mit den Möglichkeiten der Digitaltechnik weiterzuverarbeiten ist. Die ersten Stillvideo-Kameras kommen auf den Markt. Sie verwenden kleine Disketten anstelle von Film.

Die Weiterentwicklung rein elektronischer Aufnahmeverfahren ist allerdings mit der Hoffnung auf eine große Erweiterung der kreativen Möglichkeiten in der Fotografie verbunden. Die von Kodak **1990** vorgestellte und **1992** mit Philips gemeinsam eingeführte Photo CD speichert digitale Bilder in Fotoqualität auf einer Compact Disk. Der Fotografie eröffnet sie alle Möglichkeiten der Elektronik, wie z.B. der Datenübermittlung, Bildbearbeitung und Archivierung. Für den privaten Nutzer kann sie so etwas wie das »elektronische Fotoalbum zuhause darstellen«. Sie hat eine Speicherkapazität für ca. 100 Bilder. Die Photo CD ist ein wesentlicher Bestandteil in der Entwicklung der sogenannten Hybriden-Verfahrensweisen. Der normale Fotofilm kann mit Hilfe von Scannern digitalisiert und auf Photo CD gespeichert werden. Sie können anschließend mit einem CD-Player, der sowohl für Bild- als auch Musikwiedergabe ausgerüstet ist, auf einem (Fernseh)-Bildschirm abgespielt werden. Ebenso können sie auf Personal-Computern, die mit der entsprechenden Software ausgestattet sind, übertragen, bearbeitet und ausgedruckt werden. Des weiteren besteht die Möglichkeit der direkten Übermittlung über die Telefonleitung.

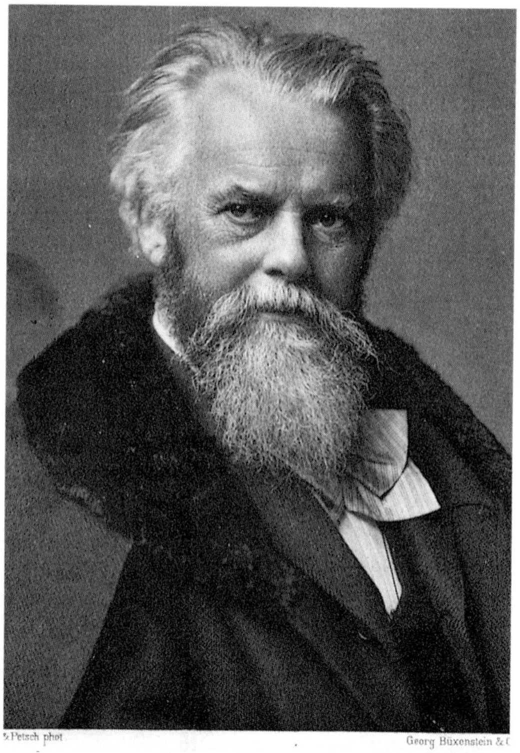

Die Erfinder der Fotografie und diejenigen, die neue fotografische Verfahren entwickelten, machten die künstlerischen Arbeiten der Fotografen erst möglich. William Vogel machte 1873 fotografische Platten für Grün und Gelb empfindlich...

.... die Brüder Auguste und Louis Lumière entwickelten die Autochrome Platte.

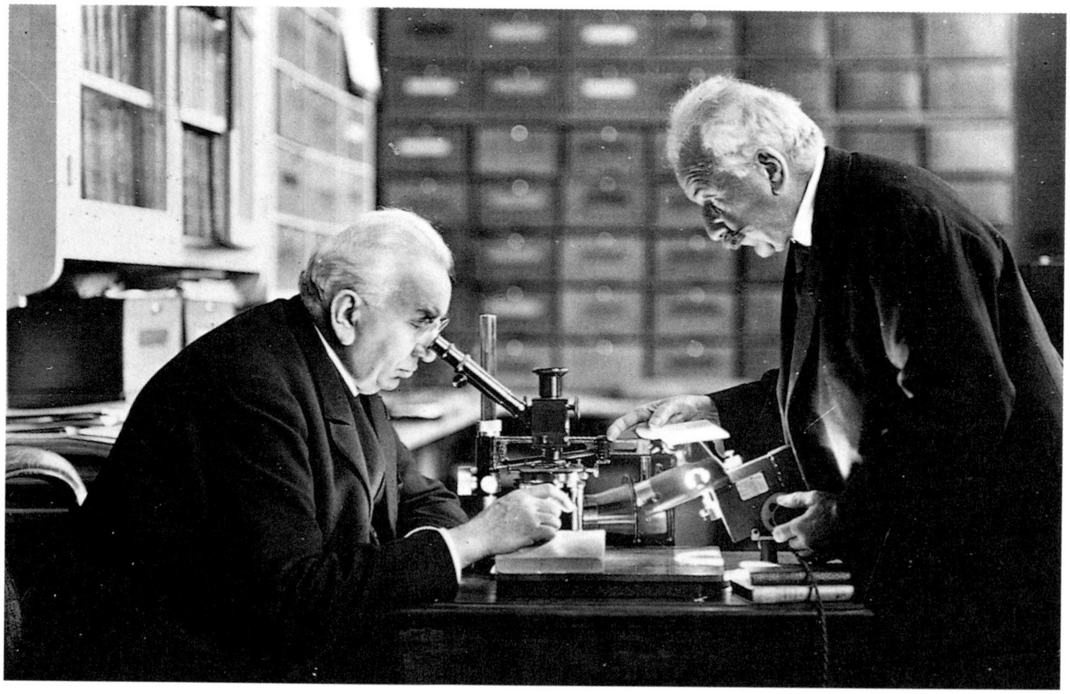

dienwelt waren Thema und zugleich Kritikpunkt. Werbeplakate, Schaufensterdekorationen und Verpackungen wurden zu fotografischen Themen. Robert Rauschenberg arbeitete Fotografien zitathaft in seine Gemälde ein. *Richard Hamilton* deckte in stillebenartigen, sachlichen Aufnahmen Häßlichkeit und Kitsch der Verpackungsindustrien auf. Der berühmteste Vertreter dieser Richtung war → *Andy Warhol.*

Die Entfaltung der Fotografie bis zum Zweiten Weltkrieg beschäftigte sich mit allen Bereichen und Bedürfnissen menschlichen Lebens. Nach den Erfahrungen des Zweiten Weltkriegs, die Zerstörung und zwangsläufig einen Bruch bedeuteten, fand in der Entwicklung der Fotografie in den 50er Jahren geradezu eine Explosion verschiedener Stile mit unterschiedlichen, zuweilen gegensätzlichen Anliegen und Zielen statt.

Eines der größten Ereignisse in der Fotografie nach dem Zweiten Weltkrieg ist die 1955 von → *Edward Steichen* veranstaltete Ausstellung »The family of man«. Er wählte über drei Jahre lang aus den Beständen des Museum of Modern Art in New York 503 Bilder aus 68 Ländern von 273 Fotografen für diese Ausstellung aus, »mit besonderer Berücksichtigung des Verhältnisses, das der Mensch im Alltag zu seiner eigenen Person, zu seiner Familie, zur Gemeinschaft und zur Welt hat, in der wir leben.« (*Steichen*). Die Ausstellung ging durch 44 Städte in Amerika und Europa und wurde von etwa 9 Millionen Menschen besucht.

Stilrichtungen der Gegenwart

Die Gegenwart ist auch in der Fotografie gekennzeichnet von der Gleichzeitigkeit verschiedener Stile und ihrer Verknüpfung miteinander. Eine Tendenz ist die rigorose Erforschung der Eigenschaften des fotografischen Mediums wie auch die Erweiterung ihrer Grenzen durch Experimente mit unterschiedlichen Verfahren, um zu einem persönlichem Stil zu gelangen.
So wie Pop- und Op-Art die Fotografie beeinflußten, übt die Konzept-Kunst einen nachhaltigen Einfluß aus: Fotografie wird als Mittel benutzt, um Idee und Konzept darzustellen. Joseph Kosuth ist dafür ein klassisches Beispiel. Der Gebrauch des Mediums Fotografie wird zusehends von Künstlern eingesetzt, ob es Konzeptkunst, Land Art, Performance (Beispiel → *Jürgen Klauke*), Body Art, Spurensicherung ect. ist. Die Fotos sind entweder Teil eines Kunstobjektes oder treten einzeln auf, als überdimensionales Großfoto oder in seriellen Reihungen. Diejenige Richtung der Fotografie, die ihr Selbstverständnis aus der Kunst bezieht, wird als »Autoren-Kunst« bezeichnet.
Die Fotografie erhielt auch durch die neuen Medien wie Film, Fernsehen, Video und Bildverarbeitung per Computer einen neuen Stellenwert – Bildreportage wird nun ebenso vom Kameramann wie auch vom Fotografen gezeigt. Trotz des jederzeit durch das Fernsehen verfügbaren bewegten Bildes verliert die Fotografie als dokumentarisches Medium nicht an Bedeutung. Ob von Katastrophen oder Heldentaten, es waren und sind Fotos, die die Welt bewegten und wichtige Erinnerungen wachhielten.

Die Photo CD bringt die Entwicklung mannigfacher »hybrider Produkte« mit sich: So ermöglicht z.B. das von Kodak entwickelte »Create-A-Print Enlargement Center« dem privaten Fotografen in einem Fotoladen sein Negativ in das Gerät einzuführen und das Bild nach eigenen Wünschen mit Hilfe der Elektronik zu verändern. Eine voll elektronisch arbeitende Kamera (das »Kodak professional digital camera system«) ermöglicht beispielsweise dem Fotojournalisten die sofortige Ansicht und die minutenschnelle, weltweite Übertragung des Bildes über Telefonleitung. Für den Empfänger besteht dann die Möglichkeit, das Bild nach seinen Wünschen umzugestalten und auszudrucken.
Auf der CeBit ***1992*** stellt Kodak unter dem Motto »Metamorphose – vom Bild zum Bit« Produkte vor, die die bisher erreichte Fotoqualität nun auch auf dem Bildschirm ermöglichen sollen. Foto- und Computerindustrie arbeiten immer enger zusammen und geben sich gegenseitig weiterführende Impulse. Die Bildverarbeitung ist nahezu ebenso einfach geworden wie die heutige Wortverarbeitung.
1994 Imaging wird zum neuen Schlagwort für Hybrid-Technologien, die traditionelle und elektronische Methoden kombinieren.

Ausbildung

Adolf-Lazi-Akademie
Akademie für audiovisuelle Medien
und Kommunikation, Stuttgart
Schlösslesweg 48-50
73732 Esslingen am Neckar
Telefon 07 11 / 3 70 23 13

Fachschule des Deutschen Fotohandels
Feldstr. 9-11
24105 Kiel
Telefon 04 31 / 56 20 88
Fax 04 31 / 56 25 68

Gertrud-Luckner-Gewerbeschule
Berufskolleg für Fototechnische
Assistenten
Bissierstr. 17
79114 Freiburg
Telefon 07 61 / 2 01 78 53

Lette-Verein
Berufsfachschule für
Fotografie, Grafik und Mode
Victoria-Luise-Platz 6
10777 Berlin
Telefon 0 30 / 21 99 40

Staatliche Fachakademie für
Fotodesign
Clemensstraße 33
80803 München
Telefon 0 89 / 34 76 73

Städtisches Berufsbildungszentrum
für Druck, Grafik und Fotografie
Pranckhstraße 2
80335 München
Telefon 0 89/55 57 61

Fachhochschulen

FH Aachen
Kalverbenden 6
52066 Aachen
Telefon 02 41 / 6 00 90

FH Bielefeld
Fachbereich Design
Lampingerstraße 3
33615 Bielefeld
Telefon 05 21/1 06-24 87, 24 85

FH Darmstadt
Fachbereich Gestaltung
Studiengang: Visuelle Kommunikation
Olbrichweg 10
64287 Darmstadt
Telefon 0 61 51/16 83 31

FH Dortmund
Studiengang: Fotografie/Film-Design
Rheinlanddamm 203
Postfach 105018
44047 Dortmund
Telefon 02 31/9 11 20

FH Düsseldorf
Studiengang: Visuelle Kommunikation
Universitätsstraße 1; Geb. 23.31
40225 Düsseldorf
Telefon: 02 11/31 11

FH Hamburg
Studiengang: Kommunikationsdesign
Armgartstr. 24
22087 Hamburg
Telefon 0 40 / 29 18 81

FH Kiel
Fachbereich Gestaltung
Lorentzendamm 6-8
24103 Kiel
Telefon 04 31/55 19 84 00

FH Köln
Claudius Straße 1
50678 Köln
Telefon 02 21/8 27 51

FH Niederrhein
Studiengang: Visuelle Kommunikation
Petersstr. 123
47798 Krefeld
Telefon 0 21 51/2 37 56

FH Münster
Studiengang: Visuelle Kommunikation
Sentmaringer Weg 53
48151 Münster
Telefon 02 51/83 56 97

Hochschulen

Hochschule der Künste Berlin
Ernst-Reuter-Platz 10
10587 Berlin
Postadresse: PF 12 67 20, 10595 Berlin
Telefon 0 30/3 18 50

Universität – Gesamthochschule Essen
Studiengang: Kommunikations-Design
45117 Essen
Telefon 02 01/18 31

Gesamthochschule Kassel
Mönchebergstraße 19
34109 Kassel
Telefon 05 61/80 40

Kunstakademie Düsseldorf
Eiskellerstraße 1
40213 Düsseldorf
Telefon 02 11/1 39 60

Festivals + Messen

Rencontres Internationales
de la Photographie
Information:
10, Rond Point des Arènes – B.P. 96
13632 Arles Cedex
Telefon 0033/90/967606
Fax 0033/90/966180
Jährlich Anf. Juli

Int. Fototage Herten
Kurt-Schumacher-Str. 2-4
45699 Herten
Oktober, alle 2 Jahre (1995, 1997 ....)

Image Hong Kong
Postadresse:
GPO Box 6746, Hong Kong
Information:
00852/131820080
Fax 00852/8400141
Anmeldung:
00852/8017104
(nächster Termin 1995 oder 1996)

photokina
Messe- und Austellungsgesellschaft
m. b. H. Köln
Messeplatz 1
50532 Köln
Telefon 02 21/8 21-0
Fax 02 21/8 21-25 74
Alle zwei Jahre im September
(1994, 1996 ....)

PMA
jährliche Messe in unterschiedlichen
Städten der USA
(Adresse siehe Gesellschaften und
Verbände)

Gesellschaften/ Verbände

AWI
(Arbeitskreis Werbe-, Mode-, Industrie-fotografie e.V.)
Lindenstr. 40
40233 Düsseldorf
Telefon 02 11/66 36 12

Bundesverband der fotomaterial-verarbeitenden Betriebe e.V.
Zeppelinallee 51
45883 Gelsenkirchen
Telefon 02 09/4 40 44
Fax 02 09/4 40 49

BFF
Bund Freischaffender Foto-Designer e.V.
Tuttlinger Str. 95
70619 Stuttgart
Telefon 07 11/47 34 22
Fax 07 11/47 52 80

BVPA
Bundesverband der Pressebild-Agenturen und Bildarchive e.V.
Mommsenstraße 21
10629 Berlin
Telefon 0 30/3 24 99 17

Centralverband Deutscher Berufsphotographen
CV
Georg-Schulhoff-Platz 1
40221 Düsseldorf
Telefon 02 11/39 10 26
Fax 02 11/30 67 21

Deutsche Gesellschaft für Photographie e.V. (DGPh)
Rheingasse 8-12
50676 Köln
Telefon 02 21/2 40 20 37
Fax 02 21/2 40 20 35

Fotografische Akademie
Gesellschaft Deutscher Lichtbildner e.V. (GDL)
Kedenburgstr. 39
22041 Hamburg
Telefon 0 40/6 56 17 73

Interessengemeinschaft Photographica e.V.
Schumannstr. 22
71034 Böblingen
Telefon 0 70 31/67 19 88
Fax 0 70 31/67 46 88

Photoindustrie-Verband e.V.
Karlstr. 19-21
60329 Frankfurt a.M.
Telefon 0 69/2 55 61-4 10
Fax 0 69/23 65 21

PMA
(Photo Marketing Association)
Europa:
Leopoldstr. 28a/II
80802 München
Telefon 0 89/39 96 86
Fax 0 89/2 73 02 91
Int. Hauptbüro:
3000 Picture Place
Jackson, MI 49201, U.S.A.
Telefon 001/517/788-8100
Fax 001/517/788-8371

Verwertungsgesellschaft Bild-Kunst
Poppelsdorfer Allee 43
53115 Bonn
Telefon 02 28/9 15 34-0
Fax 02 28/9 15 34-38

Informationen

Bücher und Broschüren

»Handbuch für Fotografen«
Adressen und Informationen aus der Fotobranche, herausgegeben von Wolfgang Preuss,
Grafenstein Verlag,
Thuillestr. 9
81247 München
Telefon 0 89 / 8 11 92 64

Blätter zur Berufskunde der Bundesanstalt für Arbeit:
»Fotograf/Fotografin«
Bestellziffer: 1-III E 401
»Foto-Designer/Foto-Designerin«
Bestellziffer: 2-XI G 04
zu bestellen bei:
Bertelsmann Verlag KG
Postfach 100633
33506 Bielefeld
od. Telefon 05 21 / 9 11 01 24 Fr. Brand

Infos Berufsschulen und Lehrstellen:
Centralverband Deutscher Berufsphotographen (Adresse siehe Verbände)

»Fotografisches Studium in Deutschland«
zu bestellen bei:
DGPh (Adresse siehe Verbände)

Red Box Verlag GmbH
Abteistraße 49
20149 Hamburg
Telefon 0 40 / 4 10 80 81, 45 14 14, 4 10 14 14, 4 10 34 36

Presse-Taschenbuch
Hifi-Video-Foto
Motor Presse
Kroll-Verlag
Bergstraße 10
82229 Seefeld
Telefon 08152/7160

Register

Gemeindebücherei
Erlensee

spätestens am

Die Bücher bitte
sorgfältig behandeln!